유학의 갈림길

유학의 갈림길

| 데이비드 S. 니비슨 지음 ▪ 김민철 옮김 |

철학과현실사

為政以德譬如北辰
居其所而衆星共之

감사의 말

■ ■ ■ 브라이언 밴 노든(Bryan Van Norden) ■ ■ ■

읽기 매우 힘든 신세대의 어구를 포함해서, 니비슨의 원고를 컴퓨터에 옮겨준 로이스 저크(Lois Jerke)에게 감사를 표하고 싶다. 오픈코트(Open Court)의 편집자인 케리 마머(Kerri Mommer)는 거의 무한한 인내심을 보여주었으며, 나의 아내인 베키 토마스(Becky Thomas)는 내가 하는 일을 "값비싼 취미"라고 웃어넘겨 주었다. 이들 모두에게 감사한다.

■ ■ ■ 데이비드 S. 니비슨(David S. Nivison) ■ ■ ■

이 책에 실린 글들은, 내가 실질적으로 다시 쓰고 수정한 것을 포함하면 40년 이상에 걸친 작품이며, 이미 고인이 된 분들도 있고 살아 계신 분들도 있겠지만, 내가 빚을 진 사람들은 그보다 훨씬 더 거슬러 올라감을 잘 알고 있다. 어떤 식으로 나열하더라도 감사의 뜻을 결코 완벽하게 전할 수 없음은 분명하다. 나는 여기에서 특히 미국학자평의회(American Council of Learned Societies)와 존 사이먼 구겐하임 재단(John Simon Guggenheim Foundation)에 감사의 뜻을 표하고 싶다 ; 나는 그들의 지원을 통해 1973년에서 1974년까지 오랜 기간 동안 의지 나약의 문제, 그 가운데에서도 특히 중국 철학에서의 의지 나약의 문제를 연구할 수 있었다. 이 시기에 그리고 그 이전에도 나는 도널드 데이비슨(Donald Davidson)으로부터 많은 것을 배웠다. 이 주제는 주로 제6장과 제7장 그리고 제9장에서 논의되고 있다. 그리고 이후 1977년에 아이반호(Ivanhoe)와 나는 미국학자평의회의 아낌없는 지원을 통해 주희(朱熹)와 왕양명(王陽明) 그리고 대진(戴震)의 중요한 신유학적 작품들에 대해 네 권의 용어 색인집을 완성할 수 있었다. 대부분의 작업은 아이반호의 손에 의해 이루어졌지만, 나는 그 작업을 통해 대진의 철학에 대해 좀더 깊이 있는 이해를 할 수 있게 되었으며, 이러한 과정이 없었다면 이 책의 제17장을 쓰는 것은 불가능했을 것이다. 내가 오랫동안 관심을 가져온 장학성(章學誠)에 대한 논의는 제17장을 비롯한 여러 장에서 이루어지고 있는데, 나의 선생님이신 고(故) 윌리엄 훙(William Hung)이 장학성의 글을 소개해주신 일을 떠올릴 때면 자부심을 느끼게 된다 ; 그리고 장학성에 대한 나의 연구를 인내심을 가지고 지켜보아 주심으로써 결국 그것이 한 권의 책으로 완성될 수 있도록 해주신 하버드대의 로버트 하이타워(J. Robert Hightower) 교수께 언제나 감사의 마음을 가지고 있다. 스탠포드대에 재직하셨던 고(故) 윌리엄 클레브쉬(William Clebsch) 교수와 스탠포드대 종교학과(Department of Religious Studies)에서 1980년과 1984년에 나를 초대하여 월터 Y. 에반스-웬츠 강연(Walter Y. Evans-Wentz Lectures)을 하도록 해주지 않았다면 제2~5장은 존재할 수 없었을 것이다. 나는 헨리 로즈먼(Henry Rosemont)에게도 유사한 빚을 졌다. 그는 나에게 『맹자』 번역본들에 대한 논평을 담은 논문을 써줄 것을 요청했으며, 관대하게도 그 일을 하는 데 6개월의 시간을 주었고, 이후 내가 8년간에 걸쳐 그 작업을 해내는 동안에도 말없이 침묵을 지켜주었다 ; 그 결과물이 이 책의 제12장이다. 첫 번째 논문(이 책의 제2장)을 준비하면서 나는 상고 시대의 비문들로부터 추출된 재료를 가지고 작업을 할 수 있었는데, 이러한 미지의 주제를 탐구해볼 수 있도록 인도해준 데이비드 N. 케이틀리(David N. Keightley) 교수와 아버지인 폴 L-M. 서루이즈(Paul L-M. Serruys)에게 감사하는 마음을 언제나 간직할 것이다. 모든 논문들을 엮어주고 있는 일련의 관련 주제들 — "덕", 자기 수양, 의지주의 윤리(voluntaristic ethics), 신념과 행위 수행에 관한 불안 — 에 대해서는 1950년대에 내가 탐구하고 있던 역사적인 관심사들로 거슬러 올라갈 수 있는데, 당시 나는 후기 신유학에서의 "앎"과 "행동"의 문제와 공산주의 하에서 "윤리"라고 불러야만 하는 영역에서의 강요된 설득의 문제에 관해 글을 쓰고 있었다 ; 당시 지금은 작고한 아서 롸이트 / 메리 롸이트(Arthur Wright / Mary Wright) 부부와 나눈 우정은 나에게 특히 소중한 것이었다. 또한 당시에 중국 철학에 대한 이해를 발전시켜 가는 데 중요했던 것은, 1952년에서부터 1960년 사이에 다섯 번의 회의를 개최했던 아시아학회(Association for Asian Studies)의 "중국사상위원회(Committee on Chinese Thought)"에 속한 동료들과 작업을 함께 한 것이다. 그뿐만 아니라 프레드 브랜다우어(Fred Brandauer), 프랜시스 그램리치(Francis Gramlich), 캐트린 하트넷(Kathleen Hartnett), 시드니 로젠(Sidney Rosen), 리 이얼리(Lee Yearley)에게 시시때때로 진 빚에 대해서도 감사를 해야 한다.

마지막으로 그리고 그 누구보다도 브라이언 밴 노든(Bryan Van Norden)에게 감사하지 않을 수 없다; 옛날부터 내 앞에서 이 책을 읽어주면서, 편집자에게 기대할 수 있는 것을 훨씬 넘어서는 도움을 주었다. 그의 이름으로 되어 있는 주석들이 그가 내게 처음으로 도움을 주었음을 보여주는 것은 아니다. 특히 그는 제7장 「맹자에게서의 동기 부여와 도덕적 행동」을 다시 손보아주었다: 따라서 제7장은 부분적으로 그의 작품이며, 그가 손보지 않았더라면 그처럼 더욱 중요한 가치를 지닌 글이 될 수 없었을 것이다.

차 례

차 례

차 례

역자 서문

벌써 6년 전의 일이다. 현재 지도교수이신 송영배 선생님의 수업에서 처음으로 니비슨 선생의 책을 접하게 되었다. 당시 우리나라 동양철학계에서는 주로 중국 학자들의 저술을 통해 연구하는 풍토였으며, 서구 학자로서는 그레이엄이나 슈월츠 정도가 인정받고 있을 뿐이었다. 서구 학자들에 대한 우리나라 동양학계의 평가는 가혹한 것이었다. 그들이 철학적으로 우리보다 뛰어난 방법론을 가지고 있기는 하지만, 언어적인 난관 때문에 그들의 동양철학 연구는 한계를 가질 수밖에 없다는 것이었다. 나 또한 서구 학자들의 연구 성과에 대해 세심하게 고찰하지 않고 그러한 견해를 받아들였다. 그리고 이러한 인식은 어쩌면 현재까지도 유효할지도 모른다.

그러나 그런 평가가 모든 서구 학자들에게 적용되는 것은 아니다. 니비슨 선생의 책은 나에게 충격 그 자체였다. 동양철학을 선생과 같은 시각에서 바라볼 수도 있다는 사실 하나만으로도 놀라움을 금할 수 없었다. 선생은 우리나라와 중국 학자들이 규범 윤리적인 문제에만 사로잡혀 눈을 뜨지 못하고 있었던 도덕 인식론의 문제에 기반하고 있었으며, 그것을 도덕 실천의 문제와 연결시켜 집요하게 탐구하고 있었다. 우리가 별 의미 없는 것으로 치부해버리는 구절 속에서 핵심적인 문제를 도출해내고 그것을 통해 그 사상가의 전모를 밝혀나가는 방법을 접하면서, 나는 선생이 '동양철학자'가 아니라 '철학자'라고 생각하게 되었다.

게다가 선생은 고전학과 동양 고대 언어를 전공한 학자였다. 어설픈 서양의 동양철학자들과는 달리, 세심하고 꼼꼼한 문헌학적 작업을 거친 선생의 주장은 설득력을 가지고 있다는 표현만으로는 부족하였다. 나는 철학 책이 그런 감동을 주리라고는 이전에는 미처 생각하지 못했었다. 경전 해석의 전통을 비판적으로 검토하는 부분에서는 선생의 치밀함과 세심함에 고개가 숙여졌으며, 그 자신이 전문가도 아니고 지면상의 한계를 가지고 있었음에도 불구하고 이 책의 후반부에서 선생이 보여준 중국 근대 철학에 대한 통찰력은, 대학원 과정에서 그 분야를 연구하다가 난관을 만나 고대 철학에서 해결의 열쇠를 찾아보고자 하던 얼치기 동양철학자에게 혜안을 제공했다.

학기가 끝나고 수업도 종료되었지만, 나는 그 책의 10분의 1도 이해할 수 없었다. 사실 선생의 책은 동양의 학자들뿐만 아니라 서양의 학자들에게도 난해한 책으로 유명하다. 선생은 동서양 사상을 넘나드는 자유로운 필치를 구사하고 있을 뿐만 아니라, 해박한 문학적 소양과 철학적 지식까지 글 속에 녹아들어 있다. 그런 교육에 낯선 동양의 학자들에게는 이러한 측면만을 소화하는 것도 힘이 들기 마련이다. 게다가 선생이 구사하는 학자풍의 정통 영국 영어는 난해함을 넘어서는 것이었다. 반대로 서양의 학자들이 이해하기에는 동양의 문헌과 철학에 대한 선생의 사고의 깊이가 너무 깊었다. 선생의 글을 모아 이 책을 펴낸 선생의 제자 노든

이 말하고 있듯이, 선생은 "철학자들의 철학자"였으며, 많은 사람들은 불행히도 선생 사상에 의해 세례를 입을 기회조차 가질 수 없었다.

나는 도전하기로 결심했다. 아니, 도전하지 않을 수 없었다. 선생을 알고 이 책을 안 이상, 이 책을 제대로 읽지 않고는 동양철학을 공부했다고 말할 때마다 마음속의 부끄러움을 이길 수 없으리라는 생각을 버릴 수 없었기 때문이다. 책을 읽으려 했으나 쉽게 읽을 수 없었다. 한 구절에 대한 언어적인 한계를 극복하고 나면 사상적인 한계를 느끼게 되었다. 도저히 그냥은 읽을 수 없음을 깨닫고, 나는 그 책을 번역하기로 결심하였다. 그러나 그것도 쉬운 일은 아니었다.

한 쪽 한 쪽 번역을 해나가면서 나 자신의 짧은 소양을 통감하게 되있다. 그 과정에서 선생의 사상을 이해하는 데 도움이 될까싶어 여기저기 한눈을 팔며 이런저런 공부를 해보기도 했다. 그러나 서양 사상에 대한 최소한의 이해가 없이는 불가능하다는 생각이 들었다. 학부에서 철학을 전공하기는 하였지만, 그런 피상적인 지식으로는 선생의 글에 도전할 엄두도 내기 힘들었다. 그래서 2002년에 윤리학을 전공하는 정원섭 선배에게 서양 윤리사 전반에 대한 좋은 책을 한 권 소개해달라고 부탁하였다. 정원섭 선배는 매킨타이어 선생의 *A Short History of Ethics*를 추천해주었다. 나는 다시 희망을 가지고 책장을 펼쳤다.

그러나 그것은 어찌 보면 또 하나의 함정이었다. 매킨타이어 선생의 책은 단순한 개설서가 아니었다. 공동체주의와 덕의 윤리에 대한 선생의 사상의 기조가 그 책에 담겨 있었다. 니비슨 선생의 책과 마찬가지로 매킨타이어 선생의 책에서도 광활함과 깊이를 동시에 발견할 수 있었다. 게다가 그 영어의 난해함이란…. 어찌 대가들은 이리도 나를 괴롭히는지! 공자의 제자 중 한 사람이 한탄한 내용이 떠올랐다 : 너무 힘들어서 그만두려고 하여도, 이미 맛을 보아버렸으니 그럴 수도 없었다.

매킨타이어 선생의 책을 먼저 번역하는 수밖에 없었다. 출판된 지 40여 년이 흘렀고, 세계적으로 이미 10개 국어 이상으로 번역되어 있던 그 책이 우리나라에는 번역되어 있지 않았던 현실이 슬펐지만, 어쩔 수 없었다. 이미 맛을 본 것이다. 2년여의 시간이 흘러 2004년 초에 번역을 끝내고 8월에 드디어 매킨타이어 선생의 책을 출판하였다. 사실 번역을 끝내고 나서 이제는 좀 쉬자는 생각도 들었다. 그리고 이런 작업을 다시 해서는 안 된다는 생각이 나를 유혹하기도 했다. 매킨타이어 선생의 책을 읽으면서 나는 지식을 얻은 것이 아니다. 중요한 것은 철학에 대한 지식이 아니라 '철학함'이었던 것이다. 매킨타이어 선생의 책을 번역하고 교정하는 등의 과정에서 여러 차례 반복해 읽을 수밖에 없었음에도 불구하고, 나는 지금도 자주 그 책을 펼쳐본다. 삶의 문제들에 대한, 아니면 학문적 궁금증에 대한 혜안이 필요할 때마다 말이다. 이제 그 맛을 보게 해준 그 책에 다시 도전할 차례가 되었다.

매킨타이어 선생의 책을 번역하는 일을 끝내고 한 달여 후에 다시 니비슨 선생의 책에 도전하였다. 부분적이기는 하지만 전에 이미 상당량을 번역해놓았던 터라 나름대로 큰 어려움은 없으리라 생각하였다. 그러나 이전에 번역해놓은 내용 속에서 스스로 많은 오류를 발견하고 나는 거의 좌절의 문턱에까지 가기도 했다. 그러나 한 번을 이긴 사람은 두 번도 이길 수 있는가보다. 군대에서 100킬로미터 행군을 하는 이유가 무엇인지도 알 것 같았다(사실 나는 방위 복무를 했다. 그런데 드물게도 100킬로미터 행군을 경험한 방위였다).

2004년 말, 전체 17장 가운데 16장에 대한 번역을 마쳤다. 연내에 번역을 마치고 2005년 초에는 출판을 해서 선생을 우리나라에 제대로 소개할 수 있으리라는 희망에 가득 차 있었다. 그런데 2004년 11월, 개인적인 사정으로 인해 번역을 중단할 수밖에 없었다. 번역에 다시 손을 대기까지는 약 9개월의 시간이 필요했다. 사실 중단하고 있었어도 내 머릿속에는 선생의 책에 대한 생각이 떠나질 않았다. 나는 마라톤을 하다가 쥐가 나서 잠시 쓰러져 있는 상태였다. 포기할 것이면 모르되, 빨리 다시 달려야 했다. 나는 완주하고 싶었다.

2005년 여름이 지날 무렵, 다시 기회가 왔다. 그리고 마무리를 했다. 시원함과 아쉬움이 교차했다. 이제는 정말로 다시는 이런 일을 하지 말자는 생각이 강하게 나를 유혹한다. 주위 사람들 말처럼 빨리 논문을 써서 사회적인 인정을 받고 자리를 잡는 것이 중요하다고 스스로에게 충고한다. 그러나 자신은 없다. 나는 이미 예전에 다른 맛을 본 적이 또 있다. 그리고 그 요리도 이미 3분의 1쯤은 해두고 있는 상태이기 때문이다.

역자 서문을 쓰고 있는 지금은 2005년도 저물어가고 있다. 찬바람이 한 해의 이별을 고하고 다음해의 만남을 약속해주고 있는 것이다. 그리고 이제 나도 좀 변해 있다는 생각을 가지게 되었다. 옛날의 그 얼치기 학자는 아니라는 자신감을 조금은 가지게 된 것이다. 니비슨 선생이나 매킨타이어 선생에게 스스로를 몰래 비교하는 것조차도 무례한 짓이다. 그러나 우리나라에 선생을 소개하는 사람이라는 것만으로도 가슴 뿌듯함을 느낀다.

위인이란 다른 사람들에게 전례를 보인다는 점에서 중요하다. 미국 동양철학자들의 글을 살펴보면서, 니비슨 선생의 제자들이 쓴 글에서 선생의 잔영을 발견하곤 한다. 호랑이가 고양이 새끼를 낳지는 않는 것이나. 선생과 그 제자들은 그야말로 '스탠포드학파'라 이름할 만했다. 이제 여기 한국에도 스스로 선생에게 사숙(私淑)하여 제자의 말석을 차지하고 싶은 사람이 하나 생기게 되었다.

그리고 더 많은 사람들이 선생 사상의 혜택을 입기를 바란다.

여기에서 선생의 사상에 대한 소개를 하지는 않겠다. 그러나 한 가지만은 거론해야 하겠다. 선생 책의 원제목은 *The Ways of Confucianism*이다. 이미 눈치챘을지 모르지만, 선생은 유학의 '도(道)'란 하나가 아니며, 따라서 유가(儒家)란 단일한 사상을 가진 하나의 학파가 아니라고 주장한다. 선생의 책을 접하기 전에 나 자신도 제자백가를 구분하는 방식에 커다란 문제가 있다고 생각했다. 그리고 유가와 도가, 묵가 등의 구분을 할 것이 아니라 맹자는 장자와, 그리고 순자는 묵자와 같은 계열의 사상가로 보아야 한다고 막연하게 주장하기도 했다. 물론 지금도 그 주장의 큰 틀에는 변화가 없다. 이런 내 생각에 선생의 책은 힘을 실어주었고, 나는 좀더 정치하게 입장을 가다듬을 수 있게 되었다. 좋은 책을 만난 기쁨은 반드시 결과를 남기나보다.

고백해야 할 내용도 있다. 너무 오랜 기간 동안 이 책과 씨름하면서 그만 벗어나고 싶다는 생각이 강해져서, 뒷부분은 앞부분보다 소홀히 한 감이 있다. 선생의 이 책도 앞으로 내가 계속 다시 공부하면서 고쳐나가야 할 과제다. 동학들의 비판과 질책을 기다린다.

매킨타이어 선생의 책에서처럼 원본의 쪽수를 기록하여 연구자들이 참고하기 쉽도록 하였다. 주석에 대해서는 원본에 있는 것을 다 옮기지 않고, 우리 독자들에게 반드시 필요하다고 생각되는 내용들만 옮겼다. 그리고 번역자가 단 주석과 원본의 주석을 구별하지 않았다. 전체 주석 가운데 원본의 주석은 그리 많지 않다. 특히 동양 경전의 원문은 번역자가 일일이 찾아넣은 것이다. 원본의 쪽수가 표기되어 있으므로, 원주가 궁금한 사람은 쉽게 찾아볼 수 있을 것이다. 동양 경전의 원문도 모두 찾아 넣지는 못하였다. 내 능력의 한계를 인정할 수밖에 없다. 원문이 표기되지 않은 것에 대해서는 그 분야의 전문가들이 이 책을 보고 도움을 주기를 기다린다.

오랜 기간 노력했지만, 주변의 도움이 없었다면 이 책이 우리나라에서 빛을 보기는 쉽지 않았을 것이다. 먼저 내게 언제나 힘을 주는 가족에게 감사한다. 그들은 이미 나와 하나다. 그동안 충분히 표현하지 못한, '사랑한다!'는 말을 이곳에서나마 하고 싶다. 내 지도교수이신 송영배 선생님께서는 이 좋은 책을 소개해주셨을 뿐만 아니라, 언제나 보이지 않는 곳에서 기댈 수 있는 벽의 역할을 해주셨다. 후배인 조정은과 김형진 군은 책의 일부를 함께 읽었을 뿐 아니라 꼼꼼히 교정을 보아주었다. 그리고 보이지 않는 곳에서 나를 후원해주신 황경식 선생님과, 언제나 좋은 책을 만들기 위해 애써주시는 <철학과현실사> 사장님과 직원 여러분에게도 감사한다.

2005년 11월 중순

용인에서 **김 민 철**

제 1 부

제1장
서 론

중국 철학을 연구하기 위해서는 비상하게 결합된 여러 가지 재능을 가지고 있어야만 한다. 먼저 (학문적인 분과와 관련된 것은 아니더라도) 마음속으로는 실제로 철학자가 되어야만 한다 ; 맹자, 장자, 주희, 왕양명 그리고 다른 중국 사상가들이 거론하고 있는 문제들은 살아 있는 철학적인 문제들이기 때문이다. 중국의 과학에 대해 처음으로 제대로 된 평가를 내리기 위해서 조셉 니이덤(Joseph Needham) 같은, 과학에 대한 진정한 이해를 갖춘 사람이 필요했던 것처럼, 중국 철학을 제대로 다루기 위해서는 진정한 철학자가 필요한 것이다. 둘째로, 중국학자가 되어야만 한다 ; 현대 중국인들조차도 광범위한 언어적이고 문화적인 장벽에 의해 과거의 중국인들과 단절되어 있기 때문이다. 그리고 이러한 장벽을 극복할 수 있는 도구를 갖추지 않은 채 중국 철학에 대해 연구한다면, 이는 단지 자기 자신이 가지고 있는 선입견과 관심을 이질적인 문화에 투사하는 것에 불과하며, 따라서 진정으로 "서로 다른 지평들을 융합시킬 수 있는" 기회를 상실하는 것이다.

제2차 세계대전 이후에 지적인 성숙에 이른 세대 가운데 몇몇 학자들은 철학과 중국학 양자 모두에 대한 지식으로 두드러진 모습을 보여주고 있다. 이 가운데 대표적인 사람들로는 그레이엄(A. C. Graham), 라우(D. C. Lau), 도널드 먼로(Donald Munro) 그리고 데이비드 니비슨(David Nivison)을 꼽을 수 있을 것이다. 이 네 사람 가운데 니비슨의 작품이 가장 잘 알려져 있지 않다. 중국학계에서, 그리고 중국 철학을 연구하는 우리 "행복한 소수"들 사이에서 커다란 존경을 받고 있음에도 불구하고, 니비슨은 언제나 철학자의 철학자였으며, 그의 작품은 좀처럼 인용되지 않고 있다. 고대 중국 철학의 역사에 관한 두 권의 탁월한 작품인 벤자민 슈월츠(Benjamin Schwartz)의 『중국 고대 사상의 세계(*The World of Thought in Ancient China*)』(1985)와 그레이엄의 『도의 논쟁자들(*Disputers of the Tao*)』(1989)을 보자. 슈월츠는 니비슨의 논문을 단 두 편만 인용하고 있을 뿐인데, 하나는 주(周)가 상(商)을 정복한 연대 고증에 관한 것(1983)이고, 다른 하나는 상나라의 갑골문을 분석하는 고도로 기술적인 문헌학적 작업의 일부다. 반면, 그레이엄은 니비슨의 글을 세 편 인용하고 있는데, 그 가운데 철학과 관련된 것은 하나뿐(1980a)이고, 다른 두 편의 글은 연대기와 관련된 문제를 다루고 있는 것(1982~1983, 1983)이다.

이렇게 불행히도 니비슨의 작품이 간과되고 있는 데에는 여러 가지 이유가 있다. 먼저 라우나 그레이엄과는 달리 니비슨은 대중들이 지속적으로 눈길을 주는 대중적인 번역서를 출판하지 않았다. 게다가 지금까지 니비슨이 쓴 최고의 논문들 가운데 상당수는 극소수의 학생들이나 동료들로부터 원고의 형태로만 입수 가능했다. 그리고 출판된 논문들도 다양한 철학 잡지들 여기저기에 산재해 있었다. 2 이 책이 출판되기 전에는 『미국철학회보(*The Proceedings and Addresses of the American Philosophical Associations*)』나

『미국 종교학회지(*The Journal of the American Academy of Religions*)』를 찾아보거나, 1977년의 "청대 초기 사유에 관한 아실로마 회의(Asilomar Conference on Early Ch'ing Thought)"에 참석했던 사람만이 이 책에 다시 수록된 글들 가운데 일부나마 만나볼 수 있었다.

니비슨의 작품이 시의적절한 것임을 고려해볼 때, 그것이 무시되고 있다는 사실에 더욱 안타까움을 금할 수 없다. 우선 최근에 중국 철학에 대한 관심이 급증하고 있다. 마르타 너스바움(Martha Nussbaum, 1988, 1993), 얼래스대어 매킨타이어(Alasdair MacIntyre, 1991), 데이비드 웡(David Wong, 1989, 1991) 등과 같은 주류 철학자들은 이미 중국 철학에 대해 신지하게 언급하기 시작한 바 있다. 게다가 덕 윤리가 다시 한 번 진지하게 주목받고 있다. 또한 그레이엄 같은 학자가 고전 시대 중국의 반-윤리론자인 장자의 철학에 전념하고 있는 반면, 니비슨 작품의 많은 부분은 너무나도 자주 언급되고 있는 아리스토텔레스나 토마스 아퀴나스의 패러다임에 대한 근본적인 대안을 제시해주는 맹자의 덕 윤리에 초점을 맞추고 있다.

또 다른 글(Van Norden, 1996)에서 나는 니비슨의 작품이 어떻게 현대 비교철학의 맥락에 잘 들어맞는가를 논하고 있다. 이 글에서는 다른 작품과 구별되는 니비슨만의 특징을 논하고 나서, 이 책에 포함된 글들에 대해 간략하게 요약해보도록 하겠다.

1. 니비슨의 작품이 가지는 특징

니비슨의 작품이 다른 작품과 구별되는 측면 가운데 하나는 중국적인 사유와 현대 영미 철학 사이의 관련성을 잘 드러내 보여주고 있다는 점이다. 니비슨의 작품에서 특히 두드러진 철학적 주제는 세 가지다 : 아크라시아(akrasia)(혹은 의지 나약) ; 내재론(혹은 처방주의) ; 그리고 "도덕적 동기 부여의 문제를 다루고 있다는 점." 처음의 두 가지 입장은 연관되어 있으며, 현대 서양 철학에서 광범위하게 다루어져 왔다. 아크라시아란 잘못된 것임을 알고 있는 행동을 행할 때 생겨난다. 예를 들면, 흡연이 자신에게 해롭다는 것을 알면서도 어쨌든 담배를 피우거나, 학생들의 보고서를 채점해야 함을 알면서도 대신 텔레비전을 보는 것이다. 몇몇 철학자들은 여기에서 더 나아가 도덕적인 앎에 의거해서 행동하지 못하는 것을 아크라시아와 어씨디아(acedia)라는 두 가지 종류로 구분한다. 아크라시아는 자신이 가지고 있는 도덕적인 앎과 상충하는 유혹(섹스나 부유함에 대한 욕구 등)에 굴복당할 때 생겨나는 반면, 어씨디아란 특정한 구체적인 강력한 욕구의 유혹이 없더라도 자신이 옳다고 알고 있는 것을 행할 만한 충분한 동기 부여를 이루어내지 못할 때 생겨난다. 학생들의 보고서를 채점하지 못하는 경우에 대해 생각해보라 : 시내에 나가서 친구들과 밤을 보내고 싶은 욕구에 굴복해서 채점을 하지 못한다면 그것은 아크라시아이지만, 특별히 다른 어떤 것에 대한 유혹을 느끼지 않는데도 그냥 채점을 하지 못한다면 이 경우에는 어씨디아가 된다(무언가 재미있는 것을 보아야겠다는 생각조차 없이 그냥 "채널을 이리저리 돌려보는" 경우가 이에 해당할 것이다).

경험적으로 볼 때 의지 나약이 실제로 존재함은 부인할 수 없을 듯하다. 그러나 고대 그리스와 더 최근의 몇몇 철학자들 그리고 중국 철학자들 가운데 일부는 분명 그런 일이 있을 수 있음을 부인하였다. *3* 무엇 때문일까? 이는 내재론(혹은 처방주의), 즉 어떤 것이 가치 있다고 판단을 내린다는 것은 그에 비례해서 그 대상에 대해 호의적인 동기 부여가 이루어지는 것이라는 이론과 관련이 있다. 따라서 내재론에 따를 경우 A가 B보다 더 가치 있다는 판단을 내린다면, 그 경우 나에게는 B보다는 A를 선호하는 쪽으로 더 많은 동기 부여가 이루어져 있는 것이다. 서양의 많은 철학자들은 도덕적 경험의 어떤 기본적인 측면을 이해하기 위해서는 내재론이 필요하다고 생각해왔다 : 데이비드 흄(David Hume)이 말했듯이(1978, 457), 도덕적 판단이란 순수하게 "사변적인" 것이라기보다는 "실천적인" 것이다 ; 다시 말해서, 도덕적 판단은 필연적으로 "행동과 감정에 영향을 끼친다." 그러나 내재론을 받아들인다면 아크라시아는 역설적인 것이 된다. A가 B보다 더 좋다는 것을 알고 있다면(다시 말해서 A가 B보다 가치 있다는 판단을 내린다면), (내재론에 의거해 볼 때) 나에게는 B보다는 A를 선호하는 쪽으로 동기 부여가 이루어져 있는 것이다. 하지만 그렇다면 A 대신에 B를 행한다는 것은 불가능해보인다(다시 말해서 아크라시아는 불가능한 것이다).

니비슨 작품의 기본적인 주제 가운데 하나는 유가적 전통에서 의지 나약과 내재론에 대한 태도의 변화를 다루는 것이다. 공자와 맹자는 고통스럽지만 의지 나약의 가능성을 알고 있었다 ; 그들이 동기를 부여해주고자 했던 제자들과 정치 지도자들에게서 그 문제에 직면하게 되었기 때문이다. 니비슨의 주장에 따르면, 그들에게서 가장 두드러지게 드러난 의지 나약의 구체적인 형태는 어씨디아며, 이는 (부분적으로) 초기의 유학자들이 처했던 사회적인 상황을 반영한다. 그들은 전형적으로 군주가 하사하는 물품이나 돈에 의존하고 있었다. 그러나 자격이 없는 군주로부터 하사품을 받는 것은 그들을 정당화해주는 데 노움이 되는 것이었다. 결과적으로 적합하지 못한 하사품을 받아들이는 부적절한 행위는 유학자들에게 가장 자주 입에 오르내리는 도덕적 나약의 전형적인 사례다. 하사품을 제공받으면 애초부터 수동적인 상태, 다시 말해서 다른 사람의 행동의 대상이 되는 것이며, 회피해야만 하는 유혹도 계속해서 수동적이 될 수밖에 없는데, — 그 하사품을 거절할 도덕적인 힘을 불러낼 수가 없다 — 이것이 바로 어씨디아의 한 가지 사례다.

공자와 맹자가 의지 나약의 존재를 인정한 반면, 다음으로 등장하는 중요한 유학자인 순자의 주장은 "지성주의적" 입장이라고 할 수 있다 : 유학은 거의 수학적으로 확실하게 정당화될 수 있으며, 앎은 곧 올바른 행동을 보장해준다는 것이다. 수세기 후에, 이와는 매우 다른 (그리고 불교에 영향을 받은) 형이상학적 그림을 기반으로 해서, 왕양명은 아크라시아의 가능성을 부인한다. 양명의 "앎과 행동의 통일[知行合一]"에 관한 학설은 본질적으로 내재론적 입장을 선언한 것이다. 그리고 청대(淸代)에 전통 유학이 마지막으로 꽃을 피웠던 시기에, 장학성과 대진 같은 철학자들은 순자의 지성주의를 재발견하고 옹호했다.

이들 초기의 유학자들과 후기의 유학자들의 공통점이자 그들이 대다수 서구의 철학자들과 구분되는 점은 윤리적 수양에 관심을 가지고 있다는 사실이다. 의지 나약의 가능성을 인정했던 공자와 맹자 같은 사람들에게 주된 관심사는 그것이 어떻게 생겨나며, 어떻게 극복되어야 하는가 하는 점이며, 이는 다른 사람뿐만 아니라 자기 자신에게도 해당되는 것이다. 왕양명에게 "앎과 행동의 통일"에 대한 강조가 중요한 이유는, 정확히 말하자면 그렇게 하지 않을 경우 학생들이 자신이 공부한 내용과 도덕적 행위 사이에 본질적으로 연관성이 있음을 알지 못하게 될 것이기 때문이다.
4 결과적으로 초기의 유학자들과 후기의 유학자들 양자 모두는 성인(成人)이라면 "자신의 도덕적 동기 부여 문제를 관리할" 책임이 있는 것으로 보고 있다. 이러한 점에서 그들은 서구적 전통의 중요한 인물들 거의 모두와 차이가 있다. 예를 들어, 아리스토텔레

스도 진정한 덕을 가지기 위해서는 적절한 감정이 필수적이라고 생각하지만, 적절한 감정을 획득하는 유일한 방법은 어릴 때와 청소년기에 좋은 습관을 반복적으로 주입함을 통해서만 가능하다고 주장한다. 칸트는 감정에 대해 책임을 져야 함을 명시적으로 부인한다. 따라서 칸트는 도덕성을 확립하기 위한 기반으로는 감정보다 이성이 더 낫다고 생각한다. 니비슨이 밝히고 있듯이, 이러한 주제와 관련해서 그들과 대비되는 유학자들의 입장은 분명 옹호 가능한 것이며, 어쩌면 그들의 주장이 옳은 것일지도 모른다.

니비슨의 작품에서 볼 수 있는 또 다른 특징적인 면 가운데 하나는 그가 특정한 구체적인 구절, 단락 그리고 심지어는 개별적인 말에 괴팍하고 집요할 정도로 주의를 기울인다는 점이다. 그는 자신이 핵심적인 용어나 단락의 의미를 이해한다고 생각하는 것이 아니라, 그가 이 책에 실린 몇몇 글에서 예시를 통해 보여주고 있는 방법론을 채택하고 있는 것인데, 그 단계는 다음과 같다: (1) 텍스트에 대한 주석을 읽되, 고전적인 주석과 현대적인 주석 양자 모두를 읽어라. 니비슨이 보여주고 있는 것처럼, 우리는 많은 경우 이러한 주석들 사이에 실질적인 견해의 차이가 존재함을 발견하게 되며, 이는 해석에서 다양한 전략이 가능함을 암시한다. (2) 텍스트에 대한 다양한 번역본들을 읽어라. 다양한 번역본을 보면 다른 번역가들이 어떻게 해서 자신들의 결론에 도달하게 되었는지, 그리고 그들이 내린 결론이 옹호 가능한 것인지를 묻지 않을 수 없게 되는데, 이 또한 해석의 문제를 분명히 하는 데 도움이 된다. (3a) 핵심 용어의 경우에는 주석서와 번역서에 나오는 용어 설명을 찾아보고, 다른 맥락에서 그 말이 쓰이는 사례들을 찾아보라. 용어 설명을 통해 그 말을 어떻게 이해해야 할지에 대한 가설을 얻을 수 있다. 그 말이 쓰이는 다른 사례들을 통해서는 그 말의 의미에 대한 증거를 찾을 수 있다; (다른 조건이 모두 같다면) 서로 다른 다양한 맥락 속에서 그 말의 용법을 이해할 수 있게 해주는 번역에 우선 순위를 두어야 할 것이기 때문이다. (3b) 핵심적인 단락의 경우에는 주석서에 나오는 부연 설명을 찾아보고, 다른 맥락 속에서 유사한 구문을 가진 문장들을 찾아보라. 여기에서도 또한 주석서를 통해서는 새로운 해석을 위한 가설을 얻을 수 있으며, 유사한 구문을 통해서는 해석을 위한 증거를 찾을 수 있다. (4) 다양한 해석상의 가설과 그에 대한 증거들을 수집한 후에는, (다른 조건이 모두 같다면) **텍스트에 이해 가능한 의미를 부여하는** 번역에 우선 순위를 두어라. 다시 말해서, 가능한 어떤 한 가지 해석에 대해 고려할 때 자기 자신에게 "지적인 능력을 가진 인간이 그러한 문화, 그러한 구체적인 상황 속에서 왜 그런 말을 할 것인지가 이해되는가?" 하는 질문을 던져보라. 한 가지 예를 들어보겠다. 『맹자』 2A6.3에서 맹자는 인자함[仁]이라는 말을 통해 자신이 의도하는 바가 무엇인지를 보여주기 위해서 어떤 조치를 취하고 있는데, 오늘날의 철학자들이라면 그것을 "사고실험"이라고 부를 것이다. 그 가운데 "금인사견유자장입어정(今人乍見孺子將入於井)"이라는 문장이 있다. (내가 보기에) 올바른 번역은 다음과 같은 내용일 것이다 : "갑자기 어떤 사람이 아기가 우물에 떨어지려 하는 것을 보았다고 해보자." 언젠가 고전 중국어 과정에 있는 학생이 왜 이 구절의 의미를 "갑자기 어떤 사람이 아기를 보았다고 해보자. 그 사람은 우물 속으로 뛰어들 것이다"라고 이해해서는 안 되는지 물은 적이 있다. 내가 보기에, 구문론적인 혹은 사전적인 근거만 놓고 본다면 그 학생의 번역을 배제할 수 없다. 그러나 그러한 번역을 배제해야 하는 이유는 그렇게 번역할 경우 **텍스트가 이해 불가능해진다는** 사실이다. *5* 맹자가 무엇 때문에 그런 말을 할까? 어떤 사람이 아기를 보고 우물에 뛰어드는 것이 인자함[仁]에 대해 설명하는 데 무슨 도움이 될 수 있을까?

니비슨의 방법론에서 마지막으로 주목해보아야 하는 측면은 (5) (다른 조건이 모두 같다면) **전체론적인**(holistic) 해석에 우선 순위를 두라는 것이다; 그렇게 할 때 텍스트의 주어진 부분을 개별 사상가 자신뿐 아니라 그 사상가와 관련된 지적인 맥락 전반에 비추어서도 또한 이해할 수 있을 것이기 때문이다.

니비슨의 작품이 가진 특징들 중 마지막 측면은 "유학의 갈림길[The Ways of Confucianism]"이라는 이 책의 제목에도 암시되어 있다. 니비슨은 지적인 풍조로서 "유학"이라는 하나의 단일한 체계가 존재하는 것이 결코 아님을 오랫동안 강조해왔기 때문이다. 유학이란 오히려 오랜 시간에 걸쳐 전개된 다양한 문제들과 주제들의 집합체로서, 개별적인 유가 사상가들은 어떤 핵심적인 개념들을 다른 개념들보다 더 강조하고 다른 외부적인 영향을 그 속에 통합시킴으로써 형성되어온 것이다. 따라서 맹자가 묵가의 철학을 비판하고 있기는 하지만, 그가 사용하는 어휘와 논변의 형태는 후기 묵가의 그것과 매우 유사하다. 순자는 묵가와 도가 양자 모두의 가르침을 수용한다. 그보다 훨씬 이후에, 주희나 왕양명 같은 "신유학자들"은 불교가 전래되기 이전의 중국에서는 전혀 찾아볼 수 없었던 형이상학적 그림을 불교로부터 물려받는다.

2. 요 약

1) 중국 철학 탐구

이 책의 제1부인 "중국 철학 탐구"는 니비슨이 1980년과 1984년에 스탠포드대에서 행한 일련의 강연들로 이루어져 있다. 처음 세 장은 니비슨의 역사학적 작업에 관한 여러 가지 주제들과 문제

의식들의 개략적인 모습을 탁월하게 보여주고 있다. 제2부와 제3부에서는 제2, 3, 4장에서 개략적으로 묘사된 입장을 더 세밀하게 발전시켜가면서 지속적인 논변을 제시하고 있다.

"갑골문과 청동기에 등장하는 '덕'"의 첫머리에 등장하는 내용은 얼핏 보기에 철학적 논의의 출발점으로서 전혀 그럴싸하지 못해보인다 : 그것은 바로 3000여 년 전에 중국에서 점을 치기 위해 사용했던 "갑골(甲骨)"에 쓰여진 난해한 판결문들인 것이다. 그러나 니비슨은 이것과 초기의 다른 자료들을 이용해서 초기 중국철학에서 핵심적인 용어 가운데 하나인 덕(德)에 대한 설득력 있는 해석을 해내고 그 해석을 옹호하고 있다. 덕이란 왕이 강제력이나 폭력에 의거할 필요 없이 통치를 할 수 있는 "힘" 혹은 "카리스마"다. 덕은 또한 서양 철학에서 "virtue"1)라고 부를 수 있는 개념과도 연관성을 가지고 있다. 어떠한 관련성을 가지고 있다는 말인가? 사람들이 선물에 대해 감사의 마음을 느끼는 것은 전형적인 모습이다. 그러나 몇몇 사회에서는 이러한 마음속에 담긴 의미가 확대 해석되어, 내가 상대방에게 감사의 마음을 느낄 경우 상대방이 나에게 발휘할 수 있는 어떤 힘을 가진 것처럼 보이기도 한다. 덕은 원래 이러한 "힘" 이었으며, 중국의 왕들은 조상의 정령(精靈)에게 자신의 백성들을 위해 기꺼이 "희생"을 바칠 마음을 가짐으로써 이러한 덕을 획득했다. 그러나 진심으로 바친 선물과 다른 사람에 대한 통제력을 획득할 의도를 가지고 바친 선물 사이에는 중요한 차이점이 있다. 따라서 덕은 겸손함, 관대함 그리고 (일반적으로) "virtues"와 연관되게 된다. 6 게다가 왕의 곁에 있는 다른 사람들도 타인들을 위해 진심으로 자신을 희생할 수 있음이

1) 저자는 중국의 '덕(德)' 개념과 서양 전통의 'virtue'라는 개념에 대해 비교를 시도하고 있다. 따라서 여기에서 'virtue'는 일반적으로 '덕'이라고 번역되지만, 여기에서는 그렇게 하면 오히려 혼란에 빠지게 된다. 따라서 영문 표기법을 그대로 유지하기로 한다. 이하의 장들에서도 마찬가지다.

분명해진다. 이 지점에서 덕은 더 이상 왕만의 특권이 아님이 분명해진다.

그러나 유덕해지기를 바라기는 하지만, 이미 유덕한 상태가 아닐 경우에는 어떻게 되는가? 유덕하다는 것에는 무엇보다도 다른 사람들을 향해 친절한 행위를 하는 것이 포함된다. 그러나 진정으로 유덕한 행위가 되기 위해서는 (상대방이 생각하는) 친절함을 통해 상대방에게 호감을 사고자 하는 (이기적인) 의도로 그러한 행위를 해서는 안 된다. 따라서 이미 유덕하게 행동하는 경향을 가지고 있지 않다면, 다시 말해서 이미 유덕한 상태가 아니라면 진정으로 유덕한 행위를 하는 것은 불가능한 듯하다. 니비슨은 이를 "'덕'의 역설(The Paradox of 'Virtue')"이라고 부르고, 초기 중국 철학의 발전을 이해하는 데 이 문제가 핵심적이라고 주장한다. 예를 들어, 『논어』를 보면 공자가 도덕적으로 다양한 발전 단계에 처해 있는 제자들을 적절하게 대하고자 노력하는 많은 구절에서 이러한 문제를 볼 수 있다. 유가에 반대하는 "결과주의"학파의 창시자인 묵자는 분명 극단적인 "의지주의적(voluntarist)" 입장을 취하여, 사람들은 의지를 가지는 것만으로 적절한 감정을 선택하고 동기 부여를 이룰 수 있다고 가정한다. 인간의 본성과 "사단(四端)"에 대한 맹자의 견해는 이러한 역설을 해결하고자 시도한 것으로 볼 수 있다 : (비록 싹에 불과하지만) 모든 사람들은 이미 유덕한 성향을 가지고 있으며, 따라서 우리는 모두 진정으로 유덕한 행위를 할 수 있다는 것이다. 니비슨은 또한 맹자와 아리스토텔레스를 비교하고 있다 : 아리스토텔레스는 분명 유덕한 방향으로 적절하게 동기 부여가 이루어지지 않더라도 (적어도 처음에는) 유덕한 행동을 함으로써 더욱 유덕해질 수 있다고 주장했던 것이다.

인간의 본성에 대한 맹자의 견해에 의거할 경우, "덕은 스스로 배울 수 있는가?"라는 질문에 "그렇다"고 대답을 해야만 할 듯하다. 맹자 다음에 등장하는 중요한 유학자인 순자는 이러한 점에 근거해서 맹자를 비판하면서, 그러한 입장을 취할 경우 교육과 스승과 전통의 중요성을 훼손시키는 전혀 비-유가적인 견해에 이르게 된다고 주장했다. 니비슨의 주장에 따르면, 순자와 지난 2000년 이상의 기간 동안 활동했던 모든 유학자들은 고대의 위대한 성인들과 그들로부터 유래된 전통의 본질적인 중요성을 정당화할 뿐만 아니라, 원칙적으로 사람이라면 누구나 도덕을 발견(혹은 발명)할 수 있다는 도덕 발전론을 (성공적으로) 내놓기 위해 노력해 온 것이다. 순자 자신의 입장은 다음 두 가지로 분열되어 있었던 듯하다(두 입장 각각은 위의 두 가지 목적 가운데 하나를 성취하는 데에서 나머지 한 가지 입장에 비해 더 나은 위치에 놓여 있다) : (1) "산술적인 계산을" 할 수 있는 사람이라면 누구나 유가적인 교육과 수양의 과정을 거치는 것이 자신의 이익에 들어맞음을 알 수 있다 ; (2) 유가적인 전통은 역사적인 "축적"의 과정을 거친 결과다. 첫 번째 대답은 (단지 우리와 같을 뿐인) 성인들이 어떻게 도덕을 발견해낼 수 있었는지를 설명해주지만, 그러한 입장을 취할 경우 무엇 때문에 성인과 전통이 필요한지가 분명치 않게 된다. 두 번째 답변을 취할 경우 전통의 필요성은 분명해지지만, 성인들이 처음에 어떻게 전통을 고안해낼 수 있었는지 하는 문제가 더욱 더 난해해진다. 이 장의 나머지 부분에서 니비슨은 이후의 유학자들이 맹자와 순자의 입장을 어떻게 발전시키고 있는지에 대해 개략적인 설명을 해준다 : 양명은 (불교의 영향을 통해 맹자를 독해함으로써) 극단적인 도덕 폐지론자의(그리고 원칙적으로 반-지성주의적인) 철학에 이르게 된다 ; 대진과 장학성은 각각 순자의 견해에 내포된 두 가지 입장 가운데 하나를 강조한다.

7 제1부의 마지막 장인 「중국 도덕 철학에서의 황금률 논변」에

서 니비슨은 이렇게 보편적인 것에 가까운 성격을 가진 도덕 원리가 중국적 전통 속에서 구체적으로 어떠한 형태로 드러나는가를 탐구한다. 그의 주장에 따르면, 초기의 중국 철학에서 황금률은 충(忠)과 서(恕)라는 두 가지 핵심적인 덕목과 연관되어 있으며, 이는 황금률을 서로 다른 위계적 관계에 적용한 것이다. 충(忠)이란 자신의 아랫사람에게 기대하게 될 내용을 염두에 두고서 자신의 윗사람에게 훌륭하게 봉사하는 사람에게 해당하는 덕목이다. 서(恕)란 자신의 윗사람이 자신을 어떻게 대해주기를 바라는가에 대해 생각해서, 아랫사람을 대하는 데에서 동정의 태도로 유연성을 발휘하는 사람의 덕목이다. 이후의 중국 전통에서 다양한 철학자들이 이러한 개념들의 서로 다른 측면을 강조하게 된다. 따라서 (언제나 이기적인 욕구의 위험성을 염두에 두고 있는) 주희는 자기 스스로에게 엄격할 필요성을 강조하며, 왕양명과 장학성 그리고 대진은 (그 방식은 전혀 다르지만) 다른 사람과의 공감이 중요함을 강조한다.

2) 고대 철학

이 책의 제2부에 실린 글들은 대부분 특정한 구체적인 사상가들 혹은 더 나아가 특정한 구체적인 구절들에 초점을 맞추고 있다. 한 가지 예외는 「고대 중국 철학에서 의지 나약의 문제」로, 이 글에서는 의지 나약의 문제가 공자, 묵자, 맹자, 순자, 왕양명의 사유에서 어떻게 드러나는가를 개략적으로 살피고 있다(그리고 부수적으로 플라톤과 아리스토텔레스에 대해서도 간략하게 언급하고 있다). 문제는 먼저 통치자와 관련해서 생겨나게 된다. 훌륭한 왕은 덕(德)을 가지고 있는데, 그 말은 일차적으로 "virtue"로부터 생겨나는 정치적인 카리스마를 의미하며, 이후에는 그 "virtuc"

자체를 지칭하게 된다. 훌륭하지 못한 왕은 덕을 필요로 하며, 그와 더불어 그에게 그 덕을 주입시켜줄 사람들의 교육을 필요로 한다. 그러나 훌륭하지 못한 왕이란 정확히 말해서 덕을 추구하는 데에서도, 현명한 재상의 충고에 귀 기울이는 데에서도 동기 부여가 이루어지지 않는 사람이다. 그러한 사람에게서 나타나는 모습은 서양의 철학자들이 말하는 이른바 "의지 나약" 혹은 아크라시아다 : 그는 자신이 무슨 일을 해야만 하는지 알지만 그렇게 하지 않는다. 그리고 니비슨이 말하듯이, "왕에 대한 도덕 교육이라는 개념은 이후 도덕 교육에서 교사의 역할에 대한 모델이 된다." 따라서 아크라시아라는 문제가 중국 철학 전반에 등장하게 된다. 그 일반적인 문제가 고대 그리스와 고대 중국 양자 모두에서 발견되기는 하지만, 그 문제에 대한 정확한 이해 방식은 중요한 측면에서 차이가 있다. 아크라시아의 아리스토텔레스적인 모델은 맹목적으로 시를 읊조리는 "술취한 광시인"이다 : 진정한 도덕적인 앎을 가지고 있다면 적절한 동기 부여가 이루어지겠지만, 아크라시아에 굴복한 사람은 (그 순간에) 그것이 참임을 진정으로 알지도 못하면서 "도둑질은 옳지 못하다" 같은 말들을 단순하게 읊조리기만 하는데, 그 이유는 그가 감정에 압도되었기 때문이다. 이와는 대조적으로 맹자가 볼 때, 행위가 부가되지 않은 상태에서 도덕적인 앎만 가지고는 동기 부여가 이루어지지 않기 마련이다. 적재적소에서 적절한 동기 부여를 해내지 않는다면 도덕적인 앎만으로는 동기 부여가 이루어지지 않는 것이다.

「맹자에게서의 동기 부여와 도덕적 행동」은 이 책에서 가장 야심찬 논문 가운데 하나다. 제7장 1절에서 3절에 이르기까지 니비슨은 도덕적 동기 부여에 관한 맹자의 견해를 개략적으로 설명하고, 그것을 동시대 중국에서 제시되었던 몇 가지 대안들과 비교하고 있다. 1A7에서 맹자가 제선왕과 나누는 흥미로운(그리고 많은 경우 중요성에 비해 지나치게 강조되지 않아 왔던) 대화에 초점을 맞추면서, 니비슨은 맹자 사상의 배경을 이루는 그림이 원래는 묵가적인 것임을 보여주는데, 그 그림에 따르면 인간은 여러 가지 감정과 태도를 마음만 먹으면 "채택"할 수 있다. 8 맹자는 묵가의 사상을 강하게 거부하지만, 니비슨이 보여주듯이 그는 많은 부분 묵가 변증술의 어휘와 기술을 사용한다. 맹자 자신의 견해에 따르면, 유덕한 반응을 보이기 마련인 표준적인 사례가 모든 사람들에게 존재한다. 도덕적 수양의 과정은 표준적인 사례로부터 나오는 반응을 '그와 중요한 측면에서 유사하지만 아직 그러한 반응을 보이지 못하는 다른 사례'로 확장시키는 것이다. 이러한 모델은 최소한 두 가지 방식으로 이해할 수 있는데, 맹자는 그것을 "하나의 근원[一本]", "두 개의 근원[二本]" 모델이라고 부른다. "두 개의 근원" 모델에 따르면, 우리의 자연스러운 반응은 다양한 방식으로 확장 가능하다. 그러므로 우리는 이러한 자연스러운 반응이 어떤 도덕적 교설과 일치하도록 조종할지 선택을 하게 될 것이다. 맹자는 신(新)-묵가인 이지(夷之)와의 논변 과정에서 이러한 입장에 대해 공격을 가한다. "두 개의 근원"이라는 입장을 견지하는 두 번째 유형에서 주장하는 바에 따르면, 우리에게서 보이는 유덕한 반응 가운데 일부는 선천적인(혹은 "내적인") 것인 반면, 그 나머지는 후천적인(혹은 "외적인") 것이다. 맹자는 자신과 경쟁하던 철학자인 고자(告子)가 이러한 입장을 가지고 있다고 비판한다. 이러한 입장들에 대해 니비슨은 제2부의 그 다음 몇 편의 논문 속에서 더 세밀한 옹호 논변을 제시한다. 그러나 제7장 4절과 5절에서는 맹자의 "확장"이라는 입장으로부터 야기되는 몇 가지 철학적 문제들을 논의한다. 마지막으로 6절에서 니비슨은 맹자의 입장을 서구와 중국적 전통에 속한 몇몇 다른 철학자들의 입장과 비교한다.

「기원전 4세기 중국의 철학적 의지주의」는 『맹자』 2A2.9에 나오는 16글자로 된 구절을 해석하고자 하는 노력이다. 그 구절을 글자 그대로 풀이하면, "말에서 얻지 못하면 마음에서 구하지 말라 ; 마음에서 얻지 못하면 기(氣)에서 구하지 말라"가 된다. 니비슨이 보여주고 있듯이, 그 의미를 밝히는 작업은 놀라울 정도로 힘든 것이다. 그러나 그러한 탐구의 결과로 얻을 수 있는 이익은 매우 크다 ; 우리는 도덕적 이론, (만약 그런 것이 있다면) 타고난 도덕감, 인간의 본성 그리고 자기 수양의 관계에 대해 초기의 다양한 중국 철학자들이 사고했던 방식에 따라 공부하고 있기 때문이다. 한쪽 극단에는 묵자가 있다 ; 그는 인간의 본성이란 어떠한 윤리적 이론과도 어울릴 수 있도록 만들어 나아갈 수 있는 백지 상태(tabula rasa)라고 생각하는 듯하다. 고자는, 몇 가지 측면에서 묵자에 대해 비판적이기는 하지만 묵자의 영향 하에 있었으며, 이후 맹자와의 논쟁에서 인간의 본성이란 가변적인 것임을 단언했다. 반대로 맹자는 인간의 본성에 덕을 지향하는 적극적인 성향이 존재한다고 생각한다. 나아가 자기 수양에서 성인이 만든 이론이 중요함을 인정하면서도, 우리의 선천적 도덕감과 성향(우리의 "마음[心]")도 또한 우리를 인도해주는 데 필수불가결한 원천이라고 주장한다. 마지막으로 장자는 우리를 인도해주는 원천으로서 도덕적 이론과 마음 두 가지 모두를 거부하고 그 대신 기(氣)에 의거하는 것을 선호한다.

「근본은 두 개인가 하나인가?」는 『맹자』 3A5에 나오는 맹자와 묵자(墨者)인 이지(夷之) 사이의 논쟁을 출발점으로 삼는다. 니비슨은 이 구절이 무엇보다도 '인간에게서 동기 부여의 문제'와 '도덕적 의무' 사이의 적절한 관계에 관한 것임을 보여준다. 이지의 주장에 따르면, 인간에게는 자신의 친족을 배려하는 감정(도덕의 첫 번째 "근원")이 있으며, 우리는 보편적이고 공정한 묵가의 이론

(두 번째 "근원")과 일치할 수 있도록 그 방향을 재조정해야만 한다. *9* 반대로 맹자는 오직 하나의 "근원"이 있을 뿐이라고 주장한다 : 타고난 도덕심(moral heart-mind)을 통해 어떤 일을 해야 할지 알 수 있을 뿐만 아니라 그것을 행할 수 있는 동기 부여 또한 가능하다는 것이다. 그러나 "하나의 근원"이라는 개념에 대해서는 다양한 해석이 가능하며, 니비슨이 지적하고 있듯이 왕양명과 대진처럼 이후에 맹자의 노선을 표방했던 사람들 중 일부는 아크라시아 혹은 의지 나약을 배제하는 방식으로 그 개념을 이해했다. 양명과 대진이 볼 때 어떤 것이 동기 부여의 대상이어야 함을 인식하는 것은 곧 적절한 동기 부여가 이미 이루어져 있음을 의미한다. 이런 측면에서 보면, 양명과 대진은 맹자 자신이 아니라 20세기의 많은 영미 철학자들과 유사하다. "하나의 근원"이라는 학설을 고집하기는 했지만, 맹자는 아크라시아가 존재할 수 있음을 인정했기 때문이다. 이 논문의 마지막 부분에서 니비슨은 이들 철학자들에 의해 제기된 철학적 문제에 대한 자기 자신의 의견을 제시한다.

「『맹자』에 나타난 여러 가지 문제들 : 6A3-5」에서는 맹자와 그의 논적이었던 고자 사이의 논쟁을 세밀하게 다루고 있다. 문제가 되는 것은 "의(義)는 내적인 것인가 아니면 외적인 것인가?"다. 니비슨은 기원전 4세기의 맥락에서 이들 핵심적인 용어들이 어떠한 의미를 가질 수 있는가에 대해 다양한 가능성을 조사해보고, 맹자가 고자의 입장에 결정적으로 애매한 부분이 있다는 사실을 성공적으로 이용하고 있다고 결론짓는다.

「『맹자』에 나타난 여러 가지 문제들 : 7A17」에서는 텍스트에 나오는 17글자로 된 구절을 다루고 있다. 이 글은 이전의 번역과 주석들을 면밀히 연구함으로써 해석상의 가설을 밝혀내는 니비슨의 방법론을 잘 보여주는 사례다. 그러나 그는 이전의 학문적 성과에 얽매일 필요가 없다는 점도 또한 보여주고 있다 ; 니비슨 자신은 이전의 모든 해석들이 이 구절의 의미를 놓치고 있다는 견해를 가지고 있는 것이다.

「『맹자』의 번역에 관하여」는 기존의 『맹자』 영어 번역본들에 대한 비판적 검토 작업이다(니비슨은 많은 중국의 고전적 주석들과 다른 언어로 된 몇 가지 번역본에 대해서도 논하고 있다). 『맹자』에는 의미가 비교적 분명한 고전 중국어로 되어 있는 부분도 많지만, 매우 "문제가 되는" 부분들도 포함되어 있다. 니비슨은 번역자와 주석자들이 그 몇 가지 사례들 각각을 어떻게 다루고 있는지 살펴보고 있다. 니비슨이 논의하고 있는 내용에는 그가 수십 년에 걸쳐 강의와 연구를 하면서 이 텍스트에 대해 보여주었던 강한 열정이 반영되어 있으며, 이 책에 실린 이전의 논문들을 통해 얻은 통찰력 있는 내용들도 많은 부분 포함되어 있다. 이 장을 세심하게 읽는다면 고전 중국어에 대해 엄청나게 많은 것을 배울 수 있을 것이며, 이는 『맹자』를 번역하는 사람이나 니비슨이 다루고 있는 무수히 많은 구절들을 이해하고자 하는 사람에게는 필수적인 것이다.

「"인간의 본성"에 관한 순자의 입장」에서 니비슨은 맹자 다음으로 등장하는 중요한 유가 철학자의 사유에 외관상 분명히 팽팽한 긴장감이 존재함을 지적하고 있다. 순자는 아마도 인간의 본성이 악하다고 주장한 것으로 가장 잘 알려져 있을 것이다. 이는 인간의 본성이 선하다고 주장한 맹자에 대한 신랄한 비판임이 분명하다. 그럼에도 불구하고, 순자는 또한 인간과 "금수"를 구분할 수 있는 것은 인간에게 의(義 : 일반적으로는 "옳음에 대한 감각(a sense of righteousness)"이라고 번역된다)가 있기 때문이라고 말한다. 그러나 인간이 인간인 이유가 옳음에 대한 감각을 가지고 있기 때문이라면, 순자가 말하고 있는 내용은 결국 인간의 본성이 선하다는 것이 아닌가?

10 니비슨은 먼저 의를 "옳음에 대한 감각"으로 생각하는 것이 최선이 아닐 가능성에 대해 살펴본다. 이러한 가능성을 살펴보기 위해 니비슨은 순자가 윤리를 어떻게 정당화하는지에 대해 개략적으로 서술한다. 알고 보면 순자는 윤리를 정당화하는 데 결과론적인 요소와 의무론적인 요소 두 가지 모두를 결합한 아주 흥미로운 방식을 사용한다. 본질적인 측면에서 볼 때 순자의 주장에 따르면, 인간의 자연스러운 모습은 이기적인 것이지만 사려 깊게 생각해볼 때 인간에게는 윤리적인 변화를 거침으로써 이타주의자가 될 만한 이유가 있다 : (넓은 의미에서) 인간의 본성과 우리가 처한 "환경"을 고려해볼 때, 순수한 이기주의자는 자신의 욕구를 충족시킬 수 없다 ; 인간들이 자신의 욕구를 충족시킬 수 있는 유일한 방법은 이타주의자들로 이루어진 공동체의 구성원이 되는 것뿐이다. 순자가 윤리를 정당화하는 방식은 현대의 철학자들에게 좀더 친숙한 신칸트학파나 신흄스학파에서 윤리를 정당화하는 방식과는 여러 가지 흥미로운 측면에서 차이를 보이며, 더욱 깊이 있게 비판적으로 논의해볼 만한 가치가 있다. 그러나 니비슨이 초점을 맞추고 있는 것은 자신이 애초에 던진 질문과 관련해서 어떠한 의미가 함축되어 있는가 하는 점이다. 순자식의 정당화를 위해서는 인간에게 "옳음"을 그 자체로 높이 평가하게 될 수 있는 능력이 있어야만 할 듯하기 때문이다. 따라서 순자 자신도 "옳음에 대한 감각"에 대해 언급하고 있을 뿐만 아니라, 논리적으로도 순자의 입장이 성립하기 위해서는 인간들에게 그러한 감각이 있어야 할 듯하다.

니비슨이 고려하고 있는 두 번째 가능성은 일종의 "상보론적인 전략(complementarian strategy)"이다. 순자에 대한 상보론적인 해석자들의 주장에 따르면, 순자의 입장은 근본적으로 맹자의 입장과 다르지 않다. 대신, 두 사람은 단지 서로 다른 점을 강조할 뿐이다. 유덕한 사람이 되기를 갈망하는 어떤 사람에 대해 생각해 보라. 니비슨의 주장에 따르면 맹자는 그 사람이 덕을 갈망한다는 사실에 초점을 맞추어, 그것이 그 사람의 본성이 선함을 보여주는 것이라고 생각한다. 반면 순자는 그 사람이 덕을 결여하고 있다는 점에 초점을 맞춘다 ; 그것을 결여하고 있지 않다면 그것을 갈망하지도 않을 것이기 때문이다.

3) 중세 이후

제3부에는 송, 명, 청대의 유학에 대한 니비슨의 논문이 실려 있다. 「왕양명의 철학」은 너무나도 커다란 영향력을 가진 신유학자인 왕양명의 사상에 대한 전반적인 소개를 담고 있다. 양명의 철학은 맹자와 같은 초기 유학자들과는 전혀 다른, 불교에 의해 영향을 받은 형이상학적 그림을 가지고 있다. 그러나 추상적인 이론 이상의 것에 관심을 가지고 있다는 점에서 양명도 초기의 유학자들과 유사한 모습을 보여준다 ; 양명은 도덕 수양에 깊은 관심을 가지고 있었던 것이다. 양명의 형이상학적이고 구원론적인 관심이 결합되어 자기 수양의 성격과 목표에 대해 그가 가지고 있었던 구체적인 입장에 영향을 주게 된다. 양명에게서 자기 수양이란 "이기적인 욕구"의 "차단"으로부터 벗어나서 진정한 자아의 목소리에 귀를 기울이는 것과 관련된 문제다. 진정한 자아는 궁극적으로 우주와 동일한 것이기 때문에, 성공적인 자기 수양이 이루어질 경우 만물이 일체라는 사실에 대한 깨달음(이는 이론적이고 실천적인 측면 양자 모두에 해당된다)에 이르게 된다.

「왕양명에게서의 도덕적 결단 : 중국적 "실존주의"의 문제」에서는 양명과 그의 추종자들이 철학적 실존주의자였다는 자극적인 주장에 대해 비판적으로 검토하고 있다. 니비슨의 주장에 따르면,

양명의 철학과 실존주의 사이의 유사성은 대체로 피상적인 것이다. 서구의 실존주의자들처럼 양명도 자아를 "무(無)"라고 묘사한다. 그러나 양명의 "무(無)"란 실존주의자들이 말하듯이 가치를 창조해낼 수 있는 근본적인 자유를 일컫는 것이 아니라, 자아가 사물의 규범적-기술적(normative-descriptive) "원리"에 대해 열려 있음을 말하는 것이다. *11* 서구의 실존주의자들처럼 양명도 경직된 도덕 규칙에 의존하는 것을 거부한다. 하지만 이는 도덕 규칙에 의존하는 것이 "진정하지 못한(inauthentic)" 것이기 때문이라기보다는 도덕과 관련된 사실들이란 근본적으로 상황 의존적인 것이고 각각의 맥락 속에서 감지해야만 하는 것이기 때문이다. 서양의 실존주의자들처럼 양명도 "고통"에 대해 말한다. 그러나 양명에게 최선의 삶이란 끊임없이 고뇌하는 삶이 아니라 비통함 속에서조차도 지속적으로 존재하는 기쁨을 느끼는 삶이다. 서양의 실존주의자들처럼 양명도 "자발성(spontaneity)"에 대해 말하지만, 이는 어떤 것에도 속박되지 않고 선택을 할 수 있는 자유라기보다는 진정한 자아가 아무런 제지를 받지 않고 활동하는 것이다.

서구적 실존주의의 전성기는 이미 지나갔지만 니비슨이 이 장에서 주장하고 있는 내용들은 여전히 중요하다. 실존주의란 규범적인 사실들이 개인의 선택에 의존적인 것으로 여기는 일련의 입장들 가운데 하나며, 아마도 이러한 입장들은 마피아처럼 언제나 우리 곁에 있을 것이기 때문이다. 결과적으로 우리는 여전히 때때로 양명과 다른 유학자들을, 어느 정도 차이는 있지만 주관주의자 혹은 상대주의자로 독해하려는 노력들을 보게 된다. 이 장은 이러한 경향에 대해 훌륭한 해독제 역할을 할 것이다.

학자로서 니비슨이 한 공헌 가운데 하나는 많은 경우 산과되어 온 인물인 장학성이 철학적으로 흥미롭고 중요한 인물임을 강조해왔다는 점이다. 「장학성의 철학」에서는 장학성의 철학이 양명에 의해 시작된 신유학적 조류에 대한 반응이라고 설명한다. 명대에 왕양명은 "공허한 말"—여기에는 심지어 유가 경전에 담긴 말까지 포함된다!—보다는 자신의 "타고난 직관"을 신뢰할 것을 권고했다. 결과적으로 청대의 유학자들은 형이상학적인 사변 그리고 나아가 전반적인 철학적 사변까지도 공허한 말로 여겨서 거부하기 시작했다. 그럼에도 불구하고 그들은 유가에 속한 학자들이었기 때문에 고전적인 텍스트에 관한 작업을 해야 할 필요성을 느꼈다. 결과적으로 그들은 장대한 일반화 작업을 피할 수 있는 일종의 정밀한 문헌학에 의거함으로써 언어적인 세부 사항에 대해 정확하게 작업하는 것을 선호하게 되었다. 따라서 역설적이게도, 도덕적 발전에 열정적으로 헌신하는 양명 자신의 태도로부터 무미건조하고 도덕적으로 활력을 상실한 문헌학이 등장하게 된다. 니비슨에 따르면, 장학성은 공허한 말을 거부하는 양명의 입장을 받아들였지만, 경전의 말들도 도덕적으로 중요한 역할을 가지고 있다고 생각하였다. 경전은 공허한 철학적 일반화 작업의 산물이 아니라 역사적으로 성인들이 특정한 맥락 속에서 구체적인 행동을 했던 "자취"다. 이러한 "자취"를 연구함으로써 성인들이 상황에 따라 내렸던 건전한 판단 능력을 획득하는 데 도움을 받을 수 있는 것이다.

왕양명과 장학성의 사유 그리고 현대 윤리학의 몇 가지 조류에 대해 흥미로운 비교를 해볼 수 있다. 예를 들면 너스바움도 장학성처럼 구체적인 상황 속에서 예리한 도덕적 지각 능력을 가지는 것이 중요함을 강조한다. 그러나 너스바움(1990)은 이러한 지각 능력을 배양하는 데 특히 소설이 훌륭한 도구라고 주장하는 반면, 장학성은 유가 경전을 공부할 것을 권유한다. 이렇게 서로 다른 문화 사이에 윤리적인 문제에 대해 의견의 차이가 존재한다는 사실에 대해서는 더욱 심도 있는 연구를 해볼 만한 가치가 있다.

「두 종류의 “자연주의” : 대진과 장학성」은 니비슨이 정밀한 문헌학적 작업과 더욱 광범위한 지성사 양자 모두에 능수능란함을 잘 보여준다. *12* 제17장 2절에서 니비슨은 대진과 장학성 사이의 역사적 관련성과 상호 영향 관계에 대한 가설을 제시한다. 3절에서는 다음과 같은 문제에 대한 대진과 장학성의 해결책에 대해 논의한다.

> 인간의 가치 세계 — 규범과 목표 — 를 규범과 “덕”이 명시적으로 부여되어 있지 않은 전체로서의 세계에 대한 추상적인 그림에 기반해서 어떻게 합리적으로 설명할 수 있는가?(그것도 유가의 고전에 대한 연구와 존경심을 설명하고 정당화할 수 있는 방식으로 말이다.) 그리고 역으로, 어떻게 경전의 근원과 성격에 대해 그럴싸한 자연적인 설명을 해냄으로써, 경전에 대해 우리가 가진 존경심을 인정할 경우 그 경전들이 다시 우리가 가지고 있는 개인적인 가치와 목표를 정당화해 줄 수 있도록 할 것인가?

이는 결코 학문 이론적인 문제가 아니다. “유가적”이라는 말을 “아리스토텔레스적”이라고 바꾸어 쓴다면, 니비슨이 탐구하고 있는 문제가 매킨타이어와 같은 현대 서양 철학자들에게도 또한 문제가 됨을 알 수 있다 ; 매킨타이어는 지적인 전통에 의거함으로써 자기 자신의 신념을 정당화하는 데 도움을 얻을 수 있다고 주장하기 때문이다. 뿐만 아니라, 니비슨이 대진과 장학성에 대해 논의하면서 제기한 주제들은 경전과 전통의 중요성을 믿는가 그렇지 않은가와 상관없이 일반적인 흥미를 불러일으킬 만한 것이다. 니비슨이 말하고 있는 것처럼, “‘경전’이라는 말 대신에 ‘일반적으로 받아들여지고 있는 도덕적 실서’를 대입해볼 수 있는 것이다.”

그렇다면 대진과 장학성은 어떠한 해결책을 제시하는가? 간략하게 말해서 대진이 제시하는 해결책은 보편화 가능성의 시험에 의존하는 일종의 이상적 관찰자 이론인 듯하다. 장학성은 윤리를 과거의 축적된 지혜로 봄으로써 윤리에 대해 역사적으로 정당화하고자 한다(따라서 장학성은 버어크(Burke) 및 헤겔(Hegel)과 비견되어 왔다).

3. 편집과 관련된 문제들

인용문 표시는 표준적인 방식을 따랐으며, 표시가 빠져 있는 경우에는 표시를 해넣었다. 몇몇 경우에는 원래 본문에 있던 텍스트의 내용을 각주로 옮기기도 했다. 명료함을 위해 경우에 따라 편집자가 글을 부분적으로 다시 쓸 것을 요구하거나 제안하기도 하였다. 편집자가 추가로 단 각주(혹은 각주 내에 설명을 위해 쓴 주석 — 작품의 인용처를 제시하는 것은 제외함)에 대해서는 "[편집자]"라는 표기를 해놓았다. 참고 문헌 목록에는 니비슨 선생이 작성한 것(대부분은 1980b에서 나온 것이다)과 편집자가 작성한 것이 모두 포함되어 있다. 니비슨 선생께서는 개정된 원고를 읽어보셨으며, (편집 형식과 관련된 문제들을 제외하고는) 일부러 선생께서 바라시는 내용에서 벗어나도록 한 곳은 없다. 이렇게 광범위한 작업에서는 오타나 인용 표기에서의 실수가 남아 있을 수 있다. 그러한 부분이 있다면 후에 개정판을 낼 때 바로잡을 수 있도록 독자들이 출판사에 알려준다면 감사할 것이다.[2)]

2) 원래 이 단락의 첫부분은 한자의 로마자 표기 문제에 대해 언급하고 있고, 또 뒤에서는 성별 표기(he를 쓰는가 she를 쓰는가)와 관련된 문제에 대해 언급하고 있지만, 우리나라 독자들에게는 전혀 불필요한 내용이므로 이 번역본에서는 생략하기로 한다.

제2장
뼛조각과 청동기에 등장하는 "virtue"

이 강연과 다음 번 두 강연에서 다루게 될 내용에 대해 나는 대담하게 중국의 'virtue' 개념이라고 부를 것이다. 어떤 사람들은 그러한 개념이 존재하지 않는다고 말할 것이고, 다른 사람들은 그러한 개념은 하나가 아니라 여러 개라고 말할 것이다 ; 그리고 또 다른 사람들은 내가 말하는 내용이 그 가운데 하나가 아니라고 말할 것이다. 이러한 주장들 모두에 대해 나는 이미 그 주장들을 이해하고 있다고 대답해야만 한다.

이제 나 스스로가 무슨 일을 하고 있다고 생각하는지에 대해 좀더 정확하게 말해보도록 하겠다.

여러분들은 이 세 강연의 제목에서 내가 인용부호를 가지고 장난을 치고 있음을 알아차리게 될 것이다 : 이 강연에서 내가 말하고 있는 내용은 "virtue" — 겹따옴표 — 에 대한 것이다 ; 다음 번 강연(제3장)에서 말하게 될 내용은 'virtue' — 홑따옴표 — 에 대한 것이며, 마지막 강연(제4장)에서는 virtue에 대해 말할 것이다. 현대의 표준 중국어에서 dé(德)라고 발음되는 말을 우리들 대부분은 뭔가 거북함을 느끼면서도 "virtue"라고 번역하거나 혹은 번역을 하지 않은 채로 남겨두는데, 나는 먼저 그 말이 초기의 명문(銘文. inscription)에서 어떻게 사용되고 있는지 그 다양한 용례에 대해 이야기해볼 것이다. 다음 번 강연(「'덕'의 역설」)에서는 그 말을 통해 표현되는 개념이 완만하고도 자연스럽게 그 범위가 확장되어 수준 높은 고전 시대의 도덕 철학자들에게는 '도덕적으로 선한 사람이 되기 위해서 훌륭한 사람이 갖추어야 하는 자질'이라는 뜻을 가지게 되었으며, 그 결과 집합적으로 사람들의 'virtue'를 뜻하게 되었음을 보여줄 것이다. 그러나 그 말에는 다른 의미도 또한 있는 듯하다. 아서 웨일리(Arthur Waley, 1958)는 도가의 고전인 『도덕경(道德經)』을 번역하면서, 그 제목을 "The Way and its Power"라고 옮겼다 ; 덕을 "power"라고 번역한 것이다 — 그리고 웨일리에게는 그럴 만한 충분한 이유가 있었다. 웨일리는, 공자의 『논어』에서 왕왕 그러하듯이 덕이라는 말이 도덕적 자질의 명칭으로 쓰일 때는 두 가지 의미를 결합시켜서 "도덕적 힘(moral force)"(1938)이라고 번역한다. 사실 내가 생각하기에 어떤 사람을 도덕적이게끔 해주는 속성인 덕을 가지고 있다면 다른 사람들에 대해, 그리고 심지어는 자신을 둘러싸고 있는 환경에 대해서까지 영적(靈的)인 영향력을 행사할 수 있다고 생각되었다는 사실은 상식에 속한다. 덕이라는 개념에 이러한 측면이 있음은 그 말의 가장 초기적인 용례에서도 발견할 수 있다 ; 그리고 중국의 철학자들이 행했던 원숙하고도 세련된 도덕 철학적 논의는 그 개념 속에 함축된 의미에 비추어볼 때 아주 복잡하고도 매혹적인 것이 된다 — 논의되고 있는 화제가 인(仁), 의(義), 신(信), 예(禮), 양지(良知) 등이고, 덕이라는 개념은 그 이면에 놓여 있는 경우라고 할지라도 말이다. 나는 제3장 「'덕'의 역설」에서 이 복잡한 문제들을 다루기 시작할 것이며, 제4장 「덕은 스스로 배울 수 있는

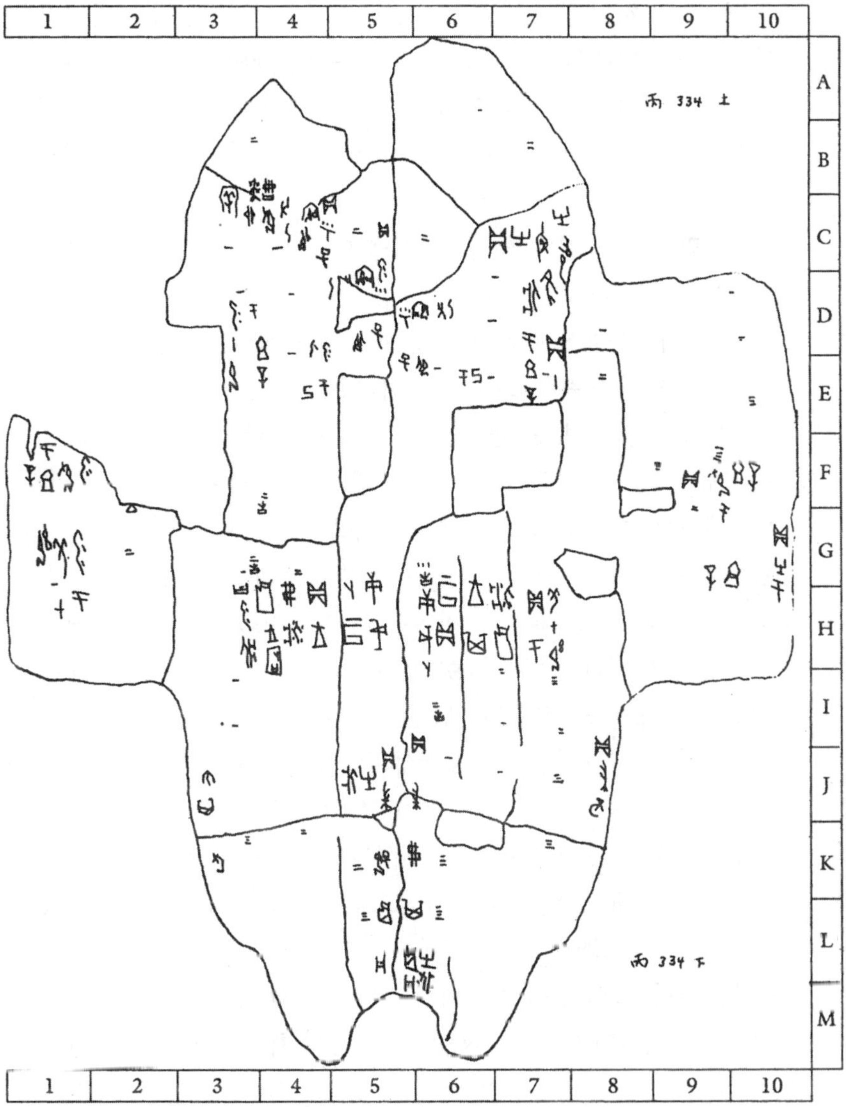
1 2 3 4 5 6 7 8 9 10
A B C D E F G H I J K L M
丙 334 上
丙 334 下

것인가?」에 서는 그 가운데 한 가지 문제를 더욱 깊숙이 탐구할 것이다.

19 그때까지 내가 이야기하게 될 문제들은, 그 기원과 지역적인 색채라는 측면에서는 나름의 독특한 측면을 가지고 있지만, 매우 보편적인 것이기도 하다. 또한 그것은 위대한 중국의 도덕가들과 그 제자들에게서 만큼이나 여러분과 나에게도 커다란 문제이기도 하다.

하지만 오늘 저녁에는 여러분들을 아주 오래된 또 다른 세계로 초대하고자 한다 ; 그 세계는 낯설면서도 때로는 놀라워보일 것이다. 나는 여러분에게 내가 어떻게 이 고대 세계의 유물들을 찾아내고 해석하는지 보여주고자 한다. 이러한 작업은 많은 것을 시사해 줄 수 있을 것이며, 또한 매우 재미있기도 할 것이다.

[그림 2-1]은 커다란 거북이 배 껍데기[腹甲]의 부드러운 (바깥) 쪽 면을 필사하여 반 정도의 크기로 축소한 것으로, 여기에는 많은 글씨들이 새겨져 있다. 우리는 이를 병편(丙編) 334라고 부른다. 이는 좀더 작은 조각들을 모아놓은 것으로, 1928년부터 1932년까지 하남성(河南省) 안양(安陽) 근처 소둔(小屯)에서 발굴된 많은 파편들 중 하나다. 여기에서 발굴된 유물들의 탁본은 1950년대와 1960년대에 (대만에 있는) 중국학회에 의해 출판되었다. 여기에 나온 그림은 그 시리즈 가운데 여섯 권으로 되어 있는 세 번째 시리즈에 나오는 것이다. 그 편집자인 장병권(張秉權 : 1957~1972)은 그 가운데 일부를 시험적으로나마 현대어로 필사해놓았으며, 제한된 분량이기는 하지만 나머지 가운데 일부에 대한 해석도 해놓았다. 그러나 이러한 해석 작업은 언제나 혼자 힘으로 처음부터 다시 해야만 한다 — 1899년 갑골문이 최초로 빛을 보기 시작한 이후 출판된 갑골문들을 거의 망라하는 색인집이 1967년 일본에서 출판되었으며, 1971년에는 그 개정판이 나왔기 때문이다. (故

시마 쿠니오(島邦南)의 지휘 하에) 편찬에 10년이 걸린 이 공구서를 잘 활용하면, 나와 같은 초보자도 초기에는 최고의 학자에게도 불가능했을 법한 것들을 발견해낼 수 있다.

이 글들 가운데 일부는 거북의 껍질이 아니라 소의 견갑골(肩胛骨)을 갈아서 그 위에 썼다 — 그래서 나는 제목에서 간단하게 "뼈조각과 청동기"라고 한 것이다 ; 하지만 지금 내가 살펴보고 있는 것은 거북의 껍질에 쓰여져 있는 것이다. 이는 대략 기원전 1200년경의 것으로, 다른 모든 것들 — 그것이 거북 껍질에 쓰여진 것이든 아니면 소의 뼈에 쓰여진 것이든 간에 — 처럼 종교적인 목적을 가지고 있었다. 사후에 무정(武丁)이라고 불리게 되는 당시의 중국 왕은 이 조각이 발견된 곳으로부터 멀지 않은 곳에 있는 "위대한 도시 상(商)"을 자신의 도읍으로 삼고 있었기 때문에 우리는 그를 상 왕조의 왕들 중 하나라고 부른다. 상 왕조는 주(周)라는 또 다른 왕조에 의해 교체된다 ; 주나라의 통치자인 무왕(武王)이 (내 생각에) 기원전 1040년 초에 상 왕조의 마지막 왕인 제신(帝辛)을 무찌른 것이다.[3] 상의 왕이 가지고 있던 권력과 그의 역할은 군사적인 동시에 종교적인 것이었다. 그는 정교한 조상 숭배의 희생 의식을 지속적으로 집행하였으며, 그의 조상들은 매우 강력한 힘을 가지고 있었다. 왕은 또한 주술사이기도 하였으며, 많은 전문 주술사들을 거느리고 있었다. 이들 왕실 주술사들의 임무는 조상과 다른 정령(精靈)들에게 어떠한 희생을 올릴 필요가 있는가를 알아내고, 이 신들이 왕과 그 백성들이 하는 일 — 수렵, 농경, 전투 — 을 분명하게 도와주도록 하고, 미친가지로 이 신들이 살아있는 사람들을 해치지 않을 것을 분명하게 하는 것이었다 — 아주

3) 제신(帝辛)은 주(紂) 혹은 주신(紂辛)이라고도 한다. 니비슨이 무정(武丁)에 대해 추정한 가장 최근의 연대는 기원전 1250 / 1247~1189년이다(95년, 선왕의 복상(服喪) 기간인 첫 3년을 포함해서). 주(周)나라 건국 연대인 기원전 1040년 4월 18일에 대해서는 Nivison(1982~1983, 1983)을 보라[편집자].

많은 경우 신들은 실제로 그런 일을 행했는데, 그 전형적인 모습은 왕 자신이나 그와 가까운 사람에게 치통, 두통, 눈이나 발의 질병 등을 통해 해를 끼치는 것이었으며, 너무나도 많은 경우 그 결과는 치명적이었기 때문이다.

20 따라서 누군가가 병이 들면 왕실 주술사들 혹은 왕은 자신의 기술을 사용해서 어떤 조상신이 그런 일을 일으키고 있는지, 그리고 그러한 사태를 멈추기 위해서 어떠한 희생 의식이 필요한지를 알아내야만 했다. 앞에서 말한 거북 껍질은 바로 이러한 용도로 사용되었던 것이다. 점을 치는 절차는 다음과 같다 : 여기에 나온 것과 같은 거북의 껍질이나 뼈의 뒷면에 아몬드 모양의 구멍들이 기하학적인 배열을 이루도록 해놓고, 불타는 막대기를 그 구멍에 넣어서 앞쪽에서 "T" 자 모양으로 그 껍질에 균열을 가한다. 주술사는 이러한 일을 하면서 자신이 확인하고 있는 내용 — 예를 들면 "그런 일을 하고 있는 것은 조상 아무개다" — 을 손에 쥐고 있거나 염두에 두고 있거나 낭독한다. 주술사는 갈라진 모양을 조사하여 그것을 해석하고 자신이 생각하는 내용이 맞는지 확인할 수 있다. 가끔은 왕 자신이 의식을 주관하는 주술사 역할을 하기도 한다. 하지만 때로는 왕이 두 번째 단계에서 끼여들기도 한다 : 주술사가 자신의 할 일을 하고 나면 왕이 갈라진 모양을 다시 검토해보고 그에 대해 자신이 평가한 내용을 밝히는 것이다. 이 모든 일이 끝나면, 점치려던 내용과 그에 대한 평가를 갈라진 모양 옆에 새겨넣는다. 그리고 갈라진 조각들에 대해서는 순서대로 번호를 매긴다.

이제 앞의 거북 껍질을 살펴보자. 이 사본에는 균열은 보이지 않고 숫자와 새겨진 글자만 보인다. 상단부 우측 C-D/7-8에 새겨진 일곱 글자로 되어 있는 내용을 보라. 그것은 위에서 아래로 그리고 좌에서 우로 읽게 되어 있으며, 그 내용은 다음과 같다 : "점 ;

'임신한 그 여자의 자궁에 질환이 있는데, 이는 어떤 조상신이 그녀를 괴롭히고 있기 때문이다.'" 이제 아래로 눈길을 돌려서 껍질 바닥 중심의 양편, 즉 J-M/5-6에 새겨진 두 가지 내용을 살펴보면, 병을 앓고 있는 사람이 누구인지 알 수 있다. 이는 긍정적인 내용과 부정적인 내용이 한 쌍을 이루고 있으며, 위에서 아래로 그리고 중심으로부터 바깥쪽으로 서로 다른 방향으로 읽는다 : (1) "점 : '호 부인[婦好]은 병에서 완쾌될 것이다.'" (2) "점 : '호 부인은 병에서 완쾌되지 못할 것이다.'"

다른 갑골에도 호 부인(아마도 내가 "Hao"라고 읽은 글자는 "Zi"라고 읽어야 할 것이다)에 관한 내용들이 많이 등장하는데, 그녀는 무정(武丁)의 부인 가운데 하나였음이 분명하다. 이 껍질에 새겨져 있는 내용들 — 뒷면에도 다른 내용들이 있다 — 은 모두 직간접적으로 그녀가 현재 가지고 있는 문제에 관한 것들이다. 아래쪽 모서리에 있는 두 개의 짧은 글에서는 앞에서 막 읽은 내용을 다시 확인하고 있다 : "점 : '부인은 회복될 것이다'"(오른쪽 모서리) ; "'그녀는 회복되지 않을 것이다'"(왼쪽 모서리). 연결 부위들과 왼편 꼭대기에는 그러한 사태를 일으켰을, 혹은 최소한 도움을 줄 수 있을 다양한 조상들에게 올릴 희생을 제안하는 글들이 새겨져 있다.

그리고 하단부 중앙에는 아주 흥미로운 두 개의 글이 있다 — 다시 한 번 중심으로부터 바깥쪽으로 읽는다.

(1) G-H/6-7 : "경술(庚戌)일에 주술사 선(亘)이 점치다 : '왕의 뼈 속에 병이 생길 것이다.'"

(2) G-H/4-5 : "경술(庚戌)일에 주술사 선(亘)이 점치다 : '왕의 뼈 속에 병이 생기지 않을 것이다.'"

그리고 나서 끝에 왕점왈물질(王占曰勿疾) — "왕이 갈라진 것을 해독해서 '왕에게 병이 생기지 않게 하라'고 말하였다." — 이라는 다섯 글자가 있다.

21 무슨 일이 벌어지고 있는 것일까? 앞에서 나는 이 껍질에 적혀 있는 모든 내용이 주로 왕비가 현재 앓고 있는 병과 관련되어 있다고 말한 바 있다. 그렇다면 무엇 때문에 왕이 미래에 병에 걸릴 수도 있다는 글이 새겨져 있는 것일까? 그리고 "균열에 대한 해석"을 하면서 왕은 무슨 일을 하고 있는 것인가?

이를 이해하기 위해서는 껍질을 뒤집어 보아야만 한다(그것이 丙篇 335이다). 너무나 거칠어서 사본을 만들 수는 없지만, 뒷면에는 더 많은 글들이 새겨져 있는데, 내가 생각하기에 이 글들도 모두 이 껍질에서 다루고 있는 한 가지 문제, 다시 말해서 "호 부인은 회복될 것인가?"(왕실에서 또 다른 균열을 독해한 바에 따르면 그 대답은 "그렇다"다), "그녀를 위해서 누구에게 희생을 바쳐야 하나?"에 대한 것이다. 그리고 왕과 그의 "뼈"에 관해서 앞면에 새겨진 두 가지 내용의 바로 뒷면에는 아주 당혹스러운 내용이 두 가지 더 새겨져 있다 : 왕은 어떤 병에 걸리지 않기 위해서 조상인 비강(妣庚)(아마도 왕의 아버지의 죽은 부인 가운데 하나일 것이다 ; 경술일에는 그녀에게 희생을 바치는 것이 적합하다)에게 어떤 희생 — 여기에는 사람이 포함된다 — 을 바쳐야만 하는가 그렇지 않은가?(나는 이 병을 '고(苦)'라고 부를 것인데, 갑골문에 있는 글자가 분명하게 후대의 형태를 갖추고 있지는 않지만, "고통"이라는 후대의 이 글자에 해당할 것이기 때문이다.)

우리는 이 병에 대해 무언가를 알고 있다. 그것은 뼈 혹은 아마도 관절에 생기는 질병임이 분명하다(아마도 관절염인 듯하다). 그리고 그 병은 그 왕 말고는 거의 어느 누구도 걸리지 않는 병이다(이 병과 관련된 글은 전부 100여 개인데, 시마의 색인에서 이 글자가 포함된 것은 54개며, 그 가운데 52개에서 병으로 고생하는 사람의 이름이 밝혀져 있다). 게다가 그 말에는 또 다른 의미가 담겨 있는데, 그것은 분명 여기에서 나오는 의미와는 전혀 관계가 없다 : 그것은 개나 돼지와 같은 동물을 사용하는 희생 의식의 이름이다 ; 의식이 끝나면 그것이 무엇이든 간에 거기에 사용된 동물은 땅에 묻는다. 또 다른 갑골(丙篇 90)에서도 두려움의 대상인 왕의 병은 어떤 다른 사람의 회복과 관련된 글과 결부되어 있다. 좀더 자세히 말하면 다음과 같다 : 시마의 색인에서 호 부인에게 사용된 바로 그 도식 — 그 사람이 병에서 "완치될 것이다(그렇지 않을 것이다)" — 을 사용해서 다른 사람이 병으로부터 회복되기를 바라는 것과 관련된 글은 60개가 넘는다. 이렇게 왕실의 주술 기법을 사용함으로써 도움을 받는 사람들 속에는 왕의 다른 부인들, 장군들, 봉건 영주들, 왕 같은 혈족의 왕자들이 포함되지만, 왕 자신은 이에 전혀 해당되지 않는다. 그가 아프지 않아서가 아니다 ; 무정(武丁) 자신은 다른 방법으로 건강을 회복해야만 하는 것이다.

이제 우리는 이들 중 일부를 짜 맞추어 볼 수 있다(이는 미루어 헤아리는 작업이 될 것이다 ; 그 작업이 훌륭하게 이루어지고 있는지 아닌지는 여러분 스스로가 판단해야만 한다). 왕의 부인이 아프다. 왕은 걱정스럽다. 의식이 진행된다. 이러한 의식 속에서, 왕은 저 가련한 개나 돼지처럼 왕실의 속죄양으로 환자 대신 자기 자신을 바치면서, 화가 난 신에게 "그녀를 데려가지 말고 저를 데려가십시오"라는 내용의 말을 한다. 물론 왕이 자신에게 임신과 관련된 병을 불러올 수는 없다. 그가 하는 일은 자신에게 '고(苦)'의 공격을 불러오는 것이다. 그리고 이렇게 자기 자신을 의식적(儀式的)으로 위험에 처하게 한 후, 자신을 보호하기 위한 조치를 취한

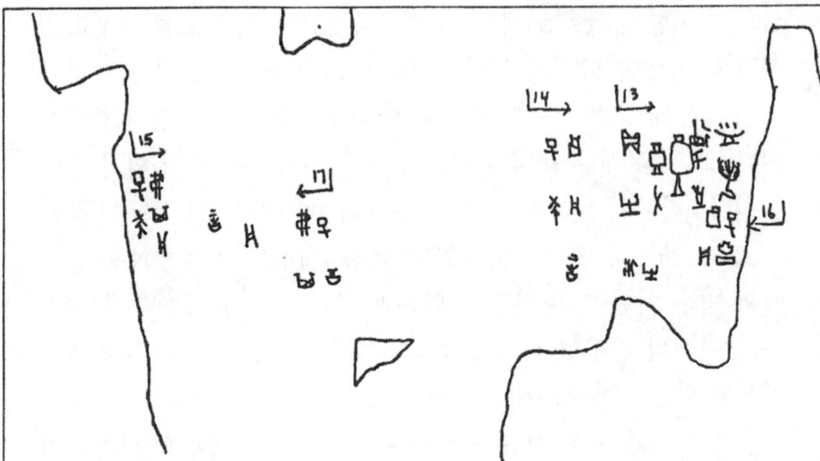

丙 311

13.

貞	有	復	左	子	王	德	于	是	益	若
Zheng	you	fu	zuo	zi	wang	de	yu	shi	yi	ruo
Testing	there being	return (to health)	assisting	Princes	Kings	virtue	with	this	(is) more	approved

14.

子	希	克	興
zi	xi	ke	xing
Prince	Xi	(will) fully	recover

15.

子	希	弗	其	興
zi	xi	fu	qi	xing
Prince	Xi	will not		recover

16.

子		克	興	有	疾
zi	x	ke	xing	you	ji
Prince	Xi	(will) fully	recover from	his	illness

17.

子		弗	其	興
zi	x	fu	qi	xing
Prince	Xi	will not		recover

다 — 먼저 스스로를 희생으로 제공하는 것이 받아들여질지 결정하는 점을 쳐보고, 자신에게 '고(苦)'의 공격이 있을 것이라는 위협이 느껴지면 의식을 사용해서 그것을 막아낸다 : 거북 껍질의 뒷면에는 자신이 어떠한 희생물들을 제공하는지 쓰고, 앞면에는 "왕이 병들지 않게 하라"는 명령을 적는다. 아마도 갈라진 균열을 해독하는 의식을 행하는 동안, 왕은 비범한 능력을 획득해서 신들에게 명령을 내릴 수 있게 되는 듯하다 — 이를 보여주는 사례는 20개가 넘으며 여기에는 심지어 조상신까지도 포함된다.

23 하지만 이 모든 것이 "덕(virtue)"과 무슨 관련이 있는가? 나는 10여 분 동안 그 개념에 대해 언급하지 않고 이야기해왔다. [그림2-2]에는 병편(丙篇) 311의 일부분을 옮겨놓았는데, 그것을 보도록 하자. 여기에는 또 다른 병과 관련된 문제가 나온다. 여기에서는 두 번 점을 치고 있는데, 그 대상은 이름이 언급되어 있는 두 명의 왕자며, "호 부인"이 나오는 거북 껍질에서 볼 수 있는 것과 같은 도식이 사용되고 있다 : "N은 그의 병으로부터 완전히 회복될 것이다(회복되지 못할 것이다)."[4)]

그리고 왕과 관련된 또 다른 글이 새겨져 있는데(장병권이 매긴 번호에는 13번으로 되어 있다), 이는 여기에 나오는 일련의 글 가운데 일부이자 그 글들과 밀접하게 관련되어 있다. 그 구절은 다음과 같이 번역해야 할 듯하다 : "점 : '보좌하는 왕자들[의 건강]이 회복됨 ; 이[사건으]로 인해 왕의 덕이 [조상들에 의해] 더욱더 인정받게 되었다.'"

즉각적으로 다음과 같은 추론을 할 수 있다 : 주술사이자 매개자로서 왕이 다른 사람의 회복을 도와준 이 의식에서 왕은 자기 자신을 희생으로 바침으로써 다음과 같은 이상적인 결과를 낳게 되었

---

4) 아래의 명문(銘文)에 따르면 그 둘은 아마도 지방에 거주하는 왕자인 읍자(邑子)가 아니라 궁중에서 "보좌 임무를 맡은 왕자"인 좌자(左子)임을 알 수 있다.

다 ; 환자가 회복되었을 뿐만 아니라 나아가 왕 자신도 아프지 않게 되었으며, 게다가 다른 사람을 위해 자신이 위험을 감수하고자 하였기 때문에 왕의 "덕"은 더욱 커졌다.

이렇게 추론을 내릴 수 있는 다른 근거를 발견할 수 있을까? 실제로 그렇다. 『상서(尙書)』 26장에는 주 왕조의 건립자인 무왕(武王)과 주공(周公)으로 알려진 그의 동생 단(旦)에 대한 유명한 이야기가 나온다. 왕이 갑자기 중병에 걸리게 되었다 ; 상나라를 정복하고 2년째 되는 해다 ; 왕이 죽는다면 엄청나게 불행한 결과를 낳을 것이다. 그래서 주공은 — 비밀리에 — 주술 의식을 거행한다. 그는 거북 껍질을 사용해서 왕의 조상들에게 말한다 : "누군가를 반드시 데려가야만 한다면 저를 데려가시고 왕이 회복되도록 해주소서." 균열을 조사해보니 우호적인 반응이 나온다. 그 사건에 대한 기록을 봉인된 상자에 넣고 의식에 참가했던 사람들은 침묵을 지키기로 맹세한다. 왕은 실제로 회복되고, 주공도 계속 건강을 유지한다. 수년 후, 아마도 주공 사후에 해당하는 어느 해에 거센 폭풍이 일어나 왕실의 높은 관료들이 오래된 주술 의식 기록들을 개봉해서 살펴보게 됨으로써 그 사실이 드러나게 된다. 이 이야기의 마지막에는 하늘[天]이 "주공의 덕을 드러내 보여주기 위해" 폭풍을 내렸다고 적혀 있다.

이 이야기는 신화며, 그 설명은 아마도 그 상상 속의 사건들보다 수세기 후에 쓰여졌을 것이다. 사실 그 신화가 한 가지 형태로만 전해 내려오는 것은 아니다 : 훨씬 이후의 기록이지만 좀더 원시적인 형태의 또 다른 판본(『사기(史記)』「노세가(魯世家)」)에 따르면, 주공은 어린 나이에 무왕의 뒤를 이은 성왕(成王)을 대신해 섭정하다가 성왕이 병에 걸리자 그를 위해 노한 황하의 신에게 자신을 바친다. 주공은 기도한다 ; "왕은 아직 어리고 아는 것이 없습니다. 당신의 명령을 거역한 것은 실제로는 저입니다." 그리고 맹세의 표시로 자신의 손톱을 잘라 강물 속에 던진다. 이전의 기록처럼 모든 일은 잘 해결되고 주공의 "덕"은 증진된다. 분명 신화다. 하지만 신화이기 때문에 더 중요하다. 어떠한 민족이든 이와 같이 중요한 생각을 극적으로 표현하면서 역사적으로 우연히 그러한 일이 벌어지기를 기다릴 수는 없기 때문이다. 24 이러한 이야기들을 다시 거론하는 일차적인 목적은 무정(武丁)이 치료 의식에서 행하고 있던 것으로 생각되는 것과 유사한 내용을 제시하자는 것이지만, 이 이야기들의 중요성은 거기에서 그치지 않는다. 주공은 왕이 아니었다. 정치적으로 신하의 지위에 있는 사람이 충성심에서 기꺼이 자신의 생명을 희생할 마음을 가지고 있음을 보여줌으로써 그 사람이 덕을 가지고 있음이 입증된다면, 그 사람은 도덕적인 독립성을 가질 뿐만 아니라 존경과 배려를 받을 권리를 부여받게 된다.

하지만 우리는 상(商)과 무정(武丁)의 이야기를 담고 있는 갑골문으로 되돌아가야 한다. 다음으로 취해야만 하는 행동은 분명 덕이라는 글자의 다른 용례들을 찾아봄으로써 이 개념의 초기적 형태와 관련해서 더 많은 내용을 발견할 수 있는지 알아보는 것이 될 것이다.

시마의 색인에는 150개 정도의 용례가 있는데, 대부분이 짧은 단편이다. 그것은 대체로 두 종류다. 가장 많이 등장하는 용례는 예정된 군사 작전과 관련되어 있는 듯하다 — 예를 들면 "올 봄 왕은 토방(土方 — 국경 지역의 적대 민족)을 덕(德)할 것이다" 혹은 "방(方)을 덕-공격(*de*-attack)할 것이다"와 같은 것으로, 여기에서는 분명 그 말이 일종의 군사적 행동을 의미하는 동사로 사용되고 있다. 이는 너무나도 이상해보이기 때문에 1970년대 후반까지 수십 년 동안 거의 대부분의 학자들은 내가 지금 탐구하고 있는 글자를 덕(德)과 동일시하는 것이 올바른 해석일 수 없다고 의심했으며, 그 글자를 다른 의미 — 예를 들면 "[군사적인] 시찰 여행을 하다"는 의미의 순(循) — 로 해석했다. 다른 중요한 용례는 조상신에게 희생을 바치는 것과 관련되어 있다 — 예를 들면 "왕은 모 조상에게 덕-희생 바치기(*de*-sacrifice)를 해야 한다." 그리고 여기에서도 또한, "시찰 여행"이라는 의미와는 전혀 다르지만, 그 글자가 실제로 덕(德)일 수 있는지에 대해서는 대부분의 학자들이 의심의 눈길을 보내왔다.

그러나 두 경우 모두에서 분명 그것은 '덕(德)'이라는 글자다. 글자 모양 자체가 강력한 증거다 : 주나라 때의 명문(銘文) 속에서는 문맥상 '덕(德)' 자임에 의심의 여지가 없는 몇 가지 사례가 발견되는데, 상나라 때 사용되던 그 글자의 모양이 주나라 때의 그 사례들 속에서 발견되는 글자와 거의 똑같은 것이다. 상나라 때 있었던 희생 의식을 기록해 새겨놓은 글들 가운데 일부를 보면 두 글자가 같은 글자임이 분명해진다. 그 기록 가운데 병편(丙篇) 311과 아주 유사한 것을 하나 발견할 수 있는데, 한 가지 차이가 있다면 신들이 "왕의 덕을 인정하게" 된 것은 어떤 희생 의식을 행했기 때문이라는 점이다. 따라서 "덕-희생바치기를 하다"는 아마도 단지 "왕의 덕을 증강시키기 위해 희생의식을 행하다"라는 의미일 것이다. 한 곳에서는 신들에 의해 "왕이 가진 덕의 향기가 인정되었다"고 기록되어 있는 것을 발견할 수 있다. 이 구절이 중요한 이유는 왕이 가진 덕의 향기가 조상들의 후각을 즐겁게 하고 있다는 생각이 너무나도 이상해보이기 때문이다. 그런 이상한 구절들은 우연히 나온 말이 아니다 ; 그리고 드물기는 하지만 (『상서』와 같은) 이후의 전적에서도 정확하게 동일한 구절을 발견할 수 있으며, 이를 통해 신들을 즐겁게 해주는 것은 불태운 제물들 그 자체가 아니라 왕이 가진 덕의 향기라는 사실을 알 수 있다.

희생과 관련된 이러한 문맥들을 통해 우리는 덕이 무엇인지에 관해 이미 더 많은 것을 알고 있다 : 그것은 왕에게 존재하는 자질 혹은 심리적 에너지며, 신들은 그것을 지각할 수 있을 뿐만 아니라 왕에게서 그것을 보게 되면 기뻐한다 ; 그리고 그것은 왕이 자신을 부인하거나 위험을 감수할 때, 다시 말해서 앞에서 살펴본 치료와 관련된 사례처럼 다른 사람을 위해서 혹은 희생을 바치는 의식처럼 조상을 위해서 무언가를 할 때 왕이 얻게 되는 어떤 것이거나 혹은 자신이 이미 가지고 있었던 것이 더욱 뚜렷해지는 어떤 것이다.

그렇다면 군사와 관련된 글에서는 어떤 의미로 쓰이고 있는 것인가? 여기에서도 또한 후대의 전적이 도움이 된다. *25* 예를 들면 『좌전(左傳)』의 기원전 656년 조(條)에서는 초나라(초나라는 장강 계곡 유역에 자리잡은 대국으로 애초부터 중국의 왕으로부터 독립해 있었다)와 제환공(齊桓公)과 관중(管仲)이 이끄는 북부 연합 세력 간의 대결을 기록하고 있다. 초나라는 협상을 위해 왕족인 굴완(屈完)을 사절로 보낸다. 양측 모두는 겸양의 덕을 보이면서도 자신의 힘을 과시하고 상대방의 요구를 거절한다. 제환공은 연합군을 자신의 휘하에 둘 만한 명망이 있음을 부인한다 ; 동맹국들은 선조들이 다져놓은 제나라와의 전통적인 우호관계를 지속하고 있는 것이다. 초나라는 동맹에 가담하지 않고자 하는가? 하지만 제환공은 다음과 같이 덧붙인다 : 만약 분노에 차서 이 군대를 움직인다면 아무도 당해내지 못할 것이다. 초나라의 사신은 다음과 같이 대답한다 ; "폐하께서 … 덕으로 다른 나라와의 화평을 구하신다면, 누가 감히 폐하께 복종하지 않겠습니까? 하지만 힘에 의존하신다면 우리 초나라는 방성(方城)의 산들을 요새로 삼고 한수(漢水)를 해자로 삼을 것입니다. 폐하의 군대가 아무리 많더라도 그것을 사용할 수 없을 것입니다."[5]

---

5) 희공(僖公) 4년, 레게(Legge, 1991b, 141, 중국어본 139). (레게는 희공_僖公 4년을 기원전 655년으로 잡고 있다. 레게의 연대 추정은 거의 모두가 1년씩 늦다 : 레게가

물론 결국에는 화해가 이루어지고, 초나라는 중국의 영향권 안으로 편입된다. 따라서 군사적인 덕은 실제로는 군사적이지 않다. 군사적인 덕은 경외심, 사람들이 느끼는 위엄, 두려움, 지도자의 자제력에 대한 감사의 마음 등에서 생겨나는 영향력과 결합되어 있다 ; 그리고 이 영향력은 사람들에게 일종의 강제력으로 느껴지기 때문에 실질적으로는 그가 군사적인 수단을 사용할 필요가 없어지게 된다. 내가 보기에 이는 "덕-군사작전"의 전형이다 : 이러한 글들을 통해 볼 때, 상나라 왕의 역할은 전쟁하기에 좋은 철마다 자신의 군대를 이끌고 나아가 그 군대의 깃발을 과시함으로써 변경 지역으로 하여금 경외감을 가지도록 하는 동시에, 군대의 칼날을 드러내지 않는 과정에서 자제력을 보여줌으로써 변경 지방의 민족들에게 이중적인 인상을 주는 것이었던 듯하다.

한 가지 글을 더 살펴보면 실제로 무슨 일이 진행되고 있는지에 대해 근본적인 모습을 알 수 있을 것이다. 다음의 글은 희생 의식과 관련된 여러 글들 가운데 하나다 :

> 왕이 의식을 주관했던 갑오일(甲午日)의 신탁(神託) : "우리는 왕실의 조상인 태을(太乙)에게 덕을 가지고 있다. 을미일(乙未日)에 술을 갖춘 희생 의식을 행하도록 하라."

점을 치는 데 사용된 이 문장에서는 고전 중국어와 서주 시대의 청동기에 새겨진 고대 중국어에서 흔하게 볼 수 있는 단순한 관용어구의 사례를 발견할 수 있다 : 예를 들면 "A는 B에게 공(功)을 가지고 있다", "A는 B에게 호의를 가지고 있다" 등이 그에 해당한다. 또한 여기에서처럼 "A는 B에게 덕을 가지고 있다"는 형태의

한 영국인 천문학자로부터 잘못된 조언을 받아 그렇게 된 것이라는 사실을 니비슨은 브루스 브룩스_Bruce Brooks에게서 배웠다).

문장도 발견할 수 있다. 이는 고대의 일상 어법에서 쓰이던 단순한 의미의 관용어구다 : A는 B에게 이미 무언가를 해주었으며, 따라서 B는 A에게 빚을 진 것 같은 감사의 마음을 느낀다. "A는 B에 대해 감사의 채권자다"라고 말할 수도 있다.

단순하지만 그리 간단하지는 않다. 친절한 행위, 선물, 봉사 등에 대해 감사의 빚을 졌다는 느낌은 우리 모두가 이미 알고 있는 것이다. 그러한 마음이 없다면 인간이라고 할 수 없다. 그러나 몇몇 사회에서 그러한 느낌은 사회화와 사회적 압박에 의해 무수히 많은 방식으로 엄청나게 확대되어서 마침내는 어떤 사람을 둘러싸고 있는 심리적인 힘처럼 보이게 된다. 중국 사회에서도 그러하다. 내가 생각하기로는 현재에도 그러하고, 과거에도 또한 그러해왔다 — 최소한 내 연구 능력의 범위 내에서는 말이다. *26* 이러한 종류의 사회에서 A가 B를 위해 무언가를 해주거나 B에게 무언가를 줄 때, B가 지금이든 아니면 미래의 어느 때라도 그에 대해 적절하게 반응해야 한다고 느끼는 강박 관념은 너무나도 강한 것이어서, B는 그것이 자신의 심리적인 요소가 아니라 A로부터 발산되는 영적인 힘이라고 느끼게 되며, 그로 인해 스스로 A를 향하게 된다. 그러한 힘이 바로 A의 "덕(virtue)" 혹은 "도덕적 힘"인 것이다.

여태까지 다루어온 재료는 그 성격상 왕과 관련된 것에 초점이 맞추어져 있었다. 하지만 여태까지의 분석이 옳다면, 그의 왕다움은 덕의 정의(definition) 가운데 일부가 아니다. 잠재적이기는 하지만 왕의 덕은 예외적으로 중요한 동시에 극도로 강력할 뿐이다. 왕이라는 지위 때문에 다인과의 관계를 모든 방면 — 자기 가족의 구성원들, 왕실의 대신들, 수많은 신민(臣民)들, 저 위에 있는 신들, 후손들 — 에서 창출해낼 수 있기 때문이다. 그가 진정한 왕이기 위해서는 반드시 이렇게 해야 하며, 그렇게 하지 않는다면 뭔가

끔찍한 일이 벌어질 것이라고 느끼게 될 것이다.

왕이 신과 맺는 관계가 전형적인 것이라고 할 수 있다. 나는 왕으로서 희생 의식과 관련된 의무를 수행하며, 신은 감사해 한다. "나는 조상인 태을(太乙)에게 — 태을로부터 — 덕을 가지고 있는 것이다." 이렇게 보면 나의 덕은 그 신으로부터 얻은 것이다. 하지만 신이 희생을 받지 않을 수도 있다(이는 신탁에 언제나 존재하는 불안 요소다). 희생을 올리고 있는 목적이 신에 대한 영향력을 얻기 위해서라면 분명 신은 그것을 받아들이지 않을 것이다. 나는 정말로 관대하고 의무에 충실해야 한다 ; 희생은 이러한 자질들이 외적으로 구현된 것이며, 사람들은 내가 덕을 가지고 있을 때 그러한 자질들을 가지게 된다고 여길 것이다. 이러한 관점에서 볼 때, 신으로부터 우호적인 반응이 있다는 것은 내가 이미 가지고 있는 덕을 인정해준다는 뜻이며, 내가 종교적인 의식을 수행하는 것은 그 덕을 유지하는 행위인 것이다. 그리고 그것은 단순히 의식을 수행하는 데 불과한 것일 리가 없어보일 것이다 ; 거기에는 틀림없이 내적인 측면이 존재한다. 그리고 이는 다른 사람들이나 집단들과 덕을 창출하는(*de*-engendering) 혹은 덕을 강화하는(*de*-reinforcing) 관계를 맺는 데에서도 또한 그러하다. 자신의 덕을 유지하는 것은 왕에게 가장 중요한 의무가 된다. 주나라의 청동기에 새겨진 글들과 초기의 문헌에서 반복적으로 등장하는 어떤 생각의 한 가지 사례가 이미 그 신탁에 등장한다(내가 그것을 옳게 해석한 것이라면 말이다) : 왕은 "자신의 '덕'을 경건하게 돌보아야[敬德]"만 한다(Nivison : 1978~1979).[6] 여기에 나오는 내용은 이상하다고 여길 만한 것 이상이다. 왕은 덕을 드러내 보여주는 것으로 규정된 역할을 맡기 위해 노력해야만 한다. 『상서(尙書)』의 한 편에서는 왕에게 조언

---

6) 『상서(尙書)』「주서(周書)」의 「소고(召誥)」에는 '경덕(敬德)'이라는 말이 다섯 번 나온다. 레게(Legge, 1991e, 420-433)를 보라.

하는 임무를 맡은 자가 왕에게 "왕으로서 당신은 왕의 지위를 최고의 '덕'에 의거해야 합니다"라고 말하고 있다.[7] 그러나 왕은 이 모든 것을 종교적으로 겸손하게 행해야만 하며, 결코 "유덕한" 데 대한 자만심을 가져서는 안 된다.

오랜 시간이 흘렀기 때문에 남아 있는 명문(銘文) 자료들은 내가 하고 있는 것과 같은 연구에 편리하도록 배열되어 있지 않다. 내가 여태까지 다루어온 내용들이 문헌에 등장하기 시작하는 것은 아무리 빨리 잡아도 덕에 대해 기록하고 있는 신탁보다 2세기 후의 일이다. 서주 초기의 청동기에 새겨진 글들을 살펴봄으로써 그 간극을 조금이나마 좁힐 수 있을 것이다. 상나라를 대체한 서주 왕조는 약 3세기 동안 실질적인 권력을 유지했으며, 이후 500년 이상은 이른바 "동주(東周)"로서 명목상으로만 존재했다 — 위대한 중국 고대의 철학자들인 공자, 맹자, 장자 등의 철학자들이 모두 이 시대에 활동하였다. 서주 왕조는 중국 서쪽의 한 민족이 정복 전쟁을 벌이면서 시작되었다. 그 시기에 대해서는 지난 2000여 년 동안 논란이 되어 왔는데, 사람들이 옹호하는 다양한 연도 간에는 1세기 이상의 차이가 난다. *27* 최근의 연구에 따르면 이 사건이 있었던 시기는 기원전 11세기 중반이 조금 지나고 나서다. 따라서 이때부터는 청동기에 새겨진 글들에 대해서도 때때로 그 연도를 추정할 수 있게 되었다.

내가 지금 언급하는 글들은 가족의 조상에게 희생을 바칠 때 사용하기 위해 만들어진 청동기 그릇 — 술잔, 주전자, 세발 솥, 큰 접시 — 의 안쪽(혹은 청동으로 된 종의 바깥쪽)에 새겨진 것이다. 일반적으로 그 글은 이름이 서명되고 있는 어떤 조상 — 대체로 아버지나 할아버지 — 에게 그 그릇이 헌정된 것임을 공표하기

7) 『상서(尙書)』「주서(周書)」, "其惟王位在德元" — 레게(Legge, 1991e, 431-432)를 보라.

1 隹王初[illegible]宅于成周、復禀
2 珷王豐福自天。才亖月丙戌、
3 王誥宗小子于京室。曰昔才
4 爾考公氏、克逨玟王、肄玟
5 王受茲大令。隹珷王既克大
6 邑商、則廷告于天。曰余其
7 宅茲中或、自之辥民。烏
8 虖！爾有唯小子、亡識覞于
9 公氏、有爵于天、徹令敬
10 享戈！叀王龏德、谷天順我
11 不敏。王咸誥。何易貝卅朋、用乍
12 囗公寶尊彝。隹王五祀。

마련이며, 그 조상이 (아마도) 왕으로부터 선물이나 서훈을 받은 사건을 서술하면서 시작되기도 한다. [그림2-3]은 그 그릇들 가운데 하나의 내부에 새겨진 글이며, 함께 실려 있는 도표에서는 그 글에 속에 들어 있는 열 개의 글자에 줄을 쳐서 보여주고 있는데, 이것이 나의 논의에서 중요한 부분이다.

이 그릇은 He(𣄨)라는 사람이 만든 것이다(다시 말해서 그가 주문을 하고 돈을 지불했다). 그 내용을 통해 추론해보면, 그는 자신이 젊은 귀족 집단의 일원으로 새롭게 건립된 동쪽의 수도인 낙양(洛陽)에서 주 왕조의 두 번째 왕인 성왕(成王)의 연설을 들었다고 묘사하고 있다. 때는 왕이 즉위한 지 5년째 되는 해 4월 병술(丙戌)일로 추정된다. 그 그릇은 목 부분이 아주 긴데, 그 글은 10년 후에 조심스럽게 세척하는 중에 발견되었다.

내가 번역한 내용을 읽어보면 내가 왜 이 글을 여러분에게 제시했는지 금방 이해할 수 있을 것이다.

> 왕이 처음 거주지를 성주(成周)[즉, 낙양]로 옮겼을 때, 왕은 무왕 때의 관습을 되살려 하늘로부터 축복을 구하는 의식을 행하였다. 4월 병술일에 왕은 경실(京室)에서 왕족의 어린 왕자들에게 다음과 같은 연설을 하였다; "옛날에 너희 귀족 집안의 우두머리였던 너희 아버지들이 살아 계실 때 그들은 문왕을 훌륭하게 보좌했다; 따라서 문왕께서는 이런 커다란 [명령을] 받아들여 [세상을 다스렸다]. 무왕이 대읍(大邑)인 상나라를 정복했을 때, 그는 궁정에서 하늘을 향해 이렇게 고하였다; '저는 이 중앙 지방에 거하면서 이곳으로부터 백성들을 다스리겠습니다.' 아아! 너희들이 나이 어린 왕자일 뿐이지만 분명 너희들이 아버지를 본받아 하늘로부터 받은 고귀한 지위에서 충실하게 하늘의 명령을 따르고 경건하게 희생 의식을 돌보리라고 기대할 수 있으리라! 너희는 [나]왕이 덕을 드높일 수 있게 도와서 내가 성실하지 않을 때도 하늘이 나로 하여금 순종하도록 할 수 있게 하라." 왕은

> 훈계를 마쳤다. 나(㓝)는 조개 껍데기 30묶음을 받았으며, 이를 가지고 X공(公)을 위해 이 귀중한 그릇을 만든다 — 왕이 다섯 번째 의식을 집행한 해다.[8)]

분명히 내가 관심을 가지고 있는 것은 "너희는 [나]왕이 덕을 드높일 수 있게 도와서 내가 성실하지 않을 때도 하늘이 나로 하여금 순종하도록 할 수 있게 하라"는 말과 그러한 상황에서는 왕이 그렇게 말할 것이라는 사실이다. 우리는 성왕이 이때 아마도 아주 어린아이에 불과했으리라는 사실을 음미해야만 한다(그는 성년이 되지 않은 상태에서 왕위를 계승했다). 겸손한 어조는 적합한 것이며 또 그만큼 진실한 것인 듯하다 ; 그리고 그러한 어조를 통해 우리는 "덕"이라는 개념에 대해 무언가를 알 수 있다 :

29 다시 한 번 말하지만, 자신의 "덕"을 함양하고 돌보는 것은 왕의 임무며, 그러한 의무를 수행하면서 도움을 구하는 것은 참으로 적절하다고 할 수 있다. 그리고 "덕"을 가지게 되면 그는 미래에 자신의 의무를 수행하지 못했을 때도 다른 사람의 교정을 받아들일 수 있게 된다 — 간단히 말해서 그는 도덕적인 가르침을 받아들일 수 있는 사람이 되는 것이다. 덕을 가진다는 것은 도덕적으로 가르침을 받아들일 수 있는 사람이 되기 위한 선결 조건인 것처럼 보이기까지 한다.

왕의 "덕"에 이러한 차원이 존재함은 『상서』와 다른 고대의 문헌들 속에서 무수히 확인할 수 있다. "덕"이 있는 왕은 충고에 귀를 기울인다. 현명한 조언자들은 그를 위해 봉사하고자 하는 마음을 가지게 된다. "덕"이 없는 왕은 충고를 들은 척도 하지 않는다. "유덕한" 왕은 자기 — 이 경우에는 자아(ego) — 를 내세

---

8) 여기에서 "X"라고 표기한 것은 아직 식별되지 않은 글자다(그림 2.3의 12A에 내가 손으로 써놓은 글자는 나의 추측이다).

우지 않으며, 따라서 절제하는 모습을 보여준다. "덕"이 없는 왕은 자기만을 내세우며, 교만하고 폭력적이고 탐욕스러우며 잔인한 행위를 포함해서 여러 가지 유형의 부절제한 행위를 저지른다. 『상서』에서는 정복 직후에 상(商)의 마지막 왕이 방만하고, 술을 탐닉하며, 자신의 애첩들에게만 관심을 기울이고, 냉혹할 정도로 잔인한 행위를 행하는 삶을 살았던 것으로 그려져 있다. 아마도 이러한 모습이 "덕"을 결여하게 되는 원인이자 실제적인 모습인 동시에 그 결과에도 해당하는 것으로 보아야 할 것이다.[9)]

이렇게 청동기에 새겨진 다른 글들 속에 자주 등장하는 "덕"에 대한 언급을 통해 충분한 정보를 얻을 수 있다. "덕"이라는 글자가 등장하는 사례에 대한 단순한 목록식 나열을 피하기 위해서, 외관상 분명해보이는 세 가지를 지적하고자 한다.

(1) "덕"은 일종의 내면적이고 정신적인 존재임이 분명하다. 기원전 9세기에 새겨진 것으로 최근에 발견된 글에 따르면, 봉헌자의 아버지와 조상들에 대해 "자신들의 마음이 밝게 드러나도록 할 수" 있었던 것으로 묘사하고 있으며, 봉헌자 자신은 "할아버지와 아버지가 계속적으로 지켜왔던 빛나는 덕[明德]을 감히 따르지 않을 수 없다"고 말하고 있다. (상나라 때와는 달리) 오늘날 "덕"이라는 글자에는 "심(心)"이 글자의 일부가 되어 있다.

(2) 여기에서 분명히 알 수 있듯이, 왕만이 "덕"을 가지는 것은 아니다. 왕이 모델이 될 수는 있지만, 부모와 조상도 또한 덕을 가지고 있으며, 그 속에 담긴 의미로부터 추론해볼 때 나 또한 덕을 가질 수 있다. 아마도 덕은 효성심을 가진 경건하고 선한 사람이 가지게 되는 속성인 듯하다.

---

9) 『상서』「주서(周書)」의 「태서(泰誓)」와 「목서(牧誓)」를 보라. 레게(Legge, 1991e, 281-305)를 보라(이러한 관념들을 가장 잘 설명하고 있는 「태서(泰誓)」는 진(晉) 왕조 시기에 『상서』에 추가된 위작들 중 하나다).

(3) (같은 시대에 동일한 다른 사람이 쓴) 또 다른 글의 첫머리는 주나라 왕조의 창시자격인 문왕에 대한 역사적인 찬양으로 되어 있다: "옛적에 … 높은 곳에 계신 상제(上帝)께서 문왕에게 덕을 내려주시고 크게 도움을 주셔서 문왕은 만방으로 영향력을 확대하게 되었다." 여기에서 분명히 알 수 있는 것은, 내가 분석을 하면서 가정했던 것처럼, 덕은 신이 주는 것인 동시에 덕을 가지게 되면 신에 의해 보상받게 된다는 사실이다.

중요한 내용만 요약해보면 다음과 같다:

(1) "덕"은 훌륭한 왕의 속성이다. 그러나 선한 사람이라면 누구나 그러한 속성을 가질 수 있다.

(2) "덕"은 관대한 행위, 자제와 희생적인 태도, 겸손함 등에 의해 생겨나거나 그에 대한 보상으로 주어진다. *30*

(3) "덕"은 그러한 행위와 태도, 양자 모두를 구성하는 요소다.

(4) "덕"은 가지면 좋은 것이다. 그 자체뿐만 아니라 덕을 가진 사람에게 생겨나는 결과 때문에도 또한 그러하다. 예를 들어 덕이 없는 왕은 제구실을 할 수 없다. 왕은 덕을 통해 위세(덕의 군사적인 측면을 고려해보라)와 영향력을 얻게 된다.

(5) 그리고 "덕"에는 (a) 관대함 (b) 제 멋대로 하지 않음 (c) 스스로를 희생함 (d) (최소한 종교적인 의미에서) 의무감으로 가득 차 있음 (e) 겸손하고 예의바름 등이 포함되기 때문에, 다른 무슨 말을 하는 것이 가능하더라도 그것을 "virtue"라고 부르는 것이 적절함을 인정하지 않을 수 없다 — 실제로 "덕"은 여러 가지 virtue들의 집합인 듯하다.

하지만 나는 이제 묻고 싶다. 이것이 덕의 특징을 논리적으로 일관되게 나열한 것인가? 그리고 내가 여태까지 기술해온 것이 초기 중국의 개념 가운데 "선한 사람을 선하게 만들어주는 것은 무엇인가?"에 대해 설명할 수 있는 것이라면, 이와 같은 개념이 정교하게 진화될 경우 어떠한 도덕적-철학적 전통의 모습을 띠게 될 것인가?

다음 번 강연인 「'덕'의 역설」에서는 이러한 문제들을 탐구할 것이다.

제3장

'덕'의 역설

上德不德是以有德
下德不失德是以無德

이것이 『도덕경(道德經)』으로도 알려진 『노자(老子)』 후반부의 첫 문장이다. 라우(D. C. Lau, 1963a, 99)는 이 문장을 다음과 같이 번역하고 있다;

> 최고의 덕을 가진 사람은 덕을 고수하지 않으며, 그렇기 때문에 덕을 갖게 된다. 가장 낮은 덕을 가진 사람은 절대 덕에서 벗어나지 않으며, 그렇기 때문에 덕을 갖지 못하게 된다.
>
> (A man of the highest virtue does not keep to virtue and that is why he has virtue. A man of the lowest virtue never strays from virtue and that is why he is without virtue.)

원문에는 '사람'이라는 말이 없지만, 단지 암시적인 것으로만 여긴다면 이 번역도 받아들일 만하다.

이것을 처음에 인용한 것은, 여러분 가운데 반쯤은 이것이 나의 '덕의 패러독스'라고 기대하고 여기에 왔을지도 모른다는 우려 때문이다. 사실, 이것이 바로 내가 염두에 두고 있던 것은 아니다 — 하지만 물론 나의 전반적인 분석이 성공한다면, 이것도 자연스럽게 제사리를 찾게 될 것이다. 나는 도덕 철학에 관한 몇 가지 문제들을 탐구하고 있으며, 이를 위해서는 도가가 아니라 유가를 무대의 중앙에 놓을 필요가 있다. 그러나 실제로 그 일에 착수하기 전에 도가 및 그 밖의 여러 매혹적인 사상들에게 경의를 표하고자 한다.

왕의 덕에 대하여 내가 (제2장에서) 묘사했던 특징들을 상기해보라 ; 이상적인 왕은 노넉석이라 부를 만한 자질들을 갖고 있다 ;

▷그는 종교직 의무를 배우 잘 시키며, 소상에 대한 제사나 희생 등에 주의를 기울인다.
▷그는 개인적으로 절제하는 삶을 산다.
▷그는 관대하고 친절하며, 심지어는 (병을 고치는 경우에서 볼 수 있는 것처럼) 자기 희생적이다.
▷그는 군사적 역할이나 행정적인 업무를 수행할 때 가능하면 무력을 피한다 ; 그는 온화하다. *32*
▷그는 겸손하다 ; "자신의 덕을 최고의 위상에 두면서도(位在德元)", 자신의 "덕"에 대해 개인적인 공로를 내세우지 않고, 다른 이들의 도움을 청해서, 하늘이 그를 인도하여 잘못이 없도록 하게 한다.
▷그래서 그는 독단적이지 않고 다른 이들의 가르침에 마음을 연다 ; 그는 경청한 후 그에 따라 행동한다.

또한 내가 앞에서 보여주고자 했듯이, 왕의 덕은 실제로는 "도덕적 힘(moral force)"이다 ; 이 개념의 근원은 이른바 감사의 빚(gratitude credit)이라고 할 수 있을 듯하다 — 이는 도움을 받은 사람이 도움을 준 사람에게 호의적으로 반응해야 한다고 느끼는 강박감으로, 이 강박감은 너무나 강해서 마치 도움을 준 사람(왕)에게서 나와서 그의 주위 사람들로 하여금 호의적인 태도로 그를 향하게끔 하는 영적인 힘(psychic power)처럼 보인다.

"덕"에서의 "도덕적 힘"은 한 덩어리의 물체와 그것이 중심이 되는 중력장(重力場)의 관계에 비유할 수 있다; 하나가 없이는 다른 하나가 있을 수 없다. 흥미롭게도, 공자는 (자연과학의 역제곱 법칙(inverse squares law)을 모르면서도)거의 이와 유사한 비유를 쓰고 있다; "덕으로 통치하는 자는 북극성과 같아서, 자신의 자리에 머무르면서도 그보다 못한 다른 모든 별들이 그에 경의를 표한다."[10] 공자는 물론 외관상 분명히 북극성 주위를 돌고 있는 것으로 보이는 별들의 운동이 사실은 북극성 때문이 아님을 알 수 없었다. 그의 의도에 맞는 더욱 정확한 비유는 아마 태양계였을 것이다; 이 또한 그는 알지 못했다; 그러나 만일 그가 태양계라는 개념을 가지고 있었다면, 아마 그것을 사용했을 것이다.

그러므로 왕이 덕을 갖추게 되면, 그 "도덕적 힘"이 미치는 장(場) 내에서는 자동적으로 그에 수반하는 반응이 생겨난다. 그의 인격(character), 다시 말해서 그의 덕은 '훌륭하게 질서지워져 있음'이라는 자질을 가지며, 이 덕은 그 주위의 사람들에게 영향을 미쳐서 그들의 행동이 왕의 행동과 기능적인 측면에서 부드럽게 잘 연결되도록 해주는데, 이 과정은 양편 모두에게 전혀 힘이 들지 않는 자연스러운 것이다. 이러한 인격 그리고 그 인격이 결과를 산출해내는 것이 왕으로서의 덕이다.

이러한 생각으로부터 간단한 확장을 통해 '어떤 사람 — 혹은 모든 종류의 존재 — 의 덕'이라는 개념에 이르게 된다; 여기에서

10) 『論語』, 「爲政」, "子曰, "爲政以德, 譬如北辰, 居其所而衆星共之." — 원문 표기는 모두 역자가 번역하는 과정에서 추가한 것이다.

‘덕’은 그것이 가지고 있는 고정되어 있는 성격으로서, 그것 자체의 구성 요소인 동시에 그 주위 세계에 대해 가지는 모든 공감적 인과 관계(sympathetic causal relationship) — 좋은 것이든 나쁜 것이든, 아니면 능동적인 것이든 수동적인 것이든 간에 — 로 간주된다. 여전히 정치적인 영역 에서 공자를 다시 한 번 살펴보자 : 공자는 계강자(季康子)에게 조정에는 사형 제도가 필요 없다고 충고한다. “만일 당신이 선한 것을 원한다면, 사람들은 금방 선해질 것이다.” 이것은 물론 덕이다 ; 그러나 공자는 곧이어 바로 그 말을 전혀 새로운 의미로 쓴다 ; “군자의 덕은 바람이다. 소인의 덕은 풀이다. 바람이 풀 위로 불면 풀은 반드시 눕게 된다.”11) 이러한 말들은 단순히 비유에 그치지 않는다. 만일 공자가 (다른 주장을 하면서) 오래된 격언에서 말하듯이, 마치 강에 떠 있는 나무배와 같이, 통치사의 존재 그 자체는 그를 떠받쳐주는 백성이 존재한다는 사실에 달려 있다는 점을 말하고자 했다면, 그는 “통치자의 덕은 나무다 ; 백성의 덕은 물이다”라고 말했을 것이다. ***33*** 그리고 이제 그는, 동일한 관용 어구를 사용하고 있기는 하지만, 주나라 말기와 한(漢)왕조 그리고 이후의 중국의 모든 형이상학적 사상의 이른바 “오행(五行)” 이론(그리고 그것을 보충해주는 “공명적(共鳴的) 인과성” 개념)의 체계화된 비유를 쓰고 있는 셈이 될 것이다. 실제로 기원전 4세기 말에 이 이론을 유행시켰던 추연(騶衍)은 이를 “오덕(五德)”(“힘” 혹은 자연적 경향)이라고 불렀다. (이에 대해서는 도서관 서가 하나를 가득 채울 만큼의 박사 논문이 있음을 알지만, 지금으로서는 단호히 그에 등을 돌리겠다.)

그러나 공명적(共鳴的)인 인과적 힘의 장(場)과 더불어 고유한 성격으로서의 덕에 대한 사례가 하나 더 있다 ; 젊은 여성의 성적

11)『論語』,「顔淵」, “季康子問政於孔子曰, 如殺無道, 以就有道, 何如. 孔子對曰, 子爲政, 焉用殺. 子欲善而民善矣. 君子之德風, 小人之德草. 草上之風, 必偃.”

매력은 그녀의 덕이다. 『좌전(左傳)』에는 기원전 636년 당시 재위하던 동주(東周)의 왕에 대한 이야기가 실려 있다. 『좌전』에 따르면 ("야만"족인) 적(狄)이 왕에게 군사적인 원조를 제공하였다. "왕은 적인(狄人)들에게 고마움을 느꼈다(王德狄人)." 그리고 (지혜롭지 못하게도) 적(狄)의 공주와 혼인 관계를 맺자고 제의했다. 한 대부가 그만두라는 훌륭한 충고를 올리면서 다음과 같은 말을 인용하는데, 이는 아마 속담인 듯하다 ; 女德無極婦怨無終 ; "처녀(결혼하지 않은 젊은 여성)의 덕은 한이 없고, 혼인한 여자의 원한은 끝이 없다"(그러니까 여자는 북극성과 같고, 다른 모든 젊은 남자들은 …). 이런 좋은 충고가 제시될 때면 항상 너무 늦은 법이다. 왕은 그냥 추진했고 결국 왕좌를 잃었다.

도가 철학이 활짝 꽃을 피워가면서 덕이라는 개념에는 학문적이고 형이상학적인 의미가 부여된다. 이전에는 왕의 덕이었던 것이 이제는 도(道) 자체의 성격이 되는데, 그것은 모든 자연에서 중력의 중심이라고 할 수 있는 것이다 : 도는 모든 것이 현재와 같이 존재할 수 있게 해주는 근거다 ; 그것은 전혀 공로를 내세우지 않고 전혀 강요도 하지 않지만, 모든 것에는 질서가 있게 된다. 이제 덕은 도와 어떤 점에서는 반대되는 위치에 서는 개념이 된다 ; 덕은 도가 개별적인 대상에 "지역화"된 것이라고 일컬어진다 ; 그러나 도(道)로서 그것이 가진 성격은 유지된다 — 도는 그 사물이 현재의 모습을 가지도록 하고, 생기 있게 하며, 지적이게 만들어주고, 상황에 따라 다른 것들과 인과적으로 상호 연관성을 가지도록 해준다. 따라서 사물은 도로부터 덕을 "얻음"으로써 현재의 모습을 갖추게 된다. 여기에 아주 초기의 철학적 문헌학과 관련해서 다소 흥미로운 부분이 있다. 덕(德)이라는 말과 득(得)이라는 말은 정확히 동음어다(였다) ; 따라서 "덕"이란 형이상학적으로 무언가를 "얻는 것"임에 틀림없는 것이다.

두 글자는 아마도 같은 어원을 가진 듯하다. 도덕과 관련된 유가의 텍스트를 보면 두 단어를 가지고 말장난하는 것을 심심찮게 볼 수 있다 ; 그러나 거기에서 전혀 다른 연관성이 감지되는 듯하다 : 통치자가 백성들에게 친절하면, 통치자는 백성의 마음을 "얻는다".[12)]

그러나 이러한 사변적인 측면에 대해 좀더 깊이 탐구할 필요는 없다. 이제 의미론적 분류법에 대한 사례 수집을 마치고 본 작업으로 돌아갈 때다. 덕과 관련된 기본적인 상황으로 돌아가보자 : A라는 사람이 B를 위해서 관대하거나 사려 깊은 어떤 행동을 하는데, 어떤 면에서 보면 이는 당사자에게 자기 희생적인 것이다. B는 반드시 보답해야 한다고 느낀다. 일종의 전이(轉移)에 의해, B는 이 의무감을 A로부터 나오는 "도덕적 힘"으로 느낀다. 이미 앞의 논변에서 밝혔듯이, 나머지는 이로부터 저절로 도출되어 나온다. ***34***

이제 이렇게 설정한 덕과 관련된 상황에서 우리가 발견할 수 있는 이상한 점은 하나가 아니라 두 가지다.

(a) 내가 다른 이를 위해서 나 자신 혹은 나의 재물이나 이익을 사양하거나 희생할 때, 그래서 글자 그대로 다른 이에게 "덕을 가지게" 될 때, 나는 이 사람을 꼼짝 못하게 할 수 있게 되어서 그 사람보다 유리한 입장에 서게 된다. 따라서 나는 사양함으로써 나의 이익을 증가시키게 되는 듯하다. 하지만 그렇다면 실제로는 사양하는 것이 아니라 무언가를 구하고 있는 것이고, 사실은 덕을 얻기보다는 잃고 있는 것이어야만 한다고 생각할 수 있을 것이다.

(b) 훌륭한 왕의 본보기에 근거해볼 때, 덕을 얻을 수 있는 행위를 하려

12) 『孟子』, 「離婁」, 上, 9, "孟子曰, 桀紂之失天下也, 失其民也. 失其民者, 失其心也. 得天下有道, 得其民, 斯得天下矣. 得其民有道, 得其心, 斯得民矣. 得其心有道, 所欲與之聚之, 所惡勿施, 爾也 …."

면 이미 덕을 가지고 있어야 한다고 결론을 내려야만 할 듯하다 ; 특히 우리를 덕으로 이끌어주는 가르침에 귀기울이기 위해서는 이미 "덕"을 가지고 있어야 한다.

그렇다면 내가 말하고 있는 '덕'의 역설(The Paradox of 'Virtue')은 하나가 아니라 두 가지인가? 그렇다고 할 수도 있고 그렇지 않다고 할 수도 있다.

중국 도덕 철학이 발전적으로 형성되어 가는 과정에서, 이 두 가지 수수께끼 모두가 나름의 역사와 전형적인 사례를 가지고 있으며, 나름의 결과를 낳았다는 점에서는 그렇다고 말할 수 있다. 이 두 가지가 동전의 양면이라는 점에서는 그렇지 않다고 할 수 있는데, 이에 대해서는 내가 앞으로 증명해보일 수 있으리라 생각한다.

당신에게 "덕을 가질" 의도로 당신을 위해 어떤 일을 한다면, — 실제로는 당신을 희생시켜서라도 — 나는 나 자신의 이익을 추구하고 있는 것이며, 따라서 관대함과는 전혀 상반되는 일을 하고 있는 것이다. 그렇다면 관대하게 행위할 수 있는 유일한 방법은 그 자체를 위해서 그렇게 하는 것이다 ; 다시 말해서 진정으로 관대하기를 원해야 하는 것이다. 이는 분명 다음과 같은 사실을 의미함에 틀림없는 듯하다 : 나는 유덕한 행위를 통해 그것이 가지고 있는 "도덕적 힘(moral force)"이라는 측면에서 덕을 얻게 되겠지만, 이미 덕을 가지고 있지 않다면 그런 유덕한 행위를 할 수가 없다.

그리고 또한 덕을 가지는 것이 매우 이로운 것이기 때문에, 덕을 낳는(de-engendering) 방식으로 행동하고자 할 수도 있겠지만, 그렇게 할 수 있는 방법은 오직 나 자신을 위해서가 아니라 덕 그 자체를 위해서 덕을 추구하는 것뿐이다. 하지만 이렇게 한다면 이 또한 이미 덕을 가지고 있는 셈이 될 것이다. 그리고 특히, 덕을 추구하는 행위가 당신에게 찾아가서 나의 도덕 선생이 되어줄 것을 요청하는 형식을 띠는 경우, 나에게 덕 그 자체를 향한 긍정적인 경향이 존재하지 않는다면 그렇게 하는 것은 불가능하며, 그만큼 나는 이미 유덕한 것이다. 여기에서 제자와 스승의 관계가 덕과 관련된 상황의 단순한 기본적인 사례가 될 수 있음에 주목하라. 아마도 나는 겸손한 척 하면서 당신에게 가서 가르침을 구할 것이다. 당신은 내가 진실하지 못함을 알고 이를 거절할 수 있다(흔한 상황이다). 그러나 나를 가르치고자 한다면 당신은 두 번째 형태의 역설에 빠져서, 다만 "내가 무엇을 할 수 있는가?"[13]라고 물을 수밖에 없다.

첫 번째 형태의 역설적 상황, 다시 말해서 나 자신에게 이익이 되도록 하기 위해서 자신을 희생하는 행위를 함으로써 덕을 얻기보다는 오히려 덕을 잃게 되는 경우, 문제는 내 행위가 성공한다면 나의 상황이 실제로 개선되리라는 데 있는 것이 아니라, 내가 상황을 개선시키고자 하는 의도를 가지고 있다는 데 있다. 따라서 권력이든 돈이든 명예든 간에, 아마 어떤 식으로든 그것을 획득함으로써 자신의 상황이 개선될 수 없는 방식으로 행동해야 할 것이다. 이러한 노선에 따라 생각해볼 수 있는 몇 가지 해결책이 있다.

해결책(1) : 은밀함. 수혜자 그리고 다른 사람들 모두가 덕행을 모르게 하라 ; 아니면 덕행을 한 다음에 숨어버려라. ***35*** 자기 동생 무왕(武王) 대신 조상신들에게 자기 목숨을 바친 다음에 의식에 참석했던 사람들에게 비밀로 하겠냐는 맹세를 받은 주공의 행위는 다른 사람 모르게 덕행을 한 대표적인 사례다. 덕행 후에 숨어

13) 『論語』, 「衛靈公」, 16, "子曰, 不曰如之何如之何者, 吾末如之何也已矣." / 『孟子』, 「告子」, 下, 16, "孟子曰, 教亦多術矣, 予不屑之教誨也者, 是亦教誨之而已矣."

버린 대표적인 사례는 단보(亶父)의 장남인 태백(泰伯)이다. 장자였기 때문에 왕위에 오를 자격이 있었지만, 태백은 아버지가 자기 동생의 아들 — 이후의 문왕(文王) — 을 높이 평가하고 있다는 것을 알았다. 결국 태백은 남방의 미개지로 도망갔고, 공자는 이에 근거해, "최고의 도덕적 힘[德]에 도달했다"14) : 목숨 자체를 제외하면, 그는 가능한 한 가장 커다란 것을 포기했을 뿐 아니라 "백성들이 그것으로 그를 칭찬할 수 없게끔 하였다"고 말하였다.

해결책(2) : 과도함. 앞의 두 예에서는 과도함이 은밀함과 함께 묘사되고 있지만, 이 방법은 나름의 특별한 논리를 가지고 있다 ; 덕행을 아주 극단적으로 함으로써, 덕행의 결과로 당신에게 긍정적인 태도를 가지게 된 사람들 누구도 그에 필적하는 행위를 절대 할 수 없게 해야 한다.

사태는 다음과 같이 진행될 수 있을 것이다 : A라는 사람이 B에게 무언가를 해주거나 엄청난 호의를 보여준다. 덕의 효과로 인해 B는 불리하게 된다. B는 A에게 무언가를 해줌으로써 자신을 방어해야 한다. B가 언제든지 A에게 희생할 수 있는 것 한 가지는 항복하는 것이다 ; 아마도 이러한 행위를 냉담하게 할 수도 있을 것이며, 그렇게 함으로써 B는 자신의 덕을 희생해서 A의 덕을 더해주게 된다. 바로 이 드라마가 후영(候嬴)의 이야기가 가지고 있는 구조다 : 대량(大梁) 동쪽 관문의 엄격한 문지기인 그는 위(魏)나라 공자 무기(無忌)의 계속되는 초대와 선물을 처음에는 무시했지만 마지막에는 결국 받아들이게 되는데, 일부러 아주 무례한 태도를 취한다. 게다가 그렇게 하는 이유는 평온한 성격의 공자를 최대한 불편하고 당혹스럽게 하기 위한 것이며, 모든 사람이

---

14) 『論語』, 「泰伯」, 1, "子曰, 泰伯, 其可謂至德也已矣. 三以天下讓, 民無得而稱焉."

그러한 모습을 분명히 보도록 하기 위해 노력한다. 그렇게 공자를 위해 자신이 가진 유일한 한 가지 소중한 것, 다시 말해서 자신의 덕을 전적으로 희생하여 공자의 인내와 예의바름을 널리 보여주고, 그리하여 공자의 유덕함은 널리 알려지고 공자의 덕은 더욱 커진다. 그렇게 함으로써 후영 자신의 덕은 공자의 집단 내에서 어느 누구도 미치지 못할 정도로 높아진다. 그는 가신 중에서 최고의 지위인 상객(上客)이 된다(上德不德 …).

해결책(3) : 유덕한 행위를 할 때, 유덕한 행위를 하겠다는 의도조차도 갖지 않도록 해라. 이는 애매할 수밖에 없다. 여기에서는 단지 그 가능성만 지적하고자 한다. 이 문제는 후에 제자리를 찾게 될 것이다.

"학생이 이미 덕을 가지고 있지 않다면 선생이 어떻게 덕을 가르칠 수 있는가?"라는 두 번째 형태의 역설을 살펴볼 때는 실례를 드는 것이 도움이 될 것이며, 『논어』는 그러한 예들로 가득 차 있다. "재여(宰予)가 (습관적으로)[15] 낮잠을 잤다. 선생님께서 말씀하셨다 ; 썩은 나무는 조각할 수 없고, 똥으로 쌓은 담벼락은 흙손질 할 수 없다. 재여를 더 야단쳐서 무슨 소용이 있겠느냐?"[16] "염구(冉求)가 말했다 ; 선생님의 도를 인정하지 않아서가 아니라, 제가 가지고 있는 것 이상의 능력을 요구하기 때문입니다. 선생님께서 말씀하셨다 ; 힘이 다한 사람은 길을 가는 도중에 넘어지지만 너는 고의적으로 선을 긋는구나."[17] 물론 (a) 무엇이 옳은지 알고

15) "습관적으로"라는 말은 본문에는 없으며 니비슨의 해석이다. 그리고 낮잠 한번 잔 것 가지고 그렇게 힐난하는 것이 좀 무리라고 보면 니비슨의 생각이 옳을 듯하다.

16) 『論語』, 「公冶長」, 10, "宰予晝寢. 子曰, 朽木不可雕也, 糞土之牆不可杇也, 於予與何誅. 子曰, 始吾於人也, 聽其言而信其行. 今吾於人也, 聽其言而觀其行. 於予與改是."

그것을 한다는 의미에서의 "덕"과, (b) "도덕적 힘"으로서의 "덕"을 구분할 필요가 있다. 그 두 가지는 동전의 양면이다 : (a)를 가지는 것은 오직 (b)를 가질 경우에만 가능하다. *36* 그러나 염구의 사례를 통해 이끌어낼 수 있는 것은 단지 (a)의 하위 구분에 불과하다 : 우리는 다음 두 가지를 구분해야만 한다.

(i) 행해야 할 올바른 행동이 무엇인가를 아는 것 ; 그리고
(ii) 그것을 할 마음이 들되, 올바른 방식으로 그런 마음이 드는 것.

플라톤적인 유형의 앎의 역설(paradox of knowledge)은 (i)에 해당할 것이다 : 가르침을 받기 위해서는 가르침의 대상이 배울 가치가 있음을 알아야 하며, 어떤 측면에서 보면 이미 그것을 알고 있어야만 한다.[18] 그러나 내가 설명한 "덕의 패러독스"는 (ii)에 해당한다. 여기에서 우리는 중국적 상황에서 나타난 이러한 역설이란 의지 나약(weakness of will)이라는 문제가 중국적 형태로 드러난 것임을 알 수 있다. 전제에 의거해볼 때, 그러한 마음이 들지 않는 사람도 알려진 것이든 그렇지 않은 것이든 간에 도덕적 의무의 세계를 충분히 알고 있어서 그것을 행동으로 옮기거나 그에 관해 가르침을 구할 수 있지만, 그는 신경 쓰지 않는다. 이것이 바로 염구의 문제다 ; 그는 자기 자신과 다른 사람들에게 능력이 없다고 말함으로써 이 문제를 자기 기만적으로 위장한다 ; 그래서 이는 아크라시아(akrasia)라기보다는 어씨디아(acedia)라고 할 수 있을 것이다.

아리스토텔레스가 덕(arete)에 대해 말하는 방식은 살펴볼 만하

17) 『論語』, 「雍也」, 12, "冉求曰, 非不說子之道, 力不足也. 子曰, 力不足者, 中道而廢. 今女畫."

18) *Meno*, 80d ff.

다. 그는 이 문제에 대해 조심스럽고도 진지하게 생각했으며, 그를 통해 우리가 덕에 대해 미처 주목하지 못했던 것은 무엇이고 덕을 어떻게 얻고 전할 수 있는가, 혹은 그것이 중국적인 개념들과는 어떻게 다른가를 분명히 알게 됨으로써 대조를 통해 중국적인 개념들을 더욱 분명히 알 수 있게 될지도 모른다. 『니코마코스 윤리학(*Nichomachean Ethics*)』 제2권에서 그는 긴 지면에 걸쳐 덕이 예술(art)이나 공예(craft)에서의 기술과 같다고 말하고 있다(결국에 가서는 이러한 비교 방식에 조심스럽게 제한이 가해지기는 하지만 말이다). 두드러진 점은 두 가지다.

(1) 우리가 태어날 때부터 유덕한 것은 아니다. 그러나 자연은 우리에게 그렇게 될 수 있는 능력을 준다. 이 능력은 습관에 의해 실현된다. 그러므로 우리는 유덕한 행위를 함으로써 유덕하게 된다 :

> 기술을 배울 때, 생산해야 할 물건과 똑같은 물건을 만드는 과정을 통해 그 기술을 배우기 때문이다 — 예를 들면, 집을 지음으로써 건축가가 되고, 하프를 연주함에 의해 하프 연주자가 된다 ; 그렇다면 또한 정의로운 행동을 함으로써 정의롭게 되고, 절제 있는 행동을 함으로써 절제 있게 되며, 용감한 행동을 함으로써 용감해진다(아리스토텔레스 1985, 34, 1103a30-1103b5).

(2) 우리는 어렸을 때부터 유덕한 습관 속에서 훈련되어야 한다. 아리스토텔레스는 이를 누차 강조하고, 이것이 "매우 중요하고 실제로는 유일하게 중요하다"는 점을 인정한다(1985, 35, 1103b25).

아리스토텔레스는 덕을 훈련하는 데에 외관상 이렇게 분명해보이는 "연습을 통해 완전해진다"는 개념에 난점이 있을 수 있음을 감지한다.

> 정의로워지기 위해서는 먼저 정의로운 행동을 해야 하며, 절제하는 인격을 갖기 위해서는 먼저 절제하는 행위를 해야 한다는 말은 무슨 뜻인가? *37* 문법적이거나 음악적인 것을 행한다면, 우리는 이미 문법가이거나 음악가임에 틀림없을 것이기 때문이다. 그렇다면 동일하게, 정의로운 혹은 절제하는 행동을 한다면, 이미 정의롭거나 절제하는 인격을 가진 것임에 틀림없다(1985, 39, 1105a15-25).

아리스토텔레스는 내가 말한 "덕의 역설"을 정확히 이해해서 짚어낸 것인가? 그가 제시한 해결책을 보면, 그가 이 역설을 정확히 짚어낸 것이 아니라, 내가 말한 역설이 자기 자신에게는 전혀 역설이 되지 않도록 가정들을 설정하고 있음에 틀림없음을 알 수 있다. 그가 제시한 해결책은 '정의로운 행동'과 '정의롭게 행동함'을 구분하는 것이다. 정의롭게 행동하기 위해서는 1) 어떻게 행동해야 할지 알아야 하며, 2) 그것 자체를 위해서, 다시 말해서 인격의 "확고 불변한 상태"(1985, 40, 1105a30-1105b1)로부터 그 행위를 선택하는 것, 두 가지 모두가 필요하다. 그러나 정의로운 행동은, 마치 올바른 철자법과 같이 정의로운 사람이 행동하는 것과 같은 종류의 행동이기만 하면 된다(이는 마치 올바른 철자법이란 철자법에 정통한 사람이 제시해주는 것이겠지만, 철자법을 잘 못하는 사람일지라도 한 번쯤은 올바른 철자법을 제시할 수 있는 것과 같다).

이제 여기에서 아리스토텔레스의 "연습을 통해 완벽해지는" 유사-"기술"로서의 덕 개념과 어린 시절에 훈련을 시작해야만 한다는 주장(이른바 "어렸을 때 잡아라") 사이에 연관 관계가 있음이 직접적으로 암시된다. 배우는 사람은 극도로 순진무구해야만 하기 때문이다. 선생에게 잘 보이기 위해서 혹은 자신의 명예를 위해서, 나아가 자신이 의도하는 부정의한 행위의 희생자가 될 사람을 무장 해제시키기 위해서 정의로운 행동을 할 수 있는 가능성이 매우 많아질 정도의 지능을 가질 나이에 이른다면 적당치 않다. 이러한 상황에서라면, 교육적인 효과를 내기 위한 측면은 말할 것도 없고, 인격에 해로운 영향을 주지 않도록 하기 위해서도 정의로운 행동은 반드시 적절한 동기에서 나와야 한다는 단서를 달아야 할 것이다.

이를 통해 우리는 "다시 문제의 영역으로" 되돌아가게 될 것이다. 그곳은 바로 중국인들이 있는 곳이다. 예외적인 경우를 제외하고 동주(東周) 시대의 도덕 철학자들은 어린 시절의 교육에 대해 이야기하지 않았기 때문이다. 교육과 관련해서 표준적인 상황은 스승이 이미 어른이 되어 있는 학생들("제자들")에 의해 둘러 쌓여 있는 상황이었을 것이다. 파이데이아(paideia)[19]는 없었다(물론 후대의 중국 문헌에는 교육학에 대한 내용이 풍부하지만 말이다).

설사 도(道)가 무엇인지를 안다 하더라도, 차가운 마음가짐에서 출발한 사람에게 어떻게 해야 올바른 것으로서의 도(道)와 선(善)한 것으로서의 인(仁)에 헌신할 수 있을 정도의 충분한 동기 부여가 이루어질 수 있는가를 설명하기 힘들다고 생각해보라. 내가 생각하기에 그 문제는 공자에게도 또한 난해한 것이었다.

『논어(論語)』, 「술이(述而)」, 7을 살펴보자:

> 仁遠乎哉 我欲仁斯仁至矣
> "인은 멀리 있는가? 내가 인을 원한다면 인은 여기 있게 된다!"

핑가레트(Fingarette, 1972, 38, 49-52)가 주장한 대로, 이 구절을 이해하는 방법 가운데 하나는 문제를 쉽게 생각하는 것이다. 그저 인하고자 하라! 마음은 자발적으로 움직일 수 있다. *38* 공자는

19) 기원전 5세기 중엽 소피스트들이 젊은이들을 폴리스(도시국가)의 능동적 시민으로 양성하기 위해 마련한 일반 교육 과정.

대체로 이렇게 낙관적이지는 않지만, 아마 여기에서는 실제로 그렇게 생각했을 것이다.

그러나 선(善)을 그 자체로 사랑하는 것이 단순히 결심에 의해 가능한 것이라면, 문제는 우스꽝스러울 정도로 단순해진다. 만약 X가 매우 간단하고 즉각적으로 물질적인 이익이 되며 그러한 사실이 매우 분명해진다면, 누구나 그것을 하게 될 수 있다고 생각해 보라(이는 너무나도 합리적인 듯하다). 그렇다면 선생이 분명한 논변(혹은 분명하게 공표된 제재)에 의해 그런 식으로 행동하고자 하는 마음을 가지도록 하는 것이 물질적으로 더 이로움을 보여줄 수 있다면, 누구나 도덕적으로 행동하고자 하는 마음을 가지도록 할 수 있을 것이다 — 사랑해야 한다고 배운 사람들을 (진정으로) 사랑하고, 받아들여야 한다고 배운 원칙을 (도덕적인)의무로 받아들이며, 나아가 초자연적인 것의 존재와 권능에 대해서도 자기 자신과 다른 사람들의 이익을 위해서 (진정한) 믿음을 가질 것이다.

이상하게 들리겠지만, 이러한 견해는 세계의 많은 곳에서 주장되어 왔으며 우리 자신도 예외는 아니다. 그리고 내가 주장하고자 하는 바는, 공자 그 다음으로 중요한 철학자인 묵자의 견해가 바로 이것이라는 점이다. 그 사례를 두 가지만 들어보겠다.

묵자는 자신이 살고 있는 세상이 유감스럽게도 난장판이며, 그 직접적이고 분명한 원인은 사람들이 개인적 혹은 (내 가족과 네 가족, 내 도시와 네 도시, 내 나라와 네 나라 등을 나누어) 집단적으로 서로 싸우기 때문이라고 생각하였다. 사람들이 자신의 가족이나 도시, 국가만을 편애하지 않고 서로 사랑한다면 이러한 상황은 멈출 것이다. 그렇게만 된다면 그들의 상황은 분명 더 좋아질 것이다. 그러므로 그들은 즉시 "공평하게 사랑하기" 시작해야만 한다. 어떻게? 전혀 어렵지 않다. 예를 들어 산을 들고 큰 바다를 건너뛰는 것과 같은 일은 어렵지만, 공평하게 사랑하는 것은 어렵지 않다. 그냥 그렇게 해라.

또한 투쟁을 일으키는 인간의 성향과 그 대책에 대한 또 다른 분석을 통해 묵자가 내린 결론에 따르면, 좀더 심층적인 문제들에 관해 어떻게 해야 할지 사람들의 의견이 일치되지 않는다. 이에 대한 해결책은 모든 사람들이 동일한 "당위(ought)"의 집합, 다시 말해서 옳은 것에 대한 동일한 기준을 받아들이도록 명령을 받는 국가 구조를 만들어서, 그것을 받아들이는 사람에게는 상을, 그렇지 않은 사람에게는 벌을 주는 것이다. 그리고 묵자는, 사람들이 아마도 철학적인 측면에서는 다소 취약할 것이기 때문에, 이렇게 분명한 물질적 동기를 따로 부여한다면 더 이상의 어려움은 없을 것이라고 생각한다. 사람들은 윗사람이 옳다고 생각하도록 명령하는 것을 옳다고 생각할 것이다.

묵자가 철학사에서 단지 반짝하고 사라진 존재였다면, 그냥 신기한 사람이라고 여기고 잊어버릴 수 있을 것이다. 하지만 아니었다. 묵학은 수세기 동안 번창했다. 그리고 그가 생각했던 것보다 사람들은 더 복잡했기 때문에, 문제는 "덕의 패러독스"에 의해 생겨난 변증법 속에서보다 다양하게 발전해나가게 된다.

그 다음 단계는 아마도 묵자 사후에 묵자를 추종하는 사람들에 의해 전개되었을 것이다.*39* 묵자가 "보편적 사랑[兼愛]"을 주장하면, 묵자의 제자는 당연히 "네, 하지만 그렇게 하는 것이 (계몽된 측면에서) 나에게 이익이 된다는 것을 안다는 그 이유만으로 어떻게 제가 차별 없이, 아니 실제로는 모두를 사랑할 수 있겠습니까? 이익이 됨을 앎으로써 촉발되는 자기 지향적인 바람과 어떤 사람을 사랑하는데 수반하는 타자 지향적인 관심은 그 종류가 전혀 다른 것 아닌가요? 사랑은 어디로부터 나옵니까? 그러한 태도를 이미 가지고 있지 않다면, 자신에게 이익이 된다는 논변을 따르는 것만으로 어떻게 사랑을 할 수 있겠습니까?"라고 물을 것이다.

텍스트에 이러한 질문이 나오는 것은 아니지만 그에 대한 대답은 실제로 존재한다. 그리고 그 답은 흥미롭게도 『묵자』가 아니라 『맹자』에게서 발견된다 ; 맹자는 공자 이후 가장 지속적인 영향력을 지닌 유가의 도덕 철학자다. 맹자는 대략 기원전 390년경에 태어났는데, 이때는 아마도 묵자가 죽기 10년쯤 전이었을 것이다. 맹자는 묵자에게 깊은 영향을 받았다. 그는, 현대적인 표현을 쓰자면 '온갖 꽃들이 만발했던[百花齊放]' 철학의 시대에 많은 종류의 철학자들과 논쟁을 벌였는데, 그들 중 몇몇은 묵가였다.

그들 가운데 이지(夷之)라는 사람이 있었다. 맹자는 이지가 자기 부모를 후장(厚葬)했다고 비난한다 ; 사실 유가에서는 부모의 장례를 후하게 치르는 것을 효의 자연스러운 표현으로 여겨 선호하지만, 묵가에서는 사치스런 의례(儀禮)가 재화를 낭비하고 생산에 방해가 되며, 따라서 결핍과 탐욕, 다툼, 전쟁을 유발한다고 가르치는데, 이지의 행위는 그러한 가르침에 위배되는 것이다. 나아가 자신의 부모만 사치스럽게 장례를 지내는 것은 남의 부모를 자신의 부모만큼 사랑해야 한다는 원칙과도 맞지 않는다. 일관성이 없다는 비난에 이지는, 원칙적으로는 사랑에 차등이 없어야 하지만 그 실천은 자기 부모에서부터 시작되어야 한다고 주장함으로써 자신을 방어한다.[20]

내가 묵자에게 제기했던 가상적 반론에 대한 대답이 여기에서 묵가의 입을 통해 나오는 것이다. 사랑은 어디에서 오는가? 우리 모두는 이미 그것을 가지고 있으며, 그것은 가족 관계에서 자연스럽게 드러나고 발전된다. 그러나 그 다음에는 이성(묵가에게서 이성이란 완벽하게 계몽된 자기 이익으로, 이것이 묵가의 이론이 된다)을 통해 사랑할 수 있는 이 능력을 어떻게 쓸지 혹은 어디에

---

20) 『孟子』, 「滕文公」, 上, 5와 이 책의 9장을 보라.

집중할지에 대한 지침을 얻어야만 한다 ; 그리고 결국에 가서는 그 능력을 모든 사람에게 고르게 확장시켜야 한다. 그러나 단기적인 측면에서 보면, 사랑할 수 있는 능력을 이지와 같은 방식으로 배양하는 것도 정당화가 가능한 것이다.

간단히 말해서, 나는 사랑할 수 있는 자연스러운 감정적 능력을 가지고 있으며, 그것은 양적으로 배양 가능한 것이다 ; 그러나 나에게는 또한 이 능력을 어떻게 사용해야 할지 말해주는 원칙이 별도로 존재한다. 흥미롭게도 맹자 자신도 종종 이런 식으로 생각한다 ; 예를 들자면, 기원전 319년이나 318년에 있었던 제선왕(齊宣王)과의 긴 대화를 보면 맹자도 그렇게 생각하고 있음을 알 수 있다. 맹자는 제선왕에게 자연스러운 동정심이 있음을 교묘하게 보여준다 — 이 감정은 단지 동물 한 마리, 즉 희생에 끌려가는 소 한 마리로 인해 작동하게 된다. 맹자는 왕에게 "그저 그것을 사용하라!"고 말한다. 다시 말해서, "그것을 집어들어 저쪽에 놓으시오 ; 그것을 당신의 백성들에게 확장시키시오 — 그들이 희생으로 쓰일 소 한 마리보다는 그 감정의 대상으로서 훨씬 더 적절함을 당신도 분명히 알 수 있소"라고 말하는 것이다. 이 대화는 왕이 맹자에게 "세계의 왕이 되기 위해서는 어떤 종류의 덕을 필요로 하나요?"라는 질문 직후에 나온 것이기 때문에 우리는 그 속에 담긴 의미를 매우 잘 알 수 있다. <u>*40*</u> 맹자는 이렇게 말하고 있는 것이다 : "당신은 이미 필요한 자질을 가지고 있다. 단지 그것을 사용하기만 하면 된다. 단지 그것을 사용하기만 한다면 전혀 어려움이 없다. 예를 들어 산을 옆구리에 끼고 큰 바다를 건너뛰는 것과 같이 하기 어려운 일들도 있다 ; 그러나 당신의 동정심을 사용하기만 한다면 이것은 분명 쉬운 것이다."[21)]

이런 이야기를 다시 하는 것은 『맹자』에 묵자적인 어조가 있음

---

21) 『孟子』, 「梁惠王」, 上, 7과 이 책의 7장을 보라.

을 보여주기 위해서다. 그럼에도 불구하고, 여기에서는 묵가적인 문제에 대한 묵가적인 해결책이 유가적인 문제에 대한 유가적인 해결책이 되어버린다. 단지 아무 관심도 없는 사람에게는 어떻게 해야만 하는가? 여기에서 맹자가 한 대답은 "실제로는 모든 사람이 관심을 가지고 있다"는 것이다. 학생이 이미 도덕적이 아니라면 선생이 어떻게 학생을 가르쳐 도덕적으로 만들 수 있겠는가? 그렇다면 스승이 할 일은 학생에게 약간의 정보만 주는 사소한 것일 뿐이다 ; 그리고 진짜 문제, 다시 말해서 전혀 동기 부여가 되지 않는 사람들이나 아주 냉담하게 머리로만 인정하는 사람들에 대해서는 절망 속에서 포기해버리게 된다. 이에 대한 맹자의 해결책은 우리 모두에게 진정한 도덕적 동기 부여가 이루어지고 있다고 주장하는 것이다. 스승이 할 일은 일종의 도덕적 심리 분석을 통해서, 도덕 지향적인 반응(맹자에게서 그 전형적인 사례는 자연 발생적인 동정심이다)을 보이고 있는 자신을 발견하게 함으로써 진정한 "마음"에 주목하게 해주는 것이다.

맹자는 제선왕에게 묵자처럼 "그냥 해라!", 다시 말해서 당신의 동정적 능력을 덕이라는 개념이 요구하는 류의 대상(백성)에게 확장시키라고 말하지만, 그것이 맹자의 전형적인 모습은 아니다. 그는 공손추(公孫丑)와의 긴 대화에서, 그리고 또 다른 곳에서 훨씬 세련된 프로그램을 제시한다 : "확장[推]"의 과정은 의지의 작용에 의해 단순히 팔을 뻗는 것과는 다르다. 확장을 위해서는 마음 속에 있는 도덕의 싹을 배양하되, 강제력을 가하지 않는 상태에서의 자기 발전이 필요하다. 이 도덕적 싹의 전형적인 모습은 가족 관계 내에서의 애정과 존경에 대한 충동이며, 그 대표적인 사례로는 부모에 대한 사랑과 연장자에 대한 존경을 들 수 있다. 맹자는 이것이 자연스러운 것이라고 생각한다. 이 충동을 적절한 행위 속에서 표현할 때, 그 행위가 자연스럽게 느껴지기만 한다면 만족감이 뒤따르게 되고, 그 충동은 강화 작용을 통해 더욱 강해진다. 맹자의 생각에 따르면, 이러한 일이 생겨나면 강요 없이 자연스럽게 도덕적 행위를 할 수 있는 능력이 확장된다 ; 더 많은 행동이 가능해지고, 더 많은 강화 작용이 수반되는 식으로 계속 진행된다. 맹자의 아리송한 표현에 의하면, "우리가 하는 일을 우리가 하지 않는 일에까지 확장시키는 것이다."[22)]

그러나 우리는 이렇게 물어야만 한다 ; 도덕적 능력이 표현되는 방향에 대해 통제가 있어야 하는가? 그러한 자기 발전의 과정을 선택하기만 한다면, 옳지 못한 것을 포함해서 어떤 일을 하더라도 도덕적 만족을 느끼며, 그를 통해 도덕적 능력은 강화될 수 있단 말인가? 이러한 질문에 대해서는 "그렇다"와 "아니다" 두 가지 대답이 가능하며, 이는 놀랄 만한 일도 아니다.

"아니다"라고 대답한다면, 도덕적 심리에는 "심층 구조"가 내장되어 있어서, 도덕적 인성의 자연스러운 발전 과정에서 "표층 구조"를 통해서는 본질적으로 오직 한 가지 방식으로만 분명히 드러난다고 생각하고 있는 것이다.

"그렇다"고 대답한다면, 단지 자신을 도덕적으로 만들어주는 잠재적인 능력을 수양하는(강화시키는) 것만으로는 도덕적이 되기에 충분치 못할 것이다. ***41*** 맹자가 생각하는 것처럼, 사람들에게 이미 "싹"이 주어져 있다 해도 동정, 애정, 의무감, 예의바른 마음 등 자신을 도덕적으로 만들어주는 태도와 관련해서도 또한 그 올바른 대상을 확인해야만 한다. 그리고 이러한 확인 과정은 수양 과정 그 자체의 밖으로부터 오는 것임에 틀림없다. 아마도 그것은 유학자들이 옹호하는 것과 같은 전통적 규칙으로부터 나오거나 혹은 묵가학파들이 발전시키고 옹호했던 것과 같이 그러한 규칙

---

22) 『孟子』, 「公孫丑」, 上, 2 ; 「離婁」, 上, 27 ; 「盡心」, 上, 17 및 이 책의 8장과 11장을 보라.

의 근거가 되는 도덕적 이론으로부터 나올 것이다. 두 경우 모두에서 우리는 본질적으로 묵가의 의지주의적인(voluntarist) 영역으로 돌아온 듯하다 ; 우리에게는 잠재적 동기 부여라는 도덕적 능력이 펼쳐지고 있지만, 의지를 통해 지성과 교리(doctrine)에서 적절하다고 규정되는 대로 그 능력을 사용해야만 한다.

이것이 맹자의 라이벌인 고자(告子)의 입장이었다.[23] 고자의 입장에서 보면, 인간의 도덕적 능력에는 본래부터 방향이 정해져 있지 않다. 그 방향은 "외부"로부터, 다시 말해서 교리나 도덕적 격률 혹은, 고자의 표현에 따르면, "말[言]"[24]로부터 나와야만 한다.

맹자는 이러한 입장을 분명히 거부한다 : 마음을 수양하게 되면, 우리는 자연스럽게 올바른 것들만 지향하게 된다. 맹자는 이 문제를 두 가지 다른 방식으로 설명한다 :

> (a) 우리는 모두 자연스러운 기호를 가지고 있다. 그리고 모두 같은 인간이기 때문에 이 기호는 거의 서로 같다. 우리는 보기에 아름다운 것, 듣기에 좋은 것, 먹기에 맛있는 것에 대해 의견이 일치하는 경향이 있다. 유사하게 우리 마음은 동일한 것, 다시 말해서 리(理)와 의(義), 즉 "질서 있고, 올바른 것"을 좋아하는 경향이 있다. 이에 관한 기준은 전통으로부터 얻는다 — 맹자의 세계관에 따라 표현하면, 문명을 창조한 성인들이 그들의 가르침을 남겨주었다. 그러나 이는 단지 성인들이 거기 먼저 도달했음을 의미할 뿐이다. 마치 과거의 유명한 요리사가 요리책을 써놓으면 좋은 요리법을 찾기 위해 — 이 요리사는 자신의 뛰어난 미각을 통해 우리 모두가 좋아하게 될 것을 예견해놓았기 때문에 — 우리가 신중하게 그 요리책에 의거할 수 있는 것처럼, 성인들의 가르침도 또한 도덕적인 요리책이라고 생각할 수 있는 것이다. 우리는

---

23) 고자는 아마도 아주 어릴 때 묵자의 제자였을지도 모른다 ; 만약 그렇다면, 고자는 맹자보다 훨씬 나이가 많았던 것이다. 실제로 『孟子』, 「公孫丑」, 上, 2에서는 이러한 점이 암시되어 있다. 이 책의 8장을 보라.

24) "말에서 얻지 못하는 것을 마음에서 구하지 말라(不得於言 勿求於心)."

다음과 같이 물을 수 있다 : 결국 올바른 것이 옳은 이유는 단지 우리가 그것을 좋아하기 때문이라는 말이 아닌가? 내가 생각하기에, 맹자는 이런 식의 추론이 문제가 되리라고 생각지 않았을 것이다 ; 그는 그 전제를 부인했을 것이기 때문이다. 어떤 것들은 정말로 맛있으며, 그렇게 생각하지 않는다면 나에게 무언가 잘못된 점이 있는 것이다. 동일하게, 어떤 것들은 그냥 좋고 옳은 것이며, 나는 인간이기 때문에 무언가 문제가 있지 않은 한, 나의 도덕적 기호가 충분히 개발되기만 한다면 이러한 사실을 그냥 알게 될 것이다.

(b) 때로 맹자는 다른 방식으로 말한다. 다른 사람들을 존중하고 그들에게 마음을 쓰는 충동 — 이러한 기본적인 충동이 존재하기 때문에 우리는 도덕적인 것이다 — 이 생겨나는 기본적인 상황들이 있다 ; 예를 들어서 가족의 품안에 있을 때가 그러하다. 첫눈에 보기에는 유사성이 분명하게 드러나지 않을지 모르지만, 이러한 상황들과 아주 중요한 측면에서 유사한 — 동일한 "류(類)"에 속하는 — 많은 다른 상황들이 존재한다. 그러한 유사성을 알아차리게 되면, 나는 내가 가진 기본적인 도덕적 충동을 그러한 상황에도 또한 "확장[推]"할 것이다 ; 혹은 그렇게 할 수 있다. 여기에서 맹자가 묵자 식의 화법으로 은근슬쩍 되돌아간다는 점은 너무나 쉽게 알 수 있다 : 나 자신의 이해 능력을 통해 "이 상황은 저 상황과 같다"는 판단이 주어졌다 하더라도, 그것은 단지 내가 알아차린 것일 뿐이다 *42* — 여전히 그것은 동정이나 존경이라는 감정 그 자체와는 다른 것인 듯하다. 그 감정이란, 유사성의 인식을 통해 나오게 되는 지시에 따라 내가 이제 사용해야 하는 것인 듯하다. 분석에 사용된 언어 그 자체가 묵가의 것임은 주목할 만하다 : "범주를 확장한다[推類]" 혹은 "비슷한 범주로 확장한다"는 것은 "추론한다"는 것을 의미한다. 그리고 묵가의 논리학 텍스트에서 '추(推)'란 자신이 유사한 상황에서 이미 내려놓은 판단을 "확장"하도록 상대방에게 강요하는 논변이 한 유형으로 규정되어 있다.

아마도 여기서 맹자는 우리 마음에 — 분명히 감정적인 성향과 동등한 차원에서 — "옳은 것은 옳음을 알고 그른 것은 그름을 아는"[25] 기본적인 성향이 있다고 여김으로써 이러한 문제점을 포괄하고 있다고 말하고 있는지도 모른다. 이는 "이 상황은 저 상황과 같다"는 인지적인 판단이 먼저 있고 나서 저 상황에서 내가 가지고 있던 애정이나 존경심을 이 상황으로 확장하는 것이 아님을 의미할 수도 있지 않을까? 그와는 반대로 알아차림(seeing)이라는 것이 있게 되면, 그것이 동시에 감정인 것이다. 적어도 왕양명은 이 문제에 대해 그렇게 말하고 있다 ; 그는 그렇게 말하면서 자신이 맹자의 철학을 분명히 하고 있다고 생각하였던 것이다[26] — 나는 왕양명을 언급하면서 열여덟 세기를 가볍게 뛰어넘고 있다.

이제 우리는 자신의 신조와 행동 사이의 모순에 사로잡힌 묵가 이지(夷之)를 남겨두고 온 지점으로 되돌아갈 수 있게 되었다. 이지는 고자와 같은 잘못을 범하고 있다 ; 그는 "말[言]" — 잘못된 묵가적 교의 — 로부터 구해야만 한다고 생각하는 것을 마음속에서 구하고 있지 않은 것이다. 따라서 결국 그는 자기 기만의 혼란 속에 빠져버린다. 계속해서 맹자가 주장하는 바에 따르면, 이지는 마음 그 자체만으로도 지침이 제공된다는 점을 알았어야만 했다 ; 자기 부모의 시체가 썩어가는 모습을 보고 원초적인 혐오감을 갖는 것으로부터 이지가 행한 화려하고 아름다운 장례식을 정당화하는 데까지 이를 수 있는 것이다.

따라서 오직 마음만이 도덕의 "근원"이라고 주장하면서 맹자는 다소 멀리까지 가고 있는 것이다. 그는 X가 옳음을 알고 그것이 옳기 때문에 X를 행한다고 해서, 그것만으로 도덕적이 될 수 있다고는 생각하지 않는다. 반대로, X를 행하는 것이 도덕적인 행위가 되기 위해서는, X를 행하는 이유가 "그렇게 하는 것이 완벽하게

---

25) 『孟子』, 「公孫丑」, 上, 6, "由是觀之, 無惻隱之心, 非人也, 無羞惡之心, 非人也, 無辭讓之心, 非人也, 無是非之心, 非仁也. 惻隱之心, 仁之端也, 羞惡之心, 義之端也, 辭讓之心, 禮之端也, 是非之心, 智之端也."

26) 다음 장의 3-1) 참조.

자연스러운 일이기 때문”이어야 한다. 현대의 전문적인 표현으로 옮기면, 맹자의 말은 아마도 다음과 같은 의미일 것이다 : X가 옳다는 ‘원칙에 기반한 판단’을 구성하는 “찬성의 태도(pro-attitude)”가 X를 행하고자 하는 의도를 형성하고 그것을 실행에 옮길 만큼 충분히 강하다 하더라도, 그러한 태도는 X를 진정 도덕적인 행위로서 행하게 할 수 있을 만한 태도와는 여전히 그 종류가 다른 것이다. 그렇게 할 경우, 나는 도덕적으로 행동하는 것이 아니라 “도덕을 실천에 옮기고 있는[行仁義]”[27] 것이 될 것이다. 나는 그것이 도덕적이기 “때문에” — 여기에서 “때문에”란 목적과 관련된 의미다 — 그것을 행해서는 안 된다. 나는 내 자신이 도덕적이기 “때문에” — 여기에서 “때문에”란 인과적인 의미다 — 그것을 행해야 하는 것이다. 나는 “나의 존경심을 행동으로 옮겨야”[28] 하는 것이다 — 물론 사례에 따라 그 삼성은 어떤 것이라도 가능하다.

왜 맹자는 이런 식으로 생각하는 것일까? “마을에서 인정받는 인물”, 즉 향원(鄕原)은 “사람이 좋기만 하면 괜찮다”고 말하지만, 맹자에 따르면, 공자는 “그가 덕을 어지럽힐까봐”[29] 그를 몹시 싫어했다고 한다. 이와는 반대로, “대인(大人)”이란 “자신의 말을 반드시 지키거나 자신의 행동을 반드시 완수하는 데 집착하지 않는”[30] 사람이다. ***43*** 그렇다고 해서 도덕적으로 위대한 사람[大丈

---

27) 『孟子』, 「離婁」, 下, 19.

28) 『孟子』, 「告子」, 上, 5, “行吾敬, 故謂之內也.”

29) 『孟子』, 「盡心」, 下, 37, “子曰, 過我門而不入我室, 我不憾焉者, 其惟鄕原乎. 鄕原, 德之賊也. 曰, 何如斯可謂之鄕原矣. 曰, 何以是嘐嘐也, 言不顧行, 行不顧言, 則曰, 古之人, 古之人. 行何爲踽踽凉凉, 生斯世也, 爲斯世也, 善斯可矣. 閹然媚於世也者, 是鄕原也. 萬章曰, 一鄕皆稱原人焉, 無所往而不爲原人, 孔子以爲德之賊, 何哉. 曰, 非之無擧也, 刺之無刺也, 同乎流俗, 合乎汚世, 居之似忠信, 行之似廉潔, 衆皆悅之, 自以爲是, 而不可與入堯舜之道, 故曰‘德之賊’也. 孔子曰, 惡似而非者. 惡莠, 恐其亂苗也, 惡佞, 恐其亂義也, 惡利口, 恐其亂信也, 惡鄭聲, 恐其亂樂也, 惡紫, 恐其亂朱也, 惡鄕原, 恐其亂德也 ….”

夫」[31]이 일반적인 규칙을 초월해 있는 것으로 묘사하는 것은 아니다. 다만 성왕인 순(舜)처럼 그러한 사람도 "도덕적인 행위를 행하기보다는 도덕적으로 행동"[32]하는 것이다. 또 다른 측면에서 보면, "가장 높은 덕을 가진 사람은 덕을 고수하지 않으며, 그렇기 때문에 덕을 가지게 된다."[33]

그러나 여기에서 또한 "덕의 패러독스"가 가지고 있는 "실용적인(pragmatic)" 측면을 다시 살펴보아야 한다. 도덕적 행위를 하는 것은 "도덕적 힘"이라는 의미에서의 덕(德)을 쌓는 방법이며, 따라서 자신에게 이익이 되는 성격을 가지고 있다는 것 등이 그것이다. 내가 앞에서 언급만 해놓고 상세한 설명은 하지 않았지만, 이 난해한 문제로부터 벗어날 수 있는 한 가지 방법은 도덕적 행위를 "단지 그것이 옳기 때문에 도덕적으로 행위하려는 의도"로부터 분리시키는 것이다. 그 이면에는 그 "도덕적"인 것이 자신에게 이익이 되지 않을까 하는 두려움이 있다 ; 그것은 오히려 도덕적으로 타락하는 것이기 때문이다. 맹자에게서 도덕적 나약의 전형적인 상황은 다음과 같이 덕과 관련된 상황이다 : 어떤 사람이 존경이나 봉사를 받을 만한 자격이 없음을 알면서도 그로부터 선물을 제공받는다 ; 선물을 가지고 싶어서 그냥 그것을 받아버리고, 따라서 스스로가 부덕한 사람에게 얽매이게 된다. 그러므로 많은 경우 선물을 거절하는 것이 옳다. 선물보다 "옳음을 원해서"가 아니라,[34] "옳은" 것을 하기 위해서(그리고 아마도 그렇게 한 것으로 유명

---

30) 『孟子』, 「離婁」, 下, 11, "孟子曰, 大人者, 言不必信, 行不必果, 惟義所在."

31) 『孟子』, 「藤文公」, 下, 2.

32) 『孟子』, 「離婁」, 下, 19, "孟子曰, 人之所以異於禽獸者幾希. 庶民去之, 君子存之. 舜明於庶物, 察於人倫, 由仁義行, 非行仁義也."

33) 上德不德, 是以有德.

34) 『孟子』, 「告子」, 上, 10, "一簞食, 一豆羹, 得之則生, 弗得則死, 嘑爾而與之, 行道之人弗受, 蹴爾而與之, 乞人不屑也. 萬鍾則不辯禮義而受之. 萬鍾於我何加焉. 爲宮室之美, 妻妾之奉, 所識窮乏者得我與. 鄉爲身死而不受, 今爲宮室之美爲

해지기 위해서) 거절했다고 해보자. 맹자에 따르면, 그 경우 "그런 일을 할 만한 사람이 아니라면 거절하는 것이 광주리에 담긴 음식이나 국 한 사발에 불과하더라도 그 얼굴에 드러날 것이다."[35]

맹자는 실제로 이 패러독스의 "중요한" 형태를 해결하는 데에 꽤 많은 일을 해놓은 듯하다 : 그는 재여(宰予) 식의 도전에 대해 도덕적 가르침이 어떻게 해서 가능한가를 보여준다 : 도덕을 배우는 학생은 실제로 이미 도덕적이어야 한다 ; 하지만 그렇다면 우리 모두가 도덕적인 것이다. 그렇다면 스승의 임무는 자신의 도덕적 "싹"에 주의를 환기시키고 그것을 잘 배양하도록 지도하는 것이다 — 아주 솜씨 좋게 말이다. 물론 학생이 그것을 감지하는 것 자체를 거부하고, 첫 수업에서 "아니요, 나는 못해요 ; 나에게는 그런 것이 없단 말예요"라고 말할 수도 있다 — 염구처럼 말이다. 이 문제에 대해서는 해결책이 없다 — 해결 불가능한 문제에 대한 표준적인 해결책 말고는 말이다 : 톡 쏘는 말로 충격을 주는 효과를 내는 것이 그것이다. 맹자는 신랄하게도 그러한 태도를 "스스로를 거부함[自棄]"[36]이라고 부른다.

하지만 맹자가 실제로 지나치게 잘해버린 것은 아닐까? 아마도 이제 어떤 측면에서 보면 맹자에게 도덕 교육이 어떻게 가능한가를 보여달라고 요구할 수 있을 것이기 때문이다. 하지만 그는 결과적으로 도덕 교육이 불필요함을 보여준 것은 아닐까? 사실 우리는 출발점에 설 수 있을 만큼 완전히 도덕적이지는 않다. 그러나 맹자가 선생이 하는 것으로 묘사한 것은 모두 나 혼자도 할 수 있는 일인 듯하다 ; 심지어 "성인"조차도 나와 다른 사람들이 마음속에

之, 鄕爲身死而不受, 今爲妻妾之奉爲之, 鄕爲身死而不受, 今爲所識窮乏者得我而爲之, 是亦不可以已乎. 此之謂失其本心."

35)『孟子』, 「盡心」, 下, 11, "孟子曰, 好名之人 能讓千乘之國, 苟非其人, 簞食豆羹見於色."

36)『孟子』, 「離婁」, 上, 11.

"공통으로 가지고 있는" 것을 "미리 알아챘을"37) 뿐이다.

따라서 우리는 다음 강연에서 다룰 문제에 도달하게 된다 : 덕은 스스로 배울 수 있는 것인가? 다음의 중요한 도덕가인 순자(荀子)를 독해하는 타당하면서도 효과적인 방법 중 하나는 그가 바로 이 문제에 대답한 것이라고 간주하는 것이다.

---

37) 『孟子』, 「萬章」, 上, 7, "… 天之生此民也, 使先知覺後知, 使先覺覺後覺也. 予, 天民之先覺者也. 予將以斯道覺斯民也. 非予覺之, 而誰也 …."

제4장
덕은 스스로 배울 수 있는 것인가?

45 덕을 스스로 배울 수 있다면 어떨까?

무엇이든지 다 스스로 배울 수 있다면 어떨까?

많은 종류의 것들이 있지만, 덕과는 다른 것에 대해 시도해보겠다.

28년 전쯤에 나는 존(John D. Goheen)의 사무실에 간 적이 있었다. 대화를 하고 있는 중에 전화 통화가 길어져 오랫동안 대화가 끊기게 되었다. 그동안 나는 방 가운데 있는 책상 위에 어지럽게 널린 책들 가운데에서 책 한 권을 골라잡아 훑어보기 시작했다. 통화가 끝나고 나서 나는 "이것은 좋은 책인가요?"라고 물었다. 존은 그렇게 생각한다고 — 그 책을 지은 사람의 명성이 한창 자자해지고 있다고 — 대답했다.

30분 후 나는 서점에 갔다. 그 책이 있었다. 나는 그 책을 샀다. 그것은 콰인(Willard Van Orman Quine)의 『논리의 방법(*Methods of Logic*)』이었다. 이후 두 달에 걸쳐, 나는 그 책에서 요구한 대로 그 책을 엄밀하게 읽었다 ; 한 문장을 읽으면 그것이 이전에 읽은 모든 내용과 어떤 관계가 있는지를 이해했다고 확신한 후에야 다음 문장으로 넘어갔으며, 자주 등장하는, 결코 쉽지 않은 연습 문제도 모두 풀었다. 다음 학기 초에 나는 패트릭 수페(Patrick Suppe)의 논리학 중급 과정을 청강했다.

나는 혼자서 논리를 배운 것인가?

어떤 측면에서 보면 분명 그렇다. 그러나 물론 내가 그 책을 쓴 것은 아니다. 그 책은 콰인이 쓴 것이다. 그래서 분명 다른 측면에서 보면 콰인이 나에게 논리를 가르쳐준 것이다. 여기에서 콰인은 필수불가결한 역할을 한 것인가? 어떤 측면에서 보면 분명히 그렇다. 그러나 아마도 다른 측면에서 본다면 의아함이 생길 수도 있을 것이다.

이러한 이야기에서 배움의 대상이 특정한 어떤 종류의 것이라면 작자의 역할이 필수적일 수도 있다. 자서전의 경우라면 아마 그러할 것이다. 덕은 그러한 류에 속하는 것인가? 그 질문에 대한 대답이 무엇이든 간에, 덕과 관련된 경우가 그 이야기의 다른 측면과 어떻게 들어맞을 수 있는가?

콰인에 대해 두 달 동안 공부한 후에, 나는 논리에 "관해(of)" 많은 것을 알게 되었다. 나는 몇 가지 사실을 알게 되었고, 몇 가지 기술을 획득했다. 나는 논리적인 사람이 된 것일까?

그 책이 『니코마코스 윤리학』이었고, 아리스토텔레스에 대해 두 달 동안 공부한 후에 내가 "도덕에 대해 많은 것을 알게 되었다"고 해보자 : 사람들이 생각했던 내용에 대해 몇 가지 사실을 알게 되었고, 아마도 어떤 생각들 사이의 연관 관계를 이해하는 데 새로운 기술도 획득하게 되었을 것이다. 나는 유덕해진 것인가?

지난 두 번의 강연에서 내가 탐구해온 '도덕 학습(moral learning)'이라는 개념에는 우리가 유덕해져야 한다는 생각이 함축되어 있다. *46* 우리는 그 자체만을 위해서 유덕한 행위를 하겠다는 생각을 가지게 되며, 그것도 올바른 유형의 동기 부여를 통해서 혹은 인격에 근거해서 그러한 생각을 가지게 된다. 적어도 바로 전에 논의했던 철학자인 맹자의 특징은 이렇게 설명할 수 있을 것이다.

맹자에게서 유덕한 행위가 이기심에서 말미암는 것은 아니다(이기심으로 말미암아 유덕하게 되겠다는 마음을 먹을 수도 있기는 하지만 말이다). 유덕한 행위를 지향하는 어떤 종류의 "찬성의 태도(pro-attitude)"가 있어야 그것이 덕을 구성한다고 여길 수 있을까? 분명 맹자에게서는 그렇게 해야만 한다(그러한 명령을 받았다는 / 命)는 느낌만으로는 안 된다. 그러나 일부 서양 철학자들이 생각하는 것과 같이, 분명 마음[心]이 도덕을 선호하는 것은 분명 "의리(義理)"라는 표현 하에서다.

1. 맹자에 대한 재검토

나는 맹자에 대해 다음과 같은 점에 주목했다.

(a) 그는 우리 모두에게 출발점으로서 도덕적 동기 부여가 되어 있으며, 그것은 실제로 옳고 선한 것을 향한 내재적(inherent) 방향성을 가지고 있다고 주장함으로써 "덕의 패러독스"를 해결하고 있다.

(b) 나아가 그것이 올바르게(정상적으로) 길러진다면, 그것은 자라나서 올바른 형태를 가지게 될 것이다 : 행위가 올바른 것일 때, 우리는 "마음속의 만족"이라는 자기 강화 장치를 통해 도덕적으로 더 강해질 것이다.

(c) 맹자가 말하고 있듯이, 우리 모두는 다 같은 도덕적 "기호"를 가지고 있다. 도덕적 규칙을 제정한 성인들은 단지 "우리 모두가 마음속에 공통으로 가지고 있는 것을 남들보다 앞서 알아차렸을 뿐이다."

그리고 나서 나는 다음과 같은 질문을 던졌다.

(1) 일단 내가 어떠한 상태에 있는지를 알게 된 후에도, 내 손을 잡아 이끌어줄 스승이 필요한가?

(2) 그리고 성인들은 내 마음속에 있는 것을 먼저 알아차렸을 뿐인데, 나는 내 스승으로서, 다시 말해서 내가 배워야 할 규칙을 제정한 사람으로서 그들을 필요로 하는가? 나 자신이 책을 직접 쓸 수는 없는가?

따라서 맹자의 설명에 따른다면, 덕은 스스로 배울 수 있는 것이 아닌가?

사실 맹자 자신은 "성인"과 그들의 규칙을 존중했다. 그러나 주위의 다른 모든 윤리, 정치 사상가들은 그들 자신의 규칙이 담긴 책을 저술하고 있었으며, 그들의 숫자는 매우 많았다. 때로는 맹자 자신의 전통에서 볼 때 결코 용인할 수 없는 말이나 믿음 혹은 텍스트 등도 볼 수 있었다. 그리고 그러한 것들을 물리칠 때, 맹자는 문헌학자나 역사가의 입장이 되어서 학문적인 논변을 제시한 것이 아니라, 다만 그 말이 도덕적으로 혐오스러운 것이며(그는 "제나라 동쪽 野人들의 말이다"라고 말한 적도 있다), 따라서 성인의 말이나 기록과는 다른 것이므로 그것을 물리쳐야만 한다고 생각했을 뿐이다.

47 당시의 도덕 철학자들은 자신들 주위에 존재하는 사유의 바다를 보고서, (묵자의 경우) 혼란은 질서로 바뀌어야 한다고 생각했으며, (유가의 경우) 질서란 유가의 전통적 도덕 규칙이 가지고 있는 권위가 안정적으로 확립될 수 있도록 해주는 것이어야 한다고 생각하고 있었는데, 맹자의 사상에 존재하는 이러한 잠재적 가능성은 이들 도덕 철학자들에게 경각심을 불러일으켰음에 틀림없다.

2. 순 자

순자(기원전 300~215)는 바로 그런 철학자였다. 그는 자신이 살고 있던 시대의 무분별한 철학자들을 몇 번이고 반복해서 강력하게 비난한다. 그리고 스승의 인도와 "성인과 선왕"이라는 모델과 그들의 규칙이 도덕적 완성을 추구하는 사람에게 필수적이라는 주장을 반복적으로 다져나간다 :

> 성인이란 모든 도덕적 원칙에 완전히 통달한 사람이다 ; 왕이란 사회의 모든 제도에 완전히 통달한 사람이다. 이 두 가지에 통달한 사람은 세상의 최고봉이라 할 수 있다. 그러므로 학자들은 성왕을 그들의 스승으로 삼아야 한다. 그들은 성왕의 통치 방법을 자신의 모델로 삼아서, 이러한 모델에 기반해서 그것이 자신의 추론 과정 전반에 스며들기를 추구해야 하고, 그들과 같이 되고자 노력해야 한다.38)

그리고 좀더 일반적인 의미에서의 스승의 필요성에 대해서는 이렇게 주장한다 ;

> 예(禮)[즉, 행위의 전통적 규칙]는 자기 자신을 바르게 하는 수단이다 ; 스승은 예를 올바로 알게 되는 수단이다. 예가 없다면 어떻게 자신을 바로잡겠는가? 스승이 없다면 어떻게 예가 올바른 것임을 알 수 있겠는가?39)

그러므로 맹자는 인간의 본성이란 덕을 향해 자연스럽게 기울

---

38) 『荀子』, 「解蔽」, "聖也者, 盡倫者也. 王也者, 盡制者也. 兩盡者,足以爲天下極矣. 故學者, 以聖王爲師. 案以聖王之制爲法. 法其法以求其統類,以務象效其人."
39) 『荀子』, 「修身」, "禮者, 所以正身也. 師者, 所以正禮也. 無禮, 何以正身. 無師, 吾安知禮之爲是也."

어져 가게 된다는 이론을 폈지만, 순자는 이를 강력하게 거부해야만 한다. 그리고 이 경우 그에게는 덕의 역설을 해결할 다른 방법이 필요하기 마련이다. 순자에게서 이는 다음과 같은 방식으로 진행된다:

1) 우리는 천성적으로 이기적이고 탐욕스럽고 호전적인 경향을 갖는다. 이것이 우리의 "본성"이다.

2) 우리는 가장 이로운 과정을 생각하고 선택하여 행동할 수 있는 능력 또한 부여받았다. 지적이고 의도적인 행동을 할 수 있는 이러한 능력을 그는 위(僞)라고 부른다.

3) 우리에게 있는 첫 번째 경향이 억제되지 않고 치달리게 되면, 모든 사람에게 비극적인 상황이 올 것이다(여기에서 그는 묵자를 따르고 있다). 우리는 '위(僞)'하는 능력을 통해 이를 알 수 있으며, 규칙과 역할이 필요하다는 사실을 알아서 그것을 만들어낼 수 있다. 성인이 바로 그것을 만들어낸 사람이다. 그리고 권위가 어디에서 기원하는가는 그냥 전제로 받아들여진다: 성인들은 왕이었으며, 이 규칙과 역할을 법으로 만든 사람이었던 것이다.

48 이 "도덕적" 질서는 진정으로 도덕적이며, 우리는 그것이 단순히 사려 깊음(prudence)이라는 공리주의적 규칙의 집합에 불과한 것이 아니라, 도덕적 의무의 집합임을 이해할 수 있는데, 그 근거는 다음 두 가지다:

1) 동물과 달리, 우리는 인간으로서 한 가지 특징을 가지고 있는데, 순자는 그것을 의(義)라고 부른다. 이 말은 "옳은 것"이라는 의미였으며, 맹자에게서는 "옳은 것에 대한 감각"이라는 의미 또한 가지고 있었다. 순자의 이론에서 "반드시 그렇게 해야 함(must)"은 아마도 기원상으로 결과론적인 것이겠지만, 우리는 의(義)를 가지고 있음으로써 그것을 도덕적인 "반드시 그렇게 해야 함(must)"으로 느낄 수 있게 되며,

그러한 의미에서 의(義)는 내용 없는 능력(unfunded capacity)[40]이다.

2) 인간에게 최적의 만족을 제공하고 고통을 최소화할 수 있도록 해주는 규칙의 집합은 결국 본질적으로 한 가지 방식으로 귀결될 수 있다 — 그것은 바로 성인이 밝혀낸 방식이다. 그러므로 그것은 우주 전체의 질서가 가지고 있는 필연성이 인간 사회로 흘러 들어온 것이다. 이해력을 갖춘 사람은 이러한 사실을 알기 때문에, 우리가 전체 자연의 질서에 대해 느끼는 것과 동일한 아름다움을 그 안에서 느낄 것이며, 전체 자연[天]의 질서에 대해 가지는 것과 동일한 경외감과 존경심을 그것에 대해서도 가질 것이다.

철학적인 반성적 사유 능력을 갖춘 사람은, 말하자면, 자신의 생각을 이러한 사회적-문화적-도덕적 질서 속으로 진전시켜나갈 수 있으며, 결국은 그 질서에 완전히 사회화된 구성원이 될 수 있다. 그 과정은 다음과 같다 :

1) 우리는 단순한 "계산"을 통해[41] 다음과 같은 사실을 안다 : 우리는 욕구를 가진 존재며, 그 욕구를 모두 만족시키는 것은 절대로 불가능하지만, 이러한 제도를 통해 욕구의 만족을 최적의 상태에 이르게 할 수 있다. 설사 자신의 몫 이상을 가지게 된다 하더라도, 근심으로 인해 그것을 즐기는 즐거움이 무용지물이 되어버릴 것이다.

40) 순자에 따르면 우리가 특정한 도덕적 행위나 판단을 지향하는 천부적 성향을 갖지 않았다는 의미에서 "내용이 없는(unfunded)" 것이다.

41) 이 계산에 관한 이야기는 「正名」 편에 나온다 ; "하나를 둘과 바꾸면 사람들은 '잃은 것은 없고 얻은 것만 있다'고 말한다. 둘을 가지고 하나와 바꾸면 사람들은 '얻은 것은 없고 잃은 것만 있다'고 말한다. 계산하는 자는 많게 여기는 것을 취하고, 도모하는 자는 옳다고 여기는 것을 따른다. 둘을 가지고 하나와 바꾸는 일은 아무도 하지 않는다. 수(數)에 밝기 때문이다. 도(道)를 따라 행하는 것은 하나를 둘과 바꾸는 것과 같다. 무슨 손해가 있겠는가? 도(道)에서 벗어나서 마음 속에서 스스로 선택하는 것은 둘을 하나와 바꾸는 것과 같다. 무슨 이익이 있겠는가? 백 년의 욕구를 충족시킬 수 있는 것과 연관된 것을 일시의 만족과 바꾸는데도, 그러한 일을 행하는 것은 수(數)[계산]에 밝지 못하기 때문이다."

2) 그래서 우리는 그것[道]을 "인정하고[可]" 그것을 따른다[從]. 그러나 그렇게 하기 위해서 우리는 그 규칙을 배우고, 그것을 자신의 것으로 체화(體化)시켜야 한다 — 다시 말해 도덕 교육이 필요하다.

3) 그래서 계몽된 자기 이익(enlightened self-interest)이라는 관점에서 우리는 도덕적 학문의 삶을 선택하게 된다. 나는 스승의 인도하에 고전(성인의 가르침)을 공부함으로써 앞으로 나아간다. 스승은 현재의 모델로서 유용하며, 고전 속에 쓰여 있는 전통적인 가르침과 현재의 상황 사이에 존재하는 해석적 간극을 메우기 위해 필요하다: "예악(禮樂)은 모델을 제공하지만 설명이 없고, 시서(詩書)는 고대의 문제를 다루고 있어서 항상 적절한 것은 아니며, 춘추(春秋)는 간략해서 빨리 이해되지 않는다."[42]

스스로 이런 교육적인 환경에 젖어들기를 택할 경우, 이상적으로 보면 완벽한 결과에 도달할 것이다: "군자의 학문은 귀로 들어와 마음에 달라붙고 사체(四體)에 퍼지며 행동을 통해 드러난다."[43] 결과는 도덕적 행위이지만 과정은 전적으로 이해(understanding)를 통한 것, 즉 "귀"와 "마음"을 통한 것임에 주목하라.

그러나 스승과 그의 가르침에 주목하기 위해서는 스승과 성인의 가르침인 예(禮)에 대한 사랑과 존경이 필요하다. *49* 이러한 태도는 어떻게 얻어지는가? 순자는 이러한 점에서 약점을 가지고 있다. 그는 두 가지 방식으로 말한다. 때로는 묵자처럼 시간이 걸리기는 하겠지만, 의지에 의해 이러한 태도를 획득할 수 있다고 말한다. 사랑과 미움은 의지에 의해, 특히 자신에 대해 비판하는 가운데 조절될 수 있다. 다음과 같은 명령조의 용례에 주목하라; "만약 네 안에 선(善)이 있음을 발견하면, 지속적으로 그것을 승인하도록 하라. 네 안에 악(惡)이 있음을 알게 되면, 구역질나는 무언가처럼

---

42) 『荀子』, 「勸學」, "禮樂法而不說, 詩書故而不切, 春秋約而不速."
43) 『荀子』, 「勸學」, "入乎耳, 箸乎心, 布乎四體, 形乎動靜."

그것을 싫어하도록 하라."[44] 이와는 달리, 행동에서 일관성이 있다는 것은 언제나 적절한 내적 감정을 가지게 되었음을 의미한다고 주장하기도 한다 : "만약 당신이 예(禮)에서 규정한 대로 행동한다면, 이는 당신의 감정이 이미 예에 대해서 편안하게 느낌을 의미한다. 만약 당신이 스승과 같이 말한다면, 이는 당신의 이해력이 이미 스승의 이해력과 같아졌음을 의미한다."[45] 이러한 두 가지 설명은 참으로 전혀 만족스럽지 못한 것이다.

더욱 심각한 문제는 순자가 성인의 독특한 지위를 설명해야 한다는 데 있다. 그는 성인도 다른 모든 사람과 같다고 말한다. 여기에서는 맹자를 따르고 있다 ; 그러나 순자는 어쨌든 초자연적인 모든 것을 거부하고, 지속적으로 자연주의적인 근거에 가치를 두고자 하는 가운데 이러한 견해에 이르게 되었을 것이다. 분명 우리는 묻고 싶다 ; 나와 동일한 능력을 가진 성인이 이 모든 것을 이해해낼 수 있다면, 왜 나는 할 수 없나?

우리는 순자에게서 설명되지 않는 부분을 채워넣을 수 있다 : 만약 나도 당신도 모두 성인과 같이 한다면, 우리들 대부분은 실수하게 될 가능성이 크다 ; 그렇다면 우리 모두를 한결같은 규칙 체계에 맞추고자 하는 목적에 해가 될 것이다. 그러나 실제로 순자는 왕이라면 그렇게 할 수도 있음을 인정하는 견해를 견지하는 듯하다 — 만약 왕이 스스로에 대한 도덕 교육을 완성해서 성인의 덕(德)을 가지게 된다면 말이다.(하지만 왜 德인가? 왜 단순히 완벽한 僞가 아닌가?) 그리고 그가 그 작업을 완전히 새로 한다면 아마도 그 결과는, 본질적으로는 성인의 가르침과 다르지 않을지라도, 세부적인 측면에서는 매우 달라질 것이다 ; 왜냐하면 순자는 성인의 가르침이 언제나 외면적인 모습 그대로 현실에 적용될 수 있는

44) 『荀子』, 「修身」, "善在身, 介然必以自好也. 不善在身, 災然必以自惡也."
45) 『荀子』, 「修身」, "禮然而然, 則是情安禮也. 師云而云, 則是知若師也."

것이 아니며, 스승에 의한 "설명"이 필요하다는 사실을 인정하기 때문이다.

이것이 바로 순자와 같은 유형의 윤리가 나아가게 되는 방향이다 ; 그리고 이러한 방향이 『중용(中庸)』에서 분명히 발견됨을 볼 수 있다 : 덕(德)과 위(位)를 가진다면(그리고 오직 그때만) 예악(禮樂)을 만들어낼 수 있다. 그러므로 "천자(天子)"만이 "예(禮)에 질서를 부여하고 제도를 정비하며 문체를 결정할"[46] 수 있다. 하지만 아마도 그는 현재의 시대에 맞게 그것을 전혀 새롭게 해서 성인의 권위를 대체할 듯하다.

3. 신유학

맹자의 도덕 철학에서는 원칙적으로 "혼자서 덕을 배우는" 것이 허용될 듯하다. 순자의 입장은 이렇게 전통의 권위를 개인적 직관에 넘겨주는 방향으로 나아가는 도덕 철학에 대항하는 지성주의적인 반응으로 볼 수 있다.

이후에 전개되는 유가의 도덕적 사유는 아주 흥미롭게도 모순적인 역사를 보여준다. 국가와 기존의 사회 체제 그리고 그 스승들은 계속해서 전통을 (단순히 자기 방어적인 목적으로) 강력하게 찬양했다. 그러나 맹자는 갈수록 더욱더 존경받게 되어서, 마침내 그의 어록과 대화록인 『맹자(孟子)』는 경(經)의 반열에 오르게 된다. *50* 반면 순자의 명성은 갈수록 쇠락해간다. 이제 1200년 이상의 시간을 건너뛰어야 할 듯하다 : 불교의 흥망성쇠에 관한 전반적인 내용은 내가 다루기에 적합한 주제가 아니며, 다른 사람들이 이미 훌륭한 업적을 남겨두었기 때문이다.

---

46) 『中庸章句』, 28章, "非天子 不議禮 不制度 不考文."

기원후 10세기 이후로 맹자적인 유형의 도덕 철학이 강하게, 그리고 갈수록 더 강하게 부활하여 시대를 대표하게 되는데, 일반적으로 이를 "신유학"이라고 부른다. 그러나 불교의 시대에 의해 생겨난 한 가지 결과가 있다는 점에 주목해야만 한다. 불교 이전의 유학에서 도덕 교육과 자기 발전의 목표는 언제나 부분적이나마 종교적인 성격을 띠고 있었다. 맹자에게서 덕을 향한 타고난 경향은 하늘이 내 마음속에 내려준 "고귀함의 상징[爵]"이었다. 공자에게도 "덕을 갖도록 해준 것"은 바로 하늘이었다. 순자의 하늘[天]은 이론적으로 볼 때 신적인 것이 아니었다 ; 그러나 종교에 신적인 것이 필수적은 아니다. 조상 "숭배"의 예식을 포함하는 예(禮)는 순자에게도 예전 그대로 남아 있었으며, 그가 목표로 삼은 도덕적 자기 완성의 상징인 "군자"는 종교적인 인격적 목표로서 호소력을 가지고 있었다.

이제 상황이 달라졌다. 아니, 동일한 상황에서 그 정도가 더 심해졌다고 해야 하겠다. 도덕적인 "배움"의 삶을 사는 목표는 전과 같이 "성인"이 되는 것, 다시 말해서 도덕적인 자기 완성이다 ; 그러나 여전히 도덕적인 자기 완성의 한 가지 형태이기는 하지만 이제 목표는, 불교도들이 그러했던 것처럼, 세계와 세계관에 대한 전면적이고 궁극적인 변화를 가져오는 깨달음으로도 여겨졌다. 이는 내가 다루고 있는 주제에 대해 두 가지 의미를 가진다. 이상하게도 덕을 공부하는 사람들이 하고 있는 일은 궁극적으로 혼자서 할 수밖에 없는 것이었지만, 너무나도 많은 경우 그들은 선생에게 의존해야 한다는 강박 관념에 사로잡혀 있었던 듯하다.

송, 원, 명조에 서원(書院)은 도덕 철학과 형이상학적 사변의 양성소 역할을 하던 기관이었다 ; 그리고 서원의 학생들은 그 지역에서 카리스마를 가진 스승 주위에 모여서 실제로 어떤 형태의 연구에 종사했는데, 분명 그러한 연구에는 때때로 스승의 도움이 필요했다. 그들은 경전, 그 가운데에도 특히 사서(四書)와 『주역(周易)』, 「대전(大傳)」에 나오는 자기 수양에 관한 얼마 안 되는 매우 어려운 구절들을 읽으면서 그에 대해 설명해내고자 애를 썼다. 그들은 이러한 구절들에 대해 끊임없이 스승에게 질문을 던졌다. 그들 중 일부는 — 죄스럽게도 — 이러한 교재들에 근거해서 과거 답안 작성법을 연습하고 있었으며, 자신들의 노력에 대한 비판을 필요로 했을 것이다. 그러나 우리가 철학자들의 어록이나 경전에 대한 주석에서 읽어내야만 하는 사실은 시간이 지남에 따라 그런 학생들 가운데 자기 스스로가 해내야만 하는 일에 종사하는 사람들이 점점 많아지게 되었다는 것이다. 그것은 내적인 도덕적 완성과 자기 이해라는 목표를 향해 자기 감시[愼獨]의 훈련 속에서 자신의 내적인 삶을 점검하는 것이었다. 예를 들면, 마음속에서 드러나는 모든 이기적인 충동[私意]에 주목해서 그것을 거부하는 것이다. 이러한 것이 공부(工夫 혹은 功夫), 다시 말해서 "과업(task)" 혹은 "도덕적 노력(moral effort)"이라고 불리게 되었으며, 아주 열정적인 사람들에게 이는 실제로 묵묵히 기도하는 삶을 끝없이 살아가는 것과 마찬가지였다. 학파에 따라 차이가 있기는 했지만, 도덕적으로 순화(純化)해나가는 궁극적 목표에 해당하는 이해(understanding)는 일반적인 의미에서의 "공부(study)", 즉 경전이나 역사서와 같은 책을 읽음으로써 증진될 수 있었다. [51] 따라서 사물의 리(理), 다시 말해서 규범적이면서도 인과적인 결정력을 가진 "원칙"을 파악하는 마음의 능력은, 천성적으로는 불완전하지만, 그러한 과정을 통해 더욱 커질 수 있는 것이었다(정이(程頤)나 주희 같은 송대 철학자들에게는 이것이 "공부"의 형식이었다). 그러나 이 경우에도 진보와 성공은 개인적인 것일 수밖에 없었다.

1) 왕양명

맹자는 덕을 스스로 배우는 것이 가능하다고 말했는데, 후기 심학(心學)에서 가장 잘 알려진 인물인 왕양명(王陽明 : 1472~1529)은 이러한 주장 속에 담긴 주관적 의미를 훨씬 더 멀리까지 밀고 나아간다. 양명 자신 그리고 그의 말을 고수했던 많은 학생들에게 구체적인 상황으로부터 추상화될 수 있는 "원칙"이란 결코 존재하지 않는다. 인생에서 문제가 생겨날 때마다, 마음이 과거의 어떤 개념이나 현재의 이기심으로 인한 편견을 전혀 가지지 않은 거울과 같은 상태에서 그것을 마주 대하게 해야만 한다. 이상적으로 보면, 그 상황에서의 리(理) 혹은 "원칙"은 마음의 자명한 도덕적 직관이 그 문제에 대해 반응하는 것일 뿐이다 ; 양명은 이 직관을 양지(良知), 다시 말해서 "순수한 앎"이라고 불렀는데, 이 용어는 물론 『맹자』 7A15에 나오는 것이다. 그러나 양명이 그리고 있는 자기 발전의 과정은 맹자의 그것과는 다르다 ; 다른 신유학자들과 마찬가지로, 양명에게는 "이기적인 욕구들"에 대한 내면적인 감시가 매우 중요한 반면, 맹자에게 내면적인 "함양"이란 올바른 행위 속에서 느껴지는 만족감의 결과를 긍정적으로 강화시키는 것이다. 그리고 맹자에게서 기(氣)의 일종인 진정한 도덕적 능력은 자라나는 것인 반면, 양명에게서 이 능력은 언제나 우리 마음속에 존재하는 이해 능력인 것이다. 양명의 "공부"는 우리가 그것을 사용하지 못하도록 "가리고 있는" 이기적 충동의 장막을 뚫고 나아감을 목표로 한다.

그러나 단지 "생각"하기만 하면 스스로 "얻을" 수 있다는 주장(思則得之, 6A15)의 의미가 맹자에게는 다소 감추어져 있는 감이 있지만, 양명에게서는 그 의미가 훨씬 더 분명하게 드러난다. 한 고위 관리에게 보내는 편지에서, 양명은 자신이 잘못되었다고 생각하는 사람에 대해서는, 설사 그 사람이 공자라 할지라도 자신의 비판을 면치 못할 것이라고 대담하게 말한다(실제로는 전혀 그렇게 하고 있지 않지만 말이다). 일반적인 "성인"들에 대해서 실제로 존경심을 보이지 않는 경우는 절대로 없지만, 그는 "무수한 성인들은 모두 지나가는 그림자에 불과하며, 나의 스승은 오직 양지뿐이다(千聖皆過影 良知乃我師)"라고 말한다.

그러나 이러한 경지를 혼자 이루어낸 사람은 양명 자신뿐이며, 그의 학생들은 선생에게 의존하고 있다. 양명의 제자 가운데 한 사람은 참석한 모든 사람들로 하여금 "두려움으로 인해 진땀이 나게 한" 문답을 기록하면서, 자신들이 정신적인 장애물을 헤쳐나가는 데에서 "우리 선생님"께서는 언제나 너무나도 능숙하게 도움을 주시고 있다고 말하고 있다. 곤경에 빠진 또 다른 제자 한 사람이 양명에게 "자신의 이기적 욕구를 극복하는 데" 어려움을 겪고 있노라고 말하자, 양명은 "너의 이기적 욕구를 나에게 주거라; 그러면 네가 그것을 극복할 수 있도록 해주마"라고 부드럽게 대답한다. 여기에서 "오직 너만이 그렇게 할 수 있다"고 말한다면 물론 우스꽝스런 일이겠지만, 그것이 핵심은 아니다; 이는 단지 양명이 유익한 방향으로 충격을 주는 데 매우 능숙했음을 보여주는 사례일 뿐이다. 여기에 담긴 의미는, 덕은 반드시 스스로 배워야 하지만, 어떻게 스스로 배울 것인가에 대해서는 또한 세심하게 교육을 받아야만 한다는 것인 듯하다.

<u>*52*</u> 양명 이후의 중국에는 다시 한 번 지적으로 엄청나게 다양한 모습이 펼쳐지는 시기가 전개된다. 아마 200년 정도는 될 것이다. 나는 시간에 전혀 개의치 않고 가볍게 그 시기를 건너뛰기로 하겠다.

4. 청대(淸代)

앞에서 이미 말한 것처럼, 순자가 지성주의적인(intellectualist) 반응을 보이게 된 것은 철학적으로 엄청나게 다양한 세계가 펼쳐지는 것의 위험성과 맹자의 주관주의적 철학의 위협을 감지했기 때문이었다 ; 마찬가지로 만주족이 중원을 지배하여 청나라(1644~1911)를 세운 후에는, 여태까지 맹자적 노선의 자기 수양론적인 도덕 철학에 대한 열정 대신에 새로운 형태의 "지성주의"가 주도권을 차지하게 된다 — 많은 사람들이 시대적 경향의 변화를 설명했지만, 여기에서 "지성주의"라는 말을 사용한 것은 여영시의 표현을 따른 것이다. 그 시대에는 "공고한 학문(solid learning)"이 "유행"이었다 ; 학자들은 평생 동안 연구를 하면서 광범위한 문헌을 읽고 주석을 다는 과정을 통해 놀라운 업적을 이룩하였으며, 그러한 과정에서 이루어지는 역사적이고 문헌학적인 측면의 새로운 발견에서 지적인 흥분을 느꼈다.

여기에서 주목해볼 수 있는 사실은, 좀더 심층적인 차원에서 볼 때 삶에서 지향하는 방향이 그렇게 빨리, 그렇게 근본적으로 바뀌지는 않는다는 것이다. 송명대(宋明代) 유가의 도덕가들은 실제로 논쟁적인 양상을 띠게 되었지만, 고전적인 도덕가들은 그렇지 않았다. 공부(工夫), 즉 도덕적인 "노력"은 여전히 도덕적인 완전성을 추구하는, 거의 괴짜에 가까운 사람들이 갖고 있는 열정이었다. 커다란 명성을 가지고 있든 그렇지 않든 간에, 작가들이나 고전학자들에게는 그러한 열정 대신 영원히 변치 않는 문헌학자들의 환상이 자리잡고 있었다 : 오늘 내가 벽돌 한 장을 더 쌓을 수 있다면 내일은 더욱 완성된 사실이 하나 더 생겨날 것이고, 그러면 언젠가는 진리라는 웅장한 건물이 모습을 드러낼 것이다

그렇다면 바로 그 벽돌 한 장과 더욱 완성된 사실 하나는 도(道)

에 대한 전망을 넓히는 데 기여한 셈이다.

이제 18세기를 살았던 두 사람에게 관심을 돌려보고자 한다 ; 그들은 고전학을 한다는 명분 아래 자신들의 철학을 전개하였다. 우리는 두 사람 모두가 순자 같은 문제에 직면해 있었던 것으로 해석할 수 있다 : 그들의 생각에 따르면, 당시의 다양한 목소리란 자기 자신의 주관적인 직관을 마치 진리인 것처럼 주장하고 있는 것이었다 ; 따라서 그들은 그에 맞서서 어떻게 하면 유가의 전통적인 도덕적 규칙과 가치를 안전하게 지켜낼 것인가, 그리고 또 어떻게 하면 그러한 과제를 자의적이지 않은 방식으로 수행할 수 있을 것인가 하는 문제에 직면하고 있었던 것이다. 단순히 "성인들은 옳고 경전에는 권위가 있으므로, 오직 그들을 통해서만 진리에 이를 수 있다"고 말하는 것으로는 부족하며, 그에 기반한 세계에 대해 그럴싸한 설명을 제시해야 한다 ; 다시 말해서, 알고 보면 그와 같은 세계는 결국 자명해보이는 가정으로부터 필연적으로 도출되어 나오는 것임을 보여주어야 하는 것이다. 그들은 이러한 일을 하는 데 능숙하지 못했으며, 그것은 결국 게임에서 패하는 것이었다. 그러나 그들 가운데 한 사람은 실제로 순자보다 그러한 일을 더 잘해낼 수 있었다.

나는 그렇게 할 수 없다고 가정할 때, "성인"들이 도덕적인 초인이 아니었다면, 그들은 어떻게 해서 도덕적 질서를 창조해낼 수 있었던 것일까? 순자는 그들이 통치자(ruler)였다고 규정함으로써 그들의 "예의(禮義)"에 권위를 부여한다. 그렇다면 그것이 올바른 것임은 어디에 근거하는 것일까?

1) 장학성

다음과 같이 추론하는 것이 해결책(아마도 이러한 해결책은 순자 자신에 의해 이미 암시되고 있지만, 순자가 그것을 발전시키지는 못했던 듯하다)이 될 수 있을 것이다 : 학생들이 경전을 해석하고 그것이 현재에 어떠한 의미를 가지는지 밝히기 위해서 스승에게 의존하는 것에서 알 수 있듯이, 한 사람의 성인이 이후의 모든 역사에 아무 문제도 없이 들어맞게 될 규칙을 책으로 써서 모든 상황에 대해 세부적인 지침을 규정할 수는 없었을 것이라고 말할 수 있다. *53* 사실 경전이 도덕에 관한 요리책과 같은 것일 수는 결코 없다. 경전은 성인들에 의해 쓰여진 것이 아니라 오랜 역사적 과정의 산물인 것이다.

성인이 이 과정에 참여해서 "경전"을 만들어내는 데 기여했다 하더라도, 아직 존재하지 않는 사회에서 필요로 하는 것까지 모두 예견할 수 있었으리라고는 생각할 수 없다. 따라서,

(a) 성인은 문제가 생겨날 때마다 그 문제에 주의를 기울이면서 조금씩 점진적으로 이러한 입법(立法)을 함에 틀림없다.

(b) 이러한 적위(積僞 — 이는 순자의 용어로, 글자 그대로 "지적인 행동[의 결과]를 축적함"이라는 뜻이다)의 과정에는 단지 한 사람의 생애가 아닌 여러 세기(그리고 많은 "성인"들의 작업)가 걸리기 마련이다.

(c) 설사 한 사람의 "성인"이 한 번에 그 모든 것을 해낼 수 있다 할지라도, 다시 말해서 자신의 머릿속으로부터 원칙적으로 모든 시대에 충분히 적용될 수 있는 도덕적 질서 전반을 끌어낸다고 하더라도, 이것은 필연성(necessity)의 산물은 아닐 것이다. 따라서 그러한 도덕적 질서는 순자적 유형의 사고에서와 같은 존중을 받을 수는 없을 것이다 ; 순자적 유형의 사고에서 도덕적 질서란 자연계의 필연성이 인간의 세계로 넘쳐 흘러 들어온 것이기 때문이다. 모든 시대에 충분히 적용될 수 있는 도덕적 질서란 단지 "공허한 말"에 불과할 것이며, 아마도 허영심(vanity)의 산물일 뿐일 것이다. 그리고 그것을 만들어 낸 이도 결코 성인이라고 할 수 없을 것이다.

(d) 여기에서 우리는 순자의 문제점 가운데 하나를 깔끔하게 해결해낼 수 있다 : 만약 성인들이 어떤 식으론가 그것을 해낼 수 있었다면, 왜 나는 그렇게 할 수 없는가? 이 질문 속에는 오류가 있다 ; 자기 자신을 과거의 한 사람 혹은 몇 사람과 견주어볼 것이 아니라, (현재도 진행되고 있는) **역사적 과정**과 견주어보아야만 하는 것이다. 어떤 특정한 한 사람에게 그러한 것을 배울 수는 없다고 하더라도, 우리는 그 **역사적 과정**을 통해 다른 방식으로는 배울 수 없는 무언가를 알게 될 수도 있다.

(e) 아마도 이를 통해 순자의 또 다른 문제점도 해결할 수 있을 것이다 : 생각하건대 (성인을 포함해서) 우리는 어떻게 혼자 힘으로 일어설 수 있을까? 다시 말해서 실용적인 유용성을 가진 어떤 규칙을 만들어 내서 **다른 사람들뿐만 아니라 자기 자신에게도** "이제 우리는 모두 도덕적으로 이 규칙을 지켜야만 하는 책무를 느끼게 될 것이다"라고 말할 수 있을까? 이에 대한 대답은 상황이 이런 식으로 진행되지는 않았다는 것이다. 그 과정은 기억 너머에까지 거슬러 올라가며, 그러한 과정이 "시작"되었을 때는 어느 누구도 무슨 일이 일어나고 있는지 깨닫지 못하였다. 모든 "성인"들도 또한 나만큼이나 역사적으로 주어진 도덕적 질서에 뿌리를 두고 있다. 그리고 성인이 특정한 상황에서 필요한 것을 감지해내고 그에 대한 반응으로 무언가를 창조해냈을 때, 그것은 그 성인뿐만 아니라 다른 사람의 눈에도 단지 역사적으로 주어진 도덕적 질서를 합리적으로 확장시킨 것에 불과한 것으로 보일 것이다 ; 다시 말해서 성인은 **반드시** 그렇게 할 수밖에 없는 것이다.

이 같은 견해를 취할 경우 다음과 같은 대가를 치러야만 한다 :

(a) 현실적으로 존재하는 도덕적 질서는 역사적 산물로서, 완결된 것이 아니라 지금도 여전히 진행 중인 것이다.*54*

(b) 현재를 살고 있는 사람이나 통치자도 필요성이 존재하고 그에 대처하는 역할을 가지고 있다면, 그리고 그 사람이 올바른 "위치(position)"에 서 있다면, 계속해서 창조해낼 수 있다. 그러나 나도 또한

그렇게 할 수 있다 ; 다른 사람도 나만큼 과거에 얽매어 있는 것이다.

이러한 견해는 순자 식의 유교 윤리를 깔끔하게 다시 손본 것처럼 보인다. 아이러니컬하게도 이러한 생각을 해낸 사람은 특별히 도덕 철학자라고 할 만한 사람이 아니었다. 그 사람은 장학성(章學誠 : 1738~1801)이었다 ; 그는 수년간 신중히 생각하고 여러 차례 시도한 후에 1789년 봄에 안휘(安徽)에서 「원도(原道)」(글자 그대로 풀이하면, "도(道)를 그 근원까지 거슬러 올라감")라는 논문을 썼는데, 앞에서 설명한 내용은 그가 그 논문에서 하고 있는 말 가운데 일부다. 장학성이 관심을 가졌던 것은 역사, 사물 그 자체, 그에 대한 사유 및 연구 방식 그리고 그에 대한 서술 방식이있다.

장학성은 자신이 순자의 사상을 비판적으로 손보고 있노라고 주장하지 않았으며, 아마 그렇게 생각하지도 않았을 것이다. 내가 생각하기에, 그가 실제로 의식적으로 비판적인 입장에서 손보고 있었던 것은 자신보다 나이도 더 많고, (지금은 아니지만 그때는) 훨씬 더 잘 알려진 사람의 입장이었다 ; 그 사람은 바로 대진이다. 그리고 이러한 식으로 이해한다면, 장학성은 훌륭하게 일을 해내고 있었던 것이다. 그러나 대진이라는 인물은 그 자체로 흥미로운 인물이므로, 지금 당장은 장학성을 잠시 보류해두고 대진에 대해 설명하지 않을 수 없다.

2) 대 진

대진(戴震 : 1724~1777)은 일생에 걸쳐 동일한 책을 계속 다시 썼던 철학자 중의 한 사람이다 — 적어도 그의 작품 가운데 철학적인 것임이 분명한 것만 고려할 경우 이 말은 사실이다. 대진은 고대의 수학, 천문학, 지리학 등을 연구한 문헌학자로 주로 알려져 있다. 그러나 그가 진정으로 애착을 가졌던 것은 도덕 철학이었다 — 철학에 관심이 없던 그의 친구들에게 이는 당황스러운 일이었다 ; 그들은 대진이 도덕 철학에 시간을 허비하고 있다고 생각했기 때문이다. 그가 쓴 책은 죽기 1년 전에야 최종적인 형태로 완결되었는데, 표면상으로 보면 그것은 또 하나의 문헌학적인 작업이었다 : 그는 그 책에 『맹자자의소증(孟子字義疏證)』이라는 이름을 붙였다.

맹자가, 사람들은 자연스럽게 "의리(義理)"를 즐긴다고 말한 곳에서 대진은 도덕 규범을 인간의 욕구로 바꾸어놓는다 : 우리가 규범 체계를 가지게 되는 것은 다름아닌 인간의 욕구로부터 말미암는다는 것이다(대진은 알아차리지 못했지만, 이러한 생각은 실질적으로 순자의 생각과 같은 것이다). 게다가 (맹자의 경우에서처럼) 규범에서 당위로 규정하고 있는 것은 우리가 진정으로 원하는 것이다. 그리고 옳은 것을 이해할 수 있는 이유는 우리가 욕구를 가진 존재이기 때문일 뿐이다. 따라서 대진은 다음과 같이 생각하는 듯하다 :

(a) 무엇이 옳은지를 발견해내기 위해서는 먼저 자신이 원하는 것에 주목한 후에(『맹자』 6A7과 비교해보라), 그것이 단순한 "개인적 의견[意見]"이 아닌 "옳은 것[義]"이 될 수 있는 확실한 방안을 강구해야 하는데, 그 방법으로 공자가 말한 "상호성[恕]"이라는 실천 원칙을 통해 시험해보는 과정을 거치게 된다 : "남이 자신에게 하기를 원하지 않는 행동을 남에게 해서는 안 된다." 여기에서 중요한 것은 어떤 것을 원한다는 것이 무엇인지 알지 못한다면, 애초부터 이러한 생각을 해낼 수조차 없다는 사실이다.

(b) 애초부터 우리가 무언가를 원한다는 것은 우리가 자연스럽게 그에 대한 욕구를 갖게 된다는 것이다 : 55 대진은 이를 "자연(自然)"이라고 부른다. 이것을 우리의 사고(이것은 "보편화 가능한 것"으로

간주된다)에 의해 시험함으로써 그에 대한 확신을 가지게 되면, 그것은 "필연(必然)적인 것"이 된다. 여기에는 다음의 두 가지 의미가 동시에 담겨 있다 : 우리는 언제나 그것을 행하거나 찬양할 것이다 ; 그것은 모든 사람들에게 객관적이고 타당한 "불변의 기준[不易之則]"이다.

(c) 완벽하게 맑은, 다시 말해서 "가려지지 않은" 마음을 가지고 있다면, 우리는 이러한 일을 완벽하게 해낼 수 있을 것이다. 그러나 완벽하게 가려지지 않은 마음을 가진 것은 성인뿐이다. 내가 아는 한, 대진은 이렇게 말하는 이유를 제시하지 않는다 ; 그리고 만약 그것이 사실이라면, 대진은 바로 이곳에서 핵심적인 문제를 회피하고 있는 것이다 ; 그리고 장학성이 주의를 기울이고 있는 문제가 정확히 이 문제라는 점을 주목하라.

(d) 따라서 "필연적인 것"에 대한 지식을 가지기 위해서, 다시 말해서 그것이 필수불가결하고 진정으로 옳은 것임을 확신하기 위해서 우리는 성인에게 의존해야만 한다. 대진의 입장에서 보면, 이러한 점에서 우리에게는 실제로 도덕에 대한 스승이 필요하다. 다시 말해서 "성인"이 필요한 것이다.

(e) 그러나 성인의 말을 이해하기 위해서는 문헌학만으로 충분하다 ; 그리고 이것을 위해 도덕적인 스승이 필요하지 않음은 분명하다.

(f) 그리고 대진의 입장에서 보면 "필연적인 것"에 대한 인지적인(cognitive) 이해만으로 충분해보인다. 따로 "도덕적 의지[志]"나 "마음[心]"을 수양할 필요는 없다. 대안이 될 만한 어떤 원칙이 보편화 가능하다는 점을 알게 된다는 사실에는 그 원칙에 대해 "승인[可]"하는 마음을 갖게 됨이 내포되어 있는데, 확신에서 우러나오는 도덕적 행동을 하는 데에는 그것만으로 충분하다 ; 맹자는 옳은 것을 행할 때 즐거운 만족감을 느낀다고 말하고 있는데, 대진은 맹자의 그러한 만족과 더불어서 이렇게 지적으로 승인하는 것도 옳은 것을 자연스럽게 선호하는 모습의 일종이라고 간주하고 있기 때문이다.

그러나 아마도 대진의 일차적인 관심사는 어떻게 해야 유덕해질 수 있는가 하는 것이 아닌 듯하다 : 왕양명의 제자들은 필사적으로 공부(工夫)에 정진했지만, 우리는 대진이 그와 같은 방식으로 문헌학에 정진하지는 않고 있음을 감지할 수 있다. 그가 관심을 갖고 있는 것은 옳은 것과 선한 것에 대해 이론적인 설명을 제공해서, 그를 통해 우리가 가지고 있는 의견이 드러날 수 있도록 함으로써, 그것이 진정한 도덕적 원칙인 것처럼 가장하지 못하도록 하는 것이다.

덕의 함양에 대해 말할 때, 대진은 그것을 지적인 과정으로 간주하며, 그것은 혼자서도 전적으로 잘해낼 수 있는 류의 것으로 간주될 수 있다. 그것은 이해의 내용물을 덧붙임으로써 마침내는 이해 자체를 변화시켜서 그가 확신하도록 만드는 과정이다(대진은 지칠 줄 모르고 주희를 비난하지만, 내가 보기에 이 지점에서 그는 주희와 유사해진다).

> 육체는 처음에 어리고 미성숙한 형체를 가지고 있지만, 결국에는 완전히 성장하게 된다 ; 도덕적 본성[德性]도 처음에는 어린아이와 같은 무지함에 휩싸여 있지만, 결국에는 성인과 같이 지혜롭게 된다. 육체적인 형태가 성숙하는 것은 먹고 마시는 것을 통해 배양하는 데에 달려 있으므로, 날로 성장해가는 것과 관련된 문제이지, 애초의 본성을 회복하는 것과 관련된 문제는 아니다 ; 그리고 학문에 의한 배양을 통해 도덕적 본성이 성인과 같은 지혜에까지 나아가게 될 때, 이러한 과정도 (또한) 애초의 본성을 회복하는 것과 관련된 문제가 아님이 분명해진다.

5. 요 약

나는 여태까지 무슨 일을 해왔다고 생각하는 것일까? 지지난 번 강연에서 나는 왕의 "덕(德)"이라는 고대의 개념에 대해 조사하기 시삭했다 — 물론 그에 대해서는 고고학적 탐구를 하는 것이 적절할 뿐만 아니라 필수적이기도 하다. 즉각적으로 관심을 끌 만한 한 가지 생각이 떠오른다 : 그런 식으로 원시적인 개념까지 추적해 들어가면, 내가 앞에서 이미 보여준 것처럼 그 말에는 성적인 매력이나 마술과 같은 어떤 것까지 포함되게 되는데, 이 경우 한자의 덕(德)을 (단순한 "덕"이 아닌) 도덕적 의미에서의 덕으로 여길 때 그러한 생각에 담길 수 있는 가치가 손상되는 것은 아닐까? (아마도 한자의 德이라는 말과 관련해서 "마나(mana)설"[47]을 주장하는 데 대해 반대하는 근거 가운데 일부는 이러한 생각일 것이다.) 그러나 이러한 생각을 발생학적 오류(genetic fallacy)라고 한다. 발생학적 오류와 관련해서 잠시 분명한 내용부터 짚고 넘어가기로 하자.

(a) 다음과 같은 상황을 고려해보라 : 먼저 아직 읽지 않은 어떤 책의 저자에 대한 정보를 접하게 된다. 나는 그가 멍청한 인간인 것을 알고 있으며, 무언가 불합리한 방식으로 동기 부여가 이루어진다. 이제 어떤 사람이 그 책을 읽을 것을 요구하고, 내가 그것을 거부한다면 편협한 마음을 가진 것이라고 말한다. 나는 논변 자체를 피해버리며, 그것

47) 마나(mana)는 멜라네시아 일대의 원시 종교에서 볼 수 있는 '비인격적인 힘'에 대한 관념을 말한다. 마나는 인간의 일상적인 힘을 초월하여 모든 것에 작용하는데, 그 힘은 언제나 그것을 행사하는 사람과 결합되어 있어 어떤 추장이 주문(呪文)에 의하여 비를 내리게 하거나, 어떤 무기로 강적을 넘어뜨렸을 경우 추장이나 무기에는 마나가 있다고 생각한다. 이러한 생각은 1891년 영국의 민족학자 R. H. 코드링턴이 저서 『멜라네시아인』에서 처음 소개하여 유명해졌다. 뒤이어 영국의 인류학자 R. R. 마레트, 프랑스의 사회학사 M. 모스, 독일 철학사 K. T. 프로이스 등 여러 학자들이 세계 각지에서 마나와 비슷한 초자연적 힘과 관련된 관념을 발견하여 잇따라 보고하였다. 오늘날에는 경험적으로 설명할 수 없는 힘이나 어떤 지위 또는 권위를 가진 사람의 특수한 힘과 능력을 나타내는 말로 해석되어, 앞에서 말한 바와 같이 여러 학자들이 시도하였던 마나로써 종교 진화의 한 단계를 설명하려던 사고 방식은 사라졌다.

은 매우 적절한 대응이다 : 그 책이 훌륭한 것일 수도 있지만 그럴 가능성은 매우 낮다 ; 나는 그 책을 아주 천천히 읽는다 ; 그리고 인생은 짧다.

(b) 이제 이러한 상황을 생각해보라 : 어떤 글을 읽고서 나는 그것이 통찰력이 있거나 영감을 주는 내용을 담고 있다거나 아름답다고 생각한다. 이제 나는 그 글을 쓴 사람과 그가 그것을 쓴 목적 등에 관한 정보를 우연히 접하게 되거나 연구를 통해 알게 되고 나서는 그는 바보였으며, 그가 그 글을 쓴 목적은 결코 내가 공유할 수 있는 것이 아니라는 등의 생각을 가지게 된다. 이러한 사실을 알게 되었다 하더라도 내가 처음에 읽었던 것의 가치에 직접적인 영향은 전혀 없다. 그러한 사실을 통해 내가 해석을 잘못해서 그 책 속에 존재하지 않는 무언가를 높이 평가했음을 발견할 수 있을지도 모른다 ; 그러나 반드시 그래야 하는 것은 아니다. 그러한 재해석을 차단할 경우, 내가 처음에 높이 평가한 내용이 출발점으로 삼기에 훌륭하다고 생각했다면, 그 판단은 아무 손상 없이 본래 그대로인 것이다.

두 번째와 같은 경우, 다시 말해서 결과의 가치를 원인의 가치로부터 도출해내는 경우에서 발생학적 오류는 진정한 오류가 된다. 바로 이러한 이유 때문에 나는 다음과 같이 주장하지 않을 수 없다 ; 우리는, 내가 이 연구에서 이미 보여준 것처럼, 풍요롭고 광범위한 인간적인 도덕적 관점이 고대의 원시적 형태로부터 한 걸음 한 걸음 진보해왔으며, 거기에는 여러 가지 난점들이 수반되지만 보편적인 가치 또한 수반된다는 사실을 알 수 있다. 실제로, 자기 자신이 가지고 있는 동기에 대해서 도덕적으로 책임이 있다는 생각은 아주 초창기부터 이 전통에 은연중에 내재해 있었으며, 그러한 전통을 추천할 만한 이유는 아마도 많은 철학자들이 생각해온 것 이상으로 많을 듯하다. 그러나 다음과 같은 의구심이 생겨나기 시작한다 ; 중국인들이 좀더 일찍 덕(德)에 대한 믿음을 갖지 않았다면 그들은 아마도 그것에 대해 탐구하지 않게 되었을 것이며, 그렇다면 덕(德)이 내재적으로는(intrinsically) 아무 가치도 없다고 말하고자 할 수도 있다.

어떻게 이런 일이 생겨나게 되었을까? 알고 보면 그 원시적인 개념의 구조 자체로부터 역설이 생겨나게 되어 있었던 것이다: 이 "덕"을 획득하기 위해서는 우리가 그것을 이미 가지고 있어야 함이 분명하다. 좀더 나쁘게 말하면, 이 "덕"을 추구한다는 것은 이익을 추구하는 것이며 이는 부덕한 짓이다.

이로 인해 나는 맹자를 연구하게 되었고, 우리가 쉽게 덕이라고 인정하는 것으로 향하게 되었다; *57* 그리고 나는 맹자가 우리 모두는 이미 유덕하다는 것과 사실상 같은 내용의 말을 함으로써 그 문제를 해결함을 발견하게 된다.

그러나 중국인들의 입장에서 보면, 이러한 해결책으로 인해 또 다른 문제가 생겨나게 된다: 과거로부터 얻어낼 수 있는 교훈을 포함한 모든 도덕적 가르침이 불필요해보이기 시작한 것이다.

따라서 순자는 맹자의 해법을 거부하고, 덕은 스스로 배울 수 없는 것임을 보여주고자 한다. 그러나 이로 인해 순자에게는 그 역설에 대한 다른 해결책을 찾아낼 필요성이 생겨나게 된다. 인간들은 실제로 어떻게 해서 유덕함을 지향하는 길로 들어설 수 있게 되는가? 순자의 생각에 따르면, 어떤 식으론가 계몽된 지성을 훈련함으로써 가능하다(대진 자신은 순자의 영향을 받았음을 인정하지 않는 듯하지만, 여기에서 이미 많은 부분 대진을 떠올릴 수 있다). 그러나 이것만으로는 순자가 원하는 대답을 제공할 수 없을 뿐만 아니라, 대진에게서 볼 수 있듯이 또 다른 문제가 생겨나게 되는 듯하다.

우리는 홀로 앉아서 독서를 하고 그에 대해 생각함으로써 유덕해질 수 있는가? 이러한 방식으로 마음과 "도덕적 본성"을 충분히 함양해서 옳은 것이 무엇인지를 알 수 있을 뿐만 아니라 그 자체를 위해서, 그리고 완전히 함양된 "도덕적 본성"인 인격의 확고한 성향에 기반해서 옳은 것을 행하려는 선택을 할 수 있는가? 대진은 이런 식으로 말하고 있는 듯하며, 우리가 그에 대해 의심을 가지게 되는 것은 너무나 당연하다 ; 때때로 어떻게 행해야 하고 왜 그렇게 행해야 하는지 분명히 알고 있으면서도, 고의적으로 다른 어떤 방식으로 행동하는 경우가 있음이 직관적으로 너무나 분명해보이기 때문이다(의무가 도덕적인 것일 때 더욱더 그러하지만, 단지 도덕적인 상황에만 그치는 것은 아니다). 이러한 직관을 무시해야만 하는가? 아니면 단순히 나 스스로는 유덕하지 않다는 결론을 내려야만 하는가?

다시 한 번 질문을 던지면서 마무리를 짓고자 한다. 그러나 이번에는 다음 번 강연에서 이 결론적인 질문과 씨름할 수 있으리라는 약속을 하지 않겠다. 아마도, 그러한 측면에서, 나는 이미 지혜를 보여주었을 것이기 때문이다 ; 그것이 덕은 아니더라도 말이다.

제5장
중국 도덕 철학에서의 황금률 논변

59 "황금률"이라는 말이 많은 다양한 방식으로 표현되고 있지만, 나는 이 말을 다음과 같은 의미로 사용하고자 한다 : 다른 사람에게 영향을 미치는 나의 행동이나 태도는 어떤 측면에서는 내가 그 사람이라 하더라도 허용 가능하다고 생각할 만한 것이어야 한다. 내가 말해야만 하는 내용의 대부분은 이미 몇몇 중국 철학자들이 말해놓은 것을 설명하고 분석하려는 시도로 이루어질 것이다. 실질적인 "논변"에 관해 말하는 일은 거의 없을 것이다(우리 자신에게 말없이 제시되는 논변을 제외한다면 말이다). 그리고 주제를 포괄하지도 못할 것이다 : 내게는 지식이 부족하며, 내가 아는 얼마 안 되는 내용이나마 상세히 논하는 데에 필요한 상당한 인내심과 시간을 여러분이 내게 할애해줄 수는 없을 것이기 때문이다.

1. 여러 가지 사례와 구분

윤리학의 기본적인 문제들과 매우 밀접한 관련이 있음에도 불구하고, "황금률"은 많은 문헌에서 철학적으로 분석되어온 주제는 아니다. 이와는 대조적으로, "황금률"이라는 말을 광범위하게 이해한다면, 우리에게 영감을 주는 문학 작품이나 종교적인 문학 작품들, 그리고 세계의 민간 전통들과 같은 지혜 속에서 "황금률"의 사례를 매우 광범위하게 발견할 수 있다. 나는 임의로 골라낸 두 가지 사례를 제시하는 것으로 만족하고자 한다.

브루스 앨튼(Bruce Alton)의 스탠포드대 박사 학위 논문(1966) 덕에 나는 열대 아프리카의 바-콩고(Ba-Congo)에 다음과 같은 속담이 있음을 알게 되었다:

> 이웃집 정원에 자칼이 들어와 있는 것을 보면, 그것을 몰아내도록 하라; 어느 날 자칼이 너희 집 정원에 들어올 수도 있으며, 당신은 그 사람이 동일한 일을 해주기를 바랄 것이다.

그리고 앨런 도너건(Alan Donagan)이 말년에 쓴 『도덕 이론(*The Theory of Morality*)』이라는 영향력 있는 책으로부터 나는 다음과 같은 사실을 발견해낼 수 있었다:

> 바빌로니아의 『탈무드(*Talmud*)』에 따르면, 한 이방인이 힐렐(Hillel)[48]에게 자신이 한 발로 서 있는 동안 법 전체를 가르쳐줄 것을 요구했다. 힐렐은 그에게 말했다; "네가 당한다면 싫어할 일을 네 동료에게 행하지 말라. 그것이 법 전체며 나머지는 설명이다."

두 발로 서 있다고 치고 계속해보겠다.

48) 기원전 1세기부터 기원후 1세기 초반까지 살았던 유대교의 성인으로, 당시 유대교 전통에서 『성경』 주석과 해석의 최고 권위자였다. 그의 이름을 딴 힐렐(Hillel)학파의 수장으로서 존경을 받았으며, 그가 신중하게 적용한 『성경』 주석 훈련은 '힐렐의 일곱 가지 규칙(Seven Rules of Hillel)'이라고 불리게 되었다.

60 많은 사람들이 보기에, "황금률"이라는 표현은 기독교의 『성경』에서 직간접적으로 도출된 하나 혹은 그 이상의 공식화된 내용을 가리키는 것이다. 『성경』에서 그러한 공식화된 내용을 많이 발견할 수 있지만, 다음의 것들(제임스 왕의 판본에서 발췌했다)은 특히 기억할 만하다.

(1) 마태복음 7장 12절 : 그러므로 무엇이든 다른 사람들이 당신에게 해주기를 바라는 대로 그들에게 해주어라.

(2) 누가복음 6장 31절 : 그리고 다른 사람들이 당신에게 해주기를 바라는 대로 당신 또한 그와 같이 그들에게 해주어라.

(3) 마태복음 22장 39절 : 너의 이웃을 너 자신처럼 사랑하라.

이러한 사례들을 기초로 해서 단순하게 몇 가지로 형식적인 구분을 해볼 수 있을 것이다.

(a) (1)과 (2)에서 볼 수 있는 것처럼, 다른 사람들을 대접하는 기준은 분명 다른 사람들이 우리 자신에게 대해주기를 바라는 방식이 될 수 있다 ; 그렇지 않다면 (3)에서 볼 수 있는 것처럼, 그것은 분명 자신에 대해 우리가 가지고 있는 관심(그리고 아마도 우리가 스스로를 대접하게 될 방식)일 수 있다.

(b) (1)에서 볼 수 있는 것처럼, 그 규칙은 "다른 사람에게 영향을 주게 될 때는 어떠한 행동을 해야 하는가?"에 관한 일반적인 규칙으로 간주될 수 있다 ; 그렇지 않다면 아마도 (2)와 (3)에서 볼 수 있는 것처럼, 그 규칙은 어떠한 종류의 행동을 해야 하는가, 다시 말해서 어떠한 (일치적인) 행동 규칙을 채택해야 하는가에 관한 상위 규칙으로 간주될 수 있다.

(c) (1)의 "… 그것이 무엇이든 간에 …"에서 알 수 있는 것처럼 그 규칙은 무제한 적인 것일 수도 있고 혹은 제한을 허용할 수도 있다(예를 들어 다른 사람의 욕구가 자신의 욕구와 다를 수도 있음을 고려하

거나 혹은 무엇이 옳은가에 대해 어떤 독립적인 기준이 존재함을 고려하는 등).

(d) 위의 세 가지 인용문에서 볼 수 있는 것처럼, 그 규칙은 긍정적으로 표현될 수도 있고, "다른 사람들이 네게 하지 않기를 바라는 그러한 것들을 다른 사람에게 행하지 말라"와 같이 부정적으로 표현될 수도 있다.

내가 공식화된 내용에 이러한 차이가 있을 수 있음을 말하는 것은 그저 암시적인 것일 뿐이지, 모든 가능성을 총망라한 것은 아니다. 그 규칙이 무엇을 위한 것으로 상정되는가를 물어본다면 다른 종류의 차이점을 파악할 수 있다 :

(A) 우리는 그것을 "도덕적으로 행동하는 것은 무엇인가?"를 밝히기 위한 시도로 여길 수 있다 ; 예를 들어 칸트에게 도덕적인 행위란 사람들에 대해 고려하는 것이 아니라, 보편적으로 적용되는 규칙과 일치하게 될 것이어야 한다고 말할 수 있다 ; 특정한 사람에게 우호적인 방향으로 예외를 허용하고자 하는 유혹이 너무나도 크지만, 그것은 자신에게 우호적인 예외를 허용하는 것이며, 그 규칙에서는 그래서는 안 됨을 지적하고 있다. 따라서 그 규칙은 부분적이나마 "도덕적으로 옳음"의 형식적인 의미를 제공해주며, 따라서 도덕적이기를 원하는 한 그 규칙을 따르지 않는 것은 비합리적이 될 것이다.*61*

(B) 그 규칙은 단지 사려 깊음(prudence)에 대한 충고로 제시되고 이해될 수 있다 : 자신이 대접받고자 하는 대로 다른 사람들을 대접해주는 것이 자신에게 최고의 이익이 되는데, 그 이유는 예를 들면 다음과 같다.

(1) 이러한 방식으로 다른 사람들이 네게 잘 대해주어야겠다는 마음을 가지게 하거나, 혹은 최소한 너를 잘못 대하도록 그들을 자극하지 않게 된다 ; 중국 철학자들 가운데에서는 묵자(「겸애(兼愛)」)와 맹자(「양혜왕(梁惠王)」, 하)에게서 이러한 견해를 발견

할 수 있다.

(2) 모든 사람이 이런 식으로 행동한다면, 모두의 상황이 더 좋아질 것이다(묵자는 이러한 주장도 한다).

(3) 신(神), 하늘[天], 국가와 같이 더 높은 권위를 가진 존재가 그 규칙을 선호한다 ; 따라서 우리가 그 규칙을 따르면, 그러한 높은 권위를 가진 존재가 우리를 인정하고 우리에게 잘 대해줄 것이다(묵자에게서 이러한 입장을 다시 한 번 발견할 수 있다).

(C) 그 규칙은 단지 내가 행위로 옮기고자 생각하고 있는 어떤 것이 정당한 행동인가를 검토해보기 위한 편리한 경험 법칙일 수도 있다(여기에서 관심의 초점이 단순히 실천적인 것이라는 점만 제외한다면 아마도 이는 (A)와 같을 것이다. 나아가 이러한 측면에서 바라본다면 그 규칙은 "정언명법"이 아닌 "가언명법"이다).

(D) 그 규칙은 이상적인 측면에서 도덕적으로 선한 사람이 되고자 할 때 따라야 할 효율적인 규칙으로 여겨질 수 있다 : 그것은 도덕적으로 자기 자신을 수양하기 위한 지침인 것이다(그렇게 간주할 경우, 그 규칙은 다시 한 번 "가언명법"이 된다. 그리고 그 범위가 반드시 우리의 도덕 법칙에 의해 요구된다는 의미에서의 "정의로운" 행동으로 제한되는 것은 아니다).

2.『논어』에서의 서(恕)

이제 중국의 사례를 몇 가지 검토해보자. 내가 알고 있는 사례 가운데 가장 초기의 것은『논어』5장에서 발견된다

자공(子貢)이 말했다 ; "만약 다른 사람이 제게 어떤 일을 하기를 바라지 않는다면, 저 또한 그 일을 다른 사람들에게 하지 않고자 합니다." (공자) 선생님께서 말씀하셨다 ; "자공아, 그것은 네가 도달한 경지가 아니니라."[49]

좀더 잘 알려진 사례에서도 공자의 제자인 자공이 등장한다; 그 예는 15장에 나오는데, 이 장은 아마도 150년쯤 후인 기원전 4세기 말에 『논어』에 덧붙여졌을 것이다.

> 자공이 물었다; "종신토록 실천할 수 있을 만한 한마디 격률이 있을까요?" 선생님께서 대답하셨다; "그것은 서(恕)임이 분명하다! '너 자신이 원하지 않는 것을 남에게 행하지 말라.'"[50]

여기에서 진행되고 있는 것은 메타 윤리적인 분석이 아니라 실용적인 지도다: '규칙'은 훌륭한 사람이 되는 데 필요한 지침 혹은 이미 충분하게 훌륭한 사람이 되었을 경우에만 "도달할" 수 있는 어떤 것으로 간주되는 듯하다. _62_ 여기에서 황금률은 부정적인 형식으로 표현되고 있다. 위의 내용들은 행동의 규칙을 마련하기 위한 기준이라기보다는 행위에 직접적으로 적용되는 듯하다. 첫 번째에서는 명시적으로 다른 사람이 나에게 어떻게 대할까 하고 상상해보는 것을 내가 그 사람에게 어떻게 행동해야 하는가에 대한 시험 기준으로 삼는다; 두 번째에서 그 기준은 다른 사람이 내게 어떻게 대할까 하고 상상한 내용이 될 수도 있고, 내가 나 스스로를 대하고 싶어하는 방식일 수도 있다.

두 경우 모두 제한 조건은 언급되고 있지 않다. 그러나 제한 조건이 배제되고 있는 것도 또한 아니다. 그리고 (핑가레트처럼) "나라면 스스로가 원할 것과 같이"라는, 자기 자신을 준거로 삼는 데 근접해 있는 형식을 통해 이 문제를 다루고 있다고 주장할 수도 있다. 자신에게 자기 스스로를 다른 사람의 자리에 대입시킬 것을

---

49) 『論語』, 「公冶長」, 11, "子貢曰 我不欲人之加諸我也 吾亦欲無加諸人 子曰 賜也 非爾所及也."

50) 『論語』, 「衛靈公」, 24, "子貢 問曰 有一言而可以終身行之者乎 子曰 其恕乎 己所不欲 勿施於人."

요구하고, 그렇게 내가 다른 사람의 "내" 입장이 되어봄으로써, 그 사람이 바라보는 것처럼 상황을 바라보는 동시에 나 자신의 판단력을 사용할 수 있는 직관을 효율적으로 이끌어내는 것이다. 따라서 (다른 사람이 무엇을 선호하는지가 주어지고, 그 사람이 원해서는 안 되는 행위를 명하는 것이 허용되지 않는 등의 조건만 주어진다면) 필수적인 제한 조건을 언급할 필요가 없다. 만약 그렇다면 철학적으로 행운이다 ; 제한 조건은 악명 높은 문제이기 때문이다. 만약 어떠한 "만약 ~라면"도 없이 황금률에 대해 말하고자 한다면, 즉시 그것을 헛소리로 만들어버릴 수 있는 반례에 걸려들게 된다.(내가 자살을 하고자 한다면, 혹은 누군가에게 자살을 하는 어려움을 덜어주게 하고자 한다면, 나는 당신을 죽여야만 하는가?) 그러나 필요한 제한 조건을 분명히 설명하고자 한다면, 즉각적으로 거기에 끝이 없음을 발견하게 된다.

『논어』에서 인용한 이 초기의 두 가지 사례에서 내가 주목했던 다른 분류학상의 특징들은 얼마나 중요한가? 특히 중국의 황금률에서는 (여태까지는) "우리에게 행해지기를 바라지 않는 일을 남에게 행하지 말라"고 말하고 있다는 사실은 어떠한가?

때때로 황금률의 부정적인 형태를 "은백률"이라고 비하하여 칭하기도 한다. 비판적인 문헌들은 이러한 노선을 따르고 있는 경우가 많으며, 특히 기독교 신학자들에 의해 쓰여진 문헌이나 그들의 생각을 담고 있는 문헌의 경우에는 더욱 그러하다 : 사랑과 연민을 표현하는 예수의 가슴 따뜻한 긍정적인 태도가 공자의 못마땅한 듯한 "~하지 말라"와 대등하다고 말할 수 없음을 인정할 것이 요구되는 것이다.

그러한 말에서는 몇 가지 사실이 무시되고 있다 : (1) 『논어』에서 초기 작품에 속하는 장들만 놓고 보더라도 중국적인 형태의 황금률이 더 많이 존재하며, 이제 곧 살펴보겠지만 이들 중 몇몇은 긍정적인 형식을 취하고 있다. (2) 매우 초기에 속하는 기독교의 문헌에는 긍정적인 형식뿐만 아니라 부정적인 형식 또한 풍부하게 포함되어 있으며, 초기의 기독교 신학자들에게 이 둘의 차이는 결코 중요하지 않았음이 너무나도 분명하다. 따라서 『마르키온 논박(*Adversus Marcionem*)』에서 터툴리안(Tertullian)[51)]은 "다른 사람이 네게 해주기를 바라는 대로 그 사람에게 해주어라"고 말하고도, 다른 한편으로 "다른 사람이 네게 하지 않기를 바라는 것을 다른 사람에게 행하지 말라"고 말한 것이다. (3) 게다가, 이들이 옳았음은 분명하다. 오늘 저녁에 오기로 해놓고 그렇게 하지 않았더라도 나는 여전히 무언가를 한 것이다 ; 다시 말해서 약속을 어긴 것이다. 어떤 다른 사람에게 무언가를 하지 않는다는 것은 언제나, 달리 표현하면 그 사람에게 무언가를 하고 있는 것이며 그 반대 또한 성립한다.

따라서 어떤 측면에서 보면 그 문제 자체가 사소한 것이다(이것이 기준점이다). 그러나 실제로 부정적인 표현이 중국 문헌 속에서 훨씬 두드러지게 발견되며, 이는 중요한 의미를 가진 것일 수도 있다 ; 아직 발견되지 않은 어떤 다른 숨겨진 의도가 있을 수도 있다(나는 실제로 그렇다고 생각한다). *63* 이 문제를 추적해보면, 중국의 도덕가들이 자신들 스스로가 무슨 말을 하고 있다고 생각했는지에 대해 더욱 정교하게 이해할 수 있게 될 것이다.

3. 충서(忠恕)에 대한 풍우란의 이해

유명한 중국 철학사가인 풍우란(馮友蘭)은 공자와 초기의 유학자들이 실제로는 결국 황금률의 긍정적인 형태와 부정적인 형태

---

51) 기원후 2세기의 기독교 신학자. 삼위일체라는 말을 최초로 사용한 사람.

두 가지 모두를 가지고 있었다고 주장함으로써 그들을 옹호한 사람 가운데 하나다. 이 문제에 대해 풍우란이 말하는 내용을 살펴보면, 여러 세기에 걸쳐 풍부한 주석의 역사를 가지고 있는 복잡한 문제를 소개하는 데 도움이 될 것이다.

간단히 말해서 그가 말하는 내용은 다음과 같다. 초기 유학의 도덕과 관련된 문헌에는 황금률의 긍정적 형태들이 존재한다. 이 가운데 하나가 『논어』 6장(아마도 기원전 5세기 중반의 작품일 것이다) 30절에 나오는 다음과 같은 내용이다.

> 인(仁)이라는 말은 너 스스로가 확고히 서기를(다시 말해서, 조정에서 받아들여지기를) 바란다면 다른 사람들이 확고히 서는 것을 도와주며, 네 스스로가 성공하기를 바란다면 다른 사람들이 성공하는 것을 도와주는 것을 의미한다. 가까운 곳[너 자신의 경우]으로부터 [다른 사람에게로] 유비해내는 능력을 인(仁)의 방법이라고 부를 수 있을 뿐이다.[52)]

여기에서 황금률은 분명히 자기 발전을 위한 프로그램이며, 진술 방식은 긍정적이다.

이후의 작품이기는 하지만, 여전히 매우 초기에 속하는 유가의 도덕 경전 가운데 하나는 『중용(中庸)』이다. 이 책에는 좀더 명시적인 표현이 담겨 있다:

> 충(忠)과 서(恕)는 도(道)에서 멀지 않다. 자신에게 어떤 것이 행해지기를 원하지 않는다면, 그것을 다른 사람들에게 행하지 말라. 군자의 도(道)에는 네 가지가 있는데, 나[孔子]는 아직 그 가운데 한 가지에도 정통하지 못하다: 네 아들에게 요구하고자 하는 것을 네 아버지를

52) 『論語』, 「雍也」, 30, "夫仁者 己欲立而立人 己欲達而達人 能近取譬 可謂仁之方也已."

섬길 때 쓰도록 하라 …. 네 신하에게 요구하고자 하는 것을 네 군주를 섬길 때 쓰도록 하라 …. 네 동생에게 요구하고자 하는 것을 네 형을 섬길 때 쓰도록 하라 …. 네 친구에게 요구하고자 하는 것을 네 친구를 대할 때 먼저 적용하도록 하라.[53)]

여기에서 풍우란이 주목하는 것은 다음과 같다. 첫째, 공자는 충(忠)과 서(恕)라는 두 가지 덕목을 언급하는 것으로 되어 있다. 둘째, 서(恕)(나를 비롯한 많은 사람들은 "헤아림(consideration)"이라고 번역하지만, 어떤 사람들은 "상호성(reciprocity)"이라고 옮기고, 심지어는 "이타심(altruism)"이라고 번역하는 사람도 있다)에 대해서 공자는 『논어』 15장 24절에서 전통적인 부정적 형식을 통해 자공에게 정의해주고 있는데, 위에서 막 인용한 『중용』에서는 이러한 부정적 형식과 가까운 구절이 충서(忠恕)에 대한 언급 직후에 따라나온다. 다음에 나오는 내용("네 아들에게 요구하고자 하는 것을 …" 등)은 분명 "당신이 다른 사람에게 대접받고자 하는 대로 다른 사람을 대접하라"는 내용을 — 긍정적으로 — 말하는 방법 가운데 하나다. *64* 그렇다면 이는 충(忠)에 대해 말하는 것임에 틀림없으며, 서(恕)가 부정적이라면 충(忠)은 그에 대응하는 긍정적인 상대자일 뿐임에 틀림없다.

또한 서(恕)가 이른바 충(忠)과 상관 관계가 있음을 보여주는 더욱 직접적인 증거가 존재한다. 그 증거는 『논어』에서 가장 오래된 장인 4장 15절에 나온다:

선생님께서 말씀하셨다. "삼(參)아! 나의 도(道)에는 그것을 관통하는 한 가지[맥락]이 있다." 증자가 대답하였다. "정말 그렇습니다." 선

53) 『中庸章句』, 13, "忠恕違道不遠 施諸己而不願 亦勿施於人 君子之道四 丘未能一焉 所求乎子 以事父未能也 所求乎臣 以事君未能也 所求乎弟 以事兄未能也 所求乎朋友 先施之未能也."

생님께서 나가셨다. 다른 제자들이 물었다. "선생님께서 무슨 말씀을 하신 것입니까?" 증자가 대답하였다. "우리 선생님의 도(道)는 단지 충서(忠恕)로 이루어져 있을 뿐입니다."[54)]

이것은 증자의 제자들이 그러한 생각을 탁월한 것으로 만들어 자신의 선생을 위해 도용하고자 4장에 삽입한 것임에 틀림없다. 이는『논어』의 15장 3절까지 확장되는데, 여기에 등장하는 인물은 증자(曾子)가 아니라 자공(子貢)이며, 공자는 아무런 설명도 없이 자신의 도(道)에는 "그것을 관통하는 한 가지 맥락이 있음"을 말하고 있다. 15장에도 또한 서(恕)에 대한 개념 정의가 나온다 ; 따라서 유가의 도덕적인 도(道)의 핵심이 충서(忠恕)라는 생각은 기원전 300년경까지 거슬러 올라가는 듯하다.

그러나 연대를 아는 것이 위안은 되겠지만, 연대 그 자체만 가지고는 아무것도 설명하지 못한다. 문제가 해결된 것이라고 할 수는 없지만, 서(恕)에 대해서는 이미 정의되어 있다. 충(忠)이란 무엇인가? 충서(忠恕)가 어떤 식으론가 조화를 이루는 한 쌍의 개념이라면, 이 두 개념을 모두 이해하고 그들이 관계 맺고 있는 방식을 알 경우 각각의 개념을 더 잘 이해할 수 있으리라는 점을 즉각 감지할 수 있다. 이것이 바로 풍우란이 하고자 했던 작업이며, 주석가들이 수 세기에 걸쳐 노력해온 일인 것이다. 풍우란은 옳았는가?

4. 대안적 해석

내가 논증할 내용은,『중용』이 이 문제에 대한 중요한 텍스트임

---

54)『論語』,「里仁」, 15, "子曰 參乎 吾道 一以貫之 曾子曰唯 子出 門人 問曰 何謂也 曾子曰 夫子之道 忠恕而已矣."

을 지적했다는 점에서는 풍우란이 옳았으나, 충(忠)과 서(恕)를 긍정과 부정의 연관 관계를 가진 것으로 생각했다는 점에서는 그렇지 못하다는 것이다. 이 문제를 발견할 수 있는 또 다른 고대의 전적(풍우란도 또한 이를 인용한다)을 보면, 이러한 생각에는 문제가 있음을 알 수 있다. 그것은 바로『대학(大學)』으로,『중용』과 거의 동시대에 쓰여진, 짧으면서도 매우 중요한 유가의 도덕 텍스트다.

> 네 윗사람에게서 네가 싫어하는 것을 가지고 아랫사람을 부리지 말라 ; 네 아랫사람에게서 네가 싫어하는 것을 가지고 윗사람을 섬기지 말라 ; 너를 앞서가는 사람에게서 네가 싫어하는 것을 가지고 네 뒤를 따라오는 사람을 대하는 데 사용하지 말라 ; 네 뒤를 따라오는 사람에게서 네가 싫어하는 것을 가지고 너를 앞서가는 사람을 대하는 데 사용하지 말라.[55]

『대학』에서는 이것을 도덕적으로 "측정용 곱자[絜矩]"라고 부른다. 내가 생각하기에, 여기에서 두드러진 점은『중용』의 두 번째 부분에서와 같은 종류의 사회적-정치적-상하 위계적인 모습이 명시적으로 드러난다는 사실이다. *65* 칸트는 유가 도덕 철학의 이러한 특징에 격분해서 쾨니히스베르크에서 (자신이 개설한 "자연지리학(physical geography)"이라는 과목에서일 뿐이지만) 중국 철학에 대해 강연을 한다. 칸트는 그러한 특징들에 근거해서 공자는 진정한 도덕 철학이라는 개념을 전혀 갖지 못한 사람이라고 일축해버린다 : "그들의 스승인 공자가 자신의 저작 속에서 가르치는 내용은 군주를 위한 도덕적 교리 말고는 아무것도 없다." 그는 "중국인들의 머리 속에는 덕(德)과 도덕이라는 개념이 결코

---

55)『大學章句』, 10장, "所惡於上 毋以使下 所惡於下 毋以事上 所惡於前 毋以先後 所惡於後 毋以從前."

떠오르지 않았다"고 결론짓는다.

그러나 여기에서 알 수 있는 것은 정확히 말하자면 바로 중국인의 구체성이다 : 짝을 이루고 있는 명령들 가운데 첫 번째 명령의 두 번째 부분은 『중용』에서 무슨 말을 하고 있는지 정확히 말해주는 듯하다 : 아랫사람이 당신을 섬기기를 바라는 그대로 당신의 윗사람을 섬겨라 ; 그러나 그 진술은 긍정적이 아닌 강력한 부정적인 형태를 띠고 있다.

나아가 형식적인 측면에서 음미해보아야 할 것이 있다 : 여기에서 언급된 중국의 황금률은 "다른 사람이 당신을 대해주기를 바라는 그대로 그 사람을 대해주라"고 말하는 것이 아니라, "당신이 관계를 맺고 있는 것과 똑같은 방식으로 당신과 관계를 맺고 있는 다른 모든 사람들이 당신을 대해주기를 바라는 것과 같은 방식으로 그 사람을 대해주라"고 말하고 있으며, 아마도 항상 그러한 의도를 가지고 있는 듯하다.

이러한 생각을 표현하고 있는 언어를 좀더 면밀하게 살펴보면 다음과 같은 인상은 더욱 강화된다 ; 우리에게 익숙한 가족적이고 사회적이며 정치적인 관계 속에서는 선후와 권위의 구분이 당연시되고 있으며, 충(忠)과 서(恕) 양자 모두는 그러한 관계와 관련해서 매우 구체적인 것으로 간주된다. 다시 한 번 서(恕)에 대해 살펴보자 : "너 자신이라면 원하지 않을 것을 다른 사람에게 행하지 말라." — 여기에서 "행하다"에 해당하는 말인 '시(施)'는 일반적으로 자신보다 지위가 낮은 사람 혹은 기껏해야 동등한 지위의 사람을 향해 무언가를 주는(혹은 가하는) 행위에 대해 사용된다. 다른 한편으로, 충(忠)이라는 말의 일반적인 의미는 "충성"이며, 이러한 의미는 너무나도 일반적인 것이어서, 그 의미가 서(恕)와 짝을 이룬다고 해서 완전히 날라져버린다면 너무나도 이상한 일이 될 것이다(주류를 이루고 있는 주석의 전통에서는 이러한 사실에 구애받지 않고 있지만 말이다) ; 그리고 "충성"으로서의 충(忠)은 언제나 윗사람 혹은 아무리 내려 잡아도 동등한 사람을 향한 것이다.

『논어』에서 "너 자신이 원하지 않는 것을 다른 사람에게 행하지 말라"는 서(恕)의 공식을 포함하고 있는 다른 텍스트를 볼 때, 그 속에서 진행되고 있는 것이 바로 (아마도 15장보다 20년 먼저 쓰여졌을) 12장 2절에서 발견된다:

> 중궁(仲弓)이 인(仁)에 대해 물었다. 선생님께서 말씀하셨다; "집 밖에 나가면 마치 [군주나 공식적으로 '접대를 맡은' 제후 혹은 신하가 주최한] 커다란 환영 연회를 진행하고 있는 것처럼 행동하라. 일반 백성들을 부릴 때는 커다란 제사를 진행하고 있는 것처럼 행동하라. 너 자신이 원하지 않는 것을 다른 사람들에게 행하지 말라. 이런 방식으로 행동한다면, (벼슬살이를) 국가에서 하든 아니면 귀족 집안에서 하든 간에 원망이 없게 될 것이다."

여기에서 서(恕 — 이 말 자체가 사용된 것은 아니지만, 15장 24절에서 이 말을 설명하는 데 이용된 공식이 사용되고 있다)는 분명히 아랫사람을 향해 행해지고 있다; 그리고 그에 못지 않게 흥미로운 것은 아랫사람을 대할 때 냉담하고 거칠게 대해서는 안되며, 예의를 갖추어서, 공자의 표현에 따르면 "예(禮)에 따라"야만 한다고 가정되어 있다는 사실이다. 게다가 이것은 모두 "인(仁)"에 대한 설명으로 제시된 것이다. *66*

『논어』 12장 2절에서는 서(恕)와 인(仁)을 연결시키고 있다; 그렇다면 충(忠)과 인(仁)에 대해서는 어떠한가? 5장(초기의 작품에 속한다) 19절에 한 가지 사례가 나온다:

> 자장(子張)이 다음과 같은 질문을 했다: "영윤(令尹)인 자문(子文)

은 세 번 영윤에 임명되었으나, 기뻐하는 빛을 띠지 않았습니다. 그는 세 번 해임되었으나 화내는 빛을 보이지 않았습니다. 그는 매번 새로 부임하는 영윤에게 과거 영윤의 행정 업무를 알려주었습니다. 그에 대해 어떻게 말씀하시겠습니까?" 선생님께서 대답하셨다; "그는 정말로 충(忠)하다." 자공이 계속해서 물었다; "그렇다면 인(仁)한 것인가요?" 공자가 대답하였다; "나는 [네가 한 말로부터는] 아직 그가 어떻게 인(仁)이라는 자격을 얻을 수 있는지 모르겠다."

여기에 나오는 사람은 분명히 "자신이 앞사람에게 원하는 방식으로 자기 뒤에 올 사람을 대접하는" 것으로 묘사되고 있으며, 어떠한 사적인 감정도 개입시키지 않았기 때문에 충(忠)이라는 자격을 얻은 것이다. 그렇게 함으로써 그는 진정한 의미에서 "충성스러운" 사람이 되었는데, 순자는 이러한 진정한 의미의 "충성"을 공자가 다음과 같이 규정하고 있다고 적고 있다: 어떤 일에서든 무조건 군주를 따르는 것이 아니라 도(道), 다시 말해서 자신의 역할 속에서 공적인 도덕에 의해서 요구되는 것을 따른다.

그렇다면 충(忠)이란 상급자 혹은 동급자에 대해 자신의 의무를 믿을 만하게 따르는 것이다. 한편, 서(恕)는 '직분 이상을 행하는 것과 유사한 덕목(quasi-supererogatory virtue)'이다 — 다시 말해서 서(恕)는 자신에게 엄격하게 요구되지는 않는 것들과 관련이 있다; 이는 각자의 역할에서 요구되는 대로 동급자나 아랫사람을 대하는 데에 공손하고 사려 깊은 태도를 보임을 의미한다. 이 구분은 일반적으로 이러한 논의에 자주 등장하지는 않지만, 우리가 잘 알고 있는 조기의 텍스트인 『논어』 3장 19절에 암시되어 있다: "군주는 신하를 예(禮)에 따라 부리고, 신하는 군주를 충(忠)으로 섬긴다."[56]

56) 『論語』, 「八佾」, 19, "君使臣以禮 臣事君以忠."

이제 다른 부분들도 분명히 이해할 수 있다 : 『논어』에서 종종 그러하듯이, 초기 유가의 텍스트에서는 충(忠)과 신(信)을 결합하여 충신(忠信)이라는 도덕적 합성어로 사용하는 경우가 매우 많다 ; "훌륭한 신용을 가진", "자신의 말에 충실한"이라는 뜻의 신(信)은 자기 자신이 직접 언질하고 약속함에 의해 생겨난 책임을 충실히 이행해내는 것이며, 충(忠)이란 공적인 도덕에 의해 암시된 책임을 충실히 이행해내는 것이다. 충(忠)은 한편으로는 신(信)과 짝을 이루고, 다른 한편으로는 서(恕)와 짝을 이룬다 : 서(恕)란 규칙을 넘어서야 할 때 혹은 규칙을 적용하면서 규칙을 변화시켜 더 인간적인 것으로 만들고자 할 때, 동급자나 아랫사람에게 역할이 뒤바뀐다면 자기 자신이 원하게 될 만큼의 호의를 보여주는 것이다 ; 충(忠)이란 윗사람 혹은 동급자에 대한 자신의 의무에서 역할이 뒤바뀐다면 자신의 지위에 있는 사람에게 대하게 될 만큼 자기 자신에게 엄격하게 하는 것이다.

따라서 황금률에 대한 중국적인 개념이 더욱 분명하게 드러남에 따라 그 속에 풍부한 구조를 가진 제한 조건이 가정되어 있음을 알 수 있게 된다. 황금률에 대한 중국적인 개념들은 여전히 "보편화 가능성"(혹은 상호 전환 가능성)에 관한 규칙이다. 따라서 그것을 "정언명법"과 비교해보는 것이 도움이 될 것이다(비록 칸트 자신은 "황금률"을 단지 파생적인 것으로 비하해서, 그러한 비교 자체를 경멸하지만 말이다).

정언명법에서 말하는 내용이 결과적으로 "우리의 행동은 '그것을 보편적인 것으로 만들겠다는 의지'를 가질 수 있는 혹은 실제로 갖게 되는 법칙의 한 예로 설명되어야 한다"는 것이라면, *67* 자신이 받아들여야만 한다고 생각하는 법칙의 한 사례가 될 행동을 수행하기를 망설이게 될 때 다음과 같은 둘 중에 한 가지에서 논리적인 압박이 생겨날 수 있다 : 망설이고 있다는 사실로부터, 이 경우에는 그 법을 유연하게 해석해야 하거나 법칙을 수정해서 이 경우를 예외로 삼아야 함을 알 수 있다고 생각할 수 있다 ; 아니면 그 법칙이 보편적으로 적용되는 법칙이어야 한다고 생각하는 사실로부터, 망설임을 멈추고 자기 자신을 강하게 단련해야 함을 알 수 있다고 스스로 생각할 수도 있다.

이것을 충(忠)과 서(恕)에 각각 적용해보자. 서(恕)는 "저 아래에" 있는 어떤 다른 사람이 자신의 행위에 의해 상처를 입게 될 때, 나 자신이라면 그러한 상처를 받아들일 용의가 있을 것인가에 주목해보라고 명령한다 ; 만약 그러한 용의가 없다면, 가능하다면 그것을 행동에 옮기지 말아야 한다. 따라서 서(恕)는 규칙을 변용하거나 그 시행을 중지할 것 혹은 그 규칙을 유연하게 적용할 것을 명령하는 것이다 ; 따라서 서(恕)는 법(法)과 달리 유연하고 인도적인 규칙인 예(禮)와 연결되는 것이다.

반면, 나의 해석이 옳다면, 충(忠)은 "저 윗자리에 있는" 어떤 사람을 향한 내 행동을 지배하는 규칙이 내게 불쾌한 것이어서 그것을 따르기를 주저하는 경우, 그것은 내가 윗사람이라면 어떤 경우든 모든 사람이 따르기를 기대할 규칙이라는 사실에 주목하라고 명령한다. 이러한 사실에 주목해서, 그 행위를 계속 밀고 나가야 하며 필요하다면 자신을 강화해야 한다. 따라서 충(忠)은 자신을 훈련하여 규칙을 굳게 견지할 것을 명령하는 것이다.

5. 이후 중국의 해석들

송대의 유가 도덕 철학자인 장재(張載 : 1020~1077)는 중국의 "황금률"에 해당하는 개념 군(群)이 이러한 두 가지 특징을 가지고 있음을 분명히 알고 있었다 :

다른 사람에게 책임을 지우고자 하는 만큼 자신에게 책임을 지운다면 도(道)를 완전히 이해한 것이다. "군자의 도리에는 네 가지가 있는데, 나[丘]는 그 가운데 한 가지도 획득하지 못했다"는 말이 이 말을 증명하는 예가 된다. 자신을 사랑하고자 하는 만큼 다른 사람들을 사랑한다면, 인(仁)을 완전히 깨달은 것이다. "어떤 것이 네게 행해졌는데, 네가 그것을 원하지 않는다면 네 쪽에서도 그것을 다른 사람들에게 행하지 말라"는 말이 이 말을 증명하는 예가 된다.[57]

분명 장재는 『중용』 13장에 대해 언급하고 있다. 그가 여기에서 충서(忠恕)라는 말을 쓰고 있는 것은 아니며, 그 말을 쓰고자 했는지에 대해서도 알 수 없다. 그러나 "자신에게 책임을 지우다"와 "다른 사람을 사랑(배려)하다"는 각각 내가 묘사한 충(忠)과 서(恕)라는 개념에 해당한다. 송대 철학자들 가운데 주류에 해당하는 정이(程頤 : 1033~1108)와 주희(朱熹 : 1130~1200)는 충서(忠恕)의 자기 훈련적인 측면을 강조한다는 점에서 장재와는 노선을 달리한다 ; 주희가 장재를 존경스럽게 인용하기는 하지만 말이다. 그리고 우리는 그럴 만한 이유가 있음을 인정해야만 한다 ; 고대(기원전 3세기)에 이미 순자에게서 이러한 측면을 강조하는 모습을 발견할 수 있었던 것이다. *68* (아마도 순자 사후의 작품이지만, 순자와 같은 생각을 가진 사람에 의해 쓰여졌을 『순자』의 한 편인) 「법행(法行)」에서 다음과 같은 구절을 발견할 수 있다 :

공자가 말하였다 ; "군자에게는 세 가지 서(恕)[의 규칙]이 있다 : 1) 자신에게 섬기지 못하는 군주가 있으면서도 부릴 수 있는 신하를 갖는 것은 서(恕)가 아니다. 2) 부모에게 보답하지 못하면서도 자식에게 효도를 요구하는 것은 서(恕)가 아니다. 3) 형을 적절히 존경하지 못하면

57) 『正蒙』, 「中正」, 55, "以責人之心責己則盡道 所謂君子之道四 丘未能一焉者也 以愛己之心愛人則盡仁 所謂施諸己而不願 亦勿施於人者也."

서도 동생에게 복종을 요구하는 것은 서(恕)가 아니다." 만약 학자들이 이 세 가지 [종류의] 서(恕)를 이해한다면, 자신을 바르게 할 수 있을 것이다.[58]

나는 "서(恕)"를 번역하지 않은 채 썼다. 그것이 여기에서 "헤아림(consideration)"이 아님은 분명하다. 다소 먼 의미에서 보면, 예를 들어 효(孝)에 관한 자신의 책무를 제대로 행하지 않으면서 자기 자식이 자신에게 효성스럽게 대하기를 기대하는 것은 잘못된 것인 듯하다는 측면에서 볼 때는 여기에서의 "서(恕)"도 "헤아림"이라고 할 수 있다. 그러나 여기에서 공자가 규칙의 정지를 권하고 있다고 생각하기는 힘들다. 공자가 "도덕적으로 약한 사람은 자기 스스로도 또한 엄격해서는 안 된다"고 말하고 있는 것으로 해석하는 것은 말이 안 될 것이다. 좀더 가까운 의미에서 보면, 거기에 담긴 생각은 서(恕)다 : 자신의 아들이 자신에 대해 가져주기를 바라는 것과 같은 "헤아림"을 자신의 아버지에 대해서도 가져야만 하는 것이다 ; 그러나 이제 "헤아림"은 위를 향하고 있으며, 나로 하여금 다른 사람에게 관대하게 대하도록 하는 것이 아니라 나 스스로에 대해 확고한 태도를 갖도록 하고 있다. 분명, 거기에 담긴 생각은 우리가 "스스로를 강화해야" 한다는 것이다. 여기에서의 서(恕)는 내가 충(忠)에 부여했던 의미를 가지고 있다. 장재도 이런 식으로 생각하고 있는 것이라면, 그가 짝을 지워서 사용한 두 가지는 모두 서(恕)에 관한 것이며, 여기에는 자기 훈련(self-discipline)과 자애로움(benevolence)이라는 두 가지 측면이 있다 ; 따라서 충(忠)은 다른 어떤 의미를 가진 것임에 틀림없을 것이다.

그리고 정이와 주희가 생각하는 방식도 바로 이와 같다. 증자가

58) 『荀子』, 「法行」, "孔子曰 君子有三恕 有君不能事 有臣而求其使 非恕也 有親不能報 有子而求其孝 非恕也 有兄不能敬 有弟而求其聽令 非恕也 士明於此三恕 則可以端身矣."

공자의 "일관(一貫)"을 충서(忠恕)와 동일시하고 있는『논어』「里仁」15에 대해 주희는 긴 주석을 통해 다양한 개념정의를 내린다:

> 자아를 완전히 실현하는 것을 충(忠)이라고 하며, 자신을 확장하는 것을 서(恕)라고 한다. … 그래서 혹자는 내적인 마음[inner disposition 中心]이 충(忠)이고 유사한 마음[congruent disposition 如心]이 서(恕)라고 말한 것이다.[59]

몇몇 번역가들은 여기에서 주희가 충(忠)에 대해 내린 개념 정의에 다음과 같은 의미가 함축되어 있는 것으로 이해하고자 노력해왔다; 충(忠)이라는 말을 "타인들을 세심하게 배려함"이라고 번역함으로써 충(忠)도 서(恕)처럼 타자 지향성의 한 측면이 된다는 것이다. 그러나 주희에게서 충(忠)은 (내가 앞에서 제시한 것처럼 목표에 혹은 도덕적인 도(道)의 가운데에 머물러 있고자 하는 성향[心]이라기보다는) 단지 전적으로 세심한 배려, 다시 말해서 자아의 "내적인[中]" 완성에 불과한 듯하다. 위를 향한 것이든 아래를 향한 것이든 타자 지향성("자아의 확장")이라는 생각은 전적으로 서(恕—"비슷함[如]"에 대한 관심[心]) 속에 들어 있으며, 이는 도덕의 보편성을 암시한다(나라면 이와는 달리, 어원학적으로 보아서 다른 사람도 결국 자신과 같으므로[如] 공감을 가지고 적절하게 존중해야 한다고 주장했을 것이다).

69 주희에게 충(忠)과 서(恕)가 어떻게 연결되는지가 아직까지는 분명하지 않다. 주희는 "정 선생[程子]"(아마도 程頤일 것이다)을 인용하면서 계속해서 다음과 같이 말한다:

---

59)『論語集註』,「里仁」, 15, "盡己之謂忠 推己之謂恕 … 或曰 中心爲忠 如心爲恕."

충(忠)은 하늘의 도(道)이고 서(恕)는 사람의 도(道)다. 충(忠)이란 실수가 없는 것을 말하고, 서(恕)란 충(忠)을 실천에 옮기는 방법을 말한다. 충(忠)은 체(體. substance)이고 서(恕)는 용(用. function)이다. 충(忠)은 커다란 뿌리이고 서(恕)는 실현된 도(道)다.

이미 신유학의 형이상학이 들어서버렸다 : 서(恕)란 내적인 실체로서의 충(忠)이 행위를 통해 외적으로 드러난 것이다.

스스로가 원하기 때문에 아무 노력 없이도 언제나 옳은 일을 하는, 완전하게 수양된 도덕적인 사람이 이상적인 모습이다 ; 그리고 인(仁)이라는 말(원래는 "자애로움(benevolence)"이었겠지만, 이제는 아마도 완전한 도덕적 선(善)이라고 해야 할 것이다)이 이와 관련해서 사용된다. 그러나 공자가 한 말(『논어』「옹야(雍也)」30)에 함축되어 있는 바에 따르면, 인(仁)은 (그것을 얻는 "방법"으로서의) 서(恕)를 실천해서 마지막에 얻게 되는 결과다. 만약 그렇다면 서(恕)란 노력을 요하는 어떤 것, 다시 말해서 옳은 것을 행하도록 훈련하는(encratic)[60] 덕인 것이다.

바로 이것이 주희가 『논어』 5장 12절과 15장 24절 — 나는 이 두 가지 사례를 가지고 이야기를 시작한 바 있다 — 에 나오는 유가의 황금률의 두 가지 형태에 대한 주석에서 말하는 내용이다. 이 두 가지는 내가 논의를 전개하지 않은 어떤 측면에서 차이가 있으며, 주희처럼 전통 내부에서 활동하던 경건한 해석가에게 이러한 차이점은 커다란 문제가 될 것임에 틀림없었다. 15장에서

---

60) "encratic"이라는 말은 아리스토텔레스의 윤리학에 나오는 용어다. 아리스토텔레스는 유덕한 지식, 욕구, 행위에 관심을 가지고 있다. encratic한 사람은 저속한 욕구를 가지고 있지만, 무엇이 유덕한 것인지를 알고 자기 자신이 옳은 일을 하도록 한다. encratic한 사람은 한편으로는 유덕한 것이 무엇인지를 알면서도 스스로가 그것을 행하도록 하지 못하는 akratic한 사람과 대조되며, 다른 한편으로는 무엇이 유덕한지 알고, 유덕한 것을 바라며, 유덕한 것을 행하는 완전하게 유덕한 사람(*sōphrosunē*의 덕을 가진 사람)과 대조된다.

자공은 교훈을 청하고 공자는 그에게 황금률을 제시한다. 5장에서 자공은 묻지도 않았는데 자기 자신의 도덕적 태도를 묘사하면서 황금률의 형식을 제시하자, 공자는 "너는 아직 그 경지에 도달하지 못하였다"고 말한다. 내가 보기에, 이는 서로 다른 시기에 진화해가는 개념을 설명하는 두 가지 서로 다른 단계를 보여주는 것이며, 역사적으로 좀더 시기가 이른 5장의 경우는 공자가 자신이 분명히 좋아하던 제자의 거만함에 대해 부드럽고도 유머러스하게 환상을 깨뜨려주는 것을 보여주는 사례다.

주희가 이런 식으로 상황을 바라볼 수 있으리라고 기대할 수는 없다 : 그 책은 공자 선생님의 말씀 그 자체인 경전이며, 공자 선생님은 공자 선생님이다 : 교육적인 목적에서라도, 공자가 진지하지 않은 모습을 보일 수 있으리라고는 생각조차 할 수 없다. 따라서 둘 사이에는 차이가 있음에 분명하다. 주희는 독창적인 언어 분석을 통해 그 차이점을 발견한다. 먼저 15장 24절에 대해서는 다음과 같이 말한다 :

> 공자는 그에게 인(仁)을 구하는 방법을 말씀하셨다. 이를 궁극적 경지까지 확장시킨다면, 성인의 아집이 없는 경지[無我]도 이것을 넘어서지는 않는다.[61]

이 말 속에 함축된 의미에 따르면, "궁극적 경지"에 미치지 못하는 서(恕) 그 자체만으로는 진정으로 성인과 같은 아집이 없는 경지에 미치지 못하는 것이며, 따라서 우리에게는 내적인 저항을 극복하려는 노력이 요구된다는 것이다. 5장 12절에 대해서는 다음과 같이 말한다 :

---

61)『論語集註』,「衛靈公」, 24, "孔子告以求仁之方也 推而極之 雖聖人之無我 不出乎此."

정자(程子)가 말하였다 ; "… 서(恕)는 아마도 자공이 힘쓸 수 있는 것이겠지만, 인(仁)은 그가 도달한 경지가 아니다." 내가[朱熹] 생각하건대, 무(無)라는 말은 자연스럽게 그러한 것을 의미하지만, 물(勿)이라는 말은 금지하는 의미를 가지고 있다. 이것이 인(仁)과 서(恕)의 구별이다.[62]

70 주희의 분석에서 핵심적인 내용은 다음과 같다 : 『논어』 5장 12절에서 자공이 말한 무(無)는 (자공이 주장하는 것처럼) 자신의 성향을 기술하는 말로, "나는 [다른 사람들에게 그것을 행하지] 않기를(즉, 그러한 마음이 전혀 없는 상태[無]를) 바란다"는 뜻인 반면, 『논어』 15장 24절(그리고 12장 2절)에서 공자는 "[다른 사람들에게 그것을 행하지]말라(=勿)"는 처방적인 규칙을 표현하고 있다. 따라서 공자가 인(仁)에 대한 설명의 일부로 황금률을 제시하고 있는 것으로 묘사되었던 12장 2절에서도 주희는 중요한 차이점을 발견한다 : 서(恕)라는 황금률은 인에 도달하기 위한 하나의 규칙이며, 서(恕)의 상태란 올바른 것을 행하고 싶은 마음이 여전히 완전하게 내키지는 않더라도 그것을 행하도록 스스로 노력하는 단계인 것이다.

이러한 주장은 명대(明代)의 철학자인 왕양명이 1511년에 제자에게 보낸 편지 속에서도 다시 한 번 드러난다 :

이제 [『논어』 5장 12절에 나오는] "[다른 사람들이] 무언가를 내게 하다"[라는 말]은 내가 원하지 않는 것을 가리키는 것이고, "그것을 다른 사람들에게 행하지 않는다"[라는 말]은 내가 실제로 바라는 것을 가리키는 것이다. [후자는] 아무 강요도 없이 "저절로 그러한 것처럼" 마음속에서 바라는 것으로부터 나온다. [반면에 『논어』 15장 24절에

62) 『論語集註』, 「公冶長」, 12, "程子曰 … 恕則子貢或能勉之 仁則非所及矣 愚謂無者自然而然 勿者禁止之謂 此所以爲仁恕之別."

나오는] "다른 사람에게 행하지 말아야 한다"[라는 말]은 노력하기만 하면 할 수 있는 것을 가리키는 것이다. 이것이 "인(仁)과 서(恕) 사이의 구별"이다.

이 텍스트에서 출처를 밝히지 않은 인용구들은 주희의 주석에서 나온 것들이다 ; 그리고 (앞에서 이미 밝혔다시피) 주희는 두 개의 부정어를 분석함으로써 자신의 주장을 내세운다. 이것은 결국 중국의 황금률에서 부정적인 진술이 중요함을 의미하는 것일까? 아직은 그렇지 않다 : 노력을 요하는 덕(encratic한 덕)과 노력이 필요 없는 덕(sophrosynic한 덕)은 긍정적인 형태를 통해서든 부정적인 형태를 통해서든, 어떤 식으로든 구분될 수 있는 것이었기 때문이다.

이야기가 여기에서 끝나는 것은 아니다. 그러나 이야기를 계속 해나가기 전에 여태까지 해온 것처럼 정확성을 기할 수는 없으며, 내가 말해야 하는 내용은 단지 연구를 위한 하나의 프로그램으로 간주되어야 함을 인정해야만 한다. 송대와 명대의 철학에서, 몇몇 도덕가들이 보기에 "자애로움[仁]"이라는 이상에는, 여태까지 드러나지는 않았지만 확고한 경전적인 근거를 가진 한 가지 측면이 존재했다. 송대의 철학자인 정호(程顥 — 정이의 형이다)는 "인(仁)"이라는 말의 일반적인 의학적 용례를 지적한다 : 손가락이 마비되면 그것을 "불인(不仁)"이라고 한다. 이와 마찬가지로 도덕적으로 "감각을 느끼지 못하는", 다시 말해서 다른 사람의 감정과 고통에 무감한 사람을 "인(仁)하지 못하다"고 말할 수 있다. 역으로 말하면, 인자한 혹은 민감한 사람[仁者]은 "다른 사람들"을 자기 자신의 확장으로 여긴다 ; 이상적인 도덕적 태도는 "자아가 없음[無我]"이 아니라 "범아(汎我. pan-self)"가 되는 것이다. 왕양명은 완전한 사람에게서 "만물은 한 몸이다"라고 생각함으로써 이러한 모습을 보여준다. 양명이 좀더 격해져 있을 때는, 심지어 생명이 없는 것까지도 "만물"에 포함된다고 말한다. 진정으로 선한 사람이라면 벽돌이 깨지는 것을 보고도 움찔하고 놀라는 것이다.

그 결과는 다른 사람들과 공감을 느끼는 속에서 일체감을 가지게 되고, 이를 통해 우리는 다른 사람들을 그들 자신의 고유한 상황 속에서 그들 자신의 관점을 가진 개인으로서 전적으로 이해하게 되며, 기존의 개념과 판단을 엄격하게 적용하는 데에서 물러서게 된다. 그 결과 "헤아림(consideration)"이 활짝 꽃피어서 충서(忠恕)라는 생각이 가지고 있는 규칙-유연화의 측면들이 드러나게 된다. *71* 다음의 내용들은 매우 다양한 종류의 몇 가지 사례들이다.

금성탄(金聖歎)은 17세기 중엽의 문학비평가로, 중국의 고전적 소설인 『수호지(水滸誌)』에 대한 평론과 개정판을 썼다. 그의 작품에서 금성탄은 다음과 같은 문제에 주의를 기울인다 ; 비록 훌륭한 소설이긴 하지만, 소설 속의 등장 인물들이 어떻게 그렇게 생생하고 개성 있게 그려질 수 있을까? — 소설의 등장 인물 가운데 일부 혹은 전부가 허구적이고, 전체적인 설명이 한 사람의 마음으로부터 나온 산물임을 인정한다 하더라도 말이다. 금성탄의 결론에 따르면 이런 일이 가능한 것은 작가가 서(恕)를 할 수 있었기 때문이다 ; 다시 말해서 상상을 통해 자기 자신을 가상의 등장 인물의 위치에 놓는 것인데, 이러한 일을 너무나도 성공적으로 해냄으로써 등장 인물들이 각각 고유의 생명력을 가지게 된다는 것이다. 비판적-방법론적인 개념인 서(恕)는 작가가 자신이 등장 인물을 다른 모든 것들과는 다른 유일무이한 존재로, 다시 말해서 어떤 고유한 상황 속의 고유한 개인으로서 느낄 수 있도록 해주는 감수성을 지칭하게 된다.

장학성(章學誠)은 역사가이자 문학가였으며, 역사와 문학에 대해 사려 깊게 생각했던 매우 지적인 인물이었다; 따라서 그는 철학자이기도 했다. 현재 그는 주로 철학적인 글들과 편지들로 잘 알려져 있다. 1796년에 장학성은 「문덕(文德)」이라는 제목의 짧은 글을 썼다. 그 속에서 그는 자기 자신처럼 다른 사람의 글에 대한 비평가이기도 한 작가들은 반드시 두 가지 점에 대해 특히 주의를 기울여야 한다고 주장한다:

> (1) 문학 작품은 어쩌면 우리도 모르게 자신의 손으로부터 자유롭게 흘러나오는 것일지도 모른다. 우리는 자기 내부에 있는 이러한 창조성의 근원을 존중해야 하며, 그것을 방해해서는 안 된다; 그러나 동시에 기억해야만 하는 것은, 자신이 산출해낸 작품이 진실되며 아주 양질의 것이라고 판결할 수 있도록 최선을 다했다고 할 수 있을 때까지 스스로를 비판해야 할 의무가 있으며, 자신이 산출해낸 작품을 내놓아서는 안 되는 것이다. 장학성은 이러한 "문학적 덕목"을 경(敬), 즉 자기 존중(self-respect)이라고 부른다.
>
> (2) 지나가면서 내리는 판단을 포함해서, 다른 작가들이 과거에 쓴 작품에 대해 판단하는 저술을 할 때 — 장학성이 예로 든 것은 모두 이전의 역사가들에 관한 것이지만, 그가 주장하는 논점은 일반적인 것이다 — 성급하거나 편향된 판단을 내려서는 안 되며(어쩌면 전혀 판단을 내려서는 안 되며), 작가가 어떠한 상황에 처해 있었으며 어떠한 제약 조건에 의해 구속되고 있었는지를 이해하고자 하는 신중한 노력을 기해야만 한다. 상상력을 통해 "우리 자신을 다른 사람의 위치에 두어야만" 하는 것이다; 이 경우에는 아마도 판단을 보류하게 되거나 최소한 자신이라면 쓰지 않았을 어떤 것을 쓴 사람에 대해서도 깊은 공감의 태도를 보이게 될 것이다. 이 태도가 장학성이 말한 두 가지 "문학적 덕목" 가운데 두 번째며, 두말할 나위 없이 그는 그것을 서(恕), 즉 헤아림(consideration)이라고 부른다.

이러한 두 번째 생각은 그의 사고의 근저에 흐르고 있다. 나는 다양한 형태 가운데 한 가지만 언급했을 뿐이다. 1797년에 장학성은 손성연(孫星衍)이라는 학자에게 장문의 편지를 썼다; 그 편지에서 장학성은 손성연의 학자적 태도 가운데 결점이라고 생각했던 것들에 대한 다소 무뚝뚝한 비판을 하는데, 그 가운데 하나는 손성연이 몇몇 다른 작가들을 날카롭게 비판하면서 전혀 자제하지 않는다는 것이었다. 72 장학성은 손성연에게 그러한 행위를 멈추라고 충고하면서 다음과 같이 적고 있다; "지금부터 한 세기만 지나면 당신과 나 또한 '구시대의 사람들'이 될 것임을 기억하라 — 따라서 당신 자신을 그들의 위치에 놓아보기만 하면 된다."

우리는 장학성 자신이 서(恕)를 필요로 했기 때문에 "문학적인 덕목"으로서 서(恕)의 중요성을 느끼게 되었을지도 모른다는 사실을 이미 감지할 수 있다. 장학성에게 (따뜻한 칭찬뿐 아니라) 가장 엄격한 비판을 받았던, 더욱 오래된 지인(知人)은 고전학자이자 도덕 철학자인 대진(戴震)이었다.

철학자로서의 대진은 동일한 한 권의 책을 고쳐 쓰는 데 평생을 보냈던 사람 가운데 하나였다. 그가 마지막으로 내놓은 판본(1777) — 가장 길고도 명쾌한 — 은『맹자자의소증(孟子字義疏證)』이다. 나는 그 책의 앞부분으로부터 확장된 논변을 추출해내고자 할 것이다.

대진은 주희 식의 유가 도덕 철학 혹은 자신이 주희의 핵심적 사유라고 생각한 것을 논박하는 데 전념했다. 주희의 근본적인 오류는 우리를 두 부분으로 나누어서, 1) 도덕을 지향하는 "선한" 본성과 2) 우리를 악으로 끌고 가는 일련의 동물적 욕구와 감정들로 이루어진 것으로 만들어놓았다는 것이다. 이러한 이원론으로 인해 주희는 우리의 "선한" 본성이 "하늘에 의해 우리의 마음속에 부여된 것과 같은 것"이며, 이"것"은 영원 불변의 도덕적 진리의 표상 혹은 그에 대해 직접적으로 통찰해낸 것이라고 생각하게 된다.

반면, 대진이 생각하기에는, 우리 자신에 대해 이러한 견해를 취할 경우 자의적이고 주관적인(아마도 매우 감정적이고 이기적인) 판단을 진정한 도덕적 "원리[理]"로 오해할 위험에 처하게 된다.

욕구 및 감정과 관련된 본성이 나쁜 것은 아니라고 생각하는 것이 올바른 견해다 ; 우리에게 그러한 본성이 없다면, 도덕적 가치를 포함하는 여러 가지 가치들을 결코 제대로 평가할 수 없거나, 다른 사람들이 가치 있게 여기는 것에 대해서 제대로 평가할 수 없을 것이다. 문제는 순전히 주관적인 가치 판단과 그렇지 않은 것을 구분하는 것이다. 여기에서 대진은 맹자에게로 방향을 돌린다. 맹자의 주장(『맹자』「고자(告子)」, 上, 7)에 따르면, 우리 모두는 입과 귀와 눈을 사용해서 유사한 맛과 소리, 모습을 높이 평가하는 경향이 있다 ; 그리고 우리의 마음도 동일한 방식으로 작동한다고 생각하는 것이 합리적이다 : 다시 말해서 우리 모두는 "질서정연한 것과 옳은 것[義理]"에 대해 동일한 도덕적 "기호"를 가진다. 따라서 대진에 따르면, 진정한 도덕적 "원리"란 단지 우리 자신의 마음만이 아니라 모든 사람들의 마음이 동의하는 경향이 있는 "원리들" 속에 있음에 틀림없다. 주관적이고 이기적인 판단에 불과한 것을 골라내어 버리고, 진정한 도덕적 "원리들" — 다시 말해서 대진이 도덕적으로 "필연적인" 것이라고 부르는 것 — 만을 남겨두기 위해서는, 공자의 서(恕)라는 방법을 사용하여 "내가 X, Y 혹은 Z의 입장이라 하더라도 또한 이 판단을 받아들일 것인가?"를 물어야만 한다.

대진에게 서(恕)는 덕목이 아니라 사유 방법임에 주목하라. 대진은 우리가 분명하게 사고할 수만 있다면 유덕해질 것이라고 생각하는 경향이 있다 — 이는 엄격한 자기 훈련이 필요하다는 주희의 생각과는 너무나도 동떨어진 것이다 ; 물론 주희의 견해에 의하면 우리는 항상 물질적 본성[氣質之性]의 "이기적 욕구"에 의해 파멸

될 위기에 처해 있기 때문이다. 또 한 가지 주목해야 하는 것은 이러한 방법이 결과적으로 걸러내는 역할을 한다는 것이다 : 이러한 방법을 통해 가짜 "원리"를 제거하게 된다. 대진의 사유에서 전체적으로 가장 중요한 것은 권력과 영향력을 가지고 있어서 나머지 사림들을 해칠 수 있는 위치에 있는 사람이 자신의 단순한 "주관적 의견[意見]"에 진정한 "원리[理]"라는 신성한 성질을 부여하지 못하도록 하는 것이다.

73 그렇다면 대진과 장학성 두 사람 모두는, 전혀 다른 방식이기는 하지만, 서(恕)를 사용해서 "무엇을 해야만 하는가?", "어떠한 비판적 판단을 내려야만 하는가?", "어떠한 원리를 받아들여야만 하는가?"를 결정하려는 것이 아니라, "어떠한 것들을 해서는 안 되는가?"를 결정하고자 하는 것이다. 그렇다면 아마도 유가의 황금률이 일반적으로 부정적으로 표현되는 것도 의미가 있을 것이다.

6. 결론적 고찰

내가 지금까지 해왔던 내용을 요약해보도록 하겠다.

아마도 모든 인간 사회에서는, 최소한 민간적인 지혜의 수준으로라도 다른 사람에게 영향을 끼치는 행동은 뒤집어볼 수 있는 것이어야 한다는, 다시 말해서 상황이 뒤바뀌었을 때 상대방이 행하더라도 올바른 것이어야 한다는 생각이 공식적으로 표현되고 있다.

고대 중국에서 이러한 생각은 이중적인 형식을 가지고 있다.

(1) 윗자리에 있을 때, 내가 당신에게(to) 하는 일은, 상황이 역전되었을 때 당신이 나에게 하더라도 받아들일 수 있는 그런 것이어야만

> 한다. 나는 친절하고 관대하며 상대방을 헤아려줄 줄 알아야 한다 ; 당신에게 해를 주게 될 행위의 규칙을 따르고 있을 경우에는, 가능하다면 그 규칙을 관대하게 적용해야 한다. 나는 이것을 서(恕)로 보았다.
>
> (2) 아랫자리에 있을 때, 내가 당신을 위해서(for) 하는 일은, 상황이 역전되었을 때 당신이 나를 위해서 해주기를 기대할 그러한 것이어야만 한다. 나는 "충성스러워야" 하며, 따라서 내가 하고 있는 일로 인해 나 자신이 해를 입게 되더라도 자신에게 엄격함을 견지해서 능력이 닿는 한 규칙을 준수해야 한다. 나는 이것을 충(忠)으로 보았다.

이후의 중국 지성사에서, 내가 감히 제시하고자 했던 것은 '뒤집어볼 수 있음(reversibility)'의 이러한 두 가지 측면이 번갈아 강조되고 있다는 사실이다 : 송대의 유가 도덕가들은 서(恕)까지도 반드시 자기 자신이 견지해야만 하는 것으로 여김으로써 자기 훈련적인 측면을 강조하는 반면, 왕양명이나 청초(淸初)의 사상가들 같은 도덕가들은 관대함이라는 측면을 강조한다.

나는 여러 가지 사례를 제시할 수 있었으며, 그 사례들은 정말로 주목해보아야 하는 것들이다. 그러나 이후 지성사의 실제 모습은 이보다 훨씬 더 복잡하다. 엄청나게 다양한 사유 방식이 존재했다 ; 그리고 명대와 청대에도 유가의 도덕에는 엄격한 훈련을 강조하는 측면이 활발하게 조성되었는데, 그것은 유학이 국가의 정통이었기 때문만은 아니며, 그러한 정통 학문과 동일시되는 것을 회피했던 많은 도덕가들조차도 그러한 측면을 장려했다. 철학적 분석 훈련을 통해서는 실질적인 역사에 실제로 적용 가능한 도식을 도출해낼 수 없다.

또한 내가 분석을 올바르게 해냈다는 확신이 들지도 않는다. 예를 들어, 주(周)나라 후기의 유학자 가운데 한 사람이 쓴 유명한 구절을 살펴보자 :

모든 것이 이미 내 안에 있다. 스스로의 내면을 들여다보고 자신이 완전함[誠]을 발견하는 것보다 더 커다란 즐거움은 없다. 인(仁)을 성취하는 데 상대방을 헤아려주기 위해 노력하는 것보다 더 빠른 방법은 없다.[63)]

74 여기에는 자아를 만물과 동일시한다는 생각 — 나는 이 속에서 가장 광범위한 의미에서의 "헤아림"이 저절로 일어난다고 생각했다 — 과 내가 주희에게서 발견한 옳은 것을 행하도록 훈련하는(encratic) 서(恕) 개념에 대해 분명히 언급하는 내용이 결합되어 있는 듯하다 ; 그리고 화자(話者)는 다름아닌 맹자다. 맹자는 여기에서 다른 사람들에게 온유하고 친절하게 대하기 위해서는 당연히 자신을 대할 때, 최소한 잠시 동안이라도 확고한 태도를 가질 필요가 있다고 주장하는 듯하다.

상상력을 발휘해보면 내가 묘사한 충(忠)과 서(恕)의 다른 뉘앙스에 대해 의문을 던질 수 있다. 예를 들어, 윗사람에 대해서는 왜 서(恕) — "헤아림" — 가 있을 수 없는가? 아버지에 대한 행동과 태도에서 충실하게 효의 의무를 다하는 것은 (나 자신에게 "나라면 내 아들이 그렇게 행동해야 한다고 주장할 것이므로, 나도 그렇게 행동하는 것이 공정하다"고 말하기보다는) 공감하는 가운데 스스로를 훈련하는 것, 다시 말해서 내 아들이 내게 불효를 저지른다면 내가 얼마나 상처를 입고 실망할까를 깊이 생각해보는 것으로부터 흘러나오는 것이 아닐까?

혹은 "충서[忠]"에서 필요한 경우 용감하고도 강직하게 윗사람을 비판할 것을 요구하는 측면에 대해 생각해보자. (학과장의 사무실에 들어갈 때) 나 자신에게 "나는 꾸밈없이 솔직하게 말하는

63) 『孟子』, 「盡心」, 上. 4. "萬物皆備於我矣 反身而誠 樂莫大焉 强恕而行 求仁莫近焉."

것이 내 의무임을 알고, 또 나와 같은 처지에 있는 사람이 그렇게 하지 않을 경우 그 사람을 비난할 것이다; 따라서 나는 꾸밈없이 솔직하게 말해야 한다"고 말하기보다는, "신중하고 재치 있게 말하지 않는다면 학과장이 매우 당황하게 될 것임을 나는 안다"고 말할 수도 있을 것이다. 이는 『좌전(左傳)』에서 기원전 550년에 해당하는 기록에서 찾아볼 수 있는 장무중(藏武仲)이라는 사람의 이야기에서 주장되고 있는 내용과 그리 다르지 않다; 장무중은 제공(齊公)과의 면담에서 제공이 당시에 진(晉)나라를 대하는 방식에 대해 무뚝뚝한 태도를 보이면서, 실질적으로는 제공이 쥐새끼처럼 행동했다고 말한다. 여기에 대해 공자가 내린 것으로 되어 있는 평가가 인용되어 있다: 장무중은 "다른 사람을 위해 행동할 때 그 사람에게 맞추어주지[順] 않았고, 다른 사람들을 대할 때 그들의 입장을 헤아려주지[恕] 않았다." 공자는 다음과 같은 훈계로 결론을 내린다; "다른 사람을 섬길 때는 그 사람에게 맞추어주며, 다른 사람을 대할 때는 그들의 입장을 헤아려주도록 하라."

그와 유사하게, "헤아림[恕]"이 요구되는 상황에 대해 생각하면서, 의무 수행과 관련하여 다소 빗나간 측면에서, 자기보다 지위가 낮은 사람에 대해 판단력을 발휘할 수도 있다: 나보다 힘없는 지위에 있는 다른 사람에 대해 상상력을 발휘해서 생생하게 공감함으로써 동기 부여를 받는 대신, 자신과 같은 입장에 있는 어떤 사람이 다른 사람에게 냉담하게 행동하는 것을 보면 자신이 그 사람을 비난할 것임을 생각해서 자신의 의무를 엄격하게 이행하고자 하는 경우가 있을 수도 있다. 실제로 도덕적인 이야기들과 관련된 많은 문헌들이 이렇게 미묘하게 구분되는 모든 상황들의 실례를 보여주고 있을지도 모른다. 그러나 작가가 이야기를 써나가는 관행에서 민감하게 그러한 구분을 해낸다는 사실을 발견하는 것과 도덕가들이 추상화해서 설명하는 구분 방식을 발견해내는 것은 별개의 문제다. 여태까지 발견해낸 한에서 도덕가들이 충(忠)과 서(恕)에 대해 말하고 있는 방식은 내가 설명할 그대로인 것이다.

하지만 여태까지 밝히지 않은 서(恕)의 또 다른 측면이 있는 듯하다 ; 그리고 중국의 자료를 조사하면서 그에 관한 내용에 주목해볼 때, 그리고 그 내용을 현대의 몇몇 철학자들이 황금률에 대해 말한 것들과 비교해볼 때면 그러한 또 다른 측면에 주의를 기울이게 된다.

75 나는 다시 한 번 앨런 도너건(Alan Donagan)으로 돌아가보겠다. 그는 "그것이 제일원리로서 부족함을 보여줄 뿐만 아니라, 그것이 도처에 편재해 있음을 설명해주는 황금률의 한 가지 특징"을 고려해볼 것을 요구한다 :

> 왜냐하면 그것이 편재해 있기 때문이다. 그 가장 오래된 형태는 … 공자가 한 말로 되어 있다 ; 그리고 모든 중요한 종교에서도 다른 형태로 그 모습을 드러낸다. 그것은 많은 언어의 속담 속에 나타난다. 그리고 그것이 하나의 근원으로부터 퍼진 것이라는 증거가 있는 것도 아니다. 설명은 간단하다. 다른 사람이 자기 자신에게 행하도록 하고자 하는 것 혹은 그렇게 하지 않고자 하는 것은 그가 자기 자신의 것으로 삼고 있는 관습의 기능 가운데 일부다. 따라서 관습이 근본적으로 다른 문화 사이에서는 황금률을 통해 요구되거나 금지되는 것도 근본적으로 다르기 마련이다. 따라서 합리적인 것으로서 제시될 수 있는 모든 행동 체계에는 그것이 포함되어 있을 수 있다(1977, 58).

분명 나도 황금률 — 유가적인 형태도 그 사례라면 — 이 그 자체로서 도덕의 제일원리가 될 수 없다는 견해에 공감한다. 여기에서 나는 황금률을 가지고 있는 모든 지역의 도덕에서 황금률은 무언가를 "요구하거나 금지하는 것으로 여겨진다"는 주장에 대해 다시 생각해보게 된다. 내가 유가적 개념의 서(恕)에 해당하는 절반의 내용 — 결국 우리가 유가의 "황금률"로 인용하는 것은 바로 이것이다 — 을 해석한 데서 볼 수 있듯이, 그것은 실제로는 결코 "규칙"이라고 할 수 없으며, 오히려 인간적인 온화함이라는 이상적인 인격을 형성하고 배양하도록 우리를 인도해주는 격률이다. 다시 말해서 그것은 행위의 올바름이라는 성질보다는 사람들의 덕을 묘사하고 있는 것이다.

그리고 나의 분석에 의거할 경우, 그러한 완전함을 갈망하는 사람의 행위는 아마도 도덕 규칙에 의해 일반적으로 요구되는 것을 넘어서는 행위여야 할 것이다. 하지만 만약 그렇다면, 서(恕)라는 격률에 의해 인도된다고 하는 것은 단순히 우리가 자신의 것으로 삼고 있는 관습의 보편성을 긍정하는 데 그치는 것은 아니다. 그렇다면 서(恕)란 무엇인가?

서(恕)가 무엇인가 하는 것은 우리가 이미 공자에게서 발견할 수 있었던 화법(話法) 가운데에서 드러나고 있으며, 그것은 아마도 도너건이 관찰한 내용을 확인해주는 것일 듯하다 : 공자는 서(恕)를 "예(禮)"를 준수하는 행위와 연결시키고 있다. 공자의 예(禮)는 많은 부분 '실제로 그렇게 하지 않으면 잘못인 것'에 대한 실천을 포함하고 있다. 하지만 거기에는 훨씬 더 많은 것들이 포함된다. 그리고 심지어 올바른 행동의 범위 내에서는 예를 준수하지 않는 행위가 옳은 행위가 될 수도 있다. 나이가 들어서 부양을 받아야 하는 부모에게 생활의 수단과 합리적인 정도의 편안함을 제공하는 것은 우리의 분명한 책무다. 하지만 단순히 그렇게 한다고 해서 "예(禮 — 혹은 효)"를 충족시키는 것은 아니다. 내가 지나가면서 일부러 당신과 부딪힌다면 그것은 잘못일 것이다. 하지만 단순히 그렇게 하지 않는다고 해서 공손함[禮]과 헤아림[서(恕)]을 보여주는 것은 아니다. 그리고 일반적인 예법상 우리가 행하는 일들 가운데 — 예를 들어, 인사할 때 손을 내미는 것처럼 — 그렇게 하지 않는다고 해서 잘못이 아닌 것들은 무수히 많다. 유가의 예는 많은 부분 이러한 종류의 것이다 ; 물론 예라는 말은 비유적인 표현이 되어버린 종교적인 용어로, 어느 정도 종교적인 분위기가 포함되어 있기는 하지만 말이다.

여기에서 나는 허버트 핑가레트(Herbert Fingarette)가 『공자 — 성스러운 세속인(*Confucius — The Secular as Sacred*)』(1972)에서 보여준 통찰력에 감사한다 ; 그러나 나는 그의 생각 가운데 한 가지 측면을 강조하고자 한다. 76 예(禮)에는 무수히 많은 몸짓과 행위가 포함되며, 요구된 것이든 아니면 단순히 내가 그렇게 할 수 있을 뿐이기 때문이든 간에, 이것들은 상대방에게 보내는 신호의 역할을 하고 상대방에게 반응을 요구하는 역할을 하는데, 이러한 방식을 통해 나와 상대방 모두는 "우리"임을 재확인할 수 있게 된다 ; 그리고 물론 예가 이러한 기능을 가장 잘 수행해낼 수 있는 것은 이러한 행위가 예상되는 "전통적인" 것일 경우다. 그 자체로서 본다면 예는 도덕 이전의 것이고, 실제로는 아마도 인간 이전의 것일 것이다(침팬지들이 털을 고르게 해주는 행위가 떠오른다 ; 이것은 아마도 부분적으로는 본능적인 행위이겠지만, 예도 그러한 역할을 해주는 듯하다). 사마우(司馬牛)가 자신에게는 살아 있는 형제가 없다고 한탄했을 때 자하(子夏)가 말해준 내용이 바로 이것이다. 자하에 따르면, 군자는 예에 따라 다른 사람에 대한 적절한 존경의 태도를 가지고 행동을 하며, "사해 내의 모든 사람들이 자신의 형제임"을 알게 된다(『논어』 12장 5절).

내가 주장하고자 하는 바는, 서(恕)란 이러한 종류의 행동에서 표현되어야 하는 이상적인 태도를 분명히 설명해놓은 것이라는 사실이다. 만약 이로부터 다른 장소에서 다른 형태로 나타나는 황금률에 대해 무언가를 배울 수 있다면, 우리는 아마도 황금률이 자신의 특정한 관습을 긍정하는 것도 아니고, "법칙을 요약해놓은 것"도 아니며, "전체적인 법률이나 선지자의 역할을 하는 것"도 아니라고 말해야 할 것이다 ; 그리고 또한 그것은 도덕의 기본적 "원리"도 아니다.

서(恕)는 이보다 더 기본적인 것이다 : 그것은 바로 공동체의 기반이며, 그것이 없다면 어떠한 도덕도 전혀 생겨날 수 없을 것이다 ; 그것은 다른 사람을 내가 이용하거나 조작할 수 있는 그리고 내게 덤벼들거나 나를 물 수 있는 물리적인 대상이나 (아마도 적대적인) 동물이 아니라, 나와 같은 사람으로 대하는 태도다 ; 따라서 나는 아주 사소한 측면에서조차도 그 사람을 그에 따라 대함으로써 그 사람과 나 자신에게 우리가 가지고 있는 공통의 인간성을 재확인시켜주어야만 하는 것이다.

이런 감동적인 생각으로 내가 해야 하는 말을 맺게 되었다. 하지만 물론 내가 밝힌 내용보다는 훨씬 더 많은 것이 남겨져 있다. 예를 들자면, 중국의 철학자인 묵자와 맹자를 지나가면서 언급했을 뿐이며, 그에 대해서는 변명의 여지가 없다. 칸트에 대해서도 그보다 더 자세히 언급했다고는 할 수 없으며, 이 역시 적절치 못한 처사다. 그리고 설사 내가 세부적인 논점에 좀더 진지하게 주의를 기울였다 하더라도, 여태까지 제시해온 보잘것없는 분석에서 벗어날 수 없었을 것이다. 만약 우리가 "네 이웃을 네 자신처럼 사랑하라"는 이른바 "사랑의 법칙"을 하나의 패러다임으로 삼을 경우, 우리는 "사랑"의 많은 의미들 가운데 어떤 것을 이해하고 있는가 — 중국인들 자신도 "사랑"에 해당하는 말을 여러 가지 가지고 있다 — 에 대해서, 그리고 누구를 나의 "이웃"으로 간주할 것인가 — 이는 특히 유대 도덕 철학자들을 괴롭혀온 문제다 — 에 대해서 묻고 싶어질 것이다.

사실, 오늘 강의를 위한 주제를 고를 때 나는 단지 내가 내 학생들과 10여 년 동안 공유해온, 그리고 다른 사람들은 그에 대해 생각해보지 않은 듯한 몇 가지 단순한 생각을 잘 정리해서 준비하면 내게 요구된 세 분야 — 아시아 언어학, 철학, 종교학 — 의 학생들에게 적절한 무언가가 되리라고 생각했을 뿐이었다. 막상 뚜껑을 열어보니 그 주제는 내가 생각했던 것보다 훨씬 광범위하고 흥미로운 것이 되었다 ; 이것이 끝이 아니기를 바란다.

제 2 부

제6장

고대 중국 철학에서 의지 나약의 문제

79 가능한 한 초기에서부터 시작해보도록 하겠다.

얼마 전 나는 가장 초기 중국 문헌의 몇 가지 표본들에 대한 지식을 얻기 위한 작업에 착수했다. 이것들은 (우리가 지금 알고 있는 한) 소의 견갑골(肩胛骨)과 거북 껍질에 새겨진 글이었다. 이 글들은 중국의 왕들과 신, 자연의 정령(精靈), 죽은 왕족의 조상들 사이의 대화를 기록한 것이다. 내가 발견한, 아마도 기원전 1200년경으로 추산되는, 한 갑골문에 나오는 글을 나는 다음과 같이 해석한다;

> "갑오(甲午)일에 신탁 의식(神託儀式)을 관장하는 왕은 이렇게 말한다 — 우리는 태을(이미 죽은 왕의 이름)에게서 호의(favor)를 입었나."

아마도 별다른 내용은 아닐지도 모른다. 그러나 왕은 무슨 종류의 호의에 대해 말하고 있는 것일까? 그가 사용하고 있는 언어나 그가 가진 생각의 의미를 약 7~8세기 후의 글에서 확인할 수 있다. 그리고 이 후대의 용법에서 왕의 말이 의미하는 바를 추론해볼 때 그는 이런 말을 하고 있는 듯하다 ; 나는 어떤 행동을 하거나 제물을 올림으로써 조상을 매우 기쁘게 했으며, 이제 그는 나에게 고마움에 대해 빚을 지고 있음을 느낀다. 여기에서 말하는 "호의"라는 것은 곧 "감사의 마음"이다 — 중국의 사유 방식에서 A라는 사람이 B라는 사람에게 무언가를 주거나, 특별하게 정중하게 대한다거나 하는 등의 행동을 한다면, B라는 사람은 나중에 같은 방식으로 보답해야겠다는 심리적인 강박감을 가지게 된다. 이런 경우에 A는 B에 대해서 일종의 지배력을 가지게 된다.

왕이 사용하고 있는 이 말을 나는 "덕(德)"이라고 해석한다. 좀더 후대의 문헌에서 발견될 경우 이 말은 "왕덕(王德. royal virtue)"이라고 번역해야 할 것이다. 갑골문의 글을 이런 식으로 풀이함으로써 덕(德)이라는 중요한 개념이 어떻게 발생했는가 하는 점을 알 수 있을 듯하다. 주(周)왕조 개국 — 기원전 1040년 — 의 종교적-정치적 이데올로기에 관해 생각해보자 : 왕이 왕으로서의 역할을 차지하는 것은 덕(德)이라는 자질을 가지고 있다는 사실에 의해 정당화되었으며, 당시에는 이미 이러한 자질이 윤리적인 측면뿐만 아니라 초자연적인 측면에 대해서도 영적(靈的)인 힘을 가지고 있는 것으로 간주되었다. 왕은 이러한 덕을 가지고 있음으로 해서 천(天)과 다른 정령(精靈)들로부터 우호적으로 주목을 받는다. 왕이 이러한 자질을 가지고 있음은 그가 지배하는 세계가 조화롭고 행복하게 운영되고, 주위에 있는 다른 사람들이 그를 인정한다는 사실로 드러난다. 만약 이러한 덕을 갖추고 있지 못하면 어떻게 되는가? — 이 점은 상상에 맡기기로 한다. *80* 그러나 비도덕적 행위로 인해 그러한 자질을 잃거나 그러한 자질을 충분히 갖추지 못하는 위험한 상황이 있을 수도 있다 ; 이 경우 더 나은 사람이 됨으로써 그 자질을 강화시켜야 한다. 그래서 왕은 자신의 덕을 기를 수 있게 인도해줄 현명한 충고자를 필요로 하게 된다 — 이제 그 말은 우리가 사용하는 일상적인 의미에 접근하게 된다.

그가 왕덕(王德)을 가지게 되면 이러한 문제는 저절로 해결된다. 왕이 왕으로서의 덕을 가지고 있다는 사실은 우선 다음과 같은 효과를 가지고 있기 때문이다 ; 온 세상의 현자(賢者)와 선자(善者)들이 모두 그 왕의 조정으로 와서 봉사하기를 원할 것이다. 그리고 왕도 그러한 덕을 가지고 있음으로 해서 그들을 알아보고, 아첨꾼들과 구별하고, 그들의 충고를 공손히 들을 수 있을 것이며, 그렇게 하기를 갈망할 것이다. 왕이 덕을 가지지 못했다면? — 다시 한 번 상상에 맡기기로 한다.

그러나 이제 여기에는 다음과 같은 문제가 있다 : 현자(賢者)와 선자(善者)의 가르침을 즐거운 마음으로 존중하는 왕이라면 그들을 통해 얻을 수 있는 덕을 이미 가지고 있는 것이다. 여기에서 덕이란 왕의 역할과 그와 관련된 책무에 관한 지식이 아니라, 왕의 역할을 수행하는 데에서 훌륭한 왕이 될 수 있게 해주는 내적 자질과 성향이다 ; 왕이 어떤 역할을 해야 하는가와 관련된 지식은 누구나 아는 공공연한 것이기 때문이다. 왕이 그러한 덕을 결여하고 있다면, 현자와 선자들은 이미 그를 포기하고 산 속으로 숨어버렸을 것이며, 나아가 왕은 신경도 쓰지 않을 것이다. 만에 하나 선한 사람이 조정에 와서 그를 변화시키고자 한다 해도 왕은 그의 말을 듣지 않고 화를 낼 것이며, 더 심한 짓을 할 수도 있다. 덕을 갖추지 못한 왕은 그런 것이다. 그러나 그런 사람이야말로 선생이 제공할 수 있는 교훈을 필요로 한다. 이 문제는 너무나도 중요한 것이어서 여기에 이름을 붙여줄 만하다. 나는 이러한 문제를 "덕의 역설(the paradox of virtue)"이라고 부를 것을 제안한다.

'훌륭한 왕'이라는 개념이 이후 중국 도덕 철학에서 '훌륭한 사람'이라는 개념의 모델이 되는 것처럼, '왕에 대한 도덕 교육'이라는 개념도 이후 도덕 교육에서 교사의 역할에 대해, 적어도 중요한 의미를 가질 정도의 모델이 된다. 이제 우리는 그러한 개념의 핵심에 역설적인 측면이 존재함을 알 수 있게 되었다 : 도덕 교사가 자신의 학생에게 가르쳐줄 수 있는 가장 중요한 것 — 그리고 아마도 중요한 유일한 것 — 은 도덕적인 사람이 되기를 원하게 해주는 것이다. 때로 복잡한 경우가 없는 것은 아니지만, 효제(孝悌)와 같은 구체적인 덕목들이 역할에 의해 분명하게 규정되어 있는 사회에서는 도덕적이 되기를 원하는 것 — 당신과 다른 사람들 모두가 당신이 마땅히 행해야 하는 의무임을 알고 있는 역할을 수행하고자 하는 마음가짐을 충분히 가지는 것 — 이 도덕적이 되는 데 가장 중요한 요소이기 때문이다. 그러나 선생이 이러한 성향을 가르쳐주려면, 즉 그러한 성향을 나눠주려면 학생에게 이미 그 교육을 받아들이고자 하는 마음이 있어야만 하며, 따라서 분명 이미 그러한 성향이 있어야만 한다. 이 문제는 『메노(*Meno*)』에 나오는 소크라테스(Socrates)의 배움의 역설(paradox of learning)과 같은 구조를 가지고 있다(가르침을 받기 위해서는 그 대상을 '배워야 할 것'으로 인식해야만 하며, 그러기 위해서는, 어떤 측면에서 이미 그것을 알고 있어야만 한다) ; 그러나 중국적인 형태의 도덕 교육에서 이는 훨씬 더 고개가 끄덕여지면서도 난해한 실제적인 문제다.

1. 공 자

"인(仁)이 정말로 그렇게 멀리 있는가? 진정으로 인(仁)해지기를 원한다면, 그것이 바로 옆에 있음을 알게 될 것이다"[64]라고

64) 『論語』, 「述而」, 30, "仁遠乎哉 我欲仁 斯仁至矣."

말할 때, 공자는 이 문제를 정확히 파악하고 있었다. *81* 나는 공자가 성인(聖人)이었다고 말하고자 하는 사람들과 논쟁할 생각은 없다. 공자가 자신이 당면한 모든 도덕적 문제를 해결할 수 있었다고 생각한다면, 이미 그를 열린 눈으로 바라보고 있지 않은 것이다. 내가 지금 지적하고 있는 문제는 처음부터 끝까지 그를 괴롭혔다. 이는 자신이 해야 할 일을 알고 있으면서도 이러한 당위에 대해 냉담한 사람들뿐 아니라, 그렇게 해야겠다는 마음을 가지고 있기는 하지만 그 마음이 충분하지 못한 사람들에게도 분명 문제가 된다. 공자는 아마도 단순하게 다음과 같이 생각했을지도 모른다 : 어떤 것을 해야 함을 안다면, 어느 정도는 그것을 하고자 하는 마음을 가진 것이다 ; 그리고 이로 인해 그렇게 하지 못하는 것은 더욱 비난받을 만하고 분통터지는 일이다.

> 모범이 되는 말[法語]은 반드시 자극이 된다. 하지만 중요한 것은 그로 인해 우리에게 변화가 있어야 하는 것이다. … 인정은 하지만 실행에 옮기지 않고, 자극이 되기는 했으면서도 변하지 않는 사람에 대해서는 내가 아무것도 할 수 없다.[65]

여기에서 우리는 두 가지 문제를 볼 수 있는데, 공자에게 이 두 가지는 본질적으로 같은 것이었을지 모른다. 어떻게 행동해야 하는지를 알면서도 다르게 행동하는 사람들이 있다. 이들은 자신이 해야 할 역할을 알면서도 실제로는 그렇게 하지 못하는 것일 수도 있고, 어쩌면 지키지 못할 약속을 한 것과 같은 경우일 수도 있나(서양 철학에서는 이 문제를 아크라시아(*akrasia*) 혹은 "의지 나약(weakness of will)"이라고 부른다. 후에 더 자세히 다루겠

65)『論語』,「子罕」, 24, "法語之言 能無從乎 改之爲貴 (巽與之言 能無說乎 繹之爲貴) 說而不繹 從而不改 吾末如之何也已矣."

다). 그리고 예를 들어, 곡(哭)을 하는 예(禮)에서처럼, 자신이 해야 하는 일을 하기는 하지만 그에 수반되어야 하는 감정이나 성향을 가지지 못하는 경우가 있다. ("슬퍼하지는 않으면서 곡(哭)하는 형식은 지킨다 ⋯.")[66] 공자는 이 두 가지 모두를 위선으로 간주한 듯하다. 우리는 관중을 보면 그가 의례(儀禮)를 알고 있었다고 생각하게 된다. 그러나 그는 흙으로 만든 잔 받침대[反坫]를 사용했는데, 이는 일국의 군주에게만 허용되는 것이다.[67] 자신이 알고 있는 것을 행동으로 옮기지 못하는 사람도 하고자 하는 마음만 있다면 행동으로 옮길 수 있다.[68]

> 자신의 조상이 아닌 조상에게 희생을 바치는 것이 아첨이듯이, 옳은 것을 알면서도 그렇게 하지 않는다면 겁쟁이다.[69]

그러나 느끼지 못하는 사람의 경우도 또한 마찬가지다. 공자는 "인(仁)하지 못한 자들이 예(禮)와 무슨 상관이 있을 수 있는가?"[70] "경건함이 없이 행해지는 의식이나 슬픔 없이 곡하는 형식만 지켜지는 것은 내 차마 눈뜨고 볼 수 없다!"고 말하였다 ; 여기에서 그는 단지 비꼬는 데 그치지 않고 훈계를 하고 있다. 만약 그렇다면, 공자는 아마도 행동뿐 아니라 감정까지도 자신의 의지에 달린 문제라고 생각한 듯하며, 아마도 대부분의 중국 도덕 철학자들도 이러한 견해를 가지고 있었을 것이다.

이는 아마도 덕의 역설 문제로 들어가는 데 도움이 될 것이다.

---

66) 『論語』, 「八佾」, 26, "(居上不寬 爲禮不敬) 臨喪不哀 (吾何以觀之哉)."

67) 『論語』, 「八佾」, 22, "邦君爲兩君之好 有反坫 管氏亦有反坫."

68) 관중은 반점을 사용해서는 안됨을 알고 있었다. 단지 그 앎을 실천에 옮기고자 하는 마음이 없었기 때문에 그렇게 하지 못했을 뿐이라는 말이다.

69) 『論語』, 「爲政」, 24, "非其鬼而祭之 諂也 見義不爲 無勇也."

70) 『論語』, 「八佾」, 3, "人而不仁 如禮何."

상식적으로는 "분명 나는 현재의 나보다 더 선한 사람이 되기를 원한다"고 말하기 마련이다. 이것을 원한다면, 나는 이미 어느 정도는 선한 것이고, 따라서 나를 훨씬 더 낫게 만들어주거나 그렇게 되도록 인도해줄 선생님의 도움을 받아들이고자 하는 의향을 가지고 있다. 따라서 때로는 도덕 선생에게도 할 일이 있다. 그러나 도덕 선생에게 할 일이 있는 경우는 결국 내가 지시(아마도 내 자신에게서 나오는 것인지 모른다)를 받아들여서 나의 성향을 변화시키고자 하는 결심을 실행으로 옮길 수 있을 때뿐이다 ; *82* 예를 들어, 여러 해의 시간과 세심한 자기 관리가 필요하더라도, 한 단계 높은 선(善)을 향한 열정을 강화시키고, 인사를 할 때의 존경심을 심화시켜서 좀더 진실한 것으로 만들겠다는 결심 등이 그것이다. 여기에서 우리는 중국 도덕 교육의 선도적 개념인 자기-수양이라는 개념을 만나게 된다. 그래서 공사는 자기 자신에 대해 "15세에 [훌륭한 사람이 되겠다는] 공부에 뜻을 두었고 …", 몇 단계를 거친 후에 "70에는 내 마음이 원하는 대로 따라도 [올바름의] 경계를 넘지 않았다"71)고 말하였다.

그러나 도중에 멈추어버리거나 질질 끌기 시작하면 어떻게 해야 할까? 선생은 내게 어떻게 해야 할까? 공자는 이론상으로나 실질적으로나 해결책을 가지고 있지 못했다. 그는 "오직 열정으로 충만한 사람에게만 가르침을 주고, 벅차 오르는 흥분을 느끼는 사람에게만 깨달음을 준다"72)고 말했다. 그는 아침에 늦잠을 자는 학생을 보면 화가 치밀어 올랐다 ; "썩은 나무는 조각을 할 수 없고, 마른 분뇨로 만든 담은 흙 손질을 할 수 없다. 내가 더 이상 그를 꾸짖어봐야 무슨 소용이 있겠는가?"73)

---

71) 『論語』, 「爲政」, 4, "吾十有五而志于學 … 七十而從心所欲不踰矩."
72) 『論語』, 「述而」, 8, "不憤不啓 不悱不發."
73) 『論語』, 「公冶長」, 10, "朽木不可雕也 糞土之牆不可杇也 於予與何誅."

『논어』는 길이가 한정되어 있고, 나의 이 글은 깊이가 한정되어 있지만, 그것을 끝까지 재보고자 하지는 않을 것이다. 내가 정말 원하는 것은 한 구절을 더 살펴보는 것이다.

> 염구(冉求)가 말하였다 ; "선생님의 도(道)에 기쁨을 느끼지 않아서가 아니라 제 힘이 부족하기 때문입니다." 선생님께서 말씀하셨다 ; "힘이 부족한 자는 여행을 하는 도중에[글자 그대로는 길을 가는 도중에] 넘어지는데, 너는 고의로 선을 긋는구나."[74]

이것은 무슨 말인가? 우리가 이미 살펴본 내용과는 다르다. 여기에서 선생(공자)의 입장은 다음과 같은 것이다 :

> (i) 어떤 사람이 단지 완성 지점에 도달하기 위해 필요한 내적 성향과 관련한 원동력을 가지지 못한 경우가 있을 수 있다 ; 아마도 이는 비난받을 만한 도덕적 약점이 아닐 것이다. 그러나,
>
> (ii) 실제로 그러한 원동력을 가지고 있다면 그것을 사용할 것인가 사용하지 않을 것인가에 대해 선택할 수 있고, 그러한 선택에 대해서는 우리에게 책임이 있다. 너는 그 힘을 사용하기 않기로 선택하였다.

그리고 학생의 입장도 같다. 다시 말해 염구도 인간의 영혼에 대해 같은 생각을 가지고 있다 ; 염구는 자신이 최선을 다했을 뿐이라고 주장하고 있다 ; 의지의 힘만 가지고 산을 들어올릴 수는 없다.

내가 여기에서 사용한 비유는 훔친 것이다. 그것은 맹자에게서 훔친 것이지만, 맹자 자신도 묵자에게서 그 비유를 훔쳐다 썼으므로 부당할 것이 없다. 그들이 그러한 비유를 어떻게 사용했는가

---

74)『論語』,「雍也」, 22, "冉求曰 非不說子之道 力不足也 子曰 力不足者 中道而廢 今女畫."

연구해보면 도덕적 나약함의 문제에 대해 좀더 깊이 있는 이해를 할 수 있을 것이다.

2. 묵자와 맹자

「겸애(兼愛)」에서 묵자는 자신의 입장을 가장 잘 밝히고 있다 ; 우리는 공정하고 합리적인 이타주의의 태도를 가져야 하며, 그렇게 함으로써 모든 인간의 욕구가 가장 적당하게 충족되고 위험(가장 중요한 것은 다른 사람에 대한 폭력이다)이 최소화되는 상태를 만들 수 있다. *83* 이곳에서, 그리고 아마도 『묵자(墨子)』의 가장 초기 작품에 속하는 자료인 "개관편들(synoptic chapters)"의 모든 곳에서 묵적(墨翟)은 사유와 행동의 관계에 대해 공자, 그리고 실질적으로 모든 유학자들과 놀랄 정도로 대비되는 생각을 보여준다. 묵자에게, 이러한 사유 단계에서는 인간을 도덕적으로 완전하게 만들기 위해 필요한 내적이고 심리적인 개조나 함양의 문제가 전혀 존재하지 않는다. 사실 그의 생각은 다음과 같다 : 지적으로 혼란된 상태에 빠지지만 않는다면, 인간은 일종의 합리적 계산기다. 선(善)은 천(天)의 의지다. 그러나 천(天)은 인류의 복지를 바란다. 그러므로 선(善)이란 사려 깊음(the prudent)이다. 올바른 행동이란 자신의 이익과 관련해서 취할 수 있는 가장 이성적인 행동이며, 적절하게 구성된 논변을 통해서 인도할 수 있다면 사람들도 항상 이러한 점을 분명하게 알 수 있을 것이다.

묵자는 분명 정치 개혁가가 모든 인간에게 이러한 방법을 사용하는 것이 비현실적이라는 점을 알고 있었다. 통치자들을 설득할 수만 있다면, 적절한 구조로 이루어진 제약과 설득 방법을 제도화함으로써 대중들이 결정을 내리는 문제를 단순화시킬 수 있는 방법을 만들어낼 수 있을 것이다. 「상동(尙同)」에서 제안하고 있는 내용이 바로 이것이다 ; 정치 조직의 가장 낮은 단계에서부터 시작해서, 모든 단계에서 책임자들은 자기 밑에 있는 사람들이 자신보다 한 단계 높은 권위를 가진 사람들이 가지고 있는 의(義)의 기준을 채택하도록 해야 한다. 그러나 단순한 설득이든 아니면 설득을 구조화하든 간에, 어떠한 문맥 속에서도 사람들에게 자신의 이익이 어디에 달려 있는가를 생각해내거나 그렇게 생각해낸 내용을 따르는 능력 외에, 그보다 더 복잡하거나 미묘한 무언가가 존재한다는 생각은 묵자에게 전혀 없다. 최적의 물질적 만족을 산출해내고자 하는 욕구 외에는 우리가 포착해서 발전시켜야 할 미덕이나 도덕감, 다시 말해서 우리가 이용할 수 있는 동기 부여 장치는 전혀 없다.

그럼에도 불구하고, 설득을 통해 지향하는 바는 단순히 겉으로 드러나는 행동 이상의 무언가를 변화시키는 것이며, 이것이야말로 묵자에게서 이상하다고 할 수 있는 점이다. 묵자는 다음과 같이 생각한 듯하다 ; 만약 사람들에게 어떤 문제에 대해 애정(그리고 믿음)을 가지는 것이 합리적으로 이익이 된다는 내용을 담고 있는 주장을 따르도록 할 수 있다면, 그들은 그러한 애정을 가져야 한다고 결론을 내릴 것이며, 그렇게 할 의지를 가진다면(그렇게 하지 않는다면 아주 비합리적인 존재에 불과할 것이다) 바로 그 지점에서 설득에 의해 사지를 움직이거나 특정한 자세를 취하기로 결심할 수 있는 것과 같이 그 애정을 가지는 방향으로 나아갈 것이다.

여기에서 우리는 유용한 비교거리를 발견하게 된다. 맹자는 제선왕에게 "단순히 하지 않음[不爲]"과 "할 수 없음[不能]"의 구별에 대해 가르쳐준다.[75] "할 수 없음[不能]"의 예로는 태산을 옆구리에 끼고 북해(北海)를 건너는 것이 제시되며, "단순히 하지 않음

75) 『孟子』, 「梁惠王」, 上, 7.

[不爲]"의 예로는 인자한 태도로 통치를 하는 비교적 쉬운 일이 제시된다. 맹자가 사용하는 이 상징적인 비유는 겸애에 대한 묵자의 논의에서 빌려온 것이다. 겸애가 "태산을 지고 강을 건너뛰는 것[76]"처럼 불가능한 것인가? 그렇지 않다. 그러나 맹자는 왕이 진정으로 인자해지기 위해 필요한 성향을 언제나 자기 안에 실제로 가지고 있음을 세심하게 보여준다. 묵자는 다만, "당신은 겸애를 실천할 수 있다. 여섯 성왕(聖王)들이 그렇게 했다"고 대응할 뿐이다. 묵자에게서 필요한 것은 단지 그렇게 하기로 마음먹는 것뿐이며 더 이상의 문제는 없다.

84 그러나 "그렇게 하기로 마음을 먹는" 것은 어떠한가? 여기에도 실패가 있을 수 있는가? 다시 말해서 어떤 형태의 논변을 통해서 어떤 일을 해야 하고 할 수 있음을 보여준다고 해보자 ; 즉, 행위를 해야 하는데, 그 행위를 수행하는 데 동력이 되어줄 성향을 (아마도 묵자의 경우처럼) 채택할 수 있거나,[77] (맹자의 경우처럼) 이용할 수 있음[78]을 보여준다고 해 보자 — 이 경우 자동적으로 그렇게 하게 되는 것인가? 아마 맹자와 묵자 둘 다 "No"라고 대답할 것이다. 묵자는 분명 순전히 불합리한 고집이 — 어떤 식으론가 — 개입해서 논변이 바라는 효과를 거두지 못할 가능성을 상정하고 있다 ; 적어도 그가 대중이 아닌 식자들에게 관심을 두고 있을 때는 말이다. 「겸애」에서는 매번 논변이 전개된 후에 다음과 같은 어구가 반복적으로 나온다 ; "세상의 훌륭한 인물들[士]이 어떻게

---

76) 『墨子』, 「兼愛」, 下, "兼卽仁矣義矣 雖然 豈可爲哉 吾譬兼之不可爲也 猶挈泰山以超江河也 故兼者直願之也 大豈可爲之物哉 子墨子曰 大挈泰山以超江河 自古之及今 生民而來 未嘗有也 今若大兼相愛交相利 此自先聖六王者親行之."

77) 묵자의 경우에는 내재적인 성향이 존재하지 않는다고 생각하기 때문에, 그것을 이용할 수는 없고, 자신이 그렇게 마음먹기로 선택하는 수밖에 없다. 니비슨은 이를 이렇게 표현한 것이다.

78) 맹자는 묵자와 달리 내재적 성향을 인정하므로 외부에서 그것을 채택할 필요가 없이 자기의 내재적인 성향을 이용하기만 하면 된다.

보편적 사랑[兼愛]에 대해 듣고도 그것을 비판할 수 있는지 모르겠다! 그러나 세상의 훌륭한 인물들이 보편적 사랑에 대해 비판하는 데에는 끝이 없다."[79] 그리고 묵자의 논변은 삐걱거리게 된다.

그리고 물론 맹자가 (염구의 표현에 의하면, 힘이 충분치 못하다는 의미에서의) "할 수 없음[不能]"과 "단순히 하지 않음[不爲]"을 구별하고 있다는 바로 그 사실을 통해서 보면, 맹자는 우리가 원천적으로 가지고 있는 것을 쓰지 않으려고 하는 것도 가능하다고 생각했음을 알 수 있다. 아무 이유 없이 깃털 들어올리기를 거부할 수도 있으며, 수레에 가득한 땔나무에 대해서도 눈감아버릴 수 있고, 어른에게 안마해드리는 것[80]을 그냥 싫어할 수도 있다.[81]

나는 공자와 묵자 그리고 맹자가 한 가지 측면에서 동일한 방향을 향하고 있다고 생각한다. 그들 모두는 우리가 할 수 있는 다양한 종류의 것들 — 도(道)를 추구하는 것, 겸애를 실천하는 것, 인자한 통치를 하는 것 — 에는 적절한 성향이 필요하며, 이러한 성향을 사용하는 쪽으로(실제로 가지기로) 선택을 내릴 수도 있고, 그렇지 않을 수도 있다고 생각하는 듯하다. 따라서 이 성향이 우리 자신의 일부라고 생각한다면, 자아의 내부에 일종의 관제탑 같은 것이 있어서 마치 스위치를 켜듯이 그 성향을 활성화시킬 수 있다고도 생각해야만 한다 — 그것은 자아의 핵심적인 부분으로, 그 선택 여부는 근본적으로 자유로운 것이다. 맹자는, 비록 많은 말을 하지는 않았지만, 이 문제에 대해 주의 깊게 생각한 최초의 철학자

---

79) 『墨子』, 「兼愛」, 下, "不識 天下之士 所以皆聞兼而非者 其故何也 然而天下之士 非兼者之言 猶未止也."

80) 『孟子』, 「梁惠王」, 上, 7.

81) X를 할 수 있다고 생각하지 않는다면 우리는 보통 "마땅히 X를 해야만 한다"고 말하지 않는다. 그러나 단순히 그렇게 하지 않을 수도 있는 가능성을 상상할 수 없다면, "우리는 X를 할 수 있다"는 말도 아무 의미가 없다. 따라서 "~해야만 한다"에는 "하지 않을 수도 있다"가 내포되어 있는 듯하다. 의지 나약의 가능성은 그러한 도덕적 관점 자체에 내포되어 있는 듯하다.

다 ; 그리고 문제가 이렇게 복잡해지면서 또 다른 한 가지 문제가 생겨난다. 공자는 동기 부여가 되지 않는 학생을 어떻게 할 것인가의 문제를 해결하지 못하였으며, 이로 인해 (잘 알려져 있는 것처럼) 공자 직후의 제자들은 "인간의 본성은 무엇이며, 본성에는 도덕적 지향성이 내장되어 있는가?" 하는 문제에 관해 활발한 사유를 하게 되었다. 맹자는 인간의 본성이 선하다는 입장, 다시 말해서 다양한 구체적인 측면에서 볼 때, 우리는 현재 받아들여지고 있는 도덕의 규칙과 이상을 받아들이려는 성향을 이미 가지고 있다는 입장을 취함으로써 이러한 문제에 대해 관심을 이어가고 있으며, 어떤 측면에서 보면 공자의 문제를 해결하고 있다.

이제 이론적으로 선생에게는 동기 부여가 되지 않는 학생들에게 손을 쓸 수 있는 가능성이 열렸다 ; 아마도 맹자가 제선왕에게 했던 것처럼 자신의 진정한 본성을 깨닫게 만드는 것과 같은 유의 도덕적 심리 분석을 통해서 말이다. (물론 맹자가 이러한 입장을 취하는 것이 이 때문만은 아니다. 예를 들자면, 맹자는 이를 통해 도덕이 인간의 본성을 고통스럽게 왜곡시키는 것이라고 주장하는 도가류의 철학자들로부터 공자를 옹호하고 있다.) 그러므로 유가의 도덕 이론에서 맹자의 인성론이 하는 기능은 플라톤의 상기설이 그의 인식론상에서 하는 기능과 같다고 말할 수 있을 것이다.

85 그러나 인간이 가지고 있는 도덕적 본성이 전반적으로 어떻게 작동하는가에 대해 좀더 깊이 사유하는 가운데 맹자는 다른 문제가 있음을 보여주기 시작한다. 네 가지의 도덕적 싹[四端]은 마치 사지처럼 우리가 "가지고 있는" 것이다. 이는 그것이 우리 안에 있음에 그치지 않음을 의미한다. 이 말에는 다음과 같은 생각이 구적으로 다시 반복되고 있다 ; 예를 들어 내가 내 팔을 들어올려야겠다는 선택을 할 수 있는 것처럼, 예(禮)에 대한 나의 성향을 활성화시켜야겠다는(혹은 수양해야겠다는) 선택을 할 수도 있다.

물론 이는 『맹자』 「공손추(公孫丑)」, 상, 6에 근거한 것이다.[82] 「고자(告子)」, 상(上)에서 맹자는 내적인 정신적 자율성에 대해 더욱 분명히 말하고 있다. 우리는 여기에서 마음이 "내적인 지향성을 가진 감각(inner-directed sense)"임을 알 수 있다 : 맹자는 자신이 생선도 좋아하고, 곰 발바닥도 좋아하고, 의(義)도 좋아한다고 말한다.[83] 그리고 의(義)는 우리 안에 있다고[義內] 반복해서 말한다. 또한 「고자」, 상, 7에서는 맛이 미각의 대상이고, 소리가 청각의 대상이며, 아름다움이 시각의 대상인 것처럼 의리(義理)는 마음의 대상이라고 말한다.[84] 그러나 맹자는 보통의 육체적인 감각과 마음 사이에 분명한 구분이 있음에 주목한다. 우리는 육체적 감각이 외적 대상을 향해 있는 반면(「고자」, 상, 15), 마음은 내적 대상을 향해 있음을 알 수 있다. 나아가 맹자는 외부의 대상을 지향하는 감각 기관은 자동적이고 그 기관이 작동하는 데 필요한 조건들에 의해 지배를 받지만, 내적인 대상을 향해 있는 기관[心]은 자유롭고 자율적이라고 생각한다.

> 귀와 눈의 기능은 생각하는 것이 아니며, 귀와 눈은 [외부의] 사물에 의해 가려진다. 하나의 사물이 다른 사물과 상호 작용하면[85] 당연히 그것이 다른 하나를 끌어가 버린다. 마음의 기능은 생각하는 것이다. 생각하면 얻을 것이고[86] 생각하지 않으면 얻지 못할 것이다.[87]

---

82) "人之有是四端也 猶其有四體也 有是四端而自謂不能者 自賊者也 謂其君不能者 賊其君者也 凡有四端於我者 知皆擴而充之矣 若火之始然 泉之始達 苟能充之 足以保四海 苟不能充之 不足以事父母."

83) 『孟子』, 「告子」, 上, 10, "魚我所欲也 熊掌亦我所欲也 二者不可得兼 舍魚而取熊掌者也 生亦我所欲也 義亦我所欲也 二者不可得兼 舍生而取義者也."

84) 『孟子』, 「告子」, 上, 10,"故曰 口之於味也 有同耆焉 耳之於聲也 有同聽焉 目之於色也 有同美焉 至於心 獨無所同然者乎 心之所同然者何也 謂義也理也 聖人先得我心之所同然耳 故義理之悅我心 猶芻豢之悅我口."

85) 다시 말해서 육체적 감각 기관이 감각의 대상을 지각하면.

다른 구절들을 살펴보면, 이러한 그림은 더 힘을 얻게 될 수 있다. 그러나 이것만으로도 맹자가 다음과 같은 생각을 하고 있다는 점을 충분히 알 수 있다 : 우리는 자연스럽게 어떤 것들 — 아름다운 것, 맛있는 것뿐만 아니라 선(善)과 의(義)도 포함한다 — 에 대한 기호를 가지고, 그것을 추구하려는 충동을 가진다. 물리적 욕구의 측면에서 보면, (그렇게 하는 것이 잘못임을 알고서) 하지 않겠다고 선택하지 않는 한, 그것이 사정권에 있다면 저절로 그 욕구의 대상을 추구하게 될 것이다. 그러나 선(善)과 의(義)에 대한 지향성(pro-attitude)이 있다고 해서 반드시 그것을 추구하는 것은 결코 아니다. 말하자면 다른 의도적인 행위를 할 때처럼, 거기에 사유의 초점을 맞추고 의도적으로 그것을 추구해서 이러한 내적 사유 행위를 수행하지 않는다면 그렇게 하지 않게 될 것이다.

물론 맹자도 공자처럼 선(善)과 의(義)를 알아보기만 하면 언제나 그것을 선택하게 되고, 또 항상 그것을 알아볼 수 있기를 바란다. 이렇게 되기 위해서는 공자처럼 평생 자기 수양이 필요하다 ; 맹자는 이 자기 수양이, 마치 식물을 양육하고 재배하듯이 우리 속에 있는 도덕적 충동의 싹을 찾아내서 "양육하는" 과정이라고 생각하였다. 그러나 마음과 감각 기관 그 자체에 대한 맹자의 분석에 비추어보면, 완성된 인격을 갖춘 사람이라고 할지라도 그의 도덕적 행위는 여전히 그가 행하는 것이지 아무 생각 없이 행해지는 것은 아니다. 그들은 그러한 행위를 자동적으로 행하는 것이 아니고 자유롭게 행하는 것이다 ; 그러므로 그들은 여전히 도덕적 행위자(moral agent)인 것이다.[88]

---

86) 마음이 추구하는 것이 도덕성임을 알 수 있다.

87) 『孟子』, 「告子」, 上, 15, "耳目之官不思而蔽於物 物交物則引之而已矣 心之官則思 思則得之 不思則不得也 此天之所與我者 先立乎其大者 則其小者不能奪也 此爲大人而已矣."

88) 아무 생각 없이 기계처럼 행동한 사람에게 우리는 책임을 묻지 않는다. 정박

3. 순 자

맹자로 다시 돌아가겠지만, 순자에 대해 간략하게나마 검토하지 않고 도덕적 나약이라는 주제에 대한 고대 중국인의 접근 방법을 설명한다면 불충분한 것이 될 수밖에 없다 ; 순자에게서 전반적인 문제에 대한, 가장 영향력이 있다고는 할 수 없지만 가장 정교한 분석을 발견하게 되기 때문이다. 순자는 묵자와 맹자에게서 발견한 문제를 마음과 선택에 관한 자신의 도식을 통해 해결하고 있다고 생각했다. 맹자는 "만약 우리 모두가 성인이 될 수 있는 능력을 가지고 있다면 왜 대부분이 실제로는 그렇게 되지 못하는가?" 하는 문제를 설명해야 하는 입장에 있다. 순자는 두 가지 다른 방식으로 이 문제를 다루고자 한다 : 먼저 인간의 도덕 지향성을 내재적 성향에서 찾지 않고, 지적인 선택 능력에서 찾는 다른 설명 방식을 제시하면서, 도발적으로 우리의 내재적 성향은 "악하다"고 말한다 ; 그리고 나아가 두 가지 의미의 "할 수 있음"에 대한 구분을 도입하는데(이러한 태도는 「성악(性惡)」에서 볼 수 있다), 이는 나를 비롯해 다른 여러 학자들을 괴롭히고 있는 문제다. 묵자는 사람들이 최선의 것을 알면서도, 왠지는 모르지만 불합리할 정도로 고집스럽게 그것을 받아들이거나 좋아하거나 행하기를 거부할 가능성이 있다고 생각하였다. 그리고 그러한 결심에 의해 믿음이나 애정을 가질 수 있다고 생각한 듯하다.

순자는 맹자와 묵자의 이 두 가지 입장 모두를 거부하지만, 동시에 이 두 사람의 사유에서 다른 중요한 요소들은 버리지 않는다. 그는 인간이란 결국 자신이 원하는 것과 이해타산에 의해 움직인다는 묵자의 견해를 받아들이고 있다. 동시에 만족스럽고 훌륭한

아나 어린아이의 경우를 생각해보라. 이 경우 그들을 도덕적 행위자라 할 수 있는가?

삶이란 사회적인 삶이며, 이를 위해서는 자아 수양과 교육이 필요하다는 맹자의 생각 또한 수용하고 있다. 그리고 마음이 감각에 대해 가지는 관계에 대해 본질적으로 맹자의 견해를 수용하고 있다 : 만약 우리에게 있는 지적 결정 능력을 통해 감각 기관의 작용을 정지시키거나 그 속도를 늦추거나 방향을 재조정하는 등의 통제를 하지 않는다면, 육체적 감각 기관은 자동적으로 자신들이 추구하는 대상을 향하게 될 것이다. 우리의 지적 능력은 그렇게 하거나 하지 않을 자유를 가지고 있지만, 모든 요소들을 고려할 수만 있다면 결국은 감각 기관을 위한 최선의 선택을 할 것이다. 순자에게 도(道)란 공자의 도(道)며 도덕적인 삶이다 ; 다시 말해 사회적 규칙과 규범, 제약을 받아들이는 사회에서 욕구가 적절히 충족되면서도 통제되는, 그러한 삶을 살아가고자 하는 것이다.

오직 그러한 삶을 통해서만 인간의 욕구에 최적의 만족을 가져올 수 있을 것이며, 이 문제에 대해 명백하게 사유해본 사람 — 순자의 표현에 따르면 산수를 할 줄 아는 사람 — 이라면 이러한 사실을 알 수 있다. 이에 대한 이해가 선행되면 사람들의 결정과 행동은 믿을 만한 것이 된다. 순자는 이렇게 말한다 :

> 이제 일반적으로 사람들은 반드시 그들이 인정하는 길을 따르고 그들이 인정하지 않는 길은 거부한다. 어떤 것도 그와 필적할 수 없음을 이해하면서도 도(道)를 따르지 못하는 사람은 없다.[89)]

마침내 여기에 이르러서야 의지 나약(weakness of will)의 문제가 완전히 전면에 드러나게 되며, 그 가능성은 분명하게 부인된다. 그러나 순자에 따르면, 여기에는 도(道)를 따르는 삶이 최선이라

89)『荀子』,「正名」, "凡人莫不從其所可而去其所不可 知道之莫之若也 而不從道者 無之有也."

는 단순한 내용을 결정하는 것 이상의 문제가 있다. 사려 깊고 지적인 사람이라면 자신이 반드시 교육을 통해서 제약을 받고 변화되어야만 비로소 그러한 삶을 살 수 있음을 알 것이고, 필요한 제약을 따를 것이다.

87 그러므로 순자에게 선(善)이란 결국 그것이 만족을 주기 때문에 선인 것이고, 우리에게는 이미 만족을 추구하려는 성향이 있다; 반면에 맹자에게 선은 그것이 선이기 때문에 만족스러운 것이고, 우리에게는 이미 선을 추구하려는 성향이 있다. 그러나 두 사람 모두에게서 수양의 완성이란 선에 전적으로 헌신하는 것이며, 선을 위해 죽을 수도 있어야 한다. 하지만 개인적인 만족을 기반으로 하는 순자의 윤리에서 이것이 말이 되는가? 맹자에게 선의 가치란 선으로부터 도출되는 만족에 의해 구성되는 것이 아님을 주목하라. 그러나 순자는, 다른 의미에서 선의 가치는 그로부터 도출되는 만족에 의해 구성된다고 생각한다. 그러므로 순자가 볼 때 수양을 한 사람은 선 그 자체에 대한 애정을 가진다; 그러나 순자의 이론에서 계몽된 철학자(enlightened philosopher)는 선이 자신에게 해줄 것이라고 생각되는 역할(다시 말해서 만족스러운 삶을 제공하는 것) 때문에 그것을 높이 평가한다 — 이 두 가지는 정합성이 없다. 이러한 역설적인 모습은 아마도 다음과 같은 사실에 의해 해결될 것이다; 철학자들은 선이 실제로 자신들에게 그리고 모든 사람들에게 "최선"임을 이해하기 때문에, 그들 스스로에게 선을 사랑할 만한 이유가 제공되는 것이다.

4. 마음과 욕구의 모델

이제 순자와 맹자가 공유했다고 생각하는 마음과 감각의 모델로 되돌아가겠다. 마음은 자유롭고 감각은 얽매어 있다. 의도적으로 멈추지 않는 한, 감각적 욕구는 대상에 대해 자동적으로 반응하는 데 반해, 도덕적으로 선하다고 인정하는 것에 대한 지향성(pro-attitude)은, "생각하지[思]" 않는다면 그 선을 능동적으로 자신의 것으로 만들어내거나 행위로 옮겨내지 못한다. 맹자는 "마음은 생각하면 얻을 수 있다"[90]고 말한다. 맹자가 말하는 "생각한다"는 것은 무슨 의미일까?

그 속에는 마음의 도덕적 대상에 어떤 식으론가 인식론적으로 주의를 집중하는 것이 포함되겠지만, 여기에서 그치는 것은 아니다. 같은 내용이 「진심(盡心)」, 상, 3에도 나오는데, 그 전문(全文)을 다 인용할 필요는 없다:

> "그것을 추구하면 그것을 얻을 수 있고, 그것을 무시하면 그것을 잃게 된다." 이 경우에는 추구하는 것이 얻음에 유용한데, 자신의 내부에서 추구하는 경우이기 때문이다.[91]

이와 유사한 마음에 대한 묘사는 앞에서 인용했던 「고자」, 상, 15에도 매우 분명하게 나온다; 다만 여기에서는 "생각한다[思]" 대신에 "추구한다[求]"는 표현이 쓰였을 뿐이다. 그러므로 맹자가 말하는 "생각"은 선(善)에 대해 인식론적으로 주목하는 것뿐만 아니라 자발적(voluntarily)[92]으로 추구하는 것이기도 하다.

일찍부터 서양의 많은 학자들은 (a) 자신이 X라는 특정한 종류의 일을 해야 한다는 사실을 알고, 또 (b) 자신에게 열려 있는 선택을 행함으로써 그것을 할 수 있으면서도, (c) 그렇게 하지 않고

90) 『孟子』, 「告子」, 上 15, "(心之官則思) 思則得之 (不思則不得也)."

91) 『孟子』, 「盡心」, 上 3, "求則得之 舍則失之 是求有益於得也 求在內者也 (求之有道 得之有命 是求無益於得也 求在外者也)."

92) 의지의 작용에 의해서라는 뜻이다.

아마도 정반대의 행위를 하는, 그러한 일이 어떻게 있을 수 있는가에 대해 당황해왔다. 내 손에 한 잔의 페인트가 있다. 이 페인트를 마시면 나에게 나쁘다는 것과, 이것이 우유가 아니라 페인트라는 사실을 알고 있다. 그럼에도 불구하고 그것을 마신다. 어떻게 그런 일이 있을 수 있는가? 문제는 이것이다. (이번 한 번만) 페인트를 조금 마시고 싶은 충동을 가지고 있다고 가정해보자. 만약 그 충동이 건강을 유지하려는 욕구보다 크다면 아마 나는 그것을 마실 것이다. 하지만 그렇다면 무슨 일이 벌어진 것일까?

88 분명 나의 판단은 어떤 종류의 강박 관념에 지배된 것이었다; 그러므로 (a) 페인트를 마실 때, 그렇게 해서는 안 된다는 것을 진정으로 알고 있었다고 할 수 없거나, (b) 그것을 마실 때 실제로 그렇게 하지 않을 자유가 있었다고 단순하게 말할 수는 없는 것이다. 종류는 다르지만 논리적으로는 유사한 예를 들어본다면, X를 행해야 한다는 것을 알고 있으면서도 그렇게 하지 못하는 경우를 좀더 쉽게 상상해볼 수 있다. 다음과 같은 도덕적인 예를 들 수 있을 것이다 : 과거에 애써 나를 도와준 친구가 이제 도움을 필요로 해서 그 친구를 도와야 함을 알지만, 그 친구를 돕는 일은 내게 너무나도 커다란 불쾌감을 줄 것이다. 직관적으로 생각해보거나 과거를 회상해본다면 이런 일이 실제로 일어난다는 것을 알 수 있다. 그러나 지적으로 생각해본다면 그런 일은 있을 수 없다. 이유가 무엇일까?

내가 보기에 이러한 혼란이 일어나는 이유는 다음과 같다. 그러한 예를 상정하면서 우리는 "그것이 옳음을 알기 때문에 어떤 일을 행해야 할 때 우리로 하여금 그렇게 하게끔 하는 동기는 어떤 것이 감각적 쾌락을 줄 것이라고 생각할 때 그것을 하도록 만드는 동기와 같은 종류다"라고 생각한다. 이들 사이의 유사성은 두 가지 측면에서 생각해볼 수 있다. 옳은 일을 실제로 행하는 경우,

그 이유는 그것이 옳다는 사실에 대해 가지고 있는 호의적인 태도가 그렇게 하도록 만들었기 때문이다 ; 반면, 실제로 옳지 못한 일을 행하는 경우, 그 이유는 그것에 더 강하게 끌려서 그것이 사실상 "우리에게는 옳다"고 생각했기 때문이다. 많은 학자들은 첫 번째와 같은 생각으로 인해, 의지 나약의 문제를 설명하면서 책무에 대한 동기 부여와 앎의 문제를 분리해 생각하고자 한다. 그리고 두 번째와 같은 생각은 "다른 사람의 도덕적 신념에 대해서는 말이 아닌 행동을 통해서 판단해야 한다"는 진부한 문구로 요약된다.

나는 실제로 아리스토텔레스에게서 이러한 견해[93]를 발견할 수 있다고 생각한다(아리스토텔레스에 대한 나의 지식이 보잘것없기 때문에, 이런 말을 하면서 불안을 느끼기는 하지만 말이다). 『니코마코스 윤리학』 7권 전반부에서 아리스토텔레스는 실천적인 추론(practical reasoning)에 대한 분석을 통해서 도덕적 나약(moral weakness)에 대해 설명하고자 하고 있다. 행동을 할 때 우리는 사실 대전제와 소전제가 참임을 알고 있거나 믿고 있다 ; 이 대전제와 소전제가 합쳐져서 특정한 방식으로 행동해야 함을 암시하며, 다시 그에 대한 앎이 더해져서 우리로 하여금 그렇게 행동하게 만든다 ; 그러므로 행동은 (어떤 측면에서 보면) 실천적 추론의 "결론"이다.

> (a) 보편적인 믿음이 하나 있다 ; (b) 다른 하나는 개별적인 것에 대한 믿음이며, 개별적이기 때문에 지각에 의해 통제된다. 그리고 (c) 이 두 믿음을 통해 다른 하나의 믿음이 도출되면, 순수하게 이론적 믿음의 측면에서 그 영혼은 필연적으로 결론으로 도출된 것을 긍정해야 하며, 산출되는 믿음의 측면에서는 (d) 즉시 결론으로 도출된 내용

93) 위에서 말한 두 가지 가운데 두 번째 견해를 가리킨다. 다시 말해서 사람들의 행동이 곧 그 사람이 가지고 있는 믿음의 표현이라는 말이다. 이 경우 앎과 행동의 분리는 없다. 잘못된 행동은 단지 앎에 이상이 생겼을 뿐이다.

> 에 의거해서 행동하는 것도 또한 필연적이다.
>
> 예를 들어 (a) 모든 단 것은 반드시 맛을 보아야 하며, (b) 이것, 즉 특정한 어떤 것이 달다면, 필연적으로 (d) 그렇게 할 능력이 있고 또 다른 방해가 없는 사람이라면, 동시에 이에 의거해서 행동한다(1985, 180-181, 1147a25-31).

의지 나약의 경우에는, 자신의 구석진 곳 어딘가에 숨어 있던 통제되지 않는 욕구가 갑자기 삼단논법에 문제를 일으켜, 소전제의 자리를 빼앗아서 자기 스스로의 삼단논법을 만들어낸다. 이전의 삼단논법에 함축되어 있는 결론은 "그렇게 하지 마라"였지만, 새로운 삼단논법에서는 "그렇게 해라"는 결론을 함축하게 되며, 똑같이 필연적으로 그것을 행하게 된다 ; *89* 그러나 이 경우 우리는 도덕적인 대전제에 대해 일시적으로 무지한 것이며, 실제로는 소전제도 또한 가지지 못한 것이다 — 사실 우리는 무언가에 사로잡혀 있다. 아리스토텔레스의 결론에 따르면 "의지 나약에 의해 영향을 받고 있을 때의 앎이란 … 완전한 앎으로 보이는 것과는 종류가 다르기 때문이다."

여태까지 내가 논의해온 바에 따르면 맹자 — 그리고 지난 1000여 년간의 거의 모든 중국 철학자들을 포함하는, 유가 도덕 철학에서 맹자의 계승자들 모두가 그러하리라고 생각한다 — 는 그런 식의 가정을 하지 않는다. 마음에 대한 맹자의 모델에 따르면, 어떤 맛있는 음식에 끌리면서도 그것을 먹는 것은 도둑질이고 나쁜 짓이라는 사실을 알고 있을 수 있다. 이러한 사실을 알면, 그것을 먹지 말아야겠다는 성향(이 경우에는 "도둑질을 하지 말아야 한다"고 설명할 수 있다)을 갖게 된다. 그러나 도덕을 지향하는 그러한 성향이 감각과 대상 사이에 끼여들기 위해서는 마음의 **활동**이 필요하다. 그것은 자동적이지 않다. 행위가 요구되기 때문에, 행위를 실천에 옮기지 못할 수 있는 것과 마찬가지로 마음을 활동하게 하는 데에도 또한 실패가 있을 수 있다.

이제 이를 통해 의지 나약에 대한 전혀 다른 분석이 가능하게 될 듯하다. 그 음식을 먹어서는 안 된다는 것을 알고 있고, 이를 알고 있음으로 해서 그렇게 하지 말아야겠다는 강한 도덕적인 성향을 가지고 있으면서도, 그 성향이 욕구를 차단할 만큼 강하지 못하다는 잘못된 믿음을 가짐으로써 그 성향을 사용해서 욕구를 충족시키는 잘못된 행위를 막지 못할 수도 있을 듯하다. 자비롭게 해석해볼 경우, 이것이 바로 염구와 제선왕이 처한 상황이었다. 좀더 냉정하고 세밀하게 분석해본다면, 그들은 스스로를 기만하여 자신들에게 그러한 강한 성향이 없다고 생각했다고 할 수도 있다.

또 다른 난관은 아마도 다음과 같은 것일 듯하다. 자제하는 것이 도덕적 의무라는 것을 알고, 나에게 자제하려는 성향이 있다는 사실도 알면서도, 그 성향을 사용하는 방법을 알지 못할 수도 있다 ; 다시 말해서 그 성향을 어떻게 감각적 욕구와 대상 사이에 솜씨 좋게 끼워넣을 수 있는가를 알지 못할 수 있는 것이다. 이러한 설명이 말도 안 되는 것처럼 보일 수도 있다 ; 그러나 그러한 상황이야말로 도덕을 공부하는 사람들이 자기 수양을 하고자 "노력하는" 가운데 종종 처하게 되는 상황이다. 맹자가 공손추와의 대화에서 "의지를 굳건하게 견지하되 기(氣)를 거칠게 대하지 말라", "그것을 일삼되 그것을 바로잡으려 하지 말라 ; 마음이 그것을 놓치게 해서도 안 되고 그것을 조장(助長)해서도 안 된다"는 등의 말을 할 때, 아마도 맹자는 어느 정도 이러한 종류의 문제에 대해 충고하고 있었던 것이다 — 여기에서 맹자가 말하고 있는 것이 내적인 자기 관리와 관련한 상황에서의 사례별 문제라기보다는 장기적인 문제이기는 하지만 말이다.

맹자가 사용하는 언어는 또한 글자 그대로라기보다는 암시적이며 또 그럴 수밖에 없다. 마음속에 있는 무언가를 글자 그대로 "잡아낼" 수는 없는 것이다. 그러한 선생과 학생이 부딪히게 되는 문제는 아마도 피아노 선생과 학생의 문제와 같을 것이다 ; 선생은 학생으로 하여금 올바른 위치에 손을 올려놓고 건반을 완벽하게 제어하면서도 자유롭게 연주할 수 있도록 긴장을 완전히 풀게 하기를 바란다. 학생은 선생이 무엇을 원하는지 이해하면서도 그렇게 하지 못할 가능성이 높다 ; 선생은 "네 팔의 힘을 모두 빼서 그 힘을 손가락에 실어라", "팔을 이렇게 흔들고 다시 해보렴"이라거나, "너는 긴장으로 근육이 굳어 있다. 더운물에 손을 담그되, 너무 오래 담그지 말아야 한다. 그리고 너무 뜨거운 물도 안 된다" 고 말할 것이다. ***90*** 『전습록(傳習錄)』을 보면, 왕양명은 구양덕(歐陽德)에게 답하는 편지에서 이와 같은 조언을 하고 있는 듯하다. 구양덕은 자신을 검속하는 윤리적인 "작업[事]"이 때로는 너무 진을 빼버리는 경우가 많다고 호소한다(Chan 1963, 153-155, no. 170). 이와 같은 경우에는 멈추고 명상에 잠기는 것이 옳지 않을까? 왕양명도 이를 전적으로 금하지는 않지만, 구양덕이 마음을 맑게 하는 과업에 대해 잘못 생각하고 있다고 충고한다. 그는 『대학』에서 생각을 진실하게 만드는 것[誠意]은 "마치 나쁜 냄새를 싫어하는 것 혹은 아름다운 색을 좋아하는 것과 같다"[94]는 말을 인용하고 다음과 같이 덧붙인다 ; "나쁜 냄새를 싫어하거나 아름다운 색을 좋아하는 사람이 그러한 태도를 견지하기 위해 자신을 자극하는 것을 본 적이 있는가? 아니면 그 일이 끝나고 나서 기진맥진해지는 것을 본 일이 있는가? … 이로부터 너의 문제가 어디에서 생겨난 것인지 알 수 있을 것이다(Chan 1963, 155, no. 170).

맹자적 전통에서 보면, 도덕적 나약에 대한 아리스토텔레스의 모델 — 내가 염두에 두고 있는 것은 본질적으로 술에 취한 광시인

94) "如好好色 如惡惡臭."

(drunken rhapsode)의 모델이다 — 대신에 전혀 다른 모델이 필요하다. 이는 아마도 몸이 굳어지는 것과 크게 다르지 않을 듯하다. 맹자와 양명에 따르면, 자연스러운 욕구가 그 자체로 해로운 것은 아니지만, 그것이 무언가에 의해 이른바 "사로잡히게[蔽]" 되면 통제를 벗어나게 되고, 마음이 거기에 얽매이게 되면 그것은 더욱 나쁜 것이 된다. 몸이 굳어버리는 경우, 이런 식으로 움직여서는 안됨을 알 수는 있지만 어떻게 그 상황을 풀어야 할지 모른다. 물론 억지로 그것을 통제하려고 할 수도 있겠지만, 그렇게 할 경우에는 또다시 긴장에 의해 몸이 굳어버릴 수 있다. 이러한 상황에서와 유사하게 자신을 수양하려는 노력 그 자체가 "사로잡힘[蔽]"이 될 수 있는 것이다.

의지 나약에 대한 분석을 위해 맹자의 마음 모델로부터 생겨날 수 있는 모든 가능성을 살펴볼 수는 없다. 그 가운데 하나는 분명 왕양명의 타성(inertia)과 같은 류의 개념으로, 이는 학생들이 주희(양명은 그가 도덕 학습을 (1) 도덕 규범이 무엇인지를 배우는 단계와, (2) 그 규범을 주관적으로 자신의 것으로 만드는, 서로 분리된 두 가지 단계로 이루어진 것으로 여겼다고 생각한다)를 따를 경우에 가지게 될 수밖에 없는 도덕 학습의 문제에 대한 오해로부터 생겨난다. 또 다른 하나는 한유(韓愈)가 이익(李翊)에게 보낸 편지에서 언급하고 있는 것으로, 조야하나마 "글쓰는 사람의 장벽(writer's block)"의 문제라고 할 수 있다 ; 자신이 바라는 방향으로 일을 수행할 수 있도록 기(氣)를 이완시키지 못하는 것이 바로 이에 해당한다. 양명이 보기에는 모든 도덕적 상황이, 어떤 면에서는 유일무이하며, 따라서 도덕적 행위는 어떤 의미에서는 창조적 행위이기 때문에, 이러한 류의 상황도 또한 일종의 도덕적 장애에 관한 문제의 모델이 될 수 있다고 생각해볼 수 있다. 교육 이론은 연구해볼 필요가 있는 또 다른 분야다.

이 문제를 계속적으로 탐구하면서 나는 끊임없이 의도적으로 중국적 전통을 서양의 전통과 대립적 위치에 설정해보았다. 아마도 이는 분명 동서양 모두의 도덕 철학적 전통에서 가장 중요한 문제인 듯하다. 그리고 서로를 비교해봄으로써 다른 한쪽을 더 잘 이해하게 될 수 있으리라 생각한다.

제7장

맹자에게서의 동기 부여와 도덕적 행동

91 이제부터 나는 기원전 4세기의 철학자인 맹자에게서 볼 수 있는 중요한 일련의 생각들을 검토할 것이다. 맹자가 보기에는 아마도 이것이 하나의 생각이었을 것이다 ; 그러나 나는 그가 말하고 있는 여러 가지 다른 내용들을 다양한 방식으로 구분해낼 수 있다고 생각한다. 이 장의 처음 몇 부분(1절~3절)은 서술적인 것이 될 것이며, 부분적으로 역사적인 내용도 담게 될 것이다. 서술적인 설명이 끝나고 나면, 맹자가 아주 이상한 말을 하고 있는 것으로 만들어놓은 듯이 보일 것이다(4절). 나는 맹자가 말하는 내용이 이상하다고 생각하지 않으며, 5절에서는 그가 말하고 있는 내용 가운데 중요한 부분은 최소한 그럴싸하고 심지어는 매우 합리적이라고 할 수 있으며, 아마도 옳은 것임을 주장할 것이다. 마지막으로 6절에서는 맹자를 먼저 동주(東周)의 다른 두 철학자와 비교하고, 그리고 나서 몇 명의 서양 철학자들과도 비교할 것이다.

맹자에 대해 내가 고찰하고 있는 문제는, 내가 아는 한 여태까지 하나의 단위로 연구된 적이 없으며, 그 가운데 내가 중요하다고 생각하는 것들 가운데 일부가 중국학자들의 입에 많이 오르내리기는 했지만, 그 내용 자체가 주목을 받은 적은 없다. 그 이유는 적어도 두 가지다. 먼저 내가 탐구하고 있는 일련의 생각은 "인간의 본성[性]"이나 "자애로움[仁]" 같은 어떤 함축적인 용어의 용례를 추적하는 일반적인 방식으로는 밝혀낼 수 없다. 문제들의 연관성을 보여주는 언어적 신호는 훨씬 더 미묘하다 ; 사실 맹자는 내가 매우 흥미로워하는 문제에 대해 최소한 여섯 가지 다른 방식으로 말하고 있는데, 이들 중 어느 한 가지 방식도 아주 많이 사용하고 있지는 않다. 둘째로, 이 자료가 서로 엮여 있는 하나의 전체임을 알 수 있는 것은 그것이 맹자가 어떤 한 가지 문제를 다루는 방식이기 때문이다 ; 그리고 그 문제는 이전에 이미 수"세대" 동안 도덕 교육과 논쟁에서 도덕 철학자들을 괴롭혀왔던 것이다. 그러나 중국 철학을 연구하는 사람들은 대체로 자신들이 연구하는 주제가 문답의 형식으로 이루어진 미묘한 변증법적인 흐름들을 하나로 엮어나가는 것이라고 생각하기보다는 인물들이 살아가면서 행동하고 가르치고 죽어간 내용을 순서대로 다루는 것이라고 생각해왔다.

1. '행동에 옮기지 못함'의 한 가지 형태인 "스스로를 버림"

내가 관심을 가지는 문제는 소크라테스에게서 현대에 이르기까지 서양의 도덕 철학자들을 혼란스럽게 해온 두 가지 문제(많은 사람들은 그것이 하나의 문제라고 말하고자 할 것이다)와 밀접한 연관이 있다. *92* 때로 우리는 무언가를 해야 한다는 판단을 내리고서도 우리가 그렇게 하지 못하게 만드는 유혹을 통제할 수 없거나 통제하지 않는 듯하다. 소크라테스와 플라톤 그리고 아리스토텔레스는 이것을 아크라시아(akrasia)라고 불렀다. 때로는 무언가를 해야 한다는 판단을 내리고서도 그것을 행동으로 옮기는 것에 관해 충분한 관심을 갖지 않거나 관심을 가질 수 없을 수도 있을 듯하다. (주로 서양 종교 심리학 전통에서는) 이러한 상태를 어씨디어(acedia)라고 부른다. 이 문제의 형태와 관련해서 초기의 중국 도덕 철학자들이 전형적으로 관심을 가졌던 것은 아크라시아보다는 어씨디어였다(그리고 여기에 중요한 의미가 담겨 있을 수도 있다).

물론 중립적으로 "행동으로 옮기지 못함(action-failure)"이라고 부를 만한 일들이 실제로 일어나는가에 대해서는 논쟁의 여지가 있다. 헤어(R. M. Hare)가 성(聖) 바울(Paul)과 메데아(Medea)에 대해 말한 것처럼, "나는 그렇게 해야 한다고 생각하는 것을 하지 않는다"고 말하고자 할 때, 이것이 아마도 실제로는 그렇게 할 수 없는, 다시 말해서 실제로는 심리적으로 그렇게 하기에는 무기력한 것일 수도 있다(1963, 77-79). 그러나 이제 자신에 대해 이러한 판단을 내리고 있는 사람이 나라고 생각해보라 ; 그리고 나아가, 실제로 그러한 판단을 내리는 한 행위 불능의 상태에 있지만, 그런 판단을 내리지 않는다면 그렇지 않을 것이라고 생각해보라. 맹자는 아주 많은 경우에 그리고 분명하게 자기 분석에 이러한 종류의 자기 예언적인 오류(아마도 이는 자기 기만적인 오류일 것이다)가 있음을 인식하고 있다. 때로 맹자는 원색적으로 그러한 오류를 범하는 사람은 스스로를 "도적질하는" 혹은 "해치는" 것[自賊][95]이라고 말한다. 그러나 나는 편이상 그가 사용하는 표현 가운데 덜 격렬한 다른 표현을 사용할 것이다. 한 곳에서 맹자는 그러한 사람에 대해 "스스로를 버림(自棄. self-rejection)"이라고 말하고 있는데, 나는 앞으로 이 문제를 언급할 때 이 표현을 사용

95) 예를 들어, 「公孫丑」, 上, 6을 보라.

할 것이며, 따라서 자아의 본성에 관한 맹자의 낙관론을 전제하지 않을 것이다 ; 여기에서는 그것이 거부되고 있기 때문이다.

"스스로를 버림[自棄]"의 문제는 공자(전통적으로 그의 생애는 기원전 551~479년으로 여겨진다)에게서 처음 표면으로 떠오른다. 많은 사례 중의 하나는 다음과 같다 :

> 염구(冉求)가 말하였다 ; "선생님의 도(道)를 인정하지 않아서가 아니라, 거기에는 제가 갖지 못한 힘이 필요하기 때문입니다." 선생님께서 말씀하셨다 ; "힘이 부족한 자는 여행을 하는 도중에[글자 그대로는 길을 가는 도중에] 넘어지는데, 너는 고의로 선을 긋는구나."[96)]

공자가 염구를 못마땅해하는 데에는 다른 이유들이 있었다고 한다(『논어』「선진(先進)」, 17, 『맹자』「이루(離婁)」, 상, 15). 그러나 공자가 이곳에서 염구를 단호하게 내치고 있지만, 그가 가진 문제까지 내쳐버린 것은 아니다. 공자는 다른 곳(『논어』「자한(子罕)」, 24)에서 "인정은 하면서도 행동에 옮기지 않고, 자극은 받았으면서도 변화하지 않는" 자들에 대해 절망하고 있다. 그는 "오직 열정으로 넘치는 사람들"(『논어』「술이(述而)」, 8)에게만 가르침을 주고자 할 것이라고 결론짓는다. 하루종일 낮잠을 자는 제자에 대해서 그는 "썩은 나무에는 조각을 할 수가 없고, 마른 분뇨로 된 벽은 흙 손질을 할 수 없다. 내가 그를 더 이상 비난해야 무슨 소용이 있겠는가?"(『논어』「공야장(公冶長)」, 10)라고 말한다. 그러나 염구는 도덕 선생에게 단순한 잠꾸러기보다 더욱 예민한 문제를 제시한다. 문제는 단순히 그가 도덕적인 "도리"를 배우고 실천하며 살아가는 데 충분한 관심이 없는 듯하다는 사실이 아니

96) 『論語』, 「雍也」, 22, "冉求曰 非不說子之道 力不足也 子曰 力不足者 中道而廢 今女畫."

다. *93* 그는 의식적으로 자신의 어찌디어에 대해 필요한 내적인 "힘"이 진정으로 결여된 것으로 묘사하고 있다. 그러한 사람을 어떻게 치료할 수 있을까? 그에게 진정으로 문제가 있는 것이 아니라면 아마도 선생의 꾸짖음에 반응을 보일 것이다. 이는 물론 잠꾸러기의 경우도 마찬가지다. 그러나 염구와 같은 사람은 이미 그러한 꾸짖음에 귀기울이는 것조차 거부하려는 생각을 가지고 있다. 그렇다면 자기 자신에 관한 그의 견해를 바로잡아야 한다. 공자는 그렇게 하려고 노력하지만, 그러한 시도는 또다시 한 번 야단치는 것처럼 들릴 뿐이다.

약 2세기 후에 맹자도 이러한 노선을 취하게 되지만, 그는 도덕심리학의 맥락 속에서 그 문제를 좀더 효율적으로 다룬다(그는 「양혜왕(梁惠王)」 상, 7에서 "당신이 그렇게 할 수 없어서가 아니라 단지 하지 않을 뿐이다"라고 공자의 입장을 부연 설명한다). 그 사이, 공자가 죽고 맹자가 태어나기 이전의 시기에 유가에 반대하면서 가르침을 펼친(그리고 세상을 구하려는 운동을 조직화한) 묵자(墨子)라는 사람이 있었다.

지나치게 단순화하는 감이 있지만, 묵자와 초기 유가의 차이점 가운데 이 연구와 관련해서 중요한 것은 다음과 같다 : (1) 그는 (추종자들 가운데 사심과 두려움이 없어야만 하는 핵심 간부를 제외하고는) 개인의 도덕적 수양에는 관심이 없었다. 사람들이 현재 어떠한 상태인가는 중요하지 않다. 중요한 것은 그들이 무엇을 행하는가다. (2) 묵자의 생각에 따르면, 훌륭한 정부(그리고 좋은 세상)는 훌륭한 사람들을 관직에 앉힘으로써 이루어지는 것이 아니라, 행위에 관한 올바른 정책과 프로그램을 채택함으로써 가능할 것이다(묵가에서 통치자가 "인자하고 의로워야" 한다고 말할 때 그들이 의도하는 것은 그러한 정책을 채택하는 것이다. 그리고 "훌륭한(worthy)" 관리는 단지 자신의 직분을 잘 행하는 사람일 뿐이다). (3) 그러한 정책이 채택되도록 하기 위해서는 그런 정책을 채택하는 것이 논변 상대방에게 물질적으로 이득이 됨을 보여줄 만한 결정적인 논변을 구성해야만 한다. 인간의 본성이 도덕적으로 선하다는 사실에 호소하는 따위의 일은 없다. (4) 사람들이 그러한 논변의 요점을 이해하면서도, 그 결론을 거부하고 그에 따라 행동하지 않을 수도 있다는 생각은 이해할 수 없는 것이다. (5) 우리의 감정, 기호 그리고 심지어는 믿음까지도 의지에 따라 통제할 수 있다 : 따라서, 예를 들어 누군가가 나에게 어떤 행위를 하는 것이 가장 좋다는 점을 설득해내거나 내가 그렇게 하도록 명령을 받는다면, 그리고 그렇게 하기 위해 어떤 감정이나 기호 혹은 믿음을 가질 필요가 있다면, 나는 의지에 따라 몸을 움직이듯이 쉽게 그러한 것들을 채택할 수 있다.

마지막 내용은 이상하게 들릴 것이다. 몇 가지 설명이 필요하다 : 첫째, 묵자는 어디에서도 명시적으로 그런 말을 한 적이 없다 ; 그러나 그는 분명 그러한 생각을 가지고 있었던 듯하다(이는 「상동(尙同)」에서 하급자들이 의(義)의 기준을 채택할 때 상급자의 명령을 받아야 한다고 말하는 데에서 가장 분명하게 드러난다). 둘째, 묵가는 이 문제에 대해 유학자들과 전혀 다른 입장을 취한다 : 유가의 도덕가들은 모두 (예를 들어, 『논어』 「팔일(八佾)」, 26에서 장례식에서는 진정으로 슬퍼해야 한다고 말하는 것처럼) 감정을 가지는 데에도 당위가 있다고 주장한다 ; 유학자들은 애초부터 바람직한 성향을 발전시키는 문제에 대해 매우 주의를 기울이지만 묵가들은 그렇지 않은 듯하다(이것이 위에서 말한 [1]의 요지다).

묵가의 사유 방식에 포함된 이러한 요소는, 그들의 핵심적 원리 가운데 하나와 관련해서 볼 때 당혹스럽고 혼란스러운 문제가 된다. 묵가에게서는 모든 사람들이 다른 모든 사람들을 똑같이 "사랑하면" 인간의 물질적 이익이 극대화될 것이라고 주장한다 : *94* 다른 사람의 아버지를 자신의 아버지처럼 사랑하고, 다른 사람의 아이를 자신의 아이처럼 사랑해야 하는 것이다 ; 그리고 논리적으로 군주는 모든 백성을 똑같이 사랑하고, 그들 가운데 어느 누구도 총애해서는 안 된다. 그러나 그것이 "정말로 가능한가?" 하는 반론이 제기된다. 예를 들면, 세상에는 무수히 많은 사람들이 존재하는데, 어떻게 그들을 다 사랑할 수 있는가? 범죄자를 사형에 처하는 것은 보편적 사랑과 모순되는 것이 아닌가? 모든 사람을 똑같이 사랑하는 것이 정말로 심리학적으로 가능한가?

이 마지막 문제는 묵가의 초기 텍스트 가운데 보편적 사랑이라는 교의를 최초로 제시하는 곳에서 이미 주목받아 다루어지고 있다 :

> 보편성이라는 교의는 인자하고 의로운 것입니다. 그러나 어떻게 실천할 수 있습니까? 보다시피 겸애를 실천할 수 없는 것은 태산을 들고 강을 뛰어넘을 수 없는 것과 같습니다. 그러므로 보편성이라는 것은 단지 바람의 대상일 뿐이지 실천에 옮길 수 있는 것은 아닙니다.
>
> 묵자가 말했다 ; "태산을 끼고 강을 뛰어넘는 것은 태곳적에서부터 현재에 이르기까지 아무도 해낸 적이 없다. 그러나 보편적으로 사랑하고 서로 돕는 것은 고대의 네 성왕들이 실제로 실천에 옮긴 것이다.[97]

그리고 나서 묵자는 다양한 성왕들과 관련된 적절한 고대의 전적(典籍)에 대해 설명한다. 묵자에게 제기된 반론은 염구가 공자에게 한 것과 같은 것이다 ; 그러나 그 대답은 "그것이 일부의 사람들

---

97) 『墨子』, 「兼愛」, 下, "兼卽仁矣義矣 雖然 豈可爲哉 吾譬兼之不可爲也 猶挈泰山以超江河也 故兼者直願之也 夫豈可爲之物哉 子墨子曰 夫挈泰山以超江河 自古之及今 生民而來 未嘗有 今若夫兼相愛交相利 此自先聖六王者親行之." — 니비슨의 해석에서 '네 성왕'이라고 한 것은 『묵자한고(墨子閒詁)』에서 '六'이 '四'의 오자로 보고 있는데, 그것을 따른 것인 듯하다.

에게는 문제가 될 수 있겠지만 너에게는 문제가 되지 않는다 : 너는 너 자신에 대해 오해를 하고 있거나 스스로를 기만하고 있는 것이다"가 아니다. 묵자의 대답은 실질적으로 "그것은 전혀 문제가 되지 않는다"는 내용이다. 하지만 물론 그것은 문제가 되었으며, 앞으로 살펴보겠지만 묵가의 입장은 결국 수정된다.

유학자들에게도 자신들의 프로그램이 가능한 것인가에 관한 문제가 있었다. 그러나 미묘하면서도 중요한 차이점이 있다. 유학자들에게 "어떻게 그렇게 하는가?"라는 문제 제기는 "이러저러하게 해라"(여기에서 행한다는 것은 행동뿐만 아니라 감정적인 요소도 포함하는 것이다)는 충고에 대한 것이 아니라, "언제나 자연스럽게 그리고 실제적으로 이러저러하게 행동할 사람이 되어라"(여기에서 그러한 사람이 된다는 것에는 올바른 감정과 성향을 갖는 것이 포함된다)는 충고에 대한 것이다. 특히 유학자들은 군주가 진정으로 만족스러운(그리고 성공적인) 군주가 될 수 있는 것은 오직 그러한 방법을 통해서만 가능하다는 입장을 가지고 있었다.

맹자가 처한 상황은 때로는 분명 이보다 단순한 것이었다. 「양혜왕(梁惠王)」 하, 5에 나오는 제선왕과의 대화(이와 비슷한 대화는 여럿 있다)에서 맹자는 주나라를 세웠으며, 백성들이 필요한 것을 제공해주고, 세금을 적게 거두며, 곤궁한 자들을 보살펴주는 등을 행한 문왕(文王)의 "왕도 정치[王政]"를 행하라고 권유한다.

> "훌륭하신 말씀입니다"라고 왕이 칭찬하였다.
> "저의 말이 훌륭하다고 생각하신다면 왜 실천에 옮기지 않으십니까?"
> "저에게는 단점[疾]이 있습니다. 저는 돈을 좋아합니다."

95 맹자는 이러한 "단점"이 오히려 장점이 될 수 있다고 솜씨 좋게 응답한다 ; 왕은 다만 백성들이 충분히 갖도록 돌봄으로써

"그렇게 좋아하는 것은 백성과 공유하기만" 하면 된다는 것이다.

따라서 그 대화는 그리 단순하지 않다. 자신이 해야 한다고 생각하는 대로 하기 위해서, 그리고 실제로 그렇게 하고자 하는 마음을 갖기 위해서, 왕은 "단지" 이미 가지고 있는 성향을 다른 방식으로 사용하기만 하면 된다는 것이다.

여기에서 맹자는 능숙한 유세가의 모습을 보여준다(약 70년 후에 마키아벨리적인 성향의 한비자(韓非子)는 「세난(說難)」에서 맹자가 사용한 것과 동일한 수사법적인 전략에 주목하여 그것을 추천한다). 앞의 이야기와 마찬가지로 아마 기원전 319년에 있었을 제선왕과의 훨씬 긴 대화에서 맹자는 (비록 다소 낯설기는 하지만) 더욱 훌륭한 철학적 면모를 보여주고 있다. 이 이야기는 유명하기는 하지만, 서툰 번역 탓으로 그 의미가 잘 드러나지 못해왔다. 맹자는 제선왕을 유도해서 자신의 성향에 따라 자연스럽게 행동한 데 대한 자연스러운 결과로써 결국 중국 전체의 왕이 되기 위해서는 어떠한 종류의 "덕"을 획득해야 하는가에 대해 질문을 하게 만든다. 그리고는 제선왕이 이미 이러한 자질을 가지고 있다고 대답하고, 제선왕이 얼마 전 소 한 마리를 희생으로 쓰기 위해 끌고 가는 사람을 보고 갑자기 그에 대해 애처로움을 느껴서 소를 양으로 바꾸라고 명령한 사건을 지적한다(양은 보지 못했기 때문에 그에 대한 애처로움은 느끼지 못한 것이다). 맹자는 계속해서 소에 대해서는 애처로움을 느끼면서 양에 대해서는 그렇지 못했던 이 말도 안 되는 행동이 바로 왕의 자연 발생적인 연민의 발로라고 말한다. 이는 왕이 진정한 왕이 되기 위한 정서적 능력을 실제로는 이미 가지고 있으며, 그렇게 할 수 없다고 말한다면 깃털을 들어올리지 못한다고 말하는 사람이나 수레 가득 실려 있는 땔나무를 볼 수 없다고 말하는 사람과 같음을 의미한다: "당신의 연민[恩]은 동물에게 미치기에는 충분하지만", 당신 백성들을 위해서는 아무것도 하지 않는다.

> 깃털이 들어올려지지 않았다면 힘을 사용하지 않았기 때문이다. 수레에 가득 실린 땔나무가 보이지 않았다면 시력을 사용하지 않았기 때문이다. 백성들이 보살핌을 받지 못했다면 연민의 마음을 사용하지 않았기 때문이다. 따라서 당신이 진정한 왕이 되지 않는 이유는 행동으로 옮기지 않기 때문이지 그렇게 할 수 없어서가 아니다.[98]

"하지 않음[不爲]"과 "할 수 없음[不能]" 사이의 이 차이를 분명히 밝혀달라는 요청을 받고, 맹자는 문제가 "태산을 팔에 끼고 북해를 건너는" 것이라면 "할 수 없음[不能]"이라는 개념이 적용될 것임을 인정한다 — 그리고 우리는 묵자와 그의 「겸애」 편으로 되돌아와 있음을 알게 된다.

소의 경우 그 자체가 '행동으로 옮기지 못함(action failure)'의 (행복한) 사례임에 또한 주목하라. 「양혜왕」 상, 7에서 소를 아낀 것이 '행동으로 옮기지 못함'으로서 가지는 의미는 아마도 다음과 같을 것이다 : '행동으로 옮기지 못함'을 "내적인 도덕적 감정의 촉발로 인해, 무슨 일을 해야 하는지에 대한 판단이나 입장을 때때로 고수하지 못하는 것"으로 간주한다면, 맹자에게서 아크라시아의 가능성은 부정적 가치뿐만 아니라 긍정적 가치 또한 갖는다 ; 그로 인해 방향이 잘못된 것일 수도 있는 교의나 프로그램에 대한 고집스러운 집착으로부터 해방될 수 있는 것이다. 이지(夷之)는 이를 잘 보여준다 : 그의 묵가적 교의는 잘못된 것이다 ; 그러나 그는 부모에 대한 자연스러운(그리고 선한) 감정으로 인해 부모님의 장례에서 "절약"이라는 묵가의 원칙을 고수하지 않는다. 그리고 나서

---

98) 『孟子』, 「梁惠王」, 上, 7, "一羽之不擧 爲不用力焉 輿薪之不見 爲不用明焉 百姓之不見保 爲不用恩焉 故王之不王 不爲也 非不能也."

그는 임시방편적인 합리화에 의해 자신을 속이고자 한다 ; 맹자는 그가 무슨 일을 하고 있는지 보여줌으로써 그가 묵가의 교의로부터 벗어날 수 있도록 해준다.

2. 도덕적 행동은 어떻게 가능한가? — "확장"이라는 개념

맹자가 묵자의 비유를 사용하기는 하지만 중요한 차이점이 있다. 묵자는 공리주의적 논변에 의거해서 어떠한 행위를 하는 것이 현명한가를 결정할 수 있다고 생각하지만, "진정으로 그러한 행위를 하고자 하는 마음을 가지기 위해서 어떠한 감정을 가져야 하는지를 결정할 능력이 내게 있는가?" 하는 문제에 대해서는 전혀 주의를 기울이지 않는다(이로 인해 묵자를 해석하는 사람들 대부분은 묵자의 "보편적 사랑[兼愛]"이 결코 사랑이 아닌 유용한 행위에 불과하다고 생각한다). 그는 마치 팔을 움직일 수 있는 것처럼, 어떤 특정한 태도를 채택할 수 있다고 단순하게 생각했음이 분명하다. 맹자의 때가 되면, 묵가들은 더욱 신중한 태도를 취한다 : 그들에 따르면 우리는 결국 남을 배려하는 능력을 가지고 있다. 모든 사람들이 자신의 부모에게 자연스럽게 어떠한 감정을 가지는지 생각해보라. 자, 그렇다면 그러한 능력이 있음을 알게 되었으므로 그것을 모든 사람에게 적용하라(앞으로 다시 논의하겠지만, 맹자와 논변을 벌이는 묵자(墨者)인 이지(夷之)는 결국 이같이 주장하고 있는 것이다). 제선왕과의 대화에서 맹자도 바로 이 같은 방식으로 생각하고 있다 : "당신은 단지 이 마음[心] — 다시 말해서 소에 대한 당신의 반응에서 당신이 가지고 있음을 발견한 연민의 능력 — 을 가져다가, 저쪽에 있는 대상 — 즉, 당신의 백성들 — 에게 적용하기만 하면 된다."

> 따라서 연민의 마음을 확장시킨다면[推恩] 사해(四海) 안의 모든 사람들을 돌볼 수 있다. 그렇지 않으면 자신의 가족조차도 돌볼 수 없다. 고대인들이 남들보다 크게 뛰어났던 점이 하나 있는데, 그것은 자신이 하는 일을 잘 확장시켜나갔다[推其所爲]는 것이다. 그렇다면 연민의 감정이 짐승에게는 충분히 미치면서도 선한 행위가 백성들에게 미치지 않는 까닭은 무엇인가?[99)]

이 단락에는 기술적으로 중요한 구절이 들어 있다. 글자 그대로 하면 "연민을 확장시킨다"는 의미의 추은(推恩)이라는 표현은 후대 유가들 사이에서는 제한적인 용법으로만 사용된다. 그러나 '추(推)'는 후기 묵가 변론가들에게는 기술적으로 중요한 용어며, 맹자가 여기에서 의도적으로 그 용법을 전용하고 있다는 데에는 의심의 여지가 없다. 『묵자』 45장, 「소취(小取)」에서는 이 말에 대해 다음과 같이 정의하고 있다:

> 추(推)는, 어떤 사람이 받아들이지 않는 것이 그 사람이 실제로 받아들이는 것과 같을 때, 그 사람이 받아들이지 않는 것을 인정하게 하는 것이다.[100)]

97 이러한 개념 정의는 네 가지 유형의 유비 추론에 대한 일련의 개념 정의 가운데 등장한다; 이 네 가지 유형의 유비 추론은 수사적인 측면에서는 서로 구분되지만, (내가 생각하기에는) 한 가지 유형에 속하는 논변이 다른 유형의 논변으로 재구성될 수 있다는 점에서 동등한 논변임을 보여줄 수 있다.

간단히 말하면, 묵가의 변론가들은 다음 네 가지 유형을 구분한

---

99) 『孟子』, 「梁惠王」, 上, 7, "故推恩足以保四海 不推恩無以保妻子 古之人所以大過人者無他焉 善推其所爲而已矣 今恩足以及禽獸而功不至於百姓者 獨何與."

100) 『墨子』, 「小取」, "推也者 以其所不取之同於其所取者 予之也."

다 : (1) 사물을 비교하는 물질적인 유형의 "비유(analogy / 辟)" ; (2) 문장을 비교하는 형식적인 유형의 "유사(parallel / 侔)" ; (3) 상대방이 내리는 것과 같은 판단을 내릴 권리가 나에게도 있음을 주장하는 방어적인 유형의 "버티기(supporting / 援)" ; (4) 상대방에게 자신이 내린 다른 판단과 같은 판단을 내릴 의무가 있음을 주장하는 공격적인 유형 — 이 마지막의 것이 "확장(extending / 推)"에 해당한다. 45장 「소취」의 전체적 요지는 방어적이고 메타 논리적으로, 묵가에 반대하기 위해 사용되는 몇 가지 종류의 논변들이 타당하지 못함을 보여주고자 한다. 이어서 나오는 예 중에서 "유사(parallel / 侔)"와 "확장(extending / 推)"에 동시에 해당하는 것으로 묵가의 입장에 반대하기 위해 사용된 것은 다음과 같다: 묵가들은 모든 사람을 똑같이 사랑해야 한다고 주장한다 ; 그러나 그들은 강도를 싫어하며, 강도를 사형시키는 쪽을 선호한다. 하지만 분명히 강도도 사람이다 ; 만약 그렇다면, 그리고 (1) 만약 그들이 강도를 싫어한다면 그들은 자신이 (2) 어떤 사람은 싫어함을 인정해야 한다 ; 그리고 이는 모든 사람을 똑같이 사랑하는 것과 모순된다. 이 논변은 실제로 이미 주어져 있는 반박으로부터 추론되어 나올 수밖에 없으며, "유사(parallel / 侔)"와 "버티기(supporting / 援)"가 결합된 것으로 논변에 대한 논변이다 : 단순화시켜 해석해보면, 묵가는 실질적으로 다음과 같이 말하고 있다고 할 수 있다 ; 논변이 실패하는 것은 "싫어함"이라는 공통적인 요소가 서로 다른 근거에 대해 내세워져야 하기 때문이다 ; "나는 그 사람을 싫어한다"는 사실을 받아들이지 않더라도 "나는 그 강도를 싫어한다"는 사실을 인정할 수 있나(그 도둑을 사람으로서 싫어하는 것은 아니라고 말할 수 있기 때문이다). 형식적으로 유사한 다른 추론과 비교해보면 이러한 사실을 즉각적으로 알 수 있다 : 강도도 사람이기 때문에 여기에 많은 강도가 있다는 말 속에는 여기에 많은 인간이 있음

이 함축되어 있다. 묵가에 반대하는 사람은 뒤에 나오는 논변을 우스꽝스러운 것이라고 물리칠 것이며, 따라서 묵가가 앞의 논변을 받아들이지 않는 것을 인정해야만 한다.

맹자는 때로(예를 들어 「고자(告子)」 상의 3-4, 「등문공(藤文公)」 상의 5에서) 논변을 좌절시키는 묵가적인 방법을 잘 알고 있음을 보여준다. 「양혜왕(梁惠王)」 상, 7에서 중요한 점은 그가 추론에서 묵가적 개념을 사용하고 있다는 점이다. 하지만 어떻게? 그가 왕과 이야기하고 있는 내용은 결국 A라는 전제를 받아들이는 것에서 B라는 전제를 받아들이는 데로 옮겨가는 것 — 말하자면 이것에서 저것으로 "수용하는 내용을 확장시키는 것" — 에 관한 것이 아니라, 이것에서 저것으로 "연민의 정을 확장시키는 것", 다시 말해서 "이 마음을 가져다가 저 너머에 있는 것에 적용시키는 것"에 관한 것이다. 그러나 우리는 "연민의 정을 확장시키는 것"이 어떻게 논리적인 것으로 여겨질 수 있는지를 밝히기 위해서 논리적으로 부차적인 것을 구성해낼 수 있다 ; 맹자는 이미 연민의 능력이 존재함을 지적한 바 있으며, 이제 그것이 "이것"에서 "저것"으로 옮겨질 수 있다고 주장하는 것이다. 맹자는 왕이 소에 대해 그러한 느낌을 가지는 것이 훌륭한 일 — 인을 행하는 방책[仁術](레게의 번역에 따르면 "artifice of benevolence") — 이었음을 인정한다 ; 그러나 그가 백성들에게도 그러한 느낌을 가진다면 훨씬 좋을 것임을 암시한다. 맹자의 설득 방법에 원문에 나타난 것 이상의 다른 논리를 억지로 끼워넣지 않더라도, 맹자는 왕이 다음과 같이 생각하기를 바란다고 할 수 있다 :

(1) 할 수만 있다면 나는 백성들에게 연민의 마음을 가져야 한다 ; 그러나 그렇게 하지 못한다. *98* 그러나

(2) 동물보다는 사람에게 연민의 마음을 갖기가 더 쉽다. 그리고

(3) 지금 나는 이 동물에게 연민의 마음을 가지고 있다. 따라서

(4) 나는 동물에게 연민의 마음을 가질 수 있다. 그러므로

(5) 나는 백성들에게도 연민의 마음을 가질 수 있다. 결과적으로

(6) 나는 백성들에게 연민의 마음을 가져야 한다. 그렇게 하지 않는 데 대해서는 변명의 여지가 없다.

표면상으로 보면, 이는 보통 논의되는 실천적 추론, 다시 말해서 어떤 규범적 원리가 구체적인 사례에 적용됨을 보여주는 형태를 띠고 있지 않다. 그러나 이를 표준적인 형태로 바꾸는 것은 어렵지 않다 : (1) C라는 조건(내가 백성들에게 연민의 마음을 가질 수 있다)이 존재한다면, 나는 마땅히 A(연민의 마음을 가지는 것)해야 한다 ; (2) 나는 그렇게 할 수 있는 상태다 ; 그러므로 ….

다른 예를 하나 더 들어보면 도움이 될 것이다 ; 맹자가 제선왕과 나눈 대화에서 "할 수 있음"에 초점을 맞추다보면 아마도 행위의 동기를 부여해주는 성향을 "확장하는 것"에 대한 맹자의 전형적인 사유 방식이 드러나지 않을 것이기 때문이다.

맹자가 말했다 ; "백이는 오직 올바른 군주만을 섬기고 올바른 사람만을 친구로 삼고자 했다. 그는 악한 사람의 궁전에서 자리를 차지하려 하지 않았고, 악한 사람과는 대화를 하려고 하지 않았다. 그에게 그렇게 하는 것은 조정에서 입는 옷과 모자를 착용한 채로 진흙탕에 앉는 것과 같을 것이다. 그는 악을 싫어하는 자신의 마음을 확장시켜서[推], 함께 있는 마을 사람이 모자를 바르지 않게 쓰고 있으면 뒤돌아보지도 않고 외면해 떠나가면서 마치 자신이 그에 의해 오염되기라도 할 듯한 태도를 보일 정도였다. 그러므로 군주가 최고로 공손히 말로 구애를 해와도 그것을 거절하곤 했다. 그가 거절한 것은 단지 그러한 군주에게 나아가는 것이 그에게는 어울리지 않기 때문이었다.[101]

101) 『孟子』, 「公孫丑」, 上, 9, "伯夷非其君不事 非其友不友 不立於惡人之朝 不與

여기에서는 백이의 "악을 싫어하는 마음[惡惡之心]"이 (제선왕이 소를 불쌍히 여기는 경우처럼) 자동적으로 드러나게 되는 기본적인 사례가 무엇인지를 말해주고 있지 않다. 그런 사례가 있었다고 가정한다면, 백이가 "악을 싫어하는 자신의 마음을 확장시킨 것"은, 백이의 입장에서 보면 맹자가 제선왕에게 말한 것처럼 "이 마음 — 이는 기본적인 사례에서 드러난다 — 을 들어다가 저 너머에 있는 것에 적용한 것", 다시 말해서 그 마음을 그가 악하다고 생각하는 다른 것 — 악한 군주, 악한 사람 그리고 심지어는 모자를 바르지 않게 쓰고 있는 마을 사람에 이르기까지 — 에 적용하는 것이 될 것이다. 자신의 "마음(위의 사례에서는 싫어하는 성향)을 확장하는 것"의 논리는 다음과 같이 진행될 것이다 :

(i) "악"의 기준적인 사례 (1) : 나의 싫어하는 "마음"이 여기에 (적절하게) 적용되고 있다.

(ii) 사례 (2)(여기에는 아마도 악한 사람이 포함될 것이다)는 악하다는 점에서 사례 (1)과 같다.

(iii) 따라서 나는 (그 사람과 말을 하지 않음으로써) 나의 "싫어하는 마음"을 사례 (2)에 적용해야 한다.

99 그리고 그 마음을 계속해서 백이가 "확장"시킨 다른 "결론들"에도 적용해야 하며(그 결론들을 앞의 양식에 맞출 수 있을 것이기 때문이다), 심지어는 단순히 옷차림이 어설픈 마을 사람에게도 적용해야 한다.

두 가지 사례 모두에서 (아리스토텔레스와 현대 아리스토텔레스주의자들의) 실천적 추론에서 진행되는 내용에 대한 한 가지

惡人言 立於惡人之朝 與惡人言 如以朝衣朝冠 坐於塗炭 推惡惡之心 思與鄉人立其冠不正 望望然去之 若將浼焉 是故諸侯雖有善其辭命而至者 不受也 不受也者是亦不屑就已."

입장에 따르면, 왕이 해야 함을 알고 동시에 할 수 있음을 알았을 때 혹은 백이가 사례 (2)가 사례 (1)과 중요한 유사성을 가지고 있음을 알았을 때, 이 결론을 받아들인다는 것은 "확장하는" 사람이 즉시 실제로 문제의 상황에 "자신의 마음을 적용하는" 형식을 띤다(다시 말해서, 아리스토텔레스와 달리 "자신의 마음을 확장하는 것"이 어떤 식으로든 가능하다고 가정한다면 말이다). 그렇게 되면 논리적인 의미에서의 "확장"은 "연민의 마음을 확장함" 혹은 "악을 싫어하는 마음을 확장함"과 동일한 것이 되기 마련이다.

맹자의 경우에는 이러한 방식으로 진행되지 않는 듯하다. 말을 물가에 데려간다고 하더라도 말이 물을 먹게 만드는 문제는 여전히 남아 있다. 맹자는 왕에게 무언가를 알게 해주었을지는 모르지만, 아직은 아무것도 행하도록 하지 못하였다는 사실 — 심지어는 자신에게조차도 — 을 매우 잘 알고 있었다 ; 그리고 결국은 역겨워하면서 왕을 포기해야만 했다. 맹자는 '당위에 대한 판단 혹은 믿음'과 '실제로 그렇게 행하는 것'에 대해 상식적인 구분을 하고 있으며, 동기 부여에 대한 그의 견해에 입각해서 보면 아마도 그렇게 하지 않을 수 없을 것이다. 그 이유에 대해서는, 어떤 소피스트가 "여보시오 맹자, 만약 선왕이 정말로 그렇게 해야 한다고 결론을 내렸다면, 그렇게 해야 한다는 판단은 그렇게 행동하는 것을 지향하는 '찬성의 태도(pro-attitude)'로 구성되어 있으므로, 이 태도가 왕을 효과적으로 그렇게 행동하도록 움직이게 될 것이요"라고 말했다면, 맹자가 어떻게 대답했을까 생각해보라. 이에 대해 맹자는 아마도 다음과 같이 대답할 것이다 : "당신은 내가 말하는 '인자한 통치[仁政]'라는 개념을 이해하지 못하고 있소. 나는 단지 왕에게 백성들의 어려움을 덜어주게 될 명령 몇 가지를 내리도록 하고자 하는 것이 아니라, 구체적인 동기 부여가 이루어진 상태로, 다시 말해서 백성들의 고통에 대해 살아 있는 생생한 관심을 가지고 그렇게 하도록 하고자 하는 것이오. 당신은 책무에 대한 판단을 구성하는 '찬성의 태도(pro-attitude)'에 대해 말하지만, 그러한 종류의 동기는 그것과는 같지 않소." 나아가, 맹자는 사실상 관찰할 수 있는 행위에 대해서도 그러한 구분이 이루어짐을 주장하고 있다. 흉년에 곡식 창고를 여는 것이 인자한 행위라면, 그는 인자함(인자함에 대한 동기 부여가 이루어진 상태에서 그렇게 것)과 "인자함"(그렇게 하는 것이 유덕한 행위이기 때문에, 인자한 일을 해야 한다고 느껴서 그렇게 하는 것)을 구분한다.

> 인간과 금수의 차이는 근소하다. 평범한 사람들은 인간과 금수를 구분해주는 이 특징을 상실하는 반면, 군자는 그것을 보존한다. 순임금은 사물의 진행 방식을 이해하고 인간 관계의 규범에 대해 날카로운 통찰력을 가지고 있었다. 그는 인의(仁義)로 말미암아 행동을 한 것이지 인의를 행위로 옮긴 것은 아니다.[102)]

같은 맥락에서 맹자는 "예(禮)가 아닌 예와 의(義)가 아닌 의를 대인(大人)은 행하지 않는다"[103)]고 말한다.

맹자는 우리가 타인 혹은 어떤 일에 대해 특정한 한 가지 방식의 느낌을 가질 수 있는 능력을 사용할 수도 있고, (그가 왕에게 말한 것처럼) 그냥 사용하지 않을 수도 있다고 생각했다. ***100*** 이러한 사실을 잘 보여주는 것은 『맹자』에서 가장 유명한 부분 가운데 하나다. 맹자는 「공손축」 상, 6에서 인의예지(仁義禮智)라는 네 가지 도덕적 덕의 타고난 "싹"을 하나씩 열거하고 있다 — 그 가운데 첫 번째인 "인자함[仁]"의 싹에 대해서는, 어린아이가 우물에 빠지려는 것을 본다면 저절로 깜짝 놀라는 감정을 가지게 될 것이

---

102) 『孟子』, 「離婁」, 下, 19, "人之所以異於禽獸者 幾希 庶民去之 君子存之 舜明於庶物 察於人倫 由仁義行 非行仁義也."

103) 『孟子』, 「離婁」, 下, 6, "非禮之禮 非義之義 大人弗爲."

라는 점을 통해 설명된다. 맹자는 그에 덧붙여, "사람들에게 이 네 가지 싹이 있는 것은 마치 사지(四肢)가 있는 것과 같다. 이 네 싹을 가지고 있는 사람이 자신이 가지고 있는 능력을 부인한다면 이는 스스로를 해치는 것이다"라고 말한다. 그러나 제선왕이 끌려가는 소를 풀어준 것처럼 자신의 "능력"을 알 수 있게 해주는 기준적인 반응은 단순하게 생겨나는 반면, 그 "능력"을 그 이상으로 사용하는 것은, 위와 같은 이야기 방식으로 보아 다리를 사용하는 것처럼 자신이 사용하는 것인 듯하다. "연민의 마음을 사용함"에 의해 이해해야 하는 것은 특정한 어떤 방식으로 느끼는 것이 아니라, 흉년에 곡식 창고를 여는 것과 같은 일상적인 의미에서의 행위를 하는 것이라는 반론이 있을 것이다. 그리고 그 행위는, 그것이 마땅히 해야 하고 또 할 수 있는 일임을 진정으로 납득하게 되면, 즉각적으로 행하게 될 그러한 것이라고 말할 것이나. 그러나 중요한 점은 다음과 같다 : "연민의 마음을 사용함"에 행태적인(behavioral) 요소가 있다고 할지라도, 맹자가 말하는 자신의 "마음"을 "사용" 혹은 "적용"하는 행위에서는 다음 두 가지 요소를 함께 고려해야 한다 : (1) 행태(behavior)로서의 행위 ; (2) "적용된" 동기 부여의 기능을 하는 감정.

이제 「양혜왕」 상, 7에 나오는 또 다른 단서 — 맹자의 "자신이 하는 것을 확장한다[推其所爲]"는 개념 — 을 따라가 보기로 하자. 맹자는 이렇게 "자신이 하는 것"이라는 말을 당혹스러울 정도로 덩그러니 말해버리는 화법을 짧은 경구(驚句) 속에서 다시 한 번 사용하고 있는데(「진심(盡心)」 상, 17), 이에 대해서는 내가 아는 한 어떤 번역가나 주석가도 올바로 해석하지 못했다. 글자 그대로 풀이하면 다음과 같다 ;

> 네가 하지 않는 것을 하지 말아라 ; 네가 원하지 않는 일을 원하지

말아라. 그것뿐이다.[104)]

이 책의 제11장에서는 이 구절의 번역과 관련된 다양한 가능성에 대해 비판적으로 논하고 있다. 여기에서는 가장 그럴싸한 해석이라고 생각하는 내용만 짧게 요약해서 말해보겠다 : 무언가를 행하거나 원한다고 생각하면 저절로 움찔해져서 섬뜩해질 만한 단순한 기준적인 사례들이 있다 ; 그리고 이는 사실 분명히 그것을 행하거나 원해서는 안 되는 경우다. 하지 말아야 함이 그렇게 즉각적으로 분명하지는 않지만, 기본적인 사례들 가운데 하나와 같은 "범주[類]"에 속하는 다른 종류의 사례들이 있다. 도덕적 행동의 문제는 전적으로 기본적인 사례에서 드러나는 성향이 같은 범주에 속하는 다른 사례들에까지 "관통하도록[達]" 해서, 그것을 "완전히 발전[充]시키는" 것 혹은 (「등문공(藤文公)」 하, 10과 같은 곳에서) 맹자가 때때로 말하듯이, 문제의 "범주를 채우는 것[充其類]"이다. 그리고 여기에는 물론 「고자」 상, 12에 나오는 "범주를 이해함[知類]"이 포함된다. 따라서 "네가 하지 않는 것을 하지 말아라"는 말은 "너라면 하지 않을 것과 본질적으로 같은 종류의 것들을 행하지 말아라 — 그리고 그렇게 자제할 때는 동일한 기본적 충동의 확장에 의해 동기 부여를 받도록 하라" ; 다시 말해서, 다시 제선왕과의 대화에서 나온 말로 표현하면 "당신이 하지 않는 것을 확장하라"는 것이다. 스스로에게 허용하는 욕구나 허용하지 않는 욕구에 대해서도 또한 마찬가지다.

101 "네가 하는 것", "네가 하지 않는 것"이라는 표현을 통해 맹자가 가리키고 있는 것은 기준이 되는 감정 혹은 "마음"(행위로 표현되리라는 것이 전제되어 있다)이라기보다는 오히려 (기본적인 도덕적 감정의 표현으로서) 기준이 되는 행위다. 「진심」 하,

104) "無爲其所不爲 無欲其所不欲 如此而已矣."

31[105]에서처럼, 맹자는 때로 같은 의미로 "실제(actuality / 實)", 즉 "마음"을 표현하는 것으로서의 기준이 되는 "네가 하는 일"에 대해 언급한다(「진심」 하, 25[106]와 「이루」 상, 27[107]에서도 또한 "실제(actuality / 實)"에 대해 언급한다 ; 그리고 이는 「진심」 상, 37[108]에도 나오지만, 이 경우에는 그것이 반드시 기준적인 것은 아니다). 여기에는 "확장"에 해당하는 새로운 단어가 등장하는데, 맹자의 입장에서 보면 여기에는 중요한 미묘한 의미상의 차이가 있다 : 맹자는 우리가 도덕적 에너지의 저수지와 같은 것을 가지고 있으며 그것을 이용할 수 있다면, 다시 말해서 "그것을 넓히고 채워서"[109] "그것이 온 세상을 관통하게"[110] 할 수 있다면 모든 장애물이 없어지게 될 것이라고 말한다. 그러나 인간의 본성에 대한 이러한 열정적인 그림을 그의 동기 부여와 행동이라는 개념의 구조로부터 분리할 수 있다. 이러한 열정적인 말을 할 때조차도 맹자는 여전히 동기 부여에 대한 관리 문제를 일종의 유사 논리적인(para-logical) 일로 여기고 있다. "추론"에 해당하는 일반적인 용어는 추류(推類), 즉 "[동일한] 범주[에 속한 다른 사례]로 확장하다"가 되었다.

105) "人能充無穿踰之心 而義不可勝用也 人能充無受爾汝之實 無所往而不爲義也."

106) "可欲之謂善 有諸己之謂信 充實之謂美 充實而有光輝之謂大 大而化之之謂聖 聖而不可知之之謂神."

107) "仁之實 事親是也 義之實 從兄是也 智之實 知斯二者弗去是也 禮之實 節文斯二者是也 樂之實 樂斯二者 樂則生矣."

108) "食而不愛 豕交之也 愛而不敬 獸畜之也 恭敬者 幣之未將者也 恭敬而無實 君子不可虛拘."

109) 『孟子』, 「公孫丑」, 上, 6, "凡有四端於我者 知皆擴而充之矣 若火之始然 泉之始達."

110) 『孟子』, 「盡心, 上, 15, "達之天下也."

3. 하나의 근원에서 나온 도덕과 두 개의 근원에서 나온 도덕

그렇다면 이 "범주들"은 어떠한 위상을 가지고 있는가? 맹자는 모든 사람이 어느 정도의 기본적인 성향을 가지고 있으며, 도덕적인 삶이란 그 기본적인 성향을 준-논리적(quasi-logical)으로 확장시켜나가는 것이라고 생각한다 ; 그런데 염구와 같은 사람들은 "무엇이 좋고 옳은 것인지를 아무리 잘 알게 되더라도, (자신을 포함해서) 우리들 중 일부는 도덕적인 능력을 가지고 있지 못하고, 또 그렇게 될 수도 없다"고 주장한다 ; 맹자의 이론은 부분적으로는 염구와 같이 "스스로를 버리는" 문제에 대한 해결책을 제시한 것이다. 그러나 이렇게 골치 아픈 태도를 다루면서 맹자처럼 동기부여의 기능을 하는 기본적인 감정의 준-논리적 "확장"이라는 개념을 사용할 경우, "확장"을 통해 얻은 "결론"은 출발점과 어떠한 관계에 있는가? 기본적 감정은 그 성격상 완전하게 사회화된 개인의 행위를 "내포하고" 있는 것으로 보아야만 하는가? 아니면 그 행위는 단지 그러한 감정과 양립 가능한 것이기만 하면 되는 것인가? 맹자는 유학자였으므로, 도덕적 행위에 대한 고도로 구체화된 특정한 규칙 체계에 헌신적인 태도를 가지고 있었으나, 많은 사람들은 그렇지 않았다. 기본적인 성향을 확장시키는 이론은 누구라도 생각해낼 수 있는 어떠한 도덕적 규칙 체계와도 양립 가능한 것인가?

이 문제를 조금 다른 각도에서 바라볼 수도 있다. 라우(D. C. Lau)에 따르면(1963, 561), 순자에게서 도덕적으로 사회화가 된다는 것은 특정한 한 가지 언어를 배우는 것과 같(다고 말할 수 있)는 반면, 맹자의 입장에서 보면 도덕적 사회화란, 성적(性的)인 성숙처럼 정상적이고 적절한 조건만 주어진다면 자연스럽게 이루어지는 것이다. 이는 촘스키 언어학 이전의 이야기다. 이제는 언어적 능력의 발전이 성적인 능력의 발전과 근본적으로 다르다고 말하기가 그때만큼 쉽지는 않게 되었다. 그러면 (라우와 반대로) 도덕적 능력의 발전에 대한 맹자의 그림을 언어적 능력의 발전과 같은 것으로 간주해보도록 하자. 우리는 다음과 같은 질문을 던져야만 한다 : 스스로 드러나는 애정과 동기 부여 작용이라는 도덕적 "심층 구조"가 어떻게 해서 발전된 도덕성이라는 "표층 구조"로 분명하게 드러나는가?

맹자는 우리가 "범주를 채운다"고 말한다. 그러나 범주는 다양한 방식으로 도출해낼 수 있다. <u>*102*</u> 그리고 설사 그것을 도출해내는 데 객관적으로 옳은 한 가지 방식이 존재하며, 그것을 어떤 이상적인 규약집(規約集)에 써넣을 수 있다고 생각할 수 있을지라도, 그것은 아마 우리가 자연스럽게 가지고 있는 도덕적 동기 부여의 저수지의 "형태"와는 거의 혹은 전혀 무관할 것이다 ; 그 저수지가 형태를 가지고 있는 한, 우리가 옳다고 생각하는 규칙들과 일관될 수도 있겠지만, 아마 다른 것들과 일관될 수도 있을 것이기 때문이다. 그 경우 도덕에는 두 가지 근원이 있다고 생각해야만 할 것이다 ; 하나는 말과 이론으로 분명하게 설명되는 형식적이고 공적인 것으로, 그것은 배워야만 한다 ; 다른 하나는 동기 부여의 기능을 하기는 하지만 상대적으로 분명한 형태가 없는 것으로, 그것은 말하자면 우리 자신의 "내부에" 있다 — 아니, "마음"속에 있다고 할 수 있다. 이 상황을 테니스와 같은 다양한 경기에서 다음 두 가지의 관계와 비교해볼 수 있을 것이다 ; 한편에는 경기의 규칙이 존재하고, 다른 한편에는 근력, 게임을 즐기는 것, 경쟁에 대한 열정 등이 있다. 우리가 대안으로 내놓을 수 있는 견해는 다음과 같을 것이다 ; 모든 도덕적 표층 구조에서 도덕적으로 중요한 모든 특징들은 도덕적 심층 구조에 의해 결정된다 ; 따라서 진정한 도덕이 서로 다른 형태로 여러 개 존재한다 하더라도, 본질적인 측면에서 본다면 그것들은 같은 것이어야 할 것이다 : "도덕적으로 보편적인 것들(moral universals)"이 존재할 것이다 ; 그리고 전체적으로 볼 때 도덕에는 하나의 근원만이 존재한다고 말할 수 있으며 그것은 우리의 "마음"이다.

나는 앞에서 「등문공」 상, 5에 나오는 맹자와 묵가 이지(夷之 — 다른 곳에서는 알려진 바 없는 인물이다) 사이의 논변에 대해 언급한 바 있다. 맹자는 이지가 자신의 부모에 대해 후장(厚葬)을 행함으로써 장례는 검소해야 한다[節葬]는 묵가의 원칙과 모순되는 행동을 했다고 비난한다. 이지는 이렇게 대답한다 ;

> 유학자들은 옛 통치자들이 "갓 태어난 아이를 보호하듯이[如保赤子]" 행동한 것을 찬양했다. 이 말은 무슨 의미인가? 내가 생각하기에 그 의미는 사랑에는 차등이 없어야 하지만, 그 실천은 자신의 가족에게서 시작한다는 것이다.[111]

(따라서 이지는 다음과 같이 주장하고 있다 : 내가 이렇게 부모 사랑하는 마음을 드러내보인 것은 정당하다 ; 이러한 능력이야말로 묵자 프로그램의 기본적인 요소를 실행할 수 있게 해주는 것이기 때문이다.) 여기에서 다시 "연민의 마음을 확장함"이라는 근본적인 생각이 등장한다. 나에게는 사랑할 수 있는 기본적인 능력(basic affection-capacity)이 있으며, 이 능력은 기본적인 방식 — 이 경우에는 부모와 가족에 대한 사랑 — 으로 드러난다. 나는 그 능력을 어떻게 집중시켜야 하는가에 대한 믿음 — 다시 말해서 내가 고수하는 원칙이나 그 원칙으로부터 추론해낸 내용 — 에 따라 그 능력을 타인에게 적용할 수 있다. 이러한 견해에 따르면, 도덕이란 서로 독립적인 두 가지에 의존한다 : 첫째, 내가 생각하기에 내가

111) "儒者之道 古之人 若保赤子 此言何謂也 之則以爲愛無差等 施由親始."

해야만 하며, 말로 진술하고 그에 관해 추론할 수 있는 것 ; 그리고 둘째는 어떤 특정한 감정을 느낄 수 있는 능력으로, 나는 내가 고수하는 원칙에 의해 당위로 규정된 것을 행하려는 마음가짐을 가질 수 있도록 그 능력을 조종하고 그 형태를 결정할 수 있다. 이제 분명한 점은 이것이 바로 행위에 관한 묵가의 철학이라고 부를 만한 것이라는 사실이다 ; 맹자의 시대에는 이미 이러한 철학이 형성되어 있었기 때문이다.

그리고 맹자가 제선왕과 나눈 모든 대화의 내용을 통해 보면 이는 또한 맹자의 입장이기도 하였다. 그러나 그것이 정확한 맹자의 입장은 아니었으며, 우리는 맹자가 단순히 왕에 불과한 인물과 철학적으로 미묘한 내용까지 들어가는 것은 아무 소용없다고 생각했으리라 가정해야만 한다 ; 실질적인 문제는 결국 왕을 부드럽게 만드는 것일 뿐이었다. ***103*** 그러나 맹자는 이지와의 차이점을 분명히 할 필요가 있으며, 실제로 그렇게 하고 있다. 맹자는 다음과 같이 대답한다(논변은 제삼자를 통해 진행된다) :

> 이 선생은 정말로 사람들이 이웃집 갓난아이보다 자기 형의 아이에게 더 친근함을 느끼지 않는다고 믿고 있는가? 그 경우[다시 말해서 모든 사람을 사랑하는 것에 대해 "갓난아이"의 모델을 사용한 것]에는 그것을 받아들일 만한 특별한 이유가 있기 때문이다 ; 갓난아이가 우물을 향해 기어갈 때, 그것은 아기의 잘못은 아니다. 게다가 하늘이 무언가를 낳을 때는 하나의 뿌리[本]를 가지게 하는데, 이지는 두 개의 뿌리를 가지고 있다. 이것이 바로 그의 잘못을 설명해준다.[112]

이 대답을 통해 여러 가지 흥미로운 사실을 알 수 있다 : (1) 맹자는 논박의 형식이나 어투를 통해 묵가의 변증술을 매우 잘 알고

---

112) "夫夷子信以爲人之親其兄之子 爲若親其隣之赤子乎 彼有取爾也 赤子匍匐將入井 非赤子之罪也 且天之生物也 使之一本 而夷子二本故也."

있음을 다시 한 번 보여준다. 『묵자』 45장에서는 논변에서 "확장"의 형식을 잘못 사용하는 데 대해 다음과 같이 경고하고 있다: "무언가를 받아들일 때는 그것을 받아들이는 특별한 이유가 있다. [두 가지 사례와 관련해서] 똑같은 것을 받아들이면서 그것을 받아들이는 이유가 다를 수도 있다."113) 중요한 점은 그 백성들을 마치 "갓난아이"처럼 사랑한다고 할 때, "고대의 군주들"은 그들을 가족적 사랑의 대상으로 여긴 것이 아니라, 부당한 해를 입지 않도록 보호할 필요가 있는 존재로 여겼다는 사실이다. (2) 맹자는 이지가 (『맹자』 「공손추」 상, 6을 통해 오늘날 가장 잘 알려진) 우물로 기어 들어가는 어린아이의 표준적 사례를 알고 있는 것으로 가정하고 있는데, 이를 통해 이 사례가 그저 유가의 것만이 아니라 그에 못지 않게 묵가의 것이었을 수도 있음이 암시된다. 그리고 (3) 맹자가 무슨 의도로 "하나의 뿌리"와 "두 개의 뿌리"라는 말을 했는지에 대해서는 조심스러운 태도를 취해야겠지만, 그는 이지의 도덕 체계의 기반에 대해 언급하고 있으며, 그것이 이중적임을 비판하고, 도덕적으로 생각해볼 때 하늘[天]의 피조물 가운데 하나인 인간은 단 하나만의 "뿌리"를 가지고 있다고 주장하고 있는 것일 가능성이 매우 농후하다. 그리고 그에게 그 뿌리는 물론 여러 가지 성향의 "마음들"로서, 다양한 측면을 보여주는 "마음"임에 틀림없다. 예를 들면 그는 다른 곳(「고자」 상, 10)에서 그렇게 하는 것이 옳은지 여부에 신경 쓰지 않고 선물을 받는다면, "우리의 뿌리가 되는 마음[本心]을 잃은"114) 것이라고 주장한다. 그렇다면 이지의 문제는 자신의 "마음" 및 그 마음과 무관한 일련의 교의 둘 다에 의거해서 행위의 방향을 결정함으로써 혼란에 빠져버렸다는 것이다.

---

113) 『墨子』, 「小取」, "其取之也 有所以取之 其取之也同 其所以取之也不必同."
114) "此之謂失其本心."

맹자는 「공손추」 상, 2의 또 다른 짧은 대화에서 도덕에 관한 "두 개의 근원" 이론에 대한 훨씬 더 명시적인 (일반적으로 오해되어온) 진술과 마주하게 되며 그 주장을 거부한다. 여기에서 맹자는 자신의 또 다른 라이벌 철학자인 고자 — 아마 이때는 이미 사망한 후일 것이며, 초년 한때는 묵자의 제자였을 것이다 — 에 관해 제자인 공손추(제나라 출신으로 밝혀져 있다)와 대화를 나누고 있다. 맹자는 고자의 이중적인 격률을 인용하고 그에 대해 논의하는데, 맹자는 이 격률이 고자의 도덕적 자기 수양 방식이라고 생각한다:

(1) 말[言]에서 얻을 수 없는 것을 마음[心]에서 구하지 말라.
(2) 마음에서 얻을 수 없는 것을 기(氣)에서 구하지 말라.115)

104 맹자는 (1)을 한마디로 거부하고, (2)는 조심스럽게 받아들인다. 이 토론의 많은 부분은 기(氣)의 의미에 집중되어 있다. 그것은 아마도 "동물적 에너지"이겠지만, 초기 도가 문헌에서는 이 말이 많은 신비화의 초점인 듯한데, 여기에서 고자는 자기 발전과 관련한 모든 신비주의적인 견해를 강하게 거부하고 있는 듯하다. 더욱 중요한 문제는 고자가 여기에서 "말"에 관해 언급하면서 말하고 있는 내용이다. 나는 고자의 이 말의 의미가 "교의(doctrine)" 혹은 철학적 "격률(maxim)"임에 틀림없음을 증명할 수 있다고 생각한다. 어쨌든 이는 묵가적 배경을 가진 도덕 철학자가 할 것으로 예상되는 말이다. 결국 고자의 두 "근원" — 고자의 말에 따르면, "말로부터 얻는 것"과 "마음으로부터 얻는 것" — 이란 (1) 나와는 무관하며 따라서 나에게 "외적인" 것과 (2) 내 안에 있으며 따라서 "내적인" 것이라고 생각할 수 있다. 고자는 "옳음[義]"이

115) "不得於言 勿求於心 不得於心 勿求於氣."

(고자와 그의 제자들이 주장하는 것처럼) "외적인" 것인가, 아니면 (맹자와 그를 따르는 사람들이 주장하는 것처럼) "내적인" 것인가 하는 문제와 관련해서 맹자와 논쟁을 벌이고 있는 6장 「고자」 — 이에 대해서는 훨씬 많은 연구가 이루어져 왔다 — 에서도 이러한 화법을 사용하고 있다. 두 사람은 묵가적임을 알 수 있는 논변과 논박의 기술을 사용하고 있으며, 여기에서 다시 한 번 맹자가 변론에서 묵가적 개념을 사용하는 데 얼마나 익숙했는지 알 수 있다.

이제 도덕의 근원을 두 가지로 설명하는 방식은 마땅히 해야 하는 것이 존재함을 알면서도 그렇게 할 "힘을 가지고 있지" 못하다고 느낄 수 있는가 하는 문제, 즉 염구의 문제와 흥미로운 연관성을 가지고 있다. 나는 이러한 설명 방식이 소박한 묵가적 사고에서 느껴지는 난점에 대한 대답으로 등장하게 된 것이라고 말한 바 있다. 그러나 어떤 측면에서 보면, 고자와 같은 입장은 상황이 훨씬 좋지 못하다. 실제로 나에게 도덕적 동기 부여의 능력이 있음을 인정하지만 그러한 능력을 "말로부터 얻는 것", 다시 말해서 인지적인 측면에서 의무임을 포착할 수 있는 것으로부터 구조적으로 분리시키고 있기 때문이다. 이제 그 규칙이 무엇인지를 배우고 나서, 오직 순수한 의지의 작용에 의해 자신이 그것을 따르도록 하여 자신의 여러 가지 성향들을 정연하게 정리할 수 있을 듯이 보임에 틀림없다(그리고 그 가능성조차도 여전히 분명치 않음에 틀림없다). 내가 생각하기에 「공손추」 상, 2에서 맹자가 고자를 비판하는 내용은 바로 이것이다 ; 맹자는, 의미가 분명치는 않지만 "의지[志, 즉 방향이 정해진 "마음"]"가 "기(氣)를 못살게 굴어서는" 안 된다고 경고하고 있으며, 자신이 심은 작물이 더 빨리 자라도록 하기 위해 그것을 잡아당기는 어리석은 농부의 모습을 통해 고자의 "수양" 방법을 묘사하고 있다. 고자에 대한 이러한 비판과 본질적으로 동일한 비판이 16세기 초 맹자의 노선을 따랐던 철학자인 왕양명에 의해 제기되고 있다 — 양명은 12세기에 살았던 자신의 라이벌인 주희에게서 고자와 동일한 문제를 발견한 것이다 : 이러한 류의 철학에서는 자신의 의무라고 알고 있는 것과 그것을 행동으로 옮기려는 성향 사이에 구조적으로 간극을 두고 있는데, 그 간극은 우리가 이해할 수 있는 어떠한 방식을 통해서도 극복될 수 없다.

4. "확장"은 어떻게 가능한가?

이 모든 것에서 내가 지금까지 모르는 척해왔다는 비판을 받을 수도 있는 한 가지 분명한 문제가 존재한다 : "하나의 근원"이라는 설명에 따르든 아니면 "두 개의 근원"이라는 설명에 따르든 간에 사랑, 미움, 연민, 잠재적인 자기 존중 등의 감정을 "확장"해서 그러한 감정들이 "범주를 채우도록", 다시 말해서 '반드시 행해야 함을 알고 있는 것 혹은 알아야 하는 것'을 행할 수 있도록 충분하고도 효율적으로 동기 부여를 해주도록 하기 위해서는 어떻게 해야만 하는가? *105* 맹자는 "내가 사단(四端)을 가지고 있는 것은 마치 사지(四肢)를 가지고 있는 것과 같다"고 말하고, 만약 그것을 부인한다면 "부끄러운 일"이라고 외친다. 이 말을 받아들인다고 가정해보자. 팔다리를 사용하는 방법은 "그냥 안다." 하지만 감정을 사용하는 방법을 "그냥 아는" 것은 아니나 ; 설사 그 방법을 안다고 하더라도, 최소한 그 방법을 안다는 사실을 "그냥 아는" 것은 아니다. 자신의 감정을 통제할 수 있다는 생각은 기본적으로 불합리한 것 아닌가?

훌륭한 배우에게는 불합리한 일이 아닐 것이다. 나는 언젠가 아주 훌륭한 배우에게 이에 관해서 물어본 적이 있다. 그는 "실제로는 어렵지 않아요. 어떤 장면에서 울어야 하는 역할을 할 때면, 잠시 동안 슬픈 일에 대해 생각하기만 하면 곧 울음이 나와요"라고 대답했다. 우는 연기를 하는 것이 아니라 실제로 우는 것이다. 하지만 우리가 맹자의 도덕적 행위자에게 원하는 모델이 그저 배우 — 실제로 우는 매우 훌륭한 배우라 할지라도 — 의 그런 연기에 불과한 것인가? 어쨌든 맹자도 이 문제에 대해 대답을 해야만 한다는 점에서는 자신의 논적들 못지 않다. 그는 어떻게 대답하는가? 아니, 그라면 어떻게 대답할 것인가?

배우인 내 친구의 문제는 울기 위해서 실제로 슬프다고 느끼는 무언가를 생각해야만 하며, 따라서 그에게 활성화된 감정은 그만큼 그가 실제로 처해 있는 상황, 즉 연극과 무관하다는 것인 듯하다. 그리고 그가 연극 자체의 어떤 한 측면에 대해 생각함으로써 그렇게 할 수 있다면, 우리는 그만큼 그가 실제로 우는 것이 아니라 우는 연기를 하고 있다고 말하고 싶을 것이다. 자, 그렇다면 연극이 실제 상황이라고 해보자. 공자는 "실제로는 슬퍼하지도 않으면서 곡하는 형식만 행하는 것"을 차마 눈뜨고 볼 수 없었다.[116] 장례식에 참가할 때는 올바른 기분과 감정 — 죽은 사람의 인격과 자신과 그 사람의 관계를 회상하고 공감하는 자세로 살아남은 사람들의 슬픔을 깊이 생각하는 등을 통해 — 을 갖도록 해야만 하며, 또 그럴 수 있다고 주장하는 것도 그럴 듯하다 ; 그렇게 함으로써 의식에 참가할 때 진정한 슬픔과 존경의 감정으로부터 행동하게 될 것이며, 그것은 아마도 자신이 알고 지내던 사람에게 마지막으로 봉사를 한다는 느낌일 것이다. 이제 이런 의미에서, 살아가면서 하는 모든 일들을 의례에 참가하는 것과 같이 생각해보도록 하라. "공적인 일을 행할 때는 중요한 손님 앞에 있는 것처

116) 『論語』, 「八佾」, 26, "(居上不寬 爲禮不敬)臨喪不哀 吾何以觀之哉."

럼 하라. 백성들을 대할 때는 중요한 희생의식을 집행하듯이 하라."[117] 이러한 점에서 맹자는 공자와 같은 의견을 가지고 있었다. 유가의 "예(禮, 어떤 역할에서 적절한 행위)"라는 개념은 제선왕과 같은 행동까지도 쉽게 포괄할 수 있을 정도로 넓은 것이었다 ; 그러한 행동도, 적절한 연민의 마음으로부터 행해지기만 한다면 그가 왕이게끔 해주는 구성 요소, 다시 말해서 그가 진정으로 자신의 역할을 하고 있음을 보여주는 구성 요소가 될 것이다.

"확장"을 '스스로로 하여금 역할 수행을 지향하게 하는 것'이라고 생각하면 맹자의 이론을 그럴싸하게 설명하는 데 도움이 되며, 나는 맹자 자신도 무의식적으로 그러한 입장을 취하고 있었다고 생각한다. 맹자는 실제로 움터 나오는 성향들을 어떻게 성숙시키고 적용하는지에 대해 더 많은 것을 말해주고 있으며, 더욱 중요한 것은 어떻게 하면 이러한 과정이 계속적으로 올바른 진로에서 벗어나지 않을 수 있는지에 대해 말해주고 있다는 사실이다.

그것은 ("전적으로" 연기에 종사하는 사람처럼) 자신의 역할을 연기하는 상황에서 감정을 촉발시키는 측면에 대해 깊이 생각하는 문제에 그치지 않는다. 인지적인 측면에서 우리는 무엇을 해야만 하는지 알고 있다. 행위와 관련해서 몇 가지 기준이 되는 영역 — 맹자에게는 부모를 사랑하고 윗사람에게 복종하는 것이 전형적으로 이에 해당한다 — 에서, 우리는 옳은 것 혹은 좋은 것을 자연스럽고도 쉽게 행하며 그렇게 하는 것을 즐긴다. 그렇다고 해서 맹자의 도덕이 쾌락에 기반해 있다는 말은 아니다. *106* (그는 시대적으로 자신보다 앞선 자화자(子華子)의 도덕적 쾌락주의를 여기에서 신랄하게 풍자한다.[118]) 그것이 가능한 것은 오히려 도덕에 자연스럽게 즐길 수 있는 성질이 있기 때문이다. 『맹자』「이

117) 『論語』, 「顔淵」, 2, "出門如見大賓 使民如承大祭."
118) 자화자에 대한 더 자세한 내용은 이 책 12장 *183*쪽(원본 쪽수임)을 보라.

루」 상, 27에서는 부모를 돌보는 것이 맹자가 말하는 인(仁 — 인자함, 친절함)의 핵심적인 활동이고, 연장자(글자 그대로는 형)에게 복종하는 것이 의(義 — 옳음, 충실함)의 핵심이라고 적고 있다.[119] 그리고 이러한 일들을 하면서 즐거움을 느끼면, 그 성향들은 자라나고, 결국에 가서는 억누를 수 없는 자연 발생적인 것이 된다 — 또한 그 적용의 범위도 점차 넓어지게 된다.

덕을 함양하는 방법에 대한 이 모델을 보면 실제로 좋은 음악, 좋은 술, 좋은 철학 등과 같이 주의를 기울일 가치가 있다고 생각하는 것들에 대한 기호를 배양하는 방식을 떠올리게 된다. 그러나 그러한 것들을 행하는 것은 단지 그렇게 하는 것이 "좋은" 결과를 가져다주기 때문만은 아니다 — 이는 잠이 들게 하거나 병이 나게 하거나 미치게 만드는 데[120] 가장 확실한 방법이다. 도덕적인 면에서 보면, 이는 "인의(仁義)로 말미암아 행동을 한 것"이라기보다는 "인의(仁義)를 행위로 옮긴 것"[121]이다. 우리는 앞으로 나아가기보다는 뒷걸음질치게 될 것이다(「공손추」 상, 2에서 도덕적 감정의 발전을 "잊어서도" 안 되지만, 그 과정을 "조장해서도" 안 된다고 말한 것과 비교해보라.)

5. 맹자에 대한 제한적인 옹호

이 모든 점에서 맹자를 곧이곧대로 받아들일 수 있을까? 모든 측면이 아니라면 그 가운데 일부분에서라도? 나는 맹자에 대한 세 가지 문제를 제기하고, 각각에 대한 가능한 해결책을 논해보겠다.

---

119) "仁之實 事親是也 義之實 從兄是也."

120) 각각 음악, 술, 철학을 가리킨다.

121) 『孟子』, 「離婁」, 下, 19, "由仁義行 非行仁義也.

1) 의무론인가 결과주의인가?

맹자는 (「양혜왕」 상, 1과 7 그리고 「고자」 하, 4에서) '도덕 그 자체에 대한 의무론적 헌신'을 찬성하기 위해 공리주의적(결과주의적) 논변을 제시하는 논리적으로 조잡한 상황에 놓여 있는가? 그러한 논변에 대해 "이런 비판은 공정하지 못하다. 맹자는 단지 통치자들이 온갖 끔찍한 일을 행하고 있던 시대에, 그들이 더 나은 방식으로 행동하도록 하려고 노력했을 뿐이기 때문이다"라고 말하는 것으로는 충분하지 못하다. 그런 식의 옹호는 맹자의 논변이 정합적인가 하는 문제를 방치하는 것이다.

내가 숨겨진 어떤 이유(예를 들면 정치적 이해 관계)로 인해 다음과 같이 믿게 되었다고 해보자 : 나에게 최선의 선택은 진심에서 "연민의 마음을 확장"하는 것이다 ; 이는 새로운 대상에 다시 주의를 집중할 뿐만 아니라 그 대상에게 자애로운(compassionate) 행위를 하되, 연민(compassion)의 마음에서 그렇게 한다는 의미다. 맹자는 "확장"을 하는 데 그러한 숨겨진 동기를 가진다고 해서 그것이 부적절하다거나 앞뒤가 안 맞는다고 생각하지는 않는 듯하다. 어쨌든 그가 제선왕으로 하여금 "연민의 마음을 확장하도록" 하기 위해 논변을 펼치고 있는 이유는 그것이 진정한 왕이 되는 방법이기 때문이다 : "연민의 마음을 확장하는 사람은 세상의 모든 사람들을 돌볼 수 있다 ; 그렇게 하지 않는 사람은 자기 가족조차 돌볼 수 없다."[122] 아마도 맹자는 다음과 같이 생각하는 듯하다 ; *107*

(1) C라는 동기에서 A를 행하는 것 — 여기에서 A는 자애로운 행위이고 C는 집중된 연민의 감정이다 — 은

---

122) 『孟子』, 「梁惠王」, 上, 7, "推恩 足以保四海 不推恩 無以保妻子."

(2) O라는 동기에서 A를 행하는 것 — 여기에서 O는 A를 행해야 한다는 무미건조한(bloodless) 감정이다 — 과는 같지 않다. 그럼에도 불구하고

(3) C라는 동기에서 A를 행하는 모습을 보이되, 그 궁극적인 동기가 S일 때 — 여기에서 S는 정치적 성공에 대한 욕구다 — 어쨌든 나는 여전히 (1)을 행하고 있는 것이다.

나는 이런 형태의 논변이 매우 조잡하다고 생각하지만, 맹자는 신분이 높은 사람과 대화할 때 이러한 류의 설득 방법을 채택하는 경우가 많다.

그러나 지금 즉시 A를 행하고자 한다면, 다시 말해서 맹자가 여전히 묵자에 아주 근접한 태도를 가지고 있어서 그렇게 할 마음이 생기도록 하는 능력(혹은 동기 부여가 이루어진 상태에서 행위하는 능력)이 실제로 자신의 팔을 들어올리는 것과 다를 바 없다고 생각한다면, 정치적으로 성공하고자 하는 욕구에 해당하는 동기 S가 이해 관계와 무관한 연민의 마음인 동기 C와 합쳐짐으로써 동기 S가 동기 C에 치명적인 영향을 줄 것임에 틀림없어 보인다.[123)]

내가 생각하기에는 「양혜왕」 상, 7에 나오는 맹자의 논변으로부터 모순을 제거해줄 만한 분석 방식이 존재한다. 실제로 나는 세 가지 분석 방법을 제시할 수 있다.

해결책 1

맹자는 자아(self)에 수직적 위계 질서가 있는 것으로 묘사하는

---

123) 이런 식으로 전개되는 난점은 (4) C라는 동기에서 A를 행하되, 그 궁극적인 동기가 O인(여기에서 O는 당위적인 것을 해야 한다는 단순한 동기다) 경우에도 또한 적용된다. O가 (아마도) 나 자신을 수양하겠다는 동기일 수는 있지만, C에 의해 오염되지 않는다면 그것이 특정한 구체적인 도덕적 행위를 행하고자 하는 동기가 될 수는 없다(따라서 스스로를 수양할 때 행하는 개별적인 것을 행하고자 하는 동기일 수는 없다).

데, 이를 위해서는 그것을 받아들이는 사람에 대해 도덕적으로 분석하는 언어에도 수직적 위계 질서가 필요하다 :

> Level 1 : 내가 A를 해야 하는 이유는 단순히 그것이 옳기 때문이다.
> Level 2 : 내가 도덕에 의해 동기 부여를 받아야 하는 이유는 그렇게 하는 것이 좋은 결과를 가져올 것이기 때문이다.

(그리고 아마도 여러 단계들이 계속될 것이다.) 나는 지금 A를 하는데 대해 의무론적인 것과 결과주의적인 것, 두 가지 중복되는 — 그리고 아마도 모순되는 — 근거를 제시하는 것이 아니다. 여기에서는 A를 행할 때, 일반적으로는 특정한 방식으로 동기 부여를 받아야 한다는 결과주의자들의 논변에 대해 알고 있을 필요조차도 없다. 그리고 설사 그것을 알고 있다고 하더라도, 우리는 "좋은 결과"를 다음과 같은 의미로 Level 2에서 고려해야 한다 ; "그것이 그저 옳다"는 표현이 Level 2의 언어로 사용된다면 "좋은 결과"라는 말의 의미가 그 표현과 모순되겠지만, 실제로는 그렇지 않다.

해결책 2

앞의 논변에서 뭔가 속임수가 숨어 있는 듯한 느낌이 든다면, 여기에서 또 다른 논변을 하나 제시해보겠다 ; 맹자는 — 양혜왕과 제선왕에게 — 왕은 인자하게(여기에서 "인자하게"라는 말은 글자 그대로라기보다는 "진정한 연민의 마음에 의해 움직인"이라는 뜻이라는 데 동의해보자) 통치해야 하며, 그렇게 해야 하는 유일한 이유는 이러한 방식을 통해서 그가 신정한 왕이 될 수 있기 때문이라고 주장한다. 그러나 이렇게 말하는 가운데 맹자가 의도하는 것 — 「양혜왕」 상, 7에서 그가 실제로 말하는 내용 — 은 왕이 단지 그것을 사용하기만 한다면, 왕은 실제로는 "진정한 왕"이 되는 데 필요 충분 조건이 되는 덕(德)을 이미 가지고 있다는 것이다. *108* 하지만 물론 모든 사람이 알고 있듯이, 군주가 덕을 가지고 있고 그것을 사용할 수 있다면 유덕하게 통치하는 것이 군주의 의무다 ; 그리고 "진정한 왕"이 된다는 것은 단지 그렇게 하는 것일 뿐이다. 물론 이렇게 진정한 왕이 된다는 것에는 **성공적인** 군주가 됨으로써 세상에 평화와 질서를 가져오는 것이 포함될 것이다 ; 그러나 그것도 또한 군주의 의무다 : 오직 그러한 방법을 통해서만 군주는 사람들에게 최고의 이익을 가져다줄 수 있다.

따라서 맹자는 제후들에게 전반적인 군사적, 정치적 경쟁에서 성공하기 위해 백성들에게 잘해주어야 한다고 주장하고 있는 것이 아니다. 그가 연민의 마음을 가지고, 다시 말해서 유덕하게 통치하라고 주장하는 것은 그것이 단지 군주의 **의무**일 뿐이며, 진정한 "왕도(王道)"라는 **이상**을 실현하는 유일한 방법이기 때문이다. 물론 맹자는 군주가 "진정한 왕"이 되는 데에는 "사실상의 왕"이 되는 것, 다시 말해서 경쟁자를 물리치는 것이 포함되리라는 점을 알고 있었으며, 자신이 유세하는 제후들이 이 점을 이해하리라는 것도 알고 있었다. 그러나 이 대화가 이루어지던 시기(BC 320~308)에 여러 명의 서로 다른 지방의 "왕들"이 동등한 합법성을 가질 수 있다는 생각이 생겨나기 시작한 것은 20년도 채 안 되었으며, 국가 상호 간의 외교라는 측면에서 보면 그러한 생각은 여전히 불안한 위상만 가지고 있을 뿐이었다. 제후들의 입장에서 보면 "왕"에게는 필적할 자가 없다 ; 아직 정당한 왕의 권위를 받지 못한 군주들만이 존재할 뿐이었던 것이다. 어떤 식으로든 말을 하기 위해서는 맹자도 이러한 규칙에 따라 말을 해야만 했다.

따라서 맹자의 입장에서 볼 수 있는 모순적인 모습은 그의 논변에서 기인한 것이 아니다. 그것은 전적으로 "왕이 되다[王]"라는 말이 가지고 있는 의미상의 애매모호함에서 집중적으로 드러난다. 그리고 이러한 애매모호함이 맹자의 책임은 아니다. 단지 당시의 정치적 상황이 그러했던 것이다.

해결책 3

『맹자』의 몇몇 부분에서 은연중에 극단적인 묵가적 입장이 드러나기는 하지만, 맹자가 여태까지 상정해온 것보다 "의지주의적(voluntarist)"임을 보여주는 구절이 여럿 존재하며, 심지어는 「양혜왕」 상, 7 자체에서도 발견할 수 있다. 맹자는 "고대인들은 자신이 하는 일을 잘[善] 확장하는 데에서" 우리보다 더 나았다고 말한다. "자신이 하는 일을 확장하는 것"이 "인민의 마음을 확장하는 것"과 같은 의미가 아니거나 최소한 그것을 포괄하는 개념이 아니라면 불가사의할 것이다. 그리고 우리처럼 고대의 중국인들도 그것을 행하기 위해서는 기술이 필요하고, 그 기술을 사용하는 데에는 많은 시간은 아니라도 시간이 걸리며, 그 기술을 획득하는 데에는 아마도 훨씬 더 많은 시간이 걸리는 그런 경우에서만 보통 무언가를 하는 데 "뛰어나다[善]"고 말하였다. 다시 말해서, 문제가 지금 자신의 감정을 "확장"해서 곧 닥쳐올 어떤 일을 하는 데 효율적인 동기 부여가 되도록 하는 것이든, 아니면 자신에게 장기적인 변화를 일으킴으로써 정상적인 상황에서 현재 인식하고 있는 감정적 능력(feeling capacity)이 실제로 지금 당위라고 생각하는 것들로 "확장되도록" 하는 것이든 간에, 맹자는 「양혜왕」 상, 7에 나오는 지나치게 단순한 "너는 그렇게 할 수 있다"는 입장으로부터 자신을 신중하게 "수양할[養]" 필요가 있다는 좀더 세련된 입장으로 옮겨가게 된다. 이와 관련해서 가장 기억에 남을 만한 논의는 「공손추」 상, 2에 나온다.

2) 즉각적인 행동의 문제

그러므로 제선왕과 같은 사람에게 말을 할 때 맹자는 즉각적으로 행동에 옮길 것을 원하고 있으며, 그렇게 해서 안 될 이유는 전혀 없다고 생각하고 있는 듯하다. *109* 그리고 내가 생각하기에 다른 사례를 발견하기는 어렵지 않다. 그것을 행하는 것 — "확장된" 연민의 마음에 근거해서 적절하게 행동하는 것 — 은 체스의 말을 옮기듯이 이 "마음을 들어다가" 저쪽에 가져다놓는 문제에 불과하다. 그러나 「공손추」 상, 2와 같은 구절에서는 전혀 다른 말을 하고 있음을 발견할 수 있다 : 도덕적 발전을 위해서는 섬세한 자기 수양이 필요하다. 억지로 그러한 발전을 이루고자 한다면, 다시 말해서 준비되지 않은 어떤 것을 하고자 한다면 실제로는 자신에게 해가 될 것이다. 여기에는 두 가지 입장이 존재하며, 이 두 가지 모두 맹자가 말하고자 하는 것인 듯하다. 그리고 이로 인해 의문이 생길 것이다. 각각의 입장에는 다른 입장을 통해 보충해주어야 할 난점이 있는가?

(i) "할 수 없어서가 아니라 그저 하지 않을 뿐이다!"라고 말한다면, 도덕적 행동의 문제를 불합리할 정도로 과도하게 단순화시키는 듯하다. 무언가를 하기 위해서는 그렇게 할 마음이 들어야 하는 것 아닌가? 맹자가 (그의 말 그대로) "당신에게는 이에 대한 느낌을 행동에 옮길 수 있을 만큼 강하게 가질 수 있는 능력이 있다. 그 능력을 사용해서 행동하기만 하면 된다"고 말하고 있는 것이라면, 그는 아마도 다음과 같은 사실을 간과하고 있는 듯하다 ; (많은 사람들은 동의하지 않겠지만) 설사 의도적으로 감정적인 측면에서 자기 자신을 재형성하는 것이 가능하다고 하더라도, 분명 그것이 깃털을 공기 중으로 들어올리는 것만큼 쉽지는 않다. 그저 억지로 "옳은" 것을 하고자 한다면, 그 대가로 실질적인 내용은 없이

외관상으로만 도덕적이 되는 사태를 초래하게 될 것이다. 그러므로 맹자는 (「진심」 하, 11에서) 오직 재물에 대해 초연하다는 평판을 얻는 데에만 관심이 있는 사람은 "천승(千乘)의 나라를 남에게 주어버리는 것"도 가능하다고 말한다. 그러나 "그런 일을 할 만한 사람이 아니라면 단지 밥 한 그릇, 국 한 사발을 양보해야 하는 상황에서도 싫어하는 기색이 얼굴에 확연히 드러날 것이다."124) 이러한 종류의 사람이 되기 위해서는 자신을 관리하는 데 어느 정도의 기술과 시간이 필요하다.

이를 통해 다음과 같은 견해 (ii)가 도출된다 : 올바르게 행동하기 위해서는 어떤 과정을 거쳐야 하며, 그 과정은 아마도 그(따라서 나의) 본성상 방향이 정해져 있는 감정의 싹을 "확장"시키기 위해 많은 시간을 필요로 할 것이다. 반면, 그것이 "옳기" 때문에 무턱대고 억지로 그것을 행한다면 자기 발전을 해칠 수도 있다. 하지만 이것은 "이것을 행하는 것이 옳다는 것은 알겠지만, 나는 아직 준비가 되지 않았다 — 그러므로 내가 할 수 있는 만큼은 하겠지만 전부는 하지 못하겠다"라고 말해야 하는 상황이 있을 수도 있음을 의미하는 것이 아닌가? 맹자는 이러한 태도에 주의를 기울이는데, 이에 대한 그의 응답은 화를 내면서 "옳은 것을 안다면, 지금 그것을 하되 전부 해라!"라고 말하는 것이다. 그래서 그는 (「등문공」 하, 8에서) 어떤 사람이 올해 세금을 조금 줄이고, 내년에도 조금 줄여서 맹자가 주장한 대로 세율 10%에 이르기까지 계속 줄여나가는 것이 좋은 생각이 아니냐고 묻자 다음과 같이 말한다 :

> 여기에 매일 이웃의 닭을 훔치는 사람이 있다. 누군가가 그 사람에게 "이것은 군자의 도리[道]가 아니다"라고 말하자, 그는 "한 달에 한

124) "好名之人 能讓千乘之國 苟非其人 簞食豆羹見於色."

마리로 줄이고 내년이 되기를 기다려 그만두어도 될까요?"라고 대답한다. 도덕적으로 잘못되었음을 깨달았으면 즉시 멈추는 것이다. 무엇 때문에 내년까지 기다리는가?

이제 의심했던 것이 확인되었다. 이것이 맹자에게는 당황스러운 문제가 아니었다고 주장할 수 있을지도 모른다. 이러한 입장의 변화는 도덕적 삶과 관련해 진정으로 영원한 딜레마를 보여주는 것이 아닐까? 때로 우리는 준비가 되어 있지 않다 : 그러나 표면적으로는 분명 그것이 의무임을 부인하거나 그 실행을 미룰 수 없다. *110* 이리스 머독(Iris Murdoch)의 통찰력 있는 구절에서도 그와 관련된 우려가 암시되어 있다.

> 자신이 해낼 수 있는 낮은 수준의 행위라면 반드시 해야 한다 ; 제대로 해내지 못할 높은 수준의 행위가 아니라면 ….
> 스스로를 안다면 유혹을 극복하기 위해 헛된 힘을 쏟기보다는 그러한 상황을 피하게 될 것이다. 정신적으로 자신보다 더 고차원적이거나 자신과는 다른 영역에 속하는 것을 자신이 해야 하는 행동이라고 생각해서는 안 된다. 이러한 시도로부터 생겨나는 것은 오직 재앙뿐이다.

머독과는 반대로, 맹자는 자신이 해야 할 일을 보고서도 "나는 할 수 없기 때문에 해볼 필요도 없어"라고 말하는 사람은 언제나 옳지 못한 것이라고 그냥 전제한다 — 맹자가 아주 제한적으로 예외를 두는 것은, 단지 "올바른" 행위라는 이유로 억지로 행하려고 한다면 스스로를 잘못 다루게 될 것이라고 느끼는 경우다. 예를 들어 「진심」 상, 39에서 맹자는 제선왕이 의례에 규정된 것보다 상기(喪期)를 줄이고자 하는 것에 대해서는 심하게 비난하면서도, "모친상을 당한 왕자"가 한 비슷한 요청에 대해서는 용납한다. 그러나 그의 주장에 따르면, 이는 경우가 다르다 : 왕자는 일을 옳게 하기를 원했지만 그렇게 할 수 없었던 것이다. 맹자는 “내가 전날 말했던 것은 아무런 장애도 없는 상황에서조차도 그렇게 하지 못한 사람들이다”[125]라고 결론짓는다. 맹자는 면책의 사유가 될 만한 내적 장애가 있을 수 있음을 받아들일 수 없다 ; 그의 주장에 따르면 누구나 성인이 될 수 있기 때문이다. 그러나 우리가 거기에 동의한다고 해보자. 설령 그렇다 하더라도 맹자 자신이 인정하는 바에 따르면, 그 과정에는 시간이 필요하다(「공손추」 상, 2에서 맹자는 자신이 어느 정도의 완성 단계에 이르는 데 40년이 걸렸음을 인정한다 — 그 단계를 “성인다움[聖]”으로 부르는 것을 인정하고자 하지 않았음에도 말이다). 반면에 어떤 식으로든 스스로를 평가하고 관리해야 하는 도덕적인 의무가 있다면, 때로는 (일시적으로나마) 이상적인 인격에 못 미쳤다고 인식한 내용을 최선의 방향으로 사용할 도덕적 의무가 있을 수도 있다. 그러나 맹자가 이를 받아들인다면, 자신이 사용한 개념인 “스스로를 버림[自棄]”이라는 도덕적 비난을 견지하여, 그것을 제선왕(혹은 염구) 같은 사람에게 지속적으로 적용하는 데 어려움을 겪게 될 것이다.

훨씬 더 곤혹스러운 측면에서 살펴보면, 물론 세금에 대한 즉각적인 대폭적 삭감을 꺼리는 군주가 옳을지도 모른다 : 그는 스스로를 평가해보고 나서, 자신이 맹자가 요구하는 것과 같은 류의 군주가 되고자 한다면 결국 엉망이 되어버릴 것이며, 결과적으로 자신뿐만 아니라 모든 사람들이 더 불행하게 될 것이라는 결론을 내릴지도 모르는 것이다. 맹자 및 다른 유학자들은 유감스럽게도 이러한 송류의 문제를 고려할 만큼 정교하지는 못했던 듯하다 — 따라

125) “齊宣王欲短喪 公孫丑曰 爲朞之喪 猶愈於已乎 孟了口 是猶或 其兄之臂 了謂之姑徐徐云爾 亦敎之孝弟而已矣 王子有其母死者 其傅爲之請數月之喪 公孫丑曰 若此者 何如也 曰是欲終之而不可得也 雖加一日 愈於已 謂夫莫之禁而弗爲者也.”

서 이런 종류의 문제는 도가 및 전혀 다른 해결책을 제시한 자들에게 넘겨버린다.

3) 감정에 대해 책임을 져야 하는가?

좀더 깊이 있는 반대 의견들이 있을 것이다 ; 그리고 내가 제시한 맹자의 입장에는 몇 가지 구별 가능한 견해들이 혼합되어 있다는 사실을 여기에서 짚고 넘어가는 것이 도움이 될 것이다 : 111

(1) 사람들에게는 일종의 선천적인 도덕적 "심층 구조"가 있으며, 그것은 무리하게 억지로 하지 않더라도, 오직 한 가지 방향으로 완전하게 발전될 수 있다.

(2) 나는 상당한 정도까지 내가 가지게 될 감정을 선택할 수 있다 ; (a) 신체적 능력을 이용하는 것처럼 기본적인 정서적 능력(basic emotional capacity)을 이용할 수 있거나, (b) 그것을 오랜 시간에 걸쳐 원하는 방향으로 발전시킬 수 있다. 이 마지막 견해는 맹자만의 독특한 견해다 : 맹자는 자신이 주목하는 정서적 능력을 사용하거나 발전시키는 것은 자신이 생각하기에 동기 부여를 통해 가능한 행동의 적절한 "범주[類]"로 확장시켜나가는 문제라고 생각하였다. 이는 (1)과는 무관하다 ; 왜냐하면 당신과 나는 서로 다른 근본적인 동기 부여의 능력을 가지고 있다거나, 출발점으로 삼아야 할 그러한 능력을 전혀 가지고 있지 않다거나, 그 능력을 다양한 방식으로 획득할 수 있다고 주장할 수도 있기 때문이다.

(3) 나는, 바로 그 사실로 인해(ipso facto)[126] 그렇게 해야겠다는 마음이 들지 않더라도 무언가를 해야 한다는 판단을 내릴 수 있다 ; 이는 (1), (2)와는 무관하다 ; 왜냐하면 나는 그것을 부인하면서도 여전히 다른 동기, 예를 들면 단순히 당위에 대한 실천보다는 진정한 연민의 마음

126) 무언가를 해야 한다는 사실을 말한다.

에 근거해서 그것을 하게 될 수 있다고 주장할 수 있기 때문이다; 그리고 이를 위해서는 "확장"이 필요하다.

(4) 다음 두 가지 사이에는 도덕적으로 중요한 차이점이 있다: ① 올바른 행위의 규칙으로 받아들이는 규칙에서 명하기 때문에 무언가를 하는 것; ② 나의 감수성이 상황의 한 측면 — 내가 어떤 것을 행하는 것이 옳은 행위가 되게끔 해주는 측면 — 에 완전히 몰입되어서 그러한 행위를 하는 것. 두 번째와 같은 종류의 행위만이 도덕적으로 만족스러운 것이다.

이 모든 견해 속에는 다음과 같은 사실이 함축되어 있다: 맹자에게 인간이란 여러 가지 기능들의 수직적 위계 질서를 가진 구조로 되어 있으며, 아마도 자신이 가지고 있을 다양한 성향들에 주목하고 그것들을 평가하며, 그 가운데에서 선택하고 또 많은 경우 그것을 수정하는, 이러한 행위를 할 수 있을 뿐만 아니라 해야 하는 존재다. 많은 사람들은 이러한 견해 자체를 거부할 것이다. "인간의 본성은 선하다"(「고자」 상, 6)라는 맹자의 이론에 해당하는 (1)은 맹자의 사유 가운데 중국과 중국 철학을 연구하는 거의 모든 사람들에게 주목을 받았던 측면이다. 그러나 충분히 논쟁의 여지는 있지만, 내가 보기에는 다른 것들이 더욱 그럴싸하고 흥미로울 뿐만 아니라 더 주목할 만하다.

아마도 (1) 감정은 선택할 수 있는 것이 아니라는 반론이 있을 것이다(혹은 반론을 제기하는 사람이 맹자의 입장을 반쯤 받아들여서, 감정을 선택해서 마음대로 사용할 수는 없지만 변화시킬 수는 있음을 받아들일 수도 있다).

하지만 그러한 반론을 제기한 사람은 그 다음에 (2) 설사 감정을 선택할 수 있다고 하더라도, 그렇게 하는 것은 옳지도 않고 그럴 필요도 없다고 말할 것이다. (a) 전혀 그럴 필요가 없는 이유는 특정한 행위가 옳다고 진정으로 판단을 내릴 때면 언제나 그렇게 판단하는 가운데 그 행위 방식을 따르고자 하는 성향을 가지고 있는(혹은 가지게 될) 것이기 때문이다. 그리고 (b) 결코 옳지 못한 이유는 어떠한 행위가 나에게 옳다는 판단에 이르게 되는 정직하면서도 자기 기만적이지 않은 유일한 방법은 내가 실제로 그에 대해서 어떤 감정을 느끼는가를 살펴보는 것이며, 나의 감정을 조작하기 시작한다면 그것은 이른바 증거 조작이 될 것이기 때문이다.

112 이제 실제로 우리가 주장하고 있는 내용은 어떤 식으로든 감정과 태도를 교정하고자 하는 것이 옳지 못하다 — 말하자면, "정서적으로 정직한" 길이 아니다 — 는 것이기보다는, 그렇게 할 수 없다는 것이어야만 한다. 만약 그렇게 할 수 있다면, 몇몇 경우에서는 우리가 느끼는 감정에 대해 책임을 져야 할 듯하기 때문이다. 그리고 "그렇게 할 수 있다 하더라도, 당신이 책임져야 한다고 주장되어 마땅한 것을 바꾸는 것은 당신에게 금지되어 있다"고 말하는 것은 공정하지 않아보인다. 그리고 나는 장례식과 같은 사례를 보면 그렇게 할 수 있음을 알 수 있다고 생각한다. 물론 앞의 논변은 믿음에 대해서도 또한 적용되며, 그 문제에 대해서는 좀더 신중하게 생각해보아야 한다. 아마도 여기에서 말해야 하는 내용은 자신의 감정이나 믿음을 교정하기 위해 노력할 수 있는 방법이 존재하며, 그 가운데 일부는 적절하고 나머지는 그렇지 못하리라는 것과, 그 방법이 두 가지 경우에 각각 서로 다르다는 것이다. 어쨌든 굳이 윌리엄 제임스(William James)까지 들먹이지 않더라도, 많은 경우 우리에게는 심사숙고해서 행한 어떤 행위의 특정한 측면에 주의를 기울이고, 또 재차 주의를 기울일 능력이 있으며, 이는 당연히 그것을 행동으로 옮기는 데 대해 어떤 느낌을 가질 것인지에 영향을 미치리라는 점을 알 수 있다.

그렇다 해도 우리가 하는 일에는 전혀 차이가 없을 것이며, 기껏해야 그 일을 하게 되는 동기의 형태나 색조(色調)에만 차이가 있게 될 뿐이라는 주장이 여전히 존재할 수 있다. 그러한 주장은 내가 앞에서 맹자에 대해 설명한 내용 가운데 하나 — 맹자의 입장에서 보면 오직 그러한 것을 통해서만 우리가 하는 일에 도덕적으로 중요한 차이가 있게 된다 — 를 무시하는 것이 될 것이다. 그러나 이러한 입장도 또한 아주 그럴싸하게 반박할 수 있다. 여기에서 맹자를 좀더 합리적인 모습으로 만들어주기 위한 시도의 일환으로, 몇 가지 사례를 생각해보라(나는 일부러 "선천적인 감정을 확장시킨다"는 맹자의 생각을 암시하는 것들은 모두 제외할 것이다) ;

(1) 나는 충동적으로 새 소형차를 샀다. 그렇게 해야만 했을까? 어쨌든 어쩔 수 없는 상황이 되었고, 이시적이든 무의식적이든 "가능한 한 그 상황을 긍정적으로 받아들이기로 한다" — 내 차의 바람직한 특성(힘들이지 않고도 운전석에 오를 수 있으며, 그 점이 다른 많은 차와 비교할 때 더 훌륭하다는 것 등)에 주의를 기울이고, 바람직하지 못한 점(내가 타기에는 운전석의 위쪽 공간이 충분치 못하다는 것 등)에 대해서는 관심을 멀리 한다. 이 차를 타면 상당한 연비를 올릴 수 있으리라는 점에 대해 반성적으로 깊이 생각하고, 다른 차를 샀더라면 훨씬 더 많은 돈을 썼을 것이라는 점을 상기한다(그리고 실제로 써버린 돈에 대해서는 생각하지 않으려고 노력한다). 곧 나는 그 차에 대해 더 좋은 느낌을 갖게 된다.

(2) 나는 은행에서 500달러를 빌리고자 하는 존을 위해 약속어음을 써준다. 존이 그 돈을 갚을 수 없어서 내가 갚아야 하는 사태가 생긴다. 다시 한 번 어쩔 수 없는 상황이 되었고, 이번에는 내키지 않는 채무까지 져야 한다. 그래서 나는 철학적으로 생각하고자 노력한다. 존이 진정으로 그 돈을 필요로 했고, 그 돈을 좋은 목적에 쓰고 있으며, 행실이 바른 친구이고, 나중에 그 돈을 갚으려고 노력할 것이며, 내가 그 돈을 갚는 것도 실제로는 커다란 부담이 되지 않을 것이라는 사실

등을 깊이 생각한다. 곧 나는 이 문제에 대해 더 좋은 느낌을 갖게 된다.

(3) 존은 그의 아내 병원비를 내기 위해 땅을 팔고자 하는데, 그 땅을 팔아서 마련한 돈이 충분하지 못할 경우에 내가 그에게 500달러를 주기로 (구두로 그리고 사적으로) 약속한다. 결국 그는 충분한 돈을 마련하지 못한다. 그는 너무나도 올곧은 사람이라서 그 약속에 관한 얘기를 꺼내지 못하지만, 약속했다는 사실을 그도 알고 나도 안다. 아주 안 좋은 상황이 되기는 했지만, 약속을 철회해서는 안 될 듯하다. 그래서 나는 이 문제에 대해 철학적으로 생각하고자 노력한다. *113*
존에게는 정말로 그 돈이 필요하다. 만약 내가 그와 같은 곤경에 빠진다면 그는 나를 위해 그 정도의 도움은 줄 것이다. 나는 여기저기서 비용을 줄여서 어떻게 그 돈을 마련할 수 있는지 안다 ; 예를 들면 나의 직업과 관련해서 지출하는 돈을 줄일 수 있다. 곧 나는 이 문제에 대해 더 좋은 느낌을 가지게 된다.

(4) 마지막으로 들고자 하는 예는 앞의 것과 거의 같다 ; 다만 이 경우에는, 아무리 좋게 생각해봐도 약속을 지키겠다는 "도덕적" 동기를 부여해주는 힘이 그렇게 할 때 겪을 난관으로 인한 고통 이상은 못 된다. 나는 그 문제에 대해 이전과 같은 방식으로 반성적으로 깊이 생각하며, 이전과 같이 곧 그 문제에 대해 더 좋은 느낌을 가지게 된다. 그러나 이 경우에는, 그렇게 해야 마땅하다는 판단을 내린다고 하더라도 그 문제에 대해 더 좋은 느낌을 가지게 되지 못했다면 약속을 지키지 못했을 것이다.

처음의 세 가지 예는 그럴싸하지만 마지막 것은 그렇지 않다고 할 수 있을까? 맹자가 염구처럼 "스스로를 거부하는[自棄]" 사람에 대해 제기하는 반론은, 부분적이긴 하지만 아주 의미 있는 측면에서 보면, 정확히 말해서 그들이 "반성적으로 깊이 생각함(reflecting)"에 그러한 효용이 있음을 전혀 알지 못한다는 것이다.

그러나 "그것은 단지 문제를 한 단계 올리는 것에 불과한 것이 아닌가?”라고 물을 수 있으며, 이는 매우 타당한 질문이기도 하다. 인간은 자신이 사용할 수 있는 정서적인 힘(emotional powers)을 가진 구조로 이루어진 존재라는 맹자의 암묵적인 그림을 가설로서 받아들인다고 할 때, (1) 자신의 앞에 놓인 문제뿐만 아니라 자기 자신에 대해서도 완전하게 이해하는 것과 (2) 정서적인 측면에서 자신을 관리하고 변화시키는 과정에 착수하고자 하는 마음가짐을 효율적으로 가지는 것 사이의 관계는 어떻게 설명되어야 할까? 다른 방식으로 말하면, 맹자는 아마도 “자신에게 근원적인 동기 부여의 역할을 하는 것을 문제가 되는 도덕적 행동의 영역으로 ‘확장’시켜야만 한다”는 이 판단과 저것을 행할, 혹은 그러한 결과를 도출하게 될 자기 수양의 과정에 착수할 마음가짐을 갖는 것 사이에 “내적인” 관계(이는 맹자의 용어가 아니라 현대의 철학적 용어다)가 있음을 받아들여야만 할 듯하다. 이미 살펴본 것처럼, 맹자는 제선왕과 같이 자신을 후원했던 제후들에게서 좋은 결과를 거두지 못했는데, 이러한 사실을 보면 맹자가 그에 동의했으리라고 생각할 마음이 나지는 않는다. 그러나 그는 실제로 다른 곳에서 이와 거의 유사한 말을 하는 듯하다.

앞의 사례로 돌아가보자 : 나는 존에게 500달러를 주기로 한 약속을 지켜야 한다고 판단한다. 나는 마땅히 해야 한다고 판단한 것을 행하기 위한 동기 부여가 어느 정도 이루어졌는지를 측정해보고, 그 사례에서 이러한 행위를 하는 것이 옳은 이유가 되는 여러 가지 측면에 잠시 동안 주의를 집중해서 그로 인해 그것을 행하는 어려움이 감소되는 등의 단계를 거치지 않는다면, 꺼리는 마음을 극복할 만큼 충분한 동기 부여가 이루어지지 않을 것임을 안다 ; 그리고 나아가 그러한 단계를 밟는다면 약속을 지키고자 하는 성향을 효율적으로 가지게 될 것이라는 사실도 안다.

전제 그 자체에 의거해볼 때, 앞에서 말한 노선에 따라 주의를 기울이는 것은 약속을 지키는 필요 충분 조건이다. 지금의 문제는 그에 관한 것이 아니라 자신을 어떻게 다룰 것인가를 결정하는 단계에서 도덕과 이기심 사이의 교착 상태가 동일하게 반복될 것인가 하는 점이다. 나의 도덕적인 반쪽은 이렇게 말할 것이다: 반성적으로 깊이 생각하는 것이 약속을 지키기 위한 필요 충분 조건이고 너는 약속을 지켜야만 하므로, 따라서 반성적으로 깊이 생각해야만 한다. 이기적인 자아는 이렇게 말할 것이다: 너 자신을 함부로 바꾸지 않는 것이 낫다; 결국은 좋아하지 않는 일을 하는 꼴이 될 것이다. 이제 무슨 일이 일어나는가?

114 내가 이해하기로, 이 지점에서 맹자는 비숍 버틀러(Bishop Butler)처럼 자아의 "더 큰 부분"에 주목해야 하며, 그 부분이 "더 작은 부분"에 대해 우선권을 가지고 있다고 주장한다. 그러나 그는 또한 때때로 다음과 같이 생각하는 듯하다: 자신을 구성하고 있는 요소를 철저히 조사할 그러한 경지에 이르기에 충분할 정도로 실제로 신중하게 깊이 반성적으로 생각하기만 한다면, 그렇게 할 것이다; "고귀하게 되기를 바라는 것은 사람들의 공통된 성향이다. 그러나 모든 사람들은 자기 자신 안에 고귀함을 가지고 있다. 단지 생각하지[思] 않을 따름이다."[127] 감각적 기호는 자동적으로 그 대상을 추구한다; "생각하거나" 행위하는 것이 아니라 단지 반응할 뿐이다. "생각하는 것은 마음의 기능이다; 생각한다면 얻을 것이다"(고자가 "말로부터 얻지 못하는 것을 … 마음으로부터 …"라고 말한 것과 비교해보라); 그리고 "생각하지 않는다면 얻지 못할 것이다."[128]

127) 『孟子』, 「告子」, 上, 17, "欲貴者 人之同心也 人人有貴於己者 弗思耳."
128) 『孟子』, 「告子」, 上, 15, "心之官則思 思則得之 不思則不得也."

4) 퇴행의 문제

“단지 생각하지 않을 따름이다.” 그러나 왜 생각하지 않는 것일까? 맹자에게 “생각”은 단순한 인식 활동이 아니라 마음이 그 내적 성향에 대해 반성적으로 수복하고, 나아가 그것을 음미하는 것이기도 하다 ; 그것은 내가 하는 것이고, 그렇게 하도록 권유할 수도 있으며, 따라서 분명 그렇게 하지 않으려고 할 수도 있다. 생각해야만 한다는 것을 알기 위해서는 자신에 관한 어떤 종류의 지각을 하거나 판단을 내려야 하는 것일까? 그리고 생각을 통해서가 아니라면 어떻게 그러한 지각이나 판단에 이를 수 있을까?

맹자는 아마도 우리가 항상 자신의 도덕적 성향에 대해 책임을 져야 한다고 생각하는 듯하다. 그러나 자신의 도덕적 성향에 대해 책임을 져야 한다고 말을 하면 퇴행의 문제가 생겨날 듯하다 : A를 행해야만 한다면 A를 행하기를 원하게 되어야만 하고, 또 A를 행하기를 원하게 되기를 원하게 되어야만 하는 식으로 말이다. 맹자의 견해를 받아들인다면, 논의의 요지를 손상시키지 않고 퇴행을 멈추게 할 수 있는 어떤 방법을 찾거나 아니면 그러한 퇴행의 문제가 전혀 당황할 필요 없이 받아들일 만한 것임을 보여주어야만 한다. 지나치게 세부적인 영역까지 언급하지는 않겠지만, 그 문제에 대한 가능한 해결책은 다음과 같이 진행될 수 있을 것이다 : A를 행해야만 하는데 그렇게 할 만한 동기 부여가 이루어져 있지 않다면 그렇게 할 수 있도록 동기 부여가 되어야만 한다는 것은 반론의 여지가 없는 사실이다 ; 따라서 동기 부여가 이루어지기 위한 동기 부여가 이루어져야 하는 식으로 퇴행이 계속된다. 이 모든 단계에서 그것이 자신의 의무임을 알지 못할 가능성이 존재한다 ; 나아가 설사 안다고 해도 아무것도 하지 않을 가능성이 존재한다. 이는 “의도적으로 A를 행하기 위해서는 반드시 그렇게 하기 위한 동기를 채택해야만 한다 ; 그러나 그렇게 하기 위해서는 이 동기를 채택할 만한 동기를 채택해야만 하는 식으로 퇴행이 계속되며, 따라서 아무것도 할 수 없게 된다"고 말하는 것과는 다르다 ; 그렇게 말한다면 매우 불합리할 것이기 때문이다. 그렇다고 해서 문제가 전혀 없다는 말은 아니다. 맹자는 「고자」 상, 15에서 이와 관련된 윤리학적 문제를 아주 깊이 있게 다루고 있다. 어떤 사람들이 다른 사람들보다 "더 큰" 이유는 무엇인가? 그들은 자신의 "더 큰 부분"을 따르기 때문이다. 하지만 그들은 왜 그렇게 하는가? 글쎄, 우리는 생각을 해야만 한다 …. 그리고 물론 우리는 때로 생각하지 않기도 하고, 생각하려고 하지 않기도 하며, 어떤 식으로든 생각할 수 없는 경우도 있다. 16세기에 한 선비가 자신의 선생에게 "노력이 진지하지 못한 이유가 뭘까요?"라고 물었는데, 그 또한 이러한 곤경에 빠져 있었던 것이다. 물론 때로는 그냥 진지한 경우도 있으며, 이러한 사실을 잊어서는 안 된다. 만약 그렇지 않다면, 내가 그 문제를 이해할 수는 있다고 하더라도, 나의 선생이 그 문제를 다룰 수 있는 유일한 방법은 격언 속에나 나오는 먼지떨이를 찾는 것뿐일 경우도 있을 수 있다 — 선생은 (무엇을 해야 하는지 생각하기보다는) 그 문제를 이해하고자 하는 조급증으로 인해 관심이 무수히 많은 '주의를 기울이는 행위'로 향하게 됨으로써 내 몸이 굳어져 있음을 알기 때문이다.

하지만 이는 병적인 경우다. 정상적인 경우에 그러한 퇴행은 저절로 마감될 것이다. ***115*** 어떤 것을 해야 한다는 사실과 그렇게 할 만한 마음가짐이 충분치 않다는 사실을 알아차리게 된다면, 이미 자신에 대해 무언가를 해야 할 의무와 동기를 가진 것이다. 그리고 이 동기가 존재하기 위해서는 선행하는 동기가 있어야만 하는 것이 아니다. 물론 그 동기가 불충분할 수도 있다 ; 그 동기가 나로 하여금 가능한 한 열심히 노력하도록 할 만큼 충분하더라도 여전히 실패할 수 있다 ; 그러나 이 경우에는 아마도 그 일을 하기 위해 가능한 한 열심히 노력할 수 있는 마음가짐이 적절히 주어졌음에도 불구하고 실패한 것이다. 성공이 확실히 보장되지 않는다는 것은 노력이라는 개념의 일부분이다. 맹자와 맹자주의자들은 이렇게 말하고자 하지 않는다. 그들은 단지 노력하면 도움이 된다[129]고 주장할 뿐만 아니라 노력하면 반드시 성공한다[130]고 주장하고 싶어한다.

결국 이로 인해 그들이 맹자주의자일 수 있는 것이다.

6. 비 교

1) 장자와 순자

이제 공자에서 시작해서 묵가를 거쳐 맹자에 이르기까지 추적해온 변증법적 논리를 장자(기원전 4세기 말)와 순자(기원전 3세기)에까지 지속시켜볼 수 있다.

물론 장자는 도덕적인 측면에서 특정한 구체적 목적이 있다는 유가의 주장에 대해 전혀 공감하지 않는다 ; 그러나 그에게도 실제로 자신만의 "완전한 인간" 상(象)이 존재한다. 그리고 장자는, 우리가 인간이 완전해질 가능성에 대해 관념적으로 어떻게 생각하든 간에, 특정한 어떤 사람이 똑바르게 될 수 있는가 그렇지 않은가는, 최고의 스승에게서조차도, 실질적으로는 운송과 관련된 문제임을 알고 있었다. 예를 들어, "발가락 없는 자[無趾]"가 노자에게 공자에 대해 말하는 재미있는 이야기가 있다 :

---

129) 『孟子』, 「盡心」, 上, 3, "求有益於得."
130) 『孟子』, 「告子」, 上, 6, "求則得之."

“공자는 아직 완전한 사람[至人]의 경지에 도달하지 못했음이 분명합니다. 그렇지 않나요? 그는 무슨 의도로 그렇게 공손하게 당신을 따라다니며 배우는 것인가요? 그는 명망에 대한 헛된 환상만 좇으며, 완전한 사람[至人]은 그것을 질곡으로 여기는 것을 모르는군요!”

노담(老聃)이 말했다 ; “그에게 삶과 죽음은 같은 것이며, 받아들일 만한 것과 그렇지 못한 것이 하나임을 알도록 해주면 어떨까요? 그를 자신의 질곡으로부터 해방시켜주는 것이 좋지 않을까요?”

무지(無趾)가 말했다 ; “하늘이 이미 형벌을 내렸는데, 당신이 어떻게 그를 해방시켜줄 수 있겠습니까?”[131]

게다가 유학자들은 최선의 객관적 목표가 아닌 것을 선택한다는 것은 생각조차 할 수 없는 반면, 도가들은 그에 대해 아무런 불편도 느끼지 않는다. 그러한 사람들은 장자처럼 “옛날의 진인(眞人)”에 대해 말할 때, “최선”을 그것만 못한 것으로, 그리고 최선에 못 미치는 것을 최선으로 재평가하는 전형적인 모습을 보여줄 것이다 — 예를 들어, 그들은 그다지 아름답지 못한 자신의 충동을 포함해서 존재 자체에 대해 편안히 받아들이는 것을 최고의 “덕”으로 여기기 때문이다.[132] 그러한 태도를 가진다면 자신의 정신이 손상되지 않도록 하기 위해서 도덕과 무관한(amoral) 쾌락주의를 삶의 방식으로 권고하는 데 이를 수도 있다.

순자는 두 근원의 도덕 이론을 가진 고전적인 인물이다 : ***116***
우리에게는 본성이 있으며, 인간의 삶에서 좋은 모든 것은 지성(intellect)의 지시를 본성에 적용하는 데에서 나온다. “질서 없이 연민의 마음을 확장하는 것만으로는 인(仁)이 성취되지 않는다.”[133]

---

131) 『莊子』, 「德充符」, “孔丘之於之人 其未邪 彼何賓賓以學子爲 彼且蘄以諔詭幻怪之名聞 不知至人之以是爲己桎梏邪 老聃曰 胡不直使彼以死生爲一條 以可不可爲一貫者 解其桎梏 其可乎 無趾曰 天刑之 安可解.”

132) 『莊子』, 「大宗師」에 나오는 옛날의 진인(眞人)에 관한 이야기를 보라.

133) 『荀子』, 「大略」, “推恩而不理 不成仁.”

그는 도덕적인 삶의 방식을 결정하는 단계(이는 순자의 입장에서는 도덕과 무관한 것이다)에서 철저하게 소크라테스적인 입장을 취한다. "모든 사람들은 자신이 인정하는 것을 따르고, 인정하지 않는 것은 거부한다. 도(道)에 필적할 만한 것이 없다는 사실을 아는 사람에게 도를 따르지 않는 일은 결코 없기 때문이다."[134] 이 장(「정명(正名)」)의 문맥으로 볼 때, "도를 따르다[從]"는 말은 특정한 구체적인 상황에서 올바르게 행위함을 의미하는 것이 아니라, 최적의 만족을 위해 어떠한 방식의 삶을 살아야 하고 어떠한 종류의 사람이 되어야 하는가에 대한 선택을 가리킴이 분명하다. 현명한 사람들은 적절한 훈련에 따르며, 그렇게 함으로써 도덕적이 된다. 이러한 단계에서 언제나 자신이 견지하는 도에 따라 행동하는가 그렇지 않은가는 단순히 조건을 부여하는 과정[135]이 얼마나 진행되었는가의 문제다.

하지만 "도"에 필적할 만한 것이 없다는 사실을 어떻게 아는가 하는 문제가 여전히 남는다. 순자의 주장에 따르면 이는 "계산을 하는" 문제다[136] ; 그러나 우리를 유혹하는 생각이 하나만 있어도 그에 의해 혼동되고 "가려질" 수 있다 ; 그리고 순자는 이 문제에 대해 또 다른 한 편의 글을 할애하고 있다. 그곳에서 냉정한 사유(dispassionate thinking)의 가치에 대해서, 그리고 명석하게 사유하는(clear-headed) 사람은 어떠한지에 대해서 많은 것을 배우게 되지만, 이미 그러한 종류의 사람이 되어 있지 않을 경우에 그렇게

134) 『荀子』, 「正名」, "凡人莫不從其所可 而去其所不可 知道之莫之若也 而不從道者 無之有也."

135) 앞에 나온 훈련을 가리킨다.

136) 『荀子』, 「正名」, "道者 古今之正權也 離道而內自擇 則不知禍福之所託 易者以一易一 人曰無得亦無喪也 以一易兩 人曰 無喪而有得也 以兩易一 人曰 無得而有喪也 計者取所多 謀者從所可 以兩易一 人莫之爲 明其數也 從道而出 猶以一易兩, 奚喪 離道而內自擇 是猶以兩易一也 奚得."

되어야 할 필요성을 어떻게 알 수 있는지에 대해서는 거의 아무것도 알 수 없다.

2) 서양식 견해의 몇 가지 사례

아리스토텔레스

맹자와 아리스토텔레스를 비교해보면 나의 동료인 리 이얼리(Lee Yearley)가 "유사함 속에서의 차이"라고 표현한 내용을 발견할 수 있다. 맹자처럼 아리스토텔레스도 (항상 그런 것은 아니지만) 보통은 개별적인 선택이나 행위보다는 인격의 모형에 관심을 가지고 있다. 그러나 유덕한 행위의 "내재성(internality)"에 대해서는 맹자와 아리스토텔레스 사이에 명백히 대조되는 점이 있다. 맹자의 입장에서는, 적절한 동기 부여가 이루어지지 않는다면 우리는 (진정으로) 유덕한 행위를 할 수 없다. 반대로, 아리스토텔레스에게 유덕한 행위란 유덕한 사람이라면 행할 만한 종류의 행위이기만 하면 된다(올바른 철자법이란 철자를 잘 아는 사람이 나에게 가르쳐줄 철자법인 것처럼 말이다). 그러므로 (맹자는 그렇지 않지만) 아리스토텔레스에 따르면, 우리를 유덕하게 만들어줄 만한 동기 부여가 결여되었다고 할지라도, 우리는 유덕한 행위를 할 수 있다(철자법을 전반적으로 잘 알지 못해도, 어떤 한 가지 경우에는 올바른 철자법을 가르쳐줄 수 있는 것처럼 말이다).

두 사람 모두 인간의 본성에 아주 커다란 의미를 부여하기는 하지만, 덕이 "자연스러운(natural)" 것인가에 대해서는 의견을 달리한다. 맹자는 우리의 선한 본성이 덕에 대한 능력을 보장해준다고 분명히 밝히고 있는(「고자」 상, 6) 반면, "덕은 본성에 의해서 생겨나는 것도 그에 반해서 생겨나는 것도 아니며, 우리는 본성상 덕을 획득할 수 있고, 습관을 통해서 자신을 철저하고 완전하게 하는 데 이를 수 있다"(1985, 33-34, 1103a20-30)고 말한다.

117 맹자와 아리스토텔레스는 유덕한 행동을 함으로써 유덕한 사람이 된다는 데에는 의견을 같이 한다. 그러나 그들은 인간의 본성과 유덕한 행위의 "내재성"에 대해 서로 다른 태도를 가지고 있기 때문에, 행동과 도덕적 수양의 관계에 대해서는 좀더 큰 차이가 생겨나게 된다. 아리스토텔레스는 유덕한 행동을 함으로써 유덕해진다는 자신의 견해에 담긴 역설에 대해 다음과 같이 논한다:

> 정의로워지기 위해서는 먼저 정의로운 행동을 해야 하며, 절제하는 인격을 가지기 위해서는 먼저 절제하는 행위를 해야 한다는 말은 무슨 뜻인가? *37* 문법적이거나 음악적인 것을 행한다면, 우리는 이미 문법가이거나 음악가임에 틀림없을 것이기 때문이다. 그렇다면 동일하게, 정의로운 혹은 절제하는 행동을 한다면, 이미 정의롭거나 절제하는 인격을 가진 것임에 틀림없다(1985, 39, 1105a15-25).

이는 내가 초기 중국 사유에서 "덕의 역설"이라고 부른 것(이 책의 제3장을 보라)과 매우 유사하다. 그러나 아리스토텔레스는 유덕한 행위를 하는 것과 유덕한 동기를 가지는 것 사이의 관계를 맹자처럼 밀접한 것으로 상정하고 있지 않다. 따라서 이러한 역설에 대해 아리스토텔레스에게는 해법이 존재하지만, 맹자의 경우에는 그렇지 않다. 아리스토텔레스에 따르면, 정의롭고 절제하는 인격을 가지게 되는 것은 정의롭고 절제하는 행위를 행하여, 그러한 것들이 우리에게 습관화됨을 통해서 이루어진다. 그러나 이미 정의롭고 절제하는 인격을 가진 것이 아니라면, 강요당하지 않는 한 그렇게 행동하지 않을 것이다. 따라서 우리에게는 반드시 강요가 이루어져야 하며, 그것은 반드시 인격이 형성되는 어린 시절에 이루어져야만 한다(1985, 10권, 9장). 어릴 때 만족스러운 도덕 교육을 받지 못했다면 상황은 절망적이다; 그러나 태만함과 방탕함으로 인해 덕을 상실할 수도 있기 때문에 어른들은 자신의 도덕적 성향에 대해 책임을 져야 한다(3권, 4-5장). 그럼에도 불구하고, 아리스토텔레스는 "그렇다고 해서 [어떤 사람이] 부정의한 인격을 가진 상태에서 더 이상 그렇지 않기를 바라면 더 이상 그렇지 않고 정의롭게 된다는 말은 아니다. 아픈 사람이 (단순히 바라기만 한다고 해서) 병에서 회복되는 것은 아니기 때문이다"(68, 1114a13-15)라고 적고 있다. 그러므로 도덕적으로 핵심적인 "과업"(후대의 유가들은 이를 공부(功夫 혹은 工夫)라고 부를 것이다)은 그러한 태만함과 싸워 이기는 것, 다시 말해서 이성이 감정(passions)에 의해 **혼란**되는 전형적인 모습인 의지 나약[아크라시아]을 피하는 것이다(여기에서 아리스토텔레스는 소크라테스적이다). 내가 생각하기에, 바로 이러한 이유 때문에 『니코마코스 윤리학』에서 제시되는 것과 같은 개념적인 탐구가 **실천적인** 도덕적 가치를 가지게 된다 ; 그러한 탐구를 통해 도덕적인 상태에 대해 **분명히** 알 수 있도록 도움을 받을 수 있는 것이다.

그러나 맹자에게는 이러한 아리스토텔레스적인 조치를 취하는 것이 불가능하다 : 마음속에 만족스럽지 못한 앙금을 남길[不慊於心] 일을 억지로 하는 것은 반 — 생산적일 것이기 때문이다(「공손추」 상, 2). 이제 우리는 맹자가 (아리스토텔레스에게는 미안한 말이지만) 인간의 본성에 덕을 향한 자연스러운 경향(다시 말해서 싹)이 있다는 뜻에서 인간의 본성이 선하다고 **주장하지 않으면 안 되는** 이유를 알 수 있다. 그 이유는 다음과 같다 : (1) 유덕한 행위에는 **실제로** 유덕한 동기 부여가 있어야만 하고, (2) 덕은 올바르게 행위함을 통해서 발전된다는 전제를 받아들인다면, (3) 실제로 이미 유덕한 사람만이 자기 안에 있는 덕을 발전시키거나 강화시키려는 마음가짐을 가지게 될(혹은 가질 수 있을 혹은 나아가 가르침에 효율적으로 반응할 수 있을) 것이기 때문이다. 그러므로 이러한 자연스러운 경향이 없다면 (맹자의 그림에 의거해서 본다면) 인간이 유덕해지는 것은 불가능하다. 따라서 맹자는 도덕적 정서란 발휘되고, 행위 속에서 실현될 때 적절하게 자라난다고 생각하게 된 것이다. ***118*** 이러한 주장을 뒷받침하기 위해 『맹자』에 나오는 흥미로운 다른 자료를 제시할 수 있다 : 예를 들면, 「진심」 상, 45에 나오는 다음의 짧은 당혹스러운 경구는 위와 같은 생각에 비추어볼 때 그 의미가 드러난다 : “자신의 친족들을 향해 가족의 사랑을 느끼는 사람들만이 모든 인간에 대해 인자함을 느끼게 될 것이다. 모든 인간에 대해 인자함을 느끼는 사람들만이 모든 생물들에게 친절할 것이다.”[137] 이 구절은 단순히 수사적으로 운율을 맞춘 것이 아니라 「등문공」 상, 5에서 맹자와 이지 두 사람 모두가 가정하고 있는 다음과 같은 내용을 다시 한 번 말한 것이다 : 나는 나의 부모를 향해 자연스럽게 애정을 느끼며, 따라서 모든 사람들을 향해 실질적인 인자함을 발전시킨다 등.

그리고 여기에서 맹자와 아리스토텔레스 사이의 마지막 한 가지 차이점을 볼 수 있다 : 맹자는 젊은이들의 도덕 교육에 진지한 관심을 기울이지 않으며, 실제 도덕적인 성인(adult)들에게는 도덕적 발전(그리고 도덕적인 지속)의 책임을 전적으로 그들 자신에게 지운다. 그 이면 깊은 곳에는 문화적인 요소가 있을지도 모른다 ; 아마도 고전 시대의 그리스와는 달리, 주 왕조 시대의 중국에는 파이데이아(paideia)[138]가 없었음(부족한 부분에 대해서는 후대 왕조의 도덕 교육에 관한 긴 문헌 속에서 보충되기는 하지만)을 증명해보일 수 있을 것이다. 그러나 여태까지 논의해온 내용에는 몇 가지 철학적으로 고려해야 할 점들이 암시되어 있으며, 그러한

137) “親親而仁民 仁民而愛物.”

138) 고대 그리스와 헬레니즘 문화권의 교육 제도를 가리킨다. 그리스어로 ‘교육’ 또는 ‘학습’이라는 뜻이다.

것들 때문에 아리스토텔레스는 파이데이아에 관심을 가진 반면 맹자는 그렇지 않았는지도 모른다. 아리스토텔레스는 도덕적으로 중립적인 우리의 본성이 습관에 의해 형성되어나간다고 생각한다. 성년기가 시작되기 이전에 습관은 거의 완성된다. 따라서 아이들에게 반드시 적절한 수양이 이루어지도록 하는 것은 “매우 중요하며, 참으로 무엇보다 중요한 것이다”(1985, 35, 1103b25). 반대로 맹자에 따르면, 우리는 도덕적으로 선한 본성을 가지고 있기 때문에 (전적으로 “짐승과 같이” 되어버린 사람이 아니라면) 누구에게나 도덕적 성장을 위해 사용할 수 있는 자원이 제공된다. 그리고 군주와 재상들은 “인자한 정부”를 제도화할 수 있는 가장 직접적인 기회를 가지고 있는 사람들이기 때문에(그리고 그들은 성인이기 때문에), 맹자는 이른바 “성인(成人) 교육”이라고 할 만한 것에 관심을 집중한다.

칸 트

1000년 이상을 뛰어넘어 다음 번 비교 대상을 찾아보면, 맹자가 칸트 및 그의 추종자들과 동일한 문제에 대해 전혀 다른 결론을 내리고 있음을 알게 된다. 「진심」 하, 24에서 맹자가 말하는 바에 따르면, 도덕적인 행위란 “명령되었기[命]” 때문에 의무감으로 행한 선한 행위가 아니다 ; 우리는 그 선한 행위를 하기를 원하게 되어야 하며, 그것을 자연스러운[性] 것으로 느껴야 한다. 반대로 칸트는 도덕적으로 명령된 것만이 진정한 도덕적 가치를 지닌다고 주장한다.

> 경향으로부터 나온 사랑은 명령된 것일 수 없다 ; 그러나 의무감으로부터 행해진 친절 — 우리로 하여금 그것을 행하게끔 만드는 어떠한 경향도 존재하지 않더라도, 그리고 심지어 자연스럽고 정복할 수 없을

> 만큼 내키지 않는 마음(disinclination)이 우리를 방해하더라도—은 병적인 사랑이 아닌 실천적인 사랑으로, 감정적인 경향이 아니라 의지 속에 깃들어 있으며, 감상적인 연민의 마음이 아니라 행동의 원칙 속에 깃들어 있는 것이다; 그리고 이러한 실천적인 사랑만이 명령의 대상이 될 수 있다(1964, 67; Academy, 399). ***119***

제임스

아리스토텔레스나 맹자와는 반대로, 제임스(William James)는 인격의 발전이나 유지에 초점을 맞추지 않고 특정한 구체적인 행위에서 "의지"의 작용에 초점을 맞춘다. 제임스에게, 최소한 곤란한 상황에서 도덕적으로 행동하는 것은 자동차에 시동을 거는 것과 같다. 자유 의지의 문제에 대해 우려하면서, 제임스는 우리가 할 수 있는 단 한 가지는 올바른 방향—행해야 하는 일, 더 유혹적인 행동이 아니라 그 행동을 해야만 하는 이유—에 주목하는 것이라고 주장한다. 정상적인 상황에서 주목은 비자발적(involuntary)으로 이루어진다. 자발적으로 주목하는 행위는 오직 몇 초 동안만 지속되며, "노력"을 통해서 끊임없이 새롭게 하지 않으면 안 된다. 다시 말해서, 기회가 주어지면 비자발적인 주목이 그 자리를 차지하고 적절한 행동이 자동적으로 따라나온다(이러한 분석으로 인해 어느 곳에선가 제임스는 잠들게 되는 것을 전형적인 의도적인 행동의 일종으로 간주한다. 우리는 양을 셈으로써 잠드는 과정을 시작한다 …). 그러나 이상적인 방식으로 "주목하는" 성격을 가진 사람이 되기 위해서는 어떻게 해야 하는가? 이는 이후(16세기의 중국)에 맹자의 노선을 따르는 윤리에서 아주 곤혹스러운 문제가 된다.

그러나 맹자에게는 이미 제임스적인 방향을 보여주는 요소들이 존재한다. 예를 들면, 『맹자』「고자」상, 15에서는 감각 기관의 호소력에도 불구하고 도덕적으로 고려해야 할 사항들과 너욱 심층적인 도덕적 성향에 내적으로 주목하는 것이 "소인"과 구분되는 "대인"의 특징이라고 주장한다. 「공손추」 상, 2에 나오는 자주 인용되는 구절, 즉 자기 발전의 과업에 "언제나 종사해야만 하며", 그것을 억지로 해서도 안 되지만 **결코 잊어서도 안 된다**는 말에서도 맹자는 동일한 내용을 말하고 있는 듯하다. 맹자는 **감정**을 수양하는 의무에 대해 관심을 가지고 있으며, 제임스처럼 어떤 것을 **믿어야** 하는 의무나 의지에 대해 관심을 가지고 있는 것은 아니라는 점을 지적해두는 것이 도움이 될 것이다 — 그러나 한 가지 예외가 있다 : 우리에게는 **스스로에게 주목할** 의무가 있으며(「고자」 상, 15에서 실제로 말하고 있는 의무는 이것이다), 따라서 자신이 잠재적인 도덕적 인격을 가지고 있음에 대해 올바른 **견해**를 가질 의무가 있다. 그리고 이는 실제로 인식과 관련된 의무로, 자신의 의지에 따라 수행할 수도 기피할 수도 있는 것인 듯하다. 그러나 "그래도 나는 그것을 이런 식으로 가질 것이다"란 없다. 그것은 그러한 **것이며** 눈길을 돌리면 볼 수 있다.

그렇다면 제임스는 언제나 주목하는 그러한 류의 사람이 되는 문제에 대해 어떤 해답을 제시할까? 여태까지 내가 발견한 바에 따르면, 제임스는 언제나 다른 방향에만 눈길을 주고 있다. "잘 태어난 영혼"이 있으며 그들에게는 아무 문제도 없다. 다른 사람들에 대해 제임스는 권고하고 비꼬고 격려하기는 하지만 아무런 가르침도 주지 않는다. 그는 어떤 사람들이 실제로 변화를 이루어 낸다는 사실을 인정하지만, 이에 대해서는 "종교의 성숙한 과일"이라는 전혀 도움이 안 되는 말을 할 뿐이다. 제임스는 "주목함"이 어떤 작용을 하는가에 대해 분명하게 이해하는 것 자체가 유익하다고 생각한 듯하다.

따라서 결국 염구의 문제에 대한 해답은 중국에도 서양에도 존재하지 않는다. 본질적으로 그 문제는 전혀 다루어지지 않은 채 남아 있지만, 두 위대한 문명권에서 수천 년을 거치는 동안 그 문제가 촉매가 되어 계속적으로 새로운 견해와 믿음, 관심을 대화 속으로 불러내었다. 그리고 실제로 이를 통해 더 깊이 있는 자기 이해를 위한 탐구가 촉진되었으며, 인간의 마음이 가지고 있는 풍부한 내용과 경이로움이 더욱더 많이 드러날 수 있었다.

제8장
기원전 4세기 중국의 철학적 의지주의

1. 부득어언 물구어심 부득어심 물구어기 (不得於言 勿求於心 不得於心 勿求於氣)

121 『맹자』 가운데 「공손추」 상, 2에 나오는 맹자와 공손추 사이의 짧은 대화는 이후 유학의 자기 수양과 관련한 철학에 커다란 영향을 미친 여섯 개의 텍스트 가운데 하나다. 맹자가 마음과 의지가 감정과 욕구에 대해 갖는 관계의 문제를 논의하고 있는 것은 주로 이곳과 「고자」 상에서며, 맹자가 고자라는 이름의 도덕 철학자에 대해 언급하면서 그에 대한 반론을 제기하는 것은 오직 이 두 곳에서만 발견할 수 있다. 다른 곳에서 고자에 관해 알 수 있는 내용은 거의 없다 ; 아마 전혀 없을지도 모른다. 저자를 알 수 없는 『관자(管子)』의 한 장에서는 유가와 비슷한 자기 수양에 관한 철학을 묘사하고 있는데, 어쩌면 그것이 고자의 것일지도 모른다 ; 그리고 『묵자』 48장, 「공맹(公孟)」에는 기원전 4세기 초에 있었을 법한 대화가 실려 있는데, 이는 묵자와 고자라는 인물 — 아마도 위에서

말한 고자와 동일인일 것이다 — 이 서로를 비판하고 있는 세 가지 사건을 기록한 것이다. 그러나 고자의 명성은 그에 관해 세부적인 내용을 알 수 있는 가능성과 반비례한다. 맹자는 인간의 "본성[性]"이 선하다고, 다시 말해서 우리가 도덕적이 될 수 있는 성향을 미리 가지고 있다고 주장했다. 고자는 이에 반대하여, 인간의 본성은 도덕적 지향성이 전혀 없는 동물적 욕구라고 주장했다. 이후 2300년 동안 많은 유학자들 — 그리고 여기에는 과거 700년간 중국의 모든 지성인들 대부분이 포함된다 — 에게 이 논쟁에서 맹자의 입장을 옹호하는 것, 그리고 암시적으로라도 맹자의 입장에서 벗어나지 않는 것보다 중요해보이는 것은 없었다. 이러한 논쟁으로 인해 20세기 공산주의자의 저술 속에서조차도 그에 관한 토론이 벌어지게 되는데, 철학자인 진백달(陳伯達)은 자신이 고자의 입장을 지지하노라고 공공연하게 선언하기도 하였다.

논쟁은 수세기에 걸쳐 동서양 양편 모두에서 그와 관련된 철학자들과 그에 호기심을 가진 역사학자들에 의해 계속해서 되풀이 되었다. 사람들은 "그런데 왜 그 문제에 대해 또 연구를 하는가?"라고 물을 것이다. 나는 이렇게 주장할 것이다 ; 이 유명한 견해의 차이에 대해 우리가 알아야 할 정말로 흥미로운 내용이 아직 더 남아 있노라고. 그리고 가능하다면 나는 그것을 알고 싶다고.

내가 알고 있는 한, 이 주제에 대한 가장 예리하고 통찰력 있는 연구는 앵거스 그레이엄(Angus Graham)의 「맹자 인성론의 배경(The Background of the Mencian Theory of Human Nature)」(1967, 7-66)이다. 그레이엄에 따르면 맹자를 통해 고자에 관한 세 가지 기본적인 사실을 알 수 있다 : *122*

(1) 고자는 맹자에 앞서 '동요되지 않는 마음[不動心]'을 성취했다(「공손추」 상, 2).

(2) 고자는 우리의 본성에 선도 불선도 없다(性無善無不善也)고 주장했다(「고자」 상, 6).

(3) 고자는 인은 내면적인 것이고 외면적인 것이 아니며, 의는 외면적인 것이고 내면적이 아니라고(仁內也非外也義外也非內也) 주장했다(「고자」 상, 4)(Graham, 1967, 23).

여기에서 그레이엄은 — 그것이 자기의 목적에 맞지 않기 때문이든 아니면 "기본적인 사실"이 아니라고 생각했기 때문이든 간에 — 맹자를 통해 고자에 대해 알 수 있는 다른 사실을 빠뜨리고 있다. 『맹자』 「공손추」 상의 1~2절에서 맹자와 그의 제자인 제나라의 공손추는 용기, 자기 확신, 확고한 도덕성 등에 관해 토론을 벌인다. 맹자는 위에서 인용한 바 있는 고자의 "부동심"에 대해 언급하고, 자기 자신도 또한 이미 "부동심"을 얻었노라고 말한다. 그러자 그의 제자인 공손추는 부동심을 획득하는 데 고자와 맹자의 방법에는 어떤 차이가 있는지를(또는 아마도, 부동심에 대한 두 사람의 입장에는 어떠한 차이가 있는지를) 설명해달라고 요구한다. 맹자는 이러한 요구에 대해 다음과 같은 고자의 격률 가운데 하나를 인용함으로써 대답을 시작한다 :

"말[言]"로부터 얻을 수 없는 것을 마음에서 구하지 말라 ; 마음에서 얻을 수 없는 것을 기(氣)에서 구하지 말라.

주석가들과 번역자들에게 이 구절은 언제나 골칫거리였으며, 위와 같은 가장 기본적인 번역조차도 특정 관점이 개입된, 반론의 여지가 있는 것이다. 고자의 격률은 단지 16글자에 불과하다 ; "말로부터 얻을 수 없는 것을 마음에서 구하지 말라 ; 마음에서 얻을 수 없는 것을 기에서 구하지 말라(不得於言 勿求於心 不得於心 勿求於氣)." 그러나 이렇게 기본적인 영어로 번역하더라도 중립적인 번역이 되지는 않는다. 예를 들면, 내가 "얻다"로 번역한 말[得]의 의미가 "이해하다"일 수도 있기 때문이다. 라우는 이와 같이 번역하고 있으며, 다른 말들에 대해 적절하게 의미를 선택해서 전체적으로 전혀 다른 성격의 글이 되게 한다면 이러한 번역도 그럴싸한 번역이 될 수 있다. 라우의 번역에 따르면 이 구절 전체는 자신이 이해하지 못하는 것에 대해 걱정하거나 당황하지 말 것을 충고하는 것이 된다(1970, 77.)

이리저리 다른 번역들을 참고해보면, 라우의 견해는 일본의 주석가이자 번역가인 하토리 우노요시(服部宇之吉)의 견해와 가깝다. 한(漢)나라 말기의 주석가인 조기(趙岐)는 고자의 말을 인간의 본성에 대한 논쟁과 연결시켜서 고자가 "어떤 사람의 말에서 좋은 점을 발견할 수 없다면, 언어 이면의 그의 심리에서 좋은 점을 발견하고자 노력함으로써 그 문제를 풀고자 계속 밀고 나가서는 안 된다는 말이다"139)라고 말하고 있는 것으로 풀이하고 있다. 송대(宋代)의 주석가인 주희가 이 구절을 번역할 때는 "격물(格物)"에 대한 자기 자신의 입장을 지침으로 삼고 있는 듯하다 ; 그는 고자가 "[어떤] 말에 이해하지 못하는 점이 있으면, 그 문제는 그냥 제쳐놓아야지, 고집스럽게 네 마음속으로부터 원리[理]를 얻어내

139) 조기의 주를 살펴보면, "… 고자의 사람됨은 용감하지만 사려가 없어서, 그렇게 된 사정의 근원을 따지지 않는다. 다른 사람이 자신에게 좋지 못한 말을 하면, 그 사람의 마음속에 선한 측면이 있었는지를 다시 따져보지 않고 그냥 화를 내버린다는 말이다. 맹자는 그래서는 안 된다고 생각했다. 고자는 다른 사람에게 악한 마음이 있다면, 좋은 말과 분위기로 자신을 대한다 할지라도 역시 화를 내버리고 말았는데, 맹자는 이것에 대해서는 인정한 것이다. 이는 사람들이 마땅히 마음을 기준으로 삼아야 함을 말한 것이다. 고자는 완전한 현자는 못 되었기 때문에 부동심에 관한 일도 한편은 채택할 만하지만, 다른 한 가지 측면은 채택할 만한 것이 못 된다(告子爲人 勇而無慮 不原其情 人有不善之言加於己 不復取其心有善也 直怒之矣 孟子以爲不可也 告子知人之有惡心 雖以善辭氣來加己 亦直怒之矣 孟子以爲是則可 言人當以心爲正也 告子非純賢 其不動心之事 一可用 一不可用也)"고 되어 있다.

고자 해서는 안 된다. 그리고 네 마음이 무언가에 대해 편안하지 못하다면 강력하게 그 마음을 통제해야지, 당신의 기(氣)로부터 그 문제에서 도움을 얻고자 해서는 안 된다"[140]고 말하고 있다고 주장한다.[141] *123* 덥슨(Dobson)은 분명 고자가 말로 표현할 수 없는 통찰력에 대해 신뢰하지 말 것을 충고하고 있다고 본다 : "마음속에서 말로 표현할 수 없는 것을 찾지 말라. 마음속에 없는 것을 물리적인 영역에서 찾지 말라"(1963, 85-86). 내가 보기에 레게의 번역은 그 의미가 분명치 않다.[142] 웨어(J. R. Ware)의 번역은 "말(words)"이 "너의 말(your words)"(1960, 64)로 되어 있는 것만 제외하고는 내가 조금 전에 제시한 번역과 매우 유사하다 — 그리고 이러한 해석에 대해서는 많은 주석상의 지지 근거가 존재한다 ; 그러나 웨어의 번역이 의미하는 바와 그 문제에 대한 나의 번역이 의미하는 바에 대해서는 아직도 연구해볼 필요가 있다. 그 구절에 대해 신중하게 생각해본 철학자, 해석가, 번역가들 가운데 내가 생각하기에 그 구절을 제대로 이해했을 것이라고 알고 있는 유일한 사람은 명대(明代)의 유학자인 왕양명(王陽明)이다. 그러나 이렇게 생각하는 이유를 밝히는 것은 이 논문의 범위를 넘어선다. 간단히 말해서, 고자의 격률을 진정으로 이해한 사람이

---

140) "告子謂 於言有所不達 則當舍置其言 而不必反求其理於心 於心有所不安 則當力制其心 而不必更求其助於氣."

141) 유학의 고전인 『大學』에 나오는 구절인 격물(格物)에 대해서는 많은 논란이 있지만, 표준적인 해석은 "사물에 대한 탐구(invetigation of things)"다. 이와 관련해서는 레게(Legge, 1971, 358, 4-5줄)를 보라. 그리고 이와 관련된 논쟁을 살펴보기 위해서는 라우(Lau, 1967), 그레이엄(Graham, 1992, 74-82), 아이반호(Ivanhoe, 1990b, 81-82, 107-108), 가드너(Gardner, 1986, 53-59), 그리고 이 책 14장의 *225*쪽을 참고하라.

142) "What is not attained in words is not to be sought for in the mind ; what produces dissatisfaction in the mind, is not to be helped by passion-effort"(Legge 1970, 188).

있을까 의심해보아야만 하며, 이는 매우 당황스러운 일이다 ; 왜냐하면 송명대의 철학자들에게서 볼 수 있는 여러 가지 반향(反響)이나 그들이 쓴 글로부터 판단해보건대, 고자의 격률은 말 그대로 여섯 살 때부터 모든 사람이 배운 논변 속에서 일종의 축(軸)으로 소개되는 듯하기 때문이다.[143] 맹자는 선한 사람이란 옳다는 확신을 가지고 있다면 어떠한 적도 두려워하지 않을 것이라는 말을 막 끝낸 후다 ; 그리고 고자의 말을 인용한 후에는 계속해서 동물적인 에너지[氣]와 관련해서 의지[志]를 일종의 온유한 장수(gentle commander)로 묘사하고, 다음과 같은 유명한 주장을 한다 : 맹자 자신은 "말"을 이해하고 "호연지기"를 양육하는 방법을 알지만, 그것을 어떻게 묘사해야 할지는 잘 모른다 ; 이 기(氣)는 어떤 식으론가 그를 우주와 연결시켜준다 ; 그 기는 "의로움을 축적함[集義]"에 의해 생겨나며, "의로움을 축적함"이 없다면 굶주린다 ; 고자는 "의(義)를 결코 이해하지 못했는데, 이는 그가 의(義)를 외적인 것으로 보았기 때문이다" ; 그리고 유명한 비유를 통해 곡식이 빨리 자라도록 하기 위해서 곡식의 줄기를 잡아 뽑는 방식으로 자신의 곡물을 잘못 다루었던 송나라의 어리석은 농부처럼 우리 자신을 잘못 다루어서는 안 된다고 말한다. 이후에 진행되는 이러한 모든 논의는 분명 맹자가 고자의 격률 중 두 번째 부분인 "마음에서 얻지 못한 것을 기(氣)에서 구하지 말라"를 받아들이는 조건으로 공손추가 맹자로부터 끌어낸 것이다. 첫 번째 부분인 "말에서 얻지 못하는 것을 마음에서 구하지 말라"는 명령에 대해서, 맹자는 그냥 거부해버리고 분명히 더 이상의 언급을 하지 않는다. 그 의미가 분명하다고 생각했음에 틀림없다. 그러나 이제 그 의미가 분명치 않아진 듯하다. 최근에 나는 그 의미를 이해했다고 생각

143) 다시 말해서 사람들은 그 말을 의심의 여지없는 분명한 전제인 것처럼 받아들이고, 그에 대한 논리적이고 분명한 설명 자체를 시도하지 않았다는 뜻이다.

하기 시작했으며, 이제 여러분을 설득하고자 노력할 것이다. 그 문제는 놀라울 정도로 심오하다.

2. 역사적인 가정

진행을 해나가는 가운데 나는 많은 논변을 제시하지 않은 채(이에 대해서는 다른 사람들이 이미 많은 논변을 제시해놓았다) 논쟁의 소지가 많은 몇 가지 사항을 전제할 것이다. 기원후 160년경에 저술 작업을 한 조기(趙岐)에 따르면, 그가 『맹자』를 입수하여 작업을 시작할 때 그 책은 장절(章節)이 나뉘지 않은 채 11권으로 되어 있었다고 한다. 그는 네 권을 버리고 나머지 일곱 권을 각각 반으로 나누었으며, 그것을 다시 현재 우리가 가지고 있는 것과 같이 분절했다.[144] ***124*** 나는 그의 말을 믿기로 한다. 「공손추」라는 제목이 붙은 2권은 공손추와 맹자 사이의 대화로 시작하며, 지금은 두 장으로 나뉘어 있다. 그것은 하나의 단일한 대화며, 나는 그것이 매우 공들인 기록이라고 믿는다. "공손추"는 사후에 붙여진 이름이 아니다. 이는 아마도 라우가 주장하듯이, 공손추가 맹자 사후에 현재의 책을 편집한 제자 가운데 하나였음을 보여주는 것이다. 2권 첫머리의 대화 뒤에는 선생의 긴 말들을 모아놓은 것이 나오는데, 이는 그 대화 속에 나오는 생각들과 관계가 있는 것으로 볼 수 있다. 그리고 다시 그 뒤에는 맹자가 제나라에서 한 짧은 공식적인 관직 생활에 대한 일화와 에피소드 모음이 나오는데, 여기에는 제선왕이 연나라를 침범했던 기원전 315~314년의 사건들이 포함되어 있다. 이도 또한 주석의 성격을 가지고 있다 ; 초반부에 나오는 대화에서, 그리고 마지막 부분으로 가면서 다시 유명한

144) 趙岐의 題辭(그의 주석의 서문이다)를 보라.

다양한 관리들과 그들의 역할에 대해 그들이 가지고 있었던 태도에 대해 논하고 있으며, 실제로 용기와 "동요되지 않는 마음[不動心]"이라는 개념에 대한 논의가 도입되는 것은 바로 그러한 역할과 관련이 있기 때문이다. 공손추는 (대화 속에서 그렇게 확인되는 것처럼) 제나라 출신이며, 대화는 기원전 6세기 제환공의 유명한 재상이었던 관중에 대한 평가로 시작한다. 그러므로 그 대화는 제나라에서 있었던 것이며, 기원전 315년보다 아주 오래 전에 있었던 것은 아니라고 추측한다 해도 불합리하지는 않을 것이다. 나아가 나는 라우의 견해(1970, 10)에 따라 이때 맹자가 75세에 가까운 나이이거나 그 이상이었음에 틀림없다고 믿는다. 이는 맹자가 일반적으로 알려진 것보다 20년이나 더 살았음을 의미한다 : 그렇다면 맹자는 기원전 390년경에 태어난 것이다.

다시 고자에게 돌아가 보자. 제6장에는 그 속의 논변이 언제 일어난 것인지를 알 수 있는 근거가 전혀 없지만, 내가 보기에는 몇 년 전에 어떤 식으로든 맹자와 고자 사이에 직접적인 대면이 있었던 듯하다. 고자는 아마도 기원전 315년 이전에 죽었을 것이다. 「공손추」 상, 2에서 맹자는 고자에 대해 언급하면서 그가 자신보다 나이가 많음을 암시하고 있으며("그는 나보다 이른 나이에 동요되지 않는 마음을 얻었다"), 제6장의 논변은 맹자가 자신보다 나이도 더 많고 정평이 나 있는 철학자의 유명한 입장을 성공적으로 공격함으로써 이름을 날리게 되는 데 대한 기록인 것처럼 되어 있다. 이는 2권에서 맹자가 고자의 격률을 아무런 부연 설명도 필요 없이 인용될 수 있음을 당연시하고 있다는 사실에서도 또한 암시되어 있다. 이러한 모든 요소들을 종합해볼 때, 『묵자』 48장에 등장하는 고자가 맹자가 비판한 인물과 동일인이라는 가정은 더욱더 합리적인 것이 된다. 물론 묵적(墨翟)의 생존 연대는 확실치 않으며 그에 대해서는 논란이 많다. 나는 전목(錢穆, 1956)과 메이

(Mei, 1934)의 견해에 따라 묵자가 기원적 390년경 — 대략적으로 새로 고쳐 계산한 맹자의 출생 연대 — 까지 살았을 것으로 추정하고자 한다. 『묵자』 48장에서 고자는 묵자를 배반한 제자로서, 스승을 매우 공격적으로 비난하는 인물로 등장하며, 묵자 자신은 이에 대해 거의 인자하다고 할 정도로 즐거워하는 것으로 보인다. 여기에서는 분명 아주 나이 많고 존경받는 사람에게 대적하고자 힘을 다하고 있는 젊은이를 그리고 있음에 분명하다. 이러한 사실은 중요하다 : 묵자는 자기 자신을 향해 덤벼드는 어린 제자에게 감동을 주거나 그를 당황하게 했을 것이며, 그러한 사실 속에 담겨 있는 여러 가지 가정들을 통해 고자에 관한 불분명한 점들이 풀릴 수 있기를 기대할 수 있기 때문이다.

3. 공손추와의 대화

__125__ 문제는 「공손추」 상, 2에 나오는 고자의 격률이며, 이제 나는 거기로 돌아갈 것이다. 무엇보다도 먼저 기억해야 할 점은 다음과 같은 두 가지 사실이다 : 첫째, 공손추는 절대적이고 내적인 도덕적 신념과 확고함 그리고 그것을 획득하는 방법에 대해 맹자와 고자의 입장이 어떻게 다른지 질문하고 있다 ; 둘째, 맹자는 고자의 격률을 인용하면서 그 질문에 대해 답하고 있는 것으로 상정되어 있다. 아마도 이에 근거해서 (그것은 선이 우리의 본성 안에 있지 않다는 고자의 입장을 되풀이한 것에 불과하다는) 조기의 해석과 (자기 안에서 말로 표현할 수 없는 직관을 찾고자 하는 것은 시간 낭비라는) 덥슨의 해석을 배제할 수 있을 듯하다. 라우는 그 격률을 질문에 대한 일종의 대답으로 해석하여(동요되지 않는 도덕적 확고함은 이해하지 못하는 것에 의해 마음에 동요를

일으키지 않는 법을 배운 결과인가?), 뒤에 나오는 도덕 수양의 미묘함에 대한 논의(기를 수양하고 의가 축적되도록 하는 것)와의 연관성을 이해할 수 없는 상태로 남겨둔다. 우리는 더 잘 해내야만 한다.

나는 다음과 같은 시도를 할 것이다 : (1) 먼저 바로 앞에 놓인 구절의 논리를 가지고 내가 할 수 있는 것을 할 것이다 ; (2) 하지만 그렇게 하는 가운데 『맹자』의 다른 내용들로부터 통찰해낼 수 있는 것은 무엇인지 살펴볼 필요가 있다 ; (3) 그리고 나서 전국시대의 다른 철학적 작품들을 통해 그 문제를 어떻게 비추어볼 수 있을지 살펴볼 것이다.

먼저 공손추와의 대화 그 자체를 살펴보자 : 던져진 질문은 "선생님과 고자의 '동요되지 않는 마음[不動心]'에 대해 말씀해주십시오"라는 것이었다. 표면상으로 볼 때, 그것은 사기 수양의 방법과 목표에 관한 질문이며, 뒤에 나오는 맹자의 수양에 대한 분석이 이를 확인해준다. 그러므로 맹자는 고자의 격률을 고자가 사람들에게 제시하는 자기 수양의 방법으로 이해하고 있음에 틀림없다. 그러나 고자의 격률은 "동요되지 않는 마음[不動心]"에 관한 것이 아니다. 그렇게 본다면 조리에 맞지 않으며("마음속에서 동요되지 않는 마음을 구하지" 말라?), 게다가 그 격률은 이미 잘 알려져 있는 것인 듯하다 ; 그리고 그것이 단지 부동심에 관한 것일 뿐이라면, 공손추가 그러한 질문을 던졌겠는가 하는 의심이 든다. 여기에서 주어진 고자의 격률은 자기 수양을 위한 일반적인 공식이며, 그 결과로 "동요되지 않는 마음[不動心]"을 기대할 수 있다고 보는 것이 더 합리적이다. (고자가 제6장에서는 이러한 것에 관해 말하지 않는다는 데 주목하라. 제6장에서 제시되고 있는 바에 따르면, 고자는 인간의 본성에 관한 어떤 이론적 진술을 옹호하고 있지만, 이러한 이론을 자기 자신을 관리하고 개발하는 문제에 적용시키지는 않고 있다.) 아마도 맹자는 고자가 실질적으로 믿고 있는 내용이 다음과 같은 것이라고 이해하고 있는 듯하다 : "동요되지 않는 마음[不動心]"을 가지기 위해서는 우리에게 무언가가 필요하며, 그것은 아마도 한 가지 이상일 것이다 ; 이제 맹자가 생각하고 있는 고자의 주장에 대해서는 아마도 다음과 같은 두 가지 가능성이 있을 듯하다 :

(1) 당신이 필요로 하는 것 가운데 오직 "말"로부터만 얻을 수 있는 것이 있다 — 어떤 사람들은 그것을 마음에서 얻을 수 있다고 생각할지라도 말이다. 하지만 고자는 그것을 그냥 놓아두어야 함을 암시한다. 당신이 필요로 하는 또 다른 것 가운데 오직 마음에서만 얻을 수 있는 것이 있다 — 어떤 사람들은 그것을 기(氣)로부터 얻을 수 있다고 생각할지라도 말이다. 하지만 고자는 그것을 그냥 놓아두어야 함을 암시한다.

(2) 당신이 필요로 하는 것 가운데 마음이 아니라 오직 말로부터만 얻을 수 있는 것이 있다. 하지만 고자는 그것을 마음속에 넣어두어야 함을 암시한다. *126* 만약 (이렇게 해본 후에)그것이 마음속에 없음을 안다면 기(氣)에서 그것을 구하는 것은 아무 의미가 없다. 하지만 고자는 일단 그것을 마음속에 넣어두었다면 그것을 기(氣)에 부과해야 함을 암시한다.

(1)에 대해서는 그럴싸하고 도움이 될 만한 논변이 있을 수 있다. "말"로부터 얻는 무언가가 필요하다면, 그것은 자신의 것이 아니라 다른 사람의 "말"임에 틀림없다. 따라서 이는 우리의 밖으로부터 오는 것이다. 마음으로부터 얻는 것은 이미 우리 안에 있는 것이다. 이제 우리가 알고 있는 바에 따르면 『맹자』「고자」 상, 4에서 고자는 의(義)는 "밖에" 있고 인(仁)은 "안에" 있다고 말한다. 아마도 그는 여기에서 의와 인에 대해 말하고 있는 것이며, 의는 "말"로부터 그리고 인은 "마음"으로부터 얻는다고 말하고

있는 듯하다.

이것이 옳을 수도 있지만, 두 번째가 뒤따라 나오는 맹자의 논의에 더 잘 들어맞을 듯하다. 따라서 맹자는 격률의 후반부를 글자 그대로(만약 그것이 마음속에 있지 않음을 알게 되었다면, 그것을 기에서 구하지 말라) 받아들이고, 계속해서 고자가 그 말을 통해 의도했다고 생각되는 내용에 대해 반론을 제기하며, 그렇게 하는 가운데 인(仁)이 아니라 의(義)에 관해서 이야기한다 : 그는 이렇게 말한다 ; 기에 대해 포악한 태도를 취하지 말라 ; 어떤 일에 착수하고자 할 때, 당신의 마음은 기의 뒷받침을 필요로 한다(그렇게 함으로써 "의지[志]"가 된다. 의(義)가 그 주변에 축적되게 한다면 기(氣)가 자라나서 당신을 강인하게 해줄 것이다. 그러나 거기에 어떤 형태를 부과하고자 하지는 말라. 그것은 의가 "급습해서 잡을" 수 있는 것이 아니다(非義襲而取之也). 아마도 이 말의 의미는, 일반적으로 사람들이 생각하는 것처럼 올바른 어떤 행위를 그에 대한 느낌과는 무관하게 행하도록 강요하는 것만을 통해서는 그러한 함양이 이루어지지 않는다는 것일 듯하다 ; 그 다음에 맹자는 행위할 때 만족을 느끼지 못한다면 기가 굶주릴 것이라고 다시 한 번 말하고 있기 때문이다. 그러나 고자는 (또다시) 의(義)를 이해하지 못했다 ; 그것을 "외적인" 것으로 여겼기 때문이다.

따라서 이러한 분석에 의거할 경우, 고자에게서도 또한 "동요되지 않는 마음[不動心]"을 가지기 위해서 필요한 것은 의(義)다 ; 그리고 고자는 의(義)를 "말"로부터 얻게 되며, 그 "말"이란 "외적인" 것이라고 생각했다. 그리고 맹자의 입장에서 보면 이는 물론 완전히 잘못된 것이다 : 의(義)는 "내부"로부터 오는 것이다.

이곳의 요점은 다음과 같다 : 고자의 공식은 그의 자기 수양 프로그램이며, 그 방향은 "외부"로 잘못 향하고 있다 ; 이는 『맹자』의 다른 곳에 나오는 맹자의 철학적 관용 어구와 입장 가운데 일부를 살펴보면 곧바로 확인할 수 있다.『맹자』「진심」 상, 3에서 우리는 "구함[求]"과 "얻음[得]"에 관한 좀더 많은 내용을 발견할 수 있다.

> 맹자가 말하였다 ; "구하면 얻을 것이고 버려둔다면 잃을 것이다. 이 경우에 구하는 것이 얻음에서 유용한 것은 우리 안에 있는 것을 구하기 때문이다. '구함에는 길(the Way)이 있고 얻음에는 명(命. the Decree)이 있다.' 이 경우에 구하는 것이 얻음에서 아무 소용이 없는 것은 외부에 있는 것을 구하기 때문이다.145)

따라서 맹자는 고자의 프로그램에 대해 다음과 같이 말할 것이다 ; 만약 자기 수양에서 무언가를 "얻어야"만 할 필요가 있다면, 그리고 어떤 식으로든 그것을 밖으로부터, 다시 말해서 다른 사람들의 "말"로부터 얻게 된다면, 그 경우 "추구하는 행위"는 도움이 되지 않을 것이다 ; 이는 의지[志]가 효율적으로 작동할 수 있는 영역이 아니다. 그리고 고자는 자신의 입장에서 정확하게 이를 거부하고 있다고 볼 수 있다. *127* 위에서 인용한 맹자의 말은 대체로 부와 명예를 획득하는 데 대한 잘못된 태도에 대해 조언을 하고 있는 것으로 간주되며, 나도 실제로 그렇다고 생각한다. 그러나 그런 내용이 드러나고 있지는 않으며, 맹자는 어쩌면 "외적인 것"을 추구하는 우리의 모든 시도가 충족되는가 여부는 결국 운명[命]에 달린 것이라는 좀더 일반적인 주장을 하고 있는지도 모른다.

「고자」에서 맹자가 마음, 감각 기관 그리고 그 대상들에 대해 묘사하고 있는 내용을 통해 이러한 사실이 뒷받침될 수 있을 듯하다. 맹자의 주장에 따르면, 모든 감각 기관은 각각 자연스럽고 이

---

145) "孟子曰 求則得之 舍則失之 是求有益於得也 求在我者也 求之有道 得之有命 是求無益於得也 求在外者也."

상적인 대상(눈의 경우는 아름다움 등)을 가지고 있다. 마음은 도덕이라는 그 자신만의 자연스럽고 이상적인 대상을 가진 내적 감각 기관이다(「고자」 상, 7). 따라서 맹자 그리고 아마도 중국의 모든 도덕가들에게 도덕적 원리란, 대부분의 서양 도덕가들처럼 수학의 진리와 같이 직관적으로 인지되는 것이라기보다는, 일종의 지각을 통해 포착되는 것이다. 따라서 맹자가 마음의 기능이라고 말하는(「고자」 상, 15) "생각[思]"은 마음이 자신에 대해서 내적으로 지각하는 것임에 틀림없다. 그러나 그 작용을 발휘하는 데에서 마음은 밖에 있는 "사물[物]"을 대상으로 하는 다른 감각 기관들과 다르다 : 육체적 감각 기관의 작용은 분명 인과적 필연성에 의해 지배된다 ; 감각 기관에 만족을 주는 대상이 나타나면, 문제는 "사물과 사물이 교차하는 것 ; 한 사물이 다른 사물을 끌어당기는 것"이 된다. 그러니 "마음의 기능은 생각하는 것이다. 생각한다면 그것[다시 말해서 마음의 대상인 도덕]을 얻을 것이고, 생각하지 않는다면 그것을 잃을 것이다"(「고자」 상, 15). 여기에서 "얻음"에 대한 그리고 '필연성의 영역으로서의 외부'와 실질적으로 자발적인 행동, 다시 말해서 '생각에 의한 행동의 영역으로서의 내부' 사이의 동일한 구분에 대한 더 많은 이야기를 발견할 수 있다.

하지만 그렇다면(「공손추」와 고자의 격률로 돌아가 보면), "말"이란 무엇인가? 맹자는 이제 막 자신이 "말을 이해한다"고 말한 상태며, 계속해서 상세한 설명을 하고자 한다 : 그는 사람들의 말 속에서 그들의 마음속에 단점이 있음을 보여주는 징후를 알아볼 수 있다고 말하고("치우친 말로부터는 말하는 사람이 어떤 점을 보지 못하고 있는지 알 수 있다"[146] 등), 자기 자신의 몇 가지 "말"을 덧붙인다 : "마음에서 생겨나는 것이 정치에 해를 줄 것이며, 정치에서 드러나는 것이 일에 해를 줄 것이다."[147] 맹자는, 유학자

146) "詖辭 知其所蔽."

들이 많은 경우에 그러하듯이 통치자와 고위 관리의 마음에 대해 말하고 있는데, 그것은 전반적인 대화의 포괄적인 주제에 대해서는 매우 적절하지만, 여기에서는 그다지 정곡을 찌르고 있지 못하다 : 도대체 "말"이 무엇인지에 대해서는 아무것도 말해주지 않고 있는 것이다. 하지만 그렇다면 맹자가 아무 생각 없이 즉석에서 그 내용을 구성해낸 것은 아니라는 말이 된다 ; 「등문공」 하, 9에서 맹자는, 사소한 차이가 있기는 하지만 동일한 격률을 말하고 있는데,[148] 이는 편집의 과정에서 우연히 일어난 일이 아니다 : 두 곳 모두에서 그 격률에 대해 "이후의 성인도 내 말[吾言]을 받아들일 것이다"[149]라고 말한 것을 보면, 이는 맹자가 자주 사용하고 또 사람들이 기억해 주기를 바랐던 격률인 듯하다. 하지만 이를 "말(words)"로 옮겨야만 할까? 아마도 "word", "격언(saying)", "격률(naxim)"이 더 나을 것이다! 다시 말해서 그것은 교조적 이론(doctrine)을 제시하고 있는 한 꾸러미의 말(반드시 그런 것은 아니지만, 많은 경우 짧은 격률 혹은 경구)인 것이다. 16글자로 되어 있는 마음에 관한 맹자의 언(言)은 16글자로 되어 있는 고자의 언(言)으로 시작된 토론, 다시 말해서 "말(words)" 혹은 교조적 이론[言]에 대한 토론을 종결하는 역할을 하고 있다. 그리고 "말(words)"을 통해 고자가 의도한 것이 무언인가를 발견하고자 하는 동안, 우리는 "나귀를 타고 가면서 나귀를 찾아 헤매어"[150] 왔다. 그렇다면 고자의 입장은 다음과 같다 : "동요되지 않는 마음[不動心]"을 성취하기 위해서는 교조적 이론에 대한 진술 가운데 하

147) "生於其心 害於其政 發於其政 害於其事."
148) "作於其心 害於其事 作於其事 害於其政."
149) "聖人復起 必從吾言矣", "聖人復起 不易吾言矣."
150) 이러한 비유적인 표현은 왕양명으로부터 얻은 것이다. Chan(1963, 148, no.166) ─『傳習錄』의 원문은 다음과 같다 ; "每與原靜論 無非此意 而原靜尙有何道可得之問 是猶未免於騎驢覓驢之蔽也"(166조).

나 혹은 몇 가지를 자신의 것으로 삼겠다는 결심으로부터 시작한다. *127* 그리고 나서 그 교조적 이론 속에 있는 옳음, 즉 의(義)에 대한 원리를 마음속에 주입하고, 그 다음으로는 계속해서 우리의 정서적인 에너지인 기(氣)를 그에 따라 통제해야 한다. 그러나 모든 것은 교조적 이론에 헌신하는 첫 단계에 달려 있다.

언(言)의 핵심적인 의미를 확인하기 위해 여기에서 문헌학까지 들먹일 필요는 없다. 우리가 기억할 필요가 있는 것은, 예를 들면 맹자가 「등문공」 하, 9에서 자신의 격률을 반복해서 말하기 직전에 "양주와 묵적의 교조적 이론[言]이 세상에 가득 차 있다"고 불평했다는 사실, 혹은 『좌전(左傳)』에서 "불사(不死)"를 얻을 수 있는 세 가지 방법 가운데 하나로 "자신의 말을 확립하는 것[立言]"을 거론하고 있다는 사실, 혹은 『논어』에서 공자의 유명한 "황금률"이 언(言)으로 소개되고 있다는 사실[151]이다. 이러한 사례들을 보면 그 용법은 일반적인 것이었다. 특별히 기억할 만한 한 가지 예를 더 들어보겠다. 철학자들 가운데 가장 교조적인 묵자의 글에는 언(言)에 관한 이야기가 많다. 예를 들면, 「비명(非命)」에서 교조적 이론을 시험하는 세 가지 방법[三表]에 관해 나열하고 있음은 매우 잘 알려져 있다. 그리고 묵자는 자기 자신의 언(言)에 대해 다음과 같은 놀라운 말을 하고 있다.

> 나의 교의는 충분하다. 나의 교의를 버리고 생각을 사용한다면 이는 곡물을 버리고 낱알을 줍고자 하는 것과 같다. 자기 자신의 이론을 가지고 나의 이론을 논박하는 것은 바위에 달걀을 던지는 것과 같다. 세상의 모든 달걀이 다 고갈되더라도 바위에는 아무런 해도 입히지 못할 것이다.[152]

151) 『論語』, 「衛靈公」, 23, "子貢問曰 有一言而可以終身行之者乎 子曰 其恕乎 己所不欲 勿施於人."

152) 『墨子』, 「貴義」, "子墨子曰 吾言足用矣 舍言革思者 是猶舍穫而攈(拾)粟也

4.『장자』에 나오는 내용

이제 좀더 많은 주의를 기울여, 전국시대의 몇몇 다른 철학적 작품에 눈길을 돌림으로써 그 작품들이 이곳에 나온 고자의 입장을 밝히는 데 더 많은 도움을 줄 수 있는지 살펴보겠다. 고자를 둘러싸고 있는 장벽을 없애는 데에는 두 명의 철학자를 살펴보는 것이 도움이 될 것이다. 그것은 바로 장자와 (위에서 막 인용한) 묵자다.

많은 경우, 어떤 말의 의미를 살펴보는 좋은 방법은 그 말이 거부하고 있는 내용을 확인하는 것이다. 고자는 물론 인간의 본성에 대한 맹자의 견해를 부인했지만, 그들이 전적으로 반대되는 태도를 취하고 있는 것은 아니다 ; 결국 그들은 둘 다 자기 수양론자들이었으며, 맹자는 고자의 격률에 대해 제한적으로 절반의 동의를 할 필요가 있다고 생각했다 : 마음에서 얻지 못하는 것을 기(氣)에서 구해서는 안 된다. 그러나 이름이 거론되고 있지는 않지만,『장자』에서 실질적으로 고자의 입장 전반을 분명히 거부하는 내용을 발견할 수 있으며, 거기에 나오는 한 꾸러미의 말은 거의 고자의 말만큼이나 난해하다.

그 내용은『장자』4장,「인간세(人間世)」에 나온다. 이 장도 또한 스승과 제자 사이의 허구적인 대화로 시작되는데, 그 내용은 공식적인 지위에 적절하게(“성공적으로”라고 하면 오해의 소지가 많다) 대처하기 위해 필요한 내적인 영혼의 자기 관리에 관한 것이다. 나는 이 대화가「공손추」의 내용에 대한 도가 측의 의식적이면서도 고의적인 반박일지도 모른다고 생각해본 적도 있다. 대화의 당사자는 공자와 그가 가장 총애하는 제자인 안회다 ; 여기에서 공자는 능수능란한 도가적인 성인으로 등장하며, 안회는 위나라

以其言非吾言者 是猶以卵投石也 盡天下之卵， 其石猶是也 不可毁也.”

의 군주를 위해 일하기를 청하면서, 공자에게 조언을 구한다. *129* 공자는 한두 페이지 가량 계속 그를 철학적으로 괴롭힌 후에, "너는 재계(齋戒)해야 한다! … 마음으로 재계하라"고 말한다. 그리고 계속해서 다음과 같이 말한다:

> 너의 의지[志]를 한결같이 하라! 귀로 듣지 말고 마음으로 들어라. 아니, 마음으로 듣지 말고 기(氣)로 들어라. 귀는 (평범하게) 소리를 듣는 데 지나지 않고 마음은 합치하는 데[符] 지나지 않지만, 기는 비어 있으면서 모든 것들을 대접한다. 오직 도(道)만이 비어 있는 곳에 쌓인다. 비우는 것이 마음의 재계다.153)

좀더 경구(警句)적인 표현으로 바꾸어보면, 장자가 다음과 같이 말하고 있다고 생각할 수 있다: "기(氣)에서 얻지 못하는 것을 마음에서 구하지 말라; 마음에서 얻지 못하는 것을 말 — 귀로 듣는 것 — 에서 구하지 말라." 따라서 여기에는 고자와 맹자 두 사람 모두가 거부할 생각이 들어 있으며, 그것은 고자의 격률 후반부에 나오는 말 속에서 거부하는 내용이다: 마음에서 얻을 수 없는 것을 기에서 구하지 말라. 그러나 잠시 쉬어가도록 하자. 여기에 나타난 장자와 고자 사이의 대립은 단순히 형식적인 대립 이상의 것이다. 그들은 서로 대립되는 목표를 분명히 밝히고 있다. 장자적인 류의 동요되지 않음은 힘의 흐름을 탈 수 있는 완벽한 능력이라고 말할 수 있다. 고자의 그것은 아마도 정반대다: 너무나도 굳건하게 뿌리박고 있어서 어떤 것도 자신을 놀라게 할 수 없어야 한다. 장자의 프로그램은 자신을 비우는 데 달려 있는 반면, 고자의 그것은 자신을 채우는 데 달려 있다. 따라서 장자의 기(氣)가 신비

153) "若一志 无聽之以耳而聽之以心 无聽之以心而聽之以氣 耳止於聽 心止於符氣也者 虛而待物者也 唯道集虛 虛者心齋也."

적이고 범상한 것을 넘어선 측면을 가지고 있는 데 반해 고자의 기는 그렇지 않다. 예를 들면 장자의 기는 단순히 숨을 몰아쉴 때 활성화되는 것처럼 보이는 에너지에 불과한 것이 아니다(『맹자』「공손추」 상, 2와 비교해보라). 그리고 장자에게서 귀로 듣는 것이란 그저 사람들이 말하는 내용, 다시 말해서 사람들이 흔히 말하고 받아들이는 글자 그대로의 의미에 불과할 뿐, 일상적인 의미를 넘어선 말[言]이라고 생각해서는 안 된다. 그러나 이러한 대조도 또한 지나치게 작위적일 수 있다. 여기에서는 아주 미세한 어감까지도 『맹자』의 대화에 나오는 반대 입장을 비꼬고 있는 듯하다 : 맹자도 또한 의지를 한결같이 해야 한다고 충고한다 ; 그러나 장자가 말하는 한결같은 의지란 일상적인 의미의 모든 의지를 부정하는 것이다. 맹자의 수양에서는 의(義)가 "축적된다." 장자에게 축적되는 것은 도가의 "길(Way)", 즉 도(道)다. 맹자의 경우, 이러한 "축적"이 일어나지 않으면 우리의 기(氣)는 굶주린다. 장자는 그러한 이미지를 다른 기준으로 평가해서, 수양 자체를 영혼의 "재계(齋戒)"로 만들어놓는다.

장자가 이 대화에서 공자를 통해 표현했던 것과 본질적으로 동일한 생각이 『관자(管子)』 49장, 「내업(內業)」에 훨씬 더 풍부하게 표현되어 있다. 그리고 분명히 고자의 그것과 유사한 자기 수양의 철학을 담고 있는 『관자』 26장, 「계(戒)」에서는 "동요되지 않는 마음[不動心]"이라는 생각에 우주적인 웅장함이 더해지는데, 그것은 맹자적인 개념을 잘 표현한 것이라고 볼 수도 있다. 하지만 그것은 고자의 생각인가? 아마 그것은 고자보다는 도가에 더 가까울 것이다. 거기에서 묘사되고 있는 이상적인 모습은 전혀 아무런 노력도 기울이지 않으면서도 완벽하게 효과적으로 자기 통제가 이루어지는 것이다 ; 그리고 그것은 완벽하게 효과적인 행동과 연결되어 있다. 너무나도 보잘것없는 상황에서도 생각이 흔들리지

않으며, 왕이라 해도 자만심이나 오만함을 전혀 갖지 않는다. 130

> 하늘은 움직이지 않지만 사계절은 그 아래에서 순환하고 만물은 변화한다; 군주는 움직이지 않지만 정부의 칙령은 그의 아래에서 널리 퍼지고 모든 업적이 완전하게 이루어진다; [성인의] 마음은 움직이지 않지만 사지와 귀와 눈을 부리며 모든 것들이 [그 진정한 본성을] 실현한다.154)

5. 묵자의 의지주의와 고자

그와 비교해서 묵자는 전혀 다른 모습을 보여준다. 앞에서 주장했던 것처럼, 우리는 아주 어린 시절의 고자가 묵자의 제자였을 가능성을 심각하게 고려해야 한다. 한 가지 측면에서 보면, 묵자와 고자 사이에는 분명한 유사성이 있다:『묵자』에 따르면, 묵자도 또한 인간에게 고정 불변의 도덕적 본성이 있음을 부인했다 — 이러한 생각이 명시적으로 드러나는 것은 역사적으로 시기가 늦은 제3장이지만, 역사적으로 초기 작품에 속하는「겸애(兼愛)」와「상동(尙同)」에서는 그러한 생각이 암묵적이면서도 더 강하게 드러나고 있다;「상동」에서는 자연 상태에서 사람들은 각각 옳음[義]에 대한 자신만의 입장을 가지고 있지만, 적절한 설득과 제약을 가함으로써 모든 사람들로 하여금 한 사람이 선택하는 하나의 획일적인 기준을 채택하도록 할 수 있다고 가정하고 있다. 47장에서는 인격 수양이 벽을 쌓는 것에 견주어진다 — 이는 고자가 "버드나무로 잔을 만드는" 비유를 한 것과 크게 다르지 않다.

154)『管子』,「戒」, "天不動 四時運下而萬物化 君不動 政令陳下而萬功成 心不動 使四肢耳目而萬物情."

그러나 내가 생각하기에, 원초적인 방향에서 묵자의 철학은 결코 자기 수양론자의 철학이 아니다. 설득에 대한 입장 그리고 이성과 감정, 믿음의 관계에 대한 입장을 보면 애초에 그러한 측면이 배제되어 있다(따라서 그는 예악에 대한 인내심이 부족했으며, 유학자들이 예악을 높이 평가하는 이유를 이해할 수 없었다). 묵자는 다음과 같이 생각한 듯하다 : 합리적으로 볼 때 (특정한 문제에 대한) 애정(과 믿음)을 가지는 것이 이익이 될 것이라는 내용의 논변을 잘 구성해서 사람들이 그 논변을 따르도록 할 수 있다면, 그들은 그러한 애정을 가져야 한다는 결론을 내릴 것이며, 그 시점에서 그럴 의지만 가진다면(만약 그럴 의지를 가지지 않는다면 그들은 그저 똥고집을 부리고 있는 것일 뿐이다), 그 애정을 채택할 수 있을 것이다 ; 이는 마치 설득에 의해 팔다리를 움직이기로 결심할 수 있는 것과 똑같다. 흔히들 묵자의 "보편적 사랑[兼愛]"은 절대로 "사랑"이 아니라 냉철한 이기심에 불과할 뿐이라고 말한다. 이러한 판단은 너무나 성급한 것이다. 묵자의 가정에 따르면, 그가 그리고 있는 이상적인 세계의 정치 질서 속에서 명령에 의해 올바름[義]에 관한 통치자의 기준을 채택하는 개인은 실제로 그것을 채택하는 것이지, 단지 그런 척만 하는 것은 아니다. 귀신과 정령(精靈)에 관한 장은 그들이 존재한다는 것을 증명하기 위해 고안된 논변과 그들이 존재함을 믿는 것이 사람들에게 유용함을 보여주기 위해 고안된 논변이 이상야릇하게 섞여 있다. 묵자가 의지의 통제를 통해서 믿음의 상태에 접근할 수 있다고 가정했음을 생각한다면, 그 이상함은 훨씬 덜하게 된다. 묵자는 분명 사랑에 대해 깊이 있게 이해한 철학자라고는 할 수 없다. 그러나 묵자는 보편적 사랑이 실제로 애정이어야 하며, 단순한 태도에 불과한 것이어서는 안 됨을 말하고자 했다는 독해도 가능하다.

<u>*131*</u> 그렇지 않다면, 우리들 중 나머지 일부는 분석을 통해 다음

과 같은 구분을 내리게 되지만, 이러한 수준에서 보면 묵가적인 사고에는 구분 방법에 대한 예리한 감각이 없다고 말해야 할 것이다 : (a) 어떤 일을 "올바른" 것으로서, 다시 말해서 이성을 통해 볼 때 그것이 유용하고 사려 깊은 행위이기 때문에 행하는 것 ; (b) "진정으로" 올바르다고 인정된, 다시 말해서 도덕이 명하는 (그것이 유용하고 사려 깊은 행위든 그렇지 않든 간에) 어떤 것을 행하는 것 ; 그리고 (c) 바로 그것이 행해야 할 것이라는 내적인 감정, 다시 말해서 그것을 행해야 할 자연스러운 것으로 만들어줄 감정을 가지고 행하는 것. 그렇다면 여기에서 첫 번째 묘사한 조건하에서 무언가를 행하겠다는 결심은 적절한 성향을 수반할 듯하다. 여기에서는 비교해보는 것이 도움이 될 것이다. 「양혜왕」 상, 7에서 맹자는 제선왕에게 무언가를 하지 않는 것과 그렇게 할 수 없는 것 사이의 구분을 가르쳐준다. 할 수 없는 것에 대해서는 태산을 팔에 끼고 북해를 뛰어넘는 불가능한 일을 예로 들고 있으며, 하지 않는 것에 대해서는 인자하게 통치하는 전적으로 가능한 일을 예로 들고 있다. 맹자가 사용하는 비유는 보편적 사랑에 대한 묵자의 논의로부터 온 것이다. 보편적 사랑이 "태산을 가지고 강물을 건너뛰는" 것처럼 불가능한 것인가? 그렇지 않다. 그러나 맹자는 왕이 진정으로 인자하기 위해서 필요한 성향을 언제나 자기 내부에 가지고 있음을 세심하게 보여준다. 묵자는 제선왕과 같은 인물에게 "너는 보편적 사랑을 실천할 수 있다. 여섯 성왕들도 그것을 했다"고 말할 뿐이다. 묵자가 보기에 당신이 해야 하는 것은 그렇게 하기로 결심을 하는 것뿐이며, 더 이상의 문제는 없다.

이제 내가 말하고자 하는 것은 이성과 결심 그리고 성향 사이의 관계에 대한 바로 이러한 입장이야말로 젊은 시절의 고자가 심취했던 것이었을지도 모른다는 사실이다. 그러나 그에 대한 나의 해석이 옳다면, 성향과 감정에 대한 의지의 지배력을 과장스럽게 높이 평가하기는 했지만, 고자는 자기 수양론적인 입장을 가진 철학자였다. 그리고 이른바 묵자의 "어록"(『묵자』, 46-60장)에 보이는 모습 — 아마도 만년에 해당할 것이다 — 을 보면, 묵자 또한 조잡하기는 하지만 자기 수양론적 입장을 가진 철학자였다. 묵자를 이런 방향으로 몰아간 교조적 결과주의에는 논리적 간극이 있었기 때문이다. 그것은 다음과 같다 : 묵자는 사람들이 그렇게 하는 것이 현명하다는, 다시 말해서 이롭다는 결론을 내리면 자신들 스스로의 성향을 바꿀 수 있다고 믿었다. 하지만 사람들이 그러한 결론에 도달하지 못할 경우, 그들이 그렇게 하리라고 믿을 만한 근거는 전혀 없었다 ; 그리고 요구되는 성향이 어떤 대의명분에 전적으로 헌신하는 것, 다시 말해서 모든 개인적인 안락함이나 이익을 전혀 고려하지 않을 뿐 아니라 심지어는 죽음에까지 이를 수 있는 것이라면 문제는 더욱 불확실해진다. 그러나 정확히 말해서 묵가적인 이상에 대한 헌신이야말로 묵자 스스로가 공언했던 것이자 자신의 추종자들에게 요구했던 것이다. 맹자조차도 묵자에 대해 "머리끝에서 발끝까지 문질러 없앰으로써 천하를 이롭게 할 수 있다면 그는 그렇게 했을 것이다"[155]라고 말했다. 묵가학파에서는 곧 여기에서 요구되는 '확고부동한 인격을 수양하는 사람'이라는 생각을 수용하고 발전시켜야 했음에 틀림없다.

따라서 묵가의 제자로 출발했으며 이후에 자기 자신의 길을 걸었던 고자가 열중했던 문제에서 이러한 측면을 발견하게 된다 해도 놀라운 일은 아닐 것이다. 흥미롭게도 『묵자』 「공맹(公孟)」 편에서 고자가 등장하는 세 가지 사건은 모두 자신의 이상이 행위 속에서 실제로 실현되도록 할 목적으로 자신을 강화하고 단련하는 데에 관한 것이다. *132* 그 중 한 곳에서는 이 확신에 넘치는 공격적인 제자가 의(義)를 설파하면서도 실제로는 불의한 일을

155) 『孟子』, 「盡心」, 上, 26, "摩頂放踵 利天下 爲之."

행한다고 묵자를 공격하는 것으로 기록되어 있다.[156] 또 다른 곳에서 묵자는 고자에게 먼저 자기 자신을 다스리는 법을 배운 이후에야 실제로 국가의 각료가 되거나 다른 어떤 것을 다스릴 수 있기를 희망할 수 있다고 말한다.[157] 하지만 또 다른 일화가 암시하는 바에 따르면, 고자는 이미 자기 자신에 대한 독자적인 접근법을 채택하고 있었으며, 그러한 접근법은 묵자에게조차도 버거운 것이었다. 묵자의 몇몇 제자들이 전하는 바에 따르면, 고자는 "인(仁)"을 실천하는 데 아주 열심이었다. 묵자는 코웃음을 쳤다. 묵자는 그것이 오래 가지 못할 것이라고 말한다 ; "고자가 인을 실천하는 것은 마치 사람들이 키가 크게 하기 위해서 키발로 서 있거나 넓어보이기 위해서 팔을 펼치고 있는 것과 같기" 때문이다.[158]

내가 보기에 윤리적 의지주의자(voluntarist)가 되고자 하는 사람들은 다음 두 가지 모두 혹은 둘 중의 하나를 전제해야만 한다 : (1) 인간으로서의 본성이란 없으며 우리는 강한 믿음, 결심, 역사적 행위에 의해 본성을 만들어낸다 ; (2) 선(善) 그 자체는 우리 혹은 누군가의 강한 믿음, 결심, 선택 행위에 의해 만들어진다. 마르크시즘은 두 가지 측면 모두에서 의지주의적이다 — 최소한 스탈린주의적인 형태의 마르크시즘에서는 그러하다. 묵자에게 선(善)을 만들어내는 의지는 하늘의 의지[天志]이지만, 묵자는 아마도 결국 두 번째 의미에서의 의지주의자에 해당할 것이다 ; 그러나 고자의 경우에는 그가 묵자처럼 두 번째 의미에서의 의지주의자에 해당하는지 알 수 있는 방법이 전혀 없다. 고자에게 선이란 절대적인 것이라고 생각될 수도 있다 ; 나아가 그것은 유가의 도

156) 『墨子』, 「公孟」, "告子曰 言義而行甚惡 請棄之."
157) 『墨子』, 「公孟」, "子不能治子之身 惡能治國政."
158) 『墨子』, 「公孟」, "二三子復於子墨子曰 告子勝爲仁 子墨子曰 未必然也 告子爲仁 譬猶跂以爲長 隱以爲廣 不可久也."

(道)와 같은 것이었을지도 모른다. 그러나 고자는 첫 번째 의미에서의 의지주의자였다. 그는 단지 어떤 특정한 방식으로 행동하겠다는 결심만으로도 인격을 만들어낼 수 있다고 생각한다 ; 그는 단지 생각만으로도 본성을 조금씩 조금씩 늘려갈 수 있을 뿐 아니라 그 형태까지도 결정할 수 있다고 생각한다. 이는 심지어 묵자까지도 불편하게 만들었다(묵자도 은연중에 동일한 생각을 가지고 있었지만 말이다). 오랜 시간이 지난 후에 맹자는 문제가 어디에 있는지 설명하고자 했다. 그러나 맹자 자신에게도 묵자적인 의지주의(voluntarism)의 잔재가 남아 있었다. 아마도 자기 수양론적인 입장을 가진 철학자는 모두 그러한 요소를 가지고 있어야만 할 것이다 ; 어떤 측면에서는, 적어도 실질적인 도덕적 행위가 아닌 수준에서, 실제로 현재의 자기와 다른 존재가 되기를 추구할 수 있다고 믿기 때문이다. 우리 모두에게는 "연민의 마음"이 있다. 제선왕은 좋은 왕이 아니었다. 그가 좋은 왕이 될 수 없어서가 아니라 좋은 왕이 되고자 하지 않았기 때문이다. 중국의 종교철학자들 가운데 그 정신에서 왕양명보다 맹자의 제자에 더 가까운 사람은 없다. 양명은 심지어 자신의 스승을 뛰어넘어, 선(善)이란 우리 본성의 성질이 아니라 실제로 본성 그 자체라고 주장했다. 그러나 양명 또한 그의 제자들로 하여금 성인에 이르는 길에 들어서게 하는 데 문제를 가지고 있다. 그는 제자들에게 이렇게 말한다 ;

> 내가 지금 말하고 있는 학문의 방법은 무(無)로부터 무언가를 만들어내는 과업이다. 여러분들은 나를 믿어야만 한다. 모든 것은 뜻을 세우는 데 달려 있다.[159]

---

159) 『傳習錄』, 115條, "我此論學 是無中生有的工夫 諸公須要信得及 只是立志."

제9장
근본은 두 개인가 하나인가?

133 위의 제목은 문법직으로 질문의 형식을 취하고 있다. 그러나 나는 애초부터 약속을 한 가지 하겠다. 나는 그 질문에 대답하지 않을 것이다. 대신 그것을 방편으로 삼아 나의 흥미를 끄는 문제들을 겨냥할 것이다. "텍스트"를 요약함으로써 신비로운 요소를 제거해보겠다.

그 문제는『맹자』라는 책 속에서 발견된다 ; 이 책은 "맹자"라는 중국 도덕가의 이름을 딴 것이다. 맹자는 대략 기원전 390년부터 310(혹은 305)년까지 살았다. 그 문제는 맹자와 초기(기원전 5세기)의 철학자인 묵자의 제자였던 이지(夷之) 사이의 논변을 기록한『맹자』「등문공」상, 5에 나온다. 묵자와 그의 제자들은 유가에 반대하고, 유가들이 싫어했던 많은 것들을 주창했다. 현재 논의하고 있는 이 사례에서, 두 사람 사이의 논변에는 환영받지 못했던 묵가의 두 가지 기본 원리가 포함되어 있다 : (i) 종교적인 의례, 특히 장례를 간소화함으로써 사람들의 생산력과 자원의 낭비를 막아야 한다 ; (ii) 당시의 끊임없는 복수와 도시, 국가 간의 전쟁은 가족의(혹은 다른 정치적) 유대를 고려하지 않고 모두가 "서로를 무차별적으로 사랑"한다면 종식될 수 있다. 유학자들은 부모에 대한 의무와 조상에 대한 존경심을 해친다는 이유로 이 두 가지 모두에 반대하였다. 묵자는 위의 주장을 포함한 다른 생각들을 옹호하면서, 사람들은 그것을 가지는 것이 물질적으로 유용함을 알면 애정, 믿음, 의무감 같은 태도들을 의지에 의해 채택할 수 있는 것처럼 말한다. 그러나 앞으로 살펴보겠지만, 맹자와 이지의 이 논의가 있을 때쯤이 되면, 묵가학파의 극단적인 의지주의적(voluntaristic) 측면은 이미 완화된 상태였다.

이야기는 다음과 같이 진행된다 : 묵자(墨者)인 이지는 맹자와의 대화를 원한다. 그러나 맹자는 비협조적인 태도를 보이며, 심지어 그를 들이고자 하지도 않는다 ; 하지만 논변은 중재자를 통해 지속된다. 맹자는 먼저 이지가 자신의 부모 장례를 아주 공들여서 지냄으로써, 이지 자신이 묵가의 원리에 의거해서 모든 사람에게 권유하는 내용과 반하는 행동을 했다고 비난한다. 이지의 대답은 직접 그의 입을 통해 들어보는 것이 더 좋을 것이다 :

> [심지어] 유가의 도(道)에 따르더라도, 옛날 사람들 사이에서 [다른 사람을 대하는 올바른 방법은] "어린아이를 돌보듯이" 하는 것이었다. 이 격률은 무엇을 의미하는가? 나는 그것이 정도의 차이 없이 모든 사람들을 사랑해야 함을 의미한다고 생각한다. 그러나 사랑의 발현은 자신의 부모로부터 시작한다.[160]

134 다시 말해서 이지는 유가의 권위자들조차도 자신의 보편적 사랑이라는 교의를 인가했노라고 주장하는 것이다. 어린아이를 돌보려는 마음은 보편적인 것이다. 그러나 어떤 식으로든 사랑하

160) "儒者之道 古之人 若保赤子 此言何謂也 之則以爲愛無差等 施由親始."

기 위해서는 먼저 사랑하는 능력을 발전시켜야만 한다.[161] 그리고 그러한 능력의 개발은 부모에 대한 성대한 장례식을 치르는 것과 같은 일을 함으로써 이루어진다 ; 그와 같은 것들을 통해 가까운 가족 구성원을 향한 사랑의 감정이 표현되고 개발되기 때문이다. 일단 사랑에 대한 정서적 능력이 개발되고 나면, 철학적 교의를 적용해서 이 능력이 무차별적으로 모두를 향하도록 할 수 있다. 따라서 외관상 일관성이 없어보이는 나의 행위는 단지 나 자신의 교의에서 목적으로 삼고 있는 것을 향한 수단일 뿐이다. 이지는 결국 이와 같이 주장하고 있다.

그러나 맹자는 이지가 자신을 기만하고 자신의 교의뿐만 아니라 유가의 교의까지도 왜곡함으로써 자신이 하고 싶어하는 것을 합리화하고 있다는 사실을 안다. 따라서 맹자는 이지에게 다음과 같이 대꾸한다 :

> 이지는 정말로 자기 형의 자식에 대한 애정이 이웃의 아이에 대한 애정과 같을 뿐이라고 생각하는가? [이지가 인용한] 그 내용은 단지 거기에서 의도한 내용에만 적용되는 것이다 : 이리저리 기어다니던 아기가 막 우물에 빠지려고 한다면 그것은 그 아기의 잘못이 아니라는 말이다.[162] 게다가 하늘이 만물을 낳음에 하나의 근본[一本]을 가지도록 하였는데, 이지는 그들이 두 개의 근본[二本]을 가지도록 만든다. 이것이 바로 [그가 혼란스러워하는] 원인이다.[163]

---

161) 이러한 생각에 대해서는 『孟子』, 「盡心」, 上, 45(Dobson,1963, 139)와 비교해 보라. 그리고 이 책의 "맹자의 번역에 대하여"에 나오는 이에 대한 논의(*196-197* 쪽 ; 원본 쪽수)를 보라.

162) 따라서 맹자가 암시하는 바에 따르면(「告子」, 上,과 비교해보라), 우리는 자연스럽게 그 사고를 막고자 할 것이다 ; 유사하게 백성들이 아무런 잘못도 저지르지 않았다면, 왕은 그들이 고통을 받게 해서는 안 된다 ; 어린 아이를 돌보고자 하는 태도 그 자체만 가지고 생각한다면, 그 태도가 자연스럽게 모든 아이들을 향해 동등한 강도로 발휘되는 것은 아니다.

맹자가 무슨 의도로 "하나의 근본"과 "두 개의 근본"이라는 말을 했는지 즉각적으로 분명해지지는 않는다 ; 그러나 그는 여기에서 멈추지 않는다 : 맹자에 따르면, 사회 생활을 시작한 초기에 사람들은 때로 그들의 부모를 전혀 매장하지 않은 적도 있었다.

> 부모가 죽으면 그들은 부모의 시체를 가져다 개천에 버렸다. 나중에 그 옆을 지날 때, [그들이 목격한 바에 따르면] 여우와 이리가 그 시체를 게걸스럽게 먹고, 파리와 등에가 그 시체를 빨아먹고 있었다. 그들의 이마에는 땀이 맺혔고, 차마 그 광경을 볼 수 없어 눈길을 돌렸다. 이렇게 땀이 흐른 것은 다른 사람 때문이 아니다. 그들 마음 깊은 곳[의 감정]이 얼굴과 눈으로 확장된 것이다 ; 그리고 우리는 그들이 집에 돌아가서 바구니와 삽을 가지고 돌아와서 부모의 시체를 덮었을 것이라고 추측할 수 있다. 이것이 정말로 옳은 것이었다면, 효자와 선한 사람들이 그 부모를 매장하는 데에도 반드시 도(道)가 있을 것이다.[164]

따라서 결국 맹자의 주장에 따르면, '우리가 진정으로 하고자 하는 것'과 '해야만 하고, 해야 한다고 올바르게 인식할 수 있는 것' 양자 모두는 인간의 마음, 즉 "하나의 근본"에 그 근원을 두고 있다. 이를 이해할 수 없다면, 마음[心]에서는 정서적인 능력이 제공되는 반면, 그 능력을 어떻게 사용해야 할지 말해주는 것은 매우 독자적이면서 잘못될 가능성이 많은 철학적 교의[言]인 상황을 생각해볼 수 있다.[165] 이것-동기 부여와 의무라고 인식한 것

---

163) "夫夷子 信以爲 人之親其兄子 爲若親其隣之赤子乎 彼有取爾也 赤子匍匐將入井 非赤子之罪 且天之生物也 使之一本 而夷子二本故也."

164) "蓋上世 嘗有不葬其親者 其親死 則擧而委之於壑 他日過之 弧狸食之 蠅蚋姑嘬之 其顙有泚 睨而不視 夫泚也 非爲人泚 中心達於面目 蓋歸 反虆梩而掩之 掩之誠是也 則孝子仁人之掩其親 亦必有道矣."

165) 맹자가 「告子」, 上, 2에서 비판한 고자 — 그리고 아마도 이전의 묵가 — 의 오류는 바로 이것이었다. 이 책 8장에서 논한 내용을 보라.

— 을 "두 개의 근본"으로 본다면, 아마도 결국에 가서는 자신이 해야 한다고 생각하는 것을 할 수 없게 될 것이고, 그 다음에는 자기 기만을 통해 사태를 바로잡고자 함으로써 출발점으로 삼았던 좋지 못한 교의를 어리석은 방향으로 수정하게 될 것이다.

__135__ 하지만 여기에서 강조하고자 하는 것은 맹자와 이지 사이의 차이점이 아니라 유사점이다.[166] 정말 이상해보이는 것은 이지가 다음과 같은 생각을 가지고 있다는 사실이다 : 우리에게는 사랑과 같은 **정서적인** 능력이 있으며, 단순히 **생각**함에 의해 **당위**를 알려주는 어떤 교의와 일치하도록 그 정서적 능력을 이쪽 혹은 저쪽으로 조종, 집중 혹은 확장할 수 있다. 그러나 맹자가 "이지의 문제는 그가 견지하는 교의가 잘못된 것이라는 사실이며, 그 이유는 그것이 우리의 실제 느낌으로부터 나온 것이 아니기 때문"이라고 말할 때, 맹자 자신도 그만큼 이상해보일 가능성이 열리게 된다. 맹자의 관점에서 볼 때 타당한 어떤 의무를 새롭게 깨닫게 되었다고 해보자 ; 그 "근본"은 마음이다. 그러나 나는 그에 대해 생각해본 적이 없다(그리고 정서적으로 따뜻한 마음을 가지고 그에 대해 생각해본 적은 더더군다나 없다). 그리고 이제 그 의무가 진행 중인 계획에 방해가 되는 것일 수도 있다. 그 의무가 주어지고, 내가 가지고 있는 감정적 능력이 그 의무를 수행하는 것과 일치하고, 또 그 의무를 수행하는 가운데 자연스럽게 실현될 것임을 알게 된다고 하더라도, 어떻게 생각을 통해 동기 부여의 능력을 의무 수행에 적용할 수 있는가?

그 이유는 곧 분명히 밝히겠지만, 맹자가 엄격한 칸트적 노선을 취해서 "그것이 의무라면 행하라! 그에 대한 느낌에 대해서는 잊

---

166) 맹자학파와 묵가 사이의 유사점에 대한 더욱 심도 있는 논의는 이 책 7장을 보라(유가와 묵가를 구분하는 문제 가운데 일부에 대한 논의에 대해서는 Wong [1989]를 보라).

어라!"고 말할 수는 없다.[167] 또한 그가 다른 류의 노선을 취해서 어떤 것을 진정으로 의무로 인식한다면, 그것만으로도 충분한 동기 부여("찬성의 태도")에 해당한다고 주장할 수도 없다.[168] 맹자는 다음과 같이 주장해야 할 것이다 : 자신의 성향을 통제해서 그에 대해 어떤 조치를 취하는 것이 가능하다 ; 따라서 올바른 방식으로 올바르게 행동하기 위해 그러한 것이 필요하고 또 바람직한 그만큼, 자신의 성향을 관리하는 것은 자신이 도덕적으로 책임져야 하는 영역에 포함된다(사실은 그 중심에 놓여 있다). 이 책 제7장에서는 주로 이를 효율적으로 해낼 수 있는 가능성에 대해, 그리고 그를 통해 행동에 대한 "자력 성취(bootstrap)"의 그림이 나오게 되는 것은 아닌가 하는 흥미로운 문제에 대해 다루고 있다. 이 글에서 나는 도덕적 행동에 대한 맹자적인 개념 가운데 어떤 측면 때문에 올바른 도덕 수양이 **필수적**이 되는가를 좀더 신중하게 살펴보고, 그러한 그림이 의미가 있는지에 대해 주의 깊게 질문을 던져보고자 한다.

맹자는 체계적이지 못한 철학자인 것처럼 보인다. (다소 짧은 책인)『맹자』는 대체로 매우 짧은 여러 가지 대화들과 기억할 만한 말들로 이루어져 있으며, 2000년이나 된 편집 전통을 통해 이런 식의 배열이 이루어진 이유를 알기 어려운 경우가 많다. 맹자에 대해 새로운 류의 질문을 던지기 위해서는 그것을 다시 배열해야

167) 칸트(1964, 67 ; Academy 399)를 보라. 여기서 그 내용을 다 요약할 수는 없지만, 의무와 감정 간의 관계에 대한 칸트의 입장에 대해 논의하고 비판하고 있는 최근의 자료들은 이루 헤아릴 수 없이 많다. 하지만 그 가운데에서 커다란 영향력 있는 작품을 꼽으라면 Williams(1973), Stocker(1976), Blum(1980) 등을 들 수 있다.

168) 의무로 인식하게 된다는 것은 어떤 식으론가 동기 부여가 되는 것이라는 입장을 "내재주의(internalism)" 혹은 "처방주의(prescriptism)"라고 부른다. 처방주의에 관해서는 이 책의 서문 3쪽과 284쪽의 주를 보라. "찬성의 태도(pro-attitude)"에 대해서는 Davidson(1982a, 3-4)을 보라.

할 필요가 있으며, 부분과 부분 간의 관계는 많은 경우 중국적인 것 속에서 이해해야만 한다. 그러나 나는 맹자로부터 간단한 행동 이론을 끌어내기 위해서 무엇을 할 수 있는지 살펴보겠다.

맹자는 여러 곳에서 맛있는 음식이나 아름다운 모습과 소리 등에 대한 감각적 욕구와 자신이 생각하고 결정하며 선택하는 부분 사이의 관계에 대해 흥미롭게 이야기를 펼친다 ; 그리고 맹자는 후자야말로 도덕적인 “기호(taste)”를 가지고 있다고 주장한다. 한 가지 측면에서 보면, 그는 우리의 두 부분을 유사한 것으로 간주한다 : 도덕적인 기호도 다른 기호와 같이 자연스러운 것이다. 개인들 간에는 작은 차이가 있을 뿐이다. 그러나 (「고자」 상, 7에 따르면) 한 종(種)의 구성원들은 서로 비슷한 경향을 가지고 있으며 인간도 또한 그러하다. 바로 이러한 이유 때문에 도덕적 질서가 존재하게 되었다 ; *136* 그것은 충성을 바칠 만한 가치가 있는 것일 뿐만 아니라, 우리가 받아들일 수 있고 또 실제로 받아들이는 경향이 있는 것이기도 하다. 그것을 만든 사람들은 마음의 도덕적 기호라는 문제에 관한 전문가들이었다 ; 그러나 이는 기호와 관련된 다른 영역에서 감수성을 배양함으로써 전문 요리사가 될 수 있었던 사람들이 존재했던 것과 마찬가지로 신비로울 것이 없는 일이다.

그러나 몇 가지 다른 측면에서 본다면 맹자는 감각적 욕망(sense appetite)과 도덕적 욕구(moral appetite)를 분명하게 구분한다.

> (1) 감각적 욕망은 단지 수동적이고 반사적일 뿐이다. 감각적 욕망은 나름의 자연스러운 대상을 가지고 있으며, 그 대상이 존재할 때 마음이 개입하지 않는다면 자동적으로 그 대상을 향해 끌려가기 마련이다. 마음이야말로 자율적이며 선택의 능력을 갖춘 부분이다(「고자」 상, 15).[169]

169) “曰耳目之官 不思而蔽於物 物交物則引之而已矣 心之官則思 思則得之 不思

(2) 내가 생각하기에 그 의미는 다음과 같다 : 맹자가 보기에, 의도적으로 무언가를 한다고 할 때, 그것은 단순히 자신이 가장 "원하는" 것을 하고 있는 것이 아니다. 이러한 의미에서의 행동이란, 도덕적 욕구를 포함하더라도 단순히 파도치는 욕구의 정점에 불과한 것이 아닌 다른 어떤 것이다 — 비록 맹자는 어떤 의미에서 자신이 하고자 하는 것을 하기로 선택할 가능성이 더 크거나 그러한 선택을 하기가 더 쉽기 마련임을 당연시하고 있기는 하지만 말이다. 따라서 분별력 있게 생각해보면, 어떤 욕구에 반하는 행위를 하기로 선택할 때 나는 내 안에서 그 행위를 지지해줄 어떤 욕구를 찾아서 그것을 교묘하게 제자리에 가져다놓은 것이며, 그 욕구란 아마도 내 마음속에 있는 도덕적 욕구일 것이다 : "구하면 발견할 것이다"(「고자」 상, 6 /「진심」 상, 3).[170]

(3) 먹는 행위란 자연스럽게 원하기 때문에 하는 어떤 것, 혹은 사물의 존재 방식을 고려해볼 때 그렇게 하지 않으면 안 되기 때문에 하는 어떤 것이라고 생각할 수 있을 것이다. 먹는 행위에 대해서는 후자의 태도를 취하는 것이 현명하다. 반면 의무를 행하는 것에 대해서도 두 가지 방식 가운데 어느 쪽으로도 생각할 수 있겠지만, 이 경우에는 전자의 태도를 취해서, 하지 않으면 안 되기 때문이 아니라 그렇게 하기를 원하기 때문에 하는 것으로 생각하도록 스스로를 훈련하는 것이 현명하다(「진심」 하, 24).[171]

맹자에게는 이 마지막 논점이 매우 중요하다. 그는 점잖은 사람이다. 그는 도덕이 좋은 것이라고 생각한다. 그리고 그는 사람들이 좋은 것들을 좋아해야지 싫어해서는 안 된다고 생각한다. 그러나 단지 하지 않으면 안 되기 때문에 의무를 행한다면, 아니 더 나아

則不得也."

170) "求則得之 舍則失之."

171) "口之於味也 目之於色也 耳之於聲也 鼻之於臭也 四肢之於安佚也 性也 有命焉 君子不謂性也 仁之於父子也 義之於君臣也 禮之於賓主也 智之於賢者也 聖人之於天道也 命也 有性焉 君子不謂命也."

가 자의에 의해서든 타의에 의해서든 의무를 행하는 사람이 되면서 그것이 자연적인 경향 위에 덧붙여진 변화라고 생각한다면, 도덕을 싫어하게 될 가능성이 높고, 좋지 못한 결과를 낳을 것이다(「고자」 상, 1).[172] 하지만 여기에 다음과 같은 의미가 함축되어 있는 듯하다는 점에 주목하라 : 의무를 행하는 것은 자신에게 그렇게 해야 한다고 명령하기 때문일 뿐이지, 반드시 그렇게 하기를 원하기 때문이 아닐 수도 있다.

이러한 그림에서는 도덕적 기호를 배양하기 위한 방법과 프로그램이 필요하다. 분별력 있고 조심스럽게 훌륭한 와인을 마셔봄으로써 그에 대한 기호를 배양할 수 있는 것처럼(내가 만들어낸 예다!), 올바른 일을 행함으로써 그리고 그에 뒤따르는 만족감을 음미함으로써 도덕적 감수성과 행위할 준비가 되어 있는 태도를 고양시키게 된다. 그러한 피드백 효과로 인해 성향이 강화되고, 따라서 이전에는 올바른 방식으로 행하기가 너무나도 어려웠던 일도 다음 번에는 할 수 있게 된다 — 다시 말해서, 단순히 스스로에게 그렇게 하도록 명령하는 것이 아니라 그렇게 하기를 원하는 것이다(「공손추」 상, 2/「이루」 상, 27).[173]

137 장기적인 전략으로부터 개별적인 사례들로 옮겨가다 보면, 그 그림을 다른 관점에서 볼 수 있게 된다. 맹자가 제선왕과 나눈 유명한 대화(아마도 기원전 319년에 있었을)에 따르면, 맹자는 제

---

172) "告子曰 性猶杞柳也 義猶桮棬也 以人性爲仁義 猶以杞柳爲桮棬 孟子曰 子能順杞柳之性而以爲桮棬乎 將戕賊杞柳而後 以爲桮棬也 如將戕賊杞柳 而以爲桮棬 則亦將戕賊人 以爲仁義與 率天下之人而禍仁義者 必子之言夫."

173) "敢問何謂浩然之氣 曰難言也 其爲氣也 至大至剛 以直養而無害 則塞於天地之間 其爲氣也 配義與道 無是 餒也 是集義所生者 非義襲而取之也 行有不慊於心則餒矣 我故 曰告子未嘗知義 以其外之也 必有事焉而勿正 心勿忘 勿助長也 無若宋人然." / "仁之實事親是也 義之實從兄是也 智之實 知斯二者弗去是也 禮之實節文斯二者是也 樂之實樂斯二者 樂則生矣 生則惡可已也 惡可已則不知足之蹈之手之舞之."

선왕을 설득하여 세금을 경감하고 백성들의 생활을 덜 힘들게 만들 수 있는 다른 조치들을 취하도록 하고자 한다(「양혜왕」 상, 7). 왕은 그렇게 하는 것이 옳으리라는 것을 알지만, 그는 자신에게 "결점[疾]"이 있어서 그렇게 할 수 없다고 항변한다(「양혜왕」 하, 3). 맹자는 최근에 있었던 사소한 사건에 그의 주의를 환기시킨다 ; 제선왕은 막 희생으로 쓰이려는 동물에 대해 저절로 우러나는 연민의 정을 보여준 적이 있는 것이다. 맹자는 이렇게 말한다 : 분명 그러한 연민의 마음은 당신의 백성들에게 드러나는 것이 더 적절할 것이다. 그리고 알다시피 당신에게는 연민의 마음을 발휘할 수 있는 능력이 있다. 거기로부터 그 마음을 가져다가 여기에 적용 — "확장[推]" — 하기만 하면 된다.

그가 사용하는 "확장[推]"이라는 용어와 그 용법의 이면에 담긴 생각은 고대 중국의 논리로부터 나온 것이다.[174] "확장[推]"은 네 가지 종류의 논변 가운데 하나로, 묵가의 논리학자들은 그것을 "자신의 논적이 자신이 실제로 받아들이는 것과 동일한 것을 받아들이지 않을 때 그들에게 제안하는 것", 다시 말해서 두 개의 사례가 중요한 측면에서 유사함을 보여줌으로써 이 명제에 대한 그들의 동의를 저 명제로 확장하도록 강요하는 것이라고 정의한다. 맹자는 "확장[推]"이라는 개념을 논쟁의 논리로부터 자신의 성향을 스스로 관리하는 방법에까지 확장시킨다 : 연민의 마음이라는 적극적인 감정을 가지는 이 사례가 그러한 감정을 가지지 못하는 저 사례와 유사함을 알게 되면, 연민의 마음을 이 사례에서 저 사례로 "확장"하게 되는 것이다. 그러고 나면 저 사례에서 자신이 행해야 하지만 행하고자 하지 않기 때문에 올바른 방식으로 행할 수 없었던 것이 있다는 사실을 알게 됨으로써, 그것을 올바른 방식

174) 고대 중국에서는 형식 논리가 발견되지 않는다 ; 따라서 이는 형식 논리가 아니라 수사학적이고 변증법적인 의미에서의 "논리"다.

으로 행할 수 있게 될 것이며, 그렇게 하기를 원하게 될 것이다.

여기까지만 놓고 본다면, 맹자가 하는 말은 이지의 말과 비슷한 듯하다 : 도대체 어떻게 이 태도를 가져다가 저 너머에 적용할 수 있단 말인가? 우리가 보고 있듯이, 맹자에게는 프로그램이 있다. 하지만 그렇다면 이지도 마찬가지였을 것이다. 우리가 궁금해하는 것은, 아무런 준비가 되어 있지 않을 때도 즉각적으로 행동할 필요가 있을 수 있는데, 두 사람 가운데 누가 그 문제에 대한 해결책을 가지고 있는가 하는 점이다. 왕이 해야 하는 일이 순수하게 어떤 원칙의 인도 하에 연민의 마음을 느끼는 능력을 사람들에게 확장하는 것이라면, 맹자와 이지는 아마도 다를 바가 없다. 그러나 맹자는 아마도 왕이 서서히 그러한 방향을 향해 간다면, 그렇게 하는 가운데 점점 더 커다란 만족을 느낄 것이라고 주장할 수 있을 것이다. 이것이야말로 왕이 해야만 하는 일이라고 말하는 (유가 이) 철학적 교의[言]는 어떠한가? 그 교의는 도덕적 기호의 전문가인 성인들이 발견한 것이며, 우리는 편의상 그들을 따른다. 아마도 성인들이 한 것처럼 감수성을 탐구한다면, 우리도 같은 방향으로 나아가게 될 것이다. 그러나 바로 지금 성인의 가르침과 일치하도록 자신의 정서적 능력을 조종하는 것은 이지가 하고 있었던 일과 매우 비슷해보인다 — 다만 이지와 같은 곤경에 빠지지는 않을 것이라는 보장이 있을 뿐이다.

이제 나는 맹자를 후대에 그를 계승했던 왕양명과 대진이라는 두 명의 인물과 비교하고자 한다. 그 목적은 결국 맹자가 말하지 않고 있는 내용을 살펴봄으로써 그가 실제로 말하고 있는 내용이 무엇인지를 좀더 분명히 알아보기 위한 것이다. 왕양명과 대진, 두 사람은 모두 자신이 맹자학파라고 생각한다.

<u>138</u> 맹자의 견해에는 내가 여태까지 서의 주목하지 않았던 내용이 암시되어 있다 : 약간의 전략을 가한다면, 자신이 가지고 있

는 좋음과 옳음에 대한 자연스러운 기호를 통해 우리는 그것을 행복하게 선택할 수 있을 뿐만 아니라 그것이 무엇인지 알 수 있다 — 왜냐하면 그것이 쾌락 혹은 만족이라는 피드백 감각을 제공함으로써 계속 나를 이끌어줄 것이기 때문이다. 이는 위험한 생각일 수도 있다.

왕양명은 철저하게 이러한 내용에 주목해서, 그것을 변형시킨다. 양명의 주장에 따르면 뒤에 나올 내용은 다음과 같다 : 내 안에는 언제나 완벽한 도덕적 이해 겸 성향이 잠재해 있어서, 아무런 방해만 없다면 그것을 통해 모든 상황에서 어떻게 행동해야 할지 알 수 있을 것이다. 또한 그러한 이해력의 한 부분으로서 태도와 행동이 아주 올바르게 결합된 상태로 상황에 반응할 수 있을 것이다. 맹자는 감각적 반응과 도덕적 반응이라는 두 범주를 결합시키는데, 양명은 이를 더 밀고 나아간다. 아름다운 꽃을 보고 좋아할 때, 먼저 그 아름다움을 보고 나서 그것을 좋아하기로 결심하는 것은 아니다. 감각과 가치 평가는 불가분의 것이며 가치를 평가한다는 것은 "행동의 시작"이다. 양명이 평가적인 반응을 일종의 감각 작용으로 여기는 또 다른 사례로 그는 다음과 같은 말을 한다 :

> 눈에 그 자체의 실체가 있는 것은 아니다. 그 실체는 만물의 색깔로 이루어져 있다. 귀에 그 자체의 실체가 있는 것은 아니다. 그 실체는 사물들의 소리로 이루어져 있다. 코에 그 자체의 실체가 있는 것은 아니다. 그 실체는 사물들의 냄새로 이루어져 있다. 입에 그 자체의 실체가 있는 것은 아니다. 그 실체는 사물들의 맛으로 이루어져 있다. 마음에 그 자체의 실체가 있는 것은 아니다. 그 실체는 천지 만물의 상호 작용에 대한 옳고 그름으로 이루어져 있다.[175]

175) 『傳習錄』, 277條, "目無體 以萬物之色爲體 耳無體 以萬物之聲爲體 鼻無體 以萬物之臭爲體 口無體 以萬物之味爲體 心無體 以天地萬物感之是非爲體."

양명에게 도덕적 결정과 행위는 일종의 **지각**이 된다 : 그저 너의 도덕적 눈을 뜨고 **보라** ; 보는 것을 가로막는 장애물이 끼여들어서 도덕적 직관의 "햇빛"(양명의 비유다)을 가리지만 않는다면, 너는 보게 **될 것**이다. 이렇게 가리는 작용은 이기적 충동에 의해 생겨난다 ; 이기적 충동이 뿌리를 내리게 되면, 그것은 빗나간 행위(혹은 행위를 해야 하는데 옳지 못하게 행위를 하지 않는 것)를 일으키기 마련이다. 도덕적으로 불운한 사람들에게서 "은폐(가림)"는 아마도 평생 동안 지속되겠지만, 그럼에도 불구하고 그것은 비정상적인 것으로 간주되었다. 왕양명과 같은 다른 사람들은 "이기적인 생각[私意]"이 마음속에서 생겨나자마자 그것을 찾아내어 즉시 그에 대해 "안돼(no)!"라고 말하는 내적인 자기 감시의 삶을 공부(工夫)라고 부르는데, 양명에게 도덕적인 자기 개발은 이러한 공부의 형태를 띠고 있다.

대진은 양명보다 뒤의, 전혀 다른 시대에 살았다. (맹자와 같은 성격의 사람은 전혀 그럴 것 같지 않아보이지만) 맹자와 양명 두 사람은 모두 카리스마를 지닌 영적인 지도자(charismatic guru)의 유형이었으며, 주위를 둘러싸고 있는 "제자들"은 말 한마디 한마디에 집착했다. 대진은 (나처럼) 고독한 책벌레였으며, (다시 한 번 나처럼) 고대의 텍스트를 해명하는 데 평생을 바쳤지만, 어쨌든 어떤 식으론가 끈질기게 도덕 철학에 관심을 가지고 있었다(이 또한 나와 같다). 비슷한 점은 이뿐이 아니다. 그는 자기 수양론자가 아니었으며, 그에 대해서는 단 한마디도 하지 않았다. 대신에 그는 문제를 이해하기를 원했다. 그는 반쯤은 비밀에 부친 채 일종의 부업으로 그에 대해 연구하고 또 연구함으로써 그의 친구들을 당혹스럽게 했다. _139_ 그는 평생 동안 동일한 책을 충동적으로 계속 반복해서 쓴 철학자 중의 한 사람이었다(나도 그랬다고 주장할 수는 없다). 그 책은 아마도 맹자의 윤리학에 대한 논문이었으며, 대진은 1776년에 그 책의 네 번째이자 마지막 판본을 완성하였다 — 그것이 마지막 판본임을 확신할 수 있는데, 그 이유는 그가 다음 해에 뜻하지 않게 죽었기 때문이다.

그러나 대진은 여전히 도덕가다 : 어떤 의미에서 보면, 지적인 삶은 도덕적으로 자신을 완성하는 삶이다(그가 방향을 돌려서 이러한 생각을 개인적으로 적용해본 적은 결코 없지만 말이다). 대진은 인지적이고 지적인 측면에서 도덕적 규범에 대한 완벽한 이해를 얻을 수 있다면, 이미 완벽한 덕을 갖춘 사람일 것이라고 생각한다 — 그리고 내가 생각하기에 우리는 여기에서 '완벽한 덕을 갖춘 사람'이라는 말을 아리스토텔레스적인 의미로 생각할 수 있다 : 언제나 올바른 행동을 확고하게 선택하고 행하되, 확고한 인격적 성향으로부터 그렇게 할 사람을 말하는 것이다. 대진에 따르면, 음식이 성장하는 육체에 자양분이 되듯 지식은 발달하는 "유덕한 본성[德性]"에 자양분이 된다(1777b, secs. 9, 26).

그 설명 방식은 다음과 같다 : 욕구와 도덕 (내가 원하는 것과 내가 해야 하는 것) 사이에 본래부터 대립적인 관계가 존재하는 것은 아니다. 도덕 규범이란 욕구를 정화(淨化)한 것이다. 대진은 우리의 마음이 옳은 것에서 자연스러운 즐거움을 느낀다는 맹자의 견해를 인용하고 그에 의존하지만, 그것을 다른 의미로 사용한다. 맹자처럼 대진도 실제로 올바른 행동에서 느끼게 되는 만족감에 대해 말한다 ; 그러나 그는 점차로 다른 생각으로 옮아간다. "자연적인[自然]" 욕구를 도덕적으로 "필연적인[必然]" 규범으로 정화시킨다는 것은 그 욕구를 공자의 황금률에 적용함으로써 보편화 가능성의 시험을 거치도록 하는 것이다. "너 자신이라면 받아들이지 않을 것을 다른 사람에게 부과하지 말라."[176] 아주 단순한 사례를 들어보면, 나는 아마도 다른 사람들이 나의 이익에 부합하

---

176) 『論語』, 「衛靈公」, 24, "己所不欲 勿施於人."

도록 어떤 일을 하거나 감수해주기를 바랄 것이다. 그들이 그렇게 해야 한다고 주장해도 좋은 것일까? 혹시 내가 그들과 같은 상황에 처하게 된다면 이러한 제약이 정당하다고 인정할까? 만약 그렇다면 나는 "불변의 기준[不易之則]"에 도달해 있는 것이며, 이것이 도덕적 "필연[必然]"이다. 이런 결과를 얻기 위해서 나는 두 가지 측면에서 욕구를 가진 존재여야만 한다 : 첫째로 시험해보기를 원하는 마음이 있어야 하고, 둘째로 욕구와 관련한 공감(desiderative sympathy)을 발휘할 수 있어야 한다 ; 따라서 규범이란 이중적으로 욕구에 뿌리를 두고 있는 것이다. 나아가 어떤 규범을 확인하게 되면 나는 그것을 "승인[可]"하며, 이렇게 승인하는 정서는 맹자가 주목한 옳은 것에 대한 "즐거움[悅]"으로 여겨진다.

이제 대진이 왜 완벽한 지식을 통해 완벽하게 유덕한 사람이 될 수 있다고 생각했는지, 그 이유가 분명해진 듯하다. 즐거움이라는 "찬성의 태도(pro-attitude)"를 통해 올바르게 행동할 수 있음이 보장되는 그만큼, 나는 도덕에 대한 지적인 이해를 완벽하게 함으로써 이러한 태도를 극대화한다. 그는 (양명처럼) 이기심이 가지고 있는 "은폐(가리는)" 효과에 대해 말한다. 그러나 대진에게 이기심이란 올바른 이해의 획득을 방해하는 것이지, "지식"의 기능을 방해하는 것은 아니다 ; 깊이 있는 측면에서 보면, 지식이란 내가 이미 (그리고 항상) 가지고 있는 것이기 때문이다.177)

왕양명과 대진, 이 흥미로우면서도 매우 다른 두 사람은 자신들이 맹자의 도덕 철학을 분명하게 하고 있을 뿐이라고 생각했으며, 또 자신들에 대해 그렇게 묘사했다. 그러나 내가 살펴보고 있는 문제와 관련해서 보면, 그들은 맹자를 뒤집어놓았다. *140* 이 두 사람을 맹자와 비교해보면 다음 두 가지 사이의 관계에 대한 전혀 다른 사고 방식들을 보게 될 것이다 ;

---

177) 양명의 "양지(良知)" 개념을 염두에 두면 이해가 쉬울 것이다.

(a) 어떤 특정한 방식으로 행동해야만 함을 아는 것과

(b) 구체적인 사례에서 실제로 그러한 방식으로 행동하는 것.

첫째로, 왕양명에 따르면, 어떠한 행동을 선택할 수 있는 상황에서 그렇게 행위해야 함을 진정으로 안다면, 우리는 그렇게 할 것이다. 자기 안에 있는 어떤 것, 다시 말해서 정상적이지 않은 "이기적인 욕구"가 끼어들면, 이기적인 욕구가 그 지식을 부인한다. 대진에게는 그러한 문제가 생기지 않는 듯하다 ; 하지만 도덕적 지식에 대해 그가 가지고 있는 개념으로 인해 문제가 없다고 생각하게 될 뿐이다 : 도덕적 지식을 가지고 있다면 유덕한 것이다. 둘째로, 맹자에 따르면, 감각적 욕구는 (그 대상이 좋은 것일 수도 있고, 그렇지 않은 것일 수도 있지만) 적절한 대상 — 입의 경우는 좋은 맛, 눈의 경우는 아름다움 등 — 이 눈 앞에 존재할 경우 (개념 정의상) 자동적으로, 아무 생각 없이 그 대상을 향해 끌려간다. 마음이 무슨 일인가를 하지 않는다면, 이러한 상황은 결코 변하지 않는다.

첫 번째 견해에 따르면, 엄밀하게 말해서 앎에 반하는 행동은 불가능하다. 이 견해에 의하면 결국 의도적으로 행동한다는 것은 동기 부여가 최고조에 이른 것이다. 의도와 선택은 동기 부여가 절정에 이른 것이며, 양명에게 그것은 자신이 처한 상황을 완벽하게 능동적으로 "지각한" 것이다. 대진과 양명의 입장에서 보면, 그렇게 해야 함을 아는 것과 마음가짐을 가지게 되는 것(두 개의 근원인가?)은 동일한 것이다 : 대진에게 마음가짐을 가지게 되는 것이 아는 것과 동일시되고 있다면, 양명에게는 그 반대다. 그렇다면 충분하게 동기 부여가 이루어져서 올바른 때 그것이 정점에 이르러 행동으로 드러나는 것이야말로 자신이 그 일을 해야 함을

진정으로 알고 있는가에 대한 기준이 된다. 따라서 옳지 못한 행위를 하거나 당위적인 행위를 하지 않는 경우, 그것은 앎이 완벽하지 못했던 것이다 : "은폐(가림)"의 잔재가 남아 있거나, "나는 이것을 원해!"라고 하는 이기적인 생각의 은폐 작용이 개입함으로써, 적어도 그 순간에는 지식을 중립적인 것으로 만들어버린 것이다.

이러한 견해에 따르면, 의지 나약(*akrasia*)은 "아무런 방해가 없다면 **저절로** 그 기능을 발휘하게 될 도덕적 지식의 기능"을 방해하는 것이다. 따라서 비교적인 측면에서, 그리고 깊이 있는 측면에서 말하자면, 그 결과가 잘못된 행위를 하는 것이든 아니면 행위를 해야 하는데 행위를 하지 않은 것이든 간에, 의지 나약(*akrasia*)이란 무언가를 **하고 있는** 것이다.

이제 양명과 같은 사람이 어떻게 맹자의 진정한 의도를 대변하고 있는 것은 자신이라고 생각할 수 있었는가를 당혹스럽지 않게 설명해줄 수 있는, 위에서 말한 바와 같은 내용이 맹자에게는 충분하다. 맹자는 실제로 부당한 행위를 하는 사람들은 이미 "그 본마음을 잃은" 것이며(「고자」 상, 10),[178] 그들이 "단지 생각하기만" 한다면 (조만간) 그들의 마음을 찾게 될 것이라고 말한다(「고자」 상, 15). 그렇다면 우리는 모든 것이 잘될 것이라고 생각하라는 요청을 받은 셈이다. 그러나 "생각하는 것" 그 자체도 무언가를 하고 있는 것이다. 그리고 제선왕과 소의 사례(「양혜왕」 상, 7)에서는 (아마도 도움을 통해) 어떤 형태론가 "생각"을 해서 자기 자신에게 올바른 것에 대해 호감을 느끼는 충동이 있음을 발견한다 하더라도, 여전히 그것을 사용하지 않을 수도 있음을 보여주는 듯하다. ***141*** 따라서 맹자의 그림에서, '행동으로 옮겨야 함을 아는 것'에 대한 고려 없이 행동하는 것에 대해서는 설명이 필요 없을 듯하나. 그것은, 행위에 대한 가장 심층적인 분석을 통해 볼 때

178) "此之謂失其本心."

단지 아무것도 하지 않은 것에 불과한 것이다.

그렇다면 이 두 번째 견해에 의거할 경우, 의지 나약(*akrasia*)이란 욕구가 작동하는 데 개입해서 그 방향을 조종하지 못하는 것이다 ; 욕구란, 그것이 작동하는 데 전혀 개입하지 않는다면 저절로 방향도 생각도 없이 작동하게 될 것이기 때문이다. 따라서 비교적인 측면에서 말하자면, 그 결과가 잘못된 행위를 하는 것이든 아니면 행위를 해야 하는데 하지 않은 것이든 간에, 의지 나약(*akrasia*)이란 무언가를 **하지 않고 있는** 것이다. 따라서 이 견해에 따르면, 행위에 대한 심층적인 분석을 통해 볼 때, 하고자 하는 마음가짐이 얼마나 강하게 주어지는가 혹은 그 마음가짐이 얼마나 도움이 될 것인가에 상관없이, 의도적으로 행동한다는 것은 '마음가짐이 주어지는 것'에 더하여 무언가를 **행하는** 것이다. 의도적으로 행동함에는 사용하기, 질서지우기, 하나를 다른 하나와 대조하기, 동기에 집중하거나 동기를 배양하기, 자신이 알고 있는 내용에 주목하기 등이 포함될 수 있다 ; 그러나 그것은 단순히 어떤 동기를 가지고 있다는 사실이나 어떤 것들을 알거나 믿는다는 사실로부터 인과적으로 생겨나는 결과는 아니다.

따라서 수행 여부 판단의 기준이 논리적으로 앎 그 자체에 부과되는 것은 아니다. 행위를 하지 않거나 자신이 잘못된 행위를 하도록 방치한다면, 그것은 아마도 올바른 것을 행하지 못한 것에 불과할 것이다 :

> 여기에 밥 한 그릇과 국 한 그릇이 있다. 그것을 얻으면 살고, 그것을 잃으면 죽는다. 욕을 하면서 주면 … 거지조차도 그것을 받으려 하지 않는다. 그러나 많은 양의 곡식[의 수입]에 이르면, 예의에 대해 전혀 고려하지 않고 받는다. … 이전의 경우에는 자신의 목숨을 위해서도 [제공된 것을] 받지 않았다. 현재의 경우에는 아름다운 저택을 위해서 … 처와 첩의 복종을 위해서 … 자신이 잘 아는 가난한 사람에게 은혜

를 베풀기 위해서 그렇게 한다. 이것을 그만둘 방법은 없는가?(「고자」 상, 10)[179]

여기에서는 다시 한 번 마음을 다음과 같이 그리고 있다 : 마음은 반성하고 선택하는 자신의 기능을 수행할 수도 있고 그렇지 못할 수도 있다 ; 물질적 욕망은, 아무런 인도가 없으면 아무 생각 없이 멋대로 하고자 한다 ; 그러므로 행위하지 않는다면 그것은 감각기관이 멋대로 하도록 놓아두는 것일 뿐이다. 따라서 어떤 일을 그만두지 못하는 것조차도, 적극적으로 잘못된 행위를 하는 것이라기보다는 수동적으로 무언가를 하지 못하는 것으로 설명된다. 내가 보기에 이는 그 문제에 대한 맹자만의 독특한 사유 방식이다.

맹자가 사용하는 표준적 사례가 부적절한 혹은 위신에 손상을 주는 선물을 받아들이는 것이라는 점은 주목할 만하다. 그는 이러한 사례를 몇 번이고 반복적으로 사용한다. 이와는 대조적으로 게걸스러운 식욕을 발하는 것, 아리스토텔레스가 고상하게 "접촉의 즐거움"이라고 표현한 것을 추구하는 것 등과 같이 서구 문헌에서 즐겨 사용되고 있는 의지 나약(*akrasia*)의 표준적 사례에 대해서는 탐구가 이루어지지 않고 있다. 그가 이러한 사례를 좋아하는 문화적인 이유는 심오하고도 흥미롭다 : 감사의 마음이란 이 사회 전반에 걸쳐 주관적으로 경험되는 일종의 강제적인 정신적 속박으로, 그 수혜자는 끝없이 막연한 책무감에 얽매이게 된다 ; 따라서 선물을 받는 것은 위험하며, 선물을 주는 것은 일종의 권력의 근원으로, 상대방이 인정해주기를 강요하는 것이다. 선물을 받는다면,

179) "一簞食 一豆羹 得之則生 弗得則死 嘑爾而與之 … 乞人不屑也 … 萬種則不辯禮義而受之 … 鄕爲身死而不受 今爲宮室之美 … 今爲妻妾之奉 … 今爲所識窮乏者得我而爲之 是亦不可已而乎."

나는 앞으로 이루어질 사회적 행위가 계속되도록 허가하게 될 뿐이며, 그러한 상황에서 나는 도덕적 약자로서 수동적인 상황에 처하게 되는 것이다.

142 "확장"이 이러한 그림들에 들어맞는 곳은 어디인가? 왕양명에게는 전혀 들어맞지 않는다. 문제는 "구름"을 제거하는 것이며, 그 다음에는 도덕적 직관의 빛[良知]이 저절로 확장될 것이다(실제로 양명학파에서는 때로 그것이 자체의 "확장"으로 규정된다). 그리고 대진에게서도 전혀 들어맞지 않는다 : 당위를 지적으로 완벽하게 파악하면 "승인[可]"이라는 도덕 규범에 우호적인 태도가 극대화되며, 이것은 마음이 옳음을 즐기는 것이다. 대진은 행동과 관련해서 이러한 점에 문제가 있다고는 생각조차도 하지 않는다.

그 개념은 맹자의 것이며, 맹자에 의해 요구된 것이다. 나는 고대에 있었던 논쟁의 논리에 대한 분석에서 그 기원을 찾을 수 있는 가능성에 주목한 바 있다. 하지만 그것은 단지 논리적 개념을 도덕 심리학에 가상적으로 옮겨놓은 것에 불과한 것이 아니다. 상대방으로 하여금 단순히 어떤 명제가 참임을 받아들이게 하는 데 불과한 것이 아니라, 상대방으로(혹은 나 자신으로) 하여금 무언가를 행하도록 하고자 할 때, 그것이 문제가 될 수밖에 없는 것이다.

저 너머에 있는 저것은 흰 말이다. 이쪽에는 사람이 타고 있는 흰말이 있다. 당신은 첫 번째 사례에서 "저것은 말이다"라는 사실을 인정하며, 첫 번째 사례가 두 번째 사례와 유사함을 안다. 따라서 당신은 두 번째 사례에서 "이것은 말이다"라는 사실을 인정해야만 한다. 따라서 그 사람은 흰말을 타고 있다고 말할 수 있을 뿐만 아니라 말(단순자 / simpliciter)을 타고 있다고도 말할 수 있다.

여기에 나오는 사례와 같은 도덕적인 "확장"에서, 논변의 형태는 유비 추리적인 것으로 여겨진다 : 여기에 겁에 질린 동물이 있습니다. 저기에는 절망적인 상황에 놓인 인간들이 있습니다 — 오! 왕이시여, 당신의 백성입니다. 첫 번째 경우에, 당신은 그 동물이 좋지 못한 상황에 처해 있음을 보고, 그것을 불쌍히 여기고, 그것이 피해를 입지 않도록 해줍니다. 그러므로 두 번째 경우에서도 동일한 사실을 인식하고, 그들을 불쌍히 여기고, 그들이 피해를 입지 않도록 해주며, 세금을 경감해주고, 가혹한 형벌을 그만두십시오.

차이점은 다음과 같다 : 명제의 참에 관한 공격적인 논변을 확장하는 사례에서 "확장"이란 단지 상대방으로 하여금 그 논변이 승리할 것임을 알게 하는 것이다 ; 그러나 두 번째 사례에서 단순히 상대방으로 하여금 그 논변을 따르게 하는 것만으로는 그들이 어떤 일을 행하게 될 것이라거나 태도를 바꾸리라는 점이 보장되지 않는다. (맹자에게는 아주 울화통이 터지는 일이겠지만, 그들은 그 논변의 힘을 감지하여, 그 논변과 자기 자신이 아무런 행동도 하고 있지 않다는 사실 사이에 불쾌한 긴장이 있음을 느끼고, "못해!"라고 말함으로써 자기 기만에 의해 그 긴장을 완화시키고자 할 수도 있다.) 더 많은 작업이 필요하다. 이제 맹자와 왕 사이의 대화를 내면화시켜서, 그것을 나와 나 자신 사이의 대화라고 생각해보라 ; 그렇게 되면 나에게 미완의 과제가 남을 것이다. 그 미완의 과제가 바로 "확장"이다.

서양 철학자들에게 익숙한 화법으로 간명하게 말해보겠다 : 의지가 나약한, 혹은 그러한 잠재성을 가지고 있는 사람은 실천적 삼단논법을 생각해낼 때 다음과 같은 일을 하고 있다고 설명할 수 있다.

먼저, 그 사람은 "상황 S에서 우리는 행위 A를 해야만 한다"고 생각한다 ; 그리고 "해야 한다"고 생각할 때, 그 사람은 자신의 상상력에 따라 "내가 S라는 상황에 처한다면, A라는 행위를 해야 하고, 하고자 할 것이며, 그렇게 할 것이다"라고 느낀다.

그리고 나서 그 사람은 "지금 내가 처해 있는 것은 S라는 상황이다"라는 사실을 감지한다.

그래서 그는 "그러므로 나는 지금 A라는 행위를 해야만 한다"고 결론짓는다. 그 사람은 그렇게 **생각한다** : 그리고 그 사람은 이 상황에서 상상 속의 상황에서 느꼈던 것과 같이 느끼는 것이 적당함을 감지할 수도 있다 ; 정말로 자신이 그렇게 해야 한다는 사실을 감지하는 것이다.

143 그러나 그 사람은 이런 식으로 **느끼지** 않는다. 그 사람의 입장에서 보면(그리고 어느 누구의 입장에서 보더라도), 생각 속에서 관련성을 알고, 따라서 "나는 지금 A라는 행위를 해야 한다"고 **생각하는** 것은 단지 일관성의 문제, 다시 말해서 **명석하게 사고하는**(thinking clearly) 문제일 뿐이다. 그러나 감정은 이런 식으로 작동하지 않는다 : 우리의 표현 방식에는 "명석하게 느낀다(feeling clearly)"는 용법조차도 없다. 그 사람이 인지적인 결론을 도출해냈다고 말할 수 있을지는 모르지만, "감정적인 결론"을 "도출해낸" 것은 아니다. 여전히 그 사람은 정말로 자신이 지금 A라는 행위를 해야 한다고 생각한다. 맞는가?

엄격한 내재론자(internalist) 혹은 처방주의자(prescriptivist)라면 이 지점에서 다음과 같이 말할 것이다 : 아니다 ; 실제로 그렇게 하고자 하는 마음이 없다면 "그렇게 해야 한다"는 생각을 할 수 없다. "그렇게 해야 하기는 하지만, 그건 내 알 바 아니다"라고 말하는 것은 말이 안 된다 ; "그렇게 해야 한다"는 의도를 가지고 있다면, 당신은 **실제로** 그에 대해 관심을 가지고 있는 것이다. 그리고 유사하게 거기에는 다음과 같은 보편적인 전제가 동반된다 : "당위"와 관련된 보편적 진술을 수용하는 데에는 인지적인 요소(cognitive component)와는 독립된 성향적인 요소(dispositional component)가 존재하며, 추론을 하는 정신적인 행위는 오직 인지적인 요소에만 영향을 줄 수 있다고 생각한다면 이미 선결 문제의 오류를 범하고 있는 것이다. 만약 정말로 "S라는 상황에서는 항상 A라는 행위를 해야 한다"고 생각한다면, 그렇게 생각한다는 사실 속에는 추론을 통해 실제로 이 전제를 적용하게 되는 모든 S라는 상황 속에서 그렇게 하고자 하는 성향을 가진다는 점이 포함되기 마련이다. 따라서 적절한 상황 속에서 그렇게 행동하지 않는다면, 실제로 추론을 통해 그러한 결론을 이끌어낸 것이 아니거나(당신은 그저 사람들이 그 전제를 받아들일 때 그 전제가 무슨 결론을 함축하게 될 것인가에만 주목하고 있을 뿐, 실제로 그 전제를 받아들인다는 사실은 고려하지 않고 있는 것이다), 실제로는 절대로 그 전제를 "가지고" 있었던 것이 아니라고 말할 수밖에 없는 것이다. 두 경우 모두 "의지 나약"은 앞뒤가 맞지 않는 생각이다 ; 그러한 것은 결코 존재하지 않는다.

정해진 대가를 치른다면, 다음과 같이 말할 수 있다 ; 거기에는 다음 둘 중의 하나가 더해져야만 한다 : (1) 우리는 우리 혹은 어떤 누군가가 실제로 보편적인 "당위"에 관한 전제를 받아들이게 될지 어떨지를 결코 알 수가 없다 ; 그것을 싫어하게 될 예상치 못한 상황이 언제라도 존재할 수 있기 때문이다. 그러나 도덕적인 이해와 관련해서는 이런 식으로 말하지 않는다. 실제로 우리가 말하는 내용은 다음과 같다 : 사람들이 그렇게 하기를 싫어한다면, 그것은 그들의 나약함을 보여주거나 그들이 이미 가지고 있는 원리를 충직하게 따르기를 포기하는 과정 중에 있는 것이다 ; 알고 보면 그에 대한 충직함이 지금 그렇게 행동할 만한 충분한 동기 부여를 포함하지 않은 것이라 하더라도 말이다.

그렇지 않다면 다음과 같이 말해야 한다 : (2) "당위"와 관련된 전제의 사례를 들기 위해서는 의미, 진리치, 논리적 관계 등에 주목하는 것과 같은 일상적인 방식으로 생각을 진행시키는 것 이상이 필요하다. 그러한 일상적인 방식은 “고양이는 쥐를 먹는다”와 같은 명제에는 아무 문제없이 적용되지만, “우리는 약속을 지켜야만 한다”와 같은 류에 대해서는 더 많은 것이 필요하다 : 바로 그 개별적인 사례에 자신의 전반적인 성향을 효율적으로 집중시킨 후에라야 비로소 추론이 이루어졌다고 말할 수 있는 것이다. 그리고 내재론자들이 이렇게 말한다면, 그들은 내가 말하고 있는 내용(그리고 맹자에게서 이해하고 있는 내용)을 다시 한 번 다른 방식으로 표현하고 있는 것에 불과하다.

이렇게 더 풍부한 류의 “추론”이 어떤 추가적인 자기 관리의 필요 없이 단지 특별히 신중하게 생각하는 것만을 통해서 성취되는 것이라고 주장하는 것이 아니라면 말이다. 논점은 생각한다는 것 그 자체가 자신의 성향에 대해 이런 식으로 방향을 지시해주는 효과를 가지는가 하는 것이었기 때문이다 ; 그리고 내가 보기에 이는 철학적인 문제가 아니라 경험적인 심리학에 관한 것이기 때문이다. ***144*** 주로 나 자신을 대상으로 하는 아마추어 심리학자의 입장에서 보면, 많은 경우 생각하는 것만으로는 충분치 않다고 말하고 싶다(그러나 이러한 점에서 우리가 놀랄 만큼 다를 수도 있다).

잠재적인 의지 나약의 문제를 가진 사람들에게로 돌아가보자 : 신중하게 생각을 하더라도 여전히 이러한 점에서 곤경에 빠져 있다는 압박감에 시달리는 난점이 여전히 남아 있음을 실제로 발견하게 된다면, 물론 그들은 자신들이 내린 결론뿐만 아니라 그 근거까지도 재검토하고 거부할 수 있을 것이며, 아마도 심지어는 그렇게 할 만한 충분한 근거를 이미 이해하게 된 것일 수도 있다(궁극적으로 맹자가 이지에게 이해시킨 내용이 바로 그것이다). 그러나 그들이 자신의 입장을 견지한다면, 다음 세 가지 중의 하나를 택해야 할 것이다 :

(1) 행위 A 자체에 대해 부정적으로 느끼더라도, 어쨌든 행위 A를 행할 수 있다. 그들은 스스로에게 그렇게 하도록 강요하며, 이제 그들을 인도해주는 동기는 아마도 자신의 규칙을 따라야 한다고 느낀다는 사실뿐일 것이다. 그들은 욕구에는 반하더라도 올바르게 행동한다; 맹자 식의 표현을 빌리면 "올바름[義]을 외적인 것으로 여기는" 것이다(「공손추」 상, 2). 그러나 맹자에 따르면, 이는 A라는 행동과는 다른 어떤 것을 행하는 것이다. 맹자는 일종의 행위-내재론자(act-internalist)다: 도덕적 행위란, 미소와 마찬가지로 그에 의해 표현되는 감정과 관련되어 있다; 그리고 강요된 미소는 물론 미소가 아니다. 나아가 맹자에 따르면, 이런 식으로 행동한다면 실제로는 자신의 도덕적 발전을 해칠 수 있다(「공손추」 상, 2).

(2) 아무것도 하지 않을 수 있다; 이것은 의지 나약의 완전한 형태다.

(3) 가설적인 사례에 의해 도출된 감정적 능력(feeling-capacity)을 "배양하는" 단계를 밟아서, 그것을 자신이 처해 있는 실제적 상황으로 "확장시킬" 수 있다. 어떤 식으로든 그렇게 할 수 있는 방법을 찾더라도, 여기에는 물론 시간이 걸릴 것이며, 그동안 그 행동의 기회가 지나가고 필요성이 사그러들어서 (1)과 (2) 중에서 선택해야 할지도 모른다. 인생은 비극적인 것일 수 있다; 설사 그러한 측면에 주목해서 그 문제에 대해 더 깊이 탐구했더라도, 맹자는 그러한 사실을 받아들이고자 하지 않았을 테지만 말이다.

도덕적 추론을 유비적인 것으로 생각하기 때문에 맹자의 문제는 "실천적 삼단논법"을 공식화하는 것과는 다르다: 저 사례에서 나는 그렇게 해야 하고, 또 하고 싶은 마음이 든다. 이 사례는 저 사례와 같다. 따라서 … 여기에서 출발점은 자신의 성향을 집중시킨 어떤 구체적인 사례며, 그것은 그 자체로 목표가 되는 사례와는 다르다. 그것은 출발점이 어떤 규칙[言]에 헌신하는 것이고, 그 규칙에 목표가 되는 사례가 포함되는 경우와는 같지 않다(유사성에 대한 직관에서, 그 규칙은 많은 경우 드러나지도, 분석되지도 않은 채로 남아 있다). 따라서 "이 마음을 여기에서 저기로" 옮기는 문제는 더 분명하고 절실하다. 그러나 그것은 더욱더 분명하고 절실할 뿐이다 ; 그 문제는 실천적 삼단논법에도 또한 존재한다.

"실천적 유비 추리"(이런 표현을 쓴다면)에서는, 비근한 사례(겁에 질린 동물)로부터 사실에 대한 인식(명제에 대한 수용)과 동정의 느낌(그와 더불어 그에 수반되는 행동), 양자 모두가 도출된다. 단순히 그 논변을 이해하는 것만으로도 목표가 되는 사례(억압받는 백성들)에서 상응하는 명제를 받아들임이 함축되어 있다.
145 그러나 이상적으로 완전한 "결론"과 관련된 동기 부여의 요소가 자동적으로 주어지는 것은 아니다 : 우리는 무언가를 해야 한다(이와는 대조적으로, 양명의 경우 꽃을 볼 때 먼저 그 아름다움을 보고 나서 그 다음에 그것을 찬양하는 것은 아니다).

자기 자신에게가 아니라 백성들에게 혹은 백성들을 위해 단순히 무언가를 할 수도 있다. 맹자는 그런 식으로 진행되기를 원치 않으며, 그 이유에 대해서는 부분적으로 이미 설명한 바 있다. 그 행위는 긍정적인 감정과 더불어 행해져야만 한다("~라는 이유 때문에(for the reason that)"라는 의미에서의 "~ 때문에"든 아니면 다른 의미의 "~ 때문에"든 간에, 당신이 그러한 감정을 가지고 있기 "때문에"는 아니다). 그리고 맹자의 입장에서 보면, 우리는 이 문제를 역설적인 방향으로 추구해갈 수도 있다(자기 자신에게 무언가를 하는 것도 무언가를 하는 것이며, 동일한 류의 분석이 적용될 수 있다 : 우리는 그렇게 해야 한다고 추론할 수 있다 ; 그리고 아마도 단순히 그렇게 행하는 것이 반드시 옳은 방식은 아닐 수도 있다). 여기에서 흥미로운 점은 그 논변의 여러 단계들이 "행동의 지침이 되는(action guiding)"(이러한 표현이 반드시 "행동을 유발하는(action causing)"을 의미하는 것일까?) 것처럼 보인다는 사실이다 — 그러나 결론적으로 알고 보면 그렇지 않다.

동기 부여적인 요소는 우리가 그 관련성을 알게 될 때 단순히 자동적으로 거기에 존재하게 되는 것이 아니다. 자기 자신에 대해 한 단계 더 나아간 조치를 취해야만 하는 것이다. 그리고 물론 실패할 수도 있다.

이러한 그림은 반-직관적인(counterintuitivc) 것이어야만 하는가? 나는 그것이 아주 자연스러운 것이라는 논변을 제시해보고자 한다 ; 그리고 나아가 그러한 그림이 도덕적 추론뿐만 아니라 다른 종류의 추론에도 그럴싸하게 적용 가능한 것임을 알 수 있다는 논변도 또한 제시해보고자 한다.

여기에 그냥 재미있는 한 가지 예가 있다. [그림9-1]을 보라. 이제 그 그림에서 분할되어 있는 각각의 선분을 정확히 한 번씩만 교차하도록 자유롭게 선을 그려보라. 나는 [그림9-2]에서 이 작업을 시작한다. 그 선을 완성하는 것은 독자들을 위해 연습용으로 남겨둔다.

하지만 물론 그 작업은 불가능하다. 나는 살아오면서 여러 차례 — (다른 일을 하고 있어야 했을 때) 오락삼아 — 그것이 불가능함을 간단하게 증명하는 방법을 만들어내 본 바 있다(그리고 그때마다 잊어버렸지만, 다시 쉽게 만들어낼 수 있었다). 나아가 우리는 "당신이 이렇게 혹은 저렇게 할 수 없음을 보여주는 선과 그림을 그려보라"처럼 매우 구체적으로 몇 가지 단계와 전제들을 제시할 수 있는데, 그것들 각각은 "모자 벗기"하듯이 분명해서, 무언가를 하거나 무언가를 하기 시작하는 것 자체가 우스꽝스럽다고 느끼게 될 것이다 ; 그러한 것을 행한 결과가 그 단계나 전제들과 모순될 것이기 때문이다. 그러나 나는 한동안 (내가 보기에는) 명백하게 그러한 선을 그리고자 노력하면서 즐길 수 있었다. 여기에서는 그 논변에서 분명함이라는 '행위를 저지하는 측면(action-arresting sense)'이 "이것은 불가능하다"는 전제를 받아들이도록 하는 데까지는 미치지 않고 있다.

이러한 사례는 유혹적이기도 하고 혼란스럽기도 하다. 여러분들은 즉시 내가 불가능한 것으로 알고 있는 어떤 것을 하고 있는 것은 아니라고 말할 것이다. 우리는 그저 그런 일을 **할 수 없는** 것이다. 그것은 **노력함**(trying)도 아닐 것이고 그렇게 간주될 수도 없다. 다른 한 가지 측면에서 볼 때, 만약 그것이 노력함이라면 그것을 통해 알 수 있는 것은 단지 내가 실제로 그것이 불가능하다고 생각하지 않고 있다는 것일 뿐이다. 나는 "저는 즐기고 있는 것이에요"라고 말하되, 그 논변을 그렇게 확신하고 있는 사람이라면 그렇게 하지 않을 것이라고 생각되는 방식으로 말함으로써 그러한 반대 논변도 회피하면서 그 사례도 살릴 수 있을 것이다. (아니면, 내가 불가능하다고 알고 있는 일을 하는 데 얼마나 근접할 수 있는지 보여주고자 노력할 수도 있다 ; 그러나 그 역시 적절한 행동은 아니다 — 우리는 그 가운데 하나밖에 할 수 없음을 즉시 알게 되기 때문이다.) 그러면 사람들은 나처럼 다음과 같이 말할 수밖에 없을 것이다 ; 여기에서는 그 추론에서 분명함이라는 '행위를 저지하는 측면(action-arresting sense)'이 자동적으로 이 사례에 적용된 "이것은 불가능하다"는 결론을 받아들이는 방식에까지 미치지는 않는다.

147 나는 단순히 '명백하게 사고하는 것' 이상의 무언가를 해야 한다.

내가 생각하기에 최소한 이 가운데 마지막 부분은 옳다. 하지만 참고 계속해보도록 하겠다. 이것이 불가능하다고 믿는 것을 시도하는 진정한 사례든 아니든 간에, 실제로 그러한 사례를 통해 (만약 그런 것이 가능하다면) '불가능하다고 믿는 것을 시도하는 것'과 '해서는 안 된다고 믿는 것을 행하는 것' 사이에 곤혹스러운 유사성이 있음을 알 수 있을 듯하다. 어떤 것을 행하고자 한다는

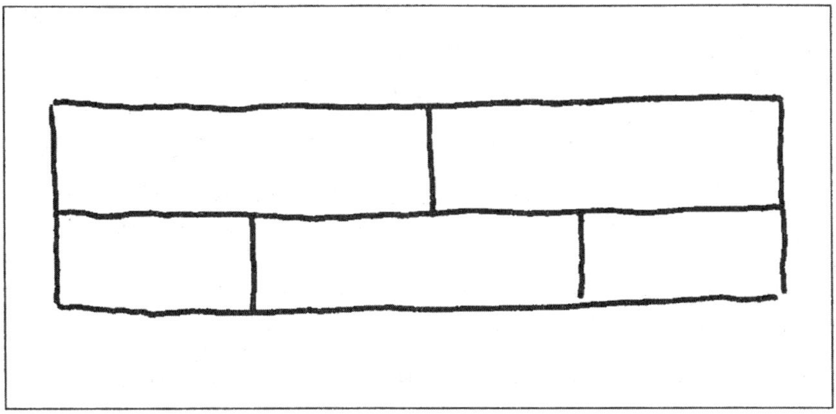

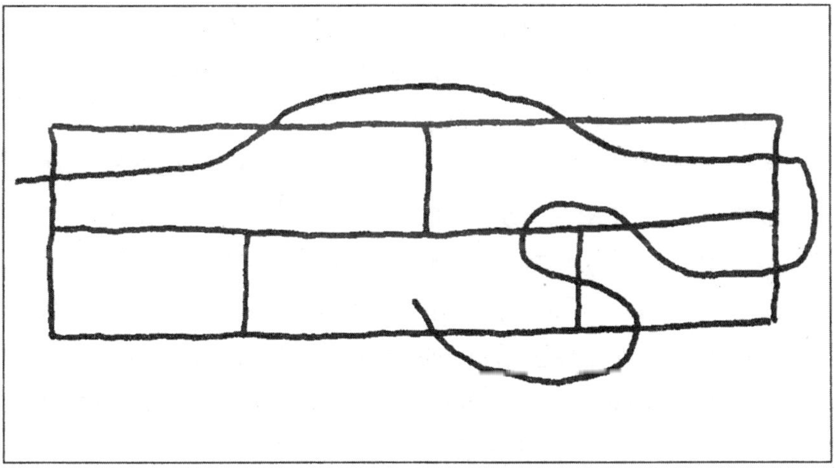

사실이 내가 실제로는 할 수 없다고 생각하지 않는다는 점을 보여준다면, 어떤 것을 행한다는 사실은 실제로는 그렇게 해서는 안 된다고 생각하지 않음을 보여주는 것이 아닐까? 그리고 한편으로 나도 여러분 대부분만큼이나 불가능하다고 믿는 것을 시도할 수는 없다는 강력한 직관을 가지고 있다(그렇다고 해서 내가 그렇게 확신한다는 말은 아니다). 그러나 다른 한편으로는 그에 유비되는 내용에서 암시되는 바, 다시 말해서 전적으로 해서는 안 된다고 믿고 있는 어떤 것을 자유롭게 의도적으로 행한다는 것은 말도 안 되는 생각이라는 내용을 떠올리는 철학자들은 심리학적으로 나와는 매우 다른 구조를 가졌다는 느낌을 지울 수 없다.

그 문제에 착수하는 방법 가운데 하나는 아마도 다음과 같이 말하는 것일 것이다 : 우리는 물리적 혹은 수학적으로 불가능한 것을 행하는 쪽으로 가능한 한 멀리까지 갈 수 있고, 또 도덕적으로 혹은 사려 깊게 생각해볼 때 "불가능한"(혹은 "내 입장에서 허용할 수 없는") 것을 행하는 쪽으로도 가능한 한 멀리까지 갈 수 있다 — 허용할 수 없는 것들을 아주 쉽게 행할 수 있는 경우가 많기 때문이다 ; 그러나 "가능한 한 멀리"라는 말은 공허한 것이 되어버린다 ; 아아! 그리고 우리는 이를 매우 잘 알기 때문에 불가능한 것에 대한 의도는 가질 수 없는 반면, 허용할 수 없는 것에 대한 의도는 가질 수 있는 것이다.

그러나 '할 수 없다고 믿는 것을 시도하는 것'과 '해서는 안 된다고 믿는 것을 행하는 것'을 비교하는 방법은 하나만 있는 것이 아니며, 여기에서 나는 알면서도 현재의 논점과 관련해서 적절치 못한 방식에 빠져들고 말았다. 저 말도 안 되는 선(線)을 가지고 내가 하고 있는 모든 일들을 잘 살펴보는 것이 그 논점에 더욱 도움이 된다 ; 그 선을 시도(try) 혹은 "시도(try)"하는 것은 말도 안 되는 짓이며, 나는 그것을 알고 있다. 그러나 나는 다시 시도(혹은 "시도")한다. 이는 의지 나약과 같은 것이 아니라 의지 나약이다. 왜 그런 일이 일어나는가? 하지만 나는 지금 주춤하고 있다 : 왜 그 말도 안 되는 짓을 멈추지 않는 것일까? 대답은 앞에서 이미 했다.

아마도 제선왕과 같은 성향을 가졌을 현대의 통치자에 대해 생각해보라. 그는 형편이 매우 좋지 못한 가게를 운영하고 있으며, 지금은 새로운 집을 물색하고 있다. 그는 누군가가 동물을 학대하는 것을 본다면 괴로움을 느끼면서 개입하고자 하는 마음을 가지게 될, 그러한 품행이 바른 사람일 것이다 — 그러는 동안에도 그는 인간들이 통치자 자신의 감옥에서 그 동물과 같은 방식으로 취급받고 있으며, 그에 대해 어떤 조치를 취할 수 있음을 냉담하게 알고 있을 수 있다. 그러나 이러한 조치를 취하기 위해서는 자신의 시간과 계획과 감수성 등을 재조직하는 불편함을 감수할 필요가 있을 것이다. 좀더 실용적인 것에 대해 생각하는 것이 더 쉽다. 그 통치자는 아무 조치도 취하지 않는다.

이러한 예화를 통해 내가 끈질기게 물고 늘어져온 문제들이 여러분에게 살펴보라고 한 작은 선긋기 게임처럼 사소한 것만은 아니라는 점을 상기시키면서 끝맺음을 할 수 있을 것이다. 그러나 나는 약속을 지킬 것이며, 내가 처음에 던진 "근본은 두 개인가 하나인가?"라는 질문에 대해 대답하지 않을 것이다. 맹자의 대답은 "하나"다. 그리고 내가 보기에 그가 말하고자 하는 것은 다음과 같다 : 면밀히 조사해볼 경우에 어떻게 행동해야 하는가에 대한 나의 올바른 판단과, 파헤쳐 들어가 볼 경우에 그러한 것들에 대해 내가 어떻게 느끼는가 하는 점 두 가지 모두는 결국 알고 보면 "마음"[180]속에 근원 혹은 "뿌리"를 가지고 있다. 이것은 여기에서 나의 흥미를 끌어온 문제가 아니다. *148* 그러나 내가 생각하기에

180) 맹자에게 '마음'이란 영어의 heart와 mind를 동시에 포괄하는 개념이다.

"하나"라고 대답하는 방식 가운데 맹자가 은연중에 거부했던 방식이 있다(후대에 그를 추종했던 사람들 가운데 일부는, 자신들이 맹자를 추종한다고 생각하면서도 그것을 받아들였지만 말이다) : 내가 생각하기에 맹자는 다음과 같이 주장할 것이다 ; 무언가를 해야만 한다는 판단 그 자체는 그것을 행하는 방향으로 작동되고 있는 감정이 아니며, 올바른 방향으로 작동하고 있는 감정은 더군다나 아니다. 이러한 문제야말로 정말로 나의 흥미를 크게 자극하는 것이다.

제10장

『맹자』에 나타난 여러 가지 문제들 : 6A3-5

주석가들과 번역자들에게 『맹자』「고자」 상, 3-5는 언제나 가장 당혹스러운 곳 중의 하나였다. 그 부분은 본질적으로 매혹적이다. 맹자와 고자 그리고 그들의 제자들 가운데 두 사람이 인간의 본성과 도덕적 덕목들에 대해 토론을 벌이고 있다. 공격적인 입장을 취하는 것은 고자다. 그는 몇 가지 문장들(혹은 그들이 말하는 사실들의 논리적 구조)를 비교하고, 이로부터 실질적인 도덕적 결론을 추출해내고자 한다. 여기에서 맹자는 방어로 만족하지만, 그의 입장이 무엇인지는 분명하다. 논변 당사자들(혹은 기록을 통해 그 논변을 우리에게 보여주는 편집자들)은 무거운 의미가 담겨 있음에 분명한 용어들을 아무런 부연 설명도 없이 사용하고 있다. 그들이 사용하는 논리적인 고치들은 분명 그들에게는 익숙한 것이겠지만, 우리가 생각하는 것과는 다를지도 모른다. 적지 않은 난관을 경험하게 되는 부분 가운데 하나는, 그 가운데 가장 문제시되는 「고자」 상, 4의 두 곳에 대해 다양한 학자들(예를 들면 유월(兪越), 레게(Legge), 웨일리(Waley), 라우(Lau) 및 그보다 초기의 많은 주석가들)이 수정을 가해야 한다는 의견을 개진한 바 있거나, 최소한 텍스트가 그 자체로는 의미가 통할 수 없다고 주장해왔다는 사실이다.

나는 여기에서 3절과 4절, 5절에 대한 나름의 번역을 제시할 것이다. 그 번역에서는 텍스트를 수정해야 한다는 의견과 텍스트에 대한 불만을 모두 거부하고, 현재 모습 그대로의 텍스트가 올바른 것이라고 주장할 것이다. 내 번역은 영어권 작가들 가운데 이 텍스트에 매우 커다란 주의를 기울여온 라우(D. C. Lau) 및 그레이엄(Angus Graham)의 번역과는 크게 다르다.

제쳐놓아야 할 첫 번째 수정 작업은 기원후 2세기에 조기(趙岐)가 장절(章節)을 나눈 것이다. 나는 적어도 「고자」 상은 하나의 단일한 작품이라고 생각한다 — 그것을 편집한 것이 맹자일 수도 있고, 아니면 맹자에게 조언을 구할 수 있었던 누군가일 수도 있지만, 적어도 그 부분의 순서를 정해서 배열한 것이 한 사람의 손에 의한 것이라는 의미에서는 말이다. 1절에서 6절까지는 모두 인간의 본성[性]에 대한 맹자와 고자의 차이를 명시적으로 전개해보여주고 있다. 「고자」 장이 아무 이음매 없이 깔끔한 모양새를 띠고 있는 것은 아니다. 2절에서 3절로 넘어가는 과정에는 분명히 논변 양식에 변화가 있다 ; 아마도 3절에서 시작하는 것이 더 좋을 듯하다. <u>*150*</u> 그러나 3절과 4절을 하나의 단위로 보는 것은 중요하며, 1절과 2절을 그로 들어가는 도입부로 보는 것이 적절할 것이다(뒤에서 간략하게 논하겠지만, 5절은 3-4에 대한 부기(附記)인 듯하며, 6절은 1-5에 대한 부기임이 분명하다).

「고자」 상, 1-2

먼저 「고자」 상의 1-2절에서 전개되고 있다고 생각되는 내용을 요약해보기로 하겠다. 1절에서 고자는 "인간의 본성으로부터 도덕을 만들어내는 것은 버드나무로부터 컵과 사발을 만들어내는 것과 같다"고 주장한다. 이를 통해 알 수 있는 것은 다음과 같다 : 고자는 인간이 도덕적으로 중립적인 재질로 이루어져 있으며, 도덕적 습관과 성향은 그 속에서 교육과 훈련을 통해 형성된다고 생각한다. 여기에서 논의되고 있는 것은 도덕적 **성향**의 원인 혹은 기원이지, 개별적인 도덕적 **행위**를 일으키는 개별적이고 상황적인 원인 혹은 자극은 아니다. 이러한 측면에서 보면 2절은 그 의미가 분명치 않다. 고자는 대상을 바꾸어서 어떤 식으론가 저장되어 있으면서 빠르게 움직이고 있는 물을 비유로 든다 : "물길을 동쪽으로 터주면 물은 동쪽으로 흘러갈 것이다 …."181) 이렇게 특정한 개별적인 상황에서만 물길이 열린다는 말인가, 아니면 영원한 수로(水路)가 생긴다는 말인가? 맹자는 이러한 애매모호한 측면을 해결하는 데 도움이 되지 않는다. 맹자는 그것이 정말로 물의 성질을 보여주는 것이 아니라고 주장하면서도, 물을 머리 위로 튀겨 올리거나(특정한 개별적인 상황에서 행위를 산출하는 것) 물을 막아서 아래로 흐르지 못하게 할 수 있음(행동을 영원히 혹은 장기적으로 변화시키는 것)을 지적한다. 우리는 이로부터 다음과 같은 두 가지 사실을 알 수 있다 : (1) 이어지는 논변에서 쟁점이 될 것 가운데 하나는 "내가 가진 도덕성의 **원인**(cause)은 무엇인가 — 그것은 나의 '안에' 있는가 아니면 '밖에' 있는가?"라는 문제일 것이다 ;

---

181) 텍스트에 나오는 단수(湍水)라는 말은 조기(趙岐)와 주희(朱熹)를 따라서 일반적으로 "소용돌이치는 물"로 번역된다(Legge, Lau). 그러나 湍이라는 말은 端과 동일한 어원에서 나왔다고 생각할 수 있으며, 내가 생각하기에 이는『孟子』,「公孫丑」, 上, 6에서 맹자가 인간의 본성 속에 존재하는 네 가지 도덕을 산출하는 성향에 대해 비유할 때 나오는 "싹"과 같다(부수에 해당하는 耑은 싹이 트고 있는 식물을 묘사하고 있다). 이는 샘으로부터 보글보글 솟아나오는 물처럼 "싹터 나오는 물"(다시 말해서 분출해나오는 물)이라는 의미를 가리킨다.『孟子』,「離婁」, 下, 18에서 맹자가 인간의 본성 속에 존재하는 도덕적인 에너지에 대해 이와 유사하게 "솟아나오는 샘물"을 비유로 들고 있다는 사실과 비교해보라.

(2) 애초부터 개별적 상황에 대한 원인과 장기적인 원인에 대해서는 주목하지 않고 구분 없이 애매모호하게 방치하고 있으며, 따라서 행위로서의 도덕과 성향으로서의 도덕에 대한 구분에 대해서도 마찬가지로 방치하고 있다.

논의를 진행하는 과정에서, 나는 조기가 세부적으로 분류해서 번호를 달아놓은 표준적인 방식을 사용할 것이며, 지칭의 편의를 위해 알파벳을 사용해서 그 세부적인 분류를 다시 세부적으로 분류할 것이다. 그리고 고자와 맹자가 어떤 문장에 대해 말하고 있는 내용이 무엇인지에 관해 말해야 하므로, 그것을 각각 나누어서 지칭해야만 한다 ; 이러한 목적을 위해서 나는 굵은 대문자를 사용할 것이다.

6A3.1[182)]

고자가 말했다.
A "성(性)"이라는 말의 의미는 생(生)이다.
(告子曰 生之謂性)

라우와 유월에 따르면, 여기에서 쓰이고 있는 두 개의 핵심적인 말은 맹자의 시대에 유사하게 쓰였을 것이고, 아마 발음도 거의 같았을 것이며, 따라서 의미도 "같은 말"이라고 하는데, 나는 이에 동의한다. 그러나 그 의미가 무엇인지에 대해서는 아직 알 수 없다. 물론 생(生)은 '삶', '살아 있는', '낳다', '태어나다'는 의미를 가

182) 여태까지는 "「고자」, 상, 3"과 같이 우리에게 익숙한 표현을 사용했으나, 여기에서부터는 세부적인 구분이 이루어지고 있으므로 이와 같은 표현을 쓰고자 한다. "6A3"에서 '6'은 '『맹자』 6장, 「고자」'를 의미하고, 'A'는 '상(上)'을 의미하며, '3'은 '3절'을 뜻한다. 그 뒤의 숫자는 그 3절을 조기(趙岐)가 다시 세분한 분류에 따른 것이다.

질 수 있으므로, 그로부터 쉽게 '본성'이라는 파생적 의미가 도출될 수 있다. 아무리 그렇다 하더라도, 고자의 말은 맹자에게 다음과 같이 이해되었을 것이다.

A′ "생(生)^{속성}"이라는 말의 의미는 생(生)^{형용사}이다.

151 논의의 맥락을 놓치지 않기 위해 우리에게는 어깨글자를 통한 설명이 필요하다. 맹자에게는 그런 것이 필요 없었다. 나는 그러한 설명 방식을 계속해서 사용하겠다.

6A3.2a

맹자가 말했다.
A '생(生)^{속성}'이라는 말의 의미가 생(生)^{형용사}이라는 것은
B '백(白)^{속성}'이라는 말의 의미가 백(白)^{형용사}이라는 것과 같은가?"
[고자가] 말했다. "그렇다."
(孟子曰 生之謂性也 猶白之謂白與 曰然)

여기에서 백(白)은 "흰"에 해당하는 단어이지만, 그 말이 두 곳 모두에서 동일한 의미의 "흰"으로 쓰이고 있지 않음은 분명하다. 이제 무슨 일이 벌어지고 있는지 알아내기 위해서 우리는 계속 해석해나가야만 한다. 그러나 고자는 그렇게 할 필요가 없었다. 그것은 고대 중국의 논리 분석가들 사이에서 쓰이던 표준적인 화법이었음에 틀림없으며, 고자는 즉시 그 내용을 알아차렸음이 분명하다. 그리고 맹자도 당연히 고자가 그 게임에 대해 더 많은 내용을 알고 있으리라고 생각함이 분명하다 :

6A3.2b

> [맹자가 말하였다] "흰[형용사] 깃털의 흼[속성]은 흰[형용사] 눈의 흼[속성]과 같으며, 흰[형용사] 눈의 흼[속성]은 흰[형용사] 옥의 흼[속성]과 같은가?"
> [고자가] 말하였다. "그렇다."
> (白羽之白也 猶白雪之白 白雪之白 猶白玉之白與 曰然)

여기에서 내가 어깨글자를 다는 것은 비판적인 해석의 조치다. 나는 다음과 같은 내용을 가정하고 있는 것이다 : 분명, 문장 B 그리고 "흰[형용사] 깃털의 흼[속성]"이라는 구절에서는 모두 "흰[속성]"이 문제가 되는 단어이므로, 따라서 두 구절에 나오는 "흰[속성]"은 동일한 것으로 간주할 수 있다 ; 그리고 "흰[형용사]"의 경우도 또한 유사하다. 6A3.2b에서 자신이 제안하고 있는 내용에 대해 맹자가 즉각적으로 취한 조치가 이를 암시한다 ; 6A3.2a와 6A3.2b에서 백(白)[형용사]과 백(白)[속성]이 동일한 순서로 나온다는 사실이 그러하듯이 말이다. 텍스트를 좀더 살펴보면, 생(生)[속성]이라는 말의 용례에서 이러한 암시가 더욱 힘을 얻게 됨을 곧 알 수 있다. 그러나 주목해볼 만한 것은 덥슨(Dobson, 1963, 111)이라는 번역가가 나와는 다른 가정 하에서 일시적으로나마 정합적인 번역을 해내고 있다는 사실이다 :

> 고자가 말하였다 ; "'본성'이라는 말을 통해 내가 의미하는 바는 '생명을 낳는 것'이다." 맹자가 물었다 ; "당신이 그런 말을 하는 것은 '흼'이란 '희게 만드는 것'이라고 말하겠다는 뜻인가?"

나의 해석은 텍스트 자체를 통해 텍스트를 설명할 수 있다는 장점을 가지고 있다. *152* 우리가 당면한 문제는 아리스토텔레스가 『범주론(*Categories*)』 첫머리에서 "paronymy"라고 부른 것, 다시 말해서 동일한 어근을 가지고 있지만 품사가 다른 두 단어와 관련된 것이다 ; 그리고 영어에서도 "white"의 경우 두 단어가 똑같은 철자를 가지는 것도 최소한 불가능하지는 않다.

부수적으로 주목해볼 필요가 있는 것은 다음과 같은 사실이다 ; 6A3.2b에서 맹자가 제시하는 내용(예를 들어, 덥슨(Dobson, 1963)과 웨어(Ware, 1960) 두 사람 모두가 주장하는 것처럼)은 고자가 6A3.2a에서 맹자가 제시한 내용을 받아들인 후에 받아들여야만 하는 결론으로 제기된 것이 아니다. 첫 번째 제시한 내용은 또 다른 의미에서 두 번째 것을 제시하기 위한 준비 기능을 가지고 있다 ; "흰"에 대해 말함으로써 A′에 함축된 내용을 도출해낼 수 있도록 해주는 것이다. 6A3.2b에서 맹자는 "흰"에 대한 또 다른 하나의 독립적인 명제를 제시하면서, 고자가 그것을 받아들일 것이라고 생각하며, 고자는 실제로 그것을 받아들인다. 아마도 맹자 자신도 그것을 받아들였을 것이다(맹자도 또한 그것을 받아들였는가 하는 문제는 그 논변과는 무관한, 순수한 말싸움이라고 생각할 수 있다). 하지만 어떤 한 종류의 흼이 다른 종류의 흼과 같지 않을 수도 있으며, 조기는 실제로 맹자가 생각한 내용이 그것이라고 주장한다. 그러나 우리는 여전히 흼에 대한 이러한 질적인 구분과 "개별적인 흼"이라는 아리스토텔레스적 개념 — 소크라테스가 개별자이기 때문에 갖게 되는 소크라테스의 흼 — 을 구분해야 한다.

하지만 나는 그로부터 벗어나 있다. 우리는 이제 B를 해석할 수 있다.

> B 흰[색][속성]에 대해 말할 경우, 우리는 어떤 사물을 이런 저런 류의 흰[형용사] 것이라고 부를 때 그에 부여하는 성질에 대해 말하고 있는 것이다.

이를 통해 다시 A(혹은 A′)를 해석해낼 수 있다:

> A "생(生)^{속성}"이라는 성질에 대해 말할 경우, 우리는 어떤 사물을 이런저런 종류의 살아 있는[生]^{형용사} 것이라고 부를 때 그에 부여하는 성질에 대해 말하고 있는 것이다.

그리고 단순하게 그 대상을 이런저런 류의 동물로 본다면, 의도적으로 "생(生)^{형용사}"의 의미를 염두에 두고서 이러한 일을 하는 것이다. 아마도 흰말은 말이겠지만, 죽은 말은 말이 아니다. 이는 개, 소, 사람 등에 대해서도 마찬가지다. 맹자는 계속한다:

6A3.3

> "그렇다면 [생(生)^{형용사}] 개의 생(生)^{속성}은 [생(生)^{형용사}] 소의 생(生)^{속성}과 같고, [생(生)^{형용사}] 소의 생(生)^{속성}은 [생(生)^{형용사}] 사람의 생(生)^{속성}과 같단 말인가?
> (然則犬之性猶牛之性 牛之性猶人之性與)

하지만 여기에서 맹자에게 생(生)^{속성}이 지금 우리가 성(性)이라고 읽는 말 대신으로 충분치 않을 것임은 물론이다. 맹자에게 그것은 "본성", 다시 말해서 그 류(類)에 속하는 한 생물로서의 본성, 즉 하나의 류에 속하는 것을 다른 류들로부터 구분할 수 있게 해주는 것이다. ***153*** 아마도 맹자는 고자가 이 지점에서 깜짝 놀라 말문이 막혀야만 하리라고 느꼈을 것이며, 조기도 여기에서 분절을 한 것으로 보아 고자가 실제로 깜짝 놀라 말문이 막혔다고 생각했음에 분명하다. 그러나 고자에게 성(性)이란 한 종(種)을 다른 종과 구별해주는 것이 아니라, 생물을 무생물과 구별해주는 것이다. 그리고 욕구를 가진 것들과 욕구를 가지지 않은 것들은 살아 있는 것들과 죽어 있는 것들이라는 서로 다른 두 범주에 속한다는 순자의 말을 고자가 들었더라면, 기꺼이 그에 찬동했으리라고 생각하는 것도 불합리한 것은 아니다. 만약 다음 절에서 대화를 계속하는 모습을 보여준다면, 고자도 그렇게 말했을 것이다.

6A4.1

> 고자가 말하였다 ; "먹는 것과 성적인 욕구가 생(生)[속성]이다. 인은 내적인 것이고 외적인 것이 아니다. 의는 외적인 것이고 내적인 것이 아니다.
> (告子曰 食色性也 仁內也 非外也 義外也 非內也)

아마도 고자의 입장에서 보면, 여기에서 "먹는 것"과 "성적인 욕구"(色 — 글자 그대로는 "색깔"이다)는 생(生)[속성]의 정의라기보다는 그에 해당하는 것의 사례일 것이다. 아마도 "먹는 것"은 획득하고 소비하는 모든 쾌락을 포함하거나 대표하며, "성적인 욕구"(어쩌면 "색깔"이 결국은 더 나은 번역일지도 모른다)는 우리가 보고 음미하며 즐기게 될 대상(혹은 사람)을 향해 끌림에 대한 대표적 표현일 것이다. 그렇다면 후자에는 생물학적이고 심리학적인 측면에 기반한 타인을 향한 애정 전체가 포함된다 ; 따라서 거기에는 인(仁)도 포함되며, 우리는 앞으로 고자의 입장에서 인(仁)의 사례로 자신의 가족 구성원들에 대한 애정과 관심이 거론되는 것을 보게 된다.

여기에서 가장 골칫거리가 되는 것은 의(義)다. 유가의 입장에서 보면 그 말은 "옳은", "적절한"을 의미하며, 이는 아마 고자에게도 마찬가지일 것이다. 그러나 그 말은 다음과 같은 것들을 지칭하는 용법으로 다양하게 쓰일 수 있다 : 개별적인 행위의 술어 ; 의로운 행위나 그러한 행위의 부류 ; 의로운 행위가 가지고 있는 성질 ; (규칙적으로 의로운 행위를 행하는) 사람에 대한 술어 ; 그러한 사람이 가지고 있는 자질, 성향, 덕목 등에 대한 명칭 ; 동사로서 "누군가에게 의로운 어떤 행위를 함" ; 그러한 대접을 받을 때 어떤 사람이 향유하게 되는 존경 ; 동사로서 "사람들을 의라는 덕을 가지고 있는 사람들로 인정함 혹은 그러한 덕을 가지고 있음에 대해 존경함" ; 그러한 류의 사람들이 향유하는 영예 혹은 존경. 고자와 맹자는 의(義)에 손윗사람에 대한 존경과 같은 것이 포함됨을 당연시한다. 의(義)가 단순히 무언가를 하는 것인지, 아니면 영혼과 관련해서 중요한 함의를 담고 있는 것인지(그리고 누구에게 그러한지), 그리고 내가 애매하게 사용한 "포함되다"는 말이 어떤 결론에 이르는지 등이 그들이 앞으로 철저하게 논의하게 될 것들이다. 맹자는 탐구해 들어가고 고자는 부연 설명을 한다 :

6A4.2a

맹자가 말하였다 ; "왜 당신은 인이 내적인 것이고 의가 외적인 것이라고 말하는가?"

(孟子曰 何以謂仁內義外也) <u>*154*</u>

6A4.2b

[고자가]말하였다 ; "[다음과 같은 경우에]

C 그가 장(長)[형용사]해서 내가 그를 장(長)[타동사]하게 여기는 것이다.

D 내 안에 장(長)이 있기 때문은 아니다."

(曰 彼長而我長之 非有長於我也)

장(長)[형용사]은 (sc. 나보다) "나이가 더 많은"이고, 따라서 물론 사람의 경우에는 "손윗사람"이며, 존경받아야 할 사람이다. 나는 여기에서 장(長)[타동사]을 장(長)의 동사적 용법으로 사용하고 있다 ; 연장자로 여기다, 연장자로 대접하다, 연장자로 만들다. 여기에서 중요한 문제가 되는 것은 고자가 자신의 의견을 개진한 문장(문장 C)이 아니라, "나에게 장(長)이 있는"(有長於我) 것은 아니라는 고자의 논평(문장 D)이다. 나는 고자가 자신이 표본으로 든 문장에 대해 한 논평 속에 들어 있는 장(長)에는 어깨글자를 달지 않은 채 내버려두었다. 여태까지 내가 한 분석에 의거해볼 때, 우리가 사용할 수 있는 장(長)의 유일한 명사적인 용법인 장(長)[속성]은 아마도 "장(長)[형용사]이라는 성질", 다시 말해서 "더 나이 많음"이며, 따라서 (최소한 인간들 사이에서는) "손윗사람임"이라는 뜻일 것이다. 이 경우 그 줄은 "내가 (sc. 그보다) 나이가 더 많아서가 아니다"는 우스꽝스러운 의미가 되어버릴 듯하다. 그러니 통상적인 관용 어구에 다음과 같은 표현이 있다 :

X 有 Y 於 Z

그 의미는 "X에게 혹은 X에 대해, Z와 관련된 Y가 있다"며, 이를 좀더 명료하게 표현하면 "X는 Z로부터 Y를 가진다" 혹은 "X는 Z에 의해 Y된다"로 할 수 있다. 따라서 D는 다음과 같은 뜻일 수 있다 :

D′ [그가] 나로부터 장(長)[속성]을 가지기 때문은 아니다.

혹은

D″ [그가] 나에 의해 장(長)[타동사]되기 때문은 아니다.

하지만 그가 나에 의해 장(長)[타동사]된다는 것은 그 속에 담긴 가정 그 자체에 의거해볼 때 "내가 그를 장(長)[타동사]한다"는 것이다. 이는, 적어도 한 가지 측면에서 보면, 내가 그에게 있는 장(長)[속성]을 인정하거나 알아보는 것, 그를 장(長)[형용사]으로 보는 것, 나아가 그를 적절하게 장(長)[형용사]으로 대접하는 것을 의미한다. 따라서 D''처럼 해석하는 것은 이 문맥에서는 의미가 통하지 않는다. 다른 한편으로, 내가 그를 장(長)[형용사]으로 만들어주는, 다시 말해서 그에게 장(長)[속성]이라는 성질을 주는 것은 아니다. 이제, 내가 그를 장(長)[형용사]으로 보고 그렇게 대접한다면, 생각하건대 나에게 최소한 적절한 상황에서 그렇게 할 능력이 있다고 말할 수 있을 것이며, 그것은 아마도 적절한 상황에서 그렇게 하려는 성향이라고 말할 수 있을 것이다. 이제 그것을 장(長)[성향]으로 읽어보자. 이와 유사한 관용어구에 사용될 만한 말들이 있다 ; 예를 들면 『좌전(左傳)』에는 "총(寵 — 총애 / 호의 / 호감)[183]"에 대한 용례가 있다.

> 子儀有寵於桓王
> 자의는 환왕에게 호의를 가지고 있었다. *155*
> 자의는 환왕에게 총애를 받았다.
> 환왕에게는 자의에 대한 호감이 있었다.

다시 말하면 아마도 고자는 자신이 사용하는 언어적 표현으로 인해

> D′ 그가 나로부터 나이 많음이라는 성질을 얻었기 때문은 아니다.

183) 원문에서는 "favor"로 되어 있지만, 우리말로 문맥에 맞게 옮기기 위해 세 가지 번역어를 썼다.

라는 부인할 수 없는 말을 하는 가운데, 전혀 다른 논점을 확고히 한 셈이라는 생각을 반쯤은 하게 되었던 것이다. D′은 실제로 사실이다 : 손윗사람은 그냥 나이가 많은 것이고, 나를 포함해서 그보다 나이가 어린 사람들이 나이가 많다는 점에 대해 존경의 마음을 가져야 하는 것은 객관적인 "제도적 시실"이라고 말할 수 있다(나아가 제도적인 맥락 속에서 보면 손윗사람에 대한 사실이라고까지도 할 수 있다). 하지만 D′으로 설명되는 중국어는 다음과 같은 내용도 또한 담고 있는 듯하다 :

> D‴ 그를 장(長)[타동사]하려는 성향 혹은 능력이 나에게 있는 것은 아니다.

다시 말해서, 내가 지금 그를 장(長)[타동사]한다는 사실에 대해 어떤 식으로든가 의미 있게 설명해줄 만한 장(長)[성향]은 나에게 전혀 존재하지 않는다는 것이다. 그리고 이는 당연히 참이 아니다.[184) 어쨌든 맹자는 분명 그러한 성향이 존재한다고 생각할 것이다. 그러나 고자는 D‴에 문제가 있다고 생각하지 않을 것이다 ; 그것은 고자가 말한 내용 가운데 분명히 올바른 해석이 존재하는 어떤 것으로부터 은연중에 끼여들었으며, 여기에서 고자가 성향이라는 측면에서 생각하고 있는 것 같지는 않다. 고자가 보기에 그 사례는 단순한 인과적 지각과 관련된 사례와 같은 것이다. 이제 거기에는 나의 인식을 필연적으로 촉발시키는 무언가가 존재한다.

따라서 고자는 계속해서 다음과 같이 말한다 :

---

184) 요약해서 말하자면, 한문 문장 D는 그 의미가 D′인지 D″인지 D‴인지 분명하지 않다. 고자가 의도한 바가 D′일 리는 없다 ; 그렇게 되면 고자가 바로 앞 C에서 말한 내용을 부인하는 결과가 되기 때문이다. D″는 참이기는 하지만 그리 커다란 의미가 있는 것은 아니다. D‴는 최소한 논쟁의 여지가 있다.

6A4.2c

"[이와] 유사한 사례로,
E 그가 백(白)[형용사]이라서 내가 그를 백(白)[타동사]하는 것은
F 외부에 있는 그의 백(白)을 따르는 것이다.
따라서 나는 그것을 '외적인' 것이라고 하는 것이다.
(猶 彼白而我白之 從其白於外也 故謂之外也)"

고자의 논평(문장 F)은 골치 아픈 문장이다. "於外"를 글자 그대로 풀이하면 "밖에"가 될 듯하다 ; 외(外), 즉 "밖"은 명사다. 따라서 "외부에 자리잡고 있는"이나 "외부와 관련된"이라는 의미에서 "외적인"을 뜻하게 되며, 이는 어느 정도의 의미를 가지고 있다(외부로부터 온, 외적인 것에 의해 생겨난 등). 그리고 나의 번역문에 있는 "백(白)"에는 어떤 어깨글자를 붙여야 할까? 고자의 논평에 해당하는

F 從其白於外也

라는 문장은 문장 구조상으로 볼 때 이상하다. *156* 이 문장의 내용은 우리가 일반적으로 말하고자 하거나 말해야겠다고 생각하지 않는 어떤 것인가? "외부에 자리잡고 있는 그의 흼을 따른다"면

F* 從其白在外也

가 되어야 하며, 그렇다면 백(白)은 "흼[속성]"일 수가 없다. 그리고 통상적인 관용 어구에 따르면 이러한 맥락에 "흰[형용사]"을 적용할 경우,

F′ 그가 바깥보다 더 흰 것을 따른다.

가 되어야 하는데, 그러면 의미가 전혀 통하지 않는다. 그러나 백(白)이 타동사라면

F′′ 그가 [누군가 혹은 무언가] 외부의 것에 의해 ‘백(白)-됨’을 따른다.

가 될 것이며, 이러한 번역은 사용 가능할 것이다 : 고자가 말하고 있는 내용은 아마도 그를 백(白)하고, 백(白)으로 볼 때, 내가 그렇게 하는 것은 “밖에 있는”(다시 말해서 나와는 무관한) 요소들이 또한 그를 백(白)[타동사]한다는 사실을 “따르는”(에 의해 생겨나는 ; 내가 어떤 식으로든가 그를 바라본다면) 뜻일 것이다. 좀더 구체적으로 말하자면, 이러한 외부적 요소들이 그가 백(白)[형용사]하다는 것을 참으로 만들어준다는 의미에서 그를 백(白)[타동사]한다는 것이다. 아주 단순하게 말하면, 고자의 말은 내가 그를 희게 여기는 이유란 단지 그가 희기 때문이라는 것이다. 하지만, 이러한 의미를 파악해 낼 수 있는 더 쉬운 방법 — 나는 그것이 올바른 방법임에 틀림없다고 생각한다 — 은 **F**와 **F***이 결국은 같은 뜻이라고 해석하는 것이다 : 맹자의 시대에는 이미 더 이상 쓰이지 않게 되었지만, 고대에는 어(於)가 정식 동사로 사용된 용례가 있으며, 그 의미는 재(在)와 같이 “자리잡고 있다”라고 할 수 있다.

우리가 살펴본 6A2의 애매함 속에 담긴 난점을 이제는 좀더 잘 볼 수 있다. 고자의 견해에 따를 경우, 의(義)가 “외적인” 것은 의로운 행위에 대한 나의 성향이나 능력이 내 안에 잠재해 있다기보다는 훈련에 의해 생겨난 것이라는 말인가? 아니면 현재 내 앞에 있는, 다시 말해서 단순히 “저기에” 있는 무언가에 의해 나의 의로운 행위가 촉발되며, 그것은 나에게 자신을 촉발시키는 성질

이 있는가 여부와 무관하기 때문에 그것이 외적이라고 말하는 것인가? 아마도 고자는 흰 사람을 희다고 보는 것은 한 가지 측면에서는 "내적인" 것임을 알아차리지 못하고 있는 듯하다 : 나에게 눈이 없다면, '나에 의해 희게 보일 수 있음'이라는 성질을 그는 갖지 못할 것이다. 그리고 물론 고자가 생각하는 내용이 우리가 어떤 색을 볼 때 간질병적인 발작 상태에 빠짐으로써 그에 반응하고자 하는 성향이 생겨나리라는 것도 아니다 ; 그러한 행동은 고자의 입장에서도 충분히 "내적인" 것으로 간주할 만하지만, 동시에 그 성향에는 뇌 손상과 같은 외적인 원인이 있을 수도 있다. 그러나 맹자의 주의를 끈 것은 또 다른 구분을 할 필요성이 있다는 사실이다 :

6A4.3a

[맹자가] 말했다 ; "[장(長)[속성]의 경우는] 흰[형용사] 말의 흼[속성][이라는 표준적인 사례]와 같지 않다. [이 표준적인 사례]는 흰 사람의 흼과 다르지 않다.

(曰 異於白馬之白也 無以異於白人之白也) *157*

6A4.3b

[그러나] 내가 궁금한 것은 장(長)[형용사]한 말의 장(長)[속성]이 장(長)[형용사]한 사람의 장(長)[속성]과 다르지 않은가 하는 점이다.

(不識 長馬之長也 無以異於長人之長與)

내가 이 구절을 다루는 방식은 여러 번역가들의 일치된 견해와는 다르다. 다른 번역가들은 표준적인 주석에 따라 이 구절에 문제가 있으며, 첫 구절에 나오는 '異於'(여기에서는 "~과 같지 않다"는 의미다)를 삭제하거나, 무언가를 덧붙여야 한다고 주장한다.[185] 내가 생각하기에, 그들은 "맹자가 왜 말에 대한 이야기로 시작하는가?"라는 질문에 대답하지 못할 것이다. 아마도 일반적인 경우 어떤 대상에 술어가 어떻게 적용되는가에 관해 말할 때면, 사람들은 실제로 "흰말"에 대해 말했을 것이다. 분명 이러한 이유 때문에 공손룡도, 예를 들면 나무종이 종임을 부인하기보다는 흰말이 말임을 부인하는 쪽을 택함으로써 사람들을 자극하는 효과를 극대화하고자 하였을 것이다.

둘째로, 내가 "白馬之白"을 "흰말의 흼"이라고 번역하는 것도 차이가 있다. 차이 부자(Chai and Chai, 1965), 꾸브뢰(Couvreur, 1910), 라우(Lau, 1970), 레게(Legge, 1970), 리얼(Lyall, 1932), 빌헬름(Wilhelm, 1921) 등은 결국 이 구절의 의미가 "말의 흼을 흰 것으로 간주하다"고 생각한다. 덥슨(Dobson, 1963), 자일즈(Giles, 1993), 웨어(Ware, 1960) 등은 그 구절의 의미를 나처럼 생각한다. 그러나 조기의 분절을 거부하고, 6A4가 6A3과 연속된 것이라고 생각한다면, 아무 이유 없이 표준적인 것으로 보이는 어형(語形) 속에 담긴 문장 구조에 급작스런 변화가 있으리라고 생각할 수는 없다. 여기에 나오는 "흰말의 흼" 등의 구절은 6A3.2b에 나오는 "흰 깃털의 흼" 등과 똑같은 구조를 가지고 있기 때문이다. 나아가 다음에 나오는 맹자의 말을 더 잘 이해하기 위해서도 이러한 해석이 필요하다:

---

185) 라우(Lau, 1970, 264n. 14)는 이 구절을 "異於白 白馬之白 …"으로 교정해야 한다고 주장하면서, "올바른이 경우는 흼의 경우와 다르다. '흰 것으로 다룸'은 흰말을 흰 것으로 다루든, 흰 사람을 흰 것으로 다루든 같다"고 번역한다. 레게(Legge, 1970, 398n. 3)는 '異於'를 삭제할 것을 제안하면서, "흰말을 희다고 하는 것과 흰 사람을 희다고 하는 것 사이에는 아무 차이가 없다"고 번역한다. 자일즈(Giles, 1993, 93)는 근거를 제시하지 않은 채, "흰말의 흼과 흰 사람의 흼 사이에는 분명 아무런 차이가 없다"고 번역한다.

6A4.3c

게다가, 당신은 [그가] 장(長)[형용사]한 것이 의(義)[한 것]이라고 말하는 것인가, 아니면 [내가] 그를 장(長)[타동사]하는 것이 의(義)[한 것]이라고 말하는 것인가?
(且謂長者義乎 長之者義乎)

문법적으로는 이 구절을 "게다가 당신은 장(長)[형용사]한 사람이 의(義)라고 말하는 것인가, 아니면 어떤 다른 사람을 장(長)[타동사]하는 사람이 의(義)라고 말하는 것인가?"라고 번역할 수도 있다. 조기의 주석과 송대 초기 손석(孫奭)의 것으로 여겨지는 주석에서처럼 그레이엄, 라우, 웨어 등은 이 구절을 그렇게 해석한다. 그러나 맹자가 사용하는 형식이

… 者 …, … 者 …

임을 보여주는 것은 어렵지 않은 일이며, 이는 우리가 이탤릭체를 사용해서 그렇게 할 수 있는 것처럼, 양자택일의 상황을 제시하기 위한 것이다.186) 그리고 맹자가 때로는 의(義)를 사람에 대해 묘사하는 형용사로 사용하기도 하지만,187) 거의 대개는 명사로 사용한다. ***158*** 내가 보기에, 실제로 맹자는 고자가 위의 문장 C에서 사용한 바 있는 말을 인용하고 있다고 가정하는 것이 가장 합리적일 듯하다. 어쨌든 6A4.3c를 보면 6A4.3a–b에 대한 나의 분석이 옳다

---

186) 예를 들어 「梁惠王」, 上, 7의 "不爲者與不能者之形何以異(하지 않음과 할 수 없음 사이에 어떤 형태의 차이가 있는가?)"를 보라. Legge는 이러한 해석을 택한다 : "어떤 사람이 나이가 먹었다는 사실인가? 아니면 그가 나이 먹은 것에 대해 우리가 경의를 표한다는 사실인가?"(Legge, 1970, 398)

187) 「離婁」, 上, 20과 「離婁」, 下, 5에는 "君義莫不義"라는 구절이 나온다.

는 것을 알 수 있다. “그를 장(長)[타동사]함”, “그를 백(白)[타동사]함” 등이 이미 관심의 초점이라면, 여기에서 맹자에게 “그를 장(長)[타동사]함”(혹은 “그를 장(長)[타동사]하는 사람”)을 강조할 필요는 없을 것이다. 하지만 우리는 묻게 될 것이다 ; 왜 분명한 것에 대해 애를 쓰는가? 장(長)[형용사]한 것이 의(義)라고 생각하고픈 유혹을 느낄 사람이 있을 수도 있다고 생각할 만한 근거가 있었던 것인가? (앞으로 살펴보겠지만) 아마도 그랬을 것이다.

맹자는 수사적으로 보이는 질문 두 개를 막 제기한 상태며, 분명 고자는 그에 대해 이의를 제기하지 않는다. 그는 논변을 계속하며, 다음 두 가지 논점을 모두 받아들이는 듯하다 : 의(義)가 무엇인가에 대해 말할 때, 우리는 어떤 사람이 X[형용사]함에 대해서가 아니라 그 사람을 X[타동사]함에 대해 말하는 것이어야 한다 ; 그리고 오직(기껏해야) X[형용사]한 것이 사람일 경우에만 내가 그를 X[타동사]함이 의(義)의 사례가 되기 마련이나. 하지만 고자가 말한 것처럼, 그의 X[형용사]함이 내가 그를 X[타동사]함에 달려 있는 것이 아니라 의(義)의 필수 조건이라면, 그 의(義)로운 행위, 즉 일반적으로 인정되는 측면에서 내가 그를 X[타동사]함은 “외적인” 것이다. 이제 고자는 그러한 행위를 행하는 것이 바로 나라는 사실에도 불구하고, 그와 같이 말하는 것이 합리적인 이유를 보여주고자 한다. 그가 제시하는 논변은 커다란 골칫거리가 되어 왔다. 대부분의 사람들은 그 논변을 글자 그대로 이해하는 것을 단념했으며, 그 논변에 영어권에서 가장 커다란 관심을 보였던 라우와 그레이엄은 결국 텍스트를 수정할 필요가 있다고 느꼈다. 텍스트에서 말하고자 하는 내용은 거기에 쓰여 있는 그대로이지만, 그것이 무엇인지를 발견해내는 것은 결코 사소한 일이 아니다. 먼저 중립적인 번역을 하도록 노력해보겠다.

6A4.4a

[고자가] 말했다 ; "나의 동생이라면 나는 그를 사랑한다 ; [그러나] 진나라 사람의 동생이라면 그렇지 않다.

(曰 吾弟則愛之 秦人之弟則不愛也)

6A4.4b

이는 나를 즐기는 사람으로 여기는 것이다. 그러므로 나는 그것을 내적(內的)이라고 하는 것이다.

(是以我爲悅者也 故謂之內)

6A4.4c

나는 초나라 사람의 장(長)[형용사][한 사람]을 장(長)[타동사]한다 ; [그리고] 나의 장(長)[형용사]한 사람도 또한 장(長)[타동사]한다.

(長楚人之長 亦長吾之長)

6A4.4d

이는 장(長)?을 즐기는 사람으로 여기는 것이다. 그러므로 나는 그것을 외적(外的)이라고 하는 것이다.

(是以長爲悅者也 故謂之內也)

159 첫 번째 경우에, '누군가를 X함'의 사례로 고자가 고른 것은 맹자와 고자 두 사람 모두에게 인(仁)에 해당하는 사례며, "내적인", 즉 내 "본성"의 일부인 것이다 : 그것은 바로 자신의 가족 가운데 누군가에 대한 애정이다(예로 든 것은 나보다 어린 누군가로,

인(仁)을 분리해내어 의(義)를 배제한 것이다).[188] 두 번째 경우에 그는 자연스럽게 의(義)의 표준적인 사례, 즉 손윗사람에 대한 존경심을 계속해서 거론한다.

고자가 그 밖의 다른 어떤 내용을 말하고 있을지도 모르지만, 어쨌든 그는 최소한 “흰”에 관해 이전에 자신이 제기한 논점을 발전시키고 있는 듯하다 : 흰 사물은 그냥 흰 것이며, 나에게 어떤 이상이 없는 한, 내 자신의 선택에 의해 그것을 빨간색으로 볼 수는 없다. 이는 장(長)[형용사]한 사람의 경우에도 또한 마찬가지다 : 그는 그냥 장(長)[형용사]한 것이며, 나에게 뭔가 “잘못된” 점이 있지 않은 한, 그 장(長)[형용사]한 사람을 “지각”하게 되면(그와 상호 작용하게 되면), 나는 그를 장(長)[타동사]할 것이다. 그러나 애(愛)되는, 즉 “사랑받는” 사람의 경우는 다르다 ; 그 사람을 사랑받는 대상으로 만들어주는 것은 내가 그 사람을 사랑한다는 사실이기 때문이다(여기에서 그는 아마도 묵가를 비판하는 사람들처럼 생각하는 듯하다).[189] 그는 진나라와 초나라 사람들을 예로 듦으로써 자기가 들고 있는 사례들의 의미를 더욱 분명하게 만든다 ; 그 논쟁은 아마도 제나라에서 있었던 일일 것이다.

이와 관련해서 우리가 다루어보아야 하는 분명한 문제점이 있다. 고자는 무언가를 간과해버린 셈이다. 그것은 ‘어린 동생임’과 ‘연장자임’은 논리적으로 동일한 방식으로 작동하며, 선택이라는 측면과 관련해서 볼 때, 두 경우 각각은 나머지 한 경우보다 더하지도 덜하지도 않다는 사실이다. 어린 동생이 내 애정의 대상이 되기 위해서는 그가 반드시 나에게 어린 동생이어야만 한다 ; 하지

---

188) 이후에 중요한 여러 가지 측면에서, 순자도 고자처럼 이러한 성향은 인간이 “혈기(血氣)를 가진” 모든 피조물과 공유하고 있는 것임을 지적한다. Watson (1963a, 106).

189) 묵가는 다른 사람들에 대한 보편적인(따라서 선택과 무관한) “사랑”을 옹호한다.

만 그와 똑같이 연장자가 존경의 대상이 되기 위해서는 그가 반드시 나보다 나이가 많아야 한다. 고자의 난점은 한문의 장(長)형용사이 영어의 "elder"처럼 두 가지 의미를 가지고 있다는 사실이다. 나 자신을 기준으로 보면, 그 말은 나보다 나이가 더 많은 — 내가 어린아이라면 그 또한 어린아이일 수도 있다 — 사람을 의미할 수도 있고, 나보다 나이가 어리더라도 내가 속해 있는 공동체의 "원로 시민(senior citizen)"을 의미할 수도 있다. 따라서 6A4.4c에서 나 자신의 연장자에 대해서는 실제로 존경하는 반면, "초나라 사람의 연장자" — 이 표현의 의미는 6A4.4a의 "진나라 사람의 동생"이라는 표현에 상응한다 — 에 대해서도 (반드시)그러한 것은 아니다.

나는 6A4.4b와 6A4.4d에 대해 중립을 지키기 위해 "기본적인 번역"에 의지했었다 ; 그리고 골칫거리가 되는 것은 바로 이 두 구절이다. 라우와 그레이엄은 (내가 "즐기다"라고 옮긴) '열(悅)'을 '설(說)', 즉 "설명하다"와 같은 글자로 보아야 한다고 제안한다(내가 생각하기에, 그들이 염두에 두고 있는 것은 이후 묵가 논리학자들에게서 발견할 수 있는 기술적인 용어로서 '설(說)'의 용법이다).190)

190) 맹자와 고자는 묵가 논리학자들의 기술을 사용하고 있는데, 흥미로운 점은 묵가 논리학자들이 의(義)의 소재(所在)에 대해 명시적으로 논의하고 있다는 점이다(이에 대해서는 Lau[1963b, 258-259]가 이미 지적한 바 있다. 또한 Graham[1978, 450-451]을 보라). 한 구절에서는 맹자의 입장이 옹호되고 있는 듯하다 : 인(仁)과 의(義) 양자 모두는 내가 그것을 행하는 사람이 아니라, 내가 그것을 행한다는 사실과 동일시되기 때문에 "내적인" 것이다. 여기에서 의(義)는 "이익을 줌"으로 정의된다(맹자가 그런 식의 개념 정의를 알았더라면 소스라치게 놀랐을 것이다). 또 다른 개념 정의는 다음과 같이 진행된다 :

"經 : 堯의 義는 현재에 생겨나지만 과거에 자리잡고 있다. 그러나 이 둘은 서로 다른 시대다. 설명은 '우리가 義라고 여기는 것' 하에서 발견된다. 이는 두 가지다(堯之義也 生於今而處於古 於異時 說在所義 二)."

"經說 : 堯의 義-이것은 현재에서의 명성이다. 우리가 義라고 여기는 실제는 그러나 많은 텍스트에서 '설(說)'이 '열(悅)'의 의미로 쓰이기는 하지만(『춘추(春秋)』에 대한 주석에서는 '열(悅)'이라는 글자가 한 번도 등장하지 않으며, '설(說)'이 규칙적으로 '열(悅)'의 의미로 쓰인다), 나는 여태까지 '열(悅)'이 '설(說)'의 의미로 쓰인 예를 발견할 수 없었다. 내가 생각하기에, 우리는 '열(悅)'과 관련해서 "즐기다" 혹은 그와 유사한 의미에서 벗어날 수 없다. 그러한 의미를 가지고 어떻게 해야 할까?

먼저 그 구절이 가지고 있는 문장 구조상의 애매함에 주목하라. 자(者)라는 말은 앞의 동사구에 영향을 미쳐 그 구를 명사화시키는 것으로 볼 수도 있고, 단지 앞 글자에만 그러한 영향을 미치는 것으로 볼 수도 있다. 따라서 6A4.4b

是以我爲悅者也

는 문법적인 측면에서 두 가지로 분석할 수 있다: *160*

(1) 是 = ([以我爲悅]者)
"이 [사람] = 나를 열(悅)로 간주하는 사람"

(2) 是 = (以我爲悅者)
"이 [경우] = 나를 열(悅)하는 사람으로 간주함"

과거에 자리잡고 있다(堯之義也 是聲也於今 所義之實 處拾古)"(『墨子』, 33, 「經下」 — 나는 孫詒讓의 주석[1987, 292, 345]이나 Graham[1978, 63-64]의 번역을 따르지는 않았으나, 번역이 확실하다고는 생각하지 않는다).

여기에서는 의(義)가 "이익"(혹은 "이익을 줌")일 수 없으며, 내가 보기에는 "그가 이익을 준 것에 대한" "칭찬"(혹은 "칭찬함"), 다시 말해서 다른 사람들에 의해 "영예롭게 여겨"질 때 가지게 되거나 향유하게 되는 "영예"다.

그리고 6A4.4d의

是以長爲悅者也

도 문법적인 분석을 통해 볼 때 다음 둘 중의 한 가지 의미라고 볼 수 있다:

(1) 是 = ([以長爲悅]者)
"이 [사람] = 장(長)을 열(悅)로 간주하는 사람"

(2) 是 = (以長爲悅者)
"이 [경우] = 장(長)을 열(悅)하는 사람으로 간주함"

덥슨은 두 번째 해석을 택하고 있는 듯하다. 그의 번역은 다음과 같다:

> 나는 내 동생에 대해 사랑을 느끼지만, 진나라 사람의 동생에 대해서는 사랑을 느끼지 않는다. 내 동생이 내 안에 있는 기쁨의 감정을 불러일으킨 것이며, 따라서 나는 그것이 고유한(inherent) 것이라고 말한다. 나보다 연장자인 초나라 사람에게 그가 연장자이기 때문에 경의를 표하는 것은, 내 가족 구성원 가운데 연장자에게 경의를 표하는 것과 같다. 내가 그렇게 하는 것은 내 연장자의 마음속에 기쁨의 감정을 불러일으킨다. 따라서 나는 의(義)가 외적인 것이라고 말하는 것이다(1963, 111-112).

덥슨은 고자가 말하고 있는 내용이 다음과 같다고 생각하는 듯하다: 인(仁)은 "이 안에(in here)" 있다 — 다시 말해서 그것은 내가 동생을 사랑할 때 내 안에 있게 되는 따뜻한 감정이다; 의(義)

는 “저 밖에(out there)” 있다 — 내가 존경심을 보여줄 때 손윗사람에게 만족스러운 감정이 있게 되기 때문이다. 이러한 노선을 따를 경우, 인(仁)이 (내가 가지는 만족스러운 감정이 아니라) ‘내가 사랑하는 것’이라고는 말할 수 없게 된다 ; 그렇게 말할 경우 의(義)에 대해서도 내가 존경심을 갖는 것이라고 해야 하며, 이 경우 양자 모두는 “이 안에(in here)” 있는 나의 것이라고 해야 하기 때문이다. 따라서 이러한 분석 방식을 따를 경우, 고자는 다음과 같은 말을 하고 있는 것이 되어야만 한다 : 의(義)가 “외적인” 한, 그것은 장(長)으로서 존경받는다는 만족스러운 상황임에 틀림없으며, 그것은 손윗사람의 “안에” 있는 것이다. 이런 식으로 말한다면, 의(義)는 정말로 장(長)한 사람이지, 그 사람을 장(長)하는 사람은 아닌 것이다.

고자가 말했던 내용이 이것일까 하는 의심이 들기는 하지만, 그러한 암시적인 생각(이는 내 생각이다 ; 덥슨이 그렇게까지 생각해냈을까에 대해서는 의심이 들기 때문이다)을 그럴싸하게 만들 수 있는 방법이 있다. *161* 고자가 염두에 두고 있었던 것은 맹자도 이미 생각해본 적이 있는 입장이라고 주장할 수 있는 것이다. 맹자는 아주 중요한 구체적인 상황에서 의식적으로 그 입장을 거부한 바 있지만, 고자는 그렇지 않다. 그 입장이란 자화자(子華子)와 같은 기원전 4세기의 “쾌락주의자들”에게서 발견할 수 있는 의(義)에 대한 사유 방식이다. 자화자에게 의(義)란 내가 마땅히 해야 하는 것, 즉 “옳은”, “옳은 것”이 아니라, 내가 마땅히 받아야 할 것, 즉 “명예(honor)”를 얻는 것이다. 이미 지적한 것처럼 의(義)라는 말의 의미는 이러한 양면성을 가지고 있으며(그에 대해서는 상세한 선거(典據)를 들 수 있다), 그에 놀라서는 안 된다 ; 영어의 “honor”라는 말도 동일하게 이중적인 의미를 가지고 있기 때문이다. 명예를 아는 사람(persons of honor)은 자신이 마땅히 해야 할 일을 하며, 그렇게 하지 않는 것을 부끄러워할 것이다. 하지만 존경받아 마땅하고 또 그러한 존경을 받는 사람도 또한 명예를 향유하고 명예로운 대우를 받으며 영광을 누린다. 나아가 우리는 그러한 사람들을 "존경하는 선생님(your honor)"이라고 부를 수도 있다. 그리고 자화자는 우리가 참아야만 하는 것 중에서 가장 괴로운 것 중의 하나가 "불명예(dishonor)"며, 그것은 마치 자신이 가장 싫어하는 것은 보거나 들어야만 하는 것 혹은 썩은 음식을 먹어야만 하는 것과 같다고 분명히 말한다. 여기에서 자화자가 묘사하고 있는 바에 따르면, "고통스러운 삶"이란 자신이 즐기는 것을 얻는 대신에 그 반대의 것을 참아야만 하는 삶이다. 따라서 이러한 사유 방식에 따르면, 의(義)란 당신이 나를 명예롭게 대우할 때 내 것이 되는 그런 것이며, 그것을 가질 수 있다면 커다란 즐거움이 될 수 있는 그런 것이다.

고자는 아마도 자화자와 맹자의 중간에서 의미론적 혼란에 빠져 있는 듯하다. 한편으로 그는 의(義)란 내가 배양해야 할 혹은 훈련을 통해 내 안에 체화시켜야 할 도덕적 기준이라고 말할 것이다 ; 다른 한편으로 그는 당신에게 연배에 맞는 존경심을 가지고 대할 때 내가 행하는 의(義)란 내 안에 있다기보다는 당신에 대한 의(義)며 향유되는 것이라고 생각한다.

반대로 맹자는 자화자의 입장을 의식적으로 뒤집어놓은 듯하다. 만약 의(義)가 고귀한 지위와 같이 세상이 부여하는 "명예"라면(「고자」 상, 16), 그것은 다른 사람이 마음대로 주거나 빼앗을 수 있을 것이며, 따라서 "진정한 고귀함[良貴]"이 아닐 것이다(「고자」 상, 17). 진정한 명예란 하늘이 나에게 도덕적으로 살아갈 것을 "명령[命]"하면서 부여하는 것이다(「진심」 상, 1 ; 「고자」 상, 16과 비교해보라). 나는 언제나 그 속에서 즐거움을 찾을 수 있다 ; 그것은 "내 안에서" 구함으로써 가능한 것이며, "외부에서" 무슨 일이 일어나든 상관없는 것이다(「진심」 상, 3). 따라서 맹자에게 "의(義)가 아닌" 것을 참고 견뎌야만 하는 상황은 생각조차 할 수 없다. 그러나 맹자에게서도 또한 의(義)란 즐거움이 될 수 있으며, 이는 육체적 감각 기관에 쾌락을 주는 대상들이 즐거움이 될 수 있다는 사실과 똑같다 ; 다만 의(義)는 '내적인 자각'이라는 또 다른 감각 기관의 대상일 뿐이다. 이러한 분석을 따를 경우, 맹자가 6A4.3c에서 질문을 던지면서 시도하고 있는 한 가지 주장이 위험에 처하게 되어, 그것을 옹호할 필요성이 절실해지게 된다 : 의(義)한 것은 '손윗사람임'인가 아니면 '손윗사람을 존경함'인가? 우리는 고자가 실제로 첫 번째를 택하고 있다고 생각할 수 있다 : 의(義)란 "즐김"이 존재하는 곳에 있다.

그러나 나는 덥슨을 인용한 바 있으며, 그가 소크라테스처럼 자극을 주면서 내게 암시한 분석을 전개해왔다. 한동안 그러한 분석은 옳은 듯이 보이기까지 했다 ; 그리고 아마도 의(義)에 대한 자화자의 사유 방식을 배경에 둘 수 있게 됨으로써, 여기에서 고자가 하고 있는 말의 의미를 이끌어내고 있는 것일지도 모른다. 그러나 맹자 혹은 맹자의 입장에서 6A3-4를 정리한 사람이라면 누구도 고자를 이런 식으로 이해했을 리가 없다.

그러한 분석이 가능하기 위해서는 *162*

是以X爲悅者也

라는 표현을

是 = (以X爲悅者)

로, 다시 말해서 "이는 X를 열(悅)하는 사람으로 간주(하는 사례)

다"로 보아야 한다 ; 이는 문장 구조상으로 앞에서 제기한 두 가지 가운데 두 번째에 해당한다. 그러나 거의 확실하게 옳다고 할 수 있는 것은 첫 번째로 제시했던

是 = ([以X爲悅]者)

라고 보는 견해, 즉 "이것(=그러한 사람)은 X를 열(悅)로 간주하는 사람이다"는 풀이다. 이와 유사한 문장 구조를 가진 구절을 고찰해봄으로써 이러한 사실을 알 수 있다 : 『맹자』「진심」 상, 19는 맹자가 네 가지 유형의 탁월한 사람들에 대해 묘사하고 있는 짧은 항목이다. 가장 낮은 단계는 특정한 한 사람의 군주에게만 헌신하는 사람(아첨꾼일 가능성이 높다)이다. 두 번째 단계는 자신의 국가("토지와 곡물의 제단[社稷]")에 충성을 바치는 관리다. 세 번째는 "하늘[天]"의 백성(아무런 지위를 가지고 있지 않을 수도 있다)으로, 온 세상의 이익을 위해 가능한 한 효율적으로 행동한다. 네 번째로, 가장 높은 단계는 오직 자기-완성만을 목표로 하는 사람인데, 그 사람은 자기-완성을 통해 모든 사람과 만물에 대해 감화력을 발휘한다. 두 번째 유형은 다음과 같이 묘사되어 있다 :

有安社稷臣者 以安社稷爲悅者也

글자 그대로 풀이하면, "토지와 곡물의 제단[社稷]을 안전하게 지키는 관리가 있다 ; 그는 토지와 곡물의 제단[社稷]을 안전하게 지키는 것을 [자신의] 기쁨으로 여기는 사람이다"가 된다. 다시 말해서(조기의 말처럼), "충성스런 관리는 사직을 안전하게 지키기로 굳게 결심하며, 오직 그렇게 할 때만 행복하다."「진심」 상, 19에 등장하는 이 문장의 후반부에서 사용되고 있는 관용 어구는

6A4.4b와 6A4.4d에서 사용되고 있는 관용 어구와 동일한 것인 듯하며, 그렇다면 6A4.4d의 의미는 다음과 같을 것이다;

> 이[가설적인 상황에 처해 있는 나와 같은 사람]은 장(長)을 자신의 기쁨으로 삼는 ["저기 바깥에" 있는 장(長)[형용사]한 것에 관심을 가지고 그에 따라 행동하되, 상황이 요구하는 바에 따라 장(長)[타동사]함으로써 그렇게 하는] 사람이다.

이제 열(悅)을 설(說)로 독해할 필요가 없으며, 실제로는 그것이 가능하지도 않다는 점이 더욱 분명해진다. 이제 문제의 본질을 정확히 파악할 수 있게 되었다: 내가 "그 속에서 기쁨을 찾는" 것, 다시 말해서 나의 반응 속에서 나의 관심을 끄는 것은 그 반응을 일으키는 원인이 되는 것이다. 나의 반응은 내 안에 있는 어떤 성향에 의해 생겨나는데, 그 성향은 내 밖에 있는 어떤 상황에 의해 활성화된다. 고자와 맹자는 인(仁)에 대해서 동의했으며, 그 사례로 사랑함이 제시되었다: 내가 대상과 나의 관계에 의해 사랑하려는 성향을 느끼지 않게 된다면 나는 사랑을 보이지 않게 될 것이다. 그들은 연장자에게 존경심을 보이는 행동으로 대표되는 의(義)에 대해서는 의견을 달리하는데, 그 이유는 고자가 상황적인 원인을 결정적인 것으로 보기 때문이다: *163* 어떠한 상황이든간에 매번 중요한 것은 "저기 밖에" 있는 것이며, 여기에는 적용 가능한 공적인 기준이 포함된다. (그리고 만약 그에게 적절한 성향도 또한 없어서는 안 된다고 말한다면, 그리고 그가 어떤 식으로든 이를 받아들인다면, 그는 6A1-2에서처럼 그 성향은 내 안에 수입된 것이라고 말할 것이다.)

그리고 나서 맹자는 묵가의 "유비추리법(method of parallel)"의 요구 소건을 충족시키는 사례를 골라냄으로써 6A4에서의 논의를

마무리짓는다 : 그 사례는 고자가 6A4.4c에서 근거로 든 문장, 즉

長楚人之長 亦長吾之長

"나는 초나라 사람의 연장자에게 존경심을 보이며, 또한 나 자신의 연장자에게도 존경심을 보인다"

와 동일한 형식의 문장으로 되어 있다. 이제 맹자는 다음과 같이 말한다 :

6A4.5

耆秦人之炙無以異於吾[之]炙

"[내가] 진나라 사람의 구운 고기를 즐기는 것"은 "[내가] 우리 자신의 구운 고기를 즐기는 것과" 똑같은 것이다.

(말하지 않은 채로 남겨져 있지만) 결론은, 6A4.4d와의 유비에 의해 아마도 다음과 같을 것이다 :

是以炙爲悅者也 故謂之外也

"이것[그런 사람]은 구운 고기를 자신의 기쁨으로 여기는 사람이다 ; 그러므로 나는 그것[구운 고기를 음미하는 것]을 외적인 것이라고 부른다."

그러나 "먹는 것"은 고자에게서 "내적인" 것의 전형이다(6A4.1). 따라서 (유비의 방법에 의해) 장(長)함의 경우도 또한 마찬가지가 된다.

묘사되고 있는 상황이 놀라울 정도로 복잡하기는 하지만, 내가 보기에 6A5에는 언어적인 난점이 전혀 없다. 논변은 다시 한 번

의(義)가 "외적인 것"이라는 주장에 관한 것이다. 논변의 당사자는 고자의 제자인 맹계자(孟季子)와 맹자의 제자인 공도자(公都子)로 바뀌어 있다:

6A5.1: 맹계자가 공도자에게 물었다; "당신은 왜 의(義)가 내적인 것이라고 말하는가?"

6A5.2: [공도자가] 말하였다; "나는 나의 존경심을 행동으로 옮기고 있다. 그러므로 그것이 내적이라고 말하는 것이다."

6A5.3: [맹계자가 말하였다] "마을 사람 중의 한 명이 당신의 형보다 한 살 더 많다면 당신은 누구를 존경하는가?" *164*

[공도자가] 말하였다; "나의 형을 존경한다."

[맹계자가 말하였다] "주례(酒禮)에서는 누구에게 먼저 술을 따르는가?"

[공도자가] 말하였다; "그 마을 사람에게 먼저 따른다."

[맹계자가 말하였다] "당신이 존경하는 사람은 이쪽이지만, 손윗사람으로 대접하는 것은 저쪽이다. 분명히 [의(義) 혹은 장(長), 다시 말해서 손윗사람에 대한 존경심의 형식적인 표시는] 바깥에 있는 것이지, 안으로부터 유래하는 것이 아니다.

6A5.4: 공도자는 대답을 하지 못했고, 맹자에게 말하였다. 맹자가 말하였다;

"당신은 당신의 작은아버지를 더 존경하는가, 아니면 당신의 동생을 더 존경하는가?"라고 말하면,

그는 "작은아버지를 더 존경한다"고 말할 것이다. 그러면

"만약 당신의 동생이 시동(尸童 — 제사 의식에서 조상의 역할을 하는 사람)이라면 누구를 더 존경하는가?"라고 말하라. 그러면

그는 "내 동생을 더 존경한다"고 말할 것이다. 그러면

"작은아버지에 대한 존경심은 어디로 갔는가?"라고 말하라. 그러면

그는 "그 이유는 [나의 동생이 그 특정한 상황에서 특별한] 역할을 하고 있기 때문이다"라고 말할 것이다. 그러면

너 또한 "[그렇다면 당신이 든 예에서도 또한 그 마을 사람이 특별한] 역할을 하고 있었기 때문이다. 통상적으로는 나의 [일차적인] 존경심이 나의 형을 향해 있지만, 이 상황에서는 나의 [일차적인] 존경심이 그 마을 사람을 향해 있는 것이다"라고 말하라.

6A5.5 : 맹계자가 이 얘기를 듣고 말하였다 ; "당신이 작은아버지를 존경했을 때도 그것은 존경이었고, 당신의 동생을 존경했을 때도 그것은 존경이었다. 따라서 실제로 존경함은 밖에 있는 것이지, 내부로부터 나오는 것이 아니다."

공도자가 말하였다 ; "겨울에는 더운물을 마시고, 여름에는 찬물을 마신다. 그렇다면 [당신의 주장에 따르면] 먹고 마시는 것도 또한 '외부에' 있는 것이구나."

이 한 편의 드라마에서 분석에 사용되는 언어는 좌절감을 느끼게 할 정도로 무뚝뚝하지만, 우리는 줄거리를 분해해보고자 노력할 수 있다. 6A5.3에서 맹계자는 이미 은연중에 경(敬), 즉 "존경"이 "내부에 있는" 것임을 인정했지만, 그것은 두 사람 모두가 의(義)임을 인정하는 장(長)[타동사]과 다르다고 주장한다. 이것이 6A4.2b의 C, D, 즉 "그가 장(長)이어서 내가 그를 장(長)하는 것이지, 내 안에 장(長)이 있기 때문은 아니다"와 일관된 주장임에 주목하라. *165* 그리고 또 한 가지 주목해야 할 점은 주례(酒禮)에서 존경이 마을 사람에게 옮겨간다고 공도자 자신이 말한 것은 아니라는 사실이다. 그러나 6A5.4에서 맹자는 이미 전략적으로 장(長)이라는 말을 제외시켜버린 상태다 ; 모든 질문과 대답은 경(敬), 즉 "존경"에 대한 것이다. 따라서 이제(6A5.5에서) 맹계자는 6A4.4c-d의 모델

에 의거해서 자신의 입장을 구성한다 ; 그 모델에 대해서는 다음과 같이 따로 요약할 수 있다 :

長楚長則長 亦長吾長則長

"초나라의 장(長)을 장(長)할 때 나는 장(長)하고 있는 것이며, 나의 장(長)을 장할 때도 또한 나는 장(長)하고 있는 것이다."

따라서 맹계자는 은연중에 다음과 같은 의도를 보여주고 있다 :

是以敬爲悅者也 故謂之外也

"이는 장(長)을 자신의 기쁨으로 삼는 사람이다 ; 그러므로 나는 그것을 외적인 것이라고 부른다."

여기에서 경(敬), 즉 "존경"을 ("是以我爲悅者"에서의) 아(我)와 대비되는 것으로 이해하지 않는다면, 위의 구절은 무의미해진다 ; 다시 말해서 이제 맹계자는 "존경"을 공적인 규칙에 따르는 관찰 가능한 행동으로 여기고 있으며, 그것은 주관적인 것이 아니라 객관적인 것이기 때문에 "외부에" 있다고 하는 것이다. 이는 중요한 입장 변화다 ; 맹자는 자신의 제자에게 가르침을 줌으로써 논적을 격파하기 위한 공작을 해놓고 있다.

6A3-4의 문맥 속에서 우리는 다음과 같은 사실을 알 수 있다 : 전과 마찬가지로 맹자 쪽은 성향적인 원인을 바라보고 있고, 고자 쪽은 상황적인 원인을 바라보고 있다 ; 고자 쪽의 주장에 의하면, 성향("내부")이 중요한 것은 오직 서로 다른 여러 상황 속에서 그 성향이 차이를 보일 때뿐이다. 만약 그렇지 않다면 중요한 요소는 상황("외부")임에 틀림없으며, 거기에는 사회적으로 요구되는 것도 포함된다.

그러나 의(義)로운 행동의 어떠한 사례를 살펴보더라도, 충분한 성향("내부")과 적절한 상황("외부"), 양자 모두가 필요함은 물론이다. 성향이 더 중요하다고 주장하는 맹자 쪽이나 상황이 더 중요하다고 주장하는 고자 쪽 양자 모두 의(義)가 "내부에" 있는가 "외부에" 있는가 하는 선결 문제의 오류를 범하고 있는 것이다. 논의와 관련해서 상대방에게 타격을 입히기 위해서는 고자도 맹자가 6A4에서 했던 것처럼 상대방의 입장에 모순이 있음을 보여주어야 한다. 고자 쪽의 입장에서 보면, 먹고 마시는 것은 "본성"이며 "내적인" 것이다 ; 그러나 갈증이라는 "내부의" 성향을 어떻게 만족시키는가 하는 점은 겨울인가 여름인가와 같은 (그럴싸한) 상황에 의해 결정되지만, 어떤 식으론가 갈증을 충족시킬 필요가 있는 것은 내가 목이 마르다는 사실 때문이다. 이는 존경의 경우에도 유사하다(맹자는 그러기를 희망한다) : 상황이 달라짐에 따라 대상이 다를 수 있지만, 어떤 식으로든 존경하는 마음이 드러나는 것은 내가 존경스러움을 느끼기 때문이다.

왜 그러한 타격에 상처를 입을까(혹은 실제로 상처를 입기는 할까) 하는 의문이 들 것임에 틀림없다. 고자가 "사랑에 대한 논변은 사랑[愛]은 '내적인' 것임을 보여주며, 사랑이 내적인 이유는 내가 당신의 동생이 아니라 내 동생을 사랑하기 때문이다"라고 생각했다고 해보자. ***166*** 그렇다면 맹계자는 공도자가 든 사례에서, 내가 여름이 아니라 겨울에 뜨거운 물을 원하기 때문에, 그 사례는 뜨거운 물에 대한 내 욕구가 "내적인" 것임을 보여주는 것이라고 주장할 수 있다 ; 그리고 차가운 물에 대해서 그 역도 또한 성립한다 ; 그리고 이러한 주장을 그가 부인할 필요는 없다. 그렇다면 공도자는 다음과 같이 말함으로써 그를 더 심하게 몰아붙일 것임에 틀림없다 ; "뜨거운 물을 마실 때도 당신이 마시는 것이고, 찬물을 마실 때도 당신이 마시는 것이다 ; 마심 그 자체에서는 당신이 선택하는 것이 아니다 ; 당신은 물을 마셔야만 한다.

따라서 당신의 논리에 따르면, 당신은 마시는 것 그 자체가 '외적인' 것이며, 내가 목이 마르기 때문에 마셔야 한다는 내 느낌은 중요하지 않은 무관한 것이라고 말해야만 할 것이다. 그러나 당신과 고자, 자신들도 이것을 믿지는 않는다."

제11장

『맹자』에 나타난 여러 가지 문제들 : 7A17

『맹자』「진심」상, 17은 (정확히 17글자로 되어 있는) 매우 짧은 텍스트이지만, 면밀한 주의를 기울여볼 만한 가치가 있다. 이에 대해 "기본적인 영어"로 축자 번역을 해보면 다음과 같다:

無	爲	其	所	不	爲
do not	do	one's	what	not	do
無	欲	其	所	不	欲
do not	desire	one's	what	not	desire
如	此	而	已	矣	
like	this	and	stop	[어조사]	

이렇게 이해한다면, 이 구절은 다음과 같이 좀더 부드럽게 번역될 수 있다:

(1) 당신이 하지 않는 것을 하지 말라.

(2) 당신이 원하지 않는 것을 원하지 말라.

(3) 단지 이와 같이 하라.

그리고 도덕적인 삶의 문제는 그렇게 해결된다. 여기에서, (1)과 (2)의 "하지 않는", "원하지 않는"은 아마도 "스카우트는 거짓말을 하지 않는다"에서와 같은 용법으로 보아야만 할 것이다. 외관상 분명히 객관적인 사실에 관한 진술이 규범적인 의미로 사용되는 사례는 중국어에서도 또한 흔한 일이다 — 예를 들면(『논어』에서) "어떤 사람이 다른 도(道)를 따른다면, 그 사람을 의논에 끌어들이지 않는다."[191] 따라서 위 구절의 의미는 "사람들이 (자신들과 같은 사람들에게 적용되는 문명 생활의 관습 하에서) 하지 않는 일을 하지 말라"일 것이다. 다른 대안은 그 구절이 개인적인 측면에서 "너"를 향한 것이라고 상정함으로써 개인의 규범적 자율성에 호소하는 것이다 : 넥타이를 매지 않고 교실에 들어서는 것은 내가 하지 않는 일이다 — 물론 이 경우 그렇게 하는 사람들이 나보다 못하다고는 전혀 생각하지 않지만 말이다. *168* 하지만 물론 넥타이를 매는 것은 나 자신이 맵시 있음을 보여주는 증거일 뿐이다. 공적인 압박은 전혀 없다(그러한 압박이 있다면, 옷깃에 단추가 풀린 것 등에 대해서다). 아마도 우리는 맹자가 언급하고 있는 것이 내가 주관적으로 "단순히 하지 않는 것"이라고 여겨야겠지만, 그것은 오직 자기 자신에게 공적인 표준과 일치하는 "규칙"을 자율적으로 부과하고 있을 때뿐이라고 생각해야 할 것이다.

이러한 논점들과 관련해서 극도로 중요한 해석상의(그리고 윤리학적인) 문제들이 존재한다. (1) 맹자가 말하고 있는 내용이 단지 "행해지지 않는 것" — 우리가 행하지 말아야만 할 것 — 과 관련된 것일 뿐이라고 이해한다면, 아마도 맹자가 수장하고자 하는

191) 『論語』, 「衛靈公」, 39, "道不同 不相爲謀."

요지는 다음과 같을 것이다 : 인간의 도덕적 삶에서 유일한 문제는 어떤 종류의 행위들이 행해지지 않도록 하는 것이며, 이러한 목표를 성취함으로써 어떤 수단을 통해서든 외부로 드러나는 행동을 올곧게 하고자 하는 것이다 ; 규칙을 아는 것이 도움이 된다면 규칙을 배워라 ; 규칙을 규칙으로 느끼는 것이 도움이 된다면 도덕적 감각을 예리하게 연마하자 ; 두 가지 모두 다 아무런 도움이 되지 않는다면 사람들에게 제약을 가해서 규칙을 준수하도록 하라. 그런 것이 아니라면, (2) 맹자는 다음과 같은 말을 하고 있는 것일 수도 있다 : 우리는 많은 경우 그렇게 행동해야만 한다고 인정하고 받아들이는 내용에 따라 행동하지 않으며, 도덕적으로 유일하게 문제가 되는 것은 그렇게 행동해야만 한다고 알고 있는 그대로를 반드시 행동에 옮기도록 하는 것일 뿐이다. 다시 말해서 도덕적인 나약함(moral weakness)을 피하거나 극복하는 것이 도덕의 핵심적인 문제라는 것이다. 내가 앞으로 주장하고자 하는 것은 맹자가 말하고 있는 내용이, 정확히 말하자면 이 두 가지 중의 어느 것과도 일치하지 않지만, 두 번째 입장과 강력한 연관성을 가지고 있다는 점이다.

이 구절에 대해 정확한 해석을 하는 문제로 더 깊이 들어가기 전에 주목해야 할 흥미로운 사실이 두 가지 더 있다 : (1) 맹자는 "이것을 바라지(desire) 말아라" 혹은 "이렇게 하기를 바라지 말아라"고 말하는 것이 "이것을 가져가지 말아라"나 "이것을 하지 말아라"고 말하는 것과 똑같이 말이 된다고 생각하는 듯하다. 아마도 우리들 대부분은 그에 관해 생각해보지도 않고 무엇을 해야 하는가(what to do)는 선택할 수 있지만, 어떠한 감정을 가져야 하는가(how to feel) 혹은 무엇을 원해야 하는가(what to want)는 선택할 수 없다고 가정하고 있을 것이다. 여기에서 맹자는 무엇을 원해야 하는가도 무엇을 해야 하는가 만큼이나 쉽게 선택할 수 있다고 가정하고 있는 듯하다. (2) 그리고 여기에서 그가 당연시하는 듯한 또 다른 한 가지에 관해 좀더 정교한 모습을 보이는 곳들이 여러 곳 있다 : 그는 "행함"(행동으로 옮김 혹은 느낌)의 문제는 단순하다(simple)고 가정하는 듯하다 — "당신이 해야 하는 것은 이것을 하는 것뿐이다" : 그렇다면 자신을 변화시키고 수양해서, 올바른 것을 하고자 하고 원하고자 하는 그런 종류의 사람이 되는데 아무 문제도 없다. 여기에서 그는 "의지만 가진다면 할 수 있다"고 말하는 듯하다. 나는 이러한 노골적인 의지주의가 실제로 맹자의 여러 얼굴 가운데 하나며, 그러한 측면을 알아보지 못하거나 왜 그러한 요소가 거기에 있는가를 알지 못한다면 도덕철학자로서 맹자를 완전히 이해하지 못한 것임을 보여줄 것이다.

이제 다른 사람들이 「진심」 상, 17을 해석한 방식을 살펴보도록 하자. 나는 여러 가지 해석들을 제시한 후에, 조기(趙岐)의 주석과 손석(孫奭)의 것으로 알려진 주석, 그리고(나중에 논의 과정에서) 주희(朱熹)의 주석을 소개할 것이다.

차이 부자(Chai and Chai) : 맹 선생이 말했다 ; "당신이 해서는 안 되는 것을 하지 말라 ; 당신이 바라면 안 되는 것을 바라지 말라. 그것이 전부다"(1965a, 163, no. 136). *169*

꾸브뢰(Couvreur : 프랑스어) : 맹자가 말했다 ; "당신이 해서는 안 된다고 알고 있는 것을 하지 말라 ; 당신이 바라면 안 된다고 알고 있는 것을 바라지 말라. 그것이면 충분하다"(1910, 614).

꾸브뢰(Couvreur : 라틴어) : 맹자가 말했다 ; "(옳음에 대해 네가 가지고 있는 자연스러운 감각에 의해) 너 스스로가 하지 말아야 하(는 것을 아)는 것을 행하지 말라 ; (옳음에 대해 네가 가지고 있는 자연스러운 감각에 의해)너 스스로가 바라지 말아야 하(는 것을 아)는 것을 바라지 말라. 그렇(게 행동한)다면, 그것으로 이미 충분할 것이다"(위와 같음).

덥슨(Dobson) : 맹자가 말했다 ; "네가 하지 말아야 할 것을 하지 말라 ; 네가 바라지 말아야 할 것을 바라지 말라 — 그 이상의 것은 없다"(1963, 190, no, 7.24).

하토리(Hattori : 일본어) : 맹자가 말했다 ; "사람들로 하여금 그 자신이 하지 않는 것을 하지 않게 하라 ; 사람들로 하여금 그 자신이 바라지 않는 것을 바라지 않게 하라. 단지 이와 같을 뿐이다"(1922, 252).

라우(Lau) : 맹자가 말했다 ; "다른 사람들이 하고자 선택하지 않을 것을 하지 말라 ; 다른 사람들이 바라지 않을 것을 바라지 말라. 그것이 전부다"(1970, 185).

레게(Legge) : 맹자가 말했다 ; "사람들이 옳음에 대한 자기 자신의 감각이 하지 말라고 하는 것을 하지 않도록 하며, 옳음에 대한 자기 자신의 감각이 바라지 말라고 하는 것을 바라지 않도록 하라 ; 그렇게 행동하는 것이 그가 해야 할 모든 것이다"(1970, 457).

리얼(Lyall) : 맹자가 말했다 ; "그들이 하지 않는 것은 아무것도 하지 말며, 그들이 바라지 않는 것은 아무것도 바라지 말라 ; 그것이 전부다!"(1932, 208)

웨어(Ware) : "당신 자신이라면 하지 않을 것이 행해지지 않도록 하라 ; 당신 자신이라면 바라지 않을 것이 바라지지 않도록 하라. 이와 같이 단순하다"(1960, 151).

빌헬름(Wilhelm) : 맹자가 말하였다 ; "네가 보기에 그렇게 하는 것이 옳아보이지 않는 것을 절대 하지 말라 ; 네가 보기에 그것을 바라는 것이 옳아보이지 않는 것을 절대 바라지 말라. 중요한 것은 이것뿐이다." *170*

조기(趙岐) ; 너 자신이 하기를 바라지 않는 것을 다른 사람들이 하지 않도록 하라. 너 자신이 바라지 않는 것을 다른 사람들이 바라지 않도록 하라. 모든 사람들이 먼저 자신을 '이와 같이' 만든다면, 인간이 되는 길[道]은 완전해질 것이다.

손석(孫奭) ; 이 구절에서는 "너 스스로가 바라지 않는 것을 다른 사람에게 하지 말라"고 말하고 있다. 이것이 공자의 도(道)다. 맹자의 말에 따르면, 사람들이 자신이 하지 않는 일을 하지 않는 것은 그것이 의롭지 않다고 여기기 때문이다. 자신이 바라지 않는 것을 바라지 않는 것은 그것이 좋지 않다고 생각하기 때문이다. 의롭지 않은 것을 하지 않을 수 있다면, 그리고 또한 자신이 좋지 않다고 여기는 것을 바라지 않을 수 있다면, 인간이 되는 길[道]은 완전해질 것이다. 따라서 그는 "이와 같이 하라"고 말하는 것이다.

이 열 개의 번역과 두 개의 주석을 보면, 아주 이상한 것에서부터 거의 정확한 것에 이르기까지 매우 다양하다. 핵심적으로 보면 그들은 다음과 같은 다섯 가지 상이한 해석을 제시하고 있는 것이다.

(1) "다른 사람이 하지 않는 것을 하지 말라 …" — 라우와 리얼이 이렇게 해석하고 있으며, 아마도 이에 대해서는 버어크(Edmund Burke)의 권위에 의존하고 있는 듯하다. (그러나 라우는 대체로 평범하지 않은 해석을 하는 데 대해 존중할 만한 이유를 가지고 있다 ; 그의 작품을 편집하는 사람들은 분명 그의 주석 대부분을 지워버렸다.)

(2) "당신이라면 하지 않을 일을 다른 사람들이 하게 만들지 말라 …" — 웨어가 이렇게 해석하고 있으며, 이는 분명 조기를 따른 것이다

(3) "당신이 해서는 안 되는 것을 하지 말라 …" — 차이 부자, 덥슨, 하토리가 이렇게 해석하고 있다.

(4) "당신이 해서는 안 된다고 알고 있는 것을 하지 말라 …" — 쿠브뢰의 프랑스어판에서 이렇게 해석하고 있다.

(5) "옳은 것에 대한 당신의 감각을 통해 하지 말아야 함을 알 수 있는 것을 하지 말라 …" — 꾸브뢰의 라틴어판에서, 그리고 레게와 빌헬름이 이렇게 해석하고 있다.

여기에서 나열한 것 가운데 처음 두 가지는 심각하게 고려할 만한 것이 못 된다. 두 경우 모두 그러한 해석을 하게 된 동기는 당연히 두 가지 행동의 행위자를 다르게 해야 한다는 필요성을 느꼈기 때문이다 : 어쨌든 내가 그렇게 하지 않고 있는데, 나에게 그렇게 하지 말라고 명령할 무슨 이유가 있겠는가? "그 사람을 의논에 끌어들이지 않는다"[192]와 같은 류의 용례를 보면 문제는 사라진다. 마지막 세 가지 해석에 대해서는 눈여겨보아야 한다. 하지만 이들 사이의 실질적인 차이점은 내가 이미 지적한 바 있는 중요한 해석상의 차이점과 관련된 것이다 : 문제는 사실상 옳지 못한 행동을 제거하는 것인가, 아니면 자신의 도덕적 지식과 일치하도록 행동하는 것인가, 그것도 아니면 자신의 도덕적 직관에 주목하고 그것을 따르는 것을 배우는 것인가?

빌헬름은 자신이 주희를 따르고 있다고 말한다. 이제 주희가 무슨 말을 하고 있는지 살펴볼 때다. 주희의 주석은 자신의 선생인 이통(李侗 : 1093~1163)의 말을 인용하고 있을 뿐이다 :

이 선생께서 말씀하셨다 ; "모든 사람에게는 하지 않는 것과 원하지 않는 것이 있다. 모든 사람에게는 이러한 성향(글자 그대로는 '마음[心]')이 있다. 이기적인 경향[私意]이 싹터 나왔을 때 예의(禮義)에 맞게 그것을 통제하지 못하면, '우리가 하지 않는 일'을 하고 '우리가 바라지 않는 것'을 바라는 경우가 많을 것이다. *171* 이러한 성향을 회복할 수 있다면, [맹자가] 말한 것처럼 '[어떤 일을 함에] 부끄러움과 싫어함을 느끼는 성향을 확장시키고 채워나아갈' 수 있을 것이며, '이

---

192) 주 1)을 보라.

루 다 사용할 수 없을 만큼의 의로움이 있게 될 것이다.' 그래서 그는 '단지 이와 같이 하라'고 말하는 것이다."[193]

레게와 꾸브뢰(라틴) 번역의 근원은 아마도 이것일 것이다. 그러나 주희의 주석은 그들의 번역보다 훨씬 더 많은 것을 말해준다. 이통이 분명하게 이해하고 있는 상황을 완전하게 재현해본다면 다음과 같다 : 예를 들면, 나에게는 거짓말하는 것을 직관적으로 혐오하고 싫어하는 마음이 있다 — 그것이 "내가 하지 않는" 것이다. 이러한 감정은 "예의(禮義)"라는 공적인 도덕적 기준과 완전히 일치하는 것이기도 하다. 특정한 구체적인 상황에서 거짓말을 하고 싶은 유혹이 생길 수 있다 — 거짓말을 하고자 하는 "이기적인 경향[私意]"을 갖게 되는 것이다. 이러한 상황이 발생했을 때 우리는 내 안에 있는 무언가가 그 경향이 이기적인 것임을 확인해주기 바란다 ; 그리고는 나 자신의 목덜미를 잡아채서 스스로를 공적인 기준에 따르도록 해야 한다 ; 그렇지 않으면 결국에 가서는 "내가 하지 않는 일"을 하는 꼴이 되어버릴 것이다. 그러한 훈련을 통해 본능적으로 혐오하는 일을 거리낌없이 행하는 상황을 피할 수 있게 될 것이며, "이러한 성향을 회복하는" 데에도 도움이 될 수 있다. 그렇게 할 수 있다면, 그래서 그 성향이 언제나 진실을 말하는 문제에서 나를 인도해준다면, 옳은 일을 행하는 것에 대해 더 이상 걱정할 필요가 없게 된다. 그리고 내가 혐오하고 "싫어하는 것들"에 대해서도 또한 마찬가지다.

이렇게 엄격한 자기 훈련의 필요성에 대해 생각해보는 것은 송명대(宋明代) 도덕 철학을 관통하는 주제였다. "이기적인 경향"이

193) "李氏曰 有所不爲不欲 人皆有是心也 至於私意一萌 而不能以禮義制之 則爲所不爲 欲所不欲者 多矣 能反是心 則所謂擴充其羞惡之心者 而義不可勝用矣 故曰如此而已矣."

라는 표현은 맹자에게서는 전혀 찾아볼 수 없다. 맹자는 어느 곳에서든 도덕적 민감성만을 극도로 강조하며, 때로는(예를 들면, 「공손추」 상, 2를 보라) 자신에게 가혹한 태도를 취하지 말 것을 충고하기까지 한다. 따라서 이통은 여기에서 악한 행위를 행하고자 하는 유혹에 대한 자신의 근심을 전면에 부각시킴으로써 맹자를 왜곡하고 있다. 그럼에도 불구하고, 이통은 나름대로 맹자를 잘 알고 있다 ; 그의 짧은 논평 속에는 맹자의 다른 장에서 인용한 내용이 두 가지 포함되어 있는데, 둘 다 매우 적절하다. "부끄러움과 싫어함을 느끼는 성향을 확장시키고 채운다"는 구절은 「공손추」 상, 6(여기에는 그 유명한 우물에 막 빠지려는 아이의 사례가 실려 있다)에 나오며, 그 바로 뒤에 나오는 "우리가 이루 다 사용할 수 없을 만큼의 의로움이 있게 될 것이다"라는 구절은 「진심」 하, 31에 나오는 내용을 축약한 것이다.

나는 모든 사람들이 「공손추」 상, 6에 대해서는 매우 잘 알고 있을 것이라고 생각한다. 그러나 「진심」 하, 31은 「진심」 상, 17의 주석인 듯하며, 따라서 여기에서 그 내용을 전부 인용해야 한다.

> 맹자가 말하였다 ; "모든 사람들에게는 차마 못하는 것이 있다. [이 감정을] 참고 봐주는 것에까지 확장하는 것이 인(仁)이다. 모든 사람들에게는 하지 않는 것이 있다. [이 감정을] 그들이 하는 것에까지 확장하는 것이 의(義)다. 다른 사람들에게 해를 끼치지 않기를 바라는 성향을 완전히 사용할 수 있다면, 인(仁)은 이루 다 사용할 수 없을 정도가 될 것이다. [담에] 구멍을 뚫거나 [담장을] 뛰어넘지 않으려는 성향을 완전히 사용할 수 있다면, 의(義)는 이루 다 사용할 수 없을 정도가 될 것이다. [사람들이 부를 때] '너', '이놈' 하는 호칭을 거부하려는 [내부의] 실제적인 모습을 완전히 발전시킬 수 있다면, 무슨 일을 하더라도 옳지 않은 일은 전혀 하지 않게 될 것이다.*172* 선비가 말을 하지 말아야 할 때 말을 한다면, 이는 말로 아첨하는 것이다. 말을 해야

할 때 말을 하지 않는다면, 이는 침묵으로 아첨하는 것이다. 이 두 가지는 모두 [담에] 구멍을 뚫거나 [담장을] 뛰어넘는 것과 같은 범주에 드는 것이다.[194]

「진심」 상, 17에는 사례가 필요한데, 여기에 그 사례가 나온다. 하지만 그 내용은 무엇인가? 흥미로운 것은 두 가지 가능성이다.

(1) 맹자의 생각은 다음과 같은 것일지도 모른다 : 실제로 도덕적인 고려 사항이 적용되어야만 하는 상황에서는 언제나, 아무리 근소한 양일지라도, 최소한 어느 정도는 도덕적 직관이 존재한다. 도덕적인 행동이 가능한 것은 오직 어떻게 행동해야 하는지 뿐만 아니라, 그렇게 행동"할 수 있음"을 알고 있을 때뿐이다 ; 다시 말해서 그 행동을 해낼 만한 충분한 내적 동기 부여가 이루어질 때뿐이다. 그러나 해야만(혹은 피해야만) 하는 것이 도덕적으로 옳은(혹은 그른) 것임을 알기만 한다면 우리에게는 언제나 그만큼의 동기 부여가 이루어질 수 있다. 문제는 이러한 성향을 알아차려서 그것을 사용하는 법을 배우는 것이다. 우리는 직관이 분명하고 강하게 드러나는 비교적 이해하기 쉬운 사례들이 있음에 주목함으로써 그렇게 할 수 있다 — 배필을 구하기 위해 이웃집 담을 넘어서 그 집 딸을 훔쳐오지는 않는다. 우리는 누군가에게 해를 입히기를 바라지 않는다. 우리는 이를 통해 우리 자신이 적어도 이따금씩은 도덕적이 될 수 있음을 알 수 있다. 하지만 여기에서 그치지는 않는다 : (누군가에게 아첨을 하는 것과 같이) 덜 분명한 사례에서도 동일한 직관이 내 안에 숨어 있으며, 중요한 어떤 측면에서 덜 분명한 그 사례를 이전의 분명했던 사례와 같이 여기게 된다면, 덜 분명한 사례에서도 잠재해 있는 직관을 인식할 수 있게 될 것이고, 표준적인 사례에서와 마찬가지로 그 사례에서도 또한 "내

194) "孟子曰 人皆有所不忍 達之於其所忍 仁也 人皆有所不爲 達之於其所爲 義也 人能充無欲害人之心 而仁 不可勝用也 人能充無穿踰之心 而義 不可勝用也 人能充無受爾汝之實 無所往而不爲義也 士未可以言而言 是以言餂之也 可以言而不言 是以不言餂之也 是皆穿踰之類也."

가 하지 않는 일을 하는 것"을 피할 수 있게 될 것이다 — 나의 직관은 실제로 그 문제를 "행해지지 않는 것"으로 느끼게 된다.

(2) 아니면 맹자의 생각은 다음과 같은 것일지도 모른다 : 우선 이해하기 쉬운 사례에서 볼 수 있는 것처럼, 우리에게는 자연스러운 도덕적 충동이 있다. 이것을 눈으로 사물을 보고, 팔로 사물을 들어올리는 능력과 같은 일종의 내적 능력의 발현으로 간주할 수도 있다(「양혜왕」 상, 10). 그러나 우리는 이 기본적인 능력을 다양한 방식으로 사용할 수 있다 ; 이것을 볼지 저것을 볼지 선택할 수 있고, 이것을 들어올릴지 저것을 들어올릴지 선택할 수 있는 것처럼, 도덕적인 동기 부여의 능력을 제시된 행위 가운데 이쪽으로 "확장시킬지" 아니면 저쪽으로 "확장시킬지" 선택할 수 있다. 그리고 이는 벽을 뚫는 것과 같은 행위에 대해 거리낌을 느끼면서 부끄러워하는 능력에 대해서도 마찬가지다. 나에게는 "하지 않는 일"이 있고 그럴 의지만 가진다면 이 감정을 "내가 하는 일"로 "확장시킬" 수 있다. 하지만 물론 그것을 가능한 모든 행위로 "확장시키기"를 선택하지는 않을 것이며, 오직 그릇된 것임을 알아볼 수 있는 행위에 대해서만 "확장시킬" 것이다.

어떤 사람들은 맹자가 다음과 같은 다른 내용을 말하고 있음을 발견하고자 할지도 모른다 : 어떤 행위가 옳은 것 혹은 그른 것임을 인식하는 것 자체가 바로 그것을 하거나 하지 않겠다는 동기 부여가 이루어지는 것이다. 내가 틀릴 수도 있겠지만, 내가 생각하기로 맹자는 어느 곳에서도 그와 같은 이야기를 하지 않는다. (그리고 — 이는 다른 얘기이지만 — 만약 맹자가 그렇게 말했다면, 그가 틀렸을 것이다.) *173* 내가 개략적으로 설명한 두 가지 견해 가운데 결론적으로 맹자가 주장한 것이 어떠한 것인지를 알 수는 없으며, 맹자가 그것을 알고 있었으리라고 확신할 수도 없다. 맹자의 견해가 첫 번째 것이라면, 레게와 꾸브뢰 그리고 빌헬름이 「진심」 상, 17을 올바로 번역한 셈이다 ; 맹자가 극도로 말을 아낀다는 사실 또한 인정해야 하지만 말이다. 여기에서 우리는 아침을 금하는 직관이 부정한 성 관계를 금하는 직관보다 덜 분명해서 그에 주목하고 주의를 기울이지 못하는 경우가 쉽사리 발생할 수 있다고 하더라도, 그리고 어떤 의미에서 보면 "내가 하지 않는 일을 하고 있는" 상황이 될지라도 나에게는 실제로 그러한 직관이 있다고 말할 것이다. 그리고 덧붙여 이렇게 말할 것이다 : 만약 이 직관이 어떤 식으로든 무시될 수 있다면, 원칙적으로 어떤 종류의 사례에서도 무시될 것이다 ; 따라서 요점은 벽에 구멍을 뚫는 것처럼, 그냥(just) "하지 않는" 것을 하지 말라고 말하는 데 있을 것이다.

만약 맹자의 진짜 견해가 두 번째 것이라면, 「진심」 상, 17은 좀더 은밀한 의미를 가지고 있는 것이며, 오직 선생에게 전수받은 사람만이 설명할 수 있는 격률임에 틀림없다. 사실상 그 의미는 다음과 같을 것이다 ; "도둑질을 하거나 다른 사람을 해치는 일처럼 당신이 보기에 '그냥 잘못된(just wrong)' 무언가를 하거나 원하는 것이 문제가 되는 상황에서는 네 안에 도덕적으로 꺼리는 능력이 존재함을 알 수 있다. 그 능력을 '도덕적으로 반대할 만한 행동(혹은 태도)을 하게 되는 모든 상황'으로 확장시켜라." 좀더 단순하게 말한다면, "'네가 하지 않는 것'과 같은 류의 모든 것을 하지 말라."

이 마지막 해석이 이상하게 보이겠지만, 이를 지지해주는 강력한 논변이 존재하며, 그 논변을 조사함으로써 맹자에 대해 배워야 할 것이 매우 많다.

제12장
『맹자』의 번역에 관하여

『맹자』는 기원전 4세기 말 혹은 3세기 초의 중국의 철학 텍스트로, 맹가(孟軻)가 한 말과 대화를 기록해서 담고 있다 ; 맹가의 생애는 대략 기원전 390년부터 305년까지로 추정된다. 현존하는 텍스트(원래는 더 길었을 것이다)는 후한(AD 25~220) 이래로 7장으로 편집되었고, 260절로 나누어졌다. 『맹자』에 대해서는 그동안 많은 번역이 이루어져 왔으며, 언젠가는 최소한 한 번은 더 번역될 것으로 기대된다. 이 글은 현재의 상황에서 비평을 하면서 9명의 번역가를 다룰 것이다. 현재에도 발행 중이거나 절판된 영어본으로는 레게(Legge, 1861, 1893, 1895 등), 덥슨(Dobson, 1963), 차이부자(Chai and Chai, 1965a)의 번역이 있다. 또한 대부분의 대학에서 찾아볼 수 있는 것으로는 리얼(Lyall, 1932), 자일즈(Giles, 1942), 웨어(Ware, 1960)의 번역이 있는데, 자일즈의 것은 일부만 남아 있다. 다른 서양 언어로 된 번역판 가운데에는 현재에도 발행 중이고 널리 쓰이고 있는 꾸브뢰(Couvreur : 프랑스어와 라틴어, 1895, 1910 등)와 빌헬름(Wilhelm : 독일어, 1913, 1921 등)의 번역 두 가지를 포함시켰다. 물론 일본어와 현대 중국어로 된 번역도 매우 많으며, 그 가운데 몇 가지에 대해서도 때때로 언급할 것이다. 특히 하토리(Hattori, 1922), 난주(蘭州)대학 중국어과(1960), 양용(楊勇, 1970) 등이 유용하다고 생각한다.

1. 번역자들

서양의 번역자들은 다양한 배경과 경험을 가지고 작업에 임하였다:

제임스 레게(James Legge : 1815~1897)는 스코틀랜드 출신의 선교사로서 대학 교수이자 학자로서의 경력을 가지고 있었다; 처음에는 말라카(Malacca)[195]에서(1839년부터), 그 다음에는 홍콩에서(1860년부터) 강의를 하였으며, 이후에는 옥스퍼드대에서(1876년부터) 교수로 재직하였다. 『맹자』를 포함한 "사서(四書)"의 번역은 1861년에 홍콩에서 출판되었다. 다음 해부터 그는 중국의 학자이자 저널리스트인 왕도(王韜 : 1828~ ?)와의 오랜 교제를 시작하게 되는데, 왕도는 그가 나머지 고전들을 번역하는 데 도움을 주었다(Hummel, 1943~1944, 837을 보라). 그렇기는 하지만, 1893년과 1895년에 옥스퍼드대에서 발행된 교정본 『맹자』에 바뀐 내용은 많지 않았다. 레게는 『중국의 경전들(*The Chinese Classics*)』을 통해 1875년에 파리에서 새로 설립된 스따니슬라-줄리앙 상(Prix Stanislas-Julien)의 초대 수상자가 되었다.

176 예수회 성직자인 세라팽 꾸브뢰(Seraphin Couvreur : 1835~1919) 신부는 1870년부터 계속 하간부(河間府)에 있는 가톨릭 선교회에서 활동했다. 그는 기본적인 유가의 경전들을 프랑스어와

195) 말레이 연방의 한 주(洲).

라틴어로 번역하였으며 많은 사전을 편찬했는데, 그 가운데에서도 특히 『고전 중국어 사전(*Dictionnaire Classique de la Langue Chinoise*)』(1904, 1911년에 나왔으며, 편찬자가 1890년에 지은 *Dictionnaire Chinóis-Français*에 기초하였다)은 여전히 모든 언어로 번역된 고전 중국어 사전 가운데 최고로 꼽힌다. 꾸브뢰는 스따니슬라-줄리앙 상을 네 차례나 수상하였다.

10여 권의 중요한 책과 번역서(여기에는 『莊子』, 『老子』, 『易經』, 『呂氏春秋』 등이 포함된다)를 쓴 리차드 빌헬름(Richard Wilhelm : 1873~1930)은 1899년 복음주의[196] 선교사로서 중국에 가서 청도(靑島)에서 일하였다. (그의 책 가운데 한 권에서는 제1차 세계대전 중에 일본이 청도를 포위하고 점령한 사실을 기록하고 있는데, 이는 자신이 직접 목격한 것이다.) 그는 1925년에 프랑크푸르트/마인(Frankfurt / Main)대학에서 중국연구소(China Institute)를 설립했으며, 초대 소장이 되었다.

레어나드 리얼(Leonard Lyall : 1867~ ?)은 『맹자』뿐만 아니라 『논어』와 『중용』도 번역하였으며, 중국에서의 오랜 경험을 바탕으로 중국에 관한 책을 쓰기도 했다. 그는 1886년부터 41년간 중국 세관에서 관리로 일했으며, 탁월한 중국학자가 되었다. 따라서 그는 관리의 눈으로 청나라가 몰락하고 공화국이 탄생하는 과정에

---

196) 복음서의 교의 및 정신에 일치하는 주의. 18세기 이후 영어 사용국에서 복음주의는 프로테스탄트측을 칭하는 말로 사용되었다. 프로테스탄트측에서는 복음의 진수가 그리스도의 속죄적 죽음에 있다고 주장하는 입장을 취했으며, 가톨릭의 선한 행위나 7성사(七聖事)가 구원적 효과를 지닌다는 설을 부인했다. 이들은 성사를 상징적인 것으로 간주했고 성서의 권위를 중시했다. 영국의 복음주의 단체들은 비국교도(非國敎徒)와 많은 공통점을 지녀 19세기에는 선교 및 사회 복지 활동과 협력 관계를 맺었다. 미국에서는 1940년 이후 정통파에 속하는 보수적 신학파가 만들어져 복음주의라 불렸는데, 이것은 복음주의에 새로운 의미를 부여했다. 1942년에 미국복음주의연합회가 창설된 뒤 복음주의는 보수적인 프로테스탄트측에서 정통주의자 또는 보수주의자를 의미하는 말로 사용되었다.

서의 여러 사건들을 눈으로 직접 목격하였다.

중국학자이자 사전 편찬자인 허버트 자일즈(Herbert A. Giles)의 아들 라이오넬 자일즈(Lionel Giles : 1875~1958)는 영국박물관에서 40년 동안 일했다. 그곳에서 그는 동양의 문헌을 관리하는 일을 했다. 그는 중국학과 관련해서 최소한 15권의 책을 썼는데, 거기에는 중국의 백과사전인 『도서집성(圖書集成)』에 대한 영어 색인과 동양의 지혜 시리즈(Wisdom of the East Series)에서 출판된 다양한 번역서들이 포함된다 ; 『장자』, 『논어』, 『노자』, 『손자(孫子)』의 완역 혹은 부분 번역도 여기에 포함되어 있다.

제임스 웨어(James R. Ware)는 다년간 하버드대에서 중국학 부교수로 재직하면서 『논어』(1955)와 『장자』(1963)에 대한 멘터 시리즈(Mentor series)를 번역하였다. 그리고 갈홍(葛洪)의 『포박자(抱朴子)』를 부분적으로 번역하고 연구하기도 하였다.

덥슨(W. A. C. H. Dobson)은 토론토대학에서 중국학 교수로 재직하면서 1959년과 1962년을 시작으로 다양한 시기의 초기 중국어 문법에 관한 네 권의 책을 시리즈로 내놓았다. 그리고 1974년에는 중국어 허사(虛辭) 사전을 출판하기도 하였다.

추 차이(Ch'u Chai)와 그의 아들인 윈버그 차이(Winberg Chai)는 각각 New School of Social Research와 뉴욕시립대에 재직했다. 아버지 차이는 1955년 New School에 교수로 오기 전에는 국립대만대의 교수였다. 두 사람은 공동 작업을 통해 많은 책과 번역서를 냈는데, 『중국문학명작집(*A Treasury of Chinese Literature*)』(1965)도 그 중의 한 권이다.

라우(D. C. Lau)는 1950년부터 1978년까지 런던대학의 School of Oriental and African Studies에서 가르쳤으며, 1978년에 홍콩으로 돌아가서 홍콩중화대학(Chinese University of Hong Kong)의 중국 어문학 과장(Chair of Chinese Language and Literature)

직을 맡았다. *177* 몇 년 전에 은퇴하였으며, 지금은 같은 기관의 명예교수로 있다. 홍콩대학에서 학사 학위를 받았으며, 글래스고우(Glasgow)대학 철학과에서 대학원 과정을 밟았다. 펭귄 시리즈(Penguin series)를 통해 1963년과 1979년에 다른 번역서를 내기도 했다.

이들의 번역은 가독성(可讀性), 정확성, 학문적인 뒷받침, 편집상의 편의 등의 측면에서 서로 다르다. 물론 여기에서 시금석은 정확성이어야만 할 것이다. 정확성이 있다면 가독성은 미덕이겠지만, 정확성이 없이 기분만 좋게 해주는 텍스트는 그저 유혹적인 것에 불과하다. 학문적인 뒷받침이라는 말의 의미는 번역에 수반되는 분석과 주석이다. 편집상의 편의라는 말은 단순히 색인과 용어 풀이뿐만 아니라 텍스트를 배열하고 조직하는 방식, 주석이 제시되는 방식 등 좀더 많은 것을 의미한다.

가독성은 (애매할 뿐만 아니라) 주관적인 가치다. 라우, 빌헬름, 자일즈가 특히 내 입맛에 맞게 잘 썼고 리얼, 덥슨, 차이 부자는 대체로 잘 썼다. 웨어의 영어는 번역자 자신이 개인적으로 별난 생각을 함으로써 미칠 정도로 모양새가 좋지 않다. 많은 독자들은 레게의 번역을 읽으면 구닥다리인데다가 읽기 거북하다는 인상을 받을 것이다 ; 부분적으로는 그 번역이 100년도 더 전에 선교 사업의 일환으로 이루어졌기 때문이기도 하지만, 많은 부분 그가 유별나게 양심적인 태도를 보이기 때문이다 ; 그는 텍스트 가운데 자신이 확신할 수 없다는 느낌이 드는 곳에서 부드럽게 넘어가기를 거부했던 것이다. 따라서 레게의 책이 읽기 거북하다는 것은 실제로는 미덕이며, 그의 미덕이 이것만은 아니다.

결국 가독성이란 독자 스스로 판단해야만 하는 문제다. 아래에서는 이 책에서 검토하고 있는 번역서들을 나열할 것이다 ; 더불어 출판과 관련된 세부적인 사항을 밝히고, 학문적인 뒷받침과 편집상의 편의에 관해 기술할 것이다. 그리고 나서 가장 중요하면서도 많은 경우 당혹스러운 정확성의 문제를 다룰 것이다.

2. 번역서들

■ 레게(1895) : 책 전체에 걸쳐 한 절 한 절씩 텍스트와 번역 그리고 주석을 동일한 지면에서 볼 수 있다. 레게는 텍스트에 대해 (후한대의 조기가 한) 표준적인 순서와 분절법을 따르고 있으며, 절마다 번호를 붙이고, 한 절이 길 때는 다시 번호를 붙여서 그 절을 세부적으로 나누는 방법을 도입하였다. 어떠한 번역서보다도 풍부한 주석을 달아놓았으며, 주석에서는 한자를 자유롭게 사용할 뿐만 아니라, 많은 경우 관련된 중국 주석에 대한 인용 혹은 부연 설명이 곁들여 있다. 긴 "서언(Prolegomena)"에서는 텍스트의 역사 그리고 맹자의 생애에 대해 알려지거나 기록되어 있는 사실에 대해 논하고 있다 ; 서문에서는 맹자의 철학에 대해 길고도 매우 균형감 있게 다루고 있다. 또한 순자가 인간의 본성에 대해 다루고 있는 장, 동일한 주제에 관한 한유(韓愈)의 글, 『열자(列子)』, 「양주(楊朱)」 편의 몇 부분, 『묵자』, 「겸애」의 상중하 등에 대한 번역이 (한문 텍스트와 함께) 포함되어 있다. "글자와 구절들"에 대한 세 번째 색인은 (70쪽에 이를 정도로) 아주 긴데, 이것이 특히 유용하다. ***178*** 이 번역서가 다른 책들과 뚜렷이 구분되는 특성은 레게가 정서적인 전통을 실려 이탤릭체로 보완된 단어와 구절들을 보여준다는 데 있다. 레게가 사용한 전거들은 대부분 『중국의 경전들』의 1판 "서언"에 그 목록이 나온다(Legge [1971, 128-135]에는 중국어로 된 33권의 작품에 대한 가치 있고도 비판적인 참고서 목록이 들어 있다.)

1985년 판본에는 번역과 텍스트 그리고 주석에서 몇 군데 바로잡은 부분이 있으며, 다소 수정된 필사(筆寫) 체제를 사용하고 있는데, 일반적으로 인용되는 것이 바로 이 판본이다. 동아시아 지방과 미국에는 그것을 사진으로 찍어 다시 인쇄한 것들이 많이 통용되는데, 그 가운데 눈여겨볼 필요가 있는 것은 두 가지다. 1970년에 도버(Dover)에서 종이 표지로 재인쇄된 1895년 판본은 쉽게 구할 수 있다.『중국의 경전들』전집은 1960년에 홍콩대학에 의해, 그리고 1991년에는 대만의 SMC 출판사에 의해 재발행되었다. 이들 판본의 두드러진 특징은 웨일리의 번역(1949)을 싣고 있다는 점이다. 부분적으로 다시 인쇄된 책 한 권에 대해서도 또한 언급해야 한다. 밸로우(Ballou, 1939, 428-463)의 책에는「맹자의 작품들(The Works of Mencius)」이라는 제목이 붙은 단락이 있다. 이는 분명 선별한 것일 뿐이다. 편집자들은 "출판한 사람과 날짜가 찍히지 않은 채로 중국에서 출판된" 찰스 웡(Charles A. Wong)이라는 사람의 번역을 사용하고 있다고 말한다. 웡의 번역은 실제로는 레게의 초판을 인용한 것이므로, 그 번역을 사용할 경우에는 그렇게 생각해야 한다 ; 그러나 레게는 1985년의 판본에서 실제로 몇 군데를 교정하였기 때문에 반드시 그 판본을 사용해야 한다. 어쨌든 밸로우는 각 절에 전혀 번호를 붙이지 않을 뿐 아니라, 절이 나뉘는 곳을 체계적으로 보여주고 있지도 않으며, 심지어는 각 장의 상하도 구분해주지 않는다. 거기에 포함되지 않은 중요한 부분으로는「진심」상, 15를 들 수 있다. 스마트(Smart)는 맹자에 관한 전거로 이 책을 사용했다(1969, 155).

■ 꾸브뢰(1910) : 꾸브뢰는 텍스트와 필사(筆寫) 그리고 그에 해당하는 프랑스어와 라틴어 번역을 같은 지면에 싣고 있다. 레게처럼 그도 텍스트에 대한 표준적인 체제를 따르지만, 세부적으로 분절

해서 번호를 붙이지는 않고 있다. 일반적인 의미에서의 주석은 없지만, 가끔 텍스트 내에 작은 글씨로 중국 주석서의 내용을 포함시키고, 그에 대해 번역을 해놓았으며, 때로는 번역하는 가운데 괄호 속에 해설을 집어넣었다. 꾸브뢰가 시도하고 있는 작업에 관해 그 자신이 소개하는 내용을 찾아보려면, 『사서(四書. *Les Quatre Livers*)』를 보아야만 한다. 거기에서 꾸브뢰는 두정기(杜定基, 1779)의 책에 나오는 내용을 가능한 한 충실하게 재현해놓았다고 말하고 있다. (두정기의 작품에 대해서는 레게[1971, 129-130]에 설명되어 있다 ; 그의 작품이 레게의 중요한 전거 가운데 하나였음은 분명하다.) 내가 검토해본 바에 따르면, 꾸브뢰가 포함시키고 있는 얼마 안 되는 주석은 대체로 주희의 주해를 부연해놓은 것에 가깝다. 꾸브뢰는 자신의 프랑스어 번역본과 라틴어 번역본 둘 다에 주의를 기울여줄 것을 권하고 있는데, 그 이유는 "둘 중의 한 판본에서 분명히 밝혀지지 않는 내용이 다른 판본에서는 분명해지는 경우가 많기 때문이다." 실제로 나는 두 번역본에 몇 가지 사소한 차이점이 있음을 발견했는데, "명료화"에서는 사소한 차이가 아니었다 ; 예를 들어, 라틴어 번역본 308쪽에서는 양혜왕(梁惠王)이 자신의 나라를 진(晉)나라와 동일시하는 이유를 설명하는 주석이 텍스트 가운데 괄호 속에 필사되어 있는데, 프랑스어본에는 그 내용이 빠져 있다. 게다가 프랑스어본은 많은 경우 라틴어본보다 훨씬 자유롭게 서술되어 있는데, 내가 보기에는 프랑스어본을 먼저 쓴 듯하다. ***179*** 전반적으로 그의 번역은(꾸브뢰가 의도한 대로 프랑스어본과 라틴어본을 함께 참고해보면), 그 스스로가 설정한 한계 내에서는 감탄할 만할 정도로 꼼꼼하다.

■ 빌헬름(1921) : (맹자의 생애와 사상 그리고 배경에 관한) 전반적인 도입부의 xviii쪽에 있는 짧은 주에서 빌헬름은 자신이 주로

사용한 최고의 주석은 초순(焦循)과 완원(阮元 : 1764~1849)의 주석(즉, 『孟子校勘記』)이며, 둘 다 『황청경해(皇淸經解)』에서 찾아볼 수 있다고 밝히고 있다. 번역은 대부분의 번역서보다 훨씬 풍부한 주를 달았다는 점에서 탁월하며, 내가 보기에는 꼼꼼하고 수려하다. 독일에서 페이퍼백(paperback)으로 구해볼 수 있다.

■ 리얼(1932) : 주가 거의 없다. 번역자는 (내가 보기에는 의도적으로) 거의 단음절체의 영어를 사용하고 있으며, 대체로 탁월한 효과를 거두고 있다. 그는 자신이 레게와 꾸브뢰, 빌헬름의 번역을 사용했다고 밝히고 있으며, 중국인의 전문적인 도움도 받았다고 인정하고 있다 ; 그러나 자신의 전거에 대해서는 논하지 않고 있다. 매 장의 상, 하에 번호를 붙여주고 있다.

■ 자일즈(1942) : 이 번역본은 (전체 260절 가운데 122절을 빼먹고 있기는 하지만) 오류가 거의 없는, 즐거움을 주는 책이다. 주석은 거의 없다. 텍스트의 표준적인 순서를 지키고 있고, 표준적인 분절법을 보여주고 있지만, 절에 번호를 붙이지는 않았으며 — 완역본이 아닌 책에서 이는 정말로 불편한 일이다 ; 이 번역본을 신중하게 사용하고자 한다면 손으로 수정해야만 한다 — 번역자가 어떤 내용을 생략할 때도 독자에게 아무런 통고도 해주지 않는다. 대체로 생략할 때는 한 절 전체를 빼며, 일부분만을 빼버리지는 않는다. 때로는 생략할 내용에 대한 판단이 충격적일 정도로 잘못된 경우가 있다 : 예를 들어 자일즈는 「고자」 상, 7을 싣지 않았다. 하지만 그곳에서 맹자는 "우리의 마음이 공통으로 가지고 있는[혹은 인정하는] 것"을 우리가 맛이나 눈으로 볼 수 있는 아름다움 등을 선호하는 것과 동일시하고 있는데, 이는 대진(戴震)의 윤리이론에서 가장 중요한 전거인 것이다. 그에 못지 않게 놀라운 것은

「진심」 상, 15를 빠뜨리고 있다는 사실이다 ; 그곳에서는 "우리가 생각할 필요 없이 아는 것"에 관한 내용이 나오는데, 이는 왕양명의 "순수한 지식[良知]" 혹은 도덕적 직관이라는 개념의 전거다. 자일즈의 번역은 최근에 다시 인쇄되었다(Giles, 1993).

■ 웨어(1960) : 도입부에는 웨어가 (1) 『사기(史記)』에 있는 맹자의 전기(10-11쪽)와 (2) 『장자』 「도척(盜跖)」 편(17-26쪽) (3) 『열자』 「중니(仲尼)」 편(웨어는 이를 周代의 텍스트로 받아들인다) (27-36쪽), 그리고 (4) 『순자』 28장을 번역한 내용이 포함되어 있다. 번역에 각주는 없으나, 웨어는 책의 다른 부분들을 앞뒤로 참고해볼 수 있도록 하는 내용을 넣음으로써 도움을 주고 있다 ; 그리고 맹자가 『시경(詩經)』을 인용하거나 그에 대해 언급할 때마다 웨어는 하버드-옌칭(Havard-Yenching)의 텍스트에 대한 용어색인 숫자를 괄호 속에 넣어주고 있다. (적어도 두 곳에서는 시 전체를 인용하고 있다 : 「고자」 상, 3, 141-142쪽을 보라.) 유사하게 『상서(尙書)』에 대한 언급이 있는 곳에서는 편명을 제시해준다 ; 그리고 적절하다고 생각할 때는 『논어』에 대해 참고할 만한 점을 집어넣어 준다. ***180*** 『공자의 말들(*The Sayings of Confucius*)』(1955)과 『장자의 말들(*The Sayings of Chuang Chou*)』(1963)에서처럼, 웨어는 대부분의 문헌에서 "heaven"으로 번역되는 천(天)이라는 말을 "Sky"로 옮긴다 ; (레게가 비숍 버틀러의 표현을 빌어서 "인자함(benevolence)"이라고 번역한) 인(仁)은 어원론적인 측면에서 "최상의 인간상(manhood-at its best)"으로 번역된다 ; 그리고 심(心)은 "heart-and-mind"로 옮긴다. 도(道)를 "올바른 과정(right procedure)"이라고 옮긴 것(때로는 화이트헤드의 표현을 빌려 "Process"로 쓰기도 한다)과 덕(德)을 "탁월함(Excellence)"이라고 옮긴 것에 대해서는 옹호해주기가 더 쉽지 않다("virtue"

라는 표현을 좋아하는 사람은 아무도 없지만, 내가 생각하기에는 거기에서 머물러야 할 듯하다). 군자와 소인을 정관사 없이 "Great Man", "Petty Man"이라고 옮긴 것(이는 아마도 중세의 권선징악극에서 등장하는 "Everyman"과 유사한 표현일 것이다)은 최악이다. 이러한 곤란한 점들과 다른 괴팍스러운 모습들은 때로는 거의 참기 힘들 정도다. 그럼에도 불구하고, 웨어는 어려움 문제에 부딪힐 때면 참고해볼 만한 가치가 있는 번역가다. 표지에 있는 (표면적으로는 맹자의) 얼굴은 익살임에 분명하지만, 나는 그 사실을 알아채지 못했다. (웨어가 이전에 멘터 북스(Mentor Books)에서 펴낸 『논어』 번역판의 표지에 나와 있는 공자의 얼굴은, 분명 공자라는 표지가 붙어 있기는 하지만 실제로는 웨어 자신의 얼굴을 익살스럽게 그려놓은 것이다.)

■ 덥슨(1963) : 덥슨은 다음과 같은 제목 하에 텍스트를 재배열했다(그러나 조기의 분절법을 깨뜨리지는 않고 있다) : 여러 왕실에서 맹자의 모습 ; 제자들 ; 철학적 경쟁자들 ; 시대에 대한 논평들 ; "여러 가지 가르침들" ; "여러 가지 격률들". 그 유용성을 부인하지는 않더라도, 이러한 배열이 인위적임을 알 수 있다 : "여러 가지 가르침들"은 "왕실에 있는" 왕족들에게 행한 설교에 포함된 많은 문제들과 다르지 않다 ; 반면 "격률"은 분명히 짧은 "가르침"에 불과하다. 예를 들면 공손추가 포함된 모든 문제들을 덥슨처럼 모아놓는 것이 편리하기는 하다. 그러나 전통으로 순서를 매겨놓은 방식이 단순히 우연적인 것이 아님을 잊어서는 안 된다 ; 예를 들면 「고자」에서 편집상의 체제가 가지고 있는 미묘한 증거를 볼 수 있는데, 덥슨이 제기한 방식에서는 이 점이 빠져 있다. 덥슨의 찾아보기(finding-list)에서는 자신이 각 절에 대해 달아놓은 숫자를 하버드-옌칭의 텍스트 용어 색인 숫자와 양방향으로 상호 연결시킴으

로써 사람들이 자신의 번역본을 가지고 쉽게 작업을 할 수 있도록 해놓았다. 각각의 소단락에는 역사적 혹은 분석적인 측면에서 정보를 제공하는 도입 부분이 서문으로 들어 있다. 책 전반에 걸쳐 각주가 달려 있으며, 그 필요성이 분명한 이전의 고전에 대한 참고자료 등도 포함하고 있다. 좀더 난해한 주석들은 책 말미의 부주(附註)란에 실어놓았는데, 이는 분명 "일반 독자"들에게 지나치게 학문적인 모습을 보일 경우 역효과를 낼 것이라는 믿음 때문이었다. 주석은, 숫자가 충분하지는 못하지만 많은 경우 매우 훌륭하다. 날짜와 관련된 문제가 있을 때마다 덥슨은 "자체로 완결된 재구성 체계"로서 전목(錢穆)의 『선진제자계년(先秦諸子繫年)』(1956)을 따르고 있다(208쪽). 이러한 이유로 그도 또한 라우처럼(아래를 보라) 맹자의 생애를 전통적으로 받아들여지는 것보다 20년쯤 더 빠르게(정확히 말해서 기원전 390~305년쯤 되는 듯하다) 삽고 있다. (그러나 이로 인해 그는 순자의 생애를 너무 빠르게 잡고 있기도 하다.) 분명 이 책은 여러 가지 훌륭한 점을 가지고 있다. 앞으로 살펴보겠지만, 번역의 질에는 더 많은 문제가 있다 ; 유려하지만 때로는 지나치게 자유롭다.

■ 차이 부자(1965) : 주석이 거의 없다. ***181*** 덥슨의 번역본처럼, 이 책에서도 번역자의 직관에 따라 텍스트가 재배열되어 있지만("인간본성론", "정치 경제적인 정책", "삶의 방식", "맹자의 논평" 등으로 되어 있으며, 세부적으로 분절해놓고 있다), 거의 대부분은 원본의 분절법을 따르고 있으며, 각 절의 말미에서 괄호에 전통적인 순서에 따른 위치를 제시해주고 있다. 이러한 방식은 전혀 저절치 못하다 ; 사람들은 자신이 작업하고 있는 텍스트에 포함된 어떤 내용이라도 차이 부자의 번역본에서 찾을 수 있기를 원할 것이며, 이러한 이유로 자기 자신의 색인 목록을 만드는 것 외에는 다른

도리가 없다. 여러 시간에 걸쳐 이러한 작업을 해내고 나서, 나는 이들의 번역본에 많은 오자나 내용 확인이 잘못된 부분이 있음을 발견하게 되었다 : "IV14"(no.50)는 "IVA14"가 되어야 하며, "VB8"(no.88)은 "VB9"가 되어야 하고, "LIIB7"(no.163)은 "IIIB7"이, "V5"(no.166)은 "VB4"가, "VII31"(no.215)는 "VIIA30"이 되어야 한다. 이보다 더 심각한 문제는 4A9, 4A12, 4B4, 6B12, 7A11, 7A15 등 모두 여섯 절이 우연히 통째로 빠졌다는 사실이다. (이들의 텍스트에서 4A9와 4A12가 나온다면, 이들은 4A8 및 4A11과 같은 것으로 여겨지고 있다는 점에 주의하라 ; 레게나 꾸브뢰, 빌헬름, 리얼 그리고 라우처럼 차이 부자도 4A에서는 하버드 텍스트와는 다른 번호 매기기 방식을 사용해서, 하버드-옌칭 텍스트에서는 4A7-8로 되어 있는 것을 하나로 묶어서 4A7로 표기하고 있으며, 하버드-옌칭 텍스트에서 4A23으로 되어 있는 것은 두 줄로 나누어놓고 있기 때문이다.) 생략된 부분 중 일부는 그 길이가 단지 한 줄에 불과하지만, 7A15를 생략했다는 것은 특히 심각하다. (차이 부자의 텍스트에서는 1A7의 마지막 단락도 생략하고 있는데 이는 고의적인 것으로, 그 단락이 1A3의 일부를 거의 정확하게 반복하고 있기 때문이다.) 많은 경우 번역은 레게의 번역에 매우 가까우며 훌륭하다.

■ 라우(1970) : 이 훌륭한 책은 그 도입부만 가지고 보더라도 현재 출판되어 있는 맹자에 대한 연구물 가운데 최고의 것으로 꼽혀 마땅하다. 한자는 텍스트 주석 가운데 한 쪽과 부록 5에서만 쓰이고 있는데, 그 부록은 1963년의 「맹자가 논변에 사용한 유비적인 방법에 관하여」라는 논문을 재인쇄한 것이다. "맹자에 관한 초기의 전통들", "맹자가 이해한 고대사" 등의 다른 부록들도 유용하다 ; 그리고 처음으로 나오는 "맹자가 살았던 시기의 사건에 대한 날짜

계산”(205-213쪽)도, 그 결론 중 일부에 대해서 의문이 가기는 하지만, 학문적인 면에서 중요한 작품이다. 번역은 유려하며, (때로 새로운 실수를 범하고 있기는 하지만) 많은 경우 이전의 번역보다 개선된 모습을 보여주고 있다. 전체적으로 각주가 지나치게 적다; 이는 아마도 편집상의 방침 때문이겠지만, 1969년의 “맹자에 관한 몇 가지 주석들”은 분명 번역으로 옮겨진 연구의 산물로, 완결된 충분한 주석을 제공할 수 있는 기회였으며, 그렇게 하면 할수록 가치가 있음에도 불구하고 그렇게 하지 않고 있다. 이러한 부분을 빠뜨리고 있는 것이 특히 심각한 이유는, 앞으로 보여주겠지만 라우의 번역이 때로는 매우 기발한 것이어서 그 이면의 근거나 권위를 밝힐 필요가 있기 때문이다(라우는 결코 그 이면의 의미를 밝혀주지 않는다). 그러나 덧붙여 밝혀두어야만 하는 사실은 라우가 도입 부분과 부록에서 제공하고 있는 풍부한 자료가 많은 각주를 대신할 것이며, 그렇게 하는 것이 많은 각주를 다는 것보다 더 나은 방법이라고 생각했을 것이라는 점이다. 그러한 생각은 부분적으로 옳은 것이기도 하다.

앞서 언급한 번역본들에 덧붙여, 앙리 코르디에(Henri Cordier)는 『중국 도서 목록(*Bibliotheca Sinica*)』에서 1711년부터 1904년 사이에 라틴어, 프랑스어, 영어, 독일어, 네덜란드어, 포르투갈어, 러시아어로 쓰여진 10여 권의 다른 번역본들의 목록을 싣고 있다. ***181***

3. 정확성의 문제

『맹자』의 많은 절들은 거의 문제될 것이 없고, 대부분의 번역서에서도 그럭저럭 받아들일 만하게 다루고 있다. 기술적인 문제에 대해, 그리고 맹자에게 공정성을 기하기 위해서, 나는 먼저 『맹자』

에서 아주 흥미로우면서도 동시에 기술적으로 아주 쉬워, 기초적인 언어 텍스트로 삼기에 좋은 몇 절을 검토해보도록 하겠다.

2A2.16

아주 어려운 내용을 담고 있는 2A2에는 모두가 알고 있는 아주 쉬운 이야기가 있다. 그것은 송나라의 농부에 관한 이야기로, 그는 곡식의 싹을 조금 뽑아 더 빨리 자라게 하려고 했다. 이 이야기의 뒤에는 맹자가 자신의 도덕적 교훈을 간략하게 말해주는 몇 줄의 기록이 등장한다 : 어떤 사람들은 자신들의 "식물"을 위해 무언가를 해주는 것이 "전혀 무용하다고" 생각해서 그것을 "무시해버린다" ; 다른 사람들은 "그것이 자라는 것을 도와주어서" 실제로는 그것을 해친다. 이러한 어법은 7A3("구하면 얻을 것이고, 무시하면 잃을 것이다 ; 이는 추구하는 행위가 얻음에서 이로운 경우다") 에도 반영되어 있으며, 우회적이기는 하지만, 2A2.9에서 인용된 고자의 말("'말'로부터 얻지 못하는 것을 마음에서 구하지 말라") 을 보면 2A2가 실제로는 두 개의 서로 다른 절이 합쳐져 있는 것이라는 라우의 생각(77쪽 주 3)이 잘못된 것임을 알 수 있다. 그러한 흔적을 지적해낼 수 있는 번역가가 있으리라고 기대할 수는 없다 ; 번역을 옳게 해내는 것으로 충분하다고 생각해야 할 것이며, 대부분은 올바로 번역하고 있다. 2A2에 대한 차이 부자의 번역을 보면 처음부터 의미를 왜곡시킬 만큼 인쇄가 잘못된 부분이 있다 : "송나라 사람과 같이 하자(Let us be like the man of Song)"("부정어(not)"가 빠져 있다) ; 그리고 말미에 가서는 그에 못지 않게 말도 안 되는 구절이 또 하나 나오는데, "그들은 곡식을 약화시키지 않는다(they do not weaken their grain)"에서 "약화시키다(weaken)"는 "잡초를 뽑다(weed)"의 타이핑상의 실수다. 농부가 집에 돌아올 때의 모습을 묘사하고 있는 망망연(芒芒然

— 레게는 191쪽에서 "멍청해보이다(looking very stupid)"라고 옮기고 있다)의 정확한 의미에 대해 주석과들과 번역자들 사이에 의견의 차이가 있다는 사실을 발견하게 되더라도 놀라서는 안 된다. 라우의 번역판에는 분명한 오역이 있다 : (구체적인 종류를 밝히지 않고) "어린 곡물"을 의미하는 묘(苗)를 그는 "벼(rice plant)"라고 옮기고 있는데, 묘의 의미는 그것이 아니다. 어쨌든 이 이야기에서는 어린 식물을 조금만 뽑으면 말라죽는[槁] 건조한 땅에서 농사짓는 모습을 상정하고 있다. 다른 대부분의 측면에서는 모든 번역자들이 충분히 잘해주고 있다.

5A5

5A5는 길이는 더 길지만, 더 어려울 것은 전혀 없다 : 제자인 만장(萬章)이 순임금이 요임금의 뒤를 잇게 된 경위를 묻는다 ; 요가 그에게 왕위를 수었나요? 아니다, 오직 하늘(Heaven)만이 그렇게 할 수 있다 ; 그리고 하늘은 백성들이 순을 받아들임을 통해 자신의 의지를 보여줌으로써 왕위를 주었다. 이곳저곳에서 번역자들이 문제가 될 만한 말들을 선택해서 쓰고 있지만, 노골적으로 드러나는 잘못은 거의 없다. 라우는 "하늘은 말을 하지 않고, 그 행위와 행동을 통해 스스로를 드러낸다(Heaven does not speak but reveals itself through its acts and deeds)"(143쪽)고 잘못 옮기고 있는데, "그(its)"는 "백성들의(people's)"라고 하거나 완전히 빼버려야 하며, 그렇지 않다면 다른 모든 번역자들이 생각하듯 "하늘은 그의 행위와 행동을 통해 스스로를 드러낸다(it revealed itself through his acts and deeds)"가 되어야만 할 것이다. ***183*** 덥스은 네 곳에서 실수를 범하고 있다 : (1, 2) 요가 죽고 상기(喪期)가 끝난 후의 사건에 대해 덥스는 "순은 요임금의 아들에게서 벗어나기 위해 남하(南河)의 남쪽으로 도망쳤다"(65쪽)고 옮기고

있다. 여기에서 덥슨은 아마도 신화 이면에 숨겨진 그럴싸한 역사적인 이야기가 있다면 그것이 무엇일까를 생각해내고 있는 듯하다. 많은 경우 추악한 정권 다툼이 이상화된다 ; 그리고 요에게는 한 명 이상의 아들이 있었음이 틀림없으며, 분명 후계자를 지목하지도 않았고, 장자 상속권은 이후에 발전된 것이다. 그러나 맹자에게는 그렇게 보였을 리가 없으며, 맹자는 설명을 해주고 있다 ; 따라서 레게처럼 "순이 요임금의 아들을 피했다(舜避堯之子)"(357쪽)고 번역하는 것이 옳다 ; 다음에 나오는 내용을 보면 백성들에게는 순을 임금으로 대할 것인가, 요의 아들을 임금으로 대할 것인가에 대한 선택권이 열려 있었으며, 순이 도망자가 아님은 분명하다. 다른 사람들 가운데 "아들들"이라고 옮긴 사람은 아무도 없지만, 웨어 또한 피(避)를 "도망쳤다"고 번역하고 있다. (3) "노래하는 자들이 요의 아들이 아니라 순에게 노래했다." 어떤 사람에게 노래를 한다는 것은, 그 사람에게 경의를 표하거나 심판관으로서 그 사람에게 의지하는 것일 수는 있지만, 그 사람이 세계의 통치자임을 보여주는 것은 아니다. 그 의미는 분명 "~을 찬양하는 노래를 부르지 않았다" 혹은 그와 같은 종류의 것이어야 하며, 차이 부자를 제외한 다른 모든 번역자들이 그렇게 옮겼다. (4) "이러한 일들이 일어난 후에야 순은 중국(central states)으로 돌아와서 천자의 자리에 서서 요임금의 거처를 차지했다. 만약 그가 요의 아들을 몰아내는 것으로부터 시작했다면, 그것은 순수한 찬탈이었을 것이다." 여기에서 "몰아내다"는 말은 핍(逼)에 대한 번역어로 너무나 거칠다 ; 순이 요의 거처에서 요의 아들과 함께 살았을 가능성을 생각한다면, 레게처럼 "압박을 가하다"라고 번역하는 것이 그 의미에 맞을 것이다. 그것은 단지 상상 속의 가능성일 뿐이지만, 그러한 상황이 성립하기 위해서는 레게처럼 "천자의 자리에 서다" 뒤에서 문장을 끊고 다음과 같이 연결시켜야 할 것이다 : "만약 [순이],

이러한 일들이 있기 전에, 요의 거처에 있는 궁궐을 차지하고, 요의 아들에게 압박을 가했다면, 이는 하늘이 준 것이 아니라 찬탈 행위일 것이다."[197] 웨어도 또한 (逼을 "도망치다"라고 번역하고 있을 뿐만 아니라) 이러한 잘못을 범하고 있으며, 다른 사람들은 옳게 번역하고 있다.

6A7

6A7에서 맹자가 주장하는 바에 따르면, 일부 사람들이 도덕적으로 제멋대로인 모습을 보인다면 이는 환경적인 영향 탓으로, 자라나는 곡식이 토양과 기후의 질에 따라 달라지는 것과 같다 ; 그리고 우리 모두는, 인간으로서 음식이나 음악, 육체적 아름다움에 대해 커다란 자이가 없는 유사한 기호를 가지고 있는 것처럼, 기본적으로 유사한 도덕적 감수성을 가지고 있다. 고대의 "성인들"은 말하자면 도덕적 기호의 전문가며, 따라서 우리는 그들을 권위자로 받아들인다 ; 그러나 눈이 자연스럽게 아름다운 것에 대해 기쁨을 느끼는 것처럼 우리 마음[心]도 어떤 식으론가 자연스럽게 "질서 있고 옳은 것"[義理]을 선호한다. 이 논변은 분명 당시의 쾌락주의자였던 자화자(子華子)의 것을 번안한 것이 분명하다(이에 대해서는 그레이엄[1967, 37-38]이 지적한 바 있지만, 어떤 번역가도 이에 주목하지 않고 있다). 대부분의 번역가들이 어려움을 느끼지 않고 있지만, 그들이 의견의 차이를 보이는 논점이 몇 가지 있는데, 이는 아마도 용인할 만한 것들인 듯하다. 먼저 레게의 번역(404쪽 ; "풍년에는 사람들의 아이들이 대부분 선하다")과 라우의 번역(164쪽 ; "풍년에는 젊은이들이 대체적으로 게으르다")을 대조해 보라. *184* (뉴브뢰처럼) 레게는 조기와 주희를 따른다. 라우는 조

197) 이렇게 해야 "居堯之宮, 逼堯之子"라는 두 구절의 호응 관계를 적절히 지키는 것이 될 것이다.

순(焦循)이 잘 인용한 완원(阮元)의 주석을 따르는데, 그는 뢰(賴)를 "게으른"이라는 의미의 란(嬾)으로 보아, 젊은이들의 마음이 물질적인 풍요로움이나 부족으로 인해 "유혹에 빠질(ensnare)" 수 있다는 뜻이라고 주장한다. 아마도 레게가 옳은 듯하지만, 두 견해 모두 존중할 만하다. 덥슨이 "순종하는(amenable)"이라고 번역한 것(114쪽)도 여기에서는 그럴싸한 제안이다. 곡식에 대한 비유에서, "至於日至之時"는 때로는 "풍요로울 때(다시 말해서 수확기)가 오면"이라는 의미로 번역되기도 하고(레게, 빌헬름, 덥슨, 차이 부자), 때로는 일지(日至)를 하지(夏至)의 뜻으로 보아(나는 이것이 옳다고 생각한다) "한여름이 되면"이라고 번역하기도 한다(꾸브뢰, 웨어, 리얼, 라우). "心之所同然"이라는 구절에 대해서 몇몇 사람들은 조기의 해석을 따라 연(然)을 "그러한(so)"으로 보아서 "우리의 마음이 똑같이 그러한 방식"이라고 번역하고(리얼, 웨어, 덥슨, 차이 부자, 라우), 또 어떤 사람들은 주희를 따라서 연(然)을 "승인하다"로 보아 "모든 마음이 똑같이 승인하는 것"이라고 번역한다(레게와 꾸브뢰가 그러하며, 빌헬름도 아마 그렇게 생각하는 듯하다). 함축적인 의미가 담긴 리(理)와 의(義)에 대해서는 물론 다양한 번역이 존재한다. 꾸브뢰는 주희의 전통을 따르고 있으며, 이 부분에 대한 그의 번역은 매우 많은 해석이 가미되어 있다 ; 유사하게 레게도 리(理)를 "우리 본성의 원리(principles of our nature)"라고 옮기고, 신유학의 형이상학적인 어법에 의거해서 이에 대해 자세히 설명하는 주석을 추가하고 있기는 하지만, 독자들에게 주의를 주어야 할 필요가 있다는 사실에 대해서는 알지 못하고 있다. 빌헬름은 주석을 통해 이 말의 고대적 의미와 신유학적 의미를 구분하고자 시도하고 있다 — 우연히도 맹자는 이 말을 다른 곳에서는 한 번도 철학적인 학술 용어로 사용하지 않고 있다. 다음과 같은 분명한 오류에 대해서는 변명의 여지가 없다. 일부 젊은이들이 어려운 시기에 잘못을 저지르게 된다는 사실에 대해 맹자는 "하늘이 [그들에게] 준(글자 그대로는 내려준[降]) 자질(글자 그대로는 물질[才])이 그렇게 다르기 때문이 아니다"라고 설명한다. 라우는 이를 "하늘은 그렇게 크게 자질이 다른 사람들을 내려주지 않았다"고 옮김으로써 고어체를 문법적으로 신중하게 다루지 못하고 있다. 맹자는 "天所降之才"라고 써야 할 곳에 "天降之才"라는 표현을 쓰고 있다. 재(才)라는 말이 "이러저러한 자질을 가진 사람들"이라는 의미로 쓰일 수도 있기는 하다. 그러나 그것은 예를 들어 "재능 있는 사람들"을 관직에 불러들일 방법을 조정에서 논의할 때처럼, 전혀 다른 맥락에서일 뿐이다. 덥슨은 "其所以陷溺其心者", 즉 글자 그대로 번역하면 "그들의 마음이 가라앉고 빠지게 되는 이유가 되는 것"(라우는 "그들의 마음이 유혹에 빠지도록 하는 것"이라고 번역했다)이라는 구절을 "이렇게 견딜 수 없는 상황(overwhelming conditions)을 만들어낸 사람들"이라고 옮김으로써 본의에서 벗어나고 있다. 곡식과의 비유에서 "雖有不同則地有肥磽 … 也故"라는 구문은 글자 그대로 옮기면 다음과 같다(기능어인 雖, 則, 也, 故에 해당하는 번역을 굵은 글씨로 썼다): "**비록** 그 가운데 일부는 같지 않지만, [만약 그러한 일이 있다면] **그렇다면** 일부는 토양이 비옥하고 일부는 토양이 척박하기 **때문이다**. … **따라서** …." 덥슨은 "그러나 서로 다른 환경이 실제로 생겨난다; 일부는 토지가 비옥하고, 일부는 메말라 있다. … **비록 그렇기는 하지만** …"이라고 벗어난 번역을 함으로써 다음과 같은 오류를 범하고 있다: 수(雖)를 수연(雖然)으로 잘못 옮기고 있으며; 즉(則)에 포함되어 있는 조건적인 분위기를 알아보지 못하고 있고; "X, Y也"라는 구문을 포착해내지 못하고 있다 — 여기에서 X는 구(句)가 쓰이고 있는데, 그러한 구문은 (아주 많은 경우에 그러하듯이) 여기에서 "X는 Y때문이다"라는 뜻을 가진다 ; 그리고 마지막으로 고(故)에 대해서도 불합리한 의미를 채택할 수밖에 없게 된다. ***185*** 나아가 그는 "신발들은 서로 닮았다 ; 사람들의 발은 같은 종류의 것이다"라고 번역함으로써 "X, Y也"라는 구문에 대해 다시 한 번 실수를 범하고 있다("모든 신발이 비슷한 것은 모든 발이 비슷하기 때문이다"라는 라우의 번역과 비교해보라). 뿐만 아니라 그는 라우의 번역처럼 글자 그대로는 (맛에서의) "동일한 기호"인 동기(同耆)를 "모든 사람들은 그들의 음식에 들어 있는 양념을 즐긴다"고 번역했다. 맹자는 음식에 "양념"을 첨가하는 것에 대해서는 일언반구도 언급하지 않았을 뿐만 아니라, 중요한 뜻을 지닌 말인 "동일한"이 빠짐으로써 맹자가 말하고자 하는 논지를 잃어버렸다. 웨어는 필사의 부주의함으로 인해 두 개의 실수를 범하였다("Yi Ya"를 "Yi Wu"로 썼으며, "Tzu Tu"를 "Tu"로 썼다).[198] 라우는 부주의하게도 "온 세상이 사광(師曠)을 바란다"라는 말 앞에 나오는 "소리(혹은 음악)에서는"이라는 구절을 빠뜨렸다. 내가 살펴본 바로 자일즈의 번역본에서는 이 절을 빠뜨리고 있다.

3A4

긴 절인 3A4의 첫 세 부분 — 맹자가 인용하고 있는 "어떤 사람들은 물리적 힘을 가지고 일을 하고, 어떤 사람들은 마음을 가지고 일을 하고 …"라는 유명한 "격언"까지 — 은 등(藤)나라에서 있었던 철학적 사건의 현장에 대한 설명이다. 상황 설명에 이어 맹자와 진상(陳相) 사이의 대화가 나오는데, 진상은 허행(許行)의 제자로, 허행은 다음과 같이 생각한다 : 1) 모든 사람이 자기가 먹을 음식을 직접 경작해야 하며 군주도 예외는 아니다 ; 2) 그렇게 하지 않는 군주는 백성들을 착취하고 있는 것이다. 맹자는 그 약점을 아주

---

198) 역아(易牙)와 자도(子都)의 중국어 발음 표기를 가리킨다.

유려하게 들추어내지만, 우리는 문제가 되는 곳을 두 군데 만나게 된다 : 사(舍)라는 말은 (조기의 말대로) "단지"라고 해석해서 뒤("그가 필요로 하는 모든 것을 자신의 집으로부터 얻다")에 붙일 수도 있고(라우, 101쪽), 다른 사람들처럼 "가게"라고 해석해서 앞("도자기나 주물[가게를] 운영하다")에 붙일 수도 있다(웨이, 85). 마지막 것은 잘못된 듯하지만, 두 가지 해석 모두 의미는 같다. 뿐만 아니라 "率天下而路"에서 로(路)라는 말에 대해서도 많은 논의가 있어 왔다 : 만약 모든 사람들이 자신이 사용하는 것을 만들어야 한다면, 이는 "모든 사람들을 길거리에서 계속 이리저리 뛰어다니게 하는 것이 될 것이다"라고 해석할 수도 있고(주희가 이렇게 해석했으며, 레게, 꾸브뢰, 빌헬름, 리얼, 자일즈가 이를 따랐다), "모든 사람들을 완전히 기진맥진하게 만드는 것이 될 것이다"라고 해석할 수도 있다(조기가 이렇게 해석했고, 웨일리가 이를 지지하고 있으며[1949, 102쪽], 웨어, 덥슨, 차이 부자 그리고 라우가 다소간 이러한 해석을 따르고 있다). 문제가 해결되었다고 생각하지는 않지만(초순의 주석을 보라), 전반적인 의미는 거의 같다.

의견의 차이가 있어서는 안 되는 곳에서 차이가 나는 곳들도 있다. 허행에 따르면 훌륭한 군주란 "들판에서 자신의 백성들과 함께 노동하고 [자기 노동의 결실을] 먹는다(與民並耕而食)"(차이 부자의 번역본 192쪽에서 원본에 설명을 달아놓고 있다). 덥슨(116쪽)은 이 구절을 "자신의 백성들과 함께 밭 갈고 함께 먹어야 한다"고 옮겨서, 마치 접속사 이(而)가 없는 듯이 번역하고 있다. 웨어가 "곡식을 여러 가지 도구와 바꾸는 사람은 도자기공이니 대장장이를 착취하는 것이 아닌가?"(85쪽)라고 번역한 것은 잘못이다 ; 사실 웨어는 이러한 의미를 도출해내기 위해 다음 구절에 부정어를 집어넣고 있다. 웨어는 또 "何許子之不憚煩"을 "왜 허자는 자신이 초래한 모든 어려움들 앞에서 주저하지 않는가?"라고 잘못 이해하고 있다. 그 어려움이란 다른 사람들이 아니라 허행 자신에게 어려움인 것이다. 덥슨은 이 구절을 더욱 그르치고 있다 : "허행의 '여러 가지 복잡한 일들에 스스로를 얽어매지 않음'에 대해 무슨 말을 할 수 있는가?" 불탄(不憚)이란 "… 에 스스로를 얽어매지 않음"이라기보다는 "… 을 피하지 않음"을 의미한다 ; 그리고 그 구절은 별명과 관련된 논평이 아니다. ***186*** "何S之P"라는 관용 어구는 "왜 S는 그렇게도 P하는가?"라는 의미일 뿐이다. 그러므로 덥슨은 여기에서 이중으로 잘못을 범하고 있는 것이다.

덥슨은 뒤에 나오는 한 구절에서도 다시 한 번 이중의 잘못을 범하고 있는데, 그 구절은 놀랍게도 모든 번역가들을 곤란하게 만들었다. 레게는 "且一人之身而百工之所爲備"라는 그 구절을 옳게 번역하고 있다(249쪽). 맹자는 삶에서 노동 분업 체계의 아름다움을 강조하고 있다. 높은 자리에 있는 사람이든 낮은 자리에 있는 사람이든 모두가 적절한 일을 가지고 있으며, "나아가"(나의 번역이다) "각 개개인 모두에게도 [필요하다면] 다양한 장인들이 생산한 물건 모두를 이용할 수 있다." 이와는 다소 달라보이는 번역이 있다 : 비(備 — "이용 가능한(available)", "제공되는(provided")를 실질적으로 "반드시 제공되어야 하는", 다시 말해서 "모두에게 필수적인"으로 보아서 그 구절을 인간이 필요로 하는 것이 충족되기 위해 필요한 것이 무엇인가에 대한 진술로 보는 것이다(꾸브뢰, 빌헬름, 자일즈, 차이 부자, 라우) ; 그러나 그 문장에서 말하고 있는 내용은 그것이 아니며, 어느 누구도 장인들이 만들 수 있는 모든 종류의 것을 필요로 하지는 않는다.

이러한 오류가 실제로 어떻게 해서 생겨나는가를 (그리고 그것이 사소한 것이 아님을) 알아보기 위해서는 이 부분에 대해 방어적으로 축자 번역을 하고 있는 꾸브뢰의 라틴어 번역판을 살펴보아

야 한다 : "Imo unius hominis persona est quam varii opifices faciunt instructam (rebus necessariis)"(422쪽) 글자 그대로 옮기면, "한 사람의 몸이란 다양한 장인들이 (필요한 것들을) 제공받도록 하는 곳이다"가 된다 ; 여기에서는 "… 之所爲備"를 "… 가 제공되도록 하는 곳"199)으로 보고 있으며, 따라서 완결된 의미를 가지도록 하기 위해서는 "(필요한 것들을)"과 같은 무언가가 필요하다. 꾸브뢰는 여기에서 "一人之身" 뒤에 나오는 이(而)의 문법적 기능을 무시하고 있다. 꾸브뢰가 어떤 주석을 전거로 삼고 있음은 분명하다(주희는 이에 대해 아무 말도 하지 않고 있으므로 주희의 주석은 아니다) : 그러한 문법적 실수를 인용하면서, 그에 대한 논의에 일찌감치 마침표를 찍고 있는 것은 초순이다. 그러나 초순은 조기가 그 구문을 어떻게 재배열했는가를 지적해 보여줄 뿐이다 : "一人而備百工之所作" 이렇게 함으로써 위(爲)가 여기에서는 작(作)의 뜻이며, 비(備)가 소(所)에 의해 이끌리는 구문에 속하지 않음을 보여준다. 그러나 꾸브뢰가 목표로 삼고 있는 것은 두정기(1779)가 해석한 대로 맹자의 모습을 보여주는 것이며, 두정기는 이 부분을 옳게 해석하고 있다. 따라서 꾸브뢰에게 전거가 있다고 할지라도 책임은 그가 져야만 한다.

웨어("충족이 있게 된다 …")는 비(備)의 의미를 전혀 이해하지 못하고 있으며, 덥슨과 리얼은 이 문장을 다음 문장에 추가적인 조건절로 합쳐놓음으로써 그 의미를 놓치고 있다. 덥슨이 "一人之身"을 "한 생애 동안에"라고 번역한 것은 또 하나의 잘못이다 ; 그는 여기에 나오는 신(身)을 종신(終身)이라는 관용 어구 속에서 사용되는 용법과 혼동했음이 분명하다. 레게의 번역은 (그렇게

---

199) 여기에서 … 는 제공되는 대상이 아니라 제공되도록 하는 주체, 즉 문법적으로 주어에 해당한다. 그러므로 뒤에서 제공되는 대상이 부가되어야만 의미가 완전해진다고 말하는 것이다.

말하지는 않고 있지만) 그 의미가 조기의 그것과 같다 ; 레게는 자신의 번역에 대해 확신을 가지지 못하고 있으며, 주석을 달고 있지만 꾸브뢰를 비롯한 다른 사람들이 채택한 의미를 거부하고 있다 — 레게는 그들이 채택한 내용이 1677년에 공식적으로 출판된 『일강사서의해(日講四書義解)』(이 책은 아직 검토해보지 못하였다)에 나온 것이라고 밝히고 있다. 우치노(Uchino)는 전혀 어려움 없이 그 구절을 해석하고 있으며(182쪽), 그것을 독립된 문장으로 간주하여 내가 번역한 것과 동일한 의미를 부여하고 있는데, 이는 적절한 처사다.

주목해야 할 것이 몇 가지 더 있다 : 웨어가 "최고로 훌륭한 군주의 자리에서 성실하다"[200](84쪽)고 번역한 것은 진상(陳相)의 말에 엄밀한 논리적 정합성을 부여하려는 과감한 시도다 ; *187* 그러나 그 문장에서 성(誠)은 동사가 아니다. 차이 부자의 번역 가운데 "왜 그는 이 잡다한 교역을 하지 않는가 …"[201](193쪽)에서 부정어인 "not"이 들어간 것은 내가 보기에 단순한 편집상의 실수다. 차이 부자가 "'어떤 사람들은 마음으로 애써 일하고, 어떤 사람들은 몸으로 애써 일한다.' 마음으로 애써 일하는 사람들은 …"이라고 구두를 하여, "말하기를[曰]"을 앞의 두 구절에 제한시키고, 뒤에 따라오는 내용을 그에 대한 맹자의 해설이라고 보는 것도 가능한 해석이기는 하지만, 다른 번역본에서는 그런 해석을 발견할 수 없다. 내가 생각하기에, 수십(數十 — 허행을 따르는 자들의 숫자로, 축자 번역은 'several tens')과 같은 표현은, 크게 문제가 안 된다면 정확하지는 않지만 좀더 자연스러운 영어 식 표현인 "several scores"(Chai 부자, 라우)나 "several dozen"과 같은 표현으로 "번역하는" 것은 피할 수 없을 듯하다(중국어에 "dozen"에 해당하는

200) "滕君則誠賢君也"에 대한 번역이다.
201) "何爲紛紛然與百工交易"의 번역이다.

한 글자로 된 표현 "X"가 존재했고, 數十이라는 흔히 쓰이는 구절이 없었더라면, 맹자도 아마 數X라고 말했을 것이라는 점을 생각해보면, 그러한 번역도 정당하다고 할 수 있다).

텍스트의 이 구절들은 정말로 재미있고 쉽다. 그리고 나는 번역자들이 겪었던 어려움을 세심하게 보여주는 것이 교훈적일 것이라고 생각했다. 그러나 그 어려움이란 책의 대부분에서 그들이 겪는 어려움에 비하면 상대적으로 여전히 아무것도 아니라고 할 수 있다. 여태까지 살펴본 텍스트의 내용에 대해 번역자들은 여기저기에서 다른 의견을 개진하기도 하고, 또 여기저기에서 실수를 범하기도 하지만 대체로 심각한 것은 아니었다. 어쨌든 그 절들은 내용이 풍부해서 독자들이 그것을 읽는 동안 많은 것을 얻게 된다. 『맹자』의 모든 부분이 이와 같다면, 아마도 내가 이러한 작업을 계속할 필요도 없을 것이다.

불행히도 『맹자』의 모든 부분이 이와 같지는 않다. 이 책은 많은 부분 상당히 어렵다. 많은 경우 그 이유는 맹자가 이전의 문헌을 인용하거나, (실제로 그가 6A7에서 하고 있는 것처럼) 이전의 생각들에 꼬리표를 붙여서 그것을 능수능란하게 비꼬기 때문일 것이다. 그와 동시대의 사람들이라면 그것을 쉽게 알아볼 수 있겠지만 우리는 그렇지 못하다. 이 어려운 부분들 중 일부는 맹자의 철학을 이해하는 데 매우 중요하다. 그 가운데 주목해볼 만한 부분은 2A2.9-10, 6A3-4, 7A17 등 세 곳인데, 이들 각각에 대해서는 이 책에 실린 다른 글에서 자세히 논하고 있다. 7A17은 문헌학과 철학이 서로에게 중요함을 특히 잘 보여주고 있다 ; 따라서 여기에서 다시 한 번 그 문제를 건드려보기로 하겠다.

이 단락은 한 줄로 되어 있고, 길이는 열일곱 글자에 불과하다 : 글자 그대로는 "[당신이] 하지 않는 일을 하지 말라 …"다. 내가 보기에는 번역가나 중국의 주석가들 가운데 누구도 그 구절을 완벽하게 이해하지 못했을 가능성이 높다. 최소한 주희는 7B31이 7A17의 부연임을 알았다. 주석에서 이 점을 지적해내지 못한 번역가는 자신의 일을 제대로 하고 있지 못한 셈이다. 하지만 그것만으로 문제가 완전히 해결되는 것은 아니다. 여기에서 필요한 것은 행위에 관한 맹자의 철학을 전체적으로 재구성해서(분명 이것만으로도 아주 긴 논문 한 편에 해당하는 일이다), 자기 수양을 주장하는 유가의 도덕가인 맹자가 분명 다음과 같은 믿음을 가지고 있었음에 주목하는 것이다 : 1) 우리는 **실제로** 자신이 가지고 있는 감정과 동기 부여의 구조에 대해, 최소한 부분적으로는, 도덕적인 책임을 져야 한다 ; 2) 우리는 그것을 형성해낼 수 있다. 이는 서구의 도덕 철학에서 널리 받아들여지는 견해는 아니며, 번역자들의 잠재 의식 속에는 그러한 견해를 맹자가 실제로 의도한 내용으로부터 멀리 떼어놓으려는 자비심이 발동하고 있다. 내가 보기에 맹자가 의도한 바는 다음과 같다 : "당신은 단순한 상황에서 이러저러한 종류의 잘못된 행위에 대해 본능적인 혐오감을 가지고 있다 ; 그 감정을 본질적으로 종류는 같지만 그렇게 단순하지는 않은 모든 행위로 **확장[推]**하라(당신은 그렇게 할 수 있다! 1A7)." ***188***
이는 심오한 생각이며, 맹자가 옳았지만, 그것은 또 다른 이야기다(그리고 또 다른 글이 필요하다).[202] 그러나 맹자에게 직접 그 이야기를 하도록 하지 않으려면 여전히 무언가가 필요하다 : 어떤 번역가(라우)는 그 구절을 "다른 사람이 하고자 선택하지 않는 것을 하지 말라 …"고 번역하면서 전혀 각주를 달지 않고 있다 ; 그리고 또 다른 번역가(그는 웨어며, 밝히고 있지는 않지만 조기를 따르고 있음이 분명하다)는 "너 자신이라면 하지 않을 일을 하지 말라"고 옮기고 있다. 내가 보기에, 여기에서의 어려움이 번역자들의 중국어 독해 능력에만 국한된 것이 아님은 분명하다.

---

202) 예를 들어, 이 책 7장을 보라.

『맹자』에는 이처럼 당혹스러운 구절들이 많으며, 많은 경우 매우 중요한 구절들이지만 그 해석에는 논란의 여지가 많다. 심지어 어떤 경우에는 그 구절들을 어떻게 번역하는가에 따라 맹자의 철학 전반에 대한 해석이 크게 달라지기도 한다. 이러한 부분들에 대해 유려하면서도 아무 문제없는 독해를 가능케 해주는 모든 번역은 위험할 정도로 오해의 소지가 많다. 나 자신은 이 세 단락(그리고 다른 단락들도 존재한다)을 어떻게 다루어야 할지 알고 있다고 생각하지만, 나와 의견을 달리하는 학자들에 대해서도 존중해야 할 것이며, 따라서 번역자로서 큰 잘못을 범하고 있다고 비난할 수는 없다. 그러나 7A17의 경우, 라우와 웨어의 번역 작업에 대해서 한 가지 비판만은 하고 넘어가야만 한다. 두 사람 모두 텍스트에 문제가 있는 것으로 보고 있다. 그들은 자신들에게 만족스럽게 의미가 통하는 영어 번역을 해내기 위해서 원본을 왜곡하고 있으며, 이러한 사실은 (한문 원본으로 된 텍스트를 검토해본 사람이라면 누구라도) 즉각적으로 알아낼 수 있다. 조기와 주희라는 가장 유명한 두 사람의 주석가가 이 절이 무엇에 관한 것인지에 대해 전혀 의견을 달리하고 있다는 사실만 보더라도, 그 문제에 대해 어떠한 번역가도 경계를 늦추어서는 안 된다. 그러나 라우와 웨어는 독자들에게 문제가 많은 텍스트를 읽고 있다는 사실에 대해 주의를 환기시켜주지 않고 있다 ; 사실 여기에서 검토하고 있는 번역가들 가운데 그렇게(독자들에게 다양한 주석가들의 견해에 대해 주의를 환기시켜주는) 하고 있는 사람은 레게와 빌헬름뿐이다.

이 문제에 대해서는 더 깊이 있는 연구를 해야만 할 것이다 ; 그리고 일반 독자들이 각주 때문에 주의가 산만해지기를 원치 않는다고 하더라도, 그런 말이 나에게는 다가오지 않을 것이다 : 독자들에게도 또한 나름의 의무가 있으며, 정직한 대접을 받는 데 관심이 없다면, 그 문제에 대해 우리가 관심을 가지는 내용에 함께 할 만한 자격이 없는 것이다.

2B13

번역가들이 2B13을 대할 때 무슨 일이 일어나는지 생각해보라. 맹자가 왕으로 하여금 자신의 말에 진지하게 관심을 기울이도록 하는데 실패한 이후에 제나라를 떠날 때, 맹자를 수행하는 사람이 왜 고통스러워 보이는가 물으면서, 맹자 자신이 이전에 "군자는 하늘에 대해 불평하지 않는다"(Legge, 232쪽)고 충고했음을 상기시켜준다. 맹자의 대답에 따르면 전체 중국의 왕이 될 사람이 이미 나타났어야 한다 ; 하늘이 그렇게 되기를 원치 않음에 틀림없다 ; "하늘이 그것을 바란다면, 나 말고 누가 그러한 상황을 가져올 수 있겠는가?"(다시 말해서, 한 지역의 군주를 "진정한 왕"으로 만들 수 있겠는가?) 레게는 계속해서 다음과 같이 번역한다 : "내가 불만족스러워하지 않고 달리 어찌할 수 있겠는가?" 당연히 맹자가 했을 법한 말이지만, 불행히도 한문에는 "~하지 않고 달리(otherwise than)"에 상응하는 말이 없으며, 각주를 달아놓고 있기는 하지만, 레게는 이 문제에 대해서 언급하지 않는다. 이후에 빌헬름, 리얼, 덥슨, 차이 부자(자일즈는 이 절을 생략하고 있다)가 레게를 따르는데, 어느 누구도 그러한 난점에 대해 각주를 달고 있지 않다. ***189*** 게다가 마지막 세 권은 "레게의 '~하지 않고 달리(otherwise than)'라는 표현은 자의적으로 집어넣은 것이다"(101쪽)라고 지적하고 있는 웨일리의 책(1949)이 출판된 후에 작업이 이루어졌다. 라우의 번역은 그들보다 낫다 ; 그는 철저하게 글자 그대로 번역함으로써 독자들로 하여금 외관상 앞뒤가 안 맞는 이야기를 가지고 씨름하게 하고 있다.

여기에서 놀라운 점은 주희가 이미 그 문제를 길게 다루었다는 사실이다. 주희는 텍스트를 있는 그대로 받아들여서, 맹자가 실제로 말하고 있는 내용은 불만족스럽지 않다는 것이며, 하늘이 행위하고자 한다면 자신이 그 도구가 될 것이라는 점을 맹자 스스로가 재확인하고 있는 것이라고 주장한다. 이어 주희는 "우리는 여기에서 세상에 대해 통탄하는 성인의 마음이 정직하게 하늘(Heaven)을 즐기는 마음과 어떻게 조화롭게 공존할 수 있는지 알 수 있다"고 적고 있다(조기의 해석도 유사하기는 하지만 짧다). 꾸브뢰도 라우처럼 글자 그대로 번역하고, 텍스트 속에서 얼마 되지 않는 주 가운데 하나를 달아서 주희의 이러한 해결책에 대해 다음과 같이 부연 설명하고 있다 : "하늘에 화를 내서는 안 되겠지만, 하늘의 명령에 대해 슬퍼해서도 안 되는 것인가?" 주희의 해석대로라면 이 절에 정합성이 부족하다는 점을 부인할 수 없지만, 아마도 주희가 옳을 것이다. 하지만 분명한 점은 번역자가 독자에게 자신이 무슨 일을 하고 있는지에 대해 설명하지 않은 채, 어떠한 단락에 대한 자신의 논리적 감각에 기반해서 부정어를 넣어도 좋고 빼도 좋다는 원칙을 받아들인다면, 결과적으로 도출될 수 있는 것은 혼란뿐이라는 사실이다. 우리가 살펴보고 있는 아홉 명의 번역가 중에 여섯 명이 바로 이런 일을 해놓았다. 『맹자』에 대한 번역은 통제 불능이 아닌가 하는 의심이 들기 시작한다.

3B5.5

또 다른 사례에 대해서는 비난뿐만 아니라 칭찬도 필요하다. 3B5에서 맹자는 강대국들의 이해 관계 속에서 어려움에 처해 있는 송나라에 대해 도덕적인 관점에서 고찰하면서, 주 왕조의 창시자인 무왕(武王)의 군사적 행동을 다루고 있는 『상서』의 한 장(지금은 소실되었음)을 인용한다. 무왕은 (주나라의) "신민(臣民)이 되지 않고자 하는 사람들이 있어서" 동쪽으로 행군을 한다. 꾸브뢰, 빌헬름, 리얼, 웨어, 덥슨 그리고 차이 부자는 실질적으로 레게의 그러한 번역(273쪽)을 따르고 있으며, 이는 조기와 주희 그리고 초순의 주석과도 일치한다. 텍스트 이해에서 모두가 "有攸不爲臣"의 유(攸)를 동사 앞에 쓰이는 대명사인 소(所)와 같은 뜻을 가진 고어로 보고 있다(글자 그대로 풀이하면, "복종하지 않는 곳이 있었다"가 된다). 문법적으로 이러한 해석이 가능하며, 의미도 잘 통한다. 라우 혼자만이 의견을 달리하여, "유(攸)나라가 복종하지 않았다"고 번역하고 있다. 라우는 주를 달고 있지 않으며, 독자들에게 어떤 다른 번역가에게서도, 그리고 아마도 어떤 주석가에게서도 이러한 해석을 발견할 수 없을 것이라는 암시도 전혀 주지 않고 있다 ; 또한 대명사로 생각되어온 것을 작은 나라의 이름으로 간주하는, 근본적으로 새로운 번역에 대해 어떤 정당 근거도 제시하지 않고 있다.

그러나 라우의 번역이 옳을 가능성은 매우 높으며, 그 이면에는 인상적인 학자적 태도가 숨어 있다. 주나라 이전의 중국에는 유(攸)라는 봉국(封國)이 있었다. 상나라 후기에 동쪽 국경 지방의 민족들을 토벌하는 군사 행동과 관련해서 조각된 신탁(神託)에서 그 이름이 반복적으로 언급되고 있으며, 그 위치도 알려져 있다. 이 대화는 아마도 송나라의 수도에서 있었던 일일 것이며, 유(攸)는 맹자 당시 송나라의 수도 동남쪽으로 100마일 이내의 거리에 있었기 때문에 무왕이 그곳에 도달하기 위해서는 동쪽으로 행군해야만 했을 것이다. 게다가 상나라의 갑골문에 따르면, 유(攸)는 상나라의 변경에 있는 속국이거나 국경 지방에서 상나라를 보조하던 나라였다. ***190*** 주된 정복 행위가 끝난 이후에 그러한 존재가 저항을 계속하고자 했다 하더라도 놀라운 일은 아니다. 글자 표현 방식은 다르지만, 『좌전』과 주나라 초기의 청동기 조각에서도 동일한 존재에 대한 언급이 있는 듯하다. 진몽가(陳夢家, 1956, 306쪽)는 이 문제를 전반적으로 다루고 있는데, 그도 『맹자』 3B5를 인용하고 있다. 그러므로 라우는 자신이 무슨 일을 하고 있는지 알고 있었던 것이다. 그것은 매우 훌륭한 일이지만, 분명 독자들에게 알려주었어야만 한다.

1A1

독자에게 각주를 제공하는 것은 번역에 대한 정당화가 필요할 때다 ; 그러나 언제나 필요한 것은 올바른 번역이다. 이 문제에 대한 환상을 깨뜨릴 때며, 처음부터 시작하는 것이 좋겠다. 『맹자』 1A1에는 맹자가 양혜왕과 처음 만나 회담하는 내용이 기록되어 있다 : "연로하신 선생께서 천리를 너무 멀다 생각지 않고 오셨으니 …" 사람들은 때로 그 텍스트가 쉽다고 생각한다. (Dawson 1968, 12쪽과 24-29쪽, 그리고 80쪽에서는 처음 교습하는 내용으로 그 텍스트를 사용하고 있다.) 사실은 그렇지 않지만, 『맹자』의 번역본을 출판하는 사람이라면 그 어려운 문제들을 잘 다룰 수 있으리라고 기대할 수 있어야만 한다. 라우의 번역(49쪽)은 대체로 올바르지만, 전적으로 옳은 것은 아니다. 그는 끝 부분에 있는 "王亦曰"을 "아마도 당신은 이제 내가 말한 내용을 인정할 것입니다"라고 번역하는 잘못을 범하고 있다 ; 본질적인 측면에서 보면 이는 역(亦)을 "또한"으로 보고 있는 레게, 웨어, 리얼, 빌헬름을 따르고 있는 것이다. 다른 사람들은 여기에 나오는 역(亦)이, 첫 부분에 나오는 역(亦)과 마찬가지로, 문장 말미에 나오는 "~일 뿐"이라는 뜻의 "而已矣"를 강조하는 허사로 보고 있다(웨일리, 1949, 100쪽을 보라). 맹자의 말 첫머리에 나오는 역(亦)을 "또한"으로 잘못 번역하고 있는 것은 빌헬름과 리언 뿐이다.

(빌헬름, 꾸브뢰, 리언, 자일즈 등과 더불어) 라우는 "者必"이라는 관용 어구를 거의 완벽하게 번역하고 있다 : "만승(萬乘)의 나라에서 군주를 시해하는 사건이 범해진다면, 그것은 천승(千乘)을

가진 제후에 의한 것임이 확실하다." 레게는 불가사의하게도(그리고 부적절하게도) 『성경』에서 예언할 때 쓰는 말을 사용한다 : "만승의 왕국에서 그 군주를 살해하는 자는 천승의 집안의 우두머리이리라."(이사야서 39장 6절의 "보라, 그 날이 오면 네 집에 있는 모든 것이 … 바빌론으로 옮겨지리라"와 비교해보라.) 차이 부자(109쪽)는 레게의 번역을 베끼고 있을 뿐이며, 웨어도 또한 실질적으로는 레게를 따르고 있다. 덥슨은 전혀 빗나간 번역을 하고 있다 : "'만승의 나라'[주국(主國 / major state)]에서 자신의 군주를 베어 죽인다면 '천승의 나라[대국(大國 / large state)]를 얻을 것이다" 등(26쪽을 보라 ; 원문에 설명을 달아놓고 있다). "만 가운데 천은 … 결코 작은 이익이 아니다"는 번역에서 그의 실수는 계속된다(라우가 "만 가운데 천이라는 몫은 … 결코 하찮은 것이 아니다"라고 올바르게 번역한 것과 대조해보라). 당황스럽게도 도슨은 신입생들을 위해 시범적으로 제시한 번역(1968, 80쪽)에서 이러한 논점들과 관련해 덥슨을 따르고 있다. 덥슨은 여기에 나오는 "者必"이라는 관용 어구가 6A1의 말미에도 등장하는 것[203]이라는 점을 알아차렸어야 한다. (그는 6A1을 너무나도 대충대충 번역하고 있기 때문에 그가 거기에 나오는 그 관용 어구를 제대로 이해하고 있는지 알 수 없다.)

이 절의 번역에서 몇 가지 난점을 더 발견할 수 있다. 레게와 꾸브뢰가 "만승의 왕국(le domaine qui)" 앞에 정관사를 쓰고 있다는 사실이 눈에 띌 것이다. ***191*** 그렇게 할 필요가 있는 것은 아니지만, 받아들일 만하다 ; 그들은 오직 주나라의 왕만이 그렇게 많은 전차를 가질 수 있었다는 전통을 따른 것이다. 차이 부자는 레게가 어떤 이유에서 그렇게 하고 있는지 모르는 채 레게의 번역을 따라 할 뿐만 아니라, 한 걸음 더 나아가 다음에 나오는 그와

---

203) "率天下之人而禍仁義者 必子之言夫"를 가리킨다.

유사한 문장, "천승의 왕국에서 …(In the kingdom of a thousand chariots …)"에도 또한 정관사를 사용하면서, 독자들에게 정관사 "the"에 다른 의미("전형적[typical]")를 부여할 것을 요구하고 있다. 덥슨으로 돌아가보면, 삐걱거리는 모습을 더 많이 발견할 수 있다 : "未有仁而遺其親者也" — 라우는 "인자한 사람(benevolent man)은 결코 자신의 부모를 버리지 않는다 …"고 번역했다 — 를 덥슨은 "자비로운 사람(Humane man)이 자신의 친척에 의해 버려지는 경우는 결코 없었다"로 그 의미를 뒤집어놓는다. 물론 덥슨이 그 한문 구절의 의미를 그렇게 생각하는 것은 아니다(그는 1959, 119쪽에서 이 문장을 올바르게 번역하고 있다). 그저 매우 부주의했을 뿐이다 ; 이러한 부주의함은 2B11(53쪽)에서도 보이는데, 그는 "노목공(魯繆公)"이라고 번역한 후에, 다음 세 줄에서 그를 지칭할 때는 두 번이나 "왕"이라는 말을 삽입하고 있다. 덥슨은 한 가지 실수를 더 범하고 있다 ; 그는 "苟爲後義而先利"에서 조건을 나타내는 허사인 구(苟)를 "참으로 … 한다면(if indeed)"이라고 옮기고 있다. 구(苟)의 실제 의미는 "단지 … 하기만 한다면(if at all or if just)"(일본어로는 いやしくも)이다. 그 맥락 속에서 맹자가 의도한 내용, 즉 단지 이러한 하나의 실수("옳음"보다 "이익"을 우선시하는 것)만으로도 당신의 나라를 망칠 수 있다는 뜻을 보여줄 수 있다면 구(苟)를 단순히 "만약(if)"으로 번역하는 것도 받아들일 만하다. 그러나 덥슨은(1959, 132쪽) 구(苟)가 성(誠 — "진실로", "참으로" 등)과 동의어라고 확신하고 있으며, 따라서 여기에서도 그 의미를 다소 뭉뚱그려버린다. 그는 다른 곳에서도 이러한 실수를 반복하고 있다 : 예를 들어 2A6(132쪽)이 "사실 군주가 … 할 수 있다면"은, 이곳의 문맥을 통해서 분명히 알 수 있듯이, "군주가 단지 … 할 수만 있다면"이 되어야 한다. 그렇게 우리는 10여 개의 짧은 문장으로 이루어진 매우 친숙한 절인 1A1의 번역에서

불안을 느낄 정도로 많은 실수들이 연속적으로 등장하고 있음을 발견하게 된다.

이제부터는 다양한 종류의 문제를 보여주기 위해서 한 줄로 되어 있는 절이나 좀더 긴 절에서 분리된 논점을 택해보도록 하겠다. 때로, 좋지 못한 번역에서 문제가 되는 것은 언어에 대한 무지가 아니라 단순히 배경이 되는 사실에 대해 무지한 것(그러한 사실을 무시하는 것)이다.

1A7.4

이러한 사례 중의 하나를 제선왕과의 긴 대화에서 발견할 수 있다. 맹자는 관리 한 사람이 왕에 대해 해준 이야기를 왕에게 다시 해준다 ; 왕은 소 한 마리가 희생으로 쓰이기 위해 끌려가는 것을 보고 불쌍한 마음을 가지게 되어 소 대신 양을 쓰도록 명령을 내렸던 것이다. 라우의 번역(54쪽)에 따르면 이야기는 "왕은 당(堂)의 위 부분에 앉아 있었고, 누군가가 아랫부분을 통해서 소를 끌고 갔다"는 것으로 시작된다. "過堂下"를 "아랫부분을 통해서(through the lower part)"라고 번역하고 있다는 점에서 라우는 꾸브뢰, 자일즈, 덥슨과 의견을 같이하고 있으며, 부분적으로는 레게("아랫부분을 지나서(past the lower part)")와도 동일하다. 그들은 아주 흥미로운 그림을 공유하고 있는 듯하다(이 초기의 왕궁은 매력적일 정도로 원시적임에 틀림없지 않은가! 새똥 따위를 치우는 임무를 가진 잔심부름꾼은 있었을까? 그의 직함은 무엇이었을까?) 번역자들 모두는 두 가지 단순한 언어적인 사실과 그와 동일하게 단순한 건축과 관련된 사실을 무시하고 있다 : (1) 하(下)라는 말은 "X의 아랫부분"을 의미할 수도 있고, "X의 아래에"를 의미할 수도 있으며, 나아가 (X가 낮은 위치에 있다면) "아래에 있는 X에"를 의미할 수도 있다 ; (2) 과(過)의 의미는 "… 를 통과

해서 지나가다"일 수도 있고, "… 옆을 지나가다"일 수도 있다 ; 192 그리고 (3) 너무 오래되지 않은 고대에, 왕을 알현하는 당(堂)과 같은 중요한 건물에는 땅바닥에서 높이 떨어진 곳에 본청(本廳)이 있으며, 넓은 계단을 통해 그곳에 다가갈 수 있게 되어 있었다. 따라서 순전히 문법적인 견지에서만 본다면, 그 구절은 라우가 번역한 것과 같은 의미를 지닐 수도 있고, 그렇지 않다면 리얼이 번역한 것(웨어와 차이 부자 그리고 빌헬름도 유사하다)처럼 "왕은 저 위에 있는 당에 앉아 있었고, 그때 당 아래로 어떤 사람이 소를 끌고 가고 있었다"가 될 수도 있다. 이 두 가지 가능성에 주목해서 더 그럴싸한 해석을 택하고, 가능하다면 독립적인 증거를 통해 자신이 선택한 내용을 입증하는 것은 번역자들에게 달린 몫이다. 이 경우에는 독립된 증거가 풍부하다 ; 우리는 종종 "堂之上"("저 위에 있는 당 안에"), "下堂"("당으로부터 내려가다" — 다시 말해서 당 밖으로 나가다)과 같은 표현들을 발견하게 된다. 예를 들어, 장자는 초나라의 신성한 거북의 껍질에 관한 이야기를 해주고 있다 ; 왕은 그것을 수건에 싸서 상자에 넣어 "묘당 안에 보관해둔다(藏之廟堂之上)."[204] 번역자가 이러한 것들을 몰라서는 안 되며, 필요할 때 기억해낼 수 있어야만 한다.

몇몇 사람들은 내가 대체로 무시해온 한 가지 번역상의 문제를 발견하고 당황할지도 모른다. 예를 들어, 나는 웨어가 앞의 텍스트를 옳게 번역했다고 판단했지만, 그는 우(牛)라는 말을 "소(ox)"가 아니라 "물소(buffalo)"라고 번역하고 있다. 그의 번역은 옳은가? 우리는 그를 비난할 수 없다 : 우(牛)는 소과(科)의 동물에 대한 총칭이며, 고고학적 성과에 따르면 상나라 때의 중국 북부에서는 이미 물소를 비롯한 다른 소들이 길들여져 있었다. 의례(儀禮)와 관련된 텍스트를 보면 여기에 나오는 동물과 관련된 문제를 분명

204) 『莊子』, 「秋水」.

히 밝혀낼 수 있겠지만, 그 경우에도 영어를 사려 깊게 사용하는 것뿐만 아니라 각주를 다는 것도 필요할 것이다. (이 경우에 해당하는 것은 아니지만) 어떤 단락에 담긴 생각을 정확하게 표현하는 것이 문제가 될 때, 번역자가 단순히 "최상의" 표현을 고르는 것에만 그쳐서는 안 됨은 말할 필요도 없다. 반면에 이러한 문제에 의해 좌우되는 내용이 전혀 없을 때는 정확하지 못함이 분명하더라도 관대하게 넘어가게 된다. 번역자의 작업 의도가 분명히 드러나기만 한다면, 나는 심지어 리(里)를 "마일(mile)"로 번역하는 것까지도 눈감아 줄 것이다(이들 번역본들에 대해서도 많은 경우 그렇게 하지 않으면 안 된다). 그러나 인(仁)에 대해서 "자애로움(humanity)", "인자함(benevolence)", "사랑(love)", "최고로 인간다움(manhood-at-its-best)" 가운데 어떤 것을 쓸 것인가 하는 문제에 대해서는, 어느 것이 더 적절한지 그 정도를 알아볼 수 있다고 할지라도, 가장 좋은 표현을 쓰는 것만으로는 충분치 못하다. 그렇다고 해서 인(仁)과 같이 함축적인 의미가 풍부한 중국 철학의 용어가 어떤 역설적인 방식으로도 번역 불가능하다는 말은 아니다 ; 계속적인 학문적 노력을 통해 지속적으로 이 개념들을 분명히 하고자 하는 것 자체가 번역 과정의 일부라는 말일 뿐이다. 번역이 진정으로 빗나가버리게 되면, 내가 논의하고 있는 거의 모든 사례들에서처럼 일반적인 관용 어구나 문장의 구조, 혹은 단락 전체나 더 커다란 문맥에 담긴 배경이나 사고의 형태를 포착할 수 없는 문제가 생겨난다. 예를 들어, 당하(堂下)의 문제도, 오역으로 인해 우스꽝스러운 불합리한 모습을 보여주고 있다는 사실과는 별개로, 거기에 담긴 사고와 관련해서도 중요하다 : 내가 생각하기에 맹자는 그 사건이 왕이 이리저리 주의를 돌리는 과정에서(다시 말해서, 왕이 아무 생각 없이 창 밖을 내다보고 있다고 생각해보라) 꽃피워 나온 것이라는 사실을 효과적으로 그리고자 한다 ; 따라서 맹자는 왕에게 좀더 극적으로 "아시겠어요? 그렇게 하고 있는 당신의 모습을 포착하세요!"라고 말할 수 있는 것이다.

193 물론 번역자가 문장을 어떻게 분석해야 할지 완벽하게 잘 알면서도, 번역하고 있는 텍스트 속의 한자에 상응하는 영어 단어 선택에서 잘못을 범하는 것뿐일 수도 있다. 라우가 2A2에서 범한 잘못은 묘(苗)에 대해 "벼(rice plant)"라는 단어를 선택한 것뿐이다. 라우는 1A7뿐만 아니라 다른 곳에서도 반복해서 보(保)를 "보호하다"나 "돌보다"가 아닌 "… 에게 평화를 주다"라고 옮기고 있는데, 나름대로 이유가 있겠지만 나로서는 그 이유가 과연 충분한지 의심이 든다. 그러나 번역자에게 가장 심각한 어려움은 아마도 문장 구조상의 혼란일 것이다.

그러한 구조상의 문제에 우선성을 두어야 한다고 말할 수 있는 효율적인 근거는 대체로 그러한 문제가 작업을 통해 최종적으로 해결될 수 있기 때문이다. 그러한 "확고한 자료"로부터 용어의 의미와 관련된 덜 확실한 영역으로 추론을 확장시켜나갈 수 있는 것이다. 반대로 관용 어구나 문장 구조를 잘못 다루게 되면, 모든 것이 전혀 말도 안 되게 된다.

4A15

방법론적으로 매우 흥미로운 사례가 4A15에서 발견된다. 맹자는 군주를 위해 "인자하지 못한" 정책 — 세력 확장 전쟁, 힘에 의한 외교, 농민 착취 — 을 고안하고 실행에 옮기는 재상들을 비난하고 있다. 예를 들어, 한때는 공자의 제자였으며, 계씨(季氏) 집안의 재상이자 자신의 스승으로부터 의절을 당한 염구(冉求)에 대해 생각해보라 : "염구는 계씨 집안 우두머리의 주신(主臣) 노릇을 했는데, 그는 그 집안의 사악한 행동 방식을 변화시킬 수 없었으며, 백성들에게서 이전에 거두던 곡식의 두 배를 부과하였다."

(Legge, 304-305 ; 빌헬름과 리얼, 자일즈, 차이 부자, 그리고 라우가 비슷한 번역을 하고 있다.) 꾸브뢰는 세금을 "부과한" 주체를 "계씨"로 보고 있는데, 그것도 마찬가지로 받아들일 만하다. 웨어는 "… 비록 그가 그들의 사악한 성격을 바꾸지는 못했지만, 그는 실제로 이전보다 곡물세를 두 배로 만들었다"고 옮기고 있는데, 절(節) 사이의 관계를 잘못 파악하기는 했지만, 그렇지 않다면 받아들일 만하다. 이제 레게가 "사악한 행동 방식(evil ways)"(웨어의 경우는 "사악한 인격")이라고 번역한 덕(德)에 대해 살펴보자. 덕은 때로 단순히 어떤 사물이나 사람의 "성격"을 가리키기도 하지만, 거의 항상 "훌륭한 성격"의 뜻으로 쓰이며, 대체로 "virtue"로 번역된다. 덥슨은 그 말의 표준적인 의미에 집착해서 그 구절을 잘못 번역하고 있다 : "염구가 계씨 집안의 집사였을 때, 염구의 덕이 조금도 계씨에게 발휘되지 못하였으며, 그는 심지어 계씨 집안을 위하여 두 배의 곡물세를 부과하기도 하였다"(126쪽). 덥슨은 그 구절을(1959, 66쪽) 동사 수동 용법의 사례라고 생각하여, "無能改於其德"을 "그들은 그의 덕에 의해서도 변화되지 않았을 것이다"라고 번역하고 있다. 덥슨이 여기에서 무(無)에 대해 "… 하지 않을 것이다(would not)"라는 번역어를 사용한 것은 무(無)가 부정적인 의미의 가정법을 나타낸다는 그의 문법 이론 때문이다. (1963)에서는 분명 무(無)의 동사적 용법에 대한 이 "가정법" 이론을 버리고 있다. 그러나 그는 계속해서 그 구문을 "수동태"로 간주하며, 따라서 덥슨이 보기에 문제의 "덕"은 염구의 것이 되어, 다른 사람들에게 좋은 방향으로 영향을 주는 "덕"의 의미를 유지하게 된다. 그러나 문맥상 맹자가 염구에게 이러한 종류의 "덕"이 있다고 생각했다고 볼 수는 없다 ; 이 절의 전반적인 논지는 (최소한 여기에서는) 염구가 악당이라는 것이기 때문이다. ***194*** 게다가 이러한 상황에서 염구의 이상적인 역할은 자기 주군(主君)의 덕을

개선하고 강화하는 일일 것이다. 정확한 번역은 "그[염구]는 그들[계씨 가족]의 성격에서 어떤 것도 변화시키지 못했으며, [심지어는 그들을 위하여] … 부과했다"이지, 덥슨이 생각하고 있음에 분명한 것처럼 "그들[계씨 가족]은 어떠한 측면에서도 그[염구]의 덕에 의해 변화될 수 없었으며, 그[염구]는 [심지어 그들을 위하여] … 부과했다"는 아니다. 올바르게 번역을 할 경우, 염구가 연속적인 두 구절 모두의 주어로서 문장 전체의 주어 자격을 유지하게 된다는 사실에 주목하라. 많은 경우처럼 이 사례에서도 문법적, 수사적, 상황적, 의미론적 요소들을 가장 잘 조화시킬 수 있는 번역에 도달함으로써 실수를 피하게 되었으며, 여기에서는 문법적, 수사적, 상황적 요소로 인해 덕(德)에 아주 흔치않은 의미를 부여할 수밖에 없지만, 그 의미도 받아들일 만한(그리고 매우 흥미로운) 것이다.

1A4

또 다른 사례는 1A4로, 맹자는 양혜왕이 "부엌에는 살찐 고기가 있고, 마구간에는 살찐 말이 있도록" 하면서도 백성들의 복리에 대해서는 너무나도 무관심해서 들판에 굶어죽은 사람들의 시체가 버려지는 것에 대해서 책망한다. 맹자는(Lau, 52쪽) "이는 짐승들에게 사람들을 먹는 방법을 가르쳐주는 것이다(此率獸而食人也)"고 말한다. 전체적인 맥락을 보면, 맹자의 의도는 이 이야기가 비유적으로 받아들여지도록 하려는 것임을 알 수 있으며("[사람을] 칼로 죽이는 것과 정치를 잘못해서 죽이는 것 사이에 차이가 있는가?"), 덥슨이 주석에서 밝히고 있는 것처럼(29쪽 주 87번), 사실 여기에서 맹자는 공자의 2대 제자인 공명의(公明儀)의 (아마도 잘 알려진) 말을 사용하고 있다(『맹자』 3B9.9를 보라). 거의 모든 사람들이 그러하듯이 라우도 레게의 번역에 동의하고 있으며, 실제로 그 구절에는 아무 문제도 없다(예외적으로 몇 사람 — 예를 들면 자일즈[24쪽]는 "이는 동물들로 하여금 사람을 먹도록 유혹하는 것이다"라고 번역하고 있으며, 차이 부자[109쪽]는 "이는 동물들로 하여금 사람을 먹도록 자극하는 것이다"라고 옮기고 있다 — 은 맹자가 "동물들이 사람의 시체를 먹도록 유혹을 받을 것"이라고 말하고 있다고 생각하는 오해를 범하고 있다). 덥슨만이 수(獸)에 적절치 못한 의미를 부여하고, 그것을 전체 구절의 문장 구조에 대한 잘못된 해석과 연결시키고 있다 : "이는 '동물들을 다스리고 사람을 먹는' 정책이다"(29쪽). 그는 주석을 달아 자신의 해석을 고집하면서, 그 구절은 "사람들이 예상하는 '사람들을 다스리고 동물을 먹다'는 표현을 뒤집어서" 일부러 역설적인 표현을 사용한 것이라고 주장한다. 덥슨은 3B9(58쪽)와 앞에서 살펴본 바 있는 4A15(126쪽)에서도 그 실수를 반복하고 있다 : 4A15에서 맹자는 다양한 은유를 사용하면서, 전쟁을 "땅에게 사람의 고기를 먹는 방법을 보여주는 것(showing land the way to devour human flesh)"이라고 비난한다(Lau, 124쪽). 덥슨은 "토지를 다스리면서 사람의 고기에 의존하여 생활하다"고 옮기고 있다. (그러나 "率土地而食人肉"을 글자 그대로 옮기면 "땅으로 하여금 사람 고기를 먹도록 하다"다 ; 덥슨은 "이것은 사람들이 예상하는 '사람의 고기를 다스리고 땅을 먹다'는 표현을 뒤집은 것이다"라고 말할 것인가?) 덥슨은 "N_1 + V_1 + N_2 + 而 + V_2 + N_3"라는 단순한 관용 어구에 대해 기계적으로 축자 번역을 해버렸다. 그러나 이 관용 어구에서는 중간의 이(而) 뒤에 따라나오는 내용만이 의도가 포함된 것으로, "N_1이 N_2에게 V_1함으로써 N_1(혹은 N_2)이 N_3에게 V_2할 수 있도록 하다"는 뜻이다. 이러한 점을 이해하지 못하고, 덥슨은 (이 관용 어구에 아주 자주 쓰이는) 솔(率)이라는 말에 대해 잘못된 의미를 선택하였다 ; 여기에서 그 말의 의미는 "다스리다(govern)"

가 아니라 "… 하도록 하다(lead)"인 것이다. ***195*** 그러나 정당성을 기하기 위해서는 덥슨이 다른 곳에서 이 관용 어구를 꽤 정확하게 다루고 있음을 덧붙여두어야 한다 : 예를 들어 3A4.18(119쪽)에서는 "相率而爲僞"를 "사람들이 서로를 속이도록 이끌려갈 것이다"라고 번역하고 있고, 3A4.6(117쪽)에서는 "率天下而路"를 "모든 사람들로 하여금 완전히 기진맥진하게 만들 것이다"라고 옮기고 있으며, 6B3(79쪽)에서는 "有人於此越人關弓而射之"를 "어떤 사람이 자신의 활을 당기고 있는 월나라 사람에 의해 위협을 받고 있다고 생각해보라"고 번역하고 있다. (그 관용 어구는 6A1의 말미에도 나오지만, 여기에서 덥슨은(110쪽) 분명 그것을 이해하지 못하고 있다.) 더불어 지적해두어야 할 점은 "동물들로 하여금 … 하게 하다"는 구절을 다루는 데에서 덥슨에 비해 라우가 옳다고 주장하기는 했지만, 라우 자신도 6B3(173쪽)을 번역할 때 "의도가 담긴" 이(而)에 이끌리는 관용 어구를 "월나라 사람이 자신의 활을 당겨 그를 쏜다면 …"이라고 잘못 번역하고 있다는 사실이다. 여기에서 "而射之"는 "그를 쏘다"는 의미며, 화살이 실제로 발사되었다거나 발사된 경우 목표에 명중했다는 의미는 담겨 있지 않다(이러한 용법의 사례는 Simon 1954, 32쪽을 보라). 자일즈는 그 절을 생략하고 있으며, 다른 번역가들은 모두 그 단락을 옳게 다루고 있다.

번역가들이 이 정도로 실수를 범하고 있다면, 조만간 우리는 철학적으로 매우 중요한 절에 대해서도 그들이 오해를 범하고 있음을 발견하게 될 것임에 틀림없다. 몇 가지 계시적인 사례들을 소개해보겠다.

7A15

나는 이미 (양지(良知)와 관련된) 7A15의 중요성에 대해 언급한 바 있다 ; 그러나 자일즈와 차이 부자는 이 절을 완전히 빼버렸다. 나는 이 문제를 더 깊이 탐구하기로 하면서도 주저하는 마음이 든다. 단지 62글자로 이루어진 이 절에 포함된 몇몇 문제들은 아마도 "전공 논문거리가 될 만한" 것으로 분류되어야만 할 것이기 때문이다. 맹자는 양지(良知)를 "그에 대해 반성적으로 사고할 필요 없이 아는 것"(Lau, 184쪽)이라고 정의했는데, 내친 김에 그에 대한 다양한 번역어를 살펴볼 수 있을 것이다 : "직관적인 앎"(레게) ; "본질적인(essential / eigentlich)" 앎(빌헬름) ; 자연스럽게 아는 것(꾸브뢰) ; "진정한 앎"(리얼) ; "최고의 종류의 앎"(웨어) ; "진정으로 아는" 것(라우). 덥슨은 양지(良知)와 양능(良能) 두 가지 모두에 대해 아주 자유롭게 "선을 품부받은 것(endowment of good)"이라는 번역어를 쓰고 있는데, 이는 바람직하지 못한 번역에 불과하다. 이러한 시도들을 모두 설명의 출발점으로 삼을 수 있지만, 어느 것도 그 이상은 아니다. 맹자는 그저 우리에게 배울 필요 없이 할 수 있는 것과 깊이 생각할 필요 없이 아는 것이 있다고 말하고 있다 ; 그리고 이렇게 천부적으로 주어진 것으로는 어린 아이가 부모를 사랑하는 것과 성장해가면서 다른 사람을 존중하는 것이 있는데, 전자가 "인자함[仁]"에 해당하고 후자가 "올바름(혹은 "의무" / 義)"에 해당한다. 맹자가 여기에서 말하고 있는 내용이 우리에게 천부적으로 이러한 방식으로 행동하는 성향이 있다는 것인지 아니면 필연적으로 그러한 느낌이 드는 것은 아니지만, 어떠한 방식의 성향을 가져야 하는지에 대한 천부적인 직관을 가지고 있다는 말일 뿐인지에 대해 논의해볼 수 있을 것이다(이 두 번째 생각은 자기 모순적인 것이라고 완강하게 주장할 철학자들도 존재한다). 초순은 이에 관해 매혹적인 논의를 진행시키고 있다 ; 초순은 (도덕적인 "앎"과 "행동"을 실질적으로 분리시키면서) 직관을 효율적인 성향으로 변환시키기 위해서는 교육이 필요하며, 당연히 회초리가 필요할 수도 있다는 것이 바로 맹자의 견해였다고 강력하게 주장한다.

196 여기에서 내가 관심을 가지는 것은 마지막 구절뿐이다. 그것은 아주 단순하게 "無他達之天下也"라고 되어 있으며, "이것을 세상[의 모든 사람]으로 확장시키는 것 이외에 [필요한] 다른 것은 아무것도 없다"고 옮길 수 있다. 주석가들(조기, 손석, 주희, 초순)도 모두 내 번역에 동의하겠지만, 그 이유는 단지 내가 애매모호하게 번역했기 때문일 뿐이다. 그 구절의 의미는 (1) 도덕적으로 "고귀한 사람"은 세상의 모든 사람들로 하여금 그들이 가진 것과 똑같은 (발전된) 도덕적 감정을 갖도록 할 것이라는 뜻인가? 내가 독해하기로, 이러한 해석은 주희에게서 가능할 듯하다. 아니면 (2) 그러한 사람은 자기가 이미 가지고 있는 '부모와 연장자를 향해 자연스럽게 발휘되는 도덕적-정서적 능력'을 다른 모든 사람들을 향해 사용할 것(그 방법과 정도는 적절하다고 생각해야만 한다)이라는 뜻인가? 조기와 초순이 이 구절에서 맹자에 대해 가지고 있는 견해는 분명 그러하다. (이는 또한 나의 견해이기도 하며, 주희의 견해가 이러한 것일 수도 있다.) 아니면 (3) 도덕적 스승("성인")들은 단지 자신의 감정이 아닌 "도(Way)", 즉 인의(仁義)라는 덕목을 온 세상에 (어떤 의미에선가) 펼쳐야 할 뿐이며, 그들이 이러한 도덕 교육을 진행할 수 있는 것은 모든 사람들에게 부모에 대한 사랑과 연장자에 대한 존경을 지향하는 도덕 형성의 직관을 가지고 있기 때문인데, 이 직관이 바로 잠재적인 인(仁)과 의(義)라는 뜻인가? 이것은 초순의 견해다. 이는 맹자 해석에서 가장 중요한 문제 가운데 하나다. 리얼("이러한 감정을 펼친다", 208쪽)은 아마도 첫 번째나 두 번째 견해 가운데 하나를 택하고 있는 듯하다. 웨어("단지 이러한 덕목을 온 세상에 펼치는 것만이 남아 있을 뿐이다!", 148쪽)는 세 번째를 택하고 있는 듯하다. 빌헬름은

분명 두 번째를 택하고 있다("전 세계로 이러한 감정을 확장시키는 것보다 중요한 것은 없다(Es handelt sich um nichts anders, als diese Gefühle auszudehnen auf die ganze Welt)," 160쪽 — 조기를 인용하고 있다). 라우("해야 할 일 가운데 남은 것은 단지 이를 제국 전체로 확장하는 것일 뿐이다", 184쪽)는 나만큼이나 교묘하게 번역하고 있으며, 세 가지 중 어떤 것으로도 독해가 가능하다. 레게와 꾸브뢰 그리고 덥슨은 네 번째 유형의 해석을 다소 변형시켜 번역하고 있다 ; 그들은 모두 "達之天下"가 어떤 식으로든 (4) "그것[이러한 도덕적 직관들]은 온 세상에서 발견된다"를 의미하는 것으로 보고 있다(반면 그들은 "無他"를 여러 가지 다른 방식으로 번역하기 위해 노력하고 있다). 이 세 사람의 번역은 받아들여서는 안 된다. 그들은 다른 구절들, 그 가운데에서도 특히 7B31에서 맹자가 달(達)이라는 말을 어떻게 사용하고 있는지 눈여겨보았어야 한다. 레게는, 각주에서 주희의 주석에 나오는 구절에 기반해서 번역을 하고 있는데, 주희의 주석에 대해서도 또한 잘못 해석하고 있다. 동일한 오역이 두정기(1779)에게서도 또한 발견되며, 따라서 두정기의 해석을 전달하는 것을 목표로 삼고 있는 꾸브뢰에게는 면죄부를 주어야만 한다. 이 네 번째 번역은 우치노(Uchino, 454쪽)에게서도 또한 발견된다.

7A45

라우는 7A15를 잘 번역했지만, 7A45에 대한 번역은 그에 못 미친다. 그의 번역은 다음과 같다 :

> 맹자가 말하였다 ; "군자는 사물에 대해서 아끼기는(sparing) 하지만 인자함을 보이지는 않는다 ; 백성들에 대해서 인자함을 보이기는 하지만 애착을 갖지는 않는다. 그는 부모님에 대해서는 애착을 갖지만

백성들을 향해서는 단지 인자할 뿐이다 ; 그는 백성들에 대해서는 인자하지만 사물에 대해서는 단지 아낄 뿐이다."

197 "아끼는(sparing / 愛)"에 대한 주에서는 그 말이 "사랑하다"는 의미 또한 가지고 있으며, 맹자가 그러한 점을 이용하고 있다고 말하고 있다.

이 절이 그저 하찮은 것에 불과하지 않음을 보여주기 위해서는 여기에서 두 가지 문제를 해결해야만 한다. 라우는 "아끼는[愛]"과 "사물[物]"의 의미를 주희에게서 빌리고 있다. 하지만 논점은 무엇인가? 맹자의 시대에 "군자"가 "사물"을 향해 "인자할" 것이라고 생각하는 사람이 누가 있었겠는가? 왕양명이라면 실제로 그렇게 말했을 것이다 ; 그러나 이는 맹자가 다루어야만 했던 견해의 요점이 아니다. 우리는 물(物)이 동물을 의미할 수도 있다는 사실 — 그렇게 되면 "부모, 백성 …"으로 이어지는 일련의 과정이 좀더 훌륭하게 완성된다 — 과 "아끼는" 것이 단순히 애(愛)의 또 다른 의미에 불과한 것이 아니라, 그 말의 일반적인 의미인 "사랑"과는 전혀 무관함에 주목해야만 한다. 애(愛)는 "아낌"이라는 의미로 쓰일 때조차도 제한적이기는 하지만 돌봄(caring)의 한 가지 사례에 해당한다고 생각할 수 있다. 아마도 맹자는 그러한 종류의 사랑이란 오직 인간보다 아래 단계의 생명체들에게만 적합하다고 말하고 있는 듯하다. 다른 번역가들 — 레게, 빌헬름, 덥슨 그리고 간접적으로는 리얼 — 이 말하고 있는 것처럼, 이 절은 묵가에 대한 공격이다(그리고 또한 "보편적 사랑[겸애]"에 반대하고 "차등 있는 사랑"을 찬양하는 것이기도 하다).

그러나 거기에 담긴 반-묵가적 메시지는 더욱 미묘하다 ; 이것이 두 번째 문제다 : 마지막 줄의 요점은 무엇인가? 라우의 번역에서 알 수 있듯이, 마지막 줄에서는 앞에서 이미 말한 내용을 아무 내용 없이 운율을 맞추는 식으로 반복하고 있다. 여기에서 맹자가 단순히 중얼거리는 말을 하고 있을 뿐이라고 생각해야 하는가? 덥슨과 차이 부자를 제외하면 모든 번역가들이 그 구절을 라우처럼 "운율 맞추기"로 다루고 있지만, 덥슨과 차이 부자가 그 구절을 옳게 이해하고 있다는 데에는 의심의 여지가 없다. 덥슨(139쪽)은 "자신의 친척에 대해 가족의 사랑을 느끼는 사람은 모든 사람들에게 자애로움(Humanity)을 느끼기 마련이다. 모든 사람들에게 자상함을 느끼는 사람은 모든 생물들에게 친절하기 마련이다"라고 옮기고 있다. 맹자 시대의 묵가들 중 일부는 보편적 "사랑"이란, 그것으로 발전시킬 수 있는 자연스러운 기반이 없다면 심리적으로 가능한 것이 아니며, 그 자연스러운 기반이란 가족의 사랑임을 받아들였던 듯하다 ; 그러나 그 다음에는, 유학자들과는 달리 그 사랑을 균일하게 펼쳐야 한다고 주장했다. 3A5에서는 맹자와 묵가인 이지(夷之) 사이에 이에 대한 논의가 이루어지고 있다. 리얼혼자만이 3A5와의 관련성에 주목하고 있지만, 요점을 파악하지 못하고 맹자가 씨족 중심의 도덕을 전개하고 있는 것으로 보고 있다. 이제 7A45를 보면 분명히 알 수 있는 것처럼, 맹자가 실제로 주장하고 있는 내용은, 가족이란 좀더 광범위한 자애로움을 발휘할 수 있는 잠재력을 길러주는 일종의 온상이라는 점이다(방식은 다르지만, 7A15에서도 이에 대해 말하고 있다). 조기는 이러한 해석에 대해 간단 명료하게 언급하고 있으며(덥슨은 이에 대해 각주를 달았어야 한다), 주희는 간접적이기는 하지만, 좀더 자세히 언급하고 있다(주희는 3A5를 간접적으로 인용하고 있다). 일곱 명의 번역자들이 이를 알아보지 못한 것에 대해서는 거의 변명의 여지가 없다.

4A9.1

맹자의 정치 사상과 관련된 사례로 눈길을 돌려보면, 자일즈가

4A9를 생략하고 있음을 발견할 수 있는데, 그렇다고 해서 4A9가 중요하지 않다는 뜻은 아니다. 맹자에 따르면, 옛날의 폭군들은 백성들의 마음을 잃음으로써 천하 그리고 왕위와 생명을 잃었으며, 실제로는 좀더 사려 깊은 군주의 품속으로 백성들을 몰아넣고 있는 것이다 : *198* "그러므로 수달은 깊은 물 속으로 고기를 몰아주고 …"(Lau, 122쪽). 하지만 어떻게 해야 백성들의 마음을 얻을 수 있는가? 거기에는 "도(Way)"가 있다 ; 다시 말해서 "所欲與之聚之 所惡勿施爾也"하는 것이다. 레게는 300쪽에서 이 구절을 다음과 같이 번역하고 있다 ; "그것은 단지 그들을 위해[與之] 그들이 좋아하는 것[所欲]을 모아주고[聚], 그들이 싫어하는 것[所惡] 부과하지 않는[勿施] 것일 뿐이다." 사소한 차이가 있기는 하지만, 레게는 여기에서 주희와 조기를 따르고 있다. 이후의 여섯 번역자들도 본질적으로는 동일한 해석을 따르고 있다. 차이 부자는 다소 옆길로 벗어나지만(그 이유가 내게는 분명치 않다), 그다지 중요하지는 않다. 웨어는 "그들이 바라는 것[所欲]을 그들에게 주고[與之] 그들 주위에 모아두어라[聚之]. 그들이 싫어하는 것[所惡]을 그들에게 주지 말라[勿施]"고 옮기고 있는데, 이는 "與之"를 "그들을 위해"라고 번역하는 것에 대한 우려 때문임이 분명하다. 여기에서 취(聚)를 "~ 주위에 모아두다"고 번역하는 것도 문제다 ; 조기는 (리얼과 같이) 그 글자가 "與之" 앞에 나오는 것처럼 해석하고 있으며, 빌헬름은 그 글자를 그냥 빼버리고 있다. 훌륭한 군주를 이렇게 백성들의 바람에 호응하는 것으로 그리는 것이 유가의 인(仁)에 함축된 의미인가에 대해서 의심이 생기는 것도 당연하다. 주희는 왕이 백성에게 충족시켜주어야 하는 것은 삶의 기본적 욕구라는 주장을 분명히 밝히고 있는데, 이것도 아마 이러한 점을 염두에 두고 있기 때문일 것이다.

단 한 사람의 번역가만이 의견을 달리한다. 덥슨(166쪽)은 이를

다음과 같이 해석하고 있다 :

> 그들의 공감을 얻는 방법이 있다. 당신이 바라는 것을 축적해놓은 것을 그들과 함께 공유하고, 당신 스스로가 싫어하는 것을 그들에게 부과하지 말라.

덥슨은 주어가 표시되지 않은 동사인 욕(欲), 즉 "바라다"와 오(惡), 즉 "싫어하다"의 주어를 "그들" 대신에 "당신"으로 보아, "與之聚之"를 "그들[즉 백성들]과 더불어서 그것들[즉 바라는 것들]을 모으다"로 해석하는데, 모두가 완벽하게 가능한 해석이다. 불행히도 그는 이러한 선택에 대해 자신의 정당성을 주장하거나 설명해주는 주석을 전혀 달지 않고 있다. 그러나 덥슨이 옳음은 거의 분명하다. 그리고 그 이유를 잘 생각해보면, 왜 다른 사람들은 어느 누구도 그 이유를 이해하지 못했을까 궁금해질 것이다.

"所欲"과 "勿施"를 병렬시켜놓으면 "[당신이] 원하는 것 … 행하지 말라 …"가 되는데, 이를 보면 즉시 공자의 "己所不欲勿施於人", 즉 "너 자신에게 행해지기를 원치 않는 일을 다른 사람에게 행하지 말라"는 말이 연상될 것이다. 이 정도만으로는 맹자가 염두에 두고 있는 내용이 무엇인지 알 수 없지만, 그것이 다는 아니다. 1B1에서 제선왕이 음악을 좋아한다고 말한 것에 대해 생각해보라 ; 거기에는 "이제 만약 당신이 즐거움을 백성들과 공유한다면 당신은 진정한 왕이 될 것입니다"(Lau, 61쪽)라는 내용이 포함되어 있다. 혹은 1B2에서 문왕이 왕의 정원을 어떻게 백성들과 공유했는지에 대해 생각해보라. 혹은 1B4에서 제선왕이 고대의 왕들도 그와 같은 궁실을 가지고 있었는지 궁금해한 내용에 대해 생각해보라 : "자신이 그러한 즐거움의 일정한 몫을 나누어 받지 못했다고 해서 권력자를 비난하는 것은 물론 잘못된 것이다. 그러나 백성들 위에 있는 권력자가 자신의 즐거움을 백성들과 공유하지 않는 것도 똑같이 잘못된 것이다. 자신들이 즐거워하는 것을 기뻐하는 사람에 대해서는 백성들도 그 즐거움을 기뻐할 것이다…"(Lau, 63쪽 ; 또한 1A2를 보라). 혹은 1B5에서 왕이 여러 가지 "약점"을 가지고 있다고 말하는 내용을 보라 : 그는 재물을 좋아한다 ; *199* 좋다, 그렇다면 왕으로 하여금 백성들도 또한 즐길 만한 재물을 가질 수 있게 해주는 통치를 하도록 하라. 그는 여자를 좋아한다 ; 좋다, 그렇다면 왕으로 하여금 "자신이 그렇게 좋아하는 것을 백성들과 함께 공유하여", 남자들은 아내를, 여자들은 남편을 가질 수 있도록 하게 하라. 이렇게 동정(덥슨이 이 말을 쓰고 있음에 유의하라)에 의해 통치를 해야 한다는 원칙과 관련해서 맹자는 공자의 "황금률"을 염두에 두고 있으며, 그것을 통치에 적용하고 있다는 것이 일반적인 생각이었다. 4A9를 보면, 덥슨의 번역을 통해 드러나듯이 그것이 사실임을 알 수 있다.

4. 여러 가지 판단

어떤 것이 최선인가? 이러한 번역들은 무엇을 위해 사용할 수 있는가? 무엇이 더 필요하며, 그것을 어떻게 얻을 수 있는가? 내가 공인된 성적표를 제출할 수 있는 위치에 있는 것은 아니다. 나는 번역자들이 해놓은 일에 대해 아주 작은 부분을 견본으로 뽑아서 보여주었을 뿐이다. 이러한 작업을 충분히 해내어 확고한 상호비교적인 판단을 내리고, 또 그것을 정당화하려면 책 한 권을 써야만 할 것이며, 거기에는 진정으로 충분한 맹자의 재번역 작업을 위해 필요한 모든 작업이 포함되어야 할 것이다. 내가 이러한 작업을 한 것은 아니며, 만약 그렇게 한다면 그러한 작업을 제시해

보여주는 효과적인 방법은 꼼꼼한 주석이 달린 새로운 번역서를 내는 일일 것이다.

그럼에도 불구하고 여기에서 살펴본 텍스트들을 우열을 비교하기 위한 표본으로 삼을 경우, 그 텍스트들을 통해서 무엇을 알게 될 수 있을지 물을 수 있다. 돌이켜 내가 언급했던 실수들을 헤아려서 다른 사람들이 해놓은 작업과 비교해본다면, 그럴싸하게 점수를 매기는 방법을 통해 자일즈와 꾸브뢰가 세 개밖에 안 되는 매우 적은 실수를 했음을 알게 될 것이다(물론 자일즈는 좀더 적은 위험을 감수하고 있다 ; 그는 위에서 논의한 절들 가운데 네 개를 번역하지 않았으며, 그 가운데에는 실수할 가능성이 높은 것이 세 개나 포함되어 있다). 차이 부자는 다섯 개의 실수를 범하고 있으며, 리얼과 빌헬름은 각각 여섯 개, 레게와 라우는 각각 열 개, 웨어는 그보다 좀더 많은 10여 개의 실수를 범하고 있으며, 덥슨의 점수는 독자들에게 맡기기로 하겠다. 여기에서는 상대적으로 사소한 실수와 큰 실수 사이의 중요한 차이점을 고려하지 않았는데, 그 부분적인 이유는 내가 단순히 매우 어렵다고 말한 구절들과 "문제가 있다"고 공표한 구절들(그래서 셈에 포함시키지 않은 구절들) 사이의 구분에 의문의 여지가 많기 때문이다. 또한 사소한 실수와 단순히 내가 불편하게 느낀 번역들 사이의 구분에 의문의 여지가 많기 때문이기도 하다. 그러나 표본 채취 작업은『맹자』에 들어 있는 거의 모든 주제들을 망라하고 있으며, 쉬운 절과 어려운 절 양자 모두가 포함되어 있다.

따라서 매우 잠정적이기는 하지만 몇 가지 판단을 내릴 수는 있다. 어쨌든 단 한 번이라도 1A1에 대해서 덥슨과 같이 좋지 못한 번역을 하고 있는 번역가의 작업은 결코 확신을 가지고 사용할 수 없음이 분명할 듯하다. 그에 못지 않게 분명해보이는 것은 다른 번역가들과 비교해볼 때 7A45와 4A10에 대해서, 단 한 번이라도 덥슨만큼 번역을 잘해내고 있는 사람의 작업이라면 세심한 학자들이 언제나 참고할 것이 틀림없으며, 틀림없이 독자들에게 존중받을 것이다. 아마도 덥슨은 극단적인 사례일 것이다. 독자들은 모든 번역가들에 대해 어느 정도는 이러한 딜레마에 직면하게 된다. 이는 새로운 사실은 아니지만 잊혀져버리고 만다. 너무나도 많은 경우, 번역가들은 우리에게 진정한 맹자의 모습을 전해주지 않고 있다 ; 기만적일 정도로 단순화된 모습 이면의 맹자는 섬세하고도 풍부한(그리고 놀라울 정도로 체계적인) 인물일 수 있다. *200*
학자나 대학원 세미나에 참여하고 있는 학생은 모든 번역본을 참고해야 한다. 대학의 중국 철학 입문 과정이라면 나는 라우나 레게의 번역 혹은 둘 다를 사용할 것이다. 전체적으로 볼 때 어느 번역이 더 나은지, 혹은 어느 책이 더 나은지 확신할 수 없지만, 보조자료의 측면에서 볼 때 대체로 라우의 번역본을 사용해야 한다는 필요성을 느끼게 된다. 덥슨의 작품은 "일반 독자"의 수준임에도 불구하고, 겉보기보다는 학자적 작업의 냄새를 더 풍긴다. 하지만 덥슨의 번역을 이러한 수준에서 사용할 만큼 신뢰해서는 안 된다(나는 그러한 시도를 해보았다) ; 그리고 학생들에게 맹자의 책이 그것을 공부하는 중국인들에게 2000년 동안 실제로 어떻게 보였을까를 보여주는 것이 중요하다. 차이 부자의 번역본을 가지고 텍스트를 배열하는 데에서도 동일한 어려움을 느끼게 되며, (덥슨이 제공한 것과 같은) 찾아보기 목록이 없기 때문에 그 책은 실질적으로 아무 쓸모가 없다. 이는 불행한 일이다 ; 편집은 너무나도 조잡하지만, 내가 연구해본 결과 번역은 꽤 훌륭했기 때문이다. 자일즈의 번역도 비교적 훌륭하고 잘 쓰여 있지만, 대개의 경우 절판되어 있는 상태며, 너무나도 많은 중요한 자료들이 빠져 있다. 웨어의 책은 그의 번역을 아주 비판적으로 읽을 수 있는 독자들을 위해 남겨두어야만 할 것이다. 불행하게도 대부분의 미국 학생들은 더 이상 프랑스어나 독일어를 사용하지 않는다 ; 그러나 내가 보기에 꾸브뢰와 빌헬름의 번역은 둘 다 매우 훌륭하며, 물론 나는 빌헬름의 양심적인 주석 작업을 높이 평가한다. 그러나 꾸브뢰의 번역본은 다른 사람들의 번역과 전혀 비교할 수 없는 것이라는 점도 또한 밝혀두어야만 한다 ; 그가 시도한 작업은 맹자 자신이 아니라, 주희의 전통 속에서 해석된 맹자를 번역하는 것이었다. 이것도 중요한 일이기는 하지만, 아마도 다른 작업들보다는 훨씬 쉬웠을 것이며, 그 결과에 대해 비판하기는 더욱 쉽지 않을 것이다. 많은 경우 맹자는 확실치 않은 문제들을 던지고 있는 데 반해, 주희와 그의 추종자들에게는 대체로 그러한 모습이 훨씬 적다. 게다가 꾸브뢰가 두정기(1779)를 표준으로 선택한 것은 최선이 아니었다 ; 그는 두정기로 인해 실수를 하게 되었으며, 두정기는 분명 중국에서 최고의 존경을 받은 인물도 아니었다 — 좀더 나은 참고 문헌 목록들을 뒤져보더라도 그의 작품을 발견할 수 없다. 아마도 엄밀하게 조기의 주에 따라 맹자의 모습을 그려 보여주는 번역본을 가지게 된다면 흥미로울 것이다.

하지만 이제는 새로운 번역본들을 보면서 한숨 돌려보도록 하자 ; 내가 말하고자 하는 것은 대중적인 교양 서적을 출판하는 사람이 맹자에 관심이 끌려서, 그가 흥미로운 인물임을 발견하고는 그 책이 잘 팔릴 것이라고 생각하는, 그러한 보잘것없는 이유로 출판된 책들이다. 내가 그러한 맹자 번역판에 대해 기본적으로 불쾌감을 가지게 되는 이유는 필연적으로 읽기 쉬운 책을 만들기 위해 양심을 팔게 될 것이기 때문이다. 『맹자』의 많은 부분이 맹자의 생각을 손쉽게 전달할 수 있는 영어로 직역될 수 있는 것은 사실이며, 이러한 자료들 중 많은 것들이 철학적이고 일반적인 인간의 관심사를 매우 풍부하게 담고 있어서, 전문가는 아니더라도 지적인 관심으로 충만한 사람들이 쉽게 구해볼 수 있도록 만드는 것도 부끄러운 일이 아닌 듯이 보이는 것도 사실이다. 그러나 『맹자』에서 독해해내기에 매우 어려운 부분들이 차지하는 비중이 큰 것 또한 사실이며, 이러한 어려운 부분들 속에 맹자의 도덕철학을 제대로 이해하기 위해서는 필수적인 텍스트들이 포함되어 있다는 것 또한 사실이다.

불량한 출판물들로 인해 정말로 훌륭한 책을 인쇄하는 것은 더 어려워지고, 따라서 훨씬 더 많은 비용이 들게 된다. 이 글에서 출판된 지 100년도 넘은 레게의 작품을 여전히 우리가 구할 수 있는 최고의 번역본 중의 하나로 남겨두고 있다는 사실은, 그보다 나은 작업을 진정으로 의미 있게 해내는 것이 얼마나 어려울지 암시해준다. *201* 중국의 역사와 사회 그리고 맹자가 사용한 언어에 관한 지난 세기의 연구를 통해 훨씬 더 나은 작업이 가능하다. 그러나 그렇게 하기 위해서는 오랜 시간이 필요할 것이다. 그리고 여러 명의 학자들이 공동 작업을 한다면 훨씬 더 나은 작업이 이루어질 것이고, 당위성을 충족시킬 만큼의 정성을 들인 책이 완성될 것은 더욱 분명하다. 내가 보기에는 텍스트에 담긴 문헌학적이고 역사적인 문제들에 주의를 기울일 뿐만 아니라, 그 속에 담긴 철학적인 문제점들을 분석하고, 이후의 관점에서 맹자 윤리학의 오랜 전통선상에 있으면서 전혀 다른 모습을 보이는 주희, 왕양명, 대진, 초순 등과 같은 사상가들에게 『맹자』의 이러저러한 절들이 철학적으로 어떠한 중요성을 가지는지에 대해 공간을 할애해주는 번역본이 나온다면 특히 흥미로울 것이다.

맹자는 분명 이러한 류의 관심과 정성을 기울일 가치가 있는 사상가다.

제13장

"인간의 본성"에 관한 순자의 입장

1. 서 언

이 글은 1975년 혹은 1976년 어느 때인가 표준적이라고는 할 수 없는 특정한 구체적인 목적을 위해서 쓰여진 것이다. 나는 스탠포드대 학부생들을 대상으로 작고 새로운 강좌를 지도하면서, 학생들에게 중요한 고대 중국 철학자들과 학파의 사상을 소개하고 있었다. 나는 또한 고대 중국어도 가르치고 있었으며, 거기에는 철학 강독 세미나가 포함되어 있었다. 나의 어학 강좌 가운데에는 이전에 중국어를 전혀 공부하지 않은, 다시 말해서 2년간 현대 중국어를 먼저 공부하는 표준적인 과정을 거치지 않은 학생들을 위한 완전 초보 과정이 포함되어 있었다. 교육적인 면에서 보수적인 스탠포드대 아시아어학과의 끊임없는 반대에 부딪히기는 했지만, 고대 중국어에 대한 이러한 접근법은 성공적이었다. 아시아어학과에서 내세운 이유는 중국어로 된 현대의 학문적 업적을 독해하고 현대의 학자들과 의사 소통할 능력이 없는 학생이라면, 고대 중국어를 사용하는 데에서도 전문가적인 진지함을 갖추기를 기대할 수 없다는 것이었다. 원래 철학과 소속인 나는, "중국학자"가 되기를 원하는 것은 아니지만, 철학 전반에 대한 좀더 광범위한 이해 작업의 일환으로 고대 중국 철학자들에 대해 어느 정도의 지식을 갖추기를 원하는 학생들이 적지 않음을 알고 있었다; 그리고 철학적 집필과 사유의 배경인 언어에 대해, 근소한 양일지라도 어느 정도의 지식을 가진다면 그들이 결국은 중국 고대 철학을 더욱 잘 이해하리라는 점 또한 알고 있었다.

따라서 나는 고대 중국 철학을 수강하는 학생들에게 고대 중국어를 소개하기 시작했다. 이어서 곧 나는 언어 독해와 관련된 얼마 되지 않는 요소들을 나의 철학 강좌에 실험적으로 도입하게 되었다 — 최소한 학생들이 눈으로 한 글자 한 글자를 구분해내는 데에 익숙해지고, (내가 제공한) 몇 권의 함축적이고 중요한 텍스트의 번역본을 지적으로 신중하게 한 줄 한 줄 따라갈 수 있도록 하기 위한 것이었다(이도 또한 성공적이었다).

순자는 이러한 목적에 걸맞는 탁월한 대상이었다: 그는 어떠한 기준으로 보더라도 일급 철학자며, 그가 저술의 소재로 삼은 문제들은 현대의 학생들이 보더라도 매우 중요한 것임을 즉시 알 만한 것들이다. <u>*204*</u> 그가 사용하는 언어는 우아하면서도 지극히 논리적인 반면, 그가 사용하는 어휘는 스파르타식의 단순함을 보여준다. 게다가 그는 도전적이다: 그가 다루는 문제들은 그가 해결해내기 위해 분투하는 것들이다; 거기에는 분명한 해답이 없다.

뒤에 나오는 논문은 나의 수업을 듣는 학생들을 위해 쓴 것이다. 나는 그 논문이 학생들의 학기말 보고서의 본보기뿐만 아니라, 번역본으로 읽고 있는 텍스트에 대한 철학적 관심을 끌어내는 수단도 되어줄 것이라고 생각했다; 그리고 그 논문을 통해 그 강의에서 중국과 관련된 측면에 대한 연습 문제로 활용할 수 있는 텍스트들의 선본(選本)을 제공할 수 있을 것으로 생각했다. 이러한 이유로 논문에 매우 많은 인용문을 집어넣게 되었다. 나는 또한 그 논문이 자극적이기를 바랐다 ; 그 논문을 통해서 밝힐 수 있는 모든 것을 밝히고자 한 것이 아니라, 지속적인 분석이 이루어질 수 있는 방법들을 지적해 보여주고자 한 것이다.

이후 1979년, 나는 그 논문을 발전시켜서 미국철학회 태평양지회(Pacific Division of the American Philosophical Association)의 의장(議長) 연설문으로 써야겠다고 생각했다 ; 현재는 고인이 된 나의 친구 몬티 퍼어스(Monty Furth)도 그 논문에 "가능성"이 있다고 동의하였다 ; 그러나 우리 두 사람 모두는 그 논문을 다시 고쳐 쓰고 싶어할 것이 당연하다고 생각했다. (결국 나는 다른 주제를 선택했다 ; 나는 1977년에 샌프란시스코에서 열린 미국철학회 모임에서 초청 논문으로 「맹자에게서의 동기 부여와 도덕적 행동」으로부터 요약 발췌한 논문을 발표한 적이 있는데, 그 논문의 주제를 이어서 의지 나약의 문제를 더 깊이 탐구하기로 한 것이다. 이 논문과 결과적으로 의장 연설문으로 쓰게 된 「근본은 두 개인가 하나인가?」, 두 편 모두는 이 책에 포함되어 있다.)

따라서 「인간의 본성에 관한 순자의 입장」은 그 주제에 대해 나 자신이 내린 "결론"이라고도 생각할 수 없는 것이었다. 그러나 그 논문은 흥미롭고 독창적이며 가치 있는 주장을 하고 있다고 생각했으며, 지금도 그 생각에는 변함이 없다. 따라서 나는 여기에서 과거에 쓰여진 그대로의 모습으로 제시하고자 한다(다만 로마자 표기와 번역 일부를 고쳤다 ; 그리고 이 글을 편집한 사람이 각주를 몇 개 달았다.)

하지만 먼저 심사숙고해볼 만한 점 두 가지를 말해보겠다 ; 그

두 가지는 지금 내가 보기에 옳다고 생각되며, 몇 번인가는 이후 수업에서 학생들에게 제공되기도 하였다.

아래에서 밝히겠지만, 순자는 "가능한 / 허용할 만한"이라는 의미를 가진 가(可)의 뜻을 얼버무렸다고 비판받아왔다(라우, 1953, 554쪽, 주 1번). 순자는 이러한 비판을 이해하기 어려웠을 것이다. 고대 중국의 순자 같은 도덕 철학자들은 다음과 같은 내용을 전제하고 있다 : 우리가 구속력을 가진 도덕 규칙 속에서 주관적으로 지각하는 필연성은, 사물의 보편적 질서 속에서 보면, 자연세계의 규칙성이 가지고 있는 필연성과 연속성을 가지고 있다. 이후에 한대의 형이상학자들이 말하듯이, 인간 세계의 도(道)는 하늘의 도(道)에 그 근원을 두고 있다. 순자가 (실제로) 말하는 것처럼, 성인들은 예(禮)를 창조하는 가운데 욕구를 개화된 방식으로 충족시키는 최적의 조건을 만들어내고 갈등을 최소화시키는 문제에 대해 가능한 유일의 해결책을 발견해낸 것이다. 이렇게 본다면, 대진(戴震)이 표현한 대로(이것이 그의 생각과 일치하는 것은 아니지만), 나는 자연(自然)을 필연(必然)으로 간주할 수 있게 된다.

이 문제에 관해 말할 수 있는 내용은 이보다 훨씬 많다. 여기에서 나는 다만 그 문제가 순자의 다른 문제와 연속선상에 있다는 점에만 주목해보겠다 : 설사 내가 앞에서 말한 것과 같은 내용을 인정한다 하더라도, 성인이 나에게 "어떠한 도덕적 규칙을 채택해야 하는 까닭은 그것이 당신이 원하는 것을 가장 효과적으로 얻을 수 있는 유일한 방식이기 때문이다"라고 말한다면, 나는 분명 어려움을 감지하게 될 것이다. *205* 개인에게 그 해결책은 점진적인 자기 수양이다. 하지만 성인 자신의 경우는 어떠한가? 전통적 도덕 질서는 어떻게 시작되었는가? 순자는 그 해법에 대해 암시를 주며 그 해법은 다시 점진적인 것이다 : 「성악(性惡)」에서 그는 예의(禮義)가 오랜 기간에 걸쳐 점진적으로 축적된 것이라고 말하고 있다. 좀더 상세히 설명해보면 다음과 같다 : 이러한 생각을 따라가보면, 문명의 창조란 오랜 기간에 걸쳐 조금씩 문제를 해결해나온 과정이라는 그림을 그릴 수 있으며, 창조를 담당한 성인은 자신이 규범을 창조하고 있다는 사실을 전혀 깨닫지 못할 수도 있다(그리고 그는 자신을 성인으로 생각하지 않을 것이다. 이는 대진과 같은 시대를 살았던 장학성이 통찰력 있게 간파해낸 내용이다).

장학성이 말하고 있듯이, 문명화된 도덕 질서 전반은 역사의 산물이자 필연적인 산물이다. "인류는, 스스로 깨닫지는 못하지만, 자기 안에 나름의 도(道)를 가지고 있다." (장학성이 순자를 언급한 것은 아니지만) 여기에 순자를 이해하는 또 다른 방법이 있다. 그것은 순자의 "영혼의 사다리"(아래 *206*쪽에서 논할 것이다)를 인간의 본성에 대해 순자가 내린 유쾌하지 못한 판단과 조화시키되, 순자의 "사다리" 그림(인간에게는 "의무감"이 있다)을 맹자("인간의 본성은 선하다")와 동일시하지는 않는 것이다 : 「성악」에서 순자는 개인으로서의 인간에게 어떠한 성향이 주어졌는지에 대해 말하고 있다. 맹자도 또한 그러하며, 두 그림은 서로 상충한다. 「왕제(王制)」의 "사다리"와 관련된 단락에서 순자는 종(種)으로서의 인간에 대해 말하면서, 말(horse)과는 달리, 종으로서의 인간은 도덕 규율에 의해 지배되는 공동체 속에서 살게 되는 경향을 가지고 있다고 주장한다. 맹자도 이 점에 대해서는 동의할 것이며, 아마도 그러한 생각이 개인으로서의 인간에 관한 자신의 그림 속에 함축되어 있다고 생각할 것이다. 그러나 순자의 '종으로서의 인간'에 관한 그림이 맹자의 '개인으로서의 인간'이라는 완전한 그림을 함축하고 있다고 생각한다면 잘못이다. 적어도 우리에게는 순자가 그렇게 생각했어야 한다고 주장할 권리가 없다.

2. 문 제

인간이 가지고 있는 성향과 도덕성 사이의 관계에 대한 순자의 견해는 지금까지 매우 잘 탐구되어온 주제여서, 그에 관해 적어도 짧은 논문에서는 더 이상 할 말이 없을 것처럼 보일 것이다. 하지만 그런 판단을 해야 한다면 먼저 내가 시도해본 후에 하도록 하자.

이러한 문제들과 관련해서 순자와 맹자의 차이점을 규정하고 분석하고자 노력해온 사람들이라면 누구나, 최소한 간접적으로나마 내가 제기하고 있는 문제를 고려해보았을 것이다. 맹자는 기원전 4세기 후반에 "인간의 본성은 선하다[性善]"고 주장했다 : 그는 『맹자』「고자」상, 6에서 명시적으로, 그리고 「고자」상, 1-5에 짧게 기록되어 있는 고자 및 그 추종자들과의 논쟁에서는 암시적으로 그러한 입장을 옹호하고 있는 것으로 기록되어 있다. 순자는 기원전 3세기 중반에 현재 그의 이름을 딴 『순자』라는 책의 23편에 실려 있는 「성악」이라는 글을 지어서 분명하게 맹자를 논박하고 있다. 그러한 선동적인 진술 속에서 발견하게 되는 것은 철학의 언어가 아니라 논쟁의 언어다. '성(性)'이라는 말이 두 철학자에게 동일한 의미를 가지는가, 그리고 "인간의 본성(human nature)"이라는 말이 그에 대해 타당한 번역인가 하는 문제에 관해 오랜 연구가 있어 왔다. <u>*206*</u> 나는 일단 이 논쟁은 젖혀두겠다 ; 내가 생각하기에 그들의 차이점을 파악해내는 다른 방법이 있으며, 내가 아는 한 어느 누구도 이 방법을 알아내지 못했기 때문이다.

『순자』 자체에는 외관상 분명한 모순이 있으며, 교실에서 가르치는 선생들은 누구나 이 문제를 다루어야 한다. 순자는 23장에서 맹자를 반박하는 논변의 말미마다, "이로 보건대 인간의 본성은 악하며, 그 선함은 의식적 활동[僞]의 결과다"(왓슨, 1963a, 157쪽)라거나 "오직 후천적 훈련을 통해서만"(크릴, 1953, 121쪽) 생겨난다거나 “인공적인 것이다”라고 반복해서 말하고 있다. 순자가 자신이 무슨 말을 하고 있다고 생각하는가에 관해서는 나중에 살펴보도록 하겠다. 하지만 우선 표면적으로 볼 때, 그 말은 9장 「왕제」에서 순자가 다소 길게 말하고 있는 내용과 모순되는 듯하다:

> 물과 불에는 에너지[氣]는 있지만 생명은 없다. 초목에는 생명은 있지만 의식[知]은 없다. 금수에게는 의식은 있지만 의무감[義]은 없다. 인간은 에너지와 생명, 의식 그리고 의무감까지도 가지고 있다. 그러므로 인간은 천하에서 가장 귀한 존재다. 인간은 소처럼 강하지도 않고, 말처럼 빠르지도 않지만, 소나 말을 부린다. 왜 그런가? 나는 대답한다: 인간은 사회[群]를 조직할 수 있지만, 그들은 그렇지 못하기 때문이다. 인간은 어떻게 사회를 조직할 수 있는가? 나는 대답한다: [상하 위계 질서를 가진] 구분[分]에 의해서다. 그들은 어떻게 [상하 위계 질서를 가진] 구분을 확립하는가? 나는 대답한다: 의무감[義]에 의해서다. 그러므로 의무감을 통해 [상하 위계 질서를 가진] 구분을 확립하면 조화가 있게 된다. 조화가 있으면 통일[一]이 있게 된다; 통일이 있으면 힘이 있게 된다; 힘이 있으면 강해지게 된다; 강해지면 모든 사물을 정복하게 된다.[205]

문제는 순자가 다른 존재와 구분해주는 인간만의 속성으로 “의무감[義]”을 지목했다는 점이다. 이는 결국 자신의 의무(혹은 자신이 의무라고 생각하는 것)를 해야 한다고 느끼는 것이 인간의 본성이라는 말 아닌가? 그리고 이렇게 말한다면, “인간의 본성”과 도덕 사이의 관계에 대해 생각해볼 때, “인간의 본성은 악하다”는 말은 중대한 제약을 받게 되어서, 간단히 말해서 오해의 소지가 매우

---

205) “水火有氣而無生 草木有生而無知,禽獸有知而無義 人有氣有生有知亦且有義 故最爲天下貴也 力不若牛 走不若馬 而牛馬爲用 何也. 曰 人能群 彼不能群也 人何以能群 曰 分 分何以能行 曰,義 故義以分則和 和而一 一則多力 多力則彊 彊則勝物.”

많아져버릴 것이다.

물론 순자의 두 글이 일관된 입장의 일부가 아니라거나, 나아가 그가 현재의 형태로 그 글들을 쓰지 않았다고 말할 수도 있다—그리고『순자』의 많은 부분에 대해 이러한 말들이 있어 왔다. 하지만 텍스트 자체를 거부할 만한 분명한 이유가 없다면, 전해진 텍스트 자체에 대해 일관되게 의미가 통하는가를 분석하는 것이 적절하다. 이제부터 나는 그렇게 하고자 노력할 것이다. 이 입장들을 조화시키려는 첫 번째 시도는 실패하겠지만, 순자의 생각 가운데 중요한 내용들을 드러내 보여줄 것이다. 두 번째 시도는 더 잘 되어가리라 믿는다.

3. 첫 번째 가설

207 바로 위에서 인용한 구절에서 순자는 외관상 분명히 인간에게 도덕감이 있음을 인정하고 있지만, 이는 다른 많은 곳에서 하는 말과 균형이 맞지 않는다. 한 장 전체에 걸쳐 인간은 탐욕스럽고 이기적이며, 육체적 만족을 갈망한다는 견해와, 제한 없이 이 경향을 따른다면 인간들끼리 싸우게 되어서 고상한 문명 생활 같은 것은 불가능할 것이라는 견해를 자세히 서술하고 있는 부분이 존재한다.「성악」편에 나오는 이 그림은 "인간의 본성은 악하다"는 주장을 자기 스스로가 확장시킨 것이다. 동일한 생각이「예론(禮論)」첫머리에서 표현되고 있다:

예의 기원은 무엇인가? 나는 대답한다: 인간은 욕구를 가지고 태어난다. 욕구가 충족되지 않으면, 그들은 (욕구의 충족을) 추구하지 않을 수 없다. 규칙과 법도, 구분과 제한이 없이 추구한다면, 싸우지 않을 수 없다. 싸움에서 혼란이 생기고 혼란에서 가난이 생긴다. 선왕들은 사람들이 그러한 무질서 상태에 있는 것을 싫어해서, 예의를 세워 그들에게 [상하 위계 질서의] 구분을 제공함으로써 인간의 욕구를 양육하고 훈련하며, 그들이 추구하는 것을 제공하고자 하였다.[206]

순자는 "이것이 예(禮)의 기원이다"라고 결론짓는다.

그러므로 이제 인간이 문명화된 질서를 필요로 하는 이유는 두 가지인 듯하다 : 1) 자신을 동물의 수준 이상으로 끌어올리고, 동물들을 마음대로 이용하기 위해 ; 그리고 2) 서로 서로로부터 자신을 보호하기 위해. 아마도 인간과 동물을 구별해주는 "도덕감[義]"은 — 동물도 이미 "지(知)", 다시 말해서 의식(consciousness)을 가지고 있기 때문에 — 뛰어난 지적 통찰력이라고 보는 것이 더 낫다 ; 최소한 현명한 "고대의 왕들[先王]"에게 이는 1) 인간이 처해 있는 전반적인 환경을 평가하는 능력이며, 2) 중간 정도의 고상한 삶이라도 가능하려면 도덕적 질서가 필요하다고 하는 견해며, 3) "예의(禮義)"라는 형태로 그 도덕 질서를 창조하기 위해 필요한 지적 능력이다.

『순자』의 적지 않은 부분이 이러한 해석을 뒷받침해준다. 「예론」에서처럼, 「성악」에서도 순자는 반복해서 "예의"가 "고대의 왕들" 혹은 "고대의 성인들"에 의해 창조되었음을 주장한다. 우리는 순자가 백성들이 한결같이 이 질서를 받아들이도록 하기 위해서 권위의 중요성을 강조하고, 적절히 문명화된 인간이 되기 위해서는 권위를 받아들이는 것이 가치 있고 중요한 것임을 강조했으리라 예상할 수 있다 ; 그리고 실제로 그는 그렇게 한다 — 예를 들어 「수신(修身)」에서는 다음과 같이 말한다 :

---

206) "禮起於何也 曰 人生而有欲 欲而不得 則不能無求 求而無度量分界 則不能不爭 爭則亂 亂則窮 先王惡其亂也 故制禮義以分之 以養人之欲 給人之求."

예는 자신을 올바르게 유지하는 수단이다 ; 선생은 예가 올바르게 유지되는 수단이다. 예가 없다면 어떻게 자신을 바르게 유지할 것인가? 선생이 없다면 어떻게 [내가 따르는] 예가 올바르다는 것을 알겠는가?[207)]

208 그리고 「정명」에서 그는 "고대의 왕들"이 규범과 기준을 창조하고 나서 그것들을 받아들일 것을 요구했다는 주장을 강력하게 설파하고 있다.

그러나 현재와 같은 해석 ― 그리고 결국에 가서는 그러한 해석을 거부하게 하는 생각 ― 에 대한 강력한 지지 근거를 발견할 수 있는 것은 순자 사유의 비권위적인 측면이다. 「정명(正名)」의 마지막 부분에서 순자는 행동에 대한 기초적인 철학적 이론을 제시하고 있다 ; 여기에서 그는 도덕적 "삶의 방식"을 받아들이는 근거를 욕구, 필요, 한계에 대한 좀더 기본적 평가에서 찾고자 하고 있는 듯한데, 이러한 평가는 도덕과 무관하거나 타산적인 것이다 :

욕구는 그것이 만족될 만한 것이기를 기다리지 않지만, [그 욕구를 만족시키기 위해 무언가]를 추구하는 것은 승인된[可] 것을 따른다. 욕구가 만족될 만한 것이기를 기다리지 않는 것은 하늘에서 받은 것이다. 추구하는 것이 승인된 것을 따르는 것은 마음에서 받은 것이다.[208)]

순자가 고려하고 있는 내용은 다음과 같다 : 우리에게 욕구가 있고 욕구 그 자체만 가지고 보면 투쟁을 일으키는 경향이 있다는 사실을 인정할 때, (자아, 그리고 사회에 대한) "훌륭한 통치"는 어떻게 가능한가? 먼저 실제로 욕구가 있다는 것은 내가 "하늘로부터 받는 것", 다시 말해서 본성에서 나오는 것이다 ; 그러나 스스

207) "禮者 所以正身也 師者 所以正禮也 無禮 何以正身 無師 吾安知禮之爲是也."
208) "欲不待可得 而求者從所可 欲不待可得 所受乎天也 求者從所可 所受乎心也."

로 최선이라고 생각하는 진로를 따르는 것은 "마음"으로부터 얻는 것이다. 결과적으로 자연적으로 주어진 욕구를 충족시키는 문제와 관련해서 마음은 많은 점들을 고려하게 되고, 욕구는 그렇게 고려한 내용에 의해 통제될 수 있다 ; 그러므로 내가 실질적으로 하는 일을 "하늘에서 받은" 것이라고 말하기는 힘들다. 예를 들어 순자에 따르면, 모든 사람들이 삶을 사랑하고 죽음을 싫어하지만, 사람들이 죽음을 받아들일 수도 있는 것은 그것이 가능한 유일한 방법이라고 생각하기 때문이다.

여기에서 순자는 "가능한(possible)"이라는 뜻의 가(可) 혹은 가이(可以)를 애매하게 얼버무린다는 비난을 받아왔다. 가(可)는 "좋은(good)"이나 "받아들일 만한(acceptable)"(따라서 "좋은 것으로 판단되는(judged to be good)", "승인하다(approve)")의 의미로도 사용된다. 아마도 순자는 애매한 태도를 취하는 듯하다 ; 그러나 다른 가치들이 결합되면 삶에 대한 애착을 압도할 수도 있다고 생각하는 듯하다. 이를 통해 즉각적인 어려움은 사라지지만, 다음과 같은 문제는 여전히 남아 있다 : 욕구와 충족으로 이루어진 심리학에서 죽음을 요구하는, 즉 모든 욕구 충족의 소멸을 요구할 수도 있는 도덕에 대해 순자는 어떻게 그 근거를 제시할 수 있는가? (미래의 모든 욕구 충족을 포기하는 것을 극도로 싫어하는 상황에서, 어떻게 여러 가지 가치들을 결합시키면 그렇게 싫어하는 마음을 압도할 수 있겠는가?) 어쨌든 분명한 사실은 순자가 (어떤 근거에선가)최선의 진로에 대한 판단을 통해 욕구 하나에 의해서만 결정되는 행동을 변화시킬 수 있다고 생각했다는 점이다.

> 그러므로 욕구가 [옳은 것의 범위를] 넘어섰는데도 행동이 그에 미치지 못할 수 있는데, 그 이유는 내 마음이 그것을 멈추게 하기 때문이다. 마음에서 인정하는 것이 훌륭한 질서[理]에 들어맞는다면, 비록

욕구가 많다고 하더라도 [자기를] 다스림에 무슨 해가 되겠는가? 욕구가 [옳은 것의 범위에] 미치지 못하는데도 행동이 그것을 넘어서는 경우가 있을 수 있는데, 그 이유는 내 마음이 그렇게 하도록 하기 때문이다. ***209*** 마음이 인정하는 것이 훌륭한 질서에서 벗어난다면, 욕구가 적더라도 어찌 [내적인] 무질서로부터 벗어날 수 있겠는가?

그러므로 [자신에게서] 다스림과 어지러움의 차이는 정서를 통해 바라는 대상이 무엇인가에 달려 있는 것이 아니라, 마음이 무엇을 인정하는가에 달려 있다. 그것이 있는 곳에서 구하지 않고 없는 곳에서 구한다면, 비록 "나는 그것을 얻었다"고 말한다 할지라도 이미 놓친 것이다. 본성은 하늘이 준 것이다; 정서는 본성의 실질적 내용이다; 욕구는 정서에 대한 반응이다. 내가 바라는 것이 얻을 수 있는 것이라고 생각할 때, 그것을 추구하는 것은 정서상 피할 수 없는 것이다. [어떠한 행동이] 받아들일 만하다고[可] 여겨질 때, 그것을 나의 도[道/Way]로 삼는 것은 지식[知]을 통해 필연적으로 나아가는 과정이다.[209]

그리고 나서 순자는 천한 문지기조차도 욕구가 없을 수는 없다고 말한다: 욕구는 정서에 내재하는 것이다; 그리고 천자(天子)조차도 모든 욕구를 만족시킬 수는 없다. 그러나 욕구 그 자체를 없앨 수는 없어도, 자신이 추구하는 행위를 통제하는 것은 가능하다; 그리고 완벽한 만족을 얻을 수는 없지만, 만족에 접근해가는 것은 가능하다.[210] 그러므로 전반적으로 최적의 만족을 이루어내고 무질서와 위험 그리고 근심을 최소화하는 행동을 선택하는 것은 가능하다. 이것이 유일한 문명의 "도(道/Way)"를 선택하는 것이다:

---

209) 「正名」, "故欲過之而動不及 心止之也 心之所可中理 則欲雖多 奚傷於治 欲不及而動過之 心使之也 心之所可失理 則欲雖寡 奚止於亂 故治亂在於心之所可 亡於情之所欲 不求之其所在而求之其所亡 雖曰我得之 失之矣 性者天之就也 情者性之質也 欲者情之應也 以所欲爲可得而求之 情之所必不免也 以爲可而道之 知所必出也."

210) 이상은 위에서 인용한 다음 부분인 "故雖爲守門 欲不可去 性之具也 雖爲天子 欲不可盡 欲雖不可盡 可以近盡也"를 설명한 것이다.

그러므로 도(道)는 다음과 같은 것이다 : 그것을 따라 나아가면 완벽한 만족에 접근할 수 있고, 그것을 따라 물러나면 추구하는 바를 통제할 수 있다. 천하에 그와 같은 것은 없다. 일반적으로 사람들은 항상 자신이 옳다고 여기는 것을 따르고, 자신이 옳지 않다고 여기는 것을 거부한다. 도(道) 만한 것이 없음을 이해하고 있으면서도 그것을 따르지 못하는 사람은 없다.[211]

간단히 말해서, 순자도 소크라테스처럼 어느 누구도 알면서 최선이 아닌 것을 택하지는 않는다고 생각하는 듯하다. 실제로 사람들이 잘못된 선택을 한다면, 그들은 단지 혼란에 빠져 있을 뿐이다 : 어떤 면에서 보면, 그들은 덧셈과 뺄셈을 잘못해서 장기적 만족 대신 즉각적인 만족을 선택한 것이다.[212] 우리가 알아야 할 가장 중요한 것 중의 하나는 질서 있는 삶 그 자체의 가치다. 그것이 없다면, "마음은 근심과 두려움으로 가득 차고," 어떠한 즐거움도 가질 만한 가치가 없을 것이다 ; 질서 있는 삶을 살게 되면, 마음은 "고요하고 편안하며" 소박한 것들조차도 만족스러울 것이다.[213]

---

211) 「正名」, "道者 進則近盡 退則節求 天下莫之若也 凡人莫不從其所可而去其所不可 知道之莫之若也 而不從道者 無之有也."

212) "易者 以一易一 人曰 無得亦無喪也 以一易兩 人曰 無喪而有得也 以兩易一人曰 無得而有喪也 計者取所多 謀者從所可 以兩易一 人莫之爲 明其數也 從道而出 猶以一易兩也 奚喪 離道而內自擇 是猶以兩易一也 奚得 其累百年之欲 易一時之嫌 然且爲之 不明其數也"에 대한 설명이다.

213) 「正名」, "志輕理而不外重物者 無之有也 外重物而不內憂者 無之有也 行離理而不外危者 無之有也 外危而不內恐者 無之有也 心憂恐 則口銜芻豢而不知其味 耳聽鐘鼓而不知其聲 目視黼黻而不知其狀 輕暖平簟而體不知其安 故嚮萬物之美而不能嗛也 假而得間而嗛之則不能離也 故嚮萬物之美而盛憂 兼萬物之利而盛害 如此者 其求物也 養生也 粥壽也 故欲養其欲而縱其情 欲養其性而危其刑 欲養其樂而攻其心 欲養其名而亂其行 如此者 雖封侯稱君 其與夫盜無以異 乘軒戴絻其與無足無以異 夫是之謂以己爲物役矣 心平愉 則色不及傭而可以養目 聲不及傭而可以養耳 蔬食菜羹而可以養口 粗布之衣粗紃之履而可以養體 局室蘆簾藁蓐尙机筵而可以養形 故無萬物之美而可以養樂 無勢列之位而可以養名 如是而加天

이제 여기 제시된 순자의 입장에 대해 두 가지를 증명해야 하는데, 여기에서는 충분한 논의를 제공하기보다 그에 대해 서술하는 데 그쳐야만 하겠다 : (1) 여기에서는 **결과적으로** 더 큰 만족을 주기 때문에 도(道)를 선택할 것을 요구하고 있지만, 선택을 통해 궁극적으로 도(道)를 **그 자체로 좋은 것**으로 평가하게 될 것이며, 그러한 평가는 너무나 완전하게 이루어져서, 도(道)를 인정하고 소중히 여기며 그에 따라 행동하는 것이 나 자신의 일부분이 될 것이다. 「권학」에서 순자는 진정으로 유덕한 사람을 이렇게 묘사하고 있다.

> 훈련을 통해 눈은 옳은 것만 보고 싶어하도록 하고, 귀는 옳은 것만 듣고 싶어하도록 하며, 입은 옳은 것만 말하고 싶어하도록 하고, 마음은 옳은 것만 바라고 싶어하도록 한다.[214]

210 그리고 같은 장에서, 이러한 자아의 변화가 너무나 완전해서 "군자의 학문은 귀에 들어오면 마음에 달라붙고 사지 전체를 통해 퍼져서 행동을 통해 드러난다"[215]고 적혀 있는 것을 볼 수 있다. 이런 상태에서는 도(道)를 그 자체로 좋은 것으로 선택할 것이며, 그것을 너무도 완벽하게 내 것으로 만들어서 그것을 위해 죽을 각오가 되어 있을 것이다.

그러므로 순자는 도덕에서 **의무론적** 입장을 "채택"하기 위해 **결과론적** 논변을 제시하고 있다. 그리고 이를 통해 그의 논변에 관한 나의 두 번째 결론에 이르게 된다 : 2) 그가 **특정한 구체적인 경우**에 판단과 배치되는 행동을 할 가능성을 부인했다고 생각하

下焉 其爲天下多 其私樂少矣 夫是之謂重己役物"을 설명한 것이다.

214) 「勸學」, "除其害者 以持養之 使目非是無欲見也 使耳非是無欲聞也 使口非是無欲言也 使心非是無欲慮也."

215) 「勸學」, "君子之學也 入乎耳 箸乎心 布乎四體 形乎動靜."

는 것은 말이 되지 않는다. 만약 그렇게 생각했다면 순자는 이렇게 말하고 있는 것인 셈이다 : "너는 지금 X라는 대상을 원한다 ; C라는 과정을 통해 너는 그것을 얻을 수 있으므로 C를 선택하라 ; 그러나 그것이 효율적이려면, 그 결과 때문이 아니라 C 자체를 목표로 해서 선택해야 한다." 그리고 분명 자신이 처한 상황에 대한 설명으로써 이에 동의하면서도 그에 따라 행동하지는 못할 수도 있다 ; 명령의 집합으로써 그것은 분명 자기 모순적이기 때문이다. 그러므로 순자는 보기만큼 소크라테스적은 아니다. 순자의 입장에서 우리가 최선이라고 판단한 것을 선택하지 않을 수 없다고 생각하는 것은 우리가 삶의 전체적인 방식으로서 도(道)를 향해 나아가게 된다는 **메타적인 선택**(meta-choice)과 관련된 것임에 틀림없다. 그런 선택을 하고 나면, 내적인 확신에 의해 그러한 삶을 살아 나아가는 사람이 되기 위해 자신을 교육하는 단계를 밟아야 한다.

만약 이것이 옳다면, 순자의 논변은 파스칼의 논변(1966, 149-153)과 유사하다. 그는 스스로 "미사와 성수(聖水)"에 침잠하는 쪽에 배팅하게 함으로써 하느님의 존재를 믿도록 할 것이다 ; 그렇게 하는 것이 구원받을 자격을 완전히 갖춘 버젓한 신자로 만들어 줄 것임을 알고 있기 때문이다. 하지만 순자의 입장에는 파스칼의 입장 속에 스며들어 있는 어려움이 존재하지 않는 듯하다. 파스칼의 신자들은 자신이 어떻게 그러한 믿음을 가지게 되었는지 여전히 기억할 수 있다 : 그리고 이것을 알고 있다는 사실로 인해 언젠가 믿음 그 자체가 손상될 것이라는 점을 생각하기는 어렵지 않다. 순자의 "군자"는 오히려 어떤 여자를 사랑하게 되기 전에 그녀가 좋은 아내가 될 것이라고 판단했기 때문에 조만간 애정이 자라서 무르익을 것이라는 확신 속에서 그녀와 결혼하는 남자와 같다. 그때가 되면 그는 자신의 운 좋은 결정을 내렸음을 회고할 수 있지만(그리고 동시에 그녀가 실제로 좋은 아내라는 점을 깨달을 수 있지만), 그렇다고 해서 그녀에 대한 사랑이 덜해지는 것은 아니다.

하지만 한 가지 중요한 측면에서 순자와 파스칼의 입장에는 동일한 긴장이 숨어 있다. 파스칼은 자신의 신자가 심리적인 측면에서 종교적이 될 능력을 가지고 있음을 가정해야만 한다. 유사하게, 순자도 사람들이 의무를, 단순히 자신의 욕구를 만족시키기 위해 해야 하는 것이 아닌, 진정한 도덕적 의무로 간주하게 될 수 있다고 가정해야 한다. 다시 말해서, 도덕에 대한 결과론적 논변을 구성한다는 것은 '의무를 의무로써 즐기고 그에 반응하는 심리적 능력'을 '자기의 이익에 근거해서 욕구의 대상을 추구하는 능력'으로 환원시키는 것과는 실질적으로 같지 않다. 그러므로 결국 순자는 인간에게 "의무감"이 그냥 주어져 있다고 가정해야만 한다 — 물론 그 속에 특정한 구체적인 내용이 들어 있다고 생각할 필요는 없지만 말이다. 내가 생각하기에 순자가 단순히 "지(知)" 혹은 의식만 가지고 있는 동물과 인간을 대비시키면서 말하고 있었던 내용은 바로 이것이다.

그리고 이것이 옳다고 하더라도, 이를 "인간의 본성은 악하다[性惡]"는 견해와 조화시키는 문제는 여전히 남아 있다.

4. 해결책

자극적일 정도로 짧게 말하겠다.

무언가를 "원한다(want)"고 할 때, 그것이 어떠한 경우에 해당하는가 생각해보자. 아마도 다음의 두 가지 경우 모두가 해당될 것이다:

1) "저 밖"에 내가 결여하고 있는 무언가가 있다 ; 그것을 내가 가질 수도 있겠지만 현실적으로는 그렇지 못하다 ; 그리고 나는 아마도 이것을 결여하고 있음 혹은 "원하고(want)" 있음을 고통스럽게 깨닫고 있다.

2) 내 안에 저것을 얻고자 하는 충동 혹은 동기(motivation)가 있으며, 그것을 얻지 못하면 기분이 좋지 않다 — 다시 말해서 그것을 바라거나 "원한다."

나는 순자가(그리고 당신도) 이러한 상식적인 그림을 당연시할 것이라고 생각한다.

많은 철학자들의 주장(혹은 단순한 가정)에 의하면, 내가 어떤 가능한 행동을 마땅히 행해야 할 의무라고 여긴다면, 그 행위에 대해 어느 정도는 긍정적인 성향을 가지고 있는 것이다 : "마땅히 그렇게 해야 하지만, 그래서 어쩌란 말인가?"라고 말하는 것은 이치에 맞지 않는다. 간략하면서도 매우 철학적인 논변이지만, 이러한 견해를 받아들이도록 해보자. 더 나아가서 이러한 성향을 일종의 "원함(want)"이라고 생각해보자. 내가 "원하는" 것이 나의 의무를 행하는 것인 경우는 어떠한 상태일까? 분명 다음과 같은 경우일 것이다 :

(1) 내가 할 수 있는 것 중에 행하지 않고 있는 어떤 것이 있으며, 나는 아마도 고통스럽게 이러한 사실을 의식하고 있다.

(2) 내 안에 그것을 행하고자 하는 충동이 있으며, 그렇게 하지 않는다면 기분 나쁘게 느끼거나 부끄럽게 느낄 것이다.

만일 위와 같은 상황의 두 번째 측면을 고려한다면 우리는 맹자처럼, "아하! 이를 보면 나에게 타고난 도덕감이 있음을 알 수 있다. 내가 의무임을 감지하는 것에 대해서 나는 자연스럽게 하고자

하는 마음을 가지게 되며, 그 이유는 내가 그것을 그렇게 감지했기 때문이다. 그러므로 나는 천성적으로 선하다"라고 말할 것이다.

그러나 첫 번째 측면에 주목한다면, 나 자신에 대해 훨씬 기분이 좋지 않을 것이다. 실제로 (생각 없이 그냥 가서 행하는 대신) 자신이 수행하지 못하고 있는 의무가 있음을 의식하는 한, 내 안에서 그것을 하지 못하도록 방해하는 반대 성향에 주목할 가능성이 높다. 마음을 이러한 틀 속에서 바라보면, 나는 — 『순자』에서 순(舜)이 요(堯)에게 말한 것처럼 — "인간의 정서는 참으로 좋지 못한 것이구나!"[216]라고 말하는 것이 당연하다. 그리고 나면 계속해서 이러한 불만과 의무를 행하고자 하는 긍정적인 충동을 확인하기는 쉬워지고, 따라서 이러한 충동 자체가 "어떤 조치를 취하지 않는다면 나는 의무에 저항하게 되어 있는 존재다"라는 통찰력 있는 판단을 입증해주는 듯하다 : 나에게 그 대상이 결여되어 있지 않다면, 내가 그것을 원하는 마음도 갖지 않을 것이라는 점과 같이 말이다.

아마도 순자가 "인간의 본성은 악하다"는 주장을 하고 있는 것은 이러한 맥락에서일 것이다. 「성악」의 다음 구절을 보라 : *212*

> 모든 사람들이 선(善)을 행하고자 하는 것은 바로 본성이 악하기 때문이다. 성취한 바가 적은 사람은 크게 성취하기를 갈망한다 ; 추한 사람은 아름다움을 갈망한다 ; 좁은 곳에 사는 사람은 넓은 곳을 갈망한다 ; 가난한 사람은 부유함을 갈망한다 ; 비천한 사람은 높은 지위를 갈망한다. 자신에게 결여된 것은 무엇이나 밖에서 찾기 마련이다. 그러므로 이미 부유한 사람은 더 이상의 재물을 바라지 않고, 이미 귀한 지위에 있는 사람은 더 이상의 세력을 바라지 않는다. 이미 자신이 가지고 있는 것에 대해서는 일부러 밖에서 찾지 않기 마련이다. 이로부터 사람들이 선을 행하고자 하는 것은 바로 그들의 본성이 악하기

216) 「性惡」, "人情甚不美."

때문임을 알 수 있다. 이제 사람의 본성에는 본래 예의가 결여되어 있다. 그렇기 때문에 열심히 학문을 해서 예의를 갖기를 추구하는 것이다.[217]

나는 이 구절을 문제의 핵심으로 보는 것이 타당하다고 생각하지만, 좀더 많은 것이 필요하다.

더욱 많은 것이 필요한 이유는 맹자의 노선을 따르는 사람이라면 분명히 다음과 같은 내용의 대답을 할 것이기 때문이다; "그렇기는 하지만, 당신도 인정하듯이 그만큼을 이해하고 있는 사람들은 자신에게 발달된 도덕적 자질이 없다는 사실 때문에 괴로워하면서 자신을 변화시키기 위해 노력한다는 사실에 주목하라. 그러한 감정과 노력은 결국 그들의 일부며, 나아가 도덕적으로 교육을 받을 수 있는 능력 또한 그러하다. 따라서 인간의 본성은 실제로는 선한 것이다." 「성악」의 좀더 앞부분에서 순자는 이러한 맹자적인 입장에 대해 짤막하게 언급한다: 그에 따르면, 맹자는 사람들이 배운다는 바로 그 사실이 성립하기 위해서는 그들의 본성이 선함을 가정할 필요가 있다고 말한다. 그러나 이는 잘못이다:

> 이것은 그[즉, 맹자]가 진정으로 인간의 본성을 이해하지도 못했으며, 인간의 본성과 의식적 행위[僞]를 적절히 구분하고 있지도 못함을 보여준다. 일반적으로 말해서, 본성이라는 것은 하늘에 의해 주어진 것이다. 그것은 배울 수도 없고 노력에 의해 얻을 수도 없다. [반면에] 예의는 성인에 의해 창조된 것이다; 그것은 학문을 통해 할 수 있는 것이고 노력을 통해 완성할 수 있는 것이다. 배울 수 없고 노력을 통해

217) 「性惡」, "凡人之欲爲善者 爲性惡也 夫薄願厚 惡願美 狹願廣 貧願富 賤願貴 苟無之中者 必求於外 故富而不願財 貴而不願勢 苟有之中者 必不及於外 用此觀之 人之欲爲善者 爲性惡也 今人之性 固無禮義 故彊學而求有之也 性不知禮義 故思慮而求知之也."

얻을 수도 없는 것을 본성이라고 한다. 학문을 통해 할 수 있는 것, 노력을 통해 완성할 수 있는 것을 의식적 행위라고 한다. 이것이 바로 본성과 의식적 행위의 차이점이다.[218]

그러므로 결국 순자는 언어적인 입법(linguistic legislation)에 의거하고 있다(내가 생각하기에, 그는 분명히 언어적 법칙을 집행하고 있다고 말할 것이다) : 사람들은 실제로 자신이 필요한 것이 무엇인가를 이해하고, 이를 충족시키기 위해서 의도적이고 지적으로 행동할 수 있는 능력을 가지고 있지만, 이러한 능력은 인간의 "본성"이 아닌 다른 어떤 것, 즉 순자의 표현에 따르면 "[의식적인] 행위"인 것이다.

이 논문에서 처음 제기했던 문제로 되돌아가 보면, 순자가 왜 「왕제」에서 인간과 금수의 차이를 "의식적인 행위[僞]"라고 하지 않았을까 하고 물을 수 있을 것이다. 그러나 분명 인간과 동물의 차이는 그것이 아니다 : 아마도 순자가 보기에, 하등 동물에게도 어느 정도 지적인 측면에서 방향성을 가진 행동이 있음은 이미 증명된 것이었을 듯하다. *213* 이러한 분석이 옳다면, 순자가 보기에 인간을 구분해주는 특징은 바로 이러한 지적인 행동에 도덕적 형태를 부여하는 능력인 것이다. 만약 그렇다면 우리는 왜 순자가 의(義), 즉 [내용이 없는] "도덕감"을 인간 본성의 일부로 간주하는 데 대해 반대하는가를 알 수 있다. 순자의 입장에서 보면, 의(義)란 자신들이 필요로 하는 것을 인식하고 그것을 충족시키기 위해 지적으로 행동하는 능력의 일부(그리고 진정으로 인간적인 부분)여야 한다. 하지만 그렇다면, 인간들이 의(義)를 가지고 있다는 것은 자신들이 살아나가야 할 도덕적 세계를 생산해내는 존재라는 것

218) "是不及知人之性 而不察乎人之性僞之分者也 凡性者 天之就也 不可學 不可事 禮義者 聖人之所生也 人之所學而能 所事而成者也 不可學不可事而在天者 謂之性 可學而能可事而成之在人者 謂之僞 是性僞之分也."

뿐 아니라 그들이 도덕적으로 느끼고 생각할 수 있다는 의미도 또한 가지고 있는 것이다.

제 3 부

제14장
왕양명의 철학

1. 서 언

오늘 저녁 나는 왕양명(王陽明)에 관한 몇몇 사항들에 대해서는 상세하게 논하지 않을 것이다. 그의 생애에 관해서는 다음과 같은 몇 가지 사항들만 말해두고자 한다 : 그는 1472년에 태어나 1529년에 죽었다 ; 그는 관료였으며, 후에는 장군이 되어 중국 중부와 남부에서 발생했던 폭동을 진압하는, 수차례의 중요한 군사 작전을 지휘했다 ; 그리고 1520년경에는 이미 도덕 교사로 유명해져 있었다. 나는 그의 정치 철학에 대해서도 다음과 같은 몇 가지만 언급해두고자 한다 : 후대의 많은 유학자들처럼 왕양명 역시 상상 속에 그려진 상고 시대를 이상화했던 공상적 이상주의자였다 — 양명의 생각에 따르면, 상고 시대의 사회는 한 몸의 여러 부분들처럼 감정과 목적이 서로 밀접하게 얽혀서 하나의 통일체를 이루고 있었던 것이다(142-143)[219] ; 그리고 왕양명은 다음과 같은 일종의

219) 『전습록』의 번호다. 아래도 모두 동일하다.

도가적인 반지성주의적 신념을 가지고 있었다 — 1) 문명 사회는 (단지 정보라는 측면의) 지식과 문학적 기교에 너무 높은 가치를 부여하게 되었으며, 2) 진정으로 훌륭한 사회라면 지식과 문학적 기교 두 가지 모두를 사람들이 유덕하고 비이기적일 수 있도록 교육시키는 데 필요한 만큼만 남겨두고 없애버릴 것이다(11).

나는 그의 사유에 담긴 이러한 요소들로 인해 혼란을 느꼈음을 덧붙일 것이다. 그가 열정적으로 묘사한 유토피아의 호소력을 매우 잘 느낄 수 있지만, (동시에) 그러한 사회는 본질적으로 전체주의적이라는 사실을 알고 있기 때문이다 ; 그리고 현재 대학에 다니는 세대보다 나이가 많은 20세기의 미국인으로서, 나는 이와 같은 아름다운 이상이 매우 끔찍한 어떤 것의 기반이 될 수 있음을 알고 있다. 그가 반지성주의적 태도를 취했다는 사실은, 이해 가능하기는 하지만 매우 슬픈 일이다. 그러나 그것은 혼란스럽기도 하다 : 이러한 반지성주의적인 모습과 공상적 이상주의 양자 모두에서 그가 가지고 있는 사유의 여러 부분과 연관되는 측면을 볼 수 있으며, 그러한 부분들이 언제나 설득력을 갖는 것은 아니지만, 나에게는 아주 흥미롭고 매혹적이기 때문이다 ; 그리고 이러한 연관성은 필연적인 것일 수도 있기 때문이다. 만약 그렇다면, 내게는 차라리 다루지 않았으면 하는 갈등이 있게 된다.

2. 심학(心學)

중국인들은 대상을 깔끔하게 정돈된 상태로 이해하기 위해 이름을 사용해왔다. 그리고 왕양명과 같은 류의 유가 도덕 철학에 대해 그들은 심학(心學)이라는 이름을 사용해왔는데, 이 말에 대해서는 "글자 그대로" "심리철학"이라고 번역하고 싶은 유혹이 생긴다. 218 하지만 심리철학이라는 말은 물론 우리 서양인들이 대상을 정돈된 상태로 잘 이해하기 위해 사용하는 이름 가운데 하나며, 따라서 그에 대해서는 즉시 주의를 기울여야만 한다.

양명의 사상을 담은 글 가운데에는 때로 『어낼러시스(*Analysis*)』와 같은 현대의 철학 잡지에나 나오는 짧은 주석들만으로도 거의 독해가 가능한 쪽들이 있다 ; 그러나 이러한 부분에만 초점을 맞추고 그 나머지 부분에 대해서 관심을 두지 않는다면, 오해의 소지도 많을 뿐 아니라 양명을 대하는 자세로서도 공정치 못하다. 철학적인 저술과 담론을 할 때, 양명은 동시에 종교적인 실천을 행하고 가르침을 펴는 것이기도 했으며, 이러한 사실을 잊지 말아야만 어떤 일들이 일어나고 있었는지 이해할 수 있다. 철학자로서 양명은 다음과 같은 많은 "표준적 문제들"에 관심을 가지고 있다 : 마음과 몸의 관계 ; 자연에서 마음의 위치 ; 마음의 작동 방식 ; 정신적인 것과 겉으로 드러난 행위의 관계 ; 생각과 지각 및 가치 평가의 관계 ; 지각과 실재의 관계 등. (내가 생각하기에 그는 자유 의지와 결정론의 문제를 전혀 다루고 있지 않으며, 후에 살펴보겠지만 그 이유가 흥미롭다.) 그는 무엇이 좋고 나쁨을 안다는 것이 무슨 뜻인지에 강한 관심을 가지고 있으며, 끊임없이 도덕적 경험에 대해 내면적으로 현상학적인 측면에서 엄밀하게 조사하는 작업을 행하고 있다.

그러나 양명은 이러한 주제들에 대해 이론적 탐구의 대상으로서 흥미를 가지고 있는 것이 아니다. 그는 항상 사람들과 사회를 바로잡고 사람들에게 어떻게 하면 더 나은 사람이 될 수 있는가를 가르치는 데 관심을 가진 도덕가였다. 그리고 여러 가지 측면에서 볼 때 이렇게 도덕에 헌신하는 철학은 동시에 종교이기도 하다.

(i) 양명은 놀랄 만큼 완벽한 진지함을 보여준다. 그는 거의 메시아

적인 사명감을 가지고 있다. 그는 자신의 고통스러운 경험을 통해 사람의 마음속에 있는 기생충을 제거해서 사람들로 하여금 스스로에 대해 평정심을 갖게 하고, 모든 행동을 하는 데에서 근심 없이 확신에 찬 마음을 갖게 하는 방법을 알게 되었다(양명은 "하늘[天]"이 그에게 이러한 방법을 가르쳐주었다고 말한다) ; 그리고 그는 모든 사람들에게 그런 식으로 방향 설정을 다시 해줄 수 있다면, 지금은 비참하고 추한 그들의 사회 생활이 아름답고 행복하게 될 것임을 잘 알고 있다. 이러한 점을 알기 때문에 그는 (그 자신에게 거의 울부짖듯이 말한다) 설사 일반 "선비들"의 비웃음을 살지라도 "백성들을 고통과 곤경으로부터 구해"주어야만 한다(181). 양명은 이렇게 "구제함"에 전적으로 헌신하게 만드는 힘을 자기 존재의 표현으로 본다 ; 맹자처럼 그것을 모든 인간들에게 공통적으로 존재하는 본성의 구성 요소로 본 것이다. 이런 삶을 선택하면서도, 그는 자신이 어떤 "다른" 힘을 가진 존재에 대한 의무를 행한다고는 생각하지 않았다.

(ii) 우리는 양명이 철학적 도가, 초기 유가의 도덕 신비주의자 그리고 대부분의 불교도들과 우리에게도 친숙한 사유 구조를 공유하고 있음을 알게 될 것이다. 초월적이고 내재적인 고차원적 실재가 존재하며, 일반적으로는 알지 못하지만 모든 사람들은(그리고 아마 심지어는 모든 사물들까지도) 어떤 식으론가 그 실재를 어느 정도 가지고 있다. 이러한 사실을 알지 못하면, 다양한 형태로 사유해보더라도 결과적으로 여러 가지 측면에서 만족스럽지 못한 삶을 살게 될 수밖에 없다 : 보잘것없거나 비효율적이거나 불행하거나 비참하다. 역으로 "앎"으로 간주되는 것은 덕, 힘 혹은 행복을 가져다준다. ***219*** 이러한 종류의 사유 가운데 진정으로 종교적인 형태에 속하는 입장에서 보면, 계몽된 상태의 가치란 많은 경우 그 시간적인 길이가 중요하지 않아보이는, 따라서 사후(死後)의 삶도 중요하지 않아보이는 그러한 것이다. 어쨌든 양명에게는 그것이 중요치 않다.

바람직한 앎이란 앎의 주체가 앎의 대상을 포착하거나 이해하는 것이 아니라, 앎의 주체를 대상으로부터 주관적으로 분리시키는 혼동의 장막을 걷어내는 것이다. 이러한 앎을 명제의 형태로 표현한다면, 그것은 이미 은연중에 그러한 분리를 암시하는 듯하다 ; 명제란 그 자체가 아닌 무언가에 관한 것이며, "진정한" 앎에서 우리가 원하는 것은 실재 그 자체이기 때문이다. 따라서 이러한 철학은 더 정확히 말해서 다음과 같은 측면에서 "신비적"이다 ; 최상의 진리는 문자를 통해서는 어떤 방식으로도 표현될 수 없으며, 아마도 모든 진리가 그러할 것이다. 그렇다면 언어란 단순히 도구로 간주되며, 언어의 정합성도 반드시 지켜야만 하는 것은 아니다 ; 그리고 그러한 사상가들은 당황스럽게도 "참(true)"과 "실재하는(real)"이라는 술어를 혼용하는 특징을 가지고 있는데, 나와 같은 사람은 일목요연함에 대한 강박 관념 때문에 그 술어들을 지속적으로 구분하길 좋아한다. 신비주의자는 참된 것을 포착할 때 실재하는 것을 포착하고 있는 것이다 ; 그리고 실제로는 "포착(捕捉)하다"는 것 자체가 잘못된 비유에 불과하다.

이러한 사유 방식을 가지고 있는 유학자들은, 도가와 불가 양자 모두가 사회적으로 공인된 일반적인 도덕적 선을 거부하는 데 반해, 자신들은 그것을 거부하지 않는다는 점에서 그들과 다르다고 생각한다 : 초기 도가는 도덕적 기준이란 인간의 본성을 왜곡시키는 관습이라고 여겼으며, 후기 도가는 영생이라는 목적을 지향하는 본질적으로 이기적이고 정적주의(靜寂主義)적인 개인의 철학을 가지고 있었다 ; 불교에서는 도덕 규범을 여러 가지 형태의 집착으로 간주하며, (예를 들어 탐욕과 같은) 다른 형태의 집착만큼 고통을 주는 것은 아니지만, 도덕 규범이 개인을 계몽되지 못한 존재라는 비참한 상황 속에 빠뜨리는 것으로 본다. 이러한 사유 방식들이 아주 매력적인을 느끼기는 하지만, 양명은 본질적으로 유학자다 ; 그는 자신이 그런 사상들과는 대조적으로 도덕적 선을 최고의 앎과 동일시하고 있음을 밝힌다 — 따라서 그에게 이러한 도덕적 진리(실재?)를 실현하여 계몽된 상태가 된다는 것은 도덕적으로 완벽한 "성인"이 되는 것을 의미한다.

3. 목 표

따라서 양명의 종교는 헌신을 통해 구원을 얻는 유신론이 아니라 자기 변화의 종교다. 그러나 양명의 종교에도 헌신을 통해 구원을 얻는 것과 놀랄 정도로 유사한 측면이 있다. 양명 및 그의 "제자들"과 같은 방식으로 자기 삶의 방향을 전적으로 재정립하기 위해서는 반드시 무언가에 강력하게 끌려야만 하며, 양명의 글을 사려 깊게 읽어본 독자라면 그가 목표로 하는 "성인"이라는 상태가 "천국"에서의 해방과 관련된 어떤 종교적인 입장 못지 않게 강한 매력을 가지고 있음을 알게 된다. 양명과 그의 제자들은 그에 대해 말로 표현할 수 없는 완벽한 기쁨을 느끼면서 저절로 춤이 나오는 상태라고 묘사한다. 양명의 학생 가운데 한 명은 도가의 언어를 자유롭게 사용하면서, 자신의 선생에게 심리적으로 얽혀 있는 상태에서 벗어나서 "조물주와 더불어 우주에서 노닐 수 있도록" 도와달라고 간청한다(162).

하지만 양명의 종교에도 신처럼 헌신을 하거나 믿어야 하는 어떤 대상이 있는가? *220* 실제로 그렇다. 그가 철학자임을 확인시켜 주는 개념인 마음은 그의 종교의 핵심이다. 몇몇 종류의 불교에서처럼 양명에게도 마음은 하나다 ; 내 마음 혹은 네 마음으로 개별화되어 있는 것은 사실이지만, 그러나 하나다 — 그의 표현에 따르면 모두가 다 똑같이 "이 마음"인 것이다. (실재하는) 마음은 참인 것, 즉 "자연(하늘)의 이치"와 같으며, 모든 도덕적 진리와 같다. 마음이 내 안에서 발현되면 그 속에는 욕구와 생각 그리고 심지어는 혼동과 이기적인 충동까지 포함되지만, 그러한 혼동과 이기심을 분명히 인식하는 작용 또한 포함된다 ; 그것은 내면의 "빛나는 마음"이며 주인이며 선생이며, 나 자신인 동시에 타자이기도 하다 — 적어도 내 입장에서 그것을 가지고 있음에 대해 자부심을 가지는 것은 전혀 정당하지 못하며, 오직 그 소리를 듣고, 그에 주의를 기울이고, 그것을 믿고 존중하며, 그에 복종해야 한다는 의미에서는 그러하다. 양명은 만년에 마음의 이러한 측면을 무엇이라 불러야 할지 발견하게 된다. 양명은 그것을 양지(良知), 즉 "순수한 앎"이라고 불렀다(그 말과 그에 담긴 생각 중 일부는 『맹자』 7A15에서 따온 것이다). 양명에게 그것은 "내면의 신(神)"인 동시에 외면에도 존재한다. 양명과 그의 제자들은 그것을 여러 편의 시 속에서 묘사하고 있는데, 우리는 그것을 찬송가로 보아야만 한다 :

> 양지는 많이 듣는 것과 무관하니 ;
> 우리의 여러 요소들이 신비스러운 합일을 이룰 때 그 뿌리는 이미 내려져 있네 ;
> 좋아함과 싫어함에서 그것을 따른다면 그것이 성인의 학문이고,
> 앞으로도 뒤로도 기대는 일없이 사물을 받아들일 때, 거기에 하늘의 이치가 존재한다네.(219)

그의 제자 가운데 한 사람은 위와 같이 적고 있다. 양명 자신은 어떤 시 한 수를 다음과 같은 말로 맺고 있다 :

> 무수히 많은 성인들은 모두 스쳐 지나가는 그림자요 ;
> 양지야말로 나의 스승이리네.

양명의 철학 이론과 그에 암시되어 있는 내적인 정신 작용에 대한 현상학적 묘사는 모두 "학생들"을 그들이 말하는 이른바 "공

부(工夫 혹은 功夫)"로 이끄는 것을 그 목적으로 한다 ; 여기에서 "공부"란 이 내적인 목소리가 분명하게 말을 할 수 있도록 하고, 우리가 반드시 언제나 그것을 따르도록 하기 위해서 끝없이 스스로를 검속하고 변화시키는 "노력"이다. 양명에게 이렇게 "노력"하는 삶은 끊임없이 기도하는 적극적인 삶이었다고 묘사하더라도 전적으로 잘못된 것은 아닐 것이다.

4. 양명의 세계관

철학적 이론가로서 양명에게 주목하기 위해서는 주의가 필요하다. 때때로 그는 세밀한 분석적인 모습을 보여주며, 사람들이 바르게 되어야 한다고 주장하는 몇 가지 입장들을 가지고 있다. 그러나 많은 경우 양명은 일종의 개념으로 된 음악을 연주하고 있는 듯하다 ; 그가 개념을 사용하는 것은 정확한 설명을 위해서가 아니라 사람들에게 미칠 영향을 위해서다. 이러한 표현 방식 자체가 아마도 이론을 의식적으로 적용한 것이라고 해야 할 듯하다 : 리(理), 즉 "이치"는 "사물들"과 분리될 수 없으며, 따라서 선생이 이러저러한 종류의 상황에서 어떻게 행동해야 할지에 대해 언제나 타당한 일반화된 원칙 속에서 이야기할 수는 없다. *221* 그러므로 한편으로 특정한 어떤 시점에서 학생은 자신에게 적절한 접근법을 가진 특정한 구체적인 상황에 처해 있는 것이며, 그러한 상황과 관련해서 이전의 상황들로부터 전수받을 수 있는 것은 전혀 없다. 다른 한편으로 선생은 (지금 자기의 문제와 내적인 혼란을 가지고 있는 특정한 구체적인 학생이라는) 자신의 문제를 가지고 있다. 따라서 가르침은, 설사 그것이 옳다고 하더라도, 일종의 구체적인 상황에 적용되는 "1회분의 약"으로 간주되어야만 한다.

양명이 이 문제에 대해 민감했다는 사실은 그가 자신의 가르침이 책으로 출판되는 것을 싫어했으며, 심지어는 글로 옮겨지는 것조차 싫어했다는 점에서 거듭 드러난다. 양명의 제자이자 매제(妹弟)로, 아주 젊은 나이에 죽었지만(양명보다 10년 이상 일찍 죽었다), "선생님"과의 첫 번째 대화록을 모아놓은 서애(徐愛)는 자신이 쓴 서문들 가운데 한 곳에서 이 문제를 재미있게 비꼬고 있다. 서애에 따르면, 자신이 양명의 가르침을 책으로 출판할 생각을 가지고 있다는 말을 듣자 다른 제자 한 명이 그에 반대하면서, 양명이 자신에게 자기의 말을 받아 적지도 말라고 했다고 말한다 — 양명에 따르면 그의 가르침은 "치료약과 같은" 것으로, 오직 그러한 가르침이 있게 한 상황만을 위해 내놓았다는 것이다. 서애는 아마도 그럴 것이라고, 다시 말해서 양명이 실제로 다른 어떤 때 다른 제자에게 그러한 "가르침"을 주었던 듯하다고 생각에 잠겨 말한다. 그러나 지금 내가 그때의 그 가르침에 얽매인다면, 나는 우리 선생님이 그 가르침 속에서 해서는 안 된다고 말한 바로 그것을 하고 있는 것이 아닌가? 다시 말해서 과거의 특정한 상황에 대한 가르침을 또 다른 상황에 적용할 수 있는 것으로 여기는 것이 아닌가? 조금 더 생각해보고 나서, 서애는 자신의 계획을 정당화하는 데 거의 문제를 느끼지 못하게 된다 — 다행스러운 선례임이 분명하다.220)

이러한 점에 주의하면서, 세계와 인간 그리고 마음이 어떻게 하나로 통합될 수 있는지에 대한 양명의 입장을 주의 깊게 살펴볼 수 있다. 그것이 전적으로 정합적인 일련의 생각들은 아니지만, 결단코 양명이 그러한 것을 제시하고자 한 적도 없다. 그러나 실제

---

220) 양명의 말을 있는 그대로 받아들인다면, 니비슨도 양명에 대해 글로 설명해서는 안 된다. 양명은 서애의 선례를 들어 자신이 "말할 수 없는 것을 말하는 것"에 대해 유머러스하게 정당화한 것이다.

로 전반적인 방향은 존재한다. 양명은 마음과 몸의 이원성을 부인한다(혹은 그러한 경향이 있다). "참된 자아"인 마음이 없다면, 눈은 참으로 아무것도 보지 못할 것이다 ; 그러나 이는 단지 "참된 자아가 없다면 몸도 없을 것이다"(122)라는 의미에 불과하다. 다시 말해서 만약 마음을 일종의 "기계 속의 유령"[221]으로 간주하고 있다면, 우리는 또한 사고를 전환해서 그 유령이 "기계"를 구성하고 있는 것으로 보아야 한다. 또 다른 곳에서 그는 더 자세하게 말한다 :

> 귀, 눈, 입, 코 그리고 사지는 몸의 일부분이다. 그렇지만 마음이 없다면 그것들이 어떻게 보고 듣고 말하고 행동할 수 있는가? 다른 한편으로 귀, 눈, 입, 코, 사지가 없다면 마음은, 그렇게 하기를 원한다해도 보지도 듣지도 말하지도 행동하지도 못한다. 그러므로 마음이 없다면 몸도 없을 것이고 몸이 없다면 마음도 없을 것이다. 공간을 차지하는 어떤 것으로서는 몸이라고 부르고, 주인으로서는 마음이라고 부른다(201).

아마도 이는 일종의 "동일성 이론(identity theory)"[222]이겠지만, 마음을 물질로 환원시키지는 않는다. 오히려 마음과 몸이란 동일한 대상을 묘사하는 동등하고도 적절한 방식인 듯하다.

---

221) 이는 길버트 라일(Gilbert Ryle)의 『마음의 개념(*The Concept of Mind*)』에 자주 나오는 표현으로, 데카르트가 정신과 육체를 서로 다른 두 개의 실체로 본 것을 비판하는 말이다. 데카르트에 따르면, 정신은 사유하지만 연장이 없는 실체며, 육체는 사유하지 않으면서 연장을 가진 실체다. 인간은 이렇게 서로 독립된 두 실체로 이루어져 있다는 것이다. 이 두 실체가 어떻게 영향을 주고받는가 하는 난점이 존재함에도 불구하고 이는 일반적으로 받아들여져 온 구도다. 라일은 이러한 구도 자체가 일종의 범주적인 오류를 범하고 있는 것이라고 비판하면서 이러한 표현을 사용한다.

222) 일반적으로 "동일성 이론(identity theory)"이란 모든 정신적 속성은 육체적 속성과 동일하다는 주장을 가리킨다.

이러한 상호성을 마음과 세계의 관계에 대한 양명의 입장에서 볼 수 있다. 먼저 나의 마음이 나의 세계와 맺는 관계의 문제가 있다. *222* 이 문제에서 양명은 때로 거의 버클리와 같은 입장을 취한다. 양명에 따르면, 나의 "명백한 지적 능력"은 천지 만물을 지탱해주지만, "천지 만물과 분리되어서는 나의 명백한 지적 능력도 존재하지 않을 것이다." 하지만 어떻게 내가 더 이상 존재하지 않는다고 해서 "천지"와 만물이 더 이상 존재하지 않는다는 말인가? 양명은 대답한다 : "죽은 사람을 생각해보라. 그 사람의 정령(精靈)은 여기저기 표류하다가 흩어져버린다. 그 사람의 천지와 만물이 어디에 있단 말인가?"(337)[223] 그러나 양명은 이를 정반대로 돌려놓을 수 있다. 우리는 "마음"을 가지고 "지각한다" ; 다시 말해서 상황 속에 내재한 필요한 것들, 즉 우리가 해야 할 일에 반응한다 — 사고(思考)의 기관으로서 제한된 의미의 "마음"이라는 측면에서 보면 그렇다. 그러나 감각 기관과 "마음"에는 그 자신의 "실체"가 없다 : 감각 기관과 마음은 그 대상을 실체로 삼는다(277). 이 마지막 생각은 '적절하게 기능하는 마음'이라는 양명의 이상과 연결되어 있다 : 마음은 거울처럼 지금 이 순간 대면하는 상황의 모든 측면에 전적으로 완벽하게 반응한다(21). 과거의 "영상(影像)"이 남아서 현재의 상을 해치는 일은 결코 없으며, 현재의 상이 지나간 뒤에도 어떤 것이 남아서 그 다음의 상을 해치는 일은 결코 없다.

마음과 우주가 "한 몸"이라고 주장할 때 양명이 하는 말은 다소(혹은 아마도 그 이상일 수도 있다) 다르다. 양명의 입장에서 보면, "내" 마음에 대해서는 이러한 주장이 성립한다 — 예를 들어 밤에 잠을 자는 이유에 대해 다음과 같이 설명할 수 있다 :

---

223) 337번으로 되어 있지만 실제로는 336번의 말미에 나오는 내용이다.

> 어두워지면 사물들이 휴식을 취하는 것은 우주의 일반적인 법칙이다. 밤이 되면 하늘과 땅을 구분할 수 없게 된다. 형태와 색깔도 모두 사라진다. 사람도 또한 귀로는 아무것도 들리지 않고, 눈으로는 아무것도 보이지 않으며, 모든 구멍들이 닫히게 된다. 이때는 "순수한 앎[良知]"이 모여서 집중되는 때다. 천지가 다시 열리면 만물이 드러나고 생장한다. 사람도 또한 이제 눈과 귀를 통해 보고 듣게 되며, 모든 구멍들이 열리게 된다. 이때가 바로 "순수한 앎[良知]"의 놀라운 작용이 시작되는 때다. 이를 통해 인간의 마음과 천지가 한 몸임을 알 수 있다(267).

그러나 양명이 여기에서 실제로 언급하고 있는 것은 이 마음, 저 마음을 포함하는 모든 마음이 아니다. 양명에 따르면, "사람들이 분리되는 것은 그들의 육체적 형상과 몸 때문이다"(337).[224] 간단히 말해서, 마음이라는 측면에서 보면 우리는 하나며, 우리가 고려해야만 하는 것은 "우리의 마음"이 아니라 "이 마음"이다. "내 마음"이 내 몸의 마음인 것과 똑같이 "이 마음"은 우주의 마음이다. 두 경우 모두 "마음"과 "몸"은 상호 의존적인 존재며, "동일한 기(氣)를 공유하고" "서로 상통한다." 따라서 "인간에게 내재된 양지가 없다면, 초목과 기와와 돌은 존재할 수 없다"(274). 음과 양이라는 우주적인 기(氣), 고요함[靜]과 움직임[動]이라는 상태는 우주와 우리의 마음에 똑같이 드러나며, 양명이 이러한 종류의 언어를 사용할 때(예를 들어 157에서처럼), 때로는 그가 마음과 우주 가운데 어떤 것에 관해 이야기하고 있는 것인지를 구분할 수 없는 경우도 있다. (142-143 그리고 179-180에서 두드러지게 보이는) 양명의 공상적 이상주의는 마음과 우주에 대한 이러한 입장으로부터 직접적으로 도출된 것이며, 계몽된 사람이 그러한 이상향을 현실에 존재하도록 하는 데 관심을 가진다는 것도 또한 그러하다: *223*

224) 역시 336에 나오는 내용이다. "人只爲形體自間隔了."

사람은 천지의 마음이다. … 민중의 고난과 곤궁함 가운데 내 몸의 병과 고통이 아닌 것이 있는가? … 만약 세상의 군자가 자신의 양지를 확장하는 데 몸바쳐 노력한다면, 그들은 자연스럽게 … 다른 사람들을 자기 자신의 몸과 같이 여길 것이며, 다른 나라의 사람들을 자신의 가족과 같이 여길 것이다. … 그렇게 되면 세상이 무질서하기를 원한다 하더라도 그렇게 될 수 없을 것이다(179).

5. 왕양명의 철학적 심리학

보편적인 도(道)는 내 안에서 다음과 같은 방식으로 작동한다(이에 대해 왕양명은 다른 신유학자들처럼 자신의 입장과 언어의 많은 부분을 『중용』의 첫 장에서 취하고 있다[225]) :

(i) 감정, 정서, 욕구, 의도, 생각에 대한 능력이 발현되기 이전의 "평형[中]" 상태에서는 순수한 잠재적인 심리 상태인 마음 그 자체[體]가 있다고 말할 수 있다. 이것이 "고요함[靜]"이라는 측면이다.

(ii) 작용하고 있는[用] 마음이 있는데, 그 작용이 이상적으로 이루어지면, 모든 정서와 의도와 생각이 균형과 리듬에 따라 정확히 적절함을 유지할 것이다. 여기에서 마음은 "조화[和]"의 상태, 즉 "감정이 발현된 상태"에 있다고 말한다.

송명대의 많은 유학자들에게 이 두 가지는 시간적으로 분리된 "상태"며, 마음을 안다고 하는 종교적인 목표는 마음을 고요히 함에 의해 추구하는 것이고, 마음을 "그 자체"로 되돌리는 것이다.

---

225) 원문에는 이 다음에 "[『중용』은] The Doctrine of the Mean이라는 제목으로 흔히 알려져 있는 작품이다"라는 문장이 들어가 있다. 이는 영어권 독자를 배려한 설명이며, 우리말 번역에서는 필요 없는 부분이기 때문에 빼기로 한다.

하지만 물론 이러한 노력 그 자체도, 사람들이 바라는 자기-알기처럼 "작용"일 것이다. 이를 알고 있기 때문에, 양명은 그 두 상태가 글자 그대로 "이전"과 "이후"가 아니라고 주장한다. 심지어는 잠을 자는 것도 작용이다(267). 마음을 알고 그에 관해 다룰 수 있는 것은 그것이 작용할 때뿐이다. 그러나 언제나 마음 "그 자체"는 거기에 있으며, 우리는 그것을 "양지"에서 볼 수 있다 — 양지란 마음의 작용 그리고 마음의 대상과 하는 일들 모두를 억지로 힘들임 없이, 그리고 끊임없이, 마음이 스스로 평가하는 것이다.

이는 대다수의 사람들이 거의 언제나 경험하는 주관적인 정신 상태를 묘사한 것이 아니다. 양지가 그렇지 못한 것이 바로 악의 존재 모습이다. 악이 생겨나는 것은 어떤 이질적인 이치가 마음속으로 주입되기 때문이 아니다. 악이란 마음 자체가 왜곡된 방식으로 작용하고 있는 것이다(228). 조화가 실현되지 못하는 것은 한 가지 정신적 활동 때문에 주의를 기울이지 못해서다 : 우리는 그것에 "집착하게" 되고, 그렇지 않았다면 순수하고 자연스러웠을 충동, 의도 혹은 생각(이를 모두 총칭해서 말하면 "욕구"다)이 "이기적인 욕구"가 된다. 이런 일이 생겨나도록 놓아둘 때 우리는 "스스로를 기만하는" 것이다 ; 우리에게 이것은 충족시켜야 하는 욕망이며, 마음이 상황에 맞게 균형 있고 적절하게 총체적으로 반응할 가능성은 사라진다. 이러한 일이 발생하게 되면, 양지의 빛은 여전히 거기에 있다 하더라도 태양이 구름에 의해 가려질 수 있는 것처럼 "가려져서(obscured)" 사라져버린다. ***224*** 그러나 그 흐릿해진 빛을 얼핏이라도 볼 수 있다면, "양지"는 이러한 내적인 상황에도 반응하여 그것이 잘못되었음을 알게 된다.

도대체 악은 왜 생겨날까? 내가 생각하기에 양명은 이에 대한 진정한 대답을 가지고 있지 않다. 그는 일종의 결정론적인 설명을 해준다. 우리 가운데 극소수는(여기에서 그는 다시 『중용』 20장을 따른다) "이해 능력을 가지고 태어나지만", 대부분은 극도로 "가려진" 채로 태어나며, 스스로를 향상시키는 오랜 과정을 거쳐야만 비로소 바르게 될 수 있다. 양명도 또한 맹자처럼 우리가 "오고 가는 사물들에 의해 혼동과 곤란을 겪는다"고 말한다(311) — 환경과 세상의 보잘것없는 측면들로 인해 우리는 시간이 지나면서 무뎌 간다. 그러나 양명의 결정론은 강한 것이 아니다. 그는 맹자보다 더 강력하고 노골적인 의지주의자다. 결정론에서는 선택의 원인을 과거의 물리적 사건으로 추적해갈 수 있으며, 주관적인 삶을 실재하지 않는 부수적인 현상이라고 생각한다 ; 이 두 가지 가운데 어느 쪽에서 보더라도 그는 실제로 결정론자일 수 없다 ; 우리 자신과 대조되는, 인과적 필연성에 의해 지배되는 순수한 물리적 자연 세계는 존재하지 않기 때문이다. 우주는 "이 마음"의 몸이며 정신과 혼연일체가 되어 있다 ; 그것은 "타자"가 아니라 우리와 "한 몸"이다.

그러나 양명이 악에 대해 설명하지 않는다고 해서 그것을 벗어날 수 없는 것으로 보는 것은 아니다. "자신의 실체를 잃은" 악한 사람조차도 여전히 그 실체를 가지고 있으며 그것을 다시 찾을 수 있다. 도둑이라도 면전에서 도둑이라고 부르면 얼굴을 붉힐 것이다(207). 양명은 실제로 악을 이론적으로 설명하는 데에는 흥미가 없다. 그가 문제삼는 것은 우리를 악에서 벗어나도록 인도하는 것이다.

6. 양명의 사유 — "道(Way)"

양명의 종교는 자기 변화의 종교다. 선(善)한 상태 [illegible] 전혀 근심은 없으면서도 일이 잘 되어가고, 반응할 때마다 언제나 "양지"의

빛이 비추어주며, 마음이 거울과 같아서 "조물주와 더불어 우주에서 노니는" 상태 — 는 도달 가능한 것임에 틀림없으며, 자신을 신에게 던져 은총을 얻기 위해 기도하는 것과는 어떤 측면에선가 다르다. 양명의 종교에서는 자기 수양을 위한 프로그램이 필요한 것이다.

"문제가 되는 어떤 특정한 상황에서 도덕적으로 완벽해진 사람이라면 누구나 '내적인 앎'의 소리를 본질적으로 같은 방식으로 '들을' 것이다"라고 말하지 않는다면, "진정으로 선하거나 옳은 어떤 것이 존재한다"고 말하는 동시에 "모든 '규범'은 전적으로 상황에 따라 다르다"고 말하는 것은 무의미하다. 그리고 양명은 반복적으로 이 점을 단언한다. 완벽해진 두 사람이 행위나 판단을 통해 반응하는 방식은 정원의 두 그루 대나무처럼 유사하다(293) — 이는 정확히 똑같다는 것이 아니라 충분한 유사성을 가지고 있다는 뜻이다. 둘 다 "독창적(original)"[226]이지만 둘 다 옳다고 말할 수 있는 것이다.

하지만 여전히 이러한 사실만으로는 실제로 흥미로운 윤리가 되지 못한다 ; 그렇게 되기 위해서는 도덕적으로 완벽한(완벽한 지각 능력을 발휘하는) 사람과 도덕적으로 "가려진(은폐된)" 사람 사이의 차이점을 지적해내고, 현재 지각 능력을 잘 발휘하지 못하는 상태에 있다면, 그것을 잘 발휘할 수 있는 길로 나아갈 수 있도록 인도받을 수 있어야만 한다.

양명의 자기 수양 프로그램은 당시에 흔히 사용되던 더 많은 개념들에 의존하고 있지만, 양명은 어느 정도의 수정 작업이 필요하다고 생각하게 된다. *225*

226) 여기에서 "독창적"이라는 말은 창의적이라는 의미가 아니라, 기존의 어떤 것에 의지하지 않고 순수하게 상황에만 의거해서 나름의 판단을 내린다는 뜻이다.

1) 자기 수양

양명 이전 이미 수세기 동안 받아들여지던 의견이 있었다. 주희(1130~1200)가 주목한 고전 텍스트(아마도 기원전 3세기의 작품일 것이다)에서는 사회적으로 효율적 업무 수행을 해내고 도덕적으로도 완벽하게 되기를 바라는 사람들을 위한 짤막한 수수께끼 같은 도식에 대해 말하고 있다 : 외적인 효율성은 내면을 완벽하게 하는 데 달려 있다. 그 텍스트의 내용을 설명해보면 다음과 같다 : 우리는 "자신의 몸을 수양해야[修身]" 한다 ; 이 목적을 위해서는 "자신의 마음을 바로잡아야[正心]" 한다 ; 이를 위해서는 "자신의 생각을 진실하게[誠意]" 해야 한다 ; 이를 위해서는 "자신의 앎을 확장시켜야[致知]" 하며, 이는 "사물을 탐구하는 데[格物]" 달려 있다. 주희는 이 텍스트를 쓴 사람이 공자라고 믿었다. 그 내용은 중국 철학의 기본적인 관용 어구에 포함되었다.

마지막 구절은 문헌학자의 입장에서 보면 기뻐할 만한 것이다. **경전 그 자체**의 맥락에서 그 진정한 의미가 무엇인가는 아무도 알 수 없을 것이다. 주희는 그 구절이 다음과 같은 의미라고 생각했다 : "지식을 확장시키기" 위해서는 많은 독서를 해야만 한다 ; 다시 말해서 사회의 도덕적 규칙과 기준 그리고 과거의 현명하고 뛰어난 사람들의 가르침에 대해 깊이 있는 지식을 획득해야만 한다. 그렇게 한 다음에야 다음, 그 다음 단계로 나아갈 수 있을 것이다. 최소한 양명은 주희가 의도한 바가 그것이라고 생각했다. 양명이 생각한 것처럼 주희는 먼저 자기 밖의 세계를 연구하여 "이치[理]"(실제로는 사실적인 지식이라고 생각되었지만, 규범적인 종류의 것이었다)에 대한 광범위한 지식을 획득하고 나서, 주희가 "진지함[敬]"이라고 부른 정신적인 훈련을 통해 "자신의 생각을 진실하게" 만들어야 한다 ; 이는 자신의 생각을 "전 포괄적인" 것으로 만드는, 다시 말해서 자신이 가지고 있는 동기 부여의 구조를 객관적인 도덕 질서와 완전히 일치하도록 하는 것이다 — 객관적인 규범에 분명히 존재하는 타자성(otherness)을 극복하여 그 규범을 성향의 일부로 만드는 것이다 ; 의무와 동기 부여 사이의 간극을 메우는 것이라고 할 수 있다.

양명은 그것이 불가능하다고 분명히 말하고(129), 그 텍스트를 재해석하여(다른 모든 사람들과 마찬가지로 양명도 그 텍스트가 공자의 저작이라고 믿는다) 모든 단계를 하나로 만들어버린다 : 무엇보다 우선 "사물"이란 "저 밖에" 있는 것, 다시 말해서 자기 자신과 관련해서 볼 때 "타자"가 아니다. 사물이란 내가 하고 있는 것, 즉 "내 생각의 소재(所在)"[227]와 관련된 것이다(6).

다음으로는 "탐구하다"라고 풀이했던 격(格)에 대해 재빨리 문헌학적 작업을 가한다. 양명은 격(格)을 "곧게 하다", "바로잡다"는 의미로 해석한다 ; 다시 말해서 내가 관련되어 있는 것 그리고 내가 관련을 맺게 되는 과정을 조사함, 사태가 어떻게 진행되어야 하는가를 감지함(어떤 측면에서 보면 여전히 "탐구하다"는 의미다), 내가 그렇게 감각 기능을 가지고 있음을 깨달음, 그리고 사태가 실제로 그렇게 진행되며 나에게는 내가 마땅히 그래야만 하는 방향으로 향하는 성향이 효율적으로 주어져 있음을 아는 것이다.

마지막으로 양명은 "앎[知]"과 "생각[意]"이라는 말의 의미로 옮겨간다. 그는 "앎"을 "순수한 앎" 혹은 타고난 도덕감으로 간주한다 — 이것이 그의 양지(良知) 개념이다(앞에서 말한 것처럼, 그 생각은 『맹자』 7A15에서 나온 것이다). 그것을 "확장하는" 것은 그 속에 함축된 내용을 철저하게 따르는 것, 다시 말해서 그것이 자신의 행동에서 잘 드러나게 하는 것이다(아마도 일반적인 의미에서의 "사물"을 철저히 발견하는 것도 또한 포함될 것이다). (양

227) "意之所在便是物."

명이 말하는 지식을 "확장함(extending)"이란 '자신의 사용하는 어휘의 범위를 넓힘(extending one′s vocabulary)'보다는 '자신의 팔을 뻗음(extending one′s arm)'에 더 가깝다고 할 수 있을 것이다.) *226*

그리고 그는 "생각[意]"을 잠재적인 정신적 기능이 활성화되는 모든 측면, 즉 정서적인 면과 인지적인 면에서 "마음이 발현되는" 모든 측면으로 정의한다. 따라서 양명은 **생각**[意]을 처음부터 **행위**로 정의한다. **양지** 자체는 의(意), 즉 "생각"이며, 때로는 그것의 **일종**(대체로 양명이 그런 식으로 말하지는 않지만, 아마도 분리된 2차적 검색 기능일 것이다)이지만, 모든 "생각"의 한 측면 내지 기본적인 "실체"다.

2) 앎

양명이 이러한 말들을 재정의했음에도 불구하고 어떤 측면에서 보면 양지는 실제로 앎이며, 우리는 실제로 "탐구", 즉 올바르게 행동하는 것 혹은 반드시 (의(意)를 포함한) 자신의 행동이 올바르고[正] 완벽하게[誠] 되도록 하는 것에 의해 일상적인 의미와 같은 무언가 속에서 배운다.

아마도 양명은 다음과 같이 생각하는 듯하다 : 무언가를 만들기 시작할 때 어떤 일이 생겨나는지 생각해보라 — 그것은 서가일 수도 있고 아니면 심지어는 시나 수필 같은 것일 수도 있다(21, 168). 내가 처음에 가지고 있던 의도(생각 / 意)는 완성된 대상을 향해 작업을 해나가는 과정 가운데 형태를 드러내기 시작한다. 이렇게 해야 그 과정이 어떻게 진행되어야 하는지 더욱더 자세히 알게 되며, 미리 그것을 알 수는 없다. 물론 그 일부를 미리 알 수 있으며, 그러한 종류의 일을 기획하는 데에서는 많은 경우 가능한 한 많은 부분을 미리 알아야 하는데, 양명의 비판자들이 계속해서 언급하고 있는 것이 바로 이것이다. 하지만 양명이 끊임없이 주목하고 있는 것은 나의 "배움"이라는 부분인데, 그것이야말로 나의 "사물"이 실재하는 데 본질적인 것이다. 나는 그것을 잘 이해해내고, 그에 관해서 발견해내고, 그것(그리고 나 자신)을 바로잡고, 그것과 나 자신에 관해 탐구하고, 그리고 이러한 앎을 사용하는데, 이 모든 것이 완전히 동시에 이루어진다. 그러나 이러한 과정을 통해 내가 "배운" 것 가운데 이후에 유용하게 쓰일 수 있는 것은 무엇인가? 양명은 "다음 번"을 위해 저장해둘 수 있는 것은 거의 아무것도 없다고 말해야 할 것이다. 내가 배우는 것이란 "양지"의 가르침에 대해 (점차로) 억지스럽지 않게 내 마음을 완전히 개방하는 태도를 유지하는 방법이며, 이를 통해 다가올 다음 상황을 어떻게 다루어야 하는지 알 수 있다. 나의 마음은 완벽한 거울이 된다. 과거에 거기에 비추어졌던 것 가운데 어떤 것도 거기에 달라붙어 있지 않으며, 현재의 상황이 지나가고 난 후에도 아무것도 남지 않게 된다.

따라서 양명이 단순히 문헌학적인 술책을 사용해 "탐구하다"는 의미를 내쳐버리고 있는 듯이 보이지만, 실제로는 그렇지 않다. 격물(格物)의 과정은 '마음의 잠재적 능력'으로부터 '드러난 의도적 행위'로 옮겨가는, 따라서 결정을 내리고 그것을 실행에 옮기는 과정일 뿐만 아니라 무언가를 발견해내는 과정이기도 하다.

사실 외관상으로 볼 때 양명은 인식론적인 측면에서 양지에 관해 과장된 주장을 하고 있다 : 우리가 필요로 하는 것은 그것뿐이다. 그것을 통해 중요한 모든 지식을 얻게 되며, 모든 것의 리(理)는 내 안에 있다.

양명의 제자들은 그에 반대한다 : 책임 있는 도덕적 삶을 살아가기 위해서는 일반적인 의미에서의 정보(예를 들어 부모를 어떻게 봉양해야 하는가, 규칙은 무엇인가)를 얻기 위해 어떤 식으로든 애써 노력해야 하지 않는가? 양명은 다양한 방식으로 대답하는데, 그 가운데 일부는 이미 앞에서 밝힌 바 있다:

(1) 오직 우리의 도덕감을 통해서만 이러한 상황에서 어떻게 해야 하는지 알 수 있다(성왕인 순(舜)에게는 권위 있는 전거(典據)도 선례도 없었다[139]). _227_

(2) 우리는 단순히 밖으로 나가 정보를 모으는 것이 아니다(이는 아마도 많은 음식을 먹고 그 음식이 그냥 위 속에 머물러 있게 하는 것과 같다). 우리는 구체적인 문제에 직면해 있으며 그에 반응한다. 그러한 반응의 일환으로 도서관을 찾게 될 수도 있다. 그렇다면 정보를 수집하는 것은 양지가 작용하는 것의 연장선상에 있을 뿐이다; 이는 서가를 만들 때, 제작 과정 가운데 어떤 지점에 이르게 되면, 작업을 멈추고 접착제를 혼합하기 위해 지시 사항을 읽어보아야 함을 아는 것과 같다.

(3) 돌려 말하면, 사실을 수집하고 있을 때 우리는 선택하고 있는 것이다; 다시 말해서 언제나 가치와 적절성에 대해 판단하고 있는 것이며, 이것이 바로 양지가 작동하고 있는 것이다.

(4) 단순한 지각과 경험을 하고 있을 뿐이라 하더라도, 양지가 주도적인 역할을 한다.

우리는 단순히 존재하는 것을 지각하기만 하는 것이 아니라, 지각한 후에는 한 발 물러나서 그에 대해 어떻게 할 것인가를 "결정"한다. "그에 대해 어떻게 할 것인가", 즉 (그것을 승인하는가 그렇지 않은가 하는) 시비 판단은 "그것"의 일부며, 총체적인 지각 행위가 이루어질 때 동시에 이루어진다; 총체적 지각 행위는 감각적인 동시에 가치 평가적인 것이기 때문이다. 이것이 바로 양명이 자신의 지행합일(知行合一/"앎과 행동의 통일")을 설명하는 방식 가운데 하나다. 그러자 제자 가운데 한 명이 양명에게 와서

반론을 제기한다 :

"… 부모님은 효성스럽게 섬겨야 하고 형은 공손하게 섬겨야 함을 알면서도 실천에 옮기지 못하는 사람들이 있습니다. 이를 보면 앎과 행동이 분명히 다른 두 가지임을 알 수 있습니다."

[양명이] 말했다 ; "그대가 말하는 앎과 행동은 이미 이기심에 의해 분리되어 있으니, 이는 더 이상 그 본래적 실체의 앎과 행동이 아니다. 알면서도 행하지 않는 사람은 없었다. 알면서도 행하지 않는다고 여겨지는 사람들은 아직 알지 못하고 있는 것일 뿐이다. 성현들이 사람들에게 앎과 행동에 대해 가르칠 때는 정확히 말해서 그들이 본래의 실체를 회복하게 하고자 한 것이지, 단순히 이런저런 일을 해서 만족하도록 하고자 한 것은 아니다. 그러므로 『대학』에서는 사람들이 알아야 할 참된 앎과 행동에 대해 지적하면서, 그것은 '마치 아름다운 색을 좋아하고 악취를 싫어하는 것과 같다'고 말한다. 아름다운 색을 보는 것은 앎에 관련된 것인 반면, 아름다운 색을 좋아하는 것은 행동에 관련된 것이다. 그러나 우리는 아름다운 색을 보자마자 이미 그것을 좋아하고 있는 것이다. 먼저 그것을 보고 나서 그것을 좋아하기로 마음먹는 것은 아니다. 악취를 맡는 것은 앎에 관련된 것인 반면, 악취를 싫어하는 것은 행동에 관련된 것이다. 그러나 우리는 악취를 맡자마자 이미 그것을 싫어하고 있는 것이다. 먼저 그 냄새를 맡고 난 후에 그것을 싫어하기로 마음먹는 것은 아니다. 코가 막혀 있다면 악취가 나는 물건이 앞에 있음을 안다 하더라도 그 악취를 맡을 수 없을 것이고, 따라서 그것을 싫어하지 않을 것이다. 그렇다고 해서 나쁜 냄새를 알지 못한다는 결론이 나오는 것은 아니다. 어떤 사람은 효에 대해 알고, 어떤 사람은 공손함에 대해 안다고 해보자. 실제로 효와 공손함을 실천하고 나서야 비로소 그들은 효와 공손함을 안다고 칭해질 것임에 틀림없다. 단지 말로만 보여준다고 해서 그들이 효와 공손함을 안다고 말하는 것은 충분치 못할 것이다. *228* 혹은 고통에 대한 앎을 사례로 들어보자. 고통을 경험해본 후에라야 비로소 고통을 알 수 있다. 추위와 배고픔의 경우도 마찬가지다. 앎과 행동이 어떻게 분리되어 있을

수 있겠는가?"(5)

어떤 사람의 행위, 행동 등으로 부르게 되는 것은 앎-행동이라는 경계 없는 하나의 과정 가운데 눈으로 볼 수 있는 부분일 뿐이다. 이를 돌려보면, 양명은 어떤 사건에서든 그 시작에서부터 그에 관여하고 있는 전반적인 정신적 활동을 "행동"으로 간주해야 한다고 말하고 있음을 알 수 있다 :

> 나는 앎과 행동의 통일에 대해 물었다. 선생님께서 말씀하셨다 ; "그대는 내 가르침의 기본적 목적을 이해할 필요가 있다. 오늘날 사람들은 학문에서 앎과 행동을 두 가지 다른 것으로 구분한다. 그러므로 악한 생각이 생겨나도 그것을 막지 않는네, 그 이유는 그 생각이 아직 행동으로 옮겨지지 않았기 때문이다. 내가 앎과 행동의 통일을 옹호하는 이유는, 정확히 말해서 어떠한 생각이 일어나면 그것은 이미 행동임을 사람들이 이해하도록 하고자 하는 것이다. 그 생각이 생겨났을 때 거기에 어떤 악한 점이 있다면 반드시 그 악한 생각을 극복해야 한다. 그 뿌리와 바닥으로 가서 그 악한 생각이 자신의 마음속에 잠재해 있지 못하도록 해야만 한다. 이것이 바로 내 교의의 기본적 목적이다"(226).

3) 공부(工夫)

이는 양명에게 마음이 미세하게 움직이기 시작하는 순간이 너무나도 중요함을 의미한다. 내면의 정신적 활동("앎")과 겉으로 드러나는 행동이 도덕적 삶에서 서로 분리된 영역이라는 일반적인 견해를 받아들인다면, 내적인 성향은 사람들이 행동에서 자신에게 설정해놓은 규범과 언제나 갈등 상태에 있게 될 것이다. 최상의 경우에도 근심하고 어쩔 줄 몰라 하며 무기력해하는 모습을 피할 수 없을 것이다.

따라서 자신에게 주목하고 자기를 완성하는 공부인 자기 수양은 (i) 끊임이 없어야 하고 (ii) 일차적으로 규칙을 배우는 것, 다시 말해서 독서와 연구를 통해 일반적인 의미의 "지혜"를 획득하는 것이 아니라, 마음이 "작용"하기 시작하는 바로 그 순간에 끊임없이 마음을 각성시키는 것을 지향해야 한다(234). 끊임없이 양지에 주목한다면 어떠한 "생각"이 "이기적"인지 아닌지, 다시 말해서 과도하거나 모자라는 것은 아닌지를 전혀 오류 없이 알 수 있을 것이다 ; 그리고 "그때 거기에서" 그 생각을 바로잡아야 한다 — 그렇게 함으로써 우리가 관여하고 있는 "사물"을 "탐구하는" 것이다. 이는 초보자에게는 매우 어렵지만, 완벽해진 사람에게는 쉽고도 자연스럽다(그러나 그러한 사람에게조차도 "공부"는 결코 끊임이 없다). 완벽해진 사람에게서는 양지가 "이기적인 욕구"를 확인하자마자 그것은 용해되어 버리고 만다. 초보자의 경우 이는 더욱 어렵다 ; 이 시점에서 "공부"는 글자 그대로 "무(無)로부터 무언가를 창조해내는" 공부다. 거기에서 "모든 것은 마음먹기에 달려 있으며"(115), 따라서 처음에 총체적인 결심을 하는 힘을 통해 "노력"을 계속적으로 해나가게 될 것이다.

하지만 어떻게? (i) 학생은 어떻게 "마음을 먹는" 방향 전환을 이루어낼 수 있을까? *229* 그리고 (ii) 내면의 목소리를 따르고자 하더라도 어떻게 그것을 알아보는 방법을 배울 수 있을까?

일정한 답은 있을 수 없다. 첫 번째 문제와 관련해서 실제로 양명이 할 수 있는 것은 단지 자신의 제자들을 두렵게 만드는 것, 다시 말해서 충격을 주는 것뿐이다. 양명은 몇몇 제자들에게 "너희들은 난관에 봉착해 있다" ; 그 이유는 "너희들이 진정으로 성인이 되고자 하는 마음을 먹지 않은 것이다"라고 말한다. 제자들은 "하지만 저희들은 마음먹기를 원합니다"라고 필사적으로 말한다.

양명은 다음과 같이 대답한다:

> 만약 그대들이 진정 성인이 되고자 하는 마음을 가지고 있다면, 모든 것에서 그대들의 "양지"가 극단까지 확장되어야 한다. "양지" 속에 이질적인 생각의 흔적이 조금이라도 있다면, 그것은 성인이 되고자 결심한 마음이 아니다(260).

제자들은 두려움에 진땀을 흘린다 — 전적인 노력을 위해서는 전적인 헌신이 필요하지만, 그 헌신이란 그러한 노력으로 이루어지는 것임을, 일부러 알고자 한 것은 아니지만 알았기 때문이다. 많은 경우 양명은 자신의 제자들에게 그저 한 가지 공식을 알려주고는 흔들리지 말고 그에 대한 믿음을 가지라고 말한다. (안과 의사는 "내 손가락을 보세요"라고 말한다 — 여기 말고 여기요.) 섹스, 명예, 이익 등에 대한 이기적인 욕구가 마음속에서 발동하기 시작할 때, 우리는 그 뿌리를 찾아서 완전히 없애버려야 한다. "이것은 종기를 치료하기 위해서 살을 잘라내는 것과 같지 않은가요?"[228]라고 한 제자가 명민한 질문을 던진다. 양명은 정색을 한다: 나의 이 가르침은 그대들에게 좋은 약이다. 그대들이 그것을 사용할 수는 없다 하더라도, 다른 사람들을 위해 그것을 망치지는 말라. 그대들 중 누군가가 나를 음해하고 있는 것이다(279). 다시 한 번 그들은 두려워한다: 그러나 그들은 자신들이 아직은 알 준비가 안 된 것을, 즉 다음과 같은 사실을 양명이 알고 있음을 알지 못한다; 그 질문은 실제로 진정으로 어려운 문제를 밝힌 것이다. 양명은 완벽하게 되고자 하는 강렬한 욕구를 불러일으켜서 처음부터 그것을 교묘하게 이용해야 하지만, 그 욕구 자체가 그 욕구

228) 원문은 "剜肉做瘡"이다. 이는 剜肉補瘡과 같은 뜻으로, 살을 도려내어 상처에 붙이는, 다시 말해서 이후의 나쁜 결과에 대해서는 생각해보지도 않고 발등의 불을 끄기에 급급해하는 것을 가리키는 말이다.

의 실현을 가로막는 강박 관념이 되는 것이다.

구체적으로 그 "공부"란 무엇인가 — 우리는 어떻게 자신의 "양지"를 알아보고 적용하는가 ; 다시 말해서 어떻게 그것을 "확장"하는가? 전체적으로 보면, 양명의 가르침은 여기에서 역설적인 모습을 보여준다. 그는 계속 반복해서 "노력"은 반드시 "구체적"이어야 한다고 말한다 — 우리는 반드시 중요한 어떤 문제와 관련된 "어떤 일을 하고 있어야" 한다. 그러나 제자가 질문을 던지고 양명이 대답을 할 때, 거의 언제나 질문과 대답은 추상적이다 — 그들은 많은 경우 『맹자』와 『대학』의 상투적인 구절에 나오는 감정 모형을 찾는다. 어느 때인가 양명은 자신의 "양지" 개념이 선사들의 불자(拂子)[229]와 같다고까지 분명히 말한다 — 그것은 의사 소통의 방편으로 사용한 말에 불과하다 ; 말이란 진정한 의사 전달에는 실패할 수밖에 없기 때문이다. 학생은 혼자 힘으로 길을 찾아야만 한다(280). 양명 자신도 "양지"라는 표현을 생각해내기 전에는 "이 조금[這些子]"(의 직관적인 마음)이라는 말을 사용한다.

부분적인 측면에서 보면, 양명의 문제는 학생에게 올바르게 연주하려면(그리고 저런 식으로 해내려면) 손가락과 팔목의 내적인 운동 감각을 어떻게 유지해야 하는지를 "말해"주고자 하는 피아노 선생의 문제와 같다. 그러나 문제는 더 심각하다. "공부"에는 총체적인 진지함이 있어야만 한다 ; 그것이 핵심이다. 따라서 설명을 하기 위해서 증명을 하는 것도, 예를 드는 것도, 표준적인 사례를

---

229) 수행자가 번뇌를 털어냄을 보여주는 상징적 의미의 불구(佛具)로 불진(拂塵)이라고도 한다. 짐승의 털이나 삼[麻] 등을 묶어서 자루 끝에 맨 것으로, 원래는 벌레를 쫓는 데 쓰이는 생활 용구였다. 모양은 총채와 비슷하며 인도에서는 일반 사람들도 모기 등의 벌레를 쫓는 데 사용한다. 중국에서는 선종의 장엄구로 쓰였으며 전법(傳法)의 증표로 사용되기도 하였다. 누구나 불성을 가지고 있으므로, 문제에 대한 해답은 번뇌를 걷어내기만 하면 스스로 얻을 수 있다는 의미에서 대답 대신에 그것을 들어 보여준 것이다.

사용하는 것도 불가능하다(그러한 것들은 기껏해야 상기시켜주기 위해서 아주 드물게 사용될 수 있을 뿐이다). 예를 들기 위해서 양명은 실제로 문제를 가지고 있는 제자를 거론해야만 한다. 제자 가운데 한 사람이 아프다(215). 대화는 가볍고도 기지가 넘치지만 진지하다 ; 229 병은 다루기가[格, 탐구하다 / 옳게 처리하다] 힘들다 — "어떤 듯한가?" "공부가 힘듭니다." "기운을 내라 ; 지금은 그것이 그대의 공부다." 다시 말해서 우리가 지금 하고 있는 그대로 하라. 또 다른 제자 한 사람이 아들의 병이 위중하다는 소식을 듣고 괴로워한다. 양명은 그의 문제로 옮겨간다 ; 지금이 조심할 때다. 아버지가 아들을 걱정하는 것은 훌륭한 일이지만, 모든 일에는 나름의 한계가 있는데, 지금 그대는 그것을 넘어서고 있다. 지금 거기에 너의 공부가 있다(44). 제자 가운데 하나가 쉽게 화를 내고 다른 사람들을 비난하곤 한다(245). 양명은 그대의 공부는 스스로를 돌이켜보는 것이라고 경고한다. "누군가를 비판하거나 논박해야 하는 상황이 생길 때마다" — 설사 그 사람이 진정으로 비판이나 논박을 당해 마땅하더라도 — "그대는 즉각적으로 그 속에서 큰 인물이 되고자 하는 이기적인 욕구를 보고 그것을 극복해야만 한다."

나도 또한 그러한 사례들이 마음에 다가온다 ; 물론 그 사례에 관련된 사람들과 느끼는 방식은 다르겠지만 말이다. 다른 사람들은 나에게 더 가깝다. 나는 집필자이자 선생이다 — 그것이 나의 "사물"이다. 그리고 우리에게는 우리의 문제가 있다. 양명은 그것에 대해 어떻게 말을 하는가? 한 제자가 글을 쓰면서 글에 대해 깊이 생각하고 적절한 말을 찾아내는 훈련이 그에게 어떠한 영향을 미칠지 걱정한다 : "그것이 제 마음속에 남아 있습니다." 양명은 글을 쓸 때 필요한 만큼 열심히 생각하는 것은 좋지만, 글을 쓰고 난 후에는 그것을 놓아버려야지, 그것에 매달리거나 그에 대해 자아 도취에 빠져서는 안 된다고 말한다(233). 그 제자는 친구를 보내는 시를 써서 그것을 양명에게 보여준다. 양명은 단지 추상적이기만 한 듯하다 :

> 글을 쓸 때는 자기 능력의 한계 내에서 써야 한다. 표현이 지나치게 과도하면, 신중하게 말을 사용하지 못하는 상태에 있거나 정말로 진실하지 못한 상태에 있기 마련이다.

우리는 글을 쓴다. 글을 쓸 때는 적절한 표현이 무엇인지 생각하며 인상적인 구절을 찾아야 한다고 느낀다 ; 그러나 그것은 자기 자신의 생각이 아니다 : 우리는 지나친 표현을 사용하게 되고, 이 사실을 알려주는 정직함이라는 직관이 존재한다. 내가 생각하기로는 이것도 또한 "순수한 앎[양지]"이다. 그리고 나는 이것이 무엇인지 안다. 양명의 생각에 대해 내가 인식한 바를 여러분에게 전달하고자 노력하면서, 나는 바로 지금 그것을 올바로 해내고 있는 것일까? 아니면 나는 내가 쓰는 내용이 감동을 주거나 웃음을 자아내게 하리라는 느낌을 아주 사소하게나마 가지고 있기 때문에 그렇게 나를 유혹하는 무언가를 말하고 있는 것일까? 스스로 하려고만 한다면, 나는 실제로 그 차이를 안다. 물론 양명에 관해서 잘못 알게 될 수도 있다. 그러나 작업할 때 그렇게 되지 않기 위해서 무슨 일을 할 필요가 있었는지 나는 — 정말로 — 알고 있었다.

나는 양명 자신이 공부하고 있는 것을 한 번 본 적이 있다고 생각한다(101). 어떤 제자가 정원에 있는 꽃밭의 잡초를 뽑고 있고, 양명은 그와 함께 거기에 있다. 그 제자는 선생과 가벼운 대화(여러분 모두는 가벼운 대화를 어떻게 하는지 알고 있다)를 나누는데, 진지한 내용과 사소한 내용을 교묘하게 함께 묶어서 적절하게 대화를 이끌어간다 : "세상에서 선(善)을 배양하고 악을 제거하는 일은 너무나도 어려운 것이군요!" 우리는 『맹자』에 나오는 송나라 농부의 이야기와 자기 마음속에 있는 "잡초"를 뽑는 수고조차도 하지 않는 사람들에 관한 언급(2A2)을 떠올리게 된다. 양명은 기분 좋게 압운(押韻)을 하는 듯한 투로 대답한다 — "다만 그대가 진정으로 노력하지 않기 때문일 뿐." 그러나 그것은 대답이며, 그 제자는 양명이 진지하게 그러한 말을 하고 있음을 짐작할 만한 자질을 갖추고 있다. 잠시 후 양명은 말을 멈춘다. 그의 대답은 지금 이 학생에게 해주어야 하는 대답이 아니다 ; 그 대답은 너무 쉬운 것이며, 그로 인해 선생 자신에게 불편할 정도로 어려워질 수 있었던 대화가 지나치게 빨리 끝나버리게 된다. _231_ 양명은 다시 문제를 제기하고 사태는 진지해진다. 양명이 말하는 내용은 실질적으로 다음과 같다 : 그대의 말을 보면 그대가 "잡초 뽑기"(자기 수양)에 과도하게 관심을 가지고 있는 것 자체가 이기적임을 알 수 있다. 그대는 "천지의 정신은 꽃에서나 잡초에서나 똑같다는 것을 알아야 한다." 궁극적인 측면에서 보면, "어디에 선악의 구분이 있는가?" 그리고 대화는 즉시 어려운 질문으로 옮겨간다 : 이렇게 "선악의 초월"이라는 입장을 가지게 되면 양명의 가르침은 불교가 되어버리는 것이 아닌가? 양명은 그렇지 않다고 말하면서, 설명하고자 노력한다. 꽃이 "꽃"이 되고 잡초가 "잡초"가 되는 것은 좋아하고 싫어하는 마음 때문이며, 이는 우리의 충동의 정원에서조차도 그러하다. 그러나 이러한 좋아함과 싫어함(인정함과 인정하지 않음)조차도 "자연의 이치를 따르는" 자연스러운 것일 수도 있고, 아니면 억지로 전전긍긍하는 것일 수도 있다. 따라서 양명은 자신이 말할 수 있는 가장 어려운 내용으로 이끌러가게 된다 : 도대체 마음은 어떻게 고요하면서도 동시에 활동적일 수 있는가, 다시 말해서 "평형[中]"과 "조화[和]"의 상태에 동시에 있을 수 있는가? 선생으로서 양명은 이렇게 복잡하고 어려운 문제로 들어서는 것이 그 순간에 자신의 공부임을 알고 있었다 — 유려한 대답으로 대화를 마무리지어서는 안 된다는 것을 알고 있었던 것이다. 우리의 문제가 양명의 문제와 같지는 않지만, 우리 선생들은 많은 경우 학생들과의 관계에서 유사한 상황에 처하게 되며, 우리가 할 일이 무엇인가를 알려주는 목소리에 귀를 기울이는 것과 귀기울이지 않은 것 사이의 차이점을 알고 있다.

7. 결 론

지난 몇 분 동안 내가 해왔다고 생각하는 일에 대해 여러분의 주의를 환기시키고자 한다.

역사를 주의 깊게 재구성하는 과정을 통해서 철학에 발을 들여놓아야만 하는 사람 — 그리고 중국 철학에 관해 작업을 할 때는 언제나 그렇게 하고 있는 것이다 — 은 설명의 문제를 비판의 문제로부터 분리시키고자 하는 강한 유혹을 느낀다. 이 사람이 말하고 있는 내용이 무엇인지 발견할 것이라고 스스로에게 말한다. 그런 말을 하고 있는 그 사람이 옳은가 하는 문제와 관련해서는 언제나 내일 혹은 모레가 있다.

그렇게 철학적인 자아로부터 지적이고 역사적인 자아를 분리하려는 유혹을 느끼는 사람에 대해 양명이라면 무슨 말을 할까? 내가 생각하기에 그가 무슨 말을 할지는 분명하다 : 그러한 사람은 "앎"과 "행동"을 분리된 두 가지로 여기고 있는 것이며, 결국에는 스스로를 속이고 있는 것이다.

나는 양명이 무언가 중요한 것을 발견하려 하고 있었다는 점을 조심스럽게 암시하면서 이 강연을 마쳤다. 이렇게 한 것은 그의 전갈을 받고 그것을 받아들였기 때문이 아니다. 그렇게 한 것은 그에 대해 해석하는 문제를 다루다보니 그렇게 하게 됨을 발견했기 때문이다(이것은 아이러니한 일이다). 양명이 양지와 공부를 추상화시킨 것에 대해 우리는 어떻게 해석해야 하는가? 양명은 이렇게 대답한다 : 반드시 너 자신의 문제 속에서 그것을 시험해보도록 하라[必有事焉] — 양명이 보여준 사례나 기존의 사례가 아닌 너 자신의 사례 속에서 그렇게 해야 한다. 이에 대해 판단을 내릴 수 있는 공정하고도 유일한 방법은 그렇게 해보는 것이다. 그리고 이제 아이러니컬한 것은 내가 이 일을 성공적으로 해내는 그만큼, 다시 말해서 어떤 중요한 것에 대해 그가 말한 내용을 실제로 합리적으로 정확히 이해하는 데 성공하는 그만큼 양명이 옳게 보인다는 것이다.

제15장

왕양명에게서의 도덕적 결단 : 중국적 "실존주의"의 문제

1. 중국적 "실존주의"

1970년, 여러 차례의 엄밀한 편집 작업을 거친 후에 3개국 10여 명의 저명한 학자들의 논문 모음집인 드 베리(William Theodore de Bary)의 『명대의 자아와 사회(*Self and Society in Ming Thought*)』가 출판되었다. 이 사건을 계기로 명대 철학에 대한 연구가 본 궤도에 들어서게 되었다. 나는 그 책을 읽어보았다. 매우 훌륭한 책이라고 생각했다. 우연히도 그 책에 대한 서평을 요청받았다. 나는 서평을 썼으며, 아주 솔직하게 그 책을 칭찬했다. 뿐만 아니라 그 책에서 이해하기 힘든 몇 가지를 발견하기도 했는데, 이에 대해서도 솔직하게 고백하였다. 그 중에서도 특히 큐슈대의 오카다 타게히코(岡田武彦) 교수가 양명과 그 제자 가운데 몇 명, 그 가운데에서도 특히 왕기(王畿 : 1498~1583)에 대해 쓴 논문이 이해하기 힘들었다 ; 그의 글에는 「왕기와 실존주의의 등장(Wang Chi and the Rise of Existentialism)」이라는 자극적인 제목이 붙어

있었다. 나는 오카다가 그 글에서 밝혀야만 했던 내용에 대해 지적했는데, 그 일부를 옮겨보면 다음과 같다:

> … 내가 생각하기에 그는 "실존주의"라는 말이 다음과 같은 이론을 의미하는 것으로 간주한 듯하다: 우리 마음의 정체를 파악하고자 한다면, 마음이 하는 일을 관찰해야만 한다; 다시 말해서, 후기 신유학에서 전형적으로 세계를 질서지우는 "이치"와 동일한 것으로 여겨지는 마음의 "실체"는 사람들의 정신적 행위나 정서 또는 도덕적 노력과 같은 작용의 배후에 있는 어떤 것이 아니라 작용 그 자체다. 그러나 나는 이러한 생각이 확실히 맞는다고는 생각지 않는다. 내가 생각하기에 사람들이 생각해온 "실존주의"의 의미가 바로 이러한 것은 아닌 듯하다; 그러나 그 생각에는 최소한 몇 가지 진정으로 실존주의적이라고 할 수 있는 주제들이 담겨 있다. 그 문제에 대해서는 훨씬 더 많은 연구를 해볼 필요가 있다(Nivison 1971, 1206).

그것은 의례적으로 서평을 마무리하는 방식이었을 수도 있다. 그러나 그것은 결국 그 글을 쓴 사람[230]에게는 덫이 되어버렸다. 어떤 문제가 중요함을 발견하고, 자신이 그것을 이해하지 못하고 있음을 분명하게 알고, 그리고 설상가상으로 그것을 인쇄된 글 속에 솔직하게 밝혀버렸다면, 양심을 가진 사람에게는 분명 마땅히 견딜 수 없는 일이며, 나는 더 잘해내기 위한 작업에 착수했다.

그것이 실제로 문제가 되는지 아닌지에 대해 궁금해할 수도 있다. 내가 공부한(그리고 반쯤은 느낀) 바에 따르면, 오카다는 왕기와 그의 사상을 표현하는 데 사용되는 어려운 용어인 현성(現成)이라는 말을 번역하는 데 달리 더 좋은 표현을 찾을 수 없기 때문에 어쩔 수 없이 "실존주의적"이라는 말을 사용한 듯하다; 그는 아마도 "실현(realization)" 혹은 그와 유사한 종류의 말을 사용할

230) 니비슨 자신을 가리킨다.

수도 있었을 것이며, 그랬다면 아마도 내가 제기한 문제는 내게 문제가 되지 않았을 것이다(de Bary, 1970, 21). ***234*** 그러나 그 책에 글을 쓴 동시에 그 책을 편집한 사람이기도 한 드 베리는 "실존주의적"이라는 성격 규정을 대해 매우 진지하게 다루고 있으며(18), 내가 그 표현을 진지하게 다루는 것도 불합리하다고는 생각하지 않는다. 우연히 떠오른 생각이라도 가치 있는 것일 수 있다. 실제로는 그러한 생각이 옳은 것일 수도 있는 것이다.

그러나 출발선상에서 고려해보아야 할 다른 문제가 하나 더 있다. "실존주의적"이라는 서구적 용어는 일반적인 용례상 엄밀한 의미를 가진 용어가 아니다. 사실, 최소한 최근에 실존주의에 관해 글을 쓴 바 있는 얼래스데어 매킨타이어(Alasdair MacIntyre)와 프레드릭 올라프슨(Frederick Olafson) 두 사람은 "실존주의"에 대해 문맥과 무관하게 고립적인 의미 규정을 하고자 하는 시도를 애초부터 포기하고 있으며, 키에르케고르나 하이데거 그리고 사르트르처럼 "실존주의자"라고 부르는데 어느 정도 공통된 합의가 존재해온, 역사적으로 실존주의와 관련된 몇몇 철학자들에 대해 설명하는 것으로 만족하고 있다. 여기에서 암시되고 있는 생각은, 실존주의라는 어떤 본질적인 생각이 존재해서 그것이 철학사 여기저기에서 실제로 모습을 드러내거나 표현되는 것은 아니라는 것이다. 실존주의란 단지 그러한 여러 가지 표현들일 뿐이다. 이 말이 적절하다는 것은 곧 분명해지겠지만, 그런 동안에 그것도 매우 만족스럽지는 않게 된다. 나는 "실존주의"에 대해 이야기하면서 내가 생각하는 실존주의의 의미가 드러나도록 한 후에, 그 의미를 연관지어 일관되게 설명하도록 노력해야만 할 것이다. 하나의 사고 유형으로서 실존주의가 가지고 있는 본질이 그 나름의 특정한 서구 역사적 맥락으로부터 추출될 수 없다는(혹은 쉽게 추출될 수 없다는) 사실을 발견하게 되면, 그 개념을 유용한 비교적인 개념으로 삼는 데 긍정적인 요인이 되지는 않을 것이다. 그러나 내가 생각하기에 오카다의 논의는 실제로 양명과 그 학파가 가지고 있는 몇 가지 특징들을 좀더 잘 이해하는 데 도움이 된다. 그렇다면 내가 구체적으로 서구의 어떤 실존주의적 주장이 양명의 주장과 최소한 상응하는 듯이 보이며, 어떤 주장이 분명히 그렇지 못한지를 지적하고자 시도해보는 것도 조금이나마 도움이 될 것이다. 그리고 현재의 관례상 "실존주의적"이라는 명칭이 다양하게 쓰이고 있음을 감안해볼 때, 일단(一團)의 중국 철학자들에게 그러한 명칭을 붙이는 것이 절대적으로 적절치 못하다고 생각하는 것은 분명 불합리하다.

오카다는 "실존주의적"이라는 말을 양명 "좌파"에게 사용한다. 그러나 그는 또한 양명 자신도 육상산(陸象山)의 "마음이 곧 이치다[心卽理]"는 이론에 기반해서 "자신의 실존주의적 이론을 선언하게 되었다"고 말한다(Okada, 1970, 122). 분명 오카다는 17세기 양명 "좌파"와 양명의 사유에서 좌파의 발전 근거가 된 부분, 양자 모두에서 실존주의적인 모습을 보고 있다. 아마도 그 근본적인 입장은 단지 "마음이 이치다"는 것뿐 아니라, 마음과 이치[理]의 이원론을 부인한 것이며, 그와 더불어 "실체[體]"와 "작용[用]"의 이원론을 거부하는 것까지 포함한다. "진정한" 마음을 '마음속의 모든 동요가 가라앉았을 때 거기에 존재하면서 그 나머지를 드러내 보여주는 것', 다시 말해서 순수한 "이치[理]"와 동일시한다면, 이원론을 부인하는 첫 번째 입장에서는 정적주의(靜寂主義)와 묵좌의 태도가 도출될 수 있다. 이원론을 부인하는 두 번째 입장에서는 결국 마음 "그 자체"를 그 "역동적인 삶"과 동일시한다 ; 다시 말해서 마음의 "본래적 실체[本體]"와 도덕적 "노력[工夫]"를 불가분의 것으로 보는 것이다. 직접적인 의미에서 보면, "공부"란 분명 다음 양자 모두를 포함한다 : 1) 선한 사람이 끊임없이 도덕적으로 선택하고 행동하는 과정을 통해 올바른 일을 행하고자 노력하는 것 ; 2) 자신의 생각이 이기심으로 오염되지 않도록 "조심하고 근심하는" 마음의 자기 감시 기능. *235* 양명은 이러한 점을 분명히 밝히고 있으며, 이는 다소 흥미롭다 ; 최소한 그의 제자 가운데 한 사람은 (양명이 바로잡아줄 때까지는) 이 말이 선한 사람은 끊임없는 걱정 혹은 "근심"의 삶을 산다는 의미라고 생각하기 때문이다(Chan 1963, 218, no. 266). 왕기에 대해 말할 때, 오카다가 이 모든 것을 설명하는 전형적인 방식은 다음과 같다 : 마음의 "본체"에 대해 이와 같은 올바른 입장을 가지게 되면, 우리에게 그것은 "그때 거기에서 실존적인" 것이 된다 — 그것은 단지 그 자신의 발현일 뿐이다. 양명의 제자인 왕간(王艮)도 다음과 같이 주장하면서 동일한 입장을 밝히고 있다 : 양명이 양지("선에 대한 직관적인 앎")의 확장에 대해 말할 때, 그는 정적주의자(靜寂主義者)들로 하여금 도덕적 노력을 촉구하는 것이 아니라, 그들에게 양지가 무엇인지를 말해주고 있는 것이다(Okada, 1970, 125). 그것은 그 자신의 "확장"이지, 우리가 "실현할" 수 있는 어떤 잠재적인 정신적 자원이나 본질이 존재하는 것은 아니다. 만약 이 말의 진정한 의미가 행위할 때 마음이 스스로에게 부여하는 방향 이외에 마음에 내재적인 방향성은 전혀 없다는 것일 수 있다면, 양명학파에게서 진정한 실존주의적인 요소를 발견했다고 할 수 있을 것이다.

양명과 그 제자들의 생각에는 이와 관련된 몇 가지 다른 요소들이 존재한다. 첫 번째 요소는 앞에서 말한 다음과 같은 생각으로부터 직접적으로 도출되어 나오는 것이다 : 도덕적 진리는 단순히 마음속에 주어져 있으며 마음이란 구체적인 상황에서의 작용에 불과하므로, 선생님(Master)231)의 도덕적 가르침에 대해서도 언

231) 영어에서 대문자를 쓰고 있으므로, 여기에서는 아마도 양명을 지칭하는 듯하다.

제나 그것이 "특정한 구체적인 상황에 맞도록 하기 위한 가르침"이 아닌지 물어야만 한다(Okada, 1970, 127). 따라서 근본적인 의미에서 보면 양명의 윤리는 "상황 윤리"인 듯하며, 윤리에 대한 이러한 생각은 양명의 사상 속에서 우리가 알아볼 수 있는 또 다른 실존주의적인 요소다. 이러한 측면을 보여주는 두드러진 사례는 제자들이 자신의 가르침을 기록하는 것을 양명이 꺼렸다는 사실이다. 이와 밀접하게 연관해서, 양명과 제자들이 "자유"와 "무(無)"에 관해 실존주의적인 분위기를 풍기면서 이야기를 나누는 흥미로운 내용이 많다. 예를 들어 전덕홍(錢德洪)은 양명의 유명한 "사구교(四句教)"의 첫 구절("선과 악이 없는 것이 마음의 본체다")에 대해 설명하면서, 만약 "명확한 이치 혹은 사물에 들어 있는 기준"으로서의 지고의 선[至善]을 외부에서 찾아서 이 "선(善)"이 마음속에 존재한다고 생각한다면, 이는 "본래는 공허하고 전능한 마음의 본체가 완벽하게 자유롭게 작동하는 것을 막는 것"이라고 말한다(Okada, 1970, 127). 여기에서는 (다시) 다음과 같은 사르트르적인 견해(이는 키에르케고르에게서 이미 예견할 수 있는 것이었다)의 냄새가 풍긴다 : 자아는 "무(nothing)"며, 바로 그 이유 때문에 전적으로 자유롭고, 그 선택을 구속할 만한 어떠한 인자도 그 안에 미리 존재하지 않는다. 왕기(앞으로 살펴보겠지만, 양명에게서는 그렇지 않다)에게 이는, 구체적인 도덕적 결정에 대해서든 아니면 올바른 도덕적 결정을 내리는 형태로 드러나는 자기 변화에 대해서든, 모든 종류의 지적인 접근을 거부하는 것과 연결된다 ; 우리는 그저 "모든 것이 흘러가는 대로 놓아둘" 뿐이다. 왕기에 따르면, 이에 대해 잘못된 견해를 가질 경우 "지적인 이해의 수준으로 떨어지게" 된다(Okada, 1970, 135-136). 왕기에게는 분명 우리가 그것을 놓아두기만 하면 마음/본체는 양지며, 그것은 "무(無)", 다시 말해서 완벽하게 자발적인 존재이자 이기적인 관심 혹은 집착이 없는 존재로, 효율적인 행동을 할 수 있는 무한한 가능성이 열려 있는 것이다. 양명이 1519년에 영왕(寧王)의 반란을 진압할 때 자기 자신이나 자기 가족의 안전을 고려하지 않고 매순간마다 계속적으로 주저 없이 올바른 결정을 내릴 수 있었던 것은 바로 양명 스스로가 이러한 식으로 행동할 수 있는 능력을 가지고 있었다는 사실을 통해 설명할 수 있다(Okada, 1970, 129).

2. 확인된 몇 가지 차이점

236 "존재는 본질에 앞선다." 이러한 생각을 표방하고 있는 것으로 이해 가능한 모든 유형의 사고를 반드시 "실존주의적"이라고 불러야 하는 것은 아니다. (이에 대해서는 마즈리에 그린(Majrie Grene)이 든 예만으로도 충분할 것이다 : 아퀴나스의 입장에서 보면, 신의 본질에 대한 앎은 존재의 세계에서 어떤 현상들을 알아차리는 문제에 달려 있지만, 우리는 그러한 이유로 성(聖) 토마스 아퀴나스를 실존주의자라고 부르지는 않는다.) 그러나 "자아란 무엇인가?"라는 질문을 던지고, 그것은 지금, 그때, 여기, 저기에서 표현되거나 실현될 어떤 내적인 본질이나 "본성" 혹은 한 다발의 경향성이 아니라 단지 지금, 그때, 여기, 저기에서 내가 행하는 것, 생각하는 것, 느끼는 것, 결정하는 것, 선택하는 것 혹은 "의지를 가지는" 것일 뿐이라고 말한다면, 우리는 실제로 실존주의자들이 가지고 있던 생각을 가지고 있는 것이며, 양명과 그를 따랐던 많은 사람들이 말한 내용도 바로 이것인 듯하다. 그리고 그러한 자아라는 말 속에 내가 전적으로 자유롭다는 의미가 함축되어 있다고 말한다면, 우리는 그와 밀접하게 연관된 또 다른 실존주의적 사고를 가지고 있는 듯하다. 사르트르와 키에르케고르는 그렇게

말하고 있으며, 왕기 그리고 심시어는 전덕홍까지도 그렇게 말한 듯하다. 게다가, 자신의 생각을 하이데거나 사르트르적인 방향으로 전환시키는 데 무(無)에 대해 사고하는 것만큼 쉬운 방법은 없다.

하지만 이미 차이점이 존재한다. 양명의 제자들에게 "무(無)"란 사물에 집착하거나 구속되도록 만드는 선입관이나 이기심이 없음을 의미한다. 서구의 실존주의자들에게 의식은 단지 "있을" 뿐인 그 대상과는 다른 것임에 틀림없기 때문에, 의식은 "무(無)"다 : 말하자면 대상은 단지 거기에 있는 "즉자적인(in itself)" 존재인 반면, 우리는 "대자적인(for ourselves)" 존재, 다시 말해서 세상 속에 던져져 있으면서, 세상을 다룰 수 있는 가능성이 열려 있음에 관심을 가지고 있는 존재다. 이는 "무집착"으로서의 "무(無)"와 정반대되는 것이라고 말할 수도 있다.

게다가 전덕홍과 왕기에게 자유란 자발성(spontaneity)[232]이며, 그들은 우리가 자유를 가지고자 함을 당연시한다 ; 사실 자기 수양의 유일한 공부는 자신에 대한 이해를 바로잡아서 자발성에 대한 "장벽", 즉 모든 근심과 주저함이 무너져 내리도록 하는 것이다. 키에르케고르와 사르트르에게 자유란 끔찍한 부담이며, 그것을 행사하는 것은 고통스러운 일이고, 할 수 있다면 우리 자신으로부터 자유를 감추고자 하겠지만 실제로는 결코 벗어날 수 없는 것이다. 그렇다면 아마도 중국 심학파(心學派)의 자아란 결국 실존주의자의 자아가 아닐 것이고, 심학파의 '도덕적으로 노력하는 삶'도 결국에는 실존주의자들의 '자아의 자유로운 선택', "진실성(authenticity)", "굳은 결단(resoluteness)"의 삶과 다르니, 심학과

232) 여기에서 'spontaniety'를 '자발성'이라고 옮겼지만, 우리가 흔히 '자발적'이라고 할 때는 자기 의지의 발현을 의미하며, 따라서 흔히 'voluntary'를 '자발적'이라고 번역한다. 'spontaniety'는 오히려 '자연스러움'에 가깝다고 할 수 있다. 자연스럽게 저절로 드러난다는 뜻이다. 이 점에 주의하면서 읽어야 한다.

의 자유도 실존주의자들의 자유와는 다를 것이다.

선택하고 결심하며 활동하는 마음이라는 개념에 대해 좀더 자세히 살펴보기로 하자 ; 외관상 이는 단지 "그것이" 선택하고 결정하며 활동하는 것인 듯하다. 이러한 측면에서 볼 때, 양명이 마음에 대해 붙인 이름은 양지, 즉 "순수하게 직관적인 앎"이다. 양지는 언제나 우리 안에 있다(그리고 실제로는 모든 것에 있지만, 이러한 측면에서 논의를 해나간다면 나의 주제를 벗어나게 될 것이다). 한번은 양명이 제자로부터 잠을 잘 때는 결국 양지가 사라지는 것은 아닌지 질문을 받고서 "만약 그것이 지각이 없다면 어떻게 부르자마자 대답을 하겠는가?"라고 대답한다.[233] 양명이 말하고 있는 내용은 결국 다음과 같다 : 잠이 깨어야만 한다는 것을 의식하고서 부름에 대답하기 위해서는, 더 심층적인 어떤 측면에서 보면 나는 이미 깨어 있어야만 한다.

237 우리는 이미 전에 이와 유사한 내용을 알고 있다. 사실 여기에서 양명은 철학에서 계속적으로 제기되는 문제의 근저에 있는 사유 형태를 드러내 보여주고 있다. 내가 이미 신을 믿고 신에게 헌신하고 있지 않다면, 신을 믿고 신에게 헌신해야만 한다는 사실을 어떻게 알 수 있는가? (그렇다면 내가 스스로를 구원하기 위해 할 수 있는 일은 아무것도 없다 ; 그렇게 할 수 있다면 나는 이미 구원받은 상태일 것이기 때문이다.) 이러한 질문을 통해 우리에게 주어지는 문제는 일부 신학자들이 운명 예정설(theory of predestination)에서 이미 인정했던 문제 — 내가 어떤 식으로든 구원을 받게 된다면, 어떤 의미에서는 내가 이미 구원받은 상태이기 때문이다 — 며, 운명 예정설을 부인하는 신학 이론에서조차도(혹은 아마도 특히 그 이론에서는) 은총론(Doctrine of Grace) 속에서 해결되는 문제다. 메논(Meno)은 소크라테스에게 묻

233) Chan(1963, 218-10, 267번)을 보라.

는다 : 어떻게 제가 진정으로 무언가를 배울 수 있습니까? 왜냐하면, 배우기 위해서는 배워야 하는 것이 도대체 무엇인지를 알고 있어야만 하며, 이는 이미 그것을 알고 있음을 암시하기 때문이다. 이 곤혹스러운 문제에 답하기 위해서 소크라테스는 자신의(혹은 아마도 실제로는 플라톤의 것이었을) 상기설(theory of recollection)을 도출해낸다 : 영혼은 불멸의 존재며, 선생이 학생으로부터 결론에 이르는 추론의 과정을 유도해낼 때, 실제로 그 영혼은 단지 그 내면적 존재에서 이미 알고 있는 것을 "상기해낼" 뿐이다.

"진정으로 인(仁)을 원한다면, 그것은 바로 여기 가까이 있을 것이다"[234]라고 공자는 한숨을 쉬면서 말한다. 하지만 의욕을 상실한 제자에게는 몹시 화를 내면서, "썩은 나무에 조각을 하거나 마른 똥으로 된 벽에 흙 손질을 할 수는 없다"[235]고 말한다. 도덕 교사로서 공자가 가지고 있는 문제는 결국 다음과 같다 : 도덕적이 되는 데 가장 중요한 요소는 분명히 그렇게 되기를 원하는 것이다. 그렇다면 어떻게 도덕적이 되기를 가르칠 수 있는가? 가르침에 응하려면, 학생은 반드시 그것이 배워야만 하는 것임을 알고 있어야만 한다 ; 그리고 만약 학생이 그것을 알고 있다면, 그는 이미 도덕적인 것이다. 공자에게 이것은 단순히 출발점에서의 문제에 불과한 것이 아니다 : 도덕적인 경로의 매단계마다 선생은 은연중에 그 문제에 새롭게 맞닥뜨리게 된다 : 공자는 "계속해갈 만한 힘이 없어서 인(仁)에 대한 실천을 그만두는 사람을 나는 보지 못했다"[236]고 말한다. 학생에게는 다음 단계를 밟을 동기가 부여된 상태이거나 그렇지 않거나 둘 중 하나다. 그러한 동기 부여가

---

234) 『論語』, 「述而」, 30, "我欲仁 斯仁至矣."

235) 『論語』, 「公冶長」, 10, "朽木 不可雕也 糞土之墻 不可杇也."

236) 『論語』, 「里仁」, 6, "(有能一日用其力於仁矣乎) 我未見力不足者" : 그리고 「子罕」, 19("譬如爲山 未成一簣 止 吾止也 譬如平地 雖覆一簣 進 吾往也")와 「衛靈公」, 16("不日如之何如之何者 吾末如之何也已矣")을 참고하라.

되어 있지 않다면 그에게 도움이 될 수 있는 것은 아무것도 없을 듯하다. 동기 부여가 되어 있다면 실질적으로 그에게는 이미 그 다음 단계를 위한 "힘"이 있는 것이다.

공자는 이 문제를 해결해주지 않았지만, 맹자는 (적어도 유가적인 관점에서는) 이 문제를 해결하여 그 시대의 사람들에게 자신의 해결책을 남겨주었다 : 우리가 가지고 있는 "어린아이의 마음" (『맹자』「이루」하, 12[237]) 속에는 도덕적이 되고자 하는 성향이 예외 없이 미리 주어져 있다. 기본적으로 선생이 할 일은 우리를 일깨워서 이 성향을 이끌어내는 것이다. 맹자의 이론은 상기설과는 전혀 다르다 : 어쨌든 맹자에게 플라톤에게서 볼 수 있는 것과 같은 영혼 윤회설 같은 것은 없다. 그러나 버트런드 러셀(Bertrand Russel)이 지적했듯이(1948, 212), 과거가 존재하지 않는다 해도 우리에게 기억과 구분할 수 없는 기억 혹은 경험이 있을지도 모른다. 맹자의 이론은 분명 플라톤의 상기설과 같은 역할을 하고 있다. 이런 모든 것들이 흥미로운 이유는 두 가지다 : 먼저, 우리 모두가 알고 있듯이, 맹자는 우리에게 선을 향한 성향이 내장되어 있다고 생각하는데, "순수한 앎" 혹은 양지는 맹자가 그 성향에 대해 붙인 이름 가운데 하나다 ; 양지란 우리가 생각할 필요조차 없이 아는 것이며(『맹자』「진심」상, 15), 양명이 그것을 차용해서 쓰고 또 변화시켰지만, 한 가지 핵심적인 측면은 변하지 않았다. 양명에게서도 양지란 여전히 유일한 선(善) — 단순히 우리의 입장에서 바라본 어떤 하나의 "선"은 아니다 — 을 확인하고 그것을 성취해내기 위해 노력하는 정신적이고 의도적인 활동이다. 도덕적인 사람이 되겠다는 선택과 특정한 도덕적 선택은 둘 다 그것이 강요되지 않았다는 의미에서 보면 자유롭지만, 가장 근본적인 의미에서 보면 자유롭지 않다 : *238* 앞으로 살펴보겠지만, 양명에게는 여전히

237) "大人者 不失其赤子之心者也."

다음과 같은 측면이 존재한다 ; 우리에게 무언가 잘못된 점이 있지 않다면, 모두로 하여금 동일한 도덕적 목적을 선택하게 할 무언가가 우리에게 존재한다. "선(善)"에 대해서도 양지에 대해서도 일반적인 성격 규정을 내리는 것은 가능하지 않을지도 모른다 ; 아마도 우리는 이 두 가지 모두를 "실존"을 통해, 다시 말해서 특정한 구체적인 사례와 행위들을 바라봄에 의해 포착해야 할지도 모른다. 그리고 이러한 측면에서 보면, 우리가 갖는 감정, 우리가 하는 노력, 우리가 내리는 결정 — 간단히 말해서 우리의 실존 — 을 넘어서서는 현재의 우리에 대해 어떤 것도 지적해낼 수 없다. 그러나 양지는 변덕스럽지 않다. 양지가 밀턴의 악마처럼 적절한 작용을 하는 동시에 우리로 하여금 악을 선한 것으로 선택하도록 만들 수는 없다. 양명은 여전히 맹자의 전통 속에 있는 것이다.

둘째로, 형식적인 측면에서 유사한 소크라테스의 문제 — 소크라테스(혹은 플라톤)는 상기설을 통해 이 문제를 해결하였다 — 는 서구의 실존주의적 전통과 정반대의 입장에 서 있다. 키에르케고르는 『철학적 단편들(*Philosophical Fragments*)』 전체를 할애하여 그 문제를 살피고 있다. 이후 대부분의 실존주의에서 어떤 형태로든 견지되고 있는 키에르케고르의 견해에 따르면, 인간이 합리성을 지향하도록 프로그램되어 있다는 소크라테스의 입장으로 인해 철학을 타락시킨 잘못된 형태의 사고가 생겨나게 된다(키에르케고르의 입장에서 보면, 헤겔의 합리주의가 특히 그러하다). 우리가 거부해야만 하는 것은 합리성을 구현하는 객관적인 옳음이 존재하며, 인간들은 그것을 알 수 있고 그것이 인간들을 인도해 줄 수 있는 것은 인간의 본성에 그러한 성향이 주어져 있기 때문이라는 견해다.

3. 실존적 고뇌

키에르케고르의 견해로부터 신학적인 방향성을 가지고 있는 내용을 추출해내고, 개인에게 "그리스도를 향한 결단"을 내리게 되어 있는, 혹은 사람들로 하여금 그러한 결단을 내리게 하는 경향을 가진 선택의 순간에 앞서 존재하는 것은 아무것도 없다는 주장에만 주목한다면, 우리는 이러한 주장이 윤리적으로 다음과 같은 결과를 낳게 됨을 이해할 수 있다(이는 모든 실존주의자들에게 해당하는 것은 아니겠지만, 분명 많은 실존주의자들에게서는 그러하다) :

1. 인간의 본성에 합리성 혹은 객관적으로 규정 가능한 "선(善)" 혹은 "덕(德)"을 지향하도록 되어 있는 성향은 전혀 주어져 있지 않다.

2. 따라서 선택을 하고 결단을 내리는 데에서 이성을 통해 드러나는 어떤 "선(善)"에 의거해서 판단을 내릴 수는 없다.

3. 따라서 우리는 도덕적인 결단을 내리는 데에서 완전히 자유롭다; 실제로 우리는 "어느 쪽이든 선택할" 수 있다. 선택을 할 때 자유로운 그만큼, 우리는 우리의 본성을 만들어가는 동시에 자신에게 옳은 것을 구성해낸다. 우리의 궁극적 선택이 자명한 어떤 원리로부터 추론되어 나온 것일 수는 없다. 우리의 선택은 전적으로 우리 자신이 내린 것이다 : 우리는 그저 선택을 할 뿐이다.

4. 따라서 자신의 현재 모습 그리고 자신이 "선"으로 여기는 것에 대한 책임은 전적으로 우리에게 있다. 이 책임의 부담은 거의 견딜 수 없을 정도여서 극심한 정신적 고통이 생겨나게 된다. *239* 대다수의 사람들은 그것을 무시하거나 회피함으로써 책임의 고통에서 벗어나고자 한다. 실제로는 결코 그로부터 벗어날 수 없지만, 스스로를 기만할 수는 있다.

5. 이러한 사실을 이해하고 그 부담을 받아들이는 것이 "잘못된 믿음"에서 벗어나 "진실하게" 되는 것이다. 따라서 전적으로 책임을 져

야 한다는 근심을 맛보게 된다 : 그것을 느끼는 바로 그만큼 우리는 실제로 삶을 마주 대하게 되며, "진정한(genuine)" 삶을 살게 되는 것이다.

실존주의자의 극심한 정신적 고통을 보여주는 고전적인 사례를 제시한 것은 키에르케고르다 : 그 사례는 바로 아브라함(「창세기」 22)으로, 그는 어떤 일을 헌신적으로 하면서 그것을 신에 대한 복종이라고 생각했지만, 전 세상 사람들이 그것을 살인이라고 여길 것을 알고 있었다.

내가 이러한 도식을 어떤 특정한 실존주의적 견해로 묘사하는 것은 결코 아니다 : 모두들 인정하듯이, 그것은 실존주의적 견해 가운데 단 한 종류를 지나치게 단순화한 것이다. 하지만 아마도 비교 연구를 위한 전제로서 유용할 것이다.

연구를 하면서 첫 번째로 다루어야 할 것은, 우리가 생각하는 것보다 이러한 실존주의적인 도식에 더 가까움을 보여줄 수 있는 어떤 실존주의적 요소가 양명과 그 학파의 사고 속에 존재함에도 불구하고 우리가 그것을 간과했을 가능성에 대한 것이다. 양명의 철학에 실존주의적인 고뇌와 동일한 어떤 것이 있다는 점에 대해서는 충분한 논의의 여지가 있으며, 양명에게는 이러한 논의를 뒷받침해줄 만한 두드러진 요소들이 존재한다. 만약 이것이 사실이라면, 흔히들 생각하는 것처럼 양명이 맹자와 지속적인 연관성을 유지하고 있다는 점에 대해서 재검토해볼 필요가 있음이 드러난 셈이 될 것이다.

양명이 자신의 삶에 실존적인 고통의 요소가 있었음을 암시하고 있음을 매우 극적으로 설명하는 사람들이 때로는 있다. 오카다는 "양명은 말로 형언할 수 없는 고통을 경험한 후에야 비로소 양지설(良知說)을 얻게 되었다"(Okada, 1970, 128)고 말한다. 이는 양명의 깨달음을 전적이고도 궁극적인 고뇌에 찬 "결단"이라고 생각할 수도 있음을 암시한다 ; 이 결단은 실질적으로 미래의 모든 결단을 해결하는 것이고, 그의 고뇌에 찬 모습은 그러한 결단에 이르게 된 경험 속에서 집중적으로 드러난다는 것이다. 하지만 물론 양명의 입장에서 볼 때, 그가 자신의 양지설을 "얻은 것"을 "결단"으로 보아야 할 이유는 전혀 없다. "교의를 얻음"이라는 것은 분명 키에르케고르의 입장에서의 결단이다 ; 맹자의 라이벌이었던 고자였다면 그러한 것이 어울릴 것이다. 이러한 견해를 통해 고자의 "부동심"을 다시 음미해볼 수 있다 ; 그리고 이를 통해 아무도 그 뜻을 이해하지 못했다고 생각되는 고자의 애매모호한 말, 즉 "말에서 얻지 못하는 것을 마음에서 구해서는 안 된다"는 말에 대해서도 다시 생각해볼 수 있을 것이다. 그리고 사실 진정한 자기 결단의 윤리인 스탈린주의(혹은 모택동주의)와 같은 자기 수양론적 철학에서, 많은 경우 완벽해지는데 이르는 과정은 고통스럽게 노력하고 스스로와 투쟁하는 과정이다. 그러나 양명의 깨달음은 분명 그 자신에게는 헤아릴 수 없을 정도로 흥분되는 발견이었던 것이다.

하지만 순간적으로나마 양명이 전적으로 혼자서 도덕적 노선을 선택하고 있다고 생각하는 상황을 고려해보면, 양명에게는 분명 실존적 고뇌라고 부르고 싶은 유혹이 드는 두드러진 사례가 존재한다. *240* 이러한 순간에서조차도 양명은 양지에 관한 자신의 견해가 "신적인 존재의 인도"(키에르케고르적인 것인가? 전적으로 그렇지는 않다)를 받아 이루어진 것이라고 말한다. 사람들이 "타락한 상황에서 어려움을 겪고 있음을" 보고, 그는 "내 마음속의 고통"을 느낀다. 그는 자신의 가르침을 통해 그들을 도와야만 한다. 그러나 "내가 이렇게 하려고 노력하는 것을 보면, 사람들은 서로서로 모여 나를 비난하고 비웃고 모욕하고 저주하면서, 내가 미쳤다고 생각한다. 아아!" 그가 다른 사람들과 같이 무감각한 "선비"로 만족해서는 안 되는 것인가 ; 아니, 그는 진정으로 "성인"이 되기 위해 노력해야 하는가? 하지만 양명은 그리고 나서 다음과 같이 말한다 :

> 사람들이 자신의 아버지, 아들, 형제가 깊은 물웅덩이에 빠져 익사해가는 것을 보게 되는 경우가 있다. 그들은 울부짖으면서 기어가는데, 벌거벗고 맨발인 채로 가면서 넘어지고 엎어진다. 그들은 위험한 절벽에 매달려서 구하러 내려간다. 몇몇 선비들은 이와 같이 행동하는 것을 보고는 그 옆에서 이야기를 하고, 웃으면서 예를 갖추어 인사를 한다. 그 선비들은 예의를 버리고 옷을 벗어버렸다고 해서, 그리고 그와 같이 울부짖고 넘어지고 엎어진다고 해서 그들이 제정신이 아니라고 생각한다.

그러나 연민의 정을 전혀 느끼지 못하는 그러한 "선비들"은 "더 이상 사람이 아니다." 위험에 빠진 사람의 아버지 혹은 형제라면 "분명히 머리가 아프고 가슴에 고통을 느끼기 마련이며", 필사적으로 자신의 친척을 구하기 위해 노력하기 마련이다.

> 그는 심지어 자신이 익사할 위험까지도 무시한다. 제정신이 아니라고 비웃음을 당하는 것은 훨씬 더 쉽게 무시하리라! 그리고 사람들이 자신을 믿어줄지 그렇지 않을지에 대한 걱정은 더욱더 하지 않으리라! 아아! 사람들이 내가 제정신이 아니라고 말한다 해도 그건 괜찮다. 모든 사람의 마음은 내 마음과 같다. 제정신이 아닌 사람들이 있다. 내가 어떻게 제정신일 수 있겠는가? 자신의 마음을 잃은 사람들이 있다. 내가 어떻게 마음을 잃지 않겠는가?[238]

---

238) 『傳習錄』, 181조, "僕誠賴天之靈 偶有見於良知之學 以爲必由此而後天下可得而治 是以每念斯民之陷溺 則爲之戚然痛心 忘其身之不肖, 而思以此救之 亦不自知其量者 天下之人見其若是 遂相與非笑而詆斥之 以爲是病狂喪心之人耳 嗚呼

그러나 여기에 기질적으로 실존주의적인 측면이 있다고 할지라도 내용상으로는 정반대다. 궁극적인 측면에서 보면, 양명은 오직 자기 혼자서만 전적으로 외롭고 아무도 지지해주지 않는 결단을 내려서 "제정신이 아닌" 사람이 된 것이 아니다. 그가 이렇게 결단을 내린 이유는 다만 자신이 가지게 된 근본적인 공감에 대한 동기가 보편적이고 타당한 것이라고 생각했기 때문이다 : "모든 사람의 마음은 내 마음과 같다." 맹자라도 그것을 더 잘 표현할 수는 없었을 것이다.

앞에서 나는 양명이 마음의 "자기 감시" 기능을 마음 / 실체(양명은 이를 또한 양지라고 말하기도 한다)의 기본적인 측면으로 보았으며, 이는 생각이 잘못된 방향으로 나아갈 가능성을 지속적으로 가지고 있음에 대한 고뇌에 찬 불안이 인생의 불가피한 부분이라는 견해로 간주할 수도 있다고 말한 바 있다. 양명은 자신의 제자인 육원정(陸原靜)의 질문에 대답하면서, 이 문제를 직접적으로 다루고 있다. 육원정은 공자와 안회 같은 성인들이 언제나 가지고 있었다고 하는 진정한 "즐거움"이라는 개념에 대해 묻는다. 그것은 일반적인 즐거움과 다른 것인가? 만약 그렇다면 "성현들이 엄청난 슬픔, 엄청난 분노, 엄청나게 놀라운 일, 엄청난 두려움을 만날 때도 그러한 즐거움이 존재하는가? ***241*** 게다가 군자의 마음에는 언제나 조심하고 두려워하는 측면이 있기 때문에, 그는 생애 전반에 걸쳐서 슬픔에 빠져 있는 것이다. 그에게 어떻게 즐거

是奚足恤哉 吾方疾痛之切體 而暇計人之非笑乎 人固有見其父子兄弟之墜溺於深淵者 呼號匍匐 裸跣顚頓 扳懸崖壁而下拯之 士之見者 方相與揖讓談笑於其傍 以爲是棄其禮貌衣冠 而呼號顚頓若此 是病狂喪心者也 故夫揖讓談笑於溺人之傍而不知救 此惟行路之人 無親戚骨肉之情者能之 然已謂之無惻隱之心 非人矣 若夫在父子兄弟之愛者 則固未有不痛心疾首 狂奔盡氣 匍匐而拯之 彼將陷溺之禍有不顧 而況於病狂喪心之譏乎 而又況於蘄人之信與不信乎 嗚呼 今之人雖謂僕爲病狂喪心之人 亦無不可矣 天下之人心 皆吾之心也 天下之人猶有病狂者矣 吾安得而非病狂乎 猶有喪心者矣 吾安得而非喪心乎."

움이 있을 수 있는가?"[239]

양명은 다음과 같이 대답한다 : 진정한 즐거움은 "마음의 본체가 가지고 있는 특징이다" ; 평범한 사람들도 그것을 가지고 있지만, "그것을 가지고 있으면서도 깨닫지 못할 뿐이다." 양명은 진정한 "즐거움"은 전면적으로 진실하게 스스로를 이해하는 가운데 존재하며, 극도로 심한 슬픔과도 공존할 수 있다고 주장한다 ; 그리고 나서 그는 "나귀를 타고 있으면서 그것을 찾고자" 하는 갈망 때문에 근심하고 있음에 대해 자신의 제자를 꾸짖는다.[240] 실존적 불안이라는 개념이 실제로 양명의 견해와 양립할 수 없음은 분명한 듯하다.

이상에서 양명에게서 볼 수 있는 유사-실존주의적 "근심"의 문제를 간략히 살펴보았다 ; 나는 다음과 같은 견해를 개진하는 것으로 이를 마무리하고자 한다. 부분적으로 볼 때, 실존주의는 너무나도 다양해서, 실존주의자로 여겨지는 작가들의 일부 작품 속에서는 자아가 세계와 관계 맺는 방식이 여기에서 살펴본 양명의 생각과 유사하게 표현된 것을 발견하게 될 가능성이 높다 : 예를 들어, 아무런 구조도 없고 이성적이지도 않으며, "불합리하고", 행위하려는 자아의 결단을 전혀 지지해주지 못하거나 그에 대해 의미 있는 반론조차 제기하지 못하는 것은 바로 자아가 아니라 우주일지도 모른다. 아직은 이러한 생각이 양명의 사유와 진정으로 유사한 것이라고 할 수 없으리라는 점에 대해서는 말할 필요조차 없다.

---

239) 『傳習錄』, 166조, "來書云 昔周茂叔每令伯淳尋仲尼顔子樂處 敢問是樂也 與七情之樂 同乎 否乎 若同則常人之一遂所欲 皆能樂矣 何必聖賢 若別有眞樂則聖賢之遇大憂大怒大驚大懼之事 此樂亦在否乎 且君子之心常存戒懼 是蓋終身之憂也 惡得樂."

240) 위와 같은 곳, "樂是心之本體 雖不同於七情之樂 而亦不外於七情之樂 雖則聖賢別有眞樂 而亦常人之所同有 但常人有之而不白知 反白求許多憂苦 自加迷棄 雖在憂苦迷棄之中 而此樂又未嘗不存 但一念開明 反身而誠 則卽此而在矣 每與原靜論 無非此意 而原靜尙有何道可得之問 是猶未免於騎驢覓驢之蔽也."

양명의 "앎과 행동의 일치"를 통해 또 다른 의미에서의 "실존주의적"인 요소를 발견할 수 있으리라고 생각할 수도 있다 : 우리는 양명이 "단지 말로만 하지 말라. 그것을 **행하라! 행위**하겠다는 고통스러운 결단을 내리고 그것을 실행에 옮길 때까지는 너 스스로에게 앎이라고 주장할 수 있는 어떠한 변화도 이루어내지 못한 것이다. 행동은 앎의 완성이다"라고 말하고 있는 것으로 간주해볼 수도 있는 것이다. 이러한 생각이 더욱더 유혹적일 수 있는 것은 중화주의적인 혁명 사상가들(처음 돌을 던졌던 1960년대의 신좌파?)이 "앎과 행동의 일치"를 바로 이런 방향으로 해석했기 때문이다. 양명 자신이 이러한 암시적인 생각을 맹자가 고자를 다루었던 방식 — 송나라 농부의 이야기를 다시 해주는 방법을 통해(『맹자』 2A2, 16) — 으로 다루는 것은 당연한 일인지도 모른다.

4. 양명에게서의 도덕적 결단의 성격

왕기가 도덕적 결단에서 합리성과 신중한 사려를 거부한 데에 외관상 분명히 실존적인 요소가 있음은 이미 언급한 바 있다(앞에서 밝혔듯이, 실제로 거기에서는 실존주의자의 "근심"이 배제되어 있기 때문에 외관상으로만 그러할 뿐이다).

그러나 합리성을 거부할 때 왕기는 그것을 "이기적인 욕구"와 연결시켜서, 그것이 마음 / 실체의 전면적이고 즉각적인 "실존적(existential)" 발현을 막는다고 생각한다. 합리성에 대한 거부는 자아의 수양과 연결되며, 왕기는 자아의 수양을 통해 "길을 잃지 않을 수 있는 곳에 도달할 수 있고, 무엇을 포착하든 그것이 도(Way)가 될 것"이라고 생각한다(오카다 1970, 136). 당신에게만 해당하는 도(way)가 아니라 누구나 포착하게 될 도(Way)다. 그만큼 왕기도 또한 양명처럼 여전히 맹자의 전통 속에 있는 것이다(그리고 장자의 전통 속에 있다고도 할 수 있다).

이기심과 추론(쉽게 이익에 대한 계산이라고 볼 수 있다) 사이의 관계도 또한 맹자적인 것이며, 이러한 점을 고려해보면 인간이 선하다는 맹자의 이론과 소크라테스의 상기설이 어떤 지점에 이르기까지는 유사하지만, 똑같지는 않다는 점을 다시 떠올리게 될 것이다. *242* (맹자처럼) 소크라테스도 덕을 추구하지만, 그의 이론은 실질적으로 인간의 타고난 **합리성**에 관한 이론이다. (고전적인 사례는 소크라테스가 교사로서 무지한 노예로부터 기하학적인 증명을 유도해내는 것이다.) 맹자의 이론은 인간의 타고난 **애정**에 관한 것이며, 절대로 합리성에 대한 것은 아니다. 따라서 서양의 실존주의자가 합리성을 거부하는 것과 중국의 실존주의자가 합리성을 거부하는 것이 다른 의미를 가진다는 것은 놀라운 일이 아니다. 나아가 서양의 실존주의자들이 "이성을 거부"하는가 그렇지 않은가, 그리고 어떤 의미에서 그러한가에 대해서도 해석자들 간에 의견이 첨예하게 엇갈린다. 인간에게는 어떠한 본질적인 것이 있고 인간은 그것에 의거해서 사물의 절대적인 도덕적 질서 속에서 합리적이고 옳은 것을 알 수 있다는 생각을 부인한다고 해서, 그것이 곧 (왕기처럼) 선택을 할 때 그에 대해 때로 신중히 생각하고 머리를 쥐어짤 필요조차도 없이 "저절로(spontaneously)" 이상적인 선택을 하게 된다고 주장하는 것은 아니다.

나는 양명이 어떻게 행동해야 하는가 하는 문제에 대해 접근하는 데에서 여러 가지에 대해 신중하게 생각해야 한다는 생각을 거부한다고는 믿지 않는다. 하지만 그렇다고 해서 우리의 결단이 자연 발생적인 것이 아니라 고통을 수반하는 선택이 된다는 말은 아니다. 이렇게 생각하는 이유 가운데 하나로, 실제로 양명이 때로는 결단의 문제에 대해 잘 생각해볼 것을 권유하기는 하지만, 마음이 올바르게 작동한다면 자발성(spontaneity)이라는 요체는 유지되기 때문이다 : 이기적인 자아의 작용은 배제되며, 말하자면 우리는 마음이 "의사결정 절차"가 되도록 놓아두고, 그것을 따르는 것이다. (이에 대한 더 자세한 이야기는 나중에 하도록 하겠다.) 하지만 또한 이것만으로 그러한 생각이 실제로 정확히 설명되는 것은 아니다 ; 양명은 우리의 선택이 실존주의적인 의미에서 근본적으로 자유로운 것은 아니라는 사실을 강조해야만 하기 때문이다. 이제부터 논변하겠지만, 그와는 반대로 양명은 가치 평가를 감각적 지각과 동일시하며, 따라서 선택, 결단 그리고 행동 등에 대해서도 그러하다.

우리는 이를 다음과 같이 이해할 수 있다 :

1. 양명은 맹자처럼 마음을 감각과 같은 것으로 본다 : 맹자에게 이는 감각 기관 각각이 나름의 고유한 이상적인 대상을 가지고 있음을 의미한다(눈의 경우에는 아름다움 ; 마음의 경우에는 선). 양명에게는 그 이상의 의미가 있다 : 여러 가지 감각은 그 대상 이외에는 어떠한 "실체"도 가지고 있지 않으며, 감각의 기능은 그 대상을 포착하는 것이고, 마음도 또한 그러하다 : "눈에는 그 자체의 실체가 없다. 눈의 실체는 만물의 색깔로 이루어져 있다. … 마음에는 그 자체의 실체가 없다. 그 실체는 천지 만물이 영향을 주고 반응함[感應]에서의 옳고 그름으로 이루어져 있다." 내가 생각하기에 여기에서 양명이 말하는 내용은 마음이 다만 실존적인 상태에 있을 뿐이라는 것이 아니다. 많은 경우 그는 자신이 지속적으로 주장해온 다음과 같은 이상주의자의 입장을 특별한 형태로 말하고 있다 : 마음 — 그가 이 말을 사용할 때 많은 경우 지각하고 생각하는 측면이 둘 다 포함된다 — 과 그 대상인 우주, 다시 말해서 "천지, 귀신, 만물"은 "한 몸"인, 즉 "동일한 실체를 가진" 존재[同體]다.

2. 여기에 담긴 의미는 다음과 같다 : 양명에게 (시각과 같은) 감각

기관을 통해서 감각적인 성질을 지각하는 것과 '포괄적이지 않은 의미의 생각하고 사고하는 마음'을 통해 가치와 관련된 성질을 "지각"하는 것 사이에는 실질적으로 아무런 차이도 없다. *243* 두 가지 중 어떤 경우에도, 기관(여기에는 "생각하는 기관"도 포함된다)이 정상적으로 작동하고 있다면, 다른 사람들이 지각하지 못하는 것을 자신의 의지에 의해 지각할 수는 없다. 그 기관들이 정상적으로 작동하도록 하기 위해서는 그것들을 "깨끗하게" 유지해야 한다 : "눈에 조금의 먼지도 붙어 있게 해서는 안 되는 것처럼, 단 한 가지 생각[念]도 마음의 본체[心體]에 달라붙어 있지 못하게 해야 한다." 그리고 그는 명시적으로 다음과 같이 덧붙인다 : 문제는 "생각"이 악한 것일 수도 있다는 것이 아니라 그것이 마음을 "눈멀게 해서" 있는 그대로의 세상을 받아들이지 못하도록 하는 것이다(Chan 1963, 256-257쪽, 336번).241)

3. 이렇게 추론한 내용은 양명의 그 유명한 앎과 행동의 일치[知行合一]에 대한 분석을 통해 확인된다. 아름다운 색을 볼 때, 먼저 눈으로 그것을 **보고**(이는 "앎"의 일종이다), 이후에 그것을 좋아하겠다는 정신적인 **결단**의 결과로 그것을 **좋아함**(이는 "행동"의 일종이다)이 뒤따라오는 것은 아니다(Chan 1963, 10쪽, 5번). 어떤 사물을 가시적이고 가치를 가진 성질로 지각하는 것은 총체적이고 단일한 것이다. 후설(Husserl)이라도 그렇게 말했겠지만, 그것은 아마도 의식의 의도적인 행위로, 하나의 단일한 "구성 행위(constituting)"라는 성격을 가지고 있는 듯하다 — 내가 나무를 볼 때 그 형태만을 보는 것이 아니라 앞뒷면과 더불어 단단하고 연장(延長)을 가지고 있는 **대상**을 보는 것처럼, 여기에서도 가시적인 측면과 "가치의 측면"을 가진 대상을 "보는" 것이다.

4. 그렇다고 해서 어떤 것을 선호하거나 선택하는 정신적인 행위가

---

241) "先生嘗語學者曰 心體上著不得一念留滯 就如眼著不得些子塵沙 些子能得幾多 滿眼便昏天黑地了 又曰 這一念不但是私念 便好的念頭 亦著不得些子 如眼中放些金玉屑 眼亦開不得了."

반드시 생각 없이 이루어지거나 순간적으로 이루어져야만 함을 의미하는 것은 아니다. (희미한 빛 속에서 볼 때도 사물의 색깔이나 형태를 분별해내기 위해서는 결국 시간이 걸리고 세심하게 주의를 기울여야 할 수도 있다.) 양명에게 이는 오히려 하이데거나 사르트르 같은 이후의 실존주의자들처럼 앎과 행동을 구분할 수는 없음을 의미한다 : 그들에게 앎이란 거기에 존재하는 "즉자적 존재들"을 대상으로 하는 '수동적인 방식의 주의 기울임(passive mode of attention)'이고, "행동함"(가치 평가를 내리고, 선택을 하며, 결단을 내리고, 의지를 가지는 것)은 거기에 **있지 않은** 것, 다시 말해서 아직 형태가 정해지지 않은 채 여전히 열려 있는 미래(실존주의자들은 때로 이를 "무(nonbeing 혹은 Nothing)"라고 지나치게 극적으로 표현하기도 한다)를 대상으로 하는 '능동적인 방식의 주의 기울임(active mode of attention)'이며, 전자는 구속되어 있는(bound) 반면 후자는 자유로운 것이다(Olafson, 1967, 68-71). 양명의 입장에서 보면, 이 두 가지 방식 가운데 어느 것도, 그와 같은 근본적인 의미에서 자유로울 수는 없다.

5. 양명이 도덕적 가르침에 대해 어떠한 입장을 가지고 있었는가를 살펴보면 더 많은 증거를 발견할 수 있다. 양명에게서 끊임없이 눈에 띄는 것은 다음과 같은 점이다 : 그는 선생으로서 자신의 제자들이 도덕적인 문제들에 대해 혼자 힘으로 계속해서 새롭게 해결책을 찾아내고, 사람으로서 내적으로 가지고 있는 도덕적인 반응 능력을 혼자 힘으로 철저하게 느끼도록 인도하고자 노력하며, 기존의 교리를 가리키면서 단순히 "이것을 받아들여라"고 말하지는 않는다. 나아가 그는 제자들이 자신이 한 말을 받아적는 것을 싫어했는데, 그 이유는 이후의 학생들이 생명력을 잃은 그 말을 권위 있는 것으로 받아들일까 염려했기 때문이다. 그렇다면 혼자 힘으로 생각하는 것을 배운다고 해서 그것이 무슨 가치를 가지는가? 244 생각을 통해 새로운 방향을 잡아서 새로운 가치 영역을 창조해내고, 또 다른 사람들도 나를 통해 그렇게 될 수 있다는 것일까? 아니다 : 그렇지 않을 뿐만 아니라, 어떤 기본적인 면에서 이전에는 보이지 않았던 것을 발견하게 된다는 것은

더더욱 아니다. 양명에게 혼자 힘으로 도덕적인 사고하기를 배우는 것의 요지는 혼자 힘으로 보는 것을 배우는 것의 요지와 같다(그에 대해 배움이 필요할 수 있다는 생각이 말이 되는 그만큼 말이다): 그것을 배우지 않으면, 최소한도로 제 기능을 해내는 인간조차도 될 수 없다: "학문적인 측면에서 지적해주고 설명해줄 선생과 친구를 가질 필요가 있다. 그러나 이는 스스로 지적해내고 이해하는 것만 못하다; 왜냐하면 그 경우, 한 가지 사례에서 해내면 모든 사례에서 해낼 수 있을 것이기 때문이다. 그렇지 않다면 끝없이 다른 사람들의 도움을 받게 될 것이다"(Chan 1963, 234쪽, 298번).[242]

하지만 보이게 될 내용은 언제나 본질적으로 같다. 드 베리가 양명에 대해 말한 것처럼, "양명이 옳고 그름을 혼자 힘으로 발견해야 한다고 주장하기는 하지만, 주관적인 도덕과 객관적인 도덕 사이에 본질적으로 상충되는 측면이 있을 수 있다거나, 진정한 내면적 성찰을 통해 분명하고 상식적인 도덕적 기준을 긍정하는 것 이외의 다른 어떤 결과에 이르게 될 수도 있다는 것은 생각조차 할 수 없는 일이었다"(de Bary, 1970, 156쪽).

이는 결국 모든 사람들 각각에게는 마음의 "본체"라고 부를 만한 본성 혹은 방향성이 있지만, 그것이 실제 정신적이고 의도적인 행위로 드러나는 것으로 남김없이 환원될 수는 없음을 의미함에 틀림없다. 우리는 객관적인 세계를 정확하게 "지각해야"만 하며, 거기에는 객관적인 가치의 세계도 포함된다; 그리고 그것은 정확히 말해서 우리가 자신에게 진실할 때만, 다시 말해서 자신의 "실체"가 그 세계가 되도록 하고, 선입견이나 개인적인 욕구와 관련된 요소 가운데 어떤 것도 그에 대한 반응을 왜곡시키지 않도록 할 때만 가능하다. 이러한 주장을 양명과 "좌파" 추종자들이 거부하고자 하는 다음의 두 가지 주장과 분리시킨다면, 그들은 무리

242) "先生曰 學問也要點化 但不如自家解化者 自一了百當 不然 亦點化許多不得."

없이 그러한 주장을 받아들일 수 있을 것이다 :

A. 그들은 어떤 식으로든가 그 "실체"는 따로 분리되어 있고 모든 "작용"이 고요해진 마음의 상태가 있을 수 있음을 부인한다. 실제로 그러한 상태가 존재한다면 그것은 단지 또 다른 하나의 "작용"일 뿐이라고 보아야 할 것이다. 양명이 잠들어 있는 상태의 마음에 대해 말하는 내용이 바로 이것이다(Chan 1963, 219, 267번).[243)]

B. 설사 마음의 "실체"가 그 작용과는 다른 혹은 그 작용 이상의 무엇이라는 점을 인정한다 하더라도 그 실체, 즉 성(性) 혹은 리(理)에 대해 그것이 무엇인지를 밝힐 수 있는, 혹은 맥락과는 무관하게 타당성을 가진 전제로서 행위의 지침으로 사용할 수 있는 궁극적인 개념 정의(definition)가 있을 수 있다는 점에 대해서도 또한 부인한다.

그러나 중국의 "실존주의자"가 받아들일 수 있는 내용을 서구의 실존주의자는 거부할 것임에 틀림없다 : 서구 실존주의자의 입장에서 보면, 마음에는 "실체"가 없다 ; 마음은 그저 그 행위(혹은 방향이 정해져 있지 않은 행위의 과정)일 뿐이다. *245* 서구의 실존주의자들은 이로부터 근심, 자유, 전적인 책임, 삶의 모호함 혹은 불합리성 등에 대한 자신들의 독특한 견해를 도출해낸다. 반면, 중국의 "실존주의자들"에게서 자유란 알고 보면 방향성이 없는 의지주의(voluntarism)가 아니라, 실제로 방향성을 가지고 있는

---

243) "問 通乎晝夜之道而知 先生曰 良知原是知晝知夜的 又問 人睡熟時良知亦不知了 曰 不知 何以一叫便應 曰 良知常知 如何有睡熟時 曰 向晦宴息 此亦造化常理 夜來天地混沌 形色俱泯 人亦耳目無所睹聞 衆竅俱翕 此卽良知收斂凝一時 天地旣開 庶物露生 人亦耳目有所睹聞 衆竅俱闢 此卽良知妙用發生時 可見人心與天地一體 故上下與天地同流 今人不會宴息 夜來不是昏睡 卽是忘思魘寐 曰 睡時功夫如何用 先生曰 知晝卽知夜矣 日間良知是順應無滯的 夜間良知卽是收斂凝一的 有夢卽先兆."

자발성(spontaneity)이다 ; 그들은 정상적인 경우에 인간이 근심이 아니라 즐거움을 느껴야 한다고 생각한다 ; 그리고 삶이 불합리하다고 생각하는 대신, “무엇을 포착하든 그것이 도(Way)일 수 있는” 성공적인 삶이 전적으로 가능하다고 생각한다.

궁극적으로 서구 실존주의자와 중국 실존주의자 사이의 차이점이 가장 잘 드러나는 것은 결단과 관련된 선택의 성질에서다. 나는 양명이 1507년에 귀주(貴州)로 유배가면서 행한 행위에 관한 전설에 대해 형언할 수 없을 정도로 흥미를 느낀다. 조정에 있던 그의 정적(政敵)들은 그를 암살하고자 하고 있었다. 그는 몸을 숨겼으며, 정적들의 분노가 자신의 아버지에게 미칠지도 모른다는 경고를 접하게 되었다. 여기에서 전설에 따르면 양명은 의무의 상충상황이 너무나 힘든 것이라고 생각하였으며, 사르트르적인 “잘못된 믿음”의 표준적인 사례에서 자신의 해결책을 찾는다 : 그는 신탁(神託)을 구함으로써 자신의 고통을 해결하고, 그렇게 함으로써 자신의 결단을 하늘에 맡긴다. 이 이야기를 접하게 되면 주희에 관한 기사가 떠오르게 된다 ; 주희는 말년에 자신을 파탄에 빠뜨릴 수 있는 정적들이 조정을 장악하고 있었기 때문에 파멸의 원인이 될지도 모를 비판의 글을 제출해야 할지 말아야 할지 결정할 수 없었다. 주희도 또한 시초점(蓍草占)을 통해 그만두라는 점괘를 얻는다.

내가 기억하기로는, 어릴 때 나 자신도 당시로서는 너무나도 중요하다고 생각했던 선택을 해야 했던 적이 있었다. 그때 나는 혼자였으며, 거의 몇 초 내에 선택을 해야만 했다. 내가 기억하기로 나는 책상에서 25센트짜리 동전을 꺼내 바닥에 던지면서, “앞면이 나오면 …”이라고 혼잣말을 했다. 어떻게 되었느냐고? 그것은 또 다른 선택이었다. 일부러 보지 않고 동전을 집어들고는, 결단의 고통을 내 것으로 받아들였다. 적어도 내가 선택한 것이다.

물론 우리는 동전 던지기에 대해 양명이나 주희 같은 사람이 『역경』에 대해 가지고 있던 것과 같은 확신을 가지고 있지는 않지만, 그것이 핵심이다. 우리의 세계는 우리가 믿고 의지할 배경이 되는 본질과 진리들을 너무나도 많이 빼앗겨버림으로써, 우리의 삶은 실존주의가 그럴싸해보이는 그러한 류의 경험들로 가득 차게 되었다. 양명이 살았던, 하늘(天/Heaven)에 대한 관념으로 충만해 있던 세계는 그렇지 않았다. 양명이 살았던 세계는 옳은(실제로 옳은) 결단을 내리기에 우호적인 세계였다; 우리가 그것을 차단하거나 그에 저항하지 않는 법을 배운다면 말이다 — 내적인 측면에서나 외적인 측면에서나 결국 그의 형이상학으로 인해 그 배경이 분리되지 않았기 때문이다. 서구의 실존주의자들, 그 가운데에서도 최소한 현재 가장 많은 사람들이 귀를 기울이는 그러한 류의 실존주의자들은 외적으로는 자신이 내린 결단의 "옳음" 여부와 전적으로 무관한 세계에 살고 있으며, 내적으로는 세계란 그저 그 결단일 뿐이다.

양명에 대한 이야기는 전설일 뿐이다; 내가 아는 한 양명은 결단을 내리기 위해 점을 치지 않았다. 그에게는 그렇게 할 필요가 없었다. 점을 친다는 것은 '하늘의 마음'을 사심 없이 알아내는 기능을 수행하리라고 여겨지는 것인데, 양명에게는 자기 자신의 마음이 이기적인 자아의 "차단" 없이 올바르고 세심하며 정직하게 작동하기만 한다면, 충분히 그러한 역할을 해낼 수 있었기 때문이다. *246* 내가 여기에서 공상을 하고 있는 것은 아니다; 양명 자신이 말하고 있는 내용이 바로 그것이다. 제가 가운데 한 사람이 묻는다: 주희는 『역경』을 점서(占書)로 해석했고 정이(程頤)는 그것을 "이치[理]"에 관한 책으로 풀이합니다; 누가 옳은가요? 양명은 "점이라는 것은 이치를 포함하고 있고, 이치도 일종의 점이다"라고 대답한다. 그리고 다음과 같은 결론을 내린다: 이를 이해하지 못하는 사람들은 "우리가 오늘 하고 있는 것과 같은 선생과 벗들 사이의 문답, 넓게 공부하는 것, 정확하게 묻는 것, 신중하게 생각하는 것, 분명하게 분별하는 것, 독실하게 실천하는 것 등이 모두 일종의 점이라는 것을 알지 못한다." 자신의 마음이 이기적인 충동에 의해 휩쓸리지 않고 완전하게 작용할 수 있도록 할 수 있는 능력이 자신에게 있음을 믿지 않을 때만 『역경』에 의지해서 "마음에 신적인 총명함을 얻고", "하늘로부터 대답을 구하는 것이다" — "오직 하늘만이 거짓의 여지를 남기지 않는다"고 생각하는 것이다(Chan 1963, 211쪽, 247번).[244]

그러므로 윤리학적인 측면에서 보면 양명은 결국 "의지주의자(voluntarist)"가 아니라 "지성주의자(intellectualist)"인 듯하다 : 어떤 상황에서 어떻게 행동할 것인가를 결정하고자 할 때, 문제는 알아야만 하는 것을 확인하는 것이며, 나아가 실제로는 나도 하늘도 언제나 그 내용을 이미 알고 있다. 단순히 그 상황에서 어떻게 마음대로 자신의 권위를 발휘할 것인가를 선택하는 문제가 아닌 것이다. 그러나 양명의 "실존주의적" 경향에 대한 이 연구가 다소 부정적인 것이었기 때문에, 양명의 사유에서 실존주의적인 것처럼 보이는 요소들의 복합체가 얼마나 많이 편재해 있는지 다시 한 번 상기해볼 필요가 있다. 그의 주장에 따르면, 행위의 지침으로 삼을 수 있으며 추론하는 마음을 통해 드러나는 규칙이란 존재하지 않는다 ; 그리고 그는 도덕적 직관과 점(占)을 연결시키고 있는 또 다른 기록에서 다시 한 번 이러한 주장을 한다. 양지는 "공간적으로 한정되어 있지도 않고, 물리적인 형태도 없는" 듯해서 "포착해내기가 너무나도 힘들다"고 호소하는 제자에게 양명은 세사

---

244) "問 易 朱子主卜筮 程傳主理 何如 先生曰 卜筮是理 理亦是卜筮 天下之理孰有大於卜筮者乎 只爲後世將卜筮專主在占卦上看了 所以看得卜筮似小藝 不知今之師友問答 博學審問愼思明辨篤行之類 皆是卜筮 卜筮者 不過求決狐疑 神明吾心而已 易是問諸天 人有疑自信不及 故以易問天 謂人心尙有所涉 有天不容僞耳."

가 그랬던 것처럼 『역경』 「계사전」을 인용하여 대답한다. 양명에 따르면 양지는 "역(易)"과 같은 것이다 : "도(Way)로서 그것은 자주 변화한다. 그것은 한 곳에 머물지 않고 변화하고 움직여서, 괘(卦)의 육효(六爻) 가운데 어떤 자리로도 흘러 들어갈 수 있다. 전혀 일정함이 없이 오르내리며, 강함[陽]과 약함[陰]이라는 요소가 상호 교차한다. 그것을 불변의 기준으로 여겨서는 안 된다. 그것은 상황에 맞게 변화한다"(Chan 1963, 259-260쪽, 341번).[245] 그것을 "포착"할 수 있다고 생각하는 것은 불합리하다.

그렇기는 하지만 선생으로서 양명의 삶 전반을 살펴보면, 특정한 구체적인 상황에서 뿐 아니라 인생 전반을 통해서 볼 때도 "그냥 아는" 것이 무엇인지를 밝혀내는 법을 배우는 것은 시간과 인내와 세심한 생각을 필요로 하는 과업임을 양명도 인정하고 있음을 알 수 있다. "선생과 벗들 사이의 문답"은 바로 이러한 역할을 하는 것이다 ; 그리고 이는 양명의 도덕적 직관주의에서 일반적으로 '세심한 생각과 추론'이라고 부를 만한 것을 거부하지는 않음을 보여주는 뚜렷한 증거다. 결국 그는 (초기의 신유학자들이 인간의 사회적인 삶을 자연스러운 것으로 여기면서 그렇게 하기 시작했던 것처럼) 인간의 마음을 자연의 영역으로 완전히 되돌려놓은 것이다 ; 동시에 그는 반-지성주의적인 측면에서 자연으로부터 마음을 배제한 도교적이고 선(禪)적인 지향성도 또한 여전히 어느 정도는 가지고 있었다. _**247**_ 이를 이해하기 위해서는 양명의 "근원적인 측면에서 보면, 천지 만물과 인간은 한 몸이다. 이러한 합일이 가장 정치하고 탁월하게 드러나는 곳은 인간 마음의 밝은 지적인 능력이다"(Chan 1963, 221-222쪽, 274번)[246]라는 말을 정말로

---

245) "問曰 此知恐是無方體的 最難捉摸 先生曰 良知卽是易 其爲道也屢遷 變動不居 周流六虛 上下無常 剛柔相易 不可爲典要 惟變所適 此知如何捉摸得 見得透時 便是聖人."

246) "蓋天地萬物與人原是一體 其發竅之最精處 是人心一點靈明."

진지하게 받아들여야만 한다. 그렇다면 자신이 혼자서 자의적으로 결단을 내리고 나서 그것을 세상에 억지로 관철시킨다고 생각해서는 안 된다. 간단히 말해서, 나는 세계의 일부며 그 속에서 살아가는 "한 몸"인 세계의 일부로서 기능하는 데에서 "생각하고", "변별해내고", "실천하고", 추론하고, 결심하고 그리고 행위할 때, 『역경』 그 자체를 사용하는 것처럼 직관적인 앎[良知]이 나를 인도하도록 하고 있는 것이다.

제16장

장학성의 철학

장학성(章學誠 : 1738~1801)은 홍력(弘歷)[247]이 권좌에 오른 지 3년 후인 1738년에 태어나 1801년에 죽었는데, 이는 중국 역사에서 가장 장수한 황제 중 한 명인 홍력이 죽은 지 2년밖에 지나지 않았을 때였다. 따라서 그의 생애와 사유는 지적이고 학문적인 측면에서 탁월한 업적으로 기억되는 그 유명한 청대의 건륭(乾隆) 연간에 걸쳐 있으며, 그의 생애와 사유 자체가 건륭 연간의 특징을 보여주는 두드러진 사례이기도 하다. 장학성은 문필가였으며, 시인은 아니었지만 시에 많은 관심을 가지고 있었다 ; 그는 지방의 역사에 각별한 관심을 가진 역사가이자 역사비평가였을 뿐만 아니라 매우 유능한 철학자이기도 했다. 사실 그가 명성을 떨치게 된 것은 주로 역사 비평을 통해서다. 그러나 일반적인 견해와는 다소 배치되더라도 이 글에서는 그를 고도로 철학적인 문헌비평가로 이해하고자 한다. 그의 작품 가운데 가장 잘 알려진 것은

247) 청나라 고종(高宗)의 이름이다. 그가 재위하던 기간의 연호가 건륭(乾隆)이기 때문에 흔히 건륭 황제로 알려져 있다.

두 가지다 : 하나는 문학과 역사에 관한 비판적이고 철학적인 글들을 모아놓은 『문사통의(文史通義)』며, 다른 하나는 『교수통의(校讎通義)』로, 이는 역사 및 서지학에 관한 좀더 전문적인 책이지만, 여기에서도 여전히 철학적인 관심은 견지되고 있다.

장학성의 사상과 작품은 그의 사후 100년 이상 자신의 조국인 중국에서는 비교적 경시되었다 ; 그러나 대(大)학자인 고(故) 나이토 토라지로(內藤虎次郎)가 약 35년 전에 그에게 관심을 보인 이후, 중국과 일본에서 그에 관한 많은 연구가 이루어져 왔다. 그에 대한 평가는 너무나 다양하다 : 그의 사상과 중요성에 대해서는 묘사하는 사람마다 다를 정도였다. 일본에서만도 그는 헤겔, 랑케, 파스칼 그리고 베르그송에 비유되었다. 한 유명한 프랑스의 학자는 그를 비코에 견주기도 하였다(Demiéville, 1961, 184쪽). 그에 대한 평가는 이와 같이 너무나도 두드러질 정도로 다양하기 때문에, 이떤 방식으로든 설명을 시도해볼 만하다.

내가 생각하기에, 또 다른 사상가를 "이해하는" 과정은 우리가 가지고 있는 개념적인 도식과 일치하는 몇 가지 핵심적인 논점을 포착해서, 가설적으로나마 그 견해가 우리의 것과 같다고 여기고 그로부터 구성해나가되, 우리 자신이 그 주제를 대변하고 있다고 상정하는 데에서 시작해야만 한다. 그의 견해와 그가 처음부터 가지고 있던 신념을 가지고 그의 입장에 있다면 어떻게 생각할지 상상해보려고 노력하며, 그의 행동과 말과 글 가운데 관찰 가능한 것에 의거해서 진행해가면서 그의 사유에 대해 가설적으로 재구성해낸 내용들을 계속 점검한다. *250* 우리가 구성해낸 것이 그에게서 찾아볼 수 있는 내용과 일치함을 발견하게 되면, 구성해낸 그 내용을 그의 사유라고 부르며 그를 "이해한다"고 말한다.

이제 나는 솔직히 나 스스로가 장학성에 대해 이러한 작업을 하고 있다고 느낀다. 그러나 불가피할지도 모르지만 이러한 작업에는 분명 다음과 같은 위험이 도사리고 있다: 재구성해낸 것에 대한 점검은 우리가 주목하는 내용을 통해 이루어지며, 그 내용이란 우리의 선입견을 통해 미리 예상한 것일 가능성이 높기 때문에, 실감하는 것 이상으로 우리 자신 혹은 우리 자신에게 더욱 친숙한 생각을 그 주제에 투영할 위험성이 끊임없이 존재한다. 그리고 어떤 식으로든 다루고 있는 주제 속에서 동반자나 논적을 발견하게 되리라는 예측이나 숨겨진 욕구를 가지고 작업을 시작한다면 그렇게 될 가능성이 매우 높다. 장학성 같은 사람의 경우 이러한 위험성은 더 커진다. 먼저 그의 사유가 너무나 복합적이고 상상력의 범위가 너무나 넓어서, 원한다면 그에게서 "찾아내지" 못할 것은 거의 없기 때문이다. 둘째로, 전통이라는 측면에서 그리고 시간적인 것은 아니더라도 준거 틀(frame of reference)이라는 측면에서 볼 때, 장학성이 현대 세계와는 멀리 떨어져 있음에도 불구하고 그가 자신의 전통 내부에서 보여주고 있는 독창적인 모습으로 인해 그를 우리에게 매우 친숙한 모습으로 그리고 싶은 유혹이 생기는데, 그것이 과연 중국적인 환경을 염두에 둘 때도 적절한 것인지는 의문의 여지가 많다. 따라서 나는 그러한 것들이 때로는 유용할 수 있음을 부인하지는 않겠지만, 그것을 유럽의 사례들과 등치시키기보다는 장학성이 살았던 중국의 지적이고 사회적인 배경 속에서 그가 느꼈던 문제들과 관련해서 살펴보고자 한다.

장학성 자신도 그의 사유 배경 가운데 핵심적인 부분임은 물론이다. 앞에서 말했던 것처럼, 그는 1738년 절강성(浙江省)의 소흥(紹興) — 이 도시는 후에 현대의 유명한 소설가인 노신(魯迅)의 출생지이기도 한 곳이다 — 에서 태어났다. 이 지역은 당시 중국에서 가장 부유하고 인구가 많은 곳 가운데 하나였으며, (지금도 그러하듯이) 술로 유명했고, 게다가 평균치보다 훨씬 많은 사무관과 학자 관료를 배출한 지역이기도 하다. 그 지역에는 장학성과 같은 가문의 사람들이 매우 많이 살고 있었으며, 그의 가문 사람들은 북쪽의 북경(北京) 지역에 집단으로 정착해서 살기도 하였다. 그의 직계 가족들은 지방 정부의 사무관이었던 듯하다. 그의 아버지는 공식적 등급으로는 최고인 진사(進士) 시험에 합격하였으며, 후에 지방 장관으로 임명되었다 ; 그러나 사실 여부는 분명치 않지만, 공금 남용으로 고발되어 매우 과중한 벌금을 부과받았기 때문에 그의 가족은 빈한한 지경에 이르게 되었다고 한다. 장학성의 아버지는 이후 지방의 학교에서 가르치고 지방 관료들의 후원 아래 지방의 역사를 기록함으로써 스스로를 지탱해 나아갔다 ; 장학성 자신도 생애 대부분에 걸쳐 바로 이런 삶을 살아가게 된다 ; 그도 아버지와 마찬가지로 언제나 경제적인 어려움을 겪었는데, 최선의 경우에도 미래는 불확실하였으며, 때로는 정말로 생필품마저 부족한 상황에 처하기도 하였다. 그러나 장학성의 아버지는 힘들게나마 아들에게 훌륭한 교육을 시켰으며, 그가 북경에 있는 왕립 학교인 국자감(國子監)에 입학할 수 있도록 해주었는데, 장학성 자신에 따르면 그는 거기에서 항상 꼴찌를 했다고 한다. 그는 과거 시험을 치르기 위한 일반적인 학습 과정 — 경전을 읽고 암기하며 팔고문(八股文)이라는 형식적인 글쓰기 방식을 배우는 것 — 에 상당한 어려움을 겪었던 듯하다. 그는 기질적으로 자부심이 강했기 때문에, 반사적으로 지적인 반항의 태도를 보였다 : *251* 그는 자신에게 어렵고 하기 싫은 생각이 드는 일들이란 할 만한 가치가 없는 것들이라고 느꼈다 ; 그 자신의 재능은 다른 방향, 즉 역사 연구에 있었다. 그리고 그는 자신의 타고난 재능을 발전시키는 것이 우리의 지적인 의무라고 주장하기 시작했다 ; 우리가 인간의 지식에 기여하고 자기 자신의 이해력을 증진시키는 것은 바로 이를 통해서 가능하리라는 것이었다.

장학성은 결국 시험관들에게 호의적인 인상을 줄 수 있을 정도로 글을 잘 쓰게 되었다(그리고 상당히 빼어난 문체를 통해 당대의 독자들이 인상적이라고 생각할 정도로 글을 잘 쓰게 되었다는 점도 덧붙이고자 한다) ; 여러 차례의 실패를 거듭한 후 41세에 진사시험에 합격했지만, 18세기에는 관료의 자격을 갖춘 학자들이 너무나도 많았던 반면 그들에게 돌아갈 관직은 너무 적었기 때문에 관직에 나아가지는 못했다.

따라서 어떤 면에서 보면 장학성은 인생 전반에 걸쳐 체제 밖에 머물렀으며, 세상과 잘 들어맞지 않는다는 느낌에 끊임없이 시달리면서 자부심과 극도로 진지한 성향은 더욱 두드러져만 갔다. 지적인 측면에서도 또한 그는 세상을 잘못 타고났다고 느꼈으며, 실제로도 그러했다. 당시에 가장 가치 있게 평가되던 학문은 고전의 원문을 진지하게 검토하는 것이었는데, 장학성은 지나치게 세심하면서도 대개는 무미건조한 그런 작업을 싫어했다. 그는 과거시험이 그러하듯이, 이러한 학문적 풍조가 자신에게 요구됨으로써 무의미하고 쓸모 없는 일에 정력을 낭비하는 가운데 상상력을 구속당하게 될 것이라고 느꼈다. 사실 장학성은 항거하는 철학자의 전형을 보여준다 — 그는 오만하고, 많은 경우 격앙되어 있었으며, 날렵하고도 탁월한 언변을 가지고 있었다. 그와 동일한 스승이자 후원자 밑에서 공부를 하고 있던 동시대의 인물 가운데 한 사람은 자신들이 속한 집단의 모임에서 본 장학성(40세경)의 모습을 생생하게 묘사하고 있다. 그의 기록에 따르면 장학성은 "용솟음치는 샘물처럼 말을 하여" 선생을 매우 기쁘게 하였으며, "제자에게는 전혀 걸맞지 않는 농담을 던지곤 하여" 지켜보던 사람들을 놀라게 했다고 한다. 나이가 들어감에 따라 그의 괴팍함은 점점 도를 더해갔지만, 그를 잘 아는 사람들은 계속해서 그를 깊이 존경하였다. 장학성이 죽기 4년 전인 1797년, 그의 또 다른 후원자 가운데 한 사람이 다음과 같은 시를 지어 그를 찬양하였다 :

장 선생은 천부적으로 아주 탁월한 자질을 타고나셔서
덕에서나 결점에서나 보통 사람과는 거리가 멀다
(……)
그의 외모는 전혀 보잘것없어서
그는 언제나 대중들을 즐겁게 해주는 대상이다

시인은 계속해서 말하길, 그는 딸기코였으며, 얼굴은 검버섯 투성이였고, 귀가 어두웠으며, 끊임없이 두통으로 고생하였다고 한다 ; 그러나

비록 감각은 반만 남아 있었지만
그의 지적인 능력은 신비로울 정도로 활발하다
글을 써서 자신을 표현할 때면 언제나
학문을 논함에 곧바로 진리에 다다랐다

252 그리고 계속해서 장학성이 학문적으로 도달한 경지를 찬양하고 나서, 다음과 같이 결론짓는다.

그러므로 사람을 외모로 판단한다면
봉황을 꿩으로 오인하는 잘못을 저지를 것이다(호적, 1929, 124, 127-128).

우리가 지금 추적하고 있는 것은 이러한 종류의 찬사를 하게 만들 수 있었던 학문적인 탁월함이다. 여기에서 다시 어려움이 생겨난다 — 장학성의 생각을 평가하고, 그 생각들이 어떻게 동시대의 사람들에게 강한 인상을 줄 수밖에 없었는가를 이해하기 위해서는 장학성과 그의 동시대인들이 공유했던 사고와 태도라는 배경이 우리 앞을 가로막을 것이 틀림없기 때문이다. 이 배경은 이른바 흔히들 "신유학"이라고 하는 것이다.

1. 신유학적 배경

1000여 년 전에 중국에서 분명한 형태를 드러낸 신유학은, 광범위하게 보면, 지주 계급의 일부였던 지식인 계급에 의해 이루어진 작품이다. 제도적으로 볼 때, 이들 지식인들은 지방의 사립 학교와 관료 등용의 수단이었던 과거제를 기반으로 하였다. 유학자들이 언제나 그러했듯이, 신유학자들도 국가에서 학자들이 어떠한 지위를 차지해야 하며, 어떻게 기여할 수 있는지에 관심을 가진 사람들이었다 — 이런 면에서 그들의 관심사는 군인들 혹은 자격 조건이 문필과 관련되어 있지 않았던 사람들의 그것과는 전혀 달랐다. 결과적으로 이들 지식인들은 다음과 같은 것들에 관심을 가지고 있었다 : 정치, 경제적인 정책 ; 글쓰기를 배우고 좋은 글과 나쁜 글을 구별하는 것 ; 그리고 그들의 학문적이고 사회적인 사유의 기반이 되는 유가의 옛 경전들. 그러나 지난 1000년간의 유학자들이 공자 이후의 고대 유학자들과 실질적으로 구분되는 것은 그 사이의 오랜 기간 동안 불교적인 사유를 경험했다는 사실이었다. 불교가 지배하던 시대에 중국에서 사람들의 마음을 사로잡은 것은 깨달음 혹은 도덕적 자기 완성을 통해 구원을 얻는 것이었으며, 신유학자들에게서 발견할 수 있는 두드러진 특징은 이러한 욕구를 세속적인 형태로 포괄하고 있다는 점이다. 이러한 욕구가 한창인 속에서 신유학자들이 가지고 있는 다양한 관심사 — 숙련된 글쓰기, 사회에 대한 봉사, 고전에 담긴 진리의 이해 — 는 하나로 융합되어 자기 수양이라는 단일한 문제의 여러 가지 측면들로 간주되는 경향을 지니게 된다.

이러한 인생관을 배경으로 해서 너무나도 다양한 관심사들, 직업적인 일들 그리고 체계적인 철학들이 전개된다. 그러나 중국의 신유학자들을 사로잡았던 지적인 문제와 관련해서 우리가 주목해볼 필요가 있는 것은 단 한 가지다. 지식인들이 개인적으로 탐구했던 중요한 문제는 '세상, 그 가운데에서도 특히 인간 세상에 대한 진리'와 '인간에게 좋은 것은 무엇이며, 인간의 본성은 무엇이고, 훌륭한 행동이란 무엇으로 구성되는가에 대한 진리', 두 가지 모두를 이해하는 것이다. 그리고 학문을 하는 사람들이 원했던 것은 단순히 진리에 대한 지식만이 아니었다 : 그들은 이러한 지식이 그들 자신의 심리적인 진행 과정, 다시 말해서 본성의 일부가 되기를 원했다 ; 그들은 지적인 측면에서는 "깨달음"을 추구했으며, 도덕적인 측면에서는 완벽한 도덕적인 완성을 추구했다. *253* 결과적으로, 신유학 — 중국에서는 "도(Way)에 대한 연구"라는 의미의 도학(道學)이라는 이름으로 칭해졌다 — 에서는 무엇이 진리이고 무엇이 그렇지 않은가를 구분하는 것보다는 인식론의 수직적 차원(vertical dimension)이라고 할 만한 것, 다시 말해서 지식의 강도(intensity) — 진정한 "실제적인" 지식과 피상적인 앎 혹은 말만 가지고 아는 척하는 것을 구분하는 것 — 에 더 많은 관심을 가지고 있음을 알 수 있다.

이제 논점이 되는 것은 다음과 같다 : 이러한 목표, 다시 말해서 이러한 "실제적인" 지식이란 무엇이며, 어떻게 거기에 도달할 수 있는가? 우리는 유학자들이 두 가지 대립되는 견해로 나뉘어 있음을 발견할 수 있는데, 이는 그 이전의 오랜 기간 중국 불교 전반을 관통했던 대립적인 견해를 반영하는 것이다 — 정확히 일치하는 것은 아니지만, 이는 때로 중세 기독교에서 보이는 신앙과 이성 사이의 대립에 비견할 수 있는 형태를 띠기도 한다. 한쪽에서는 진리란 고정 불변의 것이며 철저한 연구, 그 가운데에서도 특히 경전에 대한 철저한 연구를 통해 알아낼 수 있고, 철학적으로 일반화 가능하다고 주장한다. 깨달음이란 이러한 앎을 가능한 한 많이 축적하는 오랜 시간의 고된 노력에서 생겨나는 신비로운 결과다.

반대편에서는 진리란 그러한 것이 아니라고 주장한다 : 세계란 상황 상황에 따라 그리고 시간에 따라 무한한 다양성을 지닌다는 것이다. 이러한 입장을 가장 극단적으로 견지하는 사람들에게 진리란 말로 표현할 수 없으며, 어떤 식으로도 말을 통해 진리에 대한 인지적인 이해를 얻는 것은 불가능하다 ; 말과 개념이란 정적(靜的)이고 고정된 것으로, 실제적인 사태 및 진행 과정과는 다르기 때문이다. 결과적으로, 16세기 초반의 왕양명과 같은 후기 신유학자들에게 유일한 실제적인 앎이란, 경험을 통해서든 아니면 활동을 통해서든 세계와 직접적으로 맺는 관계로부터 가지게 되는 직관뿐이다. 이러한 상황에 대해 양명은 "앎"이란 "행동"(이는 매우 넓은 의미에서의 "행동"을 가리킨다)으로부터 분리될 수 없다고 설명한다.

대략적으로 장학성에게서도 이러한 견해를 발견하게 된다. 그러나 장학성이 그러한 견해를 어떻게 적용하는가 이해하기 위해서는 예비적으로 한 가지를 더 명확히 할 필요가 있다. 우리는 양명의 견해에 한 가지 딜레마가 담겨 있음에 주목해볼 수도 있는데, 나는 이를 "합리적인 신비주의자의 딜레마"라고 부르고자 한다. 그 내용은 다음과 같다 : 후기 신유학자들은 자신들의 견해로 인해 말이란 진리가 아니거나 무의미한 것이라는 확신을 가지게 된다. 그들은 분명하게 사유할 수 있는 고정된 입장은 모두 참이 아니거나 불합리한 것이며, 따라서 그러한 입장을 분명하게 설명하고자 하는 것도 물론 그러하다는 주장을 하나의 철학적 입장으로 내세우는 경향을 갖는다. 분명, 그들 자신의 입장은 그것이 진리가 아닐 경우에만 진리일 것이며, 아무 의미가 없을 때만 의미가 있을 것임에 틀림없다. 그들이 그러한 주장을 할 수 있는 것은 원칙적으로 자신들이 그러한 주장을 하지 말았어야 한다는 사실을 받아들임으로써만 가능하다. 모든 신비주의에는 아마도 이러한 난점이 내재하고 있을 것이며, 신유학에서는 그 직접적인 근원을 선불교에서 찾아볼 수 있다. 하지만 유학의 합리주의적 전통으로 인해 유학자들은 자신의 입장을 말로 표현하고 설명하고, 의미가 통하게 하고자 노력하지 않을 수 없기 때문에, 유학자들에게는 그 어려움이 더욱 심해지게 된다. 내가 생각하기에 이후 중국의 사유를 도식적으로 표현한다면, 그것은 많은 부분이 이러한 "합리적인 신비주의자의 딜레마"에 대한 반응이라고 할 수 있을 것이다 ; 그리고 실제로는 현대 공산주의 이데올로기 속에서조차도 그러한 측면은 여전히 잔존하고 있다고 할 수도 있다 — 공산주의자들 개개인에게는 사유에서 그들이 말하는 이른바 "독단주의"와 "경험주의" 두 가지 모두를 피할 것이 요구되고 있는 것이다.

2. 신유학자로서의 장학성

양명의 다소 극단적인 철학적 입장과 그에 포함된 딜레마가 가져온 결과 가운데 가장 지속적이었던 것은 모든 추상적인 철학적 사변에 대해 의심을 품게 만들고, 유학자들로 하여금 경전에 대한 연구를 강도 높게 수행하는 방향으로 되돌아가도록 하였다는 점이다 : 이번에는 어떤 고상한 본성을 일반화하려는 모든 시도를 회피하고, 이 땅에 좀더 가까워 보이는, 그래서 좀더 이해 가능한 것처럼 보이는 앎을 충실히 견지하는 방향으로 나아가게 되었다 — 예를 들어, 고대 시가에 담겨 있는 말들은 어떻게 발음되었으며 그 말들의 정확한 의미는 무엇인가, 고대에 행해지던 의례(儀禮)는 실제로 어떠한 세부적인 조목으로 이루어져 있었는가 하는 것 등이 그것이다. 이는 "실제적인 사실들"을 다루는 학문, 다시 말해서 그에 대한 "실제성"을 가지고 있는 학문인 "확고한 학문(solid learning)"이었다 : 그리고 이러한 "실제적인 사실들"에 대한 학문은 모든 곳에서 "공허한 말", 즉 애매모호하고 근거 없는 말들과 대비되었다(그리고 장학성만큼 이를 강력하게 대비시킨 사례는 없었다).

하지만 그럼에도 불구하고, 장학성에게는 17세기와 18세기, 19세기를 풍미했던 문헌학적 관심과는 전혀 상반되는 측면이 존재하며, 이에 대해서는 장학성 자신도 민감하게 의식하고 있었다. 문헌학자들이 자신들의 견해를 전적으로 충실하게 견지할 때, 그것은 "합리적인 신비주의자의 딜레마"에 대한 반응이었으며, 이로 인해 철학을 명료화하려는 모든 시도는 비난의 여지가 있는 것처럼 보이게 되는데, 이 모든 것은 실제로는 철학을 버림으로써 이루어졌다 — 자신들이 하고 있던 일과의 전체적인 연관성 속에서 자신들이 가지게 될 수 있는 모든 관심사(혹은 최소한 그것을 말로 표현해야 한다는 모든 충동)에 대해 의심을 품었던 것이다. 경전으로부터 옛날의 방식으로 영원 불변의 형이상학적이고 도덕적인 진리를 끌어내는 것이 자기 기만임을 확신하게 되자, 그들은 경전에 대해 다른 종류의 관심을 가지게 되었다. 이제 장학성도 그들과 마찬가지로 경전에 대해 다른 종류의 관심을 가짐으로써 그 딜레마에 반응하게 된다 ; 그러나 그가 관심을 가지는 방식은 문헌학적인 것과는 전혀 달랐다. 장학성에 따르면, 경전을 영원한 진리의 보고(寶庫)로 간주할 수 없다면, 경전의 입장에서는 그만큼 더 잘된 일인 것이다. 이는 경전이 "공허한 말"이 아님을 의미할 뿐이기 때문이다 ; 그리고 정확히 말해서 경전이 존중할 만한 이유는 바로 이것 때문인 것이다. 장학성은 경전을 성인들이 교조적인 원리를 설명하기 위해 일부러 쓴 책이 아니라 이름 없는 사람들에 의해 축적된 것, 그리고 고대의 완벽했던 사회에 살던 사람들의 실제적인 역사적 경험을 구체적으로 알 수 있게 해주는 자취로 간주한다.

경전을 공부해야 하는 이유는 그로부터 명시적인 교훈을 얻기 위해서가 아니라, 인간의 역사 속에서 끊임없이 변화하면서 활동하는 도(道)를 경전을 통해 직관적으로 파악하기 위해서다. 장학성은 경전이란 오랜 시간을 거쳐 현재까지 이어지는 전통의 산물이라고 느끼며, 장학성이 주의를 집중하고 있는 것은 바로 이러한 전통이다. 고전에 대한 올바른 연구를 통해 도출되어야 하는 것은 바로 이 전통의 전체적인 양식을 직관적으로 파악하는 것이다 ; 간단히 말해서, 그러한 연구를 통해 역사에 대한 철학을 얻게 되며, 현재를 살고 있는 사람들은 그러한 철학을 통해 고대 세계와의 관련 속에서 자신의 정확한 위상과 자신이 나아가는 방향을 적절하게 발견할 수 있게 된다. 그러나 정확히 말해서 이것은 역사적인 연구 그 자체의 목표다 : 사실 장학성은 보통 역사라고 불리는 것을 경전의 연속으로 간주할 수도 있다고 주장한다. "경전은 모두 역사다[六經皆史]"라는 장학성의 말은 자주 인용되는 동시에 자주 오해되기도 하는데, 그 말 속에 담긴 의도가 바로 그러한 주장인 것이다.

255 앞서 우리는 어떻게 해야 삶을 유익하게 살아갈 수 있으며, 어떻게 해야 자신들이 추구하는 완벽함과 깨달음을 얻을 수 있는가에 대한 신유학자들의 관심이 장학성보다 2세기 전에 딜레마에 부딪히게 되었음을 살펴본 바 있다. 깨달음이란 사물에 대해 더욱 더 많은 것을 배움으로써 얻을 수 있는 것이 아닌 듯했다 ; 실제로 진리에 관해서 언어적으로 표현할 수 있는 지식을 추구하다가는 필연적으로 자신이 추구하는 것으로부터 멀어지기 마련이다. 마음과 관련해서 훌륭한 삶이란 무엇인가 하는 문제를 직접적으로 고려해볼 때 장학성은 나름의 독특한 해결책을 가지고 있었으며, 그것은 알고 보면 그의 역사철학과 밀접하게 관련된 것이다. 학자들이 무언가에 관해 배우는 것 — 단순히 광범위한 지식을 획득하

는 것 — 에 정력을 소비하는 것은 무의미할 뿐만 아니라 정직하지 못한 것이기도 하다. 오히려 장학성은 학문하는 삶을 그 자체로 일종의 경험이자 행동으로 간주하고자 한다. 폭이 아니라 강도와 진정함 그리고 실재와의 접촉 — 어떤 측면에서 장학성은 이에 대해 설명하고자 애쓰고 있다 — 이 가치가 될 것이다. 장학성은 전문화할 것을 권한다 : 그리고 장학성에 따르면, 자신의 한계와 재능을 인정할 때 사람들이 선택해야만 하는 영역은 문학적인 표현[文辭 혹은 辭章], 문헌학[制數 혹은 考訂], 철학[性理 혹은 義理] 세 가지 가운데 하나다 — 이러한 선택을 할 때 자신이 선택하지 않은 것들의 가치를 잊어서는 안 되지만 말이다. 여기에서 우리는 아마도 장학성 자신의 기질 — 교육을 받는 동안 적성이나 흥미가 전혀 없었던 것에 시간을 보내야만 했던 것에 대한 반감 — 이 합리화되어 있음을 볼 수 있을 것이다. 그는 자기 자신의 특별한 재능이 역사 연구에 있다고 느꼈다 ; 그러나 그를 매료시킨 것은 그 가운데에서도 특히 역사와 관련된 글에 대한 비판이었으며, 이러한 관심은 곧바로 모든 종류의 글로 확장되었다. 예상과는 달리 장학성은 기본적으로 문학비평가였다. 그가 자신의 분야라고 생각한 것은 바로 문학적인 표현과 관련된 전반적인 영역이었음을 보여주는 내용들이 그의 글 전체에 걸쳐 존재한다.

그러나 아주 넓은 의미에서의 문학적 표현 — "말(words)" — 이 장학성의 영역이라면, 그가 양명으로부터 물려받은 문제인 "합리적 신비주의자의 딜레마"는 더욱 절박해진다. 그는 "말"이 가치를 가질 수 있는 — "공허하지" 않을 수 있는 — 어떤 방법을 발견해야만 한다. 그리고 이는 필연적으로 "말"과 인간이 경험하고 행동하는 실제 세계, 다시 말해서 "말"과 실제 인간의 경험 및 역사 사이에 존재하는 간극을 극복하는 것이 될 것이다. 사실 장학성이 순수 문학에 대해서 그리고 학문적인 혹은 철학적인 글에 대해서 비판을 가하는 것은 이러한 목표를 성취하기 위해서다 : 장학성의 주장에 의하면, 시와 같은 훌륭한 문학 작품은 그 진실함 — 예술 그 자체를 위해 의식적으로 노력하는 것이 아니라 작가의 감정으로부터 아무런 강요 없이 자연스럽게 우러나옴 — 에 의해 실제와 접하게 된다. 다른 종류의 글들과 모든 종류의 학문적인 작품들이 칭찬할 만한 것이 되려면 그것은 그 사람의 타고난 자질에 의해 이루어진 것이어야 할 뿐만 아니라, 그 사람이 처해 있는 구체적인 전통과 구체적인 역사적 경험에 의해 생겨난 구체적인 문제에 대한 대응이어야만 한다. 장학성의 말처럼, 우리는 "자신이 해야 할 자신만의 일", 즉 자신의 전문 분야를 가져야만 하며 그에 집중해야만 한다. 시인이든 아니면 학자든 간에 이러한 방식을 통해 작가는 "합리적인 신비수의자의 딜레마"로부터 벗어나게 된다. *256* 우리는 말을 사용하지만, 자신의 견해를 과시하거나 명성을 얻기 위해서 일부러 그렇게 하는 것은 아니다. 우리가 글을 쓰는 것은 그래야만 하기 때문이다 ; 그리고 말과 실제 세계 사이에는 이러한 필연적인 유대 관계가 있기 때문에, 말은 그 세계의 일부다. 하지만 만약 그러하다면, 말에 그 자체만의 절대적인 의미란 결코 있을 수 없다 ; 말을 이해하고 판단하기 위해서는, 비평가로서 반드시 말을 지은 작가의 개성과 그 말이 탄생하게 된 역사적 환경이라는 맥락 속에서 접근해야만 한다.

3. 장학성의 역사 이론

이제 장학성의 역사 이론, 다시 말해서 역사의 진행 과정에 관한 이론으로 눈길을 돌려보기로 하자. (그리고 장학성이 역사적인 저술에 대해 가지고 있던 많은 비판적인 생각과 제안들에 대해서 지금은 아무 이야기도 하지 않고 있다는 점을 분명히 해두고자 한다.) 장학성은 고전 시대까지 내려가는 중국 문명사 — 장학성의 입장에서 보면 물론 이는 그냥 문명사였다 — 에 대한 이론을 가지고 있으며, 경전에 대한 그의 견해도 이 이론의 일부다. 인간의 사회가 생겨날 때부터 무언가가 존재했는데, 그는 그것을 도(道)라고 부른다. 우리는 그것을 "진리"라고 번역할 수 있다. 그러나 장학성이 보기에, 그것은 일종의 표현 불가능한 사회 조직의 원리처럼 보이지만, 역사 속에서 발전하는 사회에 의해 주어지는 형태만을 가질 뿐이다. 인간들이 많아짐에 따라 사회는 더욱 복잡해진다 ; 법과 도덕적 기준이 더욱 진화된 형태를 띠게 되고, 학교와 토지와 가족 제도 또한 그러하게 된다 ; 점차적으로 고전 봉건 시대 중국에서 볼 수 있는 가족의 모습과 권력 구조가 형태를 갖추게 되는데, 이렇게 새롭게 발전해가는 모습들 각각은 사회가 전체적으로 더욱 복잡해지면서 생겨난 어떤 문제에 대한 필연적이고 자연스러운 해법인 것이다. 결국에 가서는 사회를 조직화하는 문제가 너무나도 커지게 되어서 한 사람을 가장 윗자리에 올려놓을 필요가 있게 된다. 이로부터 전통적인 중국의 전설에서 묘사되고 있는 성왕(聖王)들의 연속된 계보가 시작된다. 그러나 이 성인들이 하늘로부터 부여받은 능력을 가지고 있기는 하지만, 그들의 위대함과 명성은 인류에게 지혜를 주려는 사려 깊은 시도로부터 말미암은 것이 아니다. 그들은 그저 문제가 생길 때마다 각각의 문제들을 해결하여, 새로운 제도와 행동 양식과 올바른 원리를 고안해내고 필요에 따라 자신의 백성들을 가르쳤던 것이다. 이렇게 자연스럽고 필연적인 방식에 의해 인간의 지식은 발전하게 되며, 인간의 지식이란 사회와 국가(장학성의 입장에서는 이 두 가지가 분리되지 않음에 주목하라)의 필요에 봉사하는 기능적인 것이기 때문에, 그 지식은 정부 관리들 내에서의 전문화된 기술적 전통

— 점술, 역사, 의례(儀禮), 시가(詩歌) — 의 형태로 성장하게 되었다. 관리가 선생이었으며, 장학성이 묘사하고 있는 것처럼, "정치"와 "학문"은 통일되어 있었다. 경전이란 이러한 관리들의 전통이 남긴 자취 혹은 그 가운데에서 정제되어 추출된 것이며, 그것이 역사적 우연에 의해 혹은 공자의 선견지명에 의해 후세를 위해 보존된 것이다. 어떤 식으론가 — 이에 대해서는 장학성도 설명을 하지 못한다 — 이 고대의 완전한 사회는 서주(西周) 시대의 국가에서 완전함의 극치에 이르게 되고, 공자의 시대가 되기 직전에 붕괴된다. 그것이 붕괴됨에 따라, 관리들은 이제 더 이상 선생이 아니게 되었으며, 관리들의 다양한 전통은 나름대로 다양한 사적인 길을 걷게 되어서 다양한 철학적 학파와 서로 분리된 학문 및 글쓰기 분야의 형태로 나타나게 된다. *257* 그리고 그 뿌리가 되었던 고대 사회 / 국가의 실제 모습으로부터 유리됨에 따라, 그 가치 저하는 불가피했다.

이제 장학성이 이런 신화를 만들어내면서 무슨 일을 해놓은 것인지에 대해 살펴보기로 하자. 그가 말하는 고대의 황금 시대란 "앎과 행동의 통일"이라고 부를 만한 것 — 실제로 양명이 의도한 모든 측면을 포괄하는 것은 아니지만 — 이 역사 속에서 실현된 것임은 어느 정도 분명하다 : 관리들은 선생이었다 ; 정치와 학문, 다시 말해서 사회에서 행동과 관련된 측면과 앎과 관련된 측면이 일치했던 것이다. 사실 이러한 견해에서 장학성의 독창성을 지나치게 강조해서는 안 된다 ; 고대 사회를 전체적으로 통합되고 조화로운 모습으로 이상화해놓은 양명의 견해가 장학성의 견해와 매우 유사하기 때문이다. 이러한 사회에서 학문의 지위는 두 가지 측면에서 장학성이 자신의 시대에 실현하고자 하는 것과 같은 모습을 띠고 있으며, 결과적으로 모든 글도 또한 그러하다 : 그것은 전문화되어 있었으며 필요성에 의해 자연스럽게 생겨난 것이다.

성인 겸 통치자도 마찬가지로 학자들에게 모범이 된다 : 성인은 지식을 만들어내고 그에 대해 분명하게 설명해주지만, 그렇게 하는 것은 오직 구체적인 필요성에 대한 대응일 뿐이다. 장학성은 실제로 문명의 진화 과정을 성인을 매개로 해서 묘사하며, 문학 작품을 창조하고 독창적인 학문을 만들어내는 것에 대해서도 똑같이 묘사한다 : "반드시 무언가에 대한 필요성이 먼저 존재하고 그 다음에야 그것을 충족시키는 방법이 있게 되며, 무언가에 대한 슬픔이 먼저 있고 나서야 그것을 표출하는 방법이 있게 되고, 무언가를 남용하는 모습이 먼저 있고 나서야 그것을 개선하는 방법이 있게 된다 ; 이름을 떨치기 위해 단순히 듣기 좋은 말을 과시해서는 안 된다"(2.46). '듣기 좋은 말의 과시'라는 표현을 쓴 것은 경전이 그렇지 않음을 강조하는 것이다 ; 그리고 장학성이 최선의 글쓰기 사례로 삼고 있는 것은 바로 경전과 같은 류의 글쓰기다. 분명 장학성은 자신이 글쓰기에 대해 가지고 있는 이상을 과거의 역사 속에 그리고 유학의 경전 그 자체 속에 투사해놓은 것이며, 이러한 이상은 다시 신유학적 사고로부터 물려받은 형이상학적이고 심리학적인 문제에 대한 장학성 자신의 해결책이 된다. 여기에서 주목해볼 만한 점은, 고대사에 대한 장학성의 이론을 설명하면서 나는 공자 이후의 학문과 글쓰기 양식에 대한 그의 입장을 설명하는 것으로 끝을 맺었지만, 장학성 자신이 가지고 있던 사유의 발전 단계에서 보면 이는 출발점이라는 사실이다. 그가 처음 관심을 가졌던 것은 바로 글쓰기 양식의 역사였으며, 그가 처음으로 시도한 역사 이론은 기원전 1세기의 왕실 서지학자였던 유흠(劉歆)의 생각 — 이는 『전한서(前漢書)』의 「본기(本紀)」에 실린 서지학에 대한 글에서 발견할 수 있다 — 에 대한 비판에서 비롯된다. 장학성이 1779년에 완성한 자신의 서지학적 작품인 『교수통의(校讎通義)』에서 그가 하고 있는 작업은 바로 이러한 것이었다.

장학성이 역사의 진화가 공자 이전의 시기에 정점에 이르렀고 또 막을 내렸다고 생각한 데 대해 그 이유를 설명하기가 어려움은 이미 앞에서 언급한 바 있다. 어떤 면에서 보면 여기에 곤혹스러운 문제는 전혀 없다 ; 그러한 종말론적인 사관, — 콜링우드의 용어다(1946, 50쪽) — 다시 말해서 역사가 어느 시점에서 결정적인 전환점에 이르게 된다는 입장은 주나라 초기 중국인들의 사유에서 너무나도 흔히 찾아볼 수 있는 것이기 때문이다(Nivison, 1966, 291). 장학성의 입장에서 그러한 일반적인 생각을 받아들이는 것은 자연스러운 일이었다. 그럼에도 불구하고 역사의 진화에 대한 그의 생각을 검토해볼 때, 이러한 진화가 어떤 식으로든 멈추어야 할 이유는 없는 듯하다 ; ***258*** 장학성의 도(道)는 역사적 과정 속에서 전개되는 것으로, 어떤 형식적인 절대자가 선재(先在)하여 그것이 역사 속에 펼쳐지는 것은 아니기 때문이다. 장학성이 보기에 그렇게 생각하는 것은 실제적인 "것들"과 동떨어진 어떤 "진리"의 존재를 받아들이는 것이며, 이는 분명 그의 철학적으로 용인할 수 없는 것이다. 그가 말하는 도(道)는 역사 속에서 성장해가며, 원칙적으로 모든 역사적 발전 양상은 도의 성장에서 그 다음 단계를 보여주는 것이다. 노골적인 진보 이론을 제시할 수는 없었지만, 그는 자신의 사유 속에 이러한 의미가 함축되어 있음을 잘 이해하고 있으며, 아마도 그 결과로 고전 시대 이후의 역사에 대한 그의 견해에 진화론적인 생각과 퇴화론적인 생각이 섞이게 된 듯하다 ; 실제로 그가 기원전 5세기 이후의 역사에 대해 자신의 입장을 도출해내게 된 것은 지속적으로 그의 주된 관심사였던 문제, 다시 말해서 이후의 글쓰기 전통을 추적하는 데 즉각적인 필요성을 충족시키기 위해서였다.

그러나 이후의 역사에 대한 자신의 모든 생각을 통일해낼 수 있는 단일한 역사 이론을 가지지는 못했지만, 장학성은 최소한 그 시기 전반을 포괄한다고 주장할 만한 이론은 실제로 가지고 있었다. 이 이론에 주목해볼 만한 가치가 있는 것은 그 이론을 통해 장학성의 역사적 사고 방식에 대한 증거를 찾을 수 있을 뿐만 아니라 그것이 대담하고도 세련된 것이기 때문이다. 그 속에서 그가 창조적인 사고와 표현의 성격에 대한 몇 가지 가정을 광범위한 역사의 화폭에 적용하고 있음을 다시 한 번 발견하게 된다. 이러한 이론 — 내가 여기에서 이 이론을 재구성한 것은 장학성이 1789년부터 1791년 사이에 쓴 글들과 편지들을 기반으로 한 것이다 — 의 고안에서 장학성은 입장을 형성하는 과정에 대한 분석에서 출발한다 ; 그의 주장에 따르면, 어떠한 입장을 가지게 될 때 우리는 실재하는 세계의 한 단편이 어떤 특성, 즉 어떤 구조를 가지고 있다고 생각한다 ; 이러한 생각은 임시방편적인, 다시 말해서 실용적인 것이며, 우리는 그에 의해 세상에서 생겨나는 문제들을 다룰 수 있게 된다. 그러나 실제 세계는 사실 고정된 특성이나 형태가 없는, 다시 말해서 아무런 구조도 없는 것이며(양명 이후에는 누구라도 그렇게 생각해야 할 것이다), 결과적으로 그에 대한 입장도 영원히 그에 적합한 것일 수 없다. 얼마간의 시간이 흐른 후에 그것이 적합하지 못함은 분명해지고, 우리는 그것을 "바로잡는다." 이러한 사태와 관련해서 장학성이 들고 있는 전형적인 사례는 천문학 체계가 발전하고 수정되어가는 모습이다.

그러나 우리가 가지게 되는 견해에 대해 이러한 실용주의적인 이론을 가지고 있었음에도 불구하고, 장학성은 '가설'이라는 개념 — 다시 말해서, 지식이 무한히 완벽에 다가갈 수 있음 — 에는 도달하지 못한다. 정신적인 구조 속에서 그가 택한 것은 우리로 하여금 세계를 다루고 세계에 접근할 수 있도록 해주는 기능이 아니라, 그것이 가지는 세계로부터의 타자성이다 — 여기에서 다시 한 번 신유학적인 태도가 거의 불가피하게 드러난다. 어떤 하나의 구조에 오류가 있음이 자명해지면 그것을 교정하게 되는데, 그 과정 자체에 오류가 포함되며, 이는 곧 반대편에서 똑같이 자명하게 드러난다. 결과적으로 진보는 없고, 견해를 가지고 그것을 개정하는 과정만이 끝없이 반복되는데, 그 개정의 결과가 다시 개정되어야 할 또 하나의 새로운 견해가 된다.

이제 장학성은 고전 시대 이후 지성사의 전체적인 흐름 속에 이러한 상황과 매우 유사한 점이 있다고 주장한다 ; 세계에 대한 전체적인 태도, 다시 말해서 그 시대의 지적인 삶을 지배하는 관심에 대한 강조점들을 발견할 수 있는 것은 천문학의 뚜렷한 구성물에서가 아니라 오직 여기에서 뿐이다 : *259* 장학성은 그것을 풍기(風氣) — 경향 혹은 유행이라는 뜻이다 — 라고 부른다. 처음에는 그러한 유행을 통해 그 시대의 지적인 문제가 모두 해결되는 것처럼 보인다 ; 그러나 그것은 필연적으로 한쪽으로 치우친 것일 수밖에 없으며, 시간이 흐르면 고통스럽게도 그것이 부적당하다는 사실이 분명하게 드러나고, 또 다른 것이 그 뒤를 잇는다. 이러한 상황이 고대 황금기의 전형적인 모습이 아니었다는 사실에 주목할 수도 있다 ; 그러나 그 이유는, 정확히 말해서 그때는 인간의 지식이 사회적으로 경험하고 행동하는 실제 세계와 완벽하게 일치했기 때문이다. 황금기의 치세(治世)가 붕괴되면서 정치와 학문이 서로 다른 길을 가게 되자, 사람들은 더 이상 인간들의 전반적인 상황에 완벽하게 들어맞는 완벽하게 균형 잡힌 태도를 유지할 수 없게 되었다. 인간의 지식이 실제 세계로부터 유리되자, 역사 속에 지적인 유행이 연속적으로 등장하게 된 것은 형이상학적으로 필연적인 것이었다.

장학성에게 남겨진 과제는 이러한 "유행"이 무엇인지 그리고 그것이 어떤 순서로 이어지는지를 밝히는 것이다. 우리는 여기에서 또한 장학성이 창조적인 과정과 연관된 심리적인 사실들 —

이번에는 그가 역사적인 저술과 특히 연관되어 있다고 생각하는 것들이다 — 을 가져다가 역사 그 자체에 투영하고 있음을 볼 수 있다. 장학성은 먼저 자신의 상상력을 크게 자극한 이전의 역사 문헌 비평 속의 두 구절로부터 시작한다. 고대의 철학자인 맹자는 『춘추(春秋)』(이후에는 공자가 직접 지은 작품으로 여겨진다)에 대해 논평하면서 다음과 같이 말한다 : "그 문체는 역사적인 것이고, 그 주제는 제환공과 진문공의 일이며, 그 의미에 대해서 말하자면 이것이야말로 선생님께서 관심을 가지신 것이다."[248] 따라서 역사적인 글은 세 가지 차원을 가지고 있다고 장학성은 말한다(그리고 어떤 종류의 글에 대해서도 그렇게 말했을 것이다) : 문체 혹은 형식 ; 내용 혹은 사실 ; 중요성 혹은 의미. 그리고 나서 장학성은 당대(唐代)의 유명한 역사비평가 유지기(劉知幾)에게로 관심을 돌린다. 유지기의 말 가운데 가장 자주 인용되어온 것은 훌륭한 역사가가 가져야 할 자질에 관한 경구다. 유지기에 따르면 그 자질이란 (문학적인) 재능[才], 학문[學] 그리고 이해력[識]이다. 장학성은 이러한 삼분법이 상호 의존적인 세 짝의 집합이라는 면에서 맹자의 그것 — 문체 혹은 형식 ; 내용 혹은 사실 ; 중요성 혹은 의미 — 과 잘 연결될 수 있다고 생각했다. 더욱 심도 있는 분석을 통해 이 세 범주에 대해 설명할 수 있다 ; 장학성에 따르면, 인간의 본성에는 세 가지 능력이 있는데, 이 세 가지가 완전하게 발전되면 유지기가 말한 세 가지 자질이 되는 것이다. 표현 능력[作性], 기억 능력[記性], 직관력[悟性]이 그것이다. 이제 이러한 기본적인 능력이 서로 다르게 발전되고 표현되어, 세 가지 근본적인 지적 관심으로 나타나는데, 그것은 각각 문학, 문헌학(다시 말해서 사실에 대한 연구) 그리고 철학이다. 이제 여기에서 앞에서 지적한 바 있는 장학성의 다음과 같은 주장으로 되돌아오게 된다 : 양식

248) 『孟子』, 「離婁」, 下, 21, "其事則齊桓晉文 其文則史 孔子曰其義則丘竊取之矣."

있는 사람은 강조되고 있는 세 가지 노선에 의거해서 선택을 해야 하며, 성공적으로 지적인 삶을 살고자 한다면 그 셋 중의 하나에 자신의 정력을 집중해야 한다. 이제 결국 알고 보면 이 세 가지 노선의 관심이 "유행"이 되어, 더욱 커다란 마음의 역사 속에서 연속적으로 나타나는 것이다. 260 처음에 나타난 것은 문헌학으로, 이는 분명 한대(漢代)의 지배적인 관심사였다. 그 다음으로 육조(六朝) 시대와 당대(唐代)에는 문학이 지배적이었다 ; 그 이후로는 철학이 지배적인 '사변의 시대'가 이어졌는데, 송(宋), 원(元), 명(明) 시대가 그것이다. 장학성의 주장에 따르면, 청(淸)은 새로운 문헌학의 시대를 가져왔다. 그러나 그는 문헌학적인 풍조가 이미 과도해지려 하고 있음을 발견했다 ; 그는 (그 과정 중에 "확고한 학문"의 미덕을 버리지 않고) 문학적 표현으로 강조점을 바꿈으로써 문제를 바로잡을 때며, 이것이야말로 자신의 임무라고 생각했다. 여기에서 장학성이 근본적으로 문학 비평에 진지한 관심을 가지는 이유를 한 가지 더 볼 수 있다.

스스로 이러한 역할을 자임하면서, 장학성은 학자의 삶이 어떻게 정당화되는지에 대한 자신의 믿음을 다시 한 번 보여준다. 그는 지적인 "유행"이라는 개념에 대해 논의하면서, 우리는 역사가 부과한 임무를 알아보고 그것을 행해야 한다고 반복적으로 강조한다 : 한 가지 "유행"이 상승세를 타면, 우리는 그에 합세하여 그것을 지지해야 한다 ; 그 유행이 쇠퇴할 때는 그에 반대해야 한다. 그러나 겉보기와는 달리, 아마도 장학성에게 이러한 입장이 의무에 대한 고귀한 소명은 아닐 것이다 ; 그러한 입장이 합리적인 신비주의자의 딜레마 — 역사적 필연성에 의거해서 발언할 때, 우리의 믿이 가치 있고 정당화가 가능하다 — 에 대한 그의 해결책이기는 하지만, 그럼에도 그 견해에서 합리화의 분위기를 감지할 수 있기 때문이다 ; 결국 장학성은 당시의 고전적 문헌학을 좋아하지 않았으며, 그에 대한 반감은 철학적인 것일 뿐만 아니라 어린 시절의 조건 속에 깊이 뿌리 박힌 것이기도 했던 것이다. "유행"이라는 이론 속에서 그는 자신이 외롭게 항변하는 모습을 보이는 데 대해 마음을 편하게 해주는 자기 정당화의 논리를 발견해낸 것이다.

제17장
두 종류의 "자연주의" : 대진과 장학성

1. 도 입

이 글에서 목표하는 바를 위해서 대진(戴震 : 1724~1777)과 장학성(章學誠 : 1738~1801)의 철학을 다음과 같이 간략하게 설명해볼 수 있다.

1) 대진과 장학성

송대(宋代)의 철학자들은 리(理)와 기(氣)를 구분했지만, 대진은 이러한 구분을 거부한다. 리(理)는 하늘이 인간에게 "본성"으로서 부여한 별개의 "사물"이 아니며, "욕구[欲]"와 대립되는 방향으로 설정되어 있는 도덕적 규제도 아니다. 그에는 반대로, 자연의 보편적 진행 과정[天地之化, 즉 그 자체로 신(神)인 하늘[天]의 도(道)]이 일부인 인간에게는 욕구와 지적 능력(intelligence, 覺) 두 가지가 모두 존재한다. 이 두 가지는 인간에게 "자연스러운 것[自

然]"이다. "자연스러운 것"이 최고로[極致] 세련된 형태가 되어, 어디에도 "부적절한[失]" 면이 없게 되면, 결과적으로 "불변의 기준[不易之則]"이 되는데, 대진은 이를 "필연(必然)"이라고 부르며, 그것이 바로 리(理)라고 본다. 성인들은 이와 같이 할 수 있었기 때문에 "필연"이 무엇인지를 발견해낼 수 있었으며, (맹자가 6A7에서 말한 것처럼) "우리들의 마음속에 다 같이 존재하는 것을 먼저 알아낼 수(先得我心之所同然)" 있었다. 따라서 도덕적으로 지향해야 할 방향이란 욕구와 대립되는 것이라기보다는 어떤 측면에서 보면 욕구가 가장 순수한 형태로 드러난 것이라고 할 수 있다. 다시 말해서, 리(理)와 기(氣) 사이의 구분을 거부하는 가운데 대진은 옳음과 좋음의 기준인 "리(理)"를 자연 세계의 한 측면, 즉 필요, 욕구, 정서 등의 측면에서 설명되는 "도덕적 사실"로 설명하고자 하는 계획을 확고히 한다. 그러나 도덕적 진리란 우리 모두가 마음속에 공통으로 가지고 있는 것일 뿐이다. 따라서 직관이나 단순한 의견(意見)에 불과한 것을 "리(理)"와 동일한 것으로 여겨서는 안 된다. 공자의 상호성[恕]이라는 원리를 적용해야만 자신이 옳다고 생각하는 것이 모든 사람들이 견지하고자 하는 것임을 확실히 할 수 있다. 물론 이러한 일은 이미 성인들에 의해 이루어져 있다 ; 성인들은 완벽한 지적인 능력을 통해서 그리고 그들에게서 "자연적인 것"이 완벽해지는 과정을 통해서 "필연적인 것"에 이르게 되었으며, 그 내용을 경전에 담아놓았다. 지적인 측면에서 볼 때 최고의 소명은 고전을 독해해내고, 이 도(道)를 이해할 수 있도록 연구하는 것이다. *262* 이렇게 고전에 대한 문헌학적 연구를 함으로써 고전에 담긴 말들을 이해하고, 그 말 속에 담긴 의미를 이해하며 결과적으로 도를 이해할 수 있게 된다.

대진은 고전적인 문헌학자였다.

장학성은 대진이 거부했던 송대의 형이상학적 이원론을 받아들이는데, 그에게서 이러한 측면은 "리(理)"와 "사물(事物)"을 구분하고, (程朱學의 전통에 대해서는) 동일하게 도(道)와 그것이 "구체적으로 드러난 모습" 혹은 그 "도구"[器]를 구분하는 데에서 분명히 볼 수 있다. 그러나 (보편적인 정주학의 입장은 아니지만, 여전히 상식적인 입장을 받아들여) 그것들은 실제적으로도 개념적으로도 분리될 수 없다고 주장한다. 따라서 어떤 측면에서 보면, 장학성의 자연주의가 대진의 그것보다 훨씬 더 철저하다; 그에게서는, 자신에게 엄격하기만 하다면, 개념적으로든 언어적으로든 도덕적인 "원리"는 그것이 깃들어 있는 "사물"에서 분리되어 추상화될 수조차 없다. 어떤 면에서 우주의 자연[天] 속에 뿌리를 두고 있는 도(道)는 사람 "속에"도 또한 존재하면서 사회적이고 역사적인 발전 과정 속에서 드러나는데, 그 발전 과정이란 삶의 구체적인 필요를 충족시키기 위한 인간 노력의 산물이다. 그러나 도(道)가 그것이 구체적인 발현된 모습으로부터 분리될 수 없다는 사실은 도(道) 혹은 리(理)가 추상화되어 문자로 환원될 수 없음을 의미한다. 문명이 진화함에 따라 발전해가는 인간의 도덕적, 정치적 질서는 도(道)의 발현이지 도(道) 그 자체는 아니다(可形其形而名其名者皆道之故而非道也). 과정이 계속됨에 따라, 지도자의 역할도 진화해서 그 역할을 충족시키기 위해서는 세계에서 가장 능력 있는 사람이 필요하게 된다. 그래서 "성인(聖人)"과 "일반 사람[衆人]"의 구분이 생겨나서, 도(道)가 다양한 방식으로 진화하면서 드러나는 데 참여하게 된다. 장학성은 먼저 도(道) 그 자체와 사람들이 보고 이해하는 것을 구분한다: 도(道)란 사물의 "존재 근거[所以然]"며, "자연스러움" 혹은 "저절로 그러한" 것[自然]이다; 반면, 후자는 사물의 "당위적인 방식[當然]"이다. 그러나 일반 사람들은 비-반성적인 삶을 살아간다; 그래서 그들이 하는 일은 도(道)의 자연(自然)이다. 성인은 그 시대에 역사적으로 필요한 것이 무엇인지를 총체적으로 바라보기 때문에 필연적인 것, 다시 말해서 "그렇게 해야만 하는 것[不得不然]"을 알아서 그에 따라 법과 제도를 만든다 ; 따라서 도(道)는 진보적으로 발현된다. 이러한 과정은 주공(周公)의 세계 질서에서 정점에 달했으며, 그러한 과정의 문학적 산물 가운데 남아 있던 것들, 다시 말해서 잔존하는 고대 성왕들의 통치 문건들은 공자의 손에 의해 산정(刪定)되어 경전 속에 보존되었다. 그러므로 경전이란 "도를 기록한 책[載道之書]"이 아니라 역사적으로 발현된 도(道)의 잔여물이다 ; 도(道)는 경전을 "역사"로서 읽음에 의해 직관적으로만 포착할 수 있다. 지적인 측면에서 최고의 소명은 경전을 이런 식으로 이해해서, 역사를 기록하고 써나감으로써 도(道)가 발현되는 모습이 경전을 통해 계속적으로 묘사될 수 있도록 하는 것이다.

장학성은 역사가였다.

2) 논점들

이제 몇 가지 문제가 있다 : 장학성은 여러 가지 글과 편지에서 철학자로서의 대진을 찬양한다 ; *262* 특히 그가 중요하게 언급하는 것은 대진의 「원선(原善)」과 「논성(論性)」 편이다(그 둘은 각각 "선(善)에 대한 분석"과 "인간의 본성에 관하여"라는 뜻이다). 그러나 대진의 구체적인 생각에 대해 묘사할 때, 장학성은 거의 언제나 예외 없이 비판적인 태도를 취하는데, 그가 반발하고 있는 것은 "철학과는 무관한 생각들"로, 예를 들자면 지방의 역사와 관련된 글에 대한 대진의 생각이나, 장학성이 찬양하던 송대(宋代)의 백과사전 편집자인 정초(鄭樵)에 대한 대진의 평가 등이다. 대진이 주희를 무시하는 것에 대해 비판을 할 때조차도, 장학성은 대진이 주희의 어떤 철학적 주장을 받아들였어야 하는지 밝히지 않는다.

그렇다면 장학성은 철학자로서의 대진에 대해 정확히 어떻게 생각한 것일까? 어쩌면 그는 단순히 대진의 「원선」을 다음과 같은 두 가지 이유 때문에 찬양한 것일지도 모른다: "그것은 문헌학자가 쓴 철학적 작품이며, 그 글에서 보여주고 있는 대진의 모습은 오직 자신만이 제대로 평가할 수 있다고 장학성은 스스로에게 말할 수 있었던 것이다"(Nivison, 1966, 47). 그러나 두 사람의 전혀 다른 철학적 견해 속에서 흥미로운 유사점을 발견할 수 있다는 점에서 볼 때, 첫 번째와 같이 추측하는 것만으로는 충분하지 않을 가능성이 높다; 그렇다면 장학성이 대진 철학의 내용은 무시해버린 것이 되기 때문이다.

내가 주장하고자 하는 것은, 장학성이 아주 흥미를 가지고 있었던 것은 오히려 대진의 생각이었다는 점이다; 그는 자신이 손에 넣을 수 있는 대진의 철학적 저술들을 모두 읽었으며, 때로 대진의 세세한 논증 방식은 물론 어투까지도 장학성의 글 속에 투영되어 있다. 내가 주장하고자 하는 것은, 장학성이 대진 철학의 핵심적인 문제를 올바로 이해하고 그것을 자신의 것으로 여겼다는 사실이다. 그 문제는 이런 것이었다: 인간의 가치 세계 — 규범과 목표 — 를 규범과 "덕"이 명시적으로 부여되어 있지 않은 전체로서의 세계에 대한 추상적인 그림에 기반해서 어떻게 합리적으로 설명할 수 있는가?(그것도 유가의 고전에 대한 연구와 존경심을 설명하고 정당화할 수 있는 방식으로 말이다.) 그리고 역으로, 어떻게 경전의 근원과 성격에 대해 그럴싸한 자연적인 설명을 해냄으로써, 경전에 대해 우리가 가진 존경심을 인정할 경우 그 경전들이 다시 우리가 가지고 있는 개인적인 가치와 목표를 정당화해줄 수 있도록 할 것인가? 이 문제의 두 번째 부분에 대해서는 두 철학자 모두 자신만의 견해를 통해 성공적으로 다루었다. 그러나 첫 번째 문제, 다시 말해서 경전을 정당화하는 문제에 대해서는 두 사람 모두 실패했는데, 그 이유는 동일한 것이었다 ; 그러나 그들의 접근 방식은 전혀 다른 것이었기 때문에, 주의 깊게 분석해보지 않으면 이러한 유사성을 드러낼 수 없다.

따라서 본 연구는 두 부분으로 이루어져 있다 ; 하나는 역사적인 부분이고, 다른 하나는 비판적인 부분이다. 역사적인 문제는 장학성이, 대화를 통해서든 아니면 독서를 통해서든 대진의 생각들을 알게 되고, 또 이러한 생각들을 자신의 저술에 적용한 연대를 정확히 밝혀내는 것이다. 비판적인 문제는 위에서 말한 가치의 문제에 대해 두 사람이 시도한 해결책이 각각 어느 정도나 설득력이 있는지 분석을 통해 살펴보는 것이다. 대진의 주장 가운데 우리가 관심을 가지고 있는 내용은 「원선」과 『맹자자의소증』 두 편 모두에서 찾아볼 수 있다. 장학성의 주장 가운데 우리가 관심을 가지는 내용은 그의 글 가운데 아주 많은 부분에 걸쳐 있지만, 「원도(原道)」[249]와 「원학(原學)」[250]이라는 작품에서 명시적으로 가장 잘 드러난다.

이러한 견해들에 대해 적절하게 살펴본 후에는, 대진과 장학성 둘 다 우리 모두가 가지고 있는 매우 인간적인 문제를 가진 인간들이었다는 점에 주목하게 될 것이다 ; ***264*** 그리고 마지막으로, 이 연구에서 얼마나 많은 부분이 추측이고 또 그럴 수밖에 없는지에 주목하게 될 것이다.

2. 역사적인 문제

고맙게도 여영시(1976, 69, 85)가 밝혀놓았듯이, 대진과 장학성은 괴팍스런 사람이었다(아르킬로쿠스(Archilochus)[251]와 이사

249) “도에 대한 분석”이라는 뜻이다.

250) “학문에 대한 분석”이라는 뜻이다.

야 벌린(Isaiah Berlin)에게 감사한다). 괴팍스런 사람의 특징은 단순히 "커다란 것 하나만을 알" 뿐만 아니라, 이것이 그가 생각해야만 하는 한 가지 생각이라는 점이다. 작가로서의 행동으로 옮겨보면, 이는 동일한 책을 쓰고 또 고쳐 쓰는 데 삶의 소중한 부분을 쏟아부었음을 의미한다. 플라톤이 그랬고, (로버트 터커(Robert Tucker, 1972)가 잘 보여주었듯이) 마르크스가 그랬고, 대진이 그랬고, 장학성이 그랬다. 대진에게 그 한 권의 책은 1750년대에 처음으로 쓴 「원선」 3편(여기에서 그는 실제로는 추상적인 개념들의 만다라[252]와 같은 것을 만들어냄으로써 형이상학적인 구름 속에서 신비적인 방법으로 선(善)을 도출해내고자 노력한다)과 그것을 지지하는 인간의 본성에 관한 두 편의 글에서 시작한다. 그 과정은 계속 이어져, 1766년에는 그 글들을 『원선』이라는 한 권의 책으로 묶었으며, 1772년에는 『서언(緖言)』을 완성한다. 그리고 곧바로 『맹자사숙(孟子私淑)』이라는 또 다른 책을 썼음이 분명한데, 이 책은 최근에야 처음으로 출판되었다. 이들은 『맹자자의소증』의 초고인 동시에 그렇지 않기도 하다. 대진은 이 책을 마지막으로 멈추게 되는데(1776), 그 이유는 그 다음 해에 그가 죽었기 때문이다. 장학성에게 그 한 권의 책은 1774년 「화주지(和州志)」로 시작되어, 1779년에 철학적인 측면에서 고찰한 도서관학에 대한 논문(『교수통의』, 1788년에 개정판이 나왔다)에서 다시 쓰여졌으며, 1789년에서 1792년 사이에 쓴 많은 글들 속에서 또다시 쓰여졌는데, 그 핵심적인 내용은 1789년 봄에서 여름 사이에 쓴 「원도」와 그것을 더욱 정교하게 다듬은 「원학」에 담겨 있다.

---

251) 그리스의 시인이자 군인.

252) 불교나 힌두교, 송교 예술 등에서 사용되는 상징물로 우주를 나타낸다. 대체로 신들의 모습이나 기하학적인 무늬를 둘러싸고 있는 원의 형태로 되어 있으며, 명상에 도움을 주기 위해 사용된다. 융의 심리 이론에서는 꿈에서 나타나는 마법의 원형 상징물로, 자아의 완전성을 나타낸다고 한다.

1) 연대기

여기에서는 1755년부터 1792년 사이에 있었던 두 사람의 중요한 생각, 글, 만났던 일, 출판한 책 등에 대해 연대기적으로 설명해 보겠다.

■1755 대진이 방구(方矩)에게 한대(漢代)와 송대(宋代) 학문의 상대적인 가치에 대한 편지를 보내어, 학자에게는 철학과 문헌학 그리고 문장이 세 가지 중요한 방법이라고 말한다(錢穆, 1957, 317).

■1757~1763 대진이 「원선」 3편을 쓰다(錢穆, 1957, 327).

■1764 장학성이 견송년(甄松年)에게 편지를 보내어, 여러 가지 이야기를 하던 중 경전의 성격에 대해 논한다 ; 경전을 글쓰기의 전형으로 간주하고자 하지만, 아직은 경전을 역사적 과정의 산물로 생각하지 못한다(Nivison, 1966, 29-30). *265*

■1766 대진이 「원선」 3편을 『원선』이라는 동일한 제목 하에 3권으로 증보한 책의 머릿글로 사용하고, 인간의 본성에 대한 두 편의 글을 함께 싣는다(錢穆, 1957, 326). 대진과 장학성이 북경에 있는 휴녕(休寧)이라는 여관에서 만난다 ; 아마도 (위에 나오는) "세 가지 방법"과 『원선』(대진이 장학성에게 보여준 듯하다)에 대해 토론한 듯하다(여영시, 1976, 11-12).

■1769 대진이 (빠른 속도로) 『서언』의 첫 번째 초고를 써서, 공개적으로 "송대의 유학자들"과 그들이 제창한 리기(理氣)의 구분에 대해 비판적 태도를 취한다(錢穆, 1957, 328).

■1770(혹은 더 일찍) 이 때쯤 장학성은 주왕조의 관리들로부터 철학 학파들이 진화해나왔다는 유흠(劉歆)의 생각에 관심을 갖게 된다 ; 이러한 내용은 주균(朱筠)이 장학성에게 읊어 준 시에서 볼 수 있다(Nivison, 1966, 42-43).

■1772 대진이 『서언』의 최종 판본을 쓴다(錢穆, 1957, 329). 『사고전서(四庫全書)』 계획이 시작되는데(Nivison, 1966, 7), 아마도 장학성의

생각이 한 가지 요인이 된 듯하다.

■1773 항주(杭州)의 영파(寧波)에서 열린 문인(文人)들의 모임에서 장학성과 대진이 우연히 만난다; 이 만남에서 장학성과 대진은 지명 사전을 쓰는 것에 대해 의견을 달리하고, 대진이 정초(鄭樵)와 주희를 거리낌없이 비판함으로써 장학성의 기분을 상하게 한다(Nivison, 1966, 47-49).

■1774 장학성이 「화주지」를 완성한다(완성본으로 출판된 적은 없다); 그 안에 실린 서문은 역사와 문학에 대한 자신의 사변적 철학을 적은 것이다.

■1776 대진이 『맹자자의소증』을 완성한다(대략 반 이상의 내용은 『서언』에서 이미 알 수 있는 것이거나 그에서 발췌한 것이다). 서문에는 1776년이라고 적혀 있다. 이 책에서 대진은 주희와 다른 "송대의 유학자들"이 불교와 도교적인 사유를 유가 철학 속으로 들여왔다고 명시적으로 비판한다.

■1777 5월에 대진이 죽는다. 8월에 『원선』이 인쇄되었으며, 『맹자자의소증』도 아마 같은 달에 인쇄되었을 것이다.

■1778 장학성이 진사(進士) 시험에 합격한다(Nivison, 1966, 8-9, 53).

■1779 장학성이 『교수통의』의 첫 번째 판본을 완성한다; 책 첫 권에 실린 「원도」에서는 「화주지」의 주장을 다시 반복하고, 이후에 세 부분으로 되어 있는 「원도」가 나올 것임을 미리 엿볼 수 있도록 해준다(Nivison, 1966, 56).

■1788 장학성이 『교수통의』를 교정하고, 『사적고(史籍考)』 계획을 시작한다; 모든 글은 역사적 기록물이라는 생각이 근간이 된다.

■1789 장학성의 가장 중요한 작품인 『문사통의(文史通義)』를 쓴다; 각각 세 부분으로 된 「원도」와 「원학」이 포함되어 있으며, 아마 「주륙(朱陸)」도 포함된 듯하다(Nivison, 1966, 103-105).

■1790 장학성이 단옥재(段玉裁)를 만난다. 「서주륙편후(書朱陸篇後)」(주륙에 대한 글 후기)도 아마 이 해에 쓰여진 듯하다. 그 글에서 장학성은 (a) 누구도 이 사실을 알지는 못하지만, 대진의 철학적 저술들, 즉 「논성」이나 「원성」 같은 여러 편의 글들이 그의 가장 중요한

작품이며, *266* (b) 철학에 관한 대진의 글은 훌륭하지만, 철학에 대한 그의 말은 너무나도 거리낌없고, 송대의 철학자들을 무시한다고 말한다(Nivison, 1966, 107 ; 錢穆, 1957, 387-388).

■1792 단옥재가 12권으로 된 대진의 문집을 출판한다 — 이는 대진이 죽은 직후에 공계함(孔繼涵)이 출판한 10권짜리 문집을 재배열하고 보완한 것이다 ; 단옥재의 서문에 1792년이라고 적혀 있다. 배열은 문집에 대한 장학성의 생각과 일치한다.

2) 연대기에 대한 논평

장학성은 대진에게서 무엇을 배웠는가?

장학성이 견송년에게 보낸 편지(1763~1765)와 주균이 장학성에게 읊어준 시(1770) 속에 담긴 암시적인 말을 보면, 장학성이 기본적인 철학적 입장을 완성해내는 비판적인 시기가 끝남을 알 수 있다는 점에 주목하라. 그 사이에 대진과의 첫 번째 만남이 있었다. 만약 여영시가 옳다면, 그 만남에서 대진은 장학성에게 『원선』 완성본을 보여주었으며(그리고 아마도 장학성이 그 책을 빌려 필사하는 것을 허락했을 것이며), 그에 관해 토론하는 가운데 의리(義理 : 철학), 제수(制數 : 문헌학), 문장(文章)의 관계에 대한 자신의 견해를 알려주었다. 장학성은 대진의 문제가 자신의 문제와 같음 — 혹은 최소한 거의 유사함 — 을 알아차렸음에 틀림없다. 대진은 자기 스스로를 고전문헌학자로 생각했다. 이러한 임무를 자임하는 데 대해서는 경전이 "도(道)를 담고 있는 책", 다시 말해서 성인의 완벽한 지식을 진술한 것이며, 경전을 이해하기 위해서는 문헌학이 필수적이라는 사실을 통해 정당화되었다. 장학성은 스스로에 대해 다르게 생각했다 : 그의 소명은 역사와 문장이었다(그는 과거 공부에 열중했다). 그래서 그는 스스로에게 물어야 했다 ; 이러한 것들이 경전과 어떤 관계가 있는가? 성인들이 경전에서 말한 도(道)에 대한 2차적인 교훈적 재언명(再言明)에 불과한가? 장학성은 그렇게 생각할 수는 없었다 ; 자신이 하고 있는 일을 정당화하기 위해서는 그것이 도(道)와 직접적으로 연관된 것이어야만 했다. 그러나 그것이 어중이떠중이의 지혜를 언명해 놓은 것이라고 생각할 수는 없다. 기나긴 학문적 사유의 전통에 비추어, 장학성은 좋은 글이란 언명되지 않는 궁극적인 가치를 표현하고 있다고 믿었을 것이다. 따라서 역사와 문장은 도(道)에 대한 언명이 아니라 그 직접적 표현임에 틀림없다. 그러나 글이 가치를 가지게 되는 이유에 대한 올바른 설명이 이것이라면, 그것은 또한 경전의 가치에 대한 설명임에도 틀림없다. 경전도 또한 표현임에 틀림없으며, 그것 자체가 모든 가치 있는 글의 전형임에 틀림없다. 하지만 어떻게? 장학성은 『원선』에서 볼 수 있는 대진의 도식이, 인간의 지식과 심리에 대한 추상적인 그림을 통해, 어떻게 성인들이 "필연"을 포착해서 그들의 지식을 경전 속에 전달, 즉 언명했다고 생각할 수 있는지를 너무나 깔끔하게 설명해준다고 생각했을 것이다. 이와 같을 수는 없다 ; 그러나 어떤 측면에서 보면 대진이 옳았다 : 우리 모두가 여러 가지로 행하고 있는 것에 어떤 의미가 있으려면, 우리는 어떤 식으론가 하늘의 도[天道]가 어떻게 인간의 도[人道]가 되었는가를 알아야만 한다.

그렇게 곰곰이 생각하는 동안 어느 곳에선가 장학성은 유흠의 다음과 같은 통찰력 있는 주장을 떠올렸음에 틀림없다 ; *267* 고대의 철학 학파들은 국가의 여러 기능으로부터 진화해나온 것이다. 그 생각이 경전에도 또한 적용될 수 있고 적용되어야만 한다! 하지만 이는 무슨 의미인가? 하늘의 도[天道]가 인간의 도[人道]가 될 수 있는 것은, 영원 불변한 심리적인 실재(實在)가 있어서 성인들이 그것을 통해 완벽한 지식을 가지게 되었기 때문이 아니라, 인간들의 전체적인 역사적 경험 때문이다 ; 그것이야말로 진정한 계시

(啓示)며 경전이란 그 나머지, 즉 사물에 불과하다 : "경전은 모두 역사다(六經皆史)."

물론 이는 내가 구성해낸 것이다. 장학성의 마음속에서 창조의 과정이 어떻게 진행되었는지는 알 수 없다. 그러나 1770년 이전에 그가 이미 자신의 문제에 대한 열쇠를 발견했음은 알 수 있다.

장학성은 대진의 작품을 얼마나 많이 읽었는가?

1770년 이후 장학성이 대진과 그의 생각에 대해 보인 반응은 다음의 몇 가지 동기에 의해 이루어졌다고 추측할 수 있다 : (i) 철학자 대진에 대해 찬양하는 마음과 대진의 사유에 대해 반성적으로 깊이 생각해보는 태도 ; (ii) 동시에, '학자로서의 삶과 경전과 도(道)에 대한 작업'이라는 대진의 문제에 대해, 유흠이 암시한 통찰력 있는 견해에 따라, 좀더 충분한 대안을 제시하고자 하는 시도. 그리고 1773년 이후에는 또 하나의 동기가 추가된다 ; (iii) 말을 통한 논변 과정에서 대진이 장학성이 높이 평가하던 사람들, 그 가운데에서도 특히 정초와 주희를 무시하는 태도를 보인 데 대한 비판. 1790년의 「서주륙편후」에서 장학성은 대진의 명성 때문에 주희에 대한 이런 종류의 비판이 유행하게 되었다고 명시적으로 그리고 신랄하게 말하고 있다.

장학성은 아마도 『서언』을 보지는 못한 듯하다. 그 책은 장학성이 죽고 나서 오랜 시간이 흐른 뒤에야 출판되었다. 그러나 대진이 그 책을 완성한 것은 그들이 1773년에 만나기 직전이며, 아마도 그 책에서 자신이 전개하고 있는 생각에 대해 자유롭게 이야기를 했을 것이다.

전목(1957, 388)은 장학성이 『맹자자의소증』도 보지 못했다고 생각한다. 나도 처음에는 그렇게 생각했으며, 게다가 (아마도 전목이 그랬을 것처럼) 「서주륙편후」를 보고 나서는 장학성이 「원선」

과 「논성」의 첫 번째 판본(1757~1763)만 보았을 뿐이라고, 다시 말해서 책으로 완결된 『원선』조차도 보지 못했다고 생각했다. 하지만 이제는 이 견해가 틀렸다고 확신한다. 나는 1789년 이전에 이미 장학성이 (아마도 구할 수 있게 되자마자) 『원선』과 『맹자자의소증』 완결판 둘 다를 읽었다고 결론 내렸다. 그 근거는 다음과 같다:

(1) 대진의 명성과, 대진이 죽고 나서 10여 년 동안 장학성이 종종 (학문적인 토론과 서적 유통의 중심지인) 북경에 갔었다는 사실을 고려해볼 때, 장학성은 손쉽게 그 두 권의 책을 구할 수 있었음에 틀림없다.

(2) 장학성이 그 책들을 그렇게 쉽게 구할 수 있었다면, 그리고 장학성이 스스로 말하고 있는 것처럼 철학자로서의 대진을 존경했다면, 그 책들을 한 번이라도 읽지 않았다는 것은 거의 상상할 수 없는 일이다.

(3) (결정적이지는 않지만) 장학성의 글에는 『맹자자의소증』을 읽었음을 보여주는 내용이 여러 차례 등장한다. 268

(3.a) 장학성의 「주륙(朱陸)」, 첫 단락에 다음과 같은 내용이 나온다:

理譬則水也事物譬則器也.
(리는 물과 같고, 사물은 그릇과 같다.)

이를 『맹자자의소증』, 1.2의 첫 구절과 비교해보라:

性譬則水也欲譬則水之流也.
(본성은 물과 같고, 욕구는 물의 흐름과 같다.)

형이상학적인 존재를 물에 비유하는 것은 아주 흔한 일이다. 그러나 "~과 같은"의 의미로 사용된 '비즉(譬則)'은 흔치 않은 표현이며, 두 구절의 의미가 어떻게 대조되는가를 살펴보면, 대진과 장학성의 철학이 어떤 차이점이 있는지 핵심을 간략하게 알 수 있다.

(호적은 「주륙」이 1789년에 쓰여진 것으로 보고 있다(1929, 71) ; 논변 과정 없이 이러한 연대 고증을 따르고는 있지만(Nivison, 1966, 105), 나는 그 글이 대진이 죽기 전에 쓰여졌다는 전목의 주장(1957, 422)에 대해 언급하고 있다. 사실, 전목의 주장에 따르면 「주륙」에서 대진의 이름을 언급하지 않고 있다는 사실을 통해 그 글이 대진이 죽기 전에 쓰여졌음을 알 수 있다 ; 이를 근거로 전목은 장학성 저술의 연대기에서 그 글이 1777년(대진이 죽은 해)에 쓰여진 것으로 적고 있다. 여영시도 이 글이 1777년에 쓰여진 것은 확실하다고 생각하지만(1976, 54, 57), 근거는 제시하지 않고 있다. 그 글이 훨씬 더 일찍 쓰여졌으며, 대진이 그 글을 읽고 그 내용을 『맹자자의소증』에 반영했을 가능성도 없지는 않다. 그러나 내가 생각하기에, 대진은 장학성에게 그렇게 많은 관심을 기울이지 않았다. 또한 장학성이 『맹자자의소증』을 읽은 것도 대진이 죽고 몇 달 뒤에 그 책이 출판되고 나서며, 어쨌든 그 이후 몇 년 동안은 장학성이 글을 쓸 때 대진에 대해 명시적인 비판을 피했던 것도 당연하다고 생각한다. 장학성이 의존하고 있던 혹은 의존하기를 바랐던 사람들은 대부분 대진을 찬양하고 있었던 것이다.)

(3.b) 세 부분으로 되어 있는 「원도」 곳곳에서, 장학성은 대진의 『맹자자의소증』 서문의 여러 가지 생각들, 나아가서는 어구들까지도 채택해서 적용 및 변용시키고 있는 듯하다. 예를 들면, 『논어』에서는 공자에 대해 "우리는 선생님께서 '본성'이나 '천도'에

대해 말씀하시는 것을 들을 수가 없다”253)고 적고 있다. 대진은 이것이 공자가 『역경』(대진 및 그와 동시대 사람들은 공자가 그 일부를 썼다고 믿었다)에서 이러한 것들에 대해 논의하는 것을 찾아볼 수 없다는 말이라고 주장한다. 장학성은 「원도」 3.3에서 이 동일한 구절을 다루면서 다음과 같이 주장한다 : 공자는 이러한 문제들을 추상적으로 다루어서는 안 되며, 반드시 고대 성왕들의 행동에서 포착해야 함을 깨달았다 ; 그래서 그는 경전들을 모아서 편집했는데, 그것이 도(道)가 무엇인지를 보여주기 위해 공자가 할 수 있는 유일한 방법이었다. *269* 장학성은 서문에서 바로 뒤에 나오는 글 속에 이러한 내용이 암시되어 있음을 알았을 것이다(아마도 경전에 대해 “도를 담고 있는 책[載道之書]”이라는 입장을 가지고 있던 대진은 실제로 그 사실을 알 수 없었음도 또한 알았을 것이다).

> 주왕조의 도(道)가 쇠퇴하자, 글 속에서 찬란하게 표현되어 있는 요순우탕문무주공(堯舜禹湯文武周公)의 완전한 정치의 모범들이 [과거의] 오래된 흔적이라고 해서 버려졌다. 공자는 지위를 얻지 못했기 때문에, 이러한 것들을 제도와 의례(儀禮) 그리고 음악[다시 말해서 공식적인 문화]의 형태로 전할 수 없었다. 그래서 공자는 그로부터 올바른 텍스트를 확립하고 그 근원을 밝혀서, 사람들로 하여금 수백 수천 세대 이상에 걸쳐 질서와 혼란의 원인과, 시간이 흐름에 따라 제도, 의례, 음악 등에 생겨난 변화에서 옳은 것[과 그른 것]을 정확히 이해할 수 있도록 해주었다 ; 이는 마치 저울로 무게를 달고 직각자, 고리, 수평면 등을 이용해 정확도를 검증하며, 각도기, 컴퍼스, 수평기 등을 이용해서 선을 곧게 하여 선을 그리는 것과 같았다 ; 공자의 말은 고원(高遠)해보이지만, 공자가 말을 하시 않을 수는 없었다[不得不言](『맹자자의소증』, 서문).

253) 『論語』, 「公冶長」, 12, “夫子之言性與天道 不可得而聞也.”

장학성은 「원도」 1.4에서 "흔적[迹]"이라는 개념을 전혀 다른 의미로 변형시켜 사용한다 ; 「원도」 2.1에서는 공자가 "지위를 얻지 못한 것"에 무슨 의미가 함축되어 있는지 탐구한다. 「원도」 3.2에서는 "말을 하지 않을 수는 없었다"는 생각의 의미가 무엇인지를 찾고 있다. 장학성이 대진의 문집에 담긴 이 서문을 보았을 리가 없다는 사실에 주목하라(서문만 읽고 책의 나머지 부분은 읽지 않았다고 상상할 수도 있겠지만 말이다). 공계함이 1777년에서 1792년 사이에 출판한 시리즈물 가운데 들어 있는 10권짜리 문집에는 이 서문이 들어 있지 않으며, 단옥재가 편집한 12권짜리 문집(여기에는 실제로 그 서문이 들어 있었다)은 장학성이 「원도」를 쓴 3년 후인 1792년에야 비로소 나왔다.

어쨌든 장학성이 더 많이 읽었음을 보여주는 다른 증거들이 또 있다.

(3.c) 전목은 다음과 같은 측면에 주목한다(1957, 353) : 대진과 장학성은 (함축된 의미는 다르지만) 똑같이 도(道)가 "인간 관계의 일상적인 작용[人倫日用]"에서 드러난다고 주장하며, ("필연"으로 파악 혹은 제시되는)도덕-정치적 진리는 성인이 "자연스러운 것"으로부터 포착해낸 것 혹은 정제해낸 것이라고 생각한다(하지만 여기에서도 어떤 측면에서 어떤 의미로 이해하는가 하는 점은 전혀 다르다). 장학성이 의식적으로 대진의 "자연-필연" 이분법을 채택해서 그 방향을 변화시켰다면, 그가 반드시 『맹자자의소증』을 읽었다고 할 수는 없다 ; 그 내용은 가장 초기에 쓰여진 「원선」에서부터 이미 반복적으로 강조되어온 것이기 때문이다. 그러나 그와 관련된 '인륜일용(人倫日用)'이라는 표현은 「원선」에는 등장하지 않는다. *270* 그리고 「원선」에서 그와 유사한 개념을 발

견할 수 있다(예를 들면, 1.6에 '일용사위(日用事爲)라는 표현이 나온다)는 전목의 말이 옳기는 하지만, 장학성이 초기의 「원선」에 미완성의 형태로 등장한 이 생각에 주목해서 그것을 계속 발전시켰는데, 순수하게 우연의 일치로 대진의 성숙한 철학 작품에 등장한 것과 똑같은 용어가 되었다면 너무나 이상한 일이다. '인륜일용(人倫日用)'이라는 구절과 개념은 아주 짧은 『서언』의 첫 단락에 나온다. 그러나 대진이 그 표현을 반복적으로 사용하는 것은 "도(道)"에 대해 논하고 있는 『맹자자의소증』의 마지막 권(3.32-3.35)에서다. 그리고 장학성이 자신의 「원도」를, 무엇보다도 『맹자자의소증』에서 볼 수 있는 대진의 철학적 입장에 대한 대답이라고 생각했다면(나는 실제로 그렇다고 믿는다), 장학성이 그 글을 쓴 것은 그 단락들을 아주 주의 깊게 읽고 난 직후였을 것이다.

(4) 전목은 장학성이 『서언』이나 『맹자자의소증』을 보지 못했다고 생각한다(1957, 383). 사실 내가 아는 한 장학성은 둘 중 어느 것에 대해서도 언급하지 않으며, 『서언』은 보지 못했다고 생각하는 것이 합리적이다. 사실, 대진이 쓴 철학적 작품의 이름을 언급할 때 장학성이 거론하는 것은 거의 예외 없이 「원선」이다 ; 그리고 대체로 그것을 '편(篇)'이라고 불러서, 그가 염두에 두고 있는 것이 초기의 논문임을 암시해준다. 「서주륙편후」에서는 「논성」에 대해서도 또한 거론하고 있다 ; 예를 들면 "『주역』「계사전」을 읽은 것과 관련한 인간 본성에 대한 논의[讀易繫辭論性]"나 "『맹자』를 읽은 것과 관련한 인간 본성에 대한 논의[讀孟子論性]" 등이 그것이다. 그러나 이를 통해 확인할 수 있는 것은 장학성이 초기 논문 형태의 「원선」을 염두에 두고 있다는 사실일 뿐이다 ; 그것이 최종적인 "책"의 형태로 나왔을 때 「논성」도 거기에 포함되어 있었기 때문이다. 이는, 장학성이 언젠가 『맹자자의소증』을 읽었다 하더라도, 최소한 1790년(혹은 언제가 되었든 「서주륙편후」가 쓰여진 해) 이전에는 『맹자자의소증』을 보지 못했다는 증거가 아닌가?

그렇지 않다. 「서주륙편후」에서 장학성이 대진의 철학적 저술에 대해 언급하는 목적은 자신이 읽은 목록을 나열하는 것이 아니다. 그는 다만 가장 유명한 작품이어야 할 것이라고 생각하는 것을 언급함으로써 대진의 철학적 작품을 분류해내고 있을 뿐이다; 장학성은 대진을 찬양하는 사람들이 어리석게도 대진의 가장 중요한 작품을 아무 가치가 없다고 생각하여 무시하고 있는 반면, 자신만이 그 중요성과 가치를 알아보는 통찰력을 가졌다고 말하고자 하는 것이다. 그리고 다른 작품 속에서는 이 주장이 대진에 대한 강경한 비판과 결합된다는 점에서 더욱 극적인 모습을 보여준다. 「서주륙편후」를 쓸 때, 장학성이 철학적인 논문을 보고 있었던 것은 결코 아니다. 그는 『원선』 완성본에 대한 대진의 서문을 보고 있었던 것이다; 몇 문장 안 되는 짧은 글에서 대진은 다음과 같이 결론을 내리고 있다:

> 지금 현재는 과거 성인들의 지혜로부터 멀리 떨어져 있기 때문에, 경전을 연구하는 학자들 누구도 그에 대한 포괄적 이해를 가질 수 없다; 학자들은 자신의 관점에 집착해서 오류가 쌓여 가는 "진리"를 만들어낸다; 그래서 내 말이 이러한 유혹적인 목적을 흔들어 떨쳐버리는 데 충분할지 두렵다. 따라서 나는 이것을 우리 가족의 서재에 따로 보관해두어 내놓을 수 있는 능력을 가진 사람을 기다린다.

<u>*271*</u> 대진이 자극적으로(그리고 고의적으로) 애매모호하게 써놓은 첫 번째 「원선」을 이해하려고 노력한 후, 이러한 가식적인 자만의 글을 읽으니 나는 조금 화가 났다. 장학성은, 좀 다른 견지에서 기분이 좋았음에 틀림없다. 그는 끊임없이 자기 스스로에 대해 다른 사람들은 아무도 파악하지 못하는 것을 이해하는 사람이라는 인상을 풍기고 있었다. 대진은 서문에서 분명 통달한 사람의 지지를 구하고 있었다. 장학성은 「서주륙편후」에서 이러한 유

혹에 말려든 것이다.

장학성이 「서주륙편후」를 쓴 것은 아마도 1790년 무창(武昌)에서 단옥재를 만나 이야기를 나눈 후일 것이다. 단옥재는 대진의 문집 개정판에 대한 편집 작업을 이미 진행중에 있었거나 진행하고자 생각 중이었던 듯하다 ; 실제로 그 개정판은 어느 정도 장학성이 문집에 대해 추천한 노선에 따라 구성되어 있다(Nivison, 1966, 121-124) ; 문학적인 형식을 무시하고, 주로 내용에 주목하고 있는 것이다 : 따라서 철학적인 글들을 담고 있는 8권에 논문[論], 서문[序], 관련 편지[書] 등도 포함되어 있다. 주목할 만한 점은 8권에 초기의 「원선」 및 「논성」과 더불어 『원선』 완성본 서문도 또한 담겨 있다는 사실이다(공계함이 편찬한 문집에서는 그렇지 않다).

(5) 그리고 (이로서 순환이 끝날 것이다) 『맹자자의소증』의 문제는 무시한다 하더라도, 장학성이 「서주륙편후」에서 자신이 읽은 대진의 철학적 저술들을 모두 언급한 것은 아니라는 점은 거의 확실하다. 「법상론(法象論)」은 단옥재가 편집한 문집에서 철학적인 내용을 담고 있는 권(卷)의 맨 처음에 등장할 뿐만 아니라 공계함이 편찬한 문집에서도 「원선」 세 편 직전에 나오는데, 장학성은 이 글에 대해 언급하지 않고 있다. 그러나 장학성이 1789년 이전에 이 글을 읽었음은 확실하다. 나는 장학성이 「원학」에서 "흥미롭게도 [대진의 생각과] 유사한" 견해를 표명하고 있음을 밝힌 바 있다(Nivison, 1966, 154) ; 여기에서 그는 성인과 일반인의 차이점을 내면의 완벽함에 의해 구분하고 있다(여기에서는 성인이 "표준"에 대한 도덕적 지식의 근원이라고 말하고 있는데, 이는 「원도」에서 성인의 역사관과 창조성을 강조한 것과는 다르다). 하늘은 성인의 "덕"과 "지위" 속에서 올바름의 "모습"을 보여준다 ; 그러면 우리는 성인을 "모델"로 삼는다. (이 상법(象法)이라는

말은 『역경』에서 나온 것이다.) 이는 대진의 생각이 아니다(대진은 우주론적이며, 인간의 규범와 역할을 하늘의 상(象)으로부터 도출해 낸다 ; 따라서 "태양은 군주의 '상(象)'이다). 장학성은 대진이 했다고 생각하는 말을 사람들이 이해할 수 있는 용어로 말해주고자 하는 시도를 한 번 더 하고 있는 듯하다. 만약 그렇다면, 「원도」 또한 대진의 말을 풀이하고자 하는 장학성의 시도임을 확인할 수 있다. 왜냐하면, 1789년에 진감정(陳鑑亭)에게 보낸 편지에서, 장학성은 자신이 「원학」을 쓴 것은 「원도」에 담긴 생각들을 발전시키기 위한 것이라고 말하고 있기 때문이다(Nivison, 1966, 154).

(6) 한 가지 문제가 남아 있다. *271* 전목의 지적에 따르면(1957, 333), 장학성은 정씨 형제와 주희에 대해 대진이 말로 하는 비판과 글 속에서 하는 비판을 구분해서, 후자는 받아들이면서도 전자에 대해서는 과도하며 불경스럽고, "자신의 근원을 잊는" 사례라고 반대하였다. 그리고 전목이 밝히고 있듯이, (1772년에 완성된) 『서언』은 "아직 이와 같지 않았다"(따라서 장학성이 그것을 보았다 하더라도, 화가 날 일은 아니었다). 그러나 (錢穆, 1957, 353) 『맹자자의소증』에서는 주희가 불교나 도교와 같이 리(理)와 "욕구(欲)"를 대비시켜, 사람들로 하여금 자신의 "의견(意見)"을 리(理)로 오해하도록 함으로써 "세상에 대재앙을 가져왔다"고 직접적으로 비판한다(錢穆, 1957, 349 ; 『맹자자의소증』, 3.40). 이는 장학성이, 최소한 『서언』의 집필이 끝날 때까지는 『맹자자의소증』을 보았을 리가 없음을 보여주는 것이 아닌가?

반드시 그렇게 생각할 필요는 없다. 우리가 갖지 못한 것은 대진이 구두로 한 논변의 필사본 같은 것이다. 그는 아마도 구두로 말할 때 『맹자자의소증』의 어느 곳에서보다 심하게 말을 한 듯하다. 게다가, 장학성이 반대한 것은 주희에 대한 근거 있는 비판이 아니었다(초기에 인쇄된 「원도」 첫 번째 판본의 말미에서 볼 수 있듯이, 장학성 자신도 이러한 비판은 행하고 있다) ; 장학성을 화나게 한 것은 헐뜯는 말이었다. 비판을 할 때는 존중하는 태도를 함께 가져야 한다 ;

장학성은 대진이 정현(鄭玄)에게는 이러한 접근 방법을 취하고 있는 데 대해 찬양한다.

이제부터 나는 — 실험적으로 — 1789년에 장학성이 쓴 「원도」가 대진의 다른 흥미로운 철학을 제시하는 데 불과한 것이 아니라, 실제로는 대진의 최종적인 견해에 대한 대답으로 읽히기를 바라면서 쓴 것이라는 주장이 입증된 것으로 가정할 것이다. 물론 그것만은 아니다. 그리고 장학성의 철학이 다양한 종류의 많은 다른 글에 산재해 있는 것도 또한 사실이다 ; 그가 글을 쓰는 방식이 그런 것이다. 하지만 우리에게 「원도」에 나오는 이러저러한 입장을 대진의 입장과 비교 및 대조해보고 싶은 마음이 생긴다면, 장학성의 바람이 이루어지는 것이다. 이러한 과정을 통해 장학성에게 외관상 존재하는 역설, 즉 철학자로서의 대진은 찬양하면서도 그의 철학은 무시하는 모순이 해결될 것이다. 내가 생각하기에, 장학성은 대진의 철학을 무시한 것이 아니다 ; 사실은 진정으로 진지한 비판을 가하는 최고의 존경을 표한 것이다.

3. 비판적 문제

우주 속에서 도덕이 어떤 위치를 차지하고 있는지에 대한 (모두는 아니지만) 가능한 그리고 다양한 시대에 주장되어온 몇 가지 견해들을 내 멋대로 도식적으로 정리해보도록 하겠다.

1) 여섯 가지 대안

(1) 신명론(神命論) 우리에게 이러저러한 것을 하도록 명령하는 신적

인 입법자가 있다. 도덕이란 명령이며, 도덕적이 된다는 것은 분명한 명령에 복종하는 것이다. *273*

(2) 범신론(汎神論) 명령자의 정체성이 우주("하늘[天]")에 녹아들어 있다 ; 그는 명령을 내릴 뿐만 아니라 인간들을 낳기도 한다. 인간은 본성상 명령자에게 복종할 수 있으며, 인간들(중의 최소한 일부)는 "귀기울이는" 경향이 있다 ; 직관이든 양심이든 특별한 지적 능력에 의해서든 간에, 명령이 무엇인지를 발견해내는 경향이 있는 것이다. 도덕적이 된다는 것은 언제나 그 명령에 복종할 수 있도록 자신의 "덕(德)"을 완전하게 하는 것이다.[254)]

(3) 목적론적 자연주의 (신적이든 아니든) 우주가 명시적인 명령을 내리지는 않는다 ; 하지만 그렇다고 해서 우주가 도덕적으로 중립적인 것도 아니다. 우주는 일종의 목적론적 구조를 가지고 있다. 우주는 도덕적인 규칙 — 아무런 규칙이나가 아닌 옳은 규칙 — 을 정형화해내고 그것을 따르는 경향이 있는 인간들을 낳음으로써 간접적으로 도덕적 질서를 창조해낸다. 이런 입장 가운데 몇몇 형태에서는 우주가 다른 방식으로 도덕적이라고 보기도 한다 ; 예를 들어 도덕적으로 행동하는 인간들에게는 우호적으로 대한다거나, ("인자함"과 같은) 인간의 도덕적 행위와 구조적으로 유사하다고 느껴지는 과정(예를 들면 "생산성")을 통해 스스로 보여준다는 것이다.[255)]

(4) 구성적 자연주의(Constructive Naturalism) 우주는 인간에 대한 의도와 같은 것 없이 그냥 존재한다 ; 그럼에도 불구하고 인간이란 우주의 인과 과정의 자연스러운 산물이다. 그러나 그 구조상 그리고 다른 존재나 동물들과의 관계에서 볼 때, 인간에게는 필요로 하는 것(외적이고 경제적인 것일 수도 있고, 내적이고 심리적인 것일 수도

254) 스토아주의가 범신론의 일종이다. 『墨子』, 「尙同」 편에서는 범신론적 입장이나 신명론적 입장 가운데 하나를 지지하는 듯하다.
255) 고전적인 아리스토텔레스주의와 맹자의 이론이 이러한 유형에 속한다.

있으며 혹은 둘 다일 수도 있다)이 있으며, 그것은 오직 사회-정치적 질서 속에서만 충족될 수 있다 ; 따라서 인간들은 그러한 질서를 발전시키거나 발명해내야 한다(만약 발명해낸다면, 어떤 식으로든 스스로 자신들이 만들어낸 규칙을 신중한 조언 정도가 아닌 도덕적 의무로 받아들여야 한다). 그러나 옳음과 그름, 좋음과 나쁨의 구분은 여전히 실재(實在)하는 것이다. 도덕적으로 요구되는 것이, 최소한 지금 우리에게서, "자신이 필요로 하는 것과 관련해서 완전하게 계몽된 사람이라면 선택하게 될 모든 삶의 양식"에 대해 필수적인 것이라면, 그 도덕적인 언명은 진리치를 지닌다. 그리고 우리에게 특정한 어떤 기준을 향해 나가는 성향이 미리 주어져 있지는 않더라도, 우리에게는 실제로 어떤 요구 조건을 도덕적인 것으로 여기고 받아들일 수 있는 능력이 있다.256)

(5) 실존주의 우주는 그냥 단순히 존재하며, 인간에 대한 관심 같은 것은 없다 ; 우주는 인간에게 아무것도 원하지 않을 뿐만 아니라, 어떤 특정한 행위에 대해 "옳음"과 "그름"이 결정되는 상황을 인간에게 부여해놓은 것도 아니다. 우리에게 도덕적으로 중요한 유일한 한 가지는 우리가 선택을 한다는 것이다. 저것이 아니라 이것을 선택할 때, 나는 내게 옳은 것을 창조해내는 것이며, 이러한 선택을 통해 그에 헌신함으로써 나의 "본성"은 창조된다. 자신의 도덕적 세계에 대해 그 책임은 전적으로 자신에게 있다.

(6) 비인지주의(Non-Cognitivism) 우리에게는 욕구가 있고, "이것은 좋다", "저것은 옳다" 같은 말을 하면서 참인 말을 하고 있다고 생각하는 경향을 강하게 가지고 있다. 하지만 사실 우리는 단지 자신이 좋아하거나 인정하는 것을 표현하고 있을 뿐이며, 다른 사람들에게 그것을 공유할 것을 권하고 있는 것이다. 도덕적 "언명"은 실제로는 절대로 언명이 아니다.

256) 서양에서는 토마스 홉스의 철학이 구성적 자연주의의 사례다.

274 종교적인 견해에 대한 분류로서든 아니면 도덕적인 견해에 대한 분류로서든 간에 이 목록이 불충분하기는 하지만, 그에 대해 사과하지는 않을 것이다(충분치는 않지만 — 베단타 철학을 그에 맞추어 분류해보라). 전반적으로 충분한 도식을 만들려면 여러 가지 차원에서 이루어져야 하며, 일차원적이어서는 안 된다. 나는 그저, 가능하다면, 대진과 장학성에 대해 좀더 많은 것을 알아내고 싶을 뿐이다. 두 사람 모두 (1)과 같은 신명론을 신봉하지는 않는다. 그리고 두 사람 주위의 많은 사람들은 언제나 (2)와 같은 범신론을 아무런 반성 없이 받아들였음이 분명하지만, 두 사람 모두 (2)와 같은 범신론적 입장을 취하고자 하지는 않았던 듯하다. 그리고 대진은 지속적으로 도덕의 근거를 인간의 **욕구**에서 찾고 있지만(이런 모습은 주로 말기에 두드러지지만, 실제로는 「원선」에서도 그러한 입장을 견지하고 있다), 그가 염두에 두고 있는 것이 (6)과 같은 비인지주의나 (5)와 같은 실존주의는 아니다 ; 그리고 장학성의 경우에는 더욱 그러하다 — 장학성도 대진과 유사하게 사람들이 **필요로 하는 것**을 중요시하기는 하지만 말이다.

앞의 목록이 이 맥락에서 유용하다면, 우리가 관심을 가져야만 하는 것은 (3)과 (4)의 입장이다.

2) 순 자

(4)와 같은 종류의 입장에는 악명 높은 문제가 있다 ; 이는 "사실과 당위"의 문제 혹은 (이른바)"자연주의적 오류" 혹은 도덕이 "독립적인 근거"를 가지고 있는가의 문제 등으로 다양하게 표현된다. 순자는 (4)의 입장에 속하는데, 그에게 이 문제는 두 가지 형태로 나타난다.

순자는 다음과 같이 추론하는 듯하다 : 인간이라는 상황에 처해 있기 때문에, 계몽된 철학자로서 나는 진정으로 도덕적인 동기를 가진 존재가 되는 것이 가장 이로움을 안다. 인간은 "악하다"; 인간의 욕구는 혼란의 원인이다; 그러므로 이러한 욕구 가운데 일부라도 만족시키고자 한다면 인간의 행동에 통제와 조절이 필요하다. 그러므로 나는 의무론적 견해를 받아들이기 위해서 결과론적인 결정을 내린다. 이 결정은 메타적인 결정(meta-decision)이기 때문에 여기에 모순은 없다. 일단 사회화(혹은 "도덕화")가 되고 나면, 사회화되기 이전의 우주에 대한 그림으로부터 도덕성을 도출해낸 것에 대해 이의를 제기하는 것은 정당하지 못하다. 하지만, 원래의 계몽된 입장에서는 "도덕"을 정말로 도덕으로 여기지는 않는 듯하다.[257] 비록 세계의 모습이 그러하기 때문에 인간은 도덕을 가질 수밖에 없고 또 가져야 하지만(공리주의적인 의미의 "~해야 한다"다), 실제로는 이러한 관점에서 보면 도덕은 환상인 것이다. 계몽된 철학자들은 도(道)를 유용한 것으로 보며 또 그것이 합리적이다; 그러나 순자(예를 들어, 「천론(天論)」에서)는 자신이 만든 도덕을 가진 인간을 포함하는 보편적 질서의 우주적 아름다움 — 내적인 인과 관계를 가지고 공존하는 하늘, 땅, 성인, 예(禮) — 을 열광적으로 펼쳐서, 계몽된 철학자가 도(道)를 사랑할 만한 좀더 고차원적인 이유를 제시함으로써 이 문제를 해결하고자 한다. 하지만 효용성에 우주적인 아름다움이 더해진다고 해서 도덕이 도덕적인 이유[258]를 설명해주는가에 대해 여전히 의문을 던질 수 있다 — 예를 들어 부모에 대한 곡읍(哭泣)의 예(禮)을 지키지 못했을 때, 왜 잘못된 일을 하고 있는 것인지 설명

257) 앞의 "도덕"이란 합리적인 계산으로부터 도출된 것, 다시 말해서 그렇게 하는 것이 이롭기 때문에 해야 하는 규범을 가리키고, 뒤의 '도덕'은 그 말의 일반적인 의미, 즉 그 자체가 옳기 때문에 결과와 무관하게 행해야 하는 규범을 가리킨다.
258) 위의 주를 보라.

해줄 수 있는가 하는 의문을 던질 수 있는 것이다.

물론 이러한 명백한 문제점이 순자에 존재한다는 사실을 통해 우리는 다음과 같은 사실을 알 수 있을지도 모른다 : 순자의 "하늘[天]"이 인간에 대해 관심을 가질 수 있는 신적인 존재는 아니지만, 순자가 우주에 대해 제시하고 있는 그림을 단순히 아름다운 우주에 대한 그림으로만 간주할 것이 아니라, **도덕적으로** 선한 우주에 대한 그림으로 간주해야만 한다. *275* 순자에게 유신론적 색채는 완전히 녹아 없어져버렸다고 말할 수 있다 ; 하지만 마치 체셔 고양이(Cheshire cat)의 미소[259]처럼, 그 색채는 전체에 대한 도덕적 굴곡 이면에 여전히 남아 있다. 만약 그렇다면 순자는 그만큼 (3)의 입장에 서 있는 것이며, 우리는 다음과 같이 말할 수 있다 : 현실적인 도덕 질서가 만족스러운 삶을 위해 **필수적**이며(어쨌든 순자는 그렇게 주장할 것이다), 인간들이 그러한 삶을 사는 것이 옳기 때문에, 이 질서는 전체적인 측면에서든 세부적인 측면에든 사실상 도덕적인 의무다. 그리고 다행히도 인간으로서 나는 이런 식으로 이해할 수 있는 능력을 가지고 있다 : 나는 (혼란의 원인이 되는 욕구로 이루어진) "악한" 본성을 가지고 있지만, 의(義)도 또한 가지고 있는 것이다 ; 순자가 이 의(義)라는 말을 통해 의도한 것은 단순히 "원하는 것을 얻으려면 해야 하는 것"이라는 인과 관계의 문제가 아니라, "채워져 있지는 않지만, 도덕적인 것으로서의 의무 개념을 형성할 수 있는 열려 있는 능력"일 것이다.

그러나 (우리가 충분한 자비를 베풀어서) 순자가 이러한 형태의 난관에서 탈출하게 된다 해도, 그는 두 번째 형태의 난관에서 다시 실패하게 된다(혹은 훨씬 더 많은 자비를 필요로 한다) : "도덕적" 질서가 진정으로 도덕적인 것이고 내가 그것을 그렇게 받아들일

259) 루이스 캐롤(Lewis Carroll)의 『이상한 나라의 엘리스』에 등장하는, 이유 없이 웃는 고양이의 미소를 가리킴.

수 있다 하더라도, 인간은 어떻게 도덕적 질서를 소유하게 되었는가? — 도덕을 그럴싸하게 자연주의적으로 설명해내고, 도덕이 인간에게 부여되었다는 특별한 내용을 전제로 삼지 않고자 한다면 말이다. 순자는 고도의 지적인 능력을 가진 성인들이 그 필요성을 알고서 발명해내었다고 말한다. 그러나 이 성인들도 다른 사람들처럼 "악한" 욕구로 이루어진 본성을 가지고 있다. 그렇게 완전한 지적 능력을 가진 존재가 있다고 하더라도, 성인들은 어떻게, 그들 자신이 그 도덕에 의해 변화되기 전에 선(善)한 도덕을 창조해낼 수 있었을까? 글쎄, 어중간하나마 순자는 성인들이 조금씩 조금씩 지적인 결정과 행위를 축적함에 의해[積僞] 그렇게 할 수 있었다고 말한다. 아마도 이렇게 함으로써 곤경에서 벗어날 수 있는 길이 제시될 수 있을지도 모르지만, 어려움은 여전히 남아 있다.

3) 맹 자

범주 (4)가 순자를 위해 고안된 것이라면, 범주 (3)은 맹자를 위해 고안된 것이다. 맹자는 애초부터 더 많은 것을 가정하며, 아마도 더 편안하게 문제를 다루고 있는 듯하다. 하늘[天]은 인자하다 : (명시적이지는 않지만) 도덕은 하늘이 명령한 것이며, 따라서 그것은 옳은 것이다. 하늘은 우리에게 도덕을 그 자체로서 음미하고 즐기는 정신적-정서적 경향을 만들어주었다. 필요에 따라 오랜 시간에 걸쳐 다른 욕구보다 마음[心]의 이러한 성향에 우선권을 부여한다면(깊이 생각해보면, 욕구가 하위 질서에 있음을 알 수 있다), 우리는 "도덕이란 무엇인가 — 정확히 말해서, 무엇이 우리의 도덕적 감수성을 완벽하게 만족시켜줄 것인가?"에 대한 답을 좀더 정확하게 발견해낼 수 있을 뿐 아니라, 동시에 도덕에 대한 기호를 강화시킬 수 있다. 순자(이러한 점에서는 맹자를 따르고 있다)의 견해에서처럼, 우리를 위해서 도덕의 문제를 해결해낸 성인들이 있었다 ; 그러나 (다시 순자의 견해에서처럼) 성인들은 우리와 같은 인간이며, 우리도 또한 성인이 될 수 있다. 다시 한 번 순자처럼, 맹자도 때로 그 자체로 도덕에 헌신해야 하는 이유에 대해 결과주의적인 논변을 제시한다(그리고 이는 메타적인 결정이기 때문에, 맹자도 모순 없이 그렇게 할 수 있다). 그리고 맹자가 도덕적 쾌락주의자가 아니라는 점에 주목할 필요가 있다 ; 도덕이 즐거운 것이라는 주장은, 이 인자하고 질서 있는 우주 속에서 우리가 쉽게 도덕적이 될 수 있는 구조로 되어 있다는 의미다. *276* 그러나 정말로 혼란스러운 점은 이러한 그림에서 도대체 "성인"이 왜 필요한가 하는 것이다. 전제 자체에 의거해볼 때 그들은 우리가 혼자서도 할 수 있는 것을 했을 뿐이지 않은가?

맹자와 순자를 함께 고려해볼 때, 딜레마가 생겨난다는 점에 주목하라 : 한쪽의 설명에 따르면, 성인이 도덕을 발견해냈다고 해서 그들에게 특별한 권위를 부여해야 할 이유를 설명하기 힘들다 ; 성인이 도덕을 **만들어냈으며** 도덕이 시작되는 데 성인이 필수적이라는 다른 한쪽의 설명에 따르면, 그들이 어떻게 그렇게 할 수 있었는지를 설명할 수가 없다. 이러한 딜레마는 성인의 말이라고 여겨지는 경전을 정당화할 때 나타나는 유사한 딜레마의 고대적인 형태다. 경우의 수는 다음 둘 중의 하나다 : 1) 우리 스스로도 진리에 도달할 수 있기 때문에 결국 우리가 권위를 부여하지 않는다면, 경전은 필요하지도 않고 권위를 가지지도 못한다 ; 2) 경전은 실제로 권위도 가지고 있고 우리에게 필수불가결하지만, 이 경우 모든 사람들이 "본성상" 유사하다고 생각한다면, 경전의 기원을 자연적이고 합리적인 방식으로 설명할 수 없게 된다. 대진과 장학성이 가지고 있었던 문제는 바로 이것이었다 ; 그리고 우리도 또한 "경전"의 자리에 "일반적으로 받아들여지는 도덕적 질서"를 대입할 수 있음을 생각한다면, 이것은 결코 고리타분하고 사소한 문제가 아니다.

4) 맹자와 순자에 대한 대진의 입장

내게는 맹자보다 순자에게 더 주목할 만한 이유가 있었다. 대진은 자신의 최후의 작품이자 주요 작품에서 표면상으로는 맹자의 도덕 철학에 대해 설명하고 옹호했지만, 오래 전부터 대부분의 학자들은 그가 실제로는 순자에 더 가깝다는 점을 알고 있었다 — 하지만 내가 생각하기에, 어떻게 그렇다는 것인지에 대해서는 분명한 근거가 충분히 제시되지 않았다. 무엇보다 우선 대진은 순자를 잘못 읽었다. 대진은 순자가 성(性, "본성", 욕구의 근원)을 예의(禮義. 도덕)와 대치시켰다고 주장하면서, 순자의 체계에 "근본"이 둘인 것으로 이해했다. 사실 순자는 (「예론(禮論)」을 비롯한 여러 곳에서) 욕구(이는 "본성"에서 나온다)가 충족되는 것이 바람직하지만, 욕구의 만족은 오직 사회적이고 도덕적인 제약을 받아들일 때만 가능하며, 그러한 통찰력은 지적인 행위[僞]를 할 수 있는 능력에 의해 주어진다고 주장한다. 따라서 **욕구**와 **지적인 능력**은 순자의 두 "근본"이며, 이 두 가지가 **함께 작용**해서 도덕이 생겨난다. 이는 대진 자신의 견해며, (「원선」, 1.3 ; 『맹자자의소증』, 1.10과 같은) 다양한 곳에서 여러 가지 방식으로 표현되어 있고, 흥미로운 발전 양상을 보여준다 : (예를 들면 『맹자자의소증』, 1.2에서) 대진의 주장에 따르면, 도덕적 진리를 발견하고 이를 단순한 의견(意見)과 구분하기 위해서는 반드시 공자의 상호성[恕]이라는 원리를 적용해서 다음과 같이 물어야 한다 ; 우리가 타인에게 하고자 하는 것을 타인이 우리 자신에게 하고자 하더라도 그것을 받아들일 것인가? 이제 이는 **지적인 능력**을 발휘하는 것이다 ; 그러니 거기에는 두 가지 측면에서 **욕구**가 필수불가결하다.

분명 출발점은 우리가 원하는 것이었다. 그리고 또한 우리에게 욕구를 가질 능력이 없다면, 상상 속에서 동정심을 발휘하는 것 자체도 불가능할 것이다(『맹자자의소증』, 1.10). 이러한 방식으로 우리는 "모든 마음이 공통으로 가지고 있는 것(心之所同然)"에 도달하게 되며 이것이 도덕적 "원리"다.

여기에서 대진은 『맹자』 「고자」 상, 7을 이용하고 있다 ; 그곳에서 맹자는 감각 기관이 그 대상을 즐기는 것과 동일하게 우리의 마음은 도덕을 "즐기며[悅]", 성인들은 우리보다 먼저 "마음이 공통으로 가지고 있는 것", 다시 말해서 우리 모두가 (진정으로) "즐기는" 것을 파악해냈다고 주장한다. *277* 이러한 생각들을 결합해 내면서 대진이 보여준 독창성은 정말로 감탄할 만하다. 그러나 여기에서 "즐기다"는 말은 다음 두 가지 의미를 가질 수 있으며, 내가 생각하기에 대진은 그 차이점을 알지 못하고 있다 :

(a) 감각 기관과 같이 마음은 (다른 사람들에 대해 깊이 생각하는 것이든, 아니면 나 스스로가 그것을 행하는 것이든 간에) 도덕이 그 자체로 "즐거운" 것임을 안다.

(b) 다른 방식을 따를 때보다 모든 사람들로 하여금 (평균적으로) 더 많은 것을, 걱정 없이 얻을 수 있게 해주는 질서 정연한 어떤 행동 규범이 있다 ; 나는 사람들이 어떤 방식으로 행동할지 생각해보고, 우리 모두가 그 규범을 받아들일 경우 내가 가장 만족스러운 삶을 살게 될 것임을 알게 된다 ; 그 사실을 알고 나는 그렇게 하는 것을 인정한다 ; 그리고 그에 대해 인정함 속에 수반되는 좋은 혹은 긍정적인 감정을 가지게 된다 ; 그렇게 해서 그것을 "즐긴다."

맹자가 염두에 두었던 것은 분명 첫 번째 의미다. 대진은 모호한 태도를 취한다 : 그는 먼저 첫 번째를 말하고, 바로 다음에는 두 번째를 말한다 — 마음이 공통으로 가지고 있는 것은 마음이 인정하는 것, 다시 말해서 받아들일 만하다[可]고 판단하는 것이라고 말하는 것이다(『맹자자의소증』, 1.8) :

> [감각] 기관들 — 귀, 눈, 코, 입 — 은 "신하의 길"을 [예시해 보여준다] ; [판단] 기관 — 마음 — 은 "군주의 길"을 [예시해 보여준다]. "신하"는 잠재적인 능력을 제공하고, "군주"는 무엇이 받아들일 만한지 판단한다. "원리[理]"와 "옳음[義]"이 바로 이에 해당한다 : 어떤 것이 받아들일 만한지 여부를 적절하게 판단하면, 이것이 "원리"이고 "옳음"이다.

그리고 대진이 자신의 철학에서 분명하게 사용하고 있는 것은 바로 이러한 해석이다. '상상 속에서 동정심을 발휘함'이라는 방법 속에 담긴 바로 이러한 주장을 보면, 나는 "모두가 이렇게 하면 어떻게 되는가?"라는 의문을 던지게 되고, 결국은 일련의 "당위"가 욕구 충족에 대한 제약임을 확인하게 된다 ; 모든 사람들의 욕구가 가능한 한 많이 충족되기 위해서는 사람들이 그 제약을 인정하고, 필연적인 것으로 여겨야 한다. 성인이 자신의 지적 능력을 통해 발견한 도덕을 대진이 "필연적인 것[必然]"이라고 부르는 이유는 바로 이것이다. 만약 그렇다면, 언제나 맹자적인 언어를 사용하고 있지만, 실제로 대진은 도덕의 근거를 순자적인 방식에서 찾고 있는 것이다.

따라서 대진은 분명 맹자의 "즐기다"를 "모든 것을 고려해볼 때 받아들일 만한[可] 유일한 방침이라고 판단함"이라는 의미로 이해하며, "인정하다"에 대해서도 "의무적인 것으로 받아들이다"로 이해한다. 그렇게 하는 가운데 대진은 맹자의 명(命)에 대한 태도와 성(性)에 대한 태도 사이의 구분(「진심」 하, 24)을 망각하는 듯하다. 아마도 그가 하고 있는 모든 말들 속에 담긴 내용이 그가 말하고자 한 바라고 생각하는 것이 더욱 공정할 듯하다 — 그리고 그는 실제로 "'원리와 옳음[理義]'에 합치하는 일을 할 때마다 우리는 언제나 마음속에서 기쁨과 만족의 감정을 느낀다"(『맹자자의소증』, 1.5)라고 말한다. 게다가, (『역경』을 통해) 인간의 "본성"을 선(善)한 우주의 "완성"으로 본다는 점(하늘과 땅의 "덕"; 「원선」, 1.3)에서 보면 그는 맹자적이다; 인간의 "선(善)"이란 이 우주를 "간극 없이 이어나가는 것(繼承不隔)"이다. 만약 그렇다면, 그는 "받아들일 만하다고 판단함"에는 자동적으로 "즐김"이 수반된다고 생각하고 있음에 틀림없다. *278* 그렇다면 그는 "나는 X를 원한다"와 "나는 X를 해야 한다"는 두 문장이 모두 동일한 하나의 "찬성의 태도(pro-attitude)"를 표현하는 것이라고 생각하는 현대 도덕 철학자들과 동일한 오류(나는 그것이 오류라고 생각한다)를 범하고 있는 것이다. 여기에서 대진의 "지성주의적인" 기질에 대한 중요한 내용을 알 수 있다; 여영시는 대진이 "도덕을 단순히 지식의 산물에 불과한 것으로 보았다"고 간결하게 결론지으면서 그 내용을 잘 요약해놓았다.

이른바 청대의 "지성주의"에 대한 설명은 물론 역사적으로 더 광범위한 것이어야 한다. 그러나 여기에서는 대진에게서 볼 수 있는 청대 지성주의의 논리적 핵심만을 살펴보았다. 동기 부여의 측면에서 "X를 해야 한다고 믿는 것"과 "X를 원한다고 느끼는 것" 사이에 아무런 차이가 없다면, 어떤 종류의 도덕적 나약도 생각조차 할 수 없다; 어떤 식으론가 "나는 X를 해야만 한다"와 같은 진리에 인지적으로 접근했다고 생각한다면, 결론적으로 "진지함"을 통해 기질적인 "도덕적 본성"을 함양하는 데 대해 더 깊이 있게 이야기하는 것은 중세 종교에서나 볼 수 있는 터무니없는 말이 되어버릴 것이다.

어쨌든 대진과 같은 류의 자연주의에서 인간의 도덕 지향성을 설명하는 데에는 아무 문제가 없다. 그러나 대진은 더 많은 것을 원한다. 그가 실제로 원하는 것은 도덕적 "원리"를 인간의 심리로 환원하는 것이다. 대진에 따르면, 도덕[理]이란 실제로는 결국 "우리의 감정에서 지나치지도 못 미치지도 않는 것"이다(無過情無不及情之謂理 ; 『맹자자의소증』, 1.3). 대진이 의도한 바가 정말로 그것일까? 만약 그렇다면, 대진은 "모두가 X가 옳다고 합의한다면, 그들의 합의가 X를 옳은 것으로 만들어준다"고 말해야만 한다. 대진은 이러한 문제를 감지하지 못한 듯하다 ; 그러나 만약 감지했다면 그렇지 않다고 말했을 것이다 : X의 옳음 여부는 X에 달려 있지 우리에게 달린 문제는 아니라는 것이다. 그는 맹자가 인용한 『시경(詩經)』의 구절을 다시 인용해서 말한다 : "사물이 있는 곳에 법칙이 있다(有物有則)." 가치는 그냥 거기에 존재한다 ; 가치는 객관적이다 : 리(理)는 "사물", 즉 일상적인 인간의 사회적, 생물학적 행위 속에 내재하며(『맹자자의소증』, 1.3), 주희가 말한 것처럼, 리(理)를 마음속에 존재하는 일종의 "사물"로 간주해서, 내면을 들여다봄으로써 그것을 찾으려 해서는 안 된다. 대진이 어떻게 "원리"를 알 수 있는지 생각할 때, 실질적으로 주희에 대한 공격이 가해지게 된다 : 빛이 사물을 비추는 것과 마찬가지로 마음도 "원리"를 알 수 있는 능력을 그냥 가지고 있는 것이다(『맹자자의소증』, 1.8).

주희가 리(理)를 마음속에 들어 있는 '사물과 같은 것(quasi-thing)'이라고 생각한 데 대해, 대진은 그렇게 할 경우 도덕적 "진리"에 대한 접근이 너무 쉬워져서 평범한 사람들이 리(理)를 자신의 가려진(치우친) 의견(意見)으로 대치해버린다고 반대한다. 그러나 실제로는 대진의 체계도 더 나을 것이 없다 : 누구나 도덕적 추론과 관련해서 "상호성[恕]"이라는 방법을 사용할 수 있는 것이다 ; 어쨌든 내게 도덕적 진리에 대한 타당한 직관이 없다고 누가 말할 수 있겠는가? 이러한 문제를 해결하지 못한 채 남겨둔다면 대진이 한탄하는 결과, 다시 말해서 경전도 읽어보지 않고 그냥 생각만 해서 성인의 통찰력을 가지게 되었다고 주장할 가능성이 생겨나게 될 것이다(여영시, 1976, 112).

따라서 대진은 마음에 "은폐가 없을[無蔽]" 때만 마음을 통해 올바르게 가치를 판별할 수 있다고 말해야만 한다. 여기에서 대진은 다시 한 번 애매모호한 태도를 취한다 : (『맹자자의소증』, 1.6에 암시되어 있는 것처럼) 은폐가 없어야 성인의 자격이 부여되는 것인가, 아니면 (『맹자자의소증』, 1.5에 암시되어 있는 것처럼) 성인이라야 은폐가 없을 수 있는 것인가? *279* 경전을 구제하기 위해서 그는 두 번째 가정을 채택해야만 하며(개념 정의상 경전은 "성인"에 의해 만들어졌기 때문이다), 결국 그는 그렇게 한다. 나아가 성인만이 전적으로 "은폐가 없다"는 대진의 말 속에는 실질적으로 다시 한 번 다음과 같은 내용이 함축되어 있다 : 우리와는 독립된 절대적인 도덕적 가치가 존재하며, 우리 모두 그에 대한 통찰력을 어느 정도 가지고 있다. '은폐'라는 개념이 존재하기 위해서는 (그와 대비되는) '실재하는 가치에 대한 직접적인 직관'이라는 개념이 필요한데, 주희의 '마음속의 리(理)'가 바로 그러한 실재하는 가치로 여겨져 왔던 것이다.

결국 대진은 권위적인 명령에 의해 경전을 구한다. 경전이 권위를 가지는 것은 최고의 도덕적 진리를 말하고 있기 때문이다. 그리고 우리는 성인이 경전을 썼다고 인정하기 때문에, 경전에 권위가 있음을 안다 ; 성인은 개념상 진리에 대해 완벽하게 아는 사람이기 때문이다.

5) 맹자와 순자에 대한 장학성의 입장

장학성은 『맹자자의소증』을 읽고 문제를 발견해서, 「원도」에서 그 문제를 해결할 수 있는 입장을 제시해내고자 노력한 것일까? 단지 사변적일 뿐이지만, 이러한 문제에 대해 탐구해보면 장학성이 「원도」에서 말하고 있는 내용에 대한 소중한 통찰을 얻을 수 있다.

장학성은, 정당화 문제를 추상적으로 풀어내고자 한다면 희망이 없음을 알았음에 틀림없다. 경전의 특징을 오직 (영원히 참인 어떤 종류의 말을 담고 있다는) 추상적인 성질에 의해서만 묘사할 수 있다면, 그리고 경전이 어떤 능력을 가졌다고 추상적으로 정의되는 사람들에 의해 쓰여졌다고 생각한다면, 언제나 다음과 같은 생각을 할 수 있음에 틀림없다 : 경전을 모르는 나도, 내일 책상에 앉아 그만큼 가치 있는 무언가를 쓸 수 있다(경전에 모든 진리가 담겨 있다는 흔한 임기응변 식의 가정을 덧붙이지 않는다면, 내가 쓴 내용이 더 가치 있을 수도 있다). 경전이 필연적이고 유일무이한 것이려면, 경전의 존재가 그 핵심적인 내용 속에 내장되어야만 한다 ; 경전의 역사가 그 정체성의 일부여야 하는 것이다. 여기에는 두 가지 의미가 담겨 있다 : (a) 고전으로서의 경전에 대한 정당화를 함축하고 있는 자연 세계에 대한 그림에는 인간 역사의 모든 구체적인 모습이 포함되어야 한다 ; (b) 한 편의 시처럼, 경전으로서 한 권의 경전은 (맥클리쉬(MacLeish)의 말을 빌리면) "말하지 말고 존재해야" 한다 : 그것이 경전으로서 가지는 가치는 그 내용이 아니라 그 존재에 달려 있다. 이 두 가지 가정이 장학성 「원도」의 기반이다.

장학성은 마지못해 인간 본성에 관한 맹자의 그림을 받아들이고, 그의 「원도」는 (출전을 밝히지 않은 채) 동중서(董仲舒 ; 한대의 맹자학파)와 맹자의 말을 인용하면서 시작하고 있지만, 장학성에게 특별히 맹자학파라고 할 만한 측면이 있는 것은 아니다. 출발점에서 중요한 생각은 다음과 같다 : 인간 존재 이전의 상황은 알 수 없으며, 상황을 이해하기 위해서는 인간 삶의 보잘것없는 현실에서 시작해야 한다. 이는 순자적인 생각이다. 대진이 스스로는 맹자학파라고 자임하면서 실제로는 순자와 같이 사고한다는 사실을 장학성이 알고 있었다면, 그가 대진에 대한 응답으로 순자의 견해를 좀더 공개적으로 발전시킨다 해도 놀라운 일은 아닐 것이다. 순자의 성인은 "우리의 마음이 공통으로 가지고 있는 것을 미리 알아보지" 않는다. 그들은 제도와 기준을 창조해낸다. 장학성의 성인도 마찬가지다 ; 그러나 그는 두 가지 측면에서 순자의 노선에서 벗어난다. *280* 먼저 그는 맹자와 마찬가지로 애초부터 사람들은 "자기 안에 도(道)를 가지고 있으며" 제도적이고 도덕적인 질서는 그 도의 표현임을 받아들인다. 그러나 장학성이 말하는 인간의 본성은 심리적인 측면에서 추상화해낸 것이 아니다 ; 그것은 사회적 존재라는 맥락 속에서 구체적인 인간적 필요(need)의 형태로 인간의 역사 속에 펼쳐져 있다. 제도적이고 도덕적인 질서의 발생은 분명 역사적이고 축적적이다 ; 필요성이 생겨날 때마다 성인이자 창조자들이 그에 반응한 것이다. (그리고 장학성의 성인들도 또한 자연화된다 — 그들은 가장 유능한 사람들로, 사회 진화의 과정 속에서 맨 윗자리로 추대된 것이다.) 예의(禮義)를 성인들의 "지적이고 의도적인 행위 축적의 산물[積僞]"이라고 말할 때(「성악」), 순자 자신이 이미 이와 같은 내용을 암시한 바 있다. 여기에서 장학성은 자신이 순자의 의도라고 혹은 그랬어야만 한다고 생각한 내용을 말하고 있는지도 모른다. 그 과정 속에서 누구도 경전을 쓰고자 하는 의도를 가지고 있지 않았고, 단순한 책을 쓰고자 하는 의도조차 없었으며, "경전"이 쓰여지고 있음을 깨닫고 있지도 못했지만, 여러 세기가 지나 때가 되면 그 과정을 통해 경전이 탄생하게 된다.

갑자기 우리는 순자에게 내포되어 있던 난점에 대한 해결책을

발견하게 된다 : 인간의 제도와 기준, 그리고 결국에는 경전이 어떻게 자연적인 방식으로 탄생하게 되었는지 알게 된 것이다. 그리고 경전의 가치에 대해 새로운 시각을 가지게 된다. 경전이란 도덕적 진리의 법전이 아니라 문명이 처음 생겨났을 때부터 인간들이 가치의 문제를 해결하기 위해 노력해온 기나긴 역사적 과정의 잔존물이다.

물론 이는 "가치"라는 말을 대진에 대해 설명할 때 사용했던 것과 매우 다른 방식으로 사용하는 것이다(나는 앞에서 대진이 "가치는 거기에 그냥 존재한다"고 믿었다고 주장한 바 있다). 장학성에게 "인자함, 옳음, 충성스러움, 효성스러움과 같은 개념[名]"(「원도」, 1.1)은 역사적 산물이며, 우리가 그에 대해 "그 이름을 붙일 수 있는[名其名]"(「원도」, 1.3) 것이지, 그것이 도(道) 자체는 아니다. 그렇다면 장학성의 자연주의적인 그림은 무엇인가? 도덕이란 환상인가 : 역사적 과정을 통해 어떤 식으론가 그렇게 하도록 결정되어 있기 때문에 우리가 그것을 도덕으로 받아들여 가지게 된 것인가? 물론 장학성의 세계는 선한 세계다 : 그는 대진과 마찬가지로 『역경』「계사전」에 나오는 생산과 관련된 모든 구절을 인용한다 ; 따라서 환상이라 하더라도 그것이 최선일 것이다. 하지만 여전히 그것은 환상인가? 그럴 수도 있고 아닐 수도 있다 :

> 도(道)는 모든 것들의 "이유[所以然]"다. 그것은 모든 것들의 "당위[當然]"가 아니다. 인간들이 볼 수 있는 것은 오직 "당위"뿐이다(「원도」, 1.3).

도(道) 그 자체를 볼 수는 없다 ; 인간의 제도와 기준 속에서 그 "자취[迹]"만을 볼 수 있을 뿐이다(「원도」, 1.4). 이는 "사물 그 자체"와 "겉보습"의 구분인 듯하다 ; 전사는 인과적인 필연성이 영역이고, 후자(우리는 그 속에서 보는 행위를 한다)는 규범적인 필연성의 영역이다. 그러나 (우리가 외관상 도(道)에 걸맞게 존경하기는 하지만) 규범은 절대적인 것이 아니라 시대와 변화의 산물이며, 이제 누구나 생각할 수 있듯이 변화하기 마련이다.

그러나 맹자에 내포되어 있고, 대진에 의해서도 해결되지 않은 난점(딜레마의 다른 한쪽)은 어떻게 되는가? 장학성의 경전이 유일무이한 것은 무엇 때문인가? 분명 누구나 경전을 쓸 수 있는 것은 아니다.(장학성은 「역교(易教)」를 비롯한 여러 곳에서 경전을 "모방할 수는 없다"고 누차 말한다.) 281 하지만 그 이유는 성인이 신비로운 초인이라서가 아니다. 성인들은 "창조의 과정에 참여"했고, 우리는 그렇지 못하기 때문일 뿐이다.

하지만 그렇다고 해서 이것으로 정당화 문제가 해결되는 것은 아니다. 경전이 가치를 가지는 것은 역사 속에서 드러난 도(道)의 흔적이기 때문이다. 역사는 계속되지 않는가? 장학성이 부분적으로 묘사하는 바에 따르면, 주공(周公)의 시대까지는 소박하기 그지없는 시초로부터 풍부하고 복잡한 문명에 이르는 진보의 과정이었다. 그러나 사람들이 생각하듯이 경전이 유일무이한 가치를 가지려면, — 미래에 더 많은 그리고 더욱 가치 있는 경전이 나오리라는 것은 영원히 생각조차 할 수 없으려면 — 장학성은 어떤 식으로든 이 과정이 공자가 경전을 편집하는 시기에 끝나도록 해야만 한다. 그는 다음과 같이 주장함으로써 이러한 일을 해낸다 ; 공자 이전의 문명은 하나의 완전한 전체였으며, "다스림[治]"과 "가르침[教]"은 그 **통일된 전체**의 서로 다른 두 측면에 불과했기 때문에, 진리(지식)가 실천으로부터 분리되는 일은 결코 없었다. 장학성에 따르면, 결국 이러한 통일체가 붕괴되고, (이제는 필연적으로 부분적일 수밖에 없는) "진리"는 이런 저런 철학자, 학파, 저자(著者)의 개인적인 소유물이 되어버렸다 ; 이들은 자신들만의 고립된 견해를 가지고 있었기 때문에, 인간의 삶과 가치가 하나로 통일된 실제 모습을 다시는 결코 볼 수 없었다.

장학성은 이러한 변화가 왜 일어났는지 설명하지 않는다(그는 그것이 설명할 수 없는 것이라고 말하기까지 한다) ; 이는 놀라운 일이다 — 그가 제시한 그럴싸한 사유 노선을 지속적으로 밀고 나가는 것은 어렵지 않아보이기 때문이다. 우리는 발전하는 사회가 풍요롭고 다양하고 복잡한 상태에 도달하면, 그 안에서 긴장과 다원성이 생겨나며, 그로 인해 인간 사회의 일체감이 영원히 깨지는 현상을 누차 보아왔다. 측량하기도 설명하기도 힘들지만, 그러한 문제들은 실재하며 감지하기도 매우 쉽다. 우리의 역사 속에도 이런 일은 있어 왔다. 왜 장학성은 이와 같이 말하지 않은 것일까?

장학성이 그렇게 하지 않은 이유는 아마도, 역설적이게도 그렇게 생각할 경우 자신이 원하는 바로 그것을 얻을 수 있었기 때문인 듯하다 : 황금으로 된 그릇이 한 번 깨지면 결코 다시 되돌릴 수 없다는 역사적 필연성이 보장된다 ; 따라서 처음에 경전을 낳았던 도(道)의 현현(顯現) 과정이 다시는 재개될 수 없을 것이다. 그러나 장학성은 이렇게 말하지 않으며 아마 그럴 수도 없었을 것이다 ; 근대의 지적인 성군(聖君) 강희제(康熙帝)와 건륭제(乾隆帝)의 치하에서 황금 그릇이 회복되어 "다스림[治]"과 "가르침[教]"이 다시 하나가 되었다는 것이 결국 청조(淸朝)의 이데올로기 가운데 일부였기 때문이다 ; 그리고 그러한 이상은, 은연중에나마 유가적 대동 사상(大同思想)의 색조를 띤 채 영원히 반복적으로 제시될 것이다.

따라서 장학성은 경전의 가치가 가지는 우선성(혹은 적어도 우월성)을 다른 방식으로 보장한다. 「원도」 1.4에서 그는 주공(周公)의 시대에 이르러 문명에서 도(道)의 현현(顯現)이 "위대한 완성[大備]"의 상태에 도달했다고 말한다. 이는 그가 벽걸이 융단에 써넣은 사소한 장식용 글씨처럼 보일지도 모른다; 그러나 이를 통해 그의 자연주의 이면에 놓인 형이상학이 매우 잘 드러난다. 도(道)가 역사 속에서 완전하게 표현될 수 있다면, 결국 도(道)는 그것이 "구체화된 모습"과 불가분의 것이 아니라 선재(先在)하는 영원 불변의 것이 된다. 다른 방식으로 설명해보면, "그거야"라고 말하기 위해서는 "그것"이 무엇인지를 "그냥 알고 있어야"만 한다. *282* 장학성은 대진과 동일한 임기응변적인 전제를 가지고 자신만의 방식으로 경전을 구해냈다. 경전이 권위를 갖는 것은 그것이 최선의 것을 표현하기 때문이고, 우리가 그 사실을 아는 것은 '그 자신의 표현으로서 경전을 만들어낸 것'이 최선이었다고 단언하기 때문이다.

내가 대진과 장학성을 몰아붙이면서 기쁨에 차 있다고 생각하지 말아주었으면 한다. 그와는 반대로 나는 깊은 공감을 느낀다. 그들의 발목을 잡았다고 설명한 문제를 (그들이 느낀 형태로든 아니면 내게 느껴지는 형태로든) 어떻게 해결해야 할지는 나도 모르겠다. 그리고 다른 사람의 생각을 이런 식으로 사변적으로 재구성해서 펼쳐나가는 작업에는 크게 탈선할 가능성이 있다는 사실도 매우 잘 알고 있다. 한 가지 잊지 말아야만 하는 사실은, 내가 그들에게서 발견한 문제가 그들 자신에게는 훨씬 덜 흥미로운 것이었을 수도 있다는 점이다.

참고 문헌

Alton, Bruce Scott. 1966. "An Examination of the Golden Rule." Doctoral Thesis, Philosophy, Stanford University. (University Microfilms International Order Number 674315.)

Ames, Roger. 1991. "The Mencian Conception of *Ren xing* 人性: Does It Mean 'Human Nature'?" In *Chinese Texts and Philosophical Contexts*, ed. Henry Rosemont, Jr. La Salle, Ill.: Open Court.

Aristotle. 1966. *Categories and De Interpretatione*. Translated by J. L. Ackrill. New York: Oxford University Press.

——. 1985. *Nicomachean Ethics*. Translated by Terence Irwin. Indianapolis: Hackett Publishing Company.

Ballou, Robert O., Friedrich Spiegelberg, and Horace L. Fries, eds. 1939. *The Bible of the World*. New York: Viking Press.

Bloom, Irene. 1994. "Mencian Arguments on Human Nature (*Jen-hsing*)." *Philosophy East and West* 44:1 (January): 19–53. (This is a response to Ames [1991].)

Blum, Lawrence A. 1980. *Friendship, Altruism and Morality*. Boston: Routledge and Kegan Paul.

Bodde, Derk. 1978. "Marshes in *Mencius* and Elsewhere: A Lexicographic Note." In *Ancient China: Studies in Early Civilization*, ed. David T. Roy and Tsuen-hsuin Tsien, 157–66. Hong Kong: The Chinese University Press. (Bodde's article is an excellent brief example of good hermeneutic technique!)

Brink, David O. 1986. "Externalist Moral Realism." In *Spindel Conference 1986: Moral Realism*, ed. Norman Gillespie, 23–41. Supplement to *The Southern Journal of Philosophy* 24.

Brooks, E. Bruce and A. Taeko Brooks. 1985. *Studies in Warring States Text Chronology: 1: Confucian Beginnings: The Nature and Evolution of the* Analects. Unpublished manuscript. 71 pp.

Burnyeat, M.F. 1980. "Aristotle on Learning to Be Good." In *Essays on Aristotle's Ethics*, ed. A. O. Rorty, 69–92. Berkeley: University of California Press.

Butler, Joseph. 1983. *Five Sermons*. Indianapolis: Hackett Publishing Company.

Carson, Michael F. 1978–1979. "Some Grammatical and Graphical Problems in the *Ho Tsun* Inscription." *Early China* 4: 41–44.

Chai, Ch'u and Winberg Chai. 1965a. *The Sacred Book of Confucius, and Other Confucian Classics*. New York: University Books. ("Mencius," pp. 91–220; glossary [with

Chinese characters], pp. 369–73; index, pp. 375–84. For a discussion of this translation, see "On Translating Mencius," in this volume.)

——. 1965b. *The Humanist Way in Ancient China*. New York: Bantam Books. (This is apparently a paperback reprint of Chai (1965a), with one or two typographical errors corrected. This edition has the same pagination as the other, but does not include an index.)

Chan, Wing-tsit. 1972. "Wang Yang-ming: A Biography." *Philosophy East and West* 22:1 (January): 63–74.

Chan, Wing-tsit, trans. [1963]. *Instructions for Practical Living and Other Neo-Confucian Writings* by Wang Yang-ming. New York: Columbia University Press. (See Nivison [1964] for a review of this translation.)

Chang Yü-ch'üan. 1939–1940. "Wang Shou-jen as a Statesman." *Chinese Social and Political Science Review* 23: 30–99, 155–257, 319–75, 473–517. (A valuable, but often overlooked, series of articles. Discussed in Nivison [1964].)

Chén Mèngjiā 陳夢家. 1956. *Yīnxū bǔcí zòngshù* 殷虛卜辭綜述 Beijing: Kexue chuban she.

Cheng Chung-ying. 1971. *An Inquiry into Goodness*. Honolulu: East-West Center Press. (A translation of Dai [1777a].)

Ching, Julia. 1978. "Chinese Ethics and Kant." *Philosophy East and West* 28:2 (April): 161–72.

Collingwood, R.G. 1946. *The Idea of History*. Oxford: Oxford University Press.

Cook, Francis H. 1977. *Hua–yen Buddhism*. University Park, Pa.: Pennsylvania State University Press.

Couvreur, Seraphin. 1910. *Oeuvres de Meng Tzeu*. Vol. 4 of *Les Quartre Livres*. 1895. Reprint, Ho Kien Fou. (For a discussion of this translation, see "On Translating Mencius," in this volume.)

Creel, Herrlee G. 1953. *Chinese Thought from Confucius to Mao Tse-tung*. Chicago: University of Chicago Press.

Dài Zhèn 戴震 (1724–1777). For discussions of Dai Zhen's thought in general, see "Can Virtue Be Self-Taught?" "Two Roots or One?" and "Two Kinds of 'Naturalism': Dai Zhen and Zhang Xuecheng," chapters 4, 9, and 17, respectively, in this volume, as well as Freeman (1933), and Ivanhoe (1993, chapter 6).

——. 1772. *Xù yán* 緒言 (*Prolegomena*).

——. 1777a. *Yuán shàn* 原善 (*The Origin of Goodness*). (For a discussion of this work and of the translation by Cheng [1971], see Ivanhoe [1993: 84–85].)

——. 1777b. *Mèngzǐ zìyì shùzhèng* 孟子字義疏證 (*An Evidential Commentary on the Meaning of Terms in the* Mengzi. The best English translation is Ewell (1990). Lodén (1988) is also good. For a discussion of some difficulties in translating this work, see Van Norden [1993].)

Davidson, Donald. 1982a. "Actions, Reasons, and Causes." In *Essays on Actions & Events*, 3–19. New York: Oxford University Press.

——. 1982b. "How Is Weakness of the Will Possible?" In *Essays on Actions & Events*, 21–42. New York: Oxford University Press.

Dawson, Raymond. 1968. *An Introduction to Classical Chinese*. Oxford: Clarendon Press.
De Bary, William Theodore. 1953. "A Reappraisal of Neo-Confucianism." In *Studies in Chinese Thought*, ed. Arthur F. Wright, 81–111. Chicago: University of Chicago Press.
——, ed. 1970. *Self and Society in Ming Thought*. New York: Columbia University Press. (Reviewed by Nivison [1971].)
Demiéville, Paul. 1961. "Chang Hsüeh-ch'eng and His Historiography." In *Historians of China and Japan*, ed. W. G. Beasley and E. G. Pulleyblank, 167–85. London: Oxford University Press. (Nivison has praised this article as the best general study of Zhāng Xuéchéng 章學誠 in any language.)
Dobson, W. A. C. H. 1959. *Late Archaic Chinese: a Grammatical Study*. Toronto: University of Toronto Press. (Index on pp. 237–54.)
——. 1962. *Early Archaic Chinese*. Toronto: University of Toronto Press.
——. 1963. *Mencius: A New Translation Arranged and Annotated for the General Reader*. Toronto: University of Toronto Press. (Introduction, pp. xi–xviii; translation, pp. 3–190; additional notes, pp. 193–207; finding list, pp. 209–15. For a discussion of this translation, see "On Translating Mencius," chapter 12 in this volume.)
——. 1974. *A Dictionary of the Chinese Particles*. Toronto: University of Toronto Press.
Donagan, Alan. 1977. *The Theory of Morality*. Chicago: University of Chicago Press.
Dù Dìngjī 杜定基. 1779. *Sìshū bǔzhù fùkǎo bèizhǐ* 四書補註附考備旨. (This work is an introductory-level commentary on the *Four Books*, based on an earlier work by the Ming Dynasty scholar Dèng Lín 鄧林.)
Dubs, Homer H. 1965. "Mencius and Sun-dz on Human Nature." *Philosophy East and West* 6: 213–22.
Dumoulin, Heinrich. 1994. *Zen Buddhism: A History*. Vol. 1. New York: Macmillan Publishing Company.
Eliade, Mircea, ed. 1987. *The Encyclopedia of Religion*. New York: Macmillan.
Eno, Robert. 1990. *The Confucian Creation of Heaven: Philosophy and the Defense of Ritual Mastery*. Albany, N.Y.: SUNY Press. (Reviewed in Shun [1992].)
Ewell, John. 1990. *Re-inventing the Way: Dai Zhen's Evidential Commentary on the Meaning of Terms in Mencius (1777)*. Ph.D. dissertation, History, University of California at Berkeley. (University Microfilms International Order Number 9126550. Perhaps the best translation of Dai [1777b].)
Fairlie, Henry. 1979. *The Seven Deadly Sins Today*. Notre Dame, Ind.: University of Notre Dame Press.
Féng Yǒulán 馮友蘭. 1993. *Zhōngguó zhéxué shǐ* 中國哲學史. 2 vols. 1944. Reprint, Taibei, Taiwan: Taiwan shangwu. (Translated as Fung [1952].)
Fingarette, Herbert. 1972. *Confucius—The Secular as Sacred*. New York: Harper Torch books. (For an insightful critique of Fingarette, see Schwartz [1985: 67–85].)
——. 1980. "Following the 'One Thread' of the *Analects*." *Journal of the American Academy of Religion* 47:3, Thematic Issue S (September): 373–403. (See also Ivanhoe [1990a].)

Frankena, William F. 1973. *Ethics*. 2d ed. Englewood Cliffs, N.J.: Prentice-Hall.

Freeman, Mansfield. 1926. "Yen Hsi Chai, a Seventeenth-Century Philosopher." *Journal of the North China Branch of the Royal Asiatic Society* 57.

——. 1933. "The Philosophy of Tai Tung-yuan." *Journal of the North China Branch of the Royal Asiatic Society* 64: 50–71.

Fung Yu-lan. 1952. *A History of Chinese Philosophy*. 2d ed. 2 vols. Translated by Derk Bodde. Princeton: Princeton University Press. (A classic, but now somewhat dated, history of Chinese philosophy. Reprinted numerous times.)

——. 1953. *A Short History of Chinese Philosophy*. Translated by Derk Bodde. New York: The Macmillan Co.

Gardner, Daniel K. 1986. *Chu Hsi and the* Ta–hsueh. Cambridge, Mass: Harvard University Press.

Gardner, Daniel K. trans. 1990. *Learning to be a Sage: Selections from the* Conversations of Master Chu, Arranged Topically. Los Angeles: University of California Press.

Giles, Lionel. 1942. *The Book of Mencius (abridged)*. London: John Murray. (For a discussion of this translation, see "On Translating Mencius," chapter 12 in this volume.)

——. 1993. *The Book of Mencius (abridged)*. Reprint, Rutland, Vt.: Charles E. Tuttle Company. (Facsimile edition of Giles [1942].)

Goldman, Holly. 1976. "Dated Rightness and Moral Imperfections." *The Philosophical Review* 85:4 (October): 449–87.

Graham, Angus C. 1958. *Two Chinese Philosophers: Ch'eng Ming-tao and Ch'eng Yi-ch'uan*. London: Lund Humphries. (Still one of the best works on Neo-Confucianism! Reprinted as Graham [1992].)

——. 1967. "The Background of the Mencian Theory of Human Nature." *Tsing Hua Journal of Chinese Studies* 6 (December): 215–71. (This is a paradigm of sophisticated research on Chinese philosophy! It was reprinted in Graham [1990]. All references are to the pagination in the reprint.)

——. 1978. *Later Mohist Logic, Ethics and Science*. London: School of Oriental and African Studies.

——. 1985. *Divisions in Mohism Reflected in the Core Chapters of* Mo-tzu. Singapore: Institute of East Asian Philosophies.

——. 1986a. *Chuang-Tzŭ: The Inner Chapters*. London: George Allen and Unwin, 1981. Reprint, Winchester, Mass.: Unwin Hyman.

——. 1986b. *Yin-Yang and the Nature of Correlative Thinking*. Institute for East Asian Philosophies Occasional Paper and Monograph Series No. 6. Singapore.

——. 1989. *Disputers of the Tao: Philosophical Argument in Ancient China*. La Salle, Ill.: Open Court. (One of the best introductions to early Chinese thought. See also Schwartz [1985].)

——. 1990. *Studies in Chinese Philosophy and Philosophical Literature*. Singapore: Institute of East Asian Philosophies, 1986. Reprint, Albany, N.Y.: SUNY Press.

——. 1992. *Two Chinese Philosophers: The Metaphysics of the Brothers Ch'êng*. La Salle,

Ill.: Open Court. (Reprint of Graham [1958], with a new foreword by Irene Bloom, and an index by P. J. Ivanhoe and Jon W. Schofer.)

Grene, Marjorie. 1970. *Introduction to Existentialism*. Chicago: The University of Chicago Press. O.p. *Dreadful Freedom*. Chicago: University of Chicago Press, 1948.

Gù Yánwǔ 顧炎武 (1613–1682). *Rìzhī lù* 日知錄. (Guangzhou shugutang ed. "A Record of [what I have come to] Know Day by Day." This book was highly esteemed in the middle and later Qing Dynasty as a model of scholarship; it is Gu's very careful notes on the Classics, history, and geography. For more, see Hummel (1943–1944, 424).)

Hán Yù 韓愈 (A.D. 768–824). A. *Dá Lǐ Yì shū* 答李翊書 (*Response to a Letter from Li Yi*).

——. B. *Yuán dào* 原道 (*The Origin of the Way*).

Hansen, Chad. 1983. *Language and Logic in Ancient China*. Ann Arbor: University of Michigan Press. (For a review, see Ivanhoe [1987].)

——. 1992. *A Daoist Theory of Chinese Thought*. New York: Oxford University Press. (Reviewed in Van Norden ([1995].)

Hare, R. M. 1952. *The Language of Morals*. Oxford: Clarendon Press.

——. 1963. *Freedom and Reason*. New York: Oxford University Press.

Hattori Unoyoshi 服部宇之吉. 1922. *Kokuyaku Mōshi* 國譯孟子. Vol. 1 of *Kokuyaku Kambun Taisei*. Tokyo: Kokumin Bunko Kankō Kai. ("Japanese Translation of the *Mengzi*" in "Grand Collection of Chinese Literature in Japanese Translation." Translation (literary) with notes at bottom of each page, followed by Chinese text, section by section [sections unnumbered].)

Heath, Thomas R., trans. 1972. Thomas Aquinas, *Consequences of Charity*. Vol. 35 of *Summa Theologiae*. New York: McGraw-Hill Book Co.

Henke, Frederick G. 1916. *The Philosophy of Wang Yang-ming*. La Salle, Ill.: Open Court. (This is a translation of Wang's *Chuán xí lù* 傳習錄, *Dàxué wèn* 大學問, and some of his letters. Henke was, apparently unknown to himself, translating part of a book which was itself only a selection, with some cutting, of important writings in Wang's complete collection. This translation is reviewed and critically compared with Chan [1963] in Nivison [1964].)

Hsiao, Kung-chuan. 1979. *A History of Chinese Political Thought*. 2 vols. Translated by F. W. Mote. Princeton: Princeton University Press.

Hú Shì 胡適 (Hu Shih). 1929. *Zhāng Shízhāi niánpǔ* 章實齋年譜. 1922. Reprint, Shanghai: Commercial Press. Revised by Yáo Míngdá 姚名達. (This is a chronology of events in the life of Zhāng Xuéchéng 章學誠.)

Hume, David. 1978. *A Treatise of Human Nature*. 2d. ed. Edited by L. A. Selby-Bigge and P. H. Nidditch. New York: Oxford University Press.

Hummel, Arthur, ed. 1943–1944. *Eminent Chinese of the Ch'ing Period (1644–1911)*. 2 vols. Washington, D.C.: United States Printing Office, Library of Congress.

HY: This is a reference to the Chinese text in the appropriate volume of the *Harvard-Yenching Institute Sinological Index Series*.

Ivanhoe, Philip J. 1987. "One View of the Language-Thought Debate: A Review of

'Language and Logic in Ancient China.'" *Chinese Literature: Essays, Articles and Reviews* 9: 115–23.

——. 1988. "A Question of Faith: A New Interpretation of *Mencius* 2B.13." *Early China* 13: 153–65.

——. 1990a. "Reweaving the 'One Thread' of the *Analects*." *Philosophy East and West* 40:1 (January): 17–33. (See also Fingarette [1980].)

——. 1990b. *Ethics in the Confucian Tradition: The Thought of Mencius and Wang Yang-ming*. Atlanta: Scholars Press.

——. 1991. "A Happy Symmetry: Xunzi's Ethical Philosophy." *Journal of the American Academy of Religion* 59:2 (Summer): 309–22.

——. 1993. *Confucian Moral Self Cultivation*. New York: Peter Lang. (This is an introduction to a number of major Confucian thinkers, stressing the variety within the tradition.)

——. 1994. "Human Nature and Moral Understanding in Xunzi." *International Philosophical Quarterly* 34:2 (June): 167–75.

——. 1996. "'Existentialism,' in the School of Wang Yangming." In *Chinese Language, Thought, and Culture*, ed. Philip J. Ivanhoe. Chicago and La Salle, Ill.: Open Court.

Ivanhoe, Philip J., ed. 1996. *Chinese Language, Thought, and Culture: Nivison and His Critics*. Chicago and La Salle, Ill.: Open Court.

James, William. 1969. *The Moral Philosophy of William James*. Edited by John K. Roth. New York: Thomas Y. Crowell Co.

Jiāo Xún 焦循 (A.D. 1763–1820). *Mèngzǐ zhèngyì* 孟子正義 (SBBY, *The Correct Meaning of the* Mengzi.)

Kanaya Osamu 金谷治. 1951. "'Junshi' no bunkengaku teki kenkyū" 荀子の文獻學的研究. *Nihon gakushiin kiyō* 日本學士院紀要 9:1 (March): 9–33. ("A Philological Study of the *Xunzi*.")

——. 1955. *Mōshi* 孟子 (*Mengzi*). 2 vols. Tokyo: Asahi Shimbun Sha. (Sections are numbered consecutively from 1 to 260, not beginning over in each half-book; long sections are broken into smaller units for translation [literary] and comment. Includes an index in volume 2.)

Kant, Immanuel. 1964. *Groundwork of the Metaphysics of Morals*. Translated by H. J. Paton. New York: Harper and Row. (References are of the form "Kant [1964, X; Academy, Y]," meaning page X in the Paton translation and page Y in the Royal Prussian Academy edition of Kant's works.)

Keightley, David N. 1978. *Sources of Shang History*. Berkeley: University of California Press. (This is the standard introduction to the study of Chinese "oracle bones" and their inscriptions.)

Knoblock, John. 1988–1994. *Xunzi: A Translation and Study of the Complete Works*. 3 vols. Stanford: Stanford University Press.

Lánzhōu dàxué Zhōngwénxì 蘭州大學中文系. 1960. *Mèngzǐ Yìzhù Xiǎozǔ: Mèngzǐ Yìzhù* 孟子譯注小組孟子譯注. 2 vols. Beijing: Zhonghua shuju. ("Lanzhou University Department of Chinese Literature, Mencius Translation and Annotation Section: Translation and Annotation of the *Mengzi*." Numbers books as does

Lyall [1932] [numbering each half-book]. Includes text, modern Chinese translation, and notes, presented section by section. Index on pp. 346–483.)

Lau, D. C. 1952–1953. "Some Logical Problems in Ancient China." *Proceedings of the Aristotelian Society* 53: 189–204.

——. 1953. "Theories of Human Nature in *Mencius* and *Shyuntzyy*." *Bulletin of the School of Oriental and African Studies* 15: 541–65. (An excellent, but often overlooked, study.)

——. 1963a. *Lao Tzu: Tao Te Ching*. New York: Penguin Books.

——. 1963b. "On Mencius' Use of the Method of Analogy in Argument." *Asia Major*, n.s., 10: 173–94. (This essay was reprinted in Lau [1970]. All page references are to the reprint.)

——. 1967. "A Note on *ko-wu*." *Bulletin of the School of Oriental and African Studies* 30: 535–37.

——. 1969. "Some Notes on the *Mencius*." *Asia Major*, n.s., 15 (Part 1): 62–81.

——. 1970. *Mencius*. New York: Penguin Books. (Introduction, pp. 7–46; translation, pp. 49–204; appendices, pp. 205–63; textual notes, p. 264; glossary of personal and place names (actually an index), pp. 265–80. See also Lau [1984] and the discussion of this translation in "On Translating Mencius," chapter 12 in this volume.)

——. 1979. *Confucius: The Analects*. New York: Penguin Books.

——. 1984. *Mencius*. 2 vols. Hong Kong: Chinese University Press. (This is a revised translation of the *Mencius*, taking into account some, but not all, of Nivison's objections; Chinese and English on facing pages; not widely available in the U.S.)

Legge, James. 1861. *The Works of Mencius*. Hong Kong.

——. 1865–1895. *The Chinese Classics; with a translation, critical and exegetical notes, prolegomena and copious indexes*. 5 vols. Oxford: Clarendon Press. (Monumental translation [with Chinese text and explanatory notes] of the *Four Books* and three of the *Five Classics*. Reprinted [in whole or part] numerous times.)

——. 1895. *The Works of Mencius*. 2d ed. (1st ed. 1861 [Hong Kong] and 1875 [Oxford].) Vol. 2 of Legge (1865–1895). (Includes "Prolegomena," pp. 1–123; Chinese text, translation, and notes, pp. 125–502; index of subjects, pp. 503–9; index of proper names, pp. 510–13; index of Chinese characters and phrases, pp. 514–86. For a discussion of this translation, see "On Translating Mencius," chapter 12 in this volume.)

——. 1960. *The Chinese Classics*. 1865–1895. Reprint, Hong Kong: Hong Kong University Press.

——. 1969. *I Ching: Books of Changes*. 1899. Reprint, New York: Bantam Books.

——. 1970. *The Works of Mencius*. 1895. Reprint, New York: Dover Publications.

——. 1971. *Confucius: Confucian Analects, The Great Learning, and The Doctrine of the Mean*. 1893. Reprint, New York: Dover Publications.

——. 1991a. *The Chinese Classics*. 1865–1895. Reprint, Taipei, Taiwan: SMC Publishing.

——. 1991b. *The Ch'un Ts'ew with The Tso Chuen*. Vol. 5 of *The Chinese Classics*. Taipei, Taiwan: SMC Publishing. (References to this work are of the form "Legge

[1991b, X, Chinese Y]," meaning that the English text may be found on page X, while the Chinese text will be found on page Y.)
——. 1991c. *Confucian Analects, The Great Learning, and The Doctrine of the Mean*. Vol. 1 of *The Chinese Classics*. Taipei, Taiwan: SMC Publishing.
——. 1991d. *The She King, or The Book of Poetry*. Vol. 4 of *The Chinese Classics*. Taipei, Taiwan: SMC Publishing.
——. 1991e. *The Shoo King, or The Book of Historical Documents*. Vol. 3 of *The Chinese Classics*. Taipei, Taiwan: SMC Publishing.
——. 1991f. *The Works of Mencius*. Vol. 2 of *The Chinese Classics*. Taipei, Taiwan: SMC Publishing.
Lifton, Robert. 1961. *Thought Reform and The Psychology of Totalism*. New York: W.W. Norton.
Lǐjì 禮記. (SBCK, "Record of Rites.")
Lodén, Torbjön. 1988. "Dai Zhen's Evidential Commentary on the Meaning of the Words of Mencius." *Bulletin of the Museum of Far Eastern Antiquities* (Stockholm) 60: 165–313. (A good translation of Dai [1777b].)
Lowe, Scott. 1992. *Mo Tzu's Religious Blueprint for a Chinese Utopia*. Lewiston, United Kingdom: Edwin Mellen Press.
Lyall, Leonard A. 1932. *Mencius*. London: Longmans, Green and Co. (Index of subjects, pp. 243–60; index of names, pp. 261–77; analytical table of contents, pp. vii–xvi. For a discussion of this translation, see "On Translating Mencius," chapter 12 in this volume.)
Mǎ Chéngyuán 馬承源. 1976. *Hé zūn míngwén chū shì* 何尊銘文初釋. *Wenwu* 1: 64–65, 93.
Machle, Edward J. 1993. *Nature and Heaven in the* Xunzi. Albany, N.Y.: SUNY Press.
MacIntyre, Alasdair. 1971. "Existentialism." In *Sartre, A Collection of Critical Essays*, ed. Mary Warnock. Garden City, N.Y.: Anchor Books.
——. 1988. *Whose Justice? Which Rationality?* Notre Dame, Ind.: University of Notre Dame Press.
——. 1990. *Three Rival Versions of Moral Enquiry*. Notre Dame, Ind.: University of Notre Dame Press.
——. 1991. "Incommensurability, Truth, and the Conversation between Confucians and Aristotelians about the Virtues." In *Culture and Modernity: East-West Philosophic Perspectives*, ed. Eliot Deutsch, 104–22. Honolulu: University of Hawaii Press.
Mann, Susan. 1996. "Women in the Life and Thought of Zhang Xuecheng." In *Chinese Language, Thought, and Culture*, ed. Philip J. Ivanhoe. Chicago and La Salle, Ill.: Open Court.
Mei, Yi-pao. 1934. *Motse, the Neglected Rival of Confucius*. London: Probsthain.
——. 1973. *The Ethical and Political Works of Motse*. 1929. Reprint, Westport, Conn.: Hyperion Press.
Mèngzǐ 孟子. Sectioning in this volume follows HY unless otherwise noted. Subsectioning follows that in Legge (1970). (Incidentally, Legge subdivides according to the points at which Zhū Xī 朱熹 inserts commentary.) The translations of Chai

and Chai, Legge, Couvreur, Wilhelm, Lyall, and Lau use a numbering in book 4A of the *Mengzi* that differs from the Harvard-Yenching text (HY), combining 4A7–8 together as 4A7 and separating Harvard-Yenching 4A23 into two lines. A critical discussion of the text of the *Mengzi* may be found in Lau (1970: 220–22). A number of translations are critiqued in "On Translating Mencius," chapter 12 in this volume.

Meyer, Frank S. 1961. *The Moulding of Communists*. New York: Harcourt, Brace.

Miào Tiānshòu 繆天綬, ed. *Míng rú xué àn* 明儒學案 (*Record of the Ming Confucians*). Xuesheng guoxue congshu ed.

Mòzǐ 墨子. This book is actually a collection of a variety of writings from various periods and factions in the Mohist school. It includes the "synoptic chapters" (chapters 8–39; see Graham [1985] for a discussion), works on rhetoric, philosophy of language, and natural science (chapters 40–45; see Graham [1978] for a discussion), the "Mohist analects" (chapters 46–50), and military essays (chapters 52–71; see Yates [1980] for a discussion). For translations of different portions, see Watson (1963b), Graham (1978), and Mei (1973). For a general study of early Mohist thought, see Lowe (1992). For a brief, readable introduction to Mozi and Mohism, see the relevant chapters in Graham (1989).

Munro, Donald. 1969. *The Concept of Man in Early China*. Stanford: Stanford University Press.

Murdoch, Iris. 1962. *The Bell*. 1958. Reprint, New York: Penguin Books.

Needham, Joseph. 1956. *History of Scientific Thought*. Vol. 2 of *Science and Civilisation in China*. London: Cambridge University Press.

Nivison, David S. 1953. "The Problem of 'Knowledge' and 'Action' in Chinese Thought since Wang Yang-ming." In *Studies in Chinese Thought*, ed. Arthur F. Wright. Chicago: University of Chicago Press.

——. 1954. "Communist Ethics and Chinese Tradition." Center for International Studies, MIT. Mimeographed. 83 pp. (A shortened version of this paper was published as Nivison [1956].)

——. 1955a. Review of *Chinese Thought: from Confucius to Mao Tse-tung*, by Herrlee G. Creel. *Far Eastern Quarterly* 14: 574–75.

——. 1955b. "The Philosophy of Chang Hsüeh-Ch'eng." *Occasional Papers* 3 (August 10). Kyoto, Japan: Kansai Asiatic Society: 22–34.

——. 1956. "Communist Ethics and Chinese Tradition." *Journal of Asian Studies* 16:1 (November): 51–74. (This is a shortened version of Nivison [1954]. This essay was also reprinted in *Thirtieth Anniversary Commemorative Series: Enduring Scholarship Selected from the Far Eastern Quarterly—the Journal of Asian Studies, 1941–1972* [Tucson: University of Arizona Press, 1972].)

——. 1959a. "Ho-Shen and His Accusers: Ideology and Political Behavior in the Eighteenth Century." In *Confucianism in Action*, ed. David S. Nivison and Arthur F. Wright, 209–43. Stanford: Stanford University Press. (There is a small error in the notes to this essay, pp. 358–59: There are two persons named "George Staunton," father and son. The author of the account of the embassy, published

1797, was the father, George Leonard Staunton, 1737–1801. The translator of the Qing law code published in 1810 was the son, George Thomas Staunton, 1781–1859. Both of them are "Sir.")

——. 1959b. Introduction to *Confucianism in Action*, ed. David S. Nivison and Arthur F. Wright, 3–24. Stanford: Stanford University Press.

——. 1960. "Protest Against Conventions and Conventions of Protest." In *The Confucian Persuasion*, ed. Arthur F. Wright, 177–201. Stanford: Stanford University Press. (This paper should be required reading for graduate students, for the problems that concern the Chinese intellectuals Nivison discusses are problems for everyone who hopes to lead a virtuous life in an academic context.)

——. 1964. Review of *Instructions for Practical Living and other Neo-Confucian Writings*, by W. T. Chan, and *The Philosophy of Wang Yang-ming*, by Frederick Henke. *Journal of the American Oriental Society* 84 (4): 436–42. (The manuscript Nivison submitted to *JAOS* included a table in which items in the left-hand column [i.e., sections in Chan's translation] were correlated with items in the same row in the right-hand column [i.e., sections in Henke's translation]. The editor of *JAOS* misunderstood, and hence incorrectly transcribed, Nivison's table. Consequently, in the table on p. 439 of the published review, items in the left-hand column correspond to the items in the right-hand column one row above them. Thus, p. 3 in Chan corresponds to p. 47 in Henke, p. 25 in Chan corresponds to p. 73 in Henke, and so on.)

——. 1966. *The Life and Thought of Chang Hsüeh-ch'eng (1738–1801)*. Stanford: Stanford University Press.

——. 1971. Review of *Self and Society in Ming Thought* by William Theodore de Bary. *American Historical Review* 76:4 (October).

——. 1973. "Moral Decision in Wang Yang-ming: The Problem of Chinese 'Existentialism.'" *Philosophy East and West* 23 (January/April): 121–37.

——. 1977. "The Pronominal Use of the Verb *Yu* . . . in Early Archaic Chinese." *Early China* 3 (Fall): 1–17. (On this topic, see also Nivison, "Reply to Professor Takashima," *Early China* 4 [1978–1979]: 30–36.)

——. 1978–1979. "Royal 'Virtue' in Shang Oracle Inscriptions." *Early China* 4: 52–55.

——. 1980a. "Mencius and Motivation." *Journal of the American Academy of Religion* 47:3, Thematic Issue S (September): 417–32.

——. 1980b. "On Translating Mencius." *Philosophy East and West* 30: 93–122.

——. 1980c. "Two Roots or One?" *Proceedings and Addresses of the American Philosophical Association* 53(6): 739–61. (The previously published version of "Two Roots or One?" suffers from sloppy typesetting. The version in this volume has been corrected.)

——. 1982. "Emperor of China Studies." Review of *Chinabound: A Fifty-Year Memoir*, by John King Fairbank. *New York Review of Books*, 13 May.

——. 1982–1983. "1040 as the Date of the Chou Conquest." *Early China* 8: 76–78.

——. 1983. "The Dates of Western Chou." *Harvard Journal of Asiatic Studies* 43(2): 481–580.

——. 1985. "D. C. Lau, *Mencius*: Comments and Corrections." 4 pp. Photocopy.

(This is a handout that was used in Nivison's introductory Chinese philosophy course. See also Nivison, Ivanhoe, and Van Norden.)

——. 1987a. "Chang Hsüeh-ch'eng." In *The Encyclopedia of Religion*, ed. Mircea Eliade, 3: 197–98. New York: Macmillan.

——. 1987b. "Chinese Philosophy." In *The Encyclopedia of Religion*, ed. Mircea Eliade, 3: 245–57. New York: Macmillan.

——. 1987c. "Hsin." In *The Encyclopedia of Religion*, ed. Mircea Eliade, 6: 477–78. New York: Macmillan.

——. 1987d. "Jen and I." In *The Encyclopedia of Religion*, ed. Mircea Eliade, 7: 566–67. New York: Macmillan.

——. 1987e. "Li." In *The Encyclopedia of Religion*, ed. Mircea Eliade, 8: 535–36. New York: Macmillan.

——. 1987f. "Meng-tzu." In *The Encyclopedia of Religion*, ed. Mircea Eliade, 9: 373–76. New York: Macmillan.

——. 1987g. "Tao and Te." In *The Encyclopedia of Religion*, ed. Mircea Eliade, 14: 283–86. New York: Macmillan.

——. 1988. Review of *The World of Thought in Ancient China*, by Benjamin I. Schwartz. *Philosophy East and West* 38 (October): 411–20.

——. 1990. "Response." *Early China* 15. (This essay accompanies Nivison and Pang [1990].)

——. 1991a. "Hsun Tzu and Chuang Tzu." In *Chinese Texts and Philosophical Contexts*, ed. Henry Rosemont, Jr. La Salle, Ill.: Open Court. (This paper was originally written in 1984 and revised in 1985. There is a typographical error affecting the sense on page 140 of the published version: in the nineteenth line from the top of the page, "but like the Taoist" should read "but unlike the Taoist.")

——. 1991b. "Qingming Day 1040." Unpublished paper, delivered as a talk to the Western Branch of the American Oriental Society in Eugene, Oregon (October).

Nivison, David S. and K. D. Pang. 1990. "Astronomical Evidence for the *Bamboo Annals'* Chronicle of Early Xia." *Early China* 15.

Nivison, David S. and Arthur F. Wright, eds. 1959. *Confucianism in Action*. Stanford: Stanford University Press.

Nivison, David S., Philip J. Ivanhoe, and Bryan W. Van Norden. "Comments and Corrections to D. C. Lau's *Mencius*." Photocopy. (This is an expanded version of Nivison [1985]. Various versions have been circulated.)

Nussbaum, Martha C. 1988. "Non-Relative Virtues: An Aristotelian Approach." In *Midwest Studies in Philosophy XIII: Ethical Theory: Character and Virtue*, ed. Peter A. French, Theodore E. Uehling, Jr., and Howard K. Wettstein, 32–53. Notre Dame: University of Notre Dame Press. (An excellent study of the technique of comparative philosophy.)

——. 1990. *Love's Knowledge: Essays on Philosophy and Literature*. New York: Oxford University Press.

——. 1993. "Comparing Virtues." *Journal of Religious Ethics* 21 (Fall): 345–67. (This is a critical discussion of Yearley [1990a].)

Okada Takehiko. 1970. "Wang Chi and the Rise of Existentialism." In *Self and Society in Ming Thought*, ed. William Theodore de Bary, 121–44. (This essay is discussed at length in "Moral Decision in Wang Yangming: The Problem of Chinese 'Existentialism'," chapter 15 in this volume.)

Olafson, Frederick A. 1967. *Principles and Persons: An Ethical Interpretation of Existentialism*. Baltimore, Md.: The Johns Hopkins Press.

Pascal, Blaise. 1966. *Pensées*. Translated with an introduction by A. J. Krailsheimer. New York: Penguin Books.

Plantinga, Alvin. 1958. "An Existentialist's Ethics." *The Review of Metaphysics* 12:2 (December).

Qián Mù 錢穆. 1956. *Xiān-Qín zhūzǐ xìnián* 先秦諸子繫年 (*A Chronology of the Pre-Qin Philosophers*). Hong Kong: Hong Kong University Press.

——. 1957. *Zhōngguó jìn sānbǎi nián xuéshù shǐ* 中國近三百年學術史 (*A History of Chinese Learning in the Last Three Hundred Years*). 2 vols. 1937. Reprint, Taiwan: Commercial Press.

Quine, Willard Van Orman. 1950. *Methods of Logic*. New York: Holt. (Revised numerous times. 4th ed., Cambridge, Mass.: Harvard University Press, 1982.)

——. 1960. *Word and Object*. Cambridge, Mass.: MIT Press.

Rahula, Walpola. 1974. *What the Buddha Taught*. Revised and enlarged ed. New York: Grove Weidenfeld. (A good, basic introduction to Buddhist philosophy.)

Rickett, W. Allyn. 1965. *Kuan-tzu, a Repository of Early Chinese Thought*. Hong Kong: Hong Kong University Press. (This contains some chapters not translated in Rickett [1985], including *Nèi yè* 內業, *Xīn shù shàng* 心術上, and *Xīn shù xià* 心術下.)

——. 1985. *Guanzi: Political, Economic, and Philosophical Essays from Early China*. Vol. 1. Princeton: Princeton University Press.

Riegel, Jeffrey. 1980. "Reflections on an Unmoved Mind: An Analysis of *Mencius* 2A2." *Journal of the American Academy of Religion* 47:3, Thematic Issue S (September): 433–57.

Rosemont, Henry, Jr., ed. 1980. *Journal of the American Academy of Religion* 47:3 (September), Thematic Issue S. (Note that "Thematic Issue S" is a special volume of this journal, a supplement to volume 47, no. 3.)

——. 1991. *Chinese Texts and Philosophical Contexts: Essays Dedicated to Angus C. Graham*. La Salle, Ill.: Open Court.

Russell, Bertrand. 1948. *Human Knowledge: Its Scope and Limits*. New York: Simon and Schuster.

Sartre, Jean P. 1966. "Being and Doing: Freedom." In *Free Will and Determinism*, ed. Bernard Berofsky, 174–95. New York: Harper and Row.

——. 1993. "The Humanism of Existentialism." In *Essays in Existentialism*, 31–62. New York: Carol Publishing Group. (O.p. 1965 as *The Philosophy of Existentialism*.)

SBBY: This is a reference to the appropriate volume of the *Sìbù bèiyào* 四部備要

SBCK: This is a reference to the appropriate volume of the *Sìbù cóngkān* 四部叢刊.

Schirokauer, Conrad M. 1962. "Chu Hsi's Political Career." In *Confucian Personalities*, ed. A. F. Wright and Denis Twitchett. Stanford: Stanford University Press.

Schwartz, Benjamin. 1985. *The World of Thought in Ancient China*. Cambridge, Mass.:

Belknap Press. (One of the best introductions to early Chinese thought. See also Graham [1989].)
Searle, John R. 1969. *Speech Acts: An Essay in the Philosophy of Language*. New York: Cambridge University Press.
Seward, Jack. 1983. *Japanese in Action*. 2d ed. New York: Weatherhill. (An entertainingly irreverent introduction to Japanese language and culture.)
Shǎnxī Zhōu Yuán Kǎogǔ Duì 陝西周原考古隊. 1978. "Shǎnxī Fúfēng Zhuāngbái yíhào Xī Zhōu qīngtóngqì jiàocáng fājué jiǎnbào." 陝西扶風庄白一號西周青銅器窖藏發掘簡報 *Wenwu* 3: 1–18.
Shima Kunio 島邦男. 1971. *Inkyo bokuji sōrui* 殷墟卜辭綜類. 2d rev. ed. Tokyo. O.p. 1967. (This is a concordance for a large number of published collections of "oracle bone" inscriptions. For more on "oracle bones," see Keightley [1978].)
Shun, Kwong-loi. 1989. "Moral Reasons in Confucian Ethics." *Journal of Chinese Philosophy* 16 (September/December): 317–43. (See also Van Norden [1991] and Wong [1991].)
——. 1991a. "Mencius and the Mind-Dependence of Morality: An Analysis of *Meng Tzu* 6A:4–5." *Journal of Chinese Philosophy* 18 (June): 169–93.
——. 1991b. "Mencius and the Mind-Inherence of Morality: Mencius' Rejection of Kao Tzu's Maxim in *Meng Tzu* 2A:2." *Journal of Chinese Philosophy* 18 (December): 371–86.
——. 1991c. "Mencius' Criticism of Mohism: An Analysis of *Meng Tzu* 3A:5." *Philosophy East and West* 41 (April): 203–14.
——. 1992. Review of *The Confucian Creation of Heaven* by Robert Eno. *Harvard Journal of Asiatic Studies* 52:2 (December): 739–56.
——. 1993. "*Jen* and *Li* in the *Analects*." *Philosophy East and West* 43:3 (July): 457–79.
Sīmǎ Qiān 司馬遷 (145–86 B.C.). 1894. *Shǐjì* 史記. Shanghai: Tongwen shuju, photolithographic reprint. ("Records of the Historian.")
Simon, Walter. 1954. "Functions and Meanings of *Erh* IV." *Asia Major*, n.s., 4.
Smart, Ninian. 1969. *The Religious Experience of Mankind*. New York: Charles Scribners.
Stanford Philosophy Department. 1994. Memorial notice for John Goheen. *Proceedings and Addresses of the American Philosophical Association* 68:2 (November): 73–74.
Stocker, Michael. 1976. "The Schizophrenia of Modern Ethical Theories." *Journal of Philosophy* 73 (August): 453–66.
Sūn Shì 孫奭 (A.D. 962–1033). *Mèngzǐ zhùshù*. 孟子注疏. (SBBY, "Commentary and Subcommentary on the *Mengzi*." Although this commentary is attributed to Sun Shi, it probably is not actually by him. See Legge [1970, 7–8].)
Sūn Yíràng 孫詒讓. 1987. *Mòzǐ jiàngǔ* 墨子閒詁 (*The* Mozi *Parsed and Annotated*). 1894. Reprint, Taibei, Taiwan: Huazheng shuju.
Táng Lán 唐蘭. 1976. "Hé zūn míngwén jiě shì" 何尊銘文解釋. *Wenwu* 1: 60–63.
Taylor, Charles. 1985. "What Is Human Agency?" In *Human Agency and Language*, 15–44. Vol. 1 of *Philosophical Papers*. New York: Cambridge University Press.
Tu Wei-ming. 1989. *Centrality and Commonality: An Essay on Confucian Religiousness*. Revised and enlarged ed. Albany, N.Y.: SUNY Press.

Tucker, Robert. 1972. *Philosophy and Myth in Karl Marx*. 2d ed. New York: Cambridge University Press.

Uchino Kumaichiro 内野熊一郎. 1962. *Mōshi* 孟子. Vol. 4 of Shinshaku Kambun Taikei. Tokyo: Meiji Shoin. ("*Mengzi*" in "Grand Collection of Chinese Literature, Newly Interpreted." Sections have conventional numbering; Chinese text with literal literary translation beneath, followed by free interpretive translation in modern Japanese, and comment; index, pp. 515–58.)

Van Norden, Bryan W. 1991. "Kwong-loi Shun on Moral Reasons in Mencius." *Journal of Chinese Philosophy* 18:4 (December): 353–70.

——. 1992. "Mengzi and Xunzi: Two Views of Human Agency." *International Philosophical Quarterly* 32 (June): 161–84.

——. 1993. Review of *Tai Chen on Mencius* by Ann-ping Chin and Mansfield Freeman. *Journal of Chinese Religions*: 148–50.

——. 1995. Review of *A Daoist Theory of Chinese Thought* by Chad Hansen. *Ethics* 105:2 (January): 433–35.

——. 1996. "What Should Western Philosophy Learn from Chinese Philosophy." In *Chinese Language, Thought, and Culture*, ed. Philip J. Ivanhoe. Chicago and La Salle, Ill.: Open Court. (This is an overview of the secondary literature on Chinese philosophy in English.)

——. 1997. "Mencius on Courage." In *Midwest Studies in Philosophy XXI: The Philosophy of Religion*, ed. Peter A. French, Theodore E. Uehling, Jr., and Howard K. Wettstein. Notre Dame: University of Notre Dame Press.

Van Zoeren, Steven. 1991. *Poetry and Personality*. Stanford: Stanford University Press.

Waley, Arthur. 1938. *The Analects of Confucius*. New York: Random House, Vintage Books.

——. 1949. "Notes on *Mencius*." *Asia Major*, n.s., 1: 99–108. (This is reprinted in pp. vii–xiv of volume 2 of Legge [1960] and Legge [1991f]. The original article was based on Legge [1861]. In the reprints, the page numbers have been changed to accord with Legge [1895].)

——. 1958. *The Way and Its Power*. New York: Grove Press. (First published in 1934.)

Wang, John Ching-yu. 1972. *Chin Sheng-tan*. New York: Twayne Publishers.

Wáng Yángmíng 王陽明 (1472–1529). References in the present volume are to either Chan (1963), Henke (1916), or Wang (1933). For those who like that sort of thing, Ivanhoe (1990b, appendix III) includes a finding list correlating Chan's sectioning to passages in the SBCK. Nivison (1964) evaluates the translations of Chan and Henke. For discussions of the thought of Wang Yangming, see "Can Virtue Be Self-Taught?" "Two Roots or One?" "The Philosophy of Wang Yangming," and "Moral Decision in Wang Yangming: The Problem of Chinese 'Existentialism'," in this volume, and also Chang (1939–1940), Nivison (1953), and Ivanhoe (1990b; 1993, chapter 5).

——. 1933. *Wáng Wénchéng Gōng quánshū* 王文成公全書 Commercial Press. (Wanyou Wenku ed. References are by *juàn* 卷, followed by page number.)

Ware, James R. 1955. *The Sayings of Confucius*. New York: Mentor Books.

——. 1960. *The Sayings of Mencius*. New York: Mentor Books. (Introduction, pp. 7–43; translation, pp. 44–165; index, pp. 169–73. For a discussion of this translation, see "On Translating Mencius," chapter 12 in this volume.)

——. 1963. *The Sayings of Chuang Chou*. New York: Mentor Books.

Watson, Burton. 1963a. *Hsün Tzu: Basic Writings*. New York: Columbia University Press.

——. 1963b. *Mo Tzu: Basic Writings*. New York: Columbia University Press.

——. 1964a. *Chuang Tzu: Basic Writings*. New York: Columbia University Press.

——. 1964b. *Han Fei Tzu: Basic Writings*. New York: Columbia University Press.

——. 1968. *The Complete Works of Chuang Tzu*. New York: Columbia University Press.

Wilhelm, Richard. 1921. *Mong Dsi (Mong Ko)*. Jena: Eugen Diederichs Verlag. (Index, pp. 185–207. Previously published 1913 and 1916. For a discussion of this translation, see "On Translating Mencius," chapter 12 in this volume.)

Williams, Bernard. 1973. "Morality and the Emotions." In *Problems of the Self*. New York: Cambridge University Press.

Wong, David. 1989. "Universalism vs. Love with Distinctions: An Ancient Debate Revived." *Journal of Chinese Philosophy* 16 (September/December): 251–72.

——. 1991. "Is There a Distinction between Reason and Emotion in Mencius?" *Philosophy East and West* 41 (January): 31–44. (This is a discussion of Shun [1989].)

Wright, Arthur F., ed. 1953. *Studies in Chinese Thought*. Chicago: University of Chicago Press.

Xú Gàn 徐幹 (A.D. 171–218). *Zhōng lùn* 中論. (SBCK.)

Yampolsky, Philip B., trans. 1967. *The Platform Sutra of the Sixth Patriarch*. New York: Columbia University Press.

Yang, C. K. 1959. "Some Characteristics of Chinese Bureaucratic Behavior." In *Confucianism in Action*, ed. David S. Nivison and Arthur F. Wright, 134–64. Stanford: Stanford University Press.

Yáng Yǒng 楊勇. 1970. *Mèngzǐ yìjiě* 孟子譯解 (*Mencius Translated and Explained*). Hong Kong: Dazhong shuju. (Includes text, notes, and modern Chinese translation, section by section [sections not numbered]. No index; end has Zhao Qi's *Tí cí* 題辭, and so on, untranslated.)

Yates, Robin D. S. 1980. "The Mohists on Warfare: Technology, Technique, and Justification." *Journal of the American Academy of Religion* 47:3, Thematic Issue S (September): 549–603.

Yearley, Lee H. 1980. "Hsün Tzu on the Mind: His Attempted Synthesis of Confucianism and Taoism." *Journal of Asian Studies* 39:3 (May): 465–80.

——. 1990a. *Mencius and Aquinas: Theories of Virtue and Conceptions of Courage*. Albany, N.Y.: SUNY Press. (An outstanding example of comparative philosophy. See also Nussbaum [1993].)

——. 1990b. "Recent Work on Virtue." *Religious Studies Review* 16:1 (January): 1–9.

Yol, Jung Hua. 1965. "Wang Yang-ming and Existential Phenomenology." *International Philosophical Quarterly* 5: 612–36.

Yú Yīngshí 余英時 (Yü Ying-shih). 1976. *Lùn Dài Zhèn yǔ Zhāng Xuéchéng* 論戴震與章學誠. (*On Dai Zhen and Zhang Xuecheng*). Hong Kong: Longmen shudian.

Yü Ying-shih. 1996. "Zhang Xuecheng Versus Dai Zhen," In *Chinese Language, Thought, and Culture*, ed. Philip J. Ivanhoe. Chicago and La Salle, Ill.: Open Court.

Yú Yuè 俞樾 (1821–1907). *Mèngzǐ píngyì* 孟子平議 (A Balanced Account of Mencius). (This work appears to be part of Yu's *Qún jīng píngyì* 群經平議, 1867. For more, see Hummel [1943–1944, 945].)

Zhāng Bǐngquán 張秉權. 1957–1972. *Xiǎotún dìèrběn: Yīnxū wénzì: Bǐng biān* 小屯第二本: 殷虛文字: 丙編. Taibei, Taiwan. (This work, which was published in a series of installments, is the publication of a large cache of inscribed "oracle bones" found at the Xiaotun village site in Anyang: plates, transcriptions, and analysis. Its great value is not only the large quantity of material, but also the fact that the material can be dated to the last part of the reign of Wǔ Dīng 武丁 [Nivison's date for his death is 1189 B.C.], and was a controlled excavation. For more on "oracle bones," see Keightley [1978].)

Zhāng Xuéchéng 章學誠 (A.D. 1738–1801). *Zhāngshì yíshū* 章氏遺書. (Jiaye tang ed. "The Posthumous Writings of Mr. Zhang." On the thought of Zhang Xuecheng, see Demiéville [1961], Nivison [1953, 1966], Yü [1996], Mann [1996], as well as "The Philosophy of Zhang Xuecheng," and "Two Kinds of 'Naturalism': Dai Zhen and Zhang Xuecheng," chapters 16 and 17 in this volume.)

Zhāng Zhènglǎng 張政烺. 1976. "Hé zūn míngwén jiě shì bǔyí" 何尊銘文解釋補遺. *Wenwu* 1: 66.

Zhào Qí 趙岐 (A.D. 108–201). *Mèngzǐ zhù* 孟子注. (SBBY, "Commentary on the *Mengzi*." All references to Zhao Qi are to this work. This work has never been translated into English.)

Zhū Xī 朱熹 (A.D. 1130–1200). *Sìshū jízhù* 四書集注 (SBBY, "Collected Commentaries on the *Four Books*." Unless otherwise noted, all references to Zhu Xi are to this work. This work has never been translated into English. For more on Zhu Xi, see Ivanhoe [1993, chapter 4] and Gardner [1990].)

찾아보기

□ 지은이/니비슨(David S. Nivison)

1946년에 최우등생으로 하버드대를 졸업하고, 1953년에 논문 「문학과 역사에 대한 장학성의 사상(The Literary and Historical Thought of Chang Hsüeh-ch'eng)」으로 박사 학위를 받았으며, 스탠포드대에서 40년에 걸쳐 고대 중국어와 다양한 철학적 주제들을 가르쳤다. 저서 『장학성의 생애와 사상(*The Life and Thought of Chang Hsüeh-ch'eng*)』으로 스타니슬라-줄리앙 상(Prix Stanislas-Julien)을 수상했으며, 미국 동양학회 서부지회장과 미국철학회 태평양지부장을 역임하였다. 1988년에 은퇴하여, 지금까지 중국 고대의 천문학과 비문, 역학(曆學) 등에 대해 연구하고 있다.

□ 옮긴이/김민철

서울대 철학과를 졸업하고 같은 대학원에서 박사 과정을 수료한 뒤, 한국고등교육재단(KFAS)에서 한학 연수 장학생 및 동양학 연구 장학생 과정을 수료하였고, 경기대와 서울대에서 철학을 강의하였으며, 지금은 윤리학적 측면에서 중국 고대 및 근세 철학의 정체성을 해명하고자 연구 중이다. 논문으로는 「육구연의 심즉리 체계」(1995)가 있고, 번역서로는 매킨타이어의 『윤리의 역사, 도덕의 이론(*A Short History of Ethics*)』(철학과현실사, 2004)이 있다.

유학의 갈림길

초판 1쇄 인쇄 / 2006년 1월 15일
초판 1쇄 발행 / 2006년 1월 20일

■

지은이 / 데이비드 니비슨
옮긴이 / 김 민 철
펴낸이 / 전 춘 호
펴낸곳 / 철학과현실사
서울특별시 서초구 양재동 338의 10호
전화 579—5908～9

■

등록일자 / 1987년 12월 15일(등록번호 : 제1—583호)

■

ISBN 89-7775-564-6 03150
*잘못된 책은 바꾸어 드립니다.

값 25,000원